Karl Schlögel hat die Geschichte aus der Studierstube befreit. Seine großen Bücher über Osteuropa leben davon, daß er diese Region unzählige Male selbst bereist hat, daß er es wie kein anderer Historiker versteht, Städte und Landschaften zu lesen. Von dieser Kunst handelt sein neues Buch. In gut vierzig erzählerisch brillanten Momentaufnahmen schärft es unsere Wahrnehmung der Welt. Was sagt uns der Grundriß einer amerikanischen Stadt über den amerikanischen Traum? Wie unterscheiden sich historisch entstandene Grenzen von solchen, die mit dem Lineal am Kartentisch gezogen wurden? Wie haben Eisenbahn, Auto und Flugzeug unseren Sinn für Distanzen verändert? Auf solche Fragen geben herkömmliche Geschichtsbücher keine Antwort. Karl Schlögel findet sie an ganz überraschenden Stellen: in Fahrplänen und Adreßbüchern, auf Landkarten und Grundrissen. Was wir gewöhnlich nur als Nachschlagewerk oder Orientierungshilfe verwenden, beginnt nun zu erzählen: Von den Bewohnern einer Straße, die vertrieben wurden, von tagelangen Reisen quer durch Europa, vom Wechselspiel zwischen Peripherie und Zentrum. Die Geschichte kehrt an ihre Schauplätze zurück, wird anschaulich und lebendig – und rückt wieder in die Nachbarschaft großer Literatur.

Karl Schlögel, geboren 1948, hat an der Freien Universität Berlin, in Moskau und Sankt Petersburg Philosophie, Soziologie, Osteuropäische Geschichte und Slawistik studiert. Er ist Professor für Osteuropäische Geschichte an der Europa Universität Viadrina in Frankfurt/Oder. 1990 erhielt er den Europäischen Essaypreis Charles Villon, 1999 den Anna-Krüger-Preis des Wissenschaftskollegs zu Berlin sowie 2005 den Hamburger Lessing-Preis.
Weitere Bücher von Karl Schlögel im Fischer Taschenbuch Verlag: ›Promenade in Jalta und andere Städtebilder‹ (Bd. 15574), ›Die Mitte liegt ostwärts. Europa im Übergang‹ (Bd. 16719), ›Marjampole. Oder Europas Wiederkehr aus dem Geist der Städte‹ (Bd. 17786), ›Terror und Traum. Moskau 1937‹ (Bd. 18772) sowie ›Grenzland Europa. Unterwegs auf einem neuen Kontinent‹ (Bd. 03078).

Weitere Informationen, auch zu E-Book-Ausgaben, finden Sie bei www.fischerverlage.de

Karl Schlögel

IM RAUME LESEN
WIR DIE ZEIT

Über Zivilisationsgeschichte
und Geopolitik

FISCHER Taschenbuch

9. Auflage, 2025

Ungekürzte Ausgabe
Erschienen bei FISCHER Taschenbuch
Frankfurt am Main, Februar 2006

Druck und Bindung: CPI books GmbH, Leck
ISBN 978-3-596-16718-0

Kontaktadresse nach EU-Produktsicherheitsverordnung:
produktsicherheit@fischerverlage.de

Für Helmut Fleischer,
meinen philosophischen Lehrer
und Freund

INHALT

AUGENARBEIT

EUROPA DIAPHAN

EINLEITUNG

Geschichte spielt nicht nur in der Zeit, sondern auch im Raum. Schon unsere Sprache läßt keinen Zweifel daran, daß Raum und Zeit unauflösbar zusammengehören. Ereignisse haben einen Ort, an dem sie stattfinden. Geschichte hat ihre Schauplätze. Wir sprechen von Tatorten. Die Namen von Hauptstädten können zur Signatur ganzer Epochen und Reiche werden. Wir sprechen von »Schlachtfeldern der Geschichte« ebenso wie von »Praxisfeldern«, von den »Mühen der Ebene« ebenso wie von den »Kommandohöhen der Macht«, von »Leidenswegen« wie von »Erwartungshorizonten«. Der Raum klingt an in der Metaphorik der »politischen Landschaft« mit ihrem Schema von Links, Mitte, Rechts. Noch in der Abstraktion der Metasprache bleiben wir auf den historischen oder sozialen »Ort« von Gedanken verwiesen. Diese Aussagen sind so elementar und so selbstverständlich, daß man sie schnell als Gemeinplatz abtun oder nicht einmal der Rede wert finden kann. Aber manchmal fängt etwas Neues mit einem Gespräch darüber an, was sich allzu lange wie von selbst verstanden hat, oder auch nur mit der Erinnerung an etwas, was in Vergessenheit geraten ist – im vorliegenden Fall: die Räumlichkeit aller menschlichen Geschichte.

Gewöhnlich folgt die Geschichtsschreibung der Zeit, ihr Grundmuster ist die Chronik, die zeitliche Sequenz der Ereignisse. Diese Dominanz des Zeitlichen in der geschichtlichen Erzählung wie im philosophischen Denken hat sich – das haben Reinhart Koselleck und Otto Friedrich Bollnow gezeigt – fast eine Art Gewohnheitsrecht erworben, das stillschweigend akzeptiert und nicht weiter hinterfragt wird. Das Fehlen der räumlichen Dimension fällt nicht weiter auf. Aber dann gibt es historische Augenblicke, in denen es einem gleichsam wie Schuppen von den Augen fällt. Mit einem Male wird klar, daß »Sein und Zeit« nicht die ganze Dimension der menschlichen Existenz erfaßt und daß Fernand Braudel recht hatte, als er vom Raum als »Feind Nummer eins« sprach: die menschliche Geschichte als ein Kampf gegen den *horror vacui*, als unentwegte Anstrengung zur Bewältigung des Raumes, seiner Beherrschung und schließlich seiner Aneignung. Das vorliegende Buch will herausfinden, was geschieht, wenn man geschichtliche Vorgänge immer auch als räumliche und örtliche denkt und beschreibt. Es nimmt die Einheit von Ort, Zeit und Handlung ernst und will eine Vorstellung von dem gewinnen, was die Amerikaner in unvergleichlicher Knappheit und Prägnanz *Spacing History* nennen. Im folgenden wird die Welt, wie wir sie vorfinden, als ein großes und einzigartiges Geschichtsbuch, in dem der Mensch seine Hieroglyphen eingezeichnet hat, gelesen. Aber wenn Hans Blumenberg schon überaus zurückhaltend die Metapher von der »Lesbarkeit der Welt« in Anspruch genommen und bemerkt hatte, daß es nicht anginge, die Welt nach der Art eines Buches zu lesen, so gilt dies für den vorliegenden Versuch noch viel mehr: nicht so sehr das Lesen von Texten, sondern das Hinausgehen in die Welt und die Bewegung in der Welt sind die primäre und paradigmatische Form der Erkundung und Erschließung. Friedrich Ratzels Satz »Im Raume lesen wir die Zeit« erscheint daher als das denkbar präziseste Motto für die in diesem Buch unternommenen Versuche und Anläufe, die geschichtliche Welt zu dechiffrieren und zu deuten.

Als Historiker, der ansonsten zu Themen der osteuropäischen, genauer: russischen Geschichte arbeitet, muß man vielleicht Gründe angeben, weshalb man sich mit allgemeineren theoretischen und methodischen Fragen der Geschichtsschreibung beschäftigt. Es hat sich für mich so ergeben, daß sich eine um den Geschichtsort kreisende Darstellung als die am meisten geeignete Form der Vergegenwärtigung von Geschichte herausgestellt hat. Dies war so bei meinen Studien zu Moskau, zur Petersburger Moderne, zum russischen Berlin der Zwischenkriegszeit sowie bei einer Vielzahl von Essays über Städte des mittleren und östlichen Europa. Immer erwies sich der Ort als der angemessenste Schauplatz und Bezugsrahmen, um sich eine Epoche in ihrer ganzen Komplexheit zu vergegenwärtigen. Der Ort selbst schien Komplexheit zu verbürgen. Der Ort hatte ein Vetorecht gegen die von der Disziplin und von der arbeitsteiligen Forschung favorisierte Parzellierung und Segmentierung des Gegenstandes. Der Ort hielt den Zusammenhang aufrecht und verlangte geradezu die gedankliche Reproduktion des Nebeneinander, der Gleichzeitigkeit der Ungleichzeitigkeit. Der Bezug auf den Ort enthielt insgeheim immer ein Plädoyer für eine *histoire totale* – wenigstens als Idee, als Zielvorstellung, auch wenn es in der konkreten Ausführung möglicherweise nicht gelungen sein mochte. Daraus ergaben sich auch die darstellerischen Register und Narrative: sie waren allesamt der Einheit des Topos, der »Gleichzeitigkeit der Ungleichzeitigkeit«, der Kopräsenz der Akteure geschuldet. Das brachte große Schwierigkeiten mit sich – man brauchte an-

dere Quellen und mußte schon bekannte Quellen ganz neu erschließen –, eröffnete aber auch ganz neue Formen der Darstellung. Topographisch zentrierte Geschichtsschreibung leitet sich primär aus dem
Gegenstand ab und nicht aus der Absicht, eine »trockene Geschichte«
mit ein bißchen Lokalkolorit oder Aroma zu versehen. Aber man
schreibt ein Buch nicht, um Mißverständnisse abzuwehren, auch nicht
allein der Selbstverständigung wegen. Es geht in erster Linie um die
Erprobung historiographischer Möglichkeiten, um eine Revue darstel-
lerischer Mittel, die uns erlauben, Geschichte auf der Höhe der Zeit zu
schreiben, das heißt: auf der Höhe des 20. Jahrhunderts mit all seinen
Schrecken, Diskontinuitäten, Brüchen und Kataklysmen.

Dieses Buch besteht aus Geschichten, Erkundungen und Reflexionen und ist doch keine Sammlung. Sie kreisen allesamt um den einen
Gedanken: was geschieht, wenn wir Geschichte und Ort zusam-
mendenken? Sie alle folgen der Fragestellung, die sich als roter Faden
durch das Buch zieht: Was gewinnen wir an historischer Wahrnehmung und Einsicht, wenn wir Örter und Räume endlich (wieder)
ernst nehmen? Wenn Einleitungen wie Itinerare sind, also Wegbeschreibungen, wohin geht dann die Reise in diesem Buch? Es sind
rund fünfzig Studien, man könnte auch sagen: Stationen, Anläufe, Versuche, Übungen. Sie haben ein wenig von den Vorstößen der Seefahrer, die sich an Landvorsprüngen, Inseln, Kaps vorantasten. Der Gang
der Darstellung selbst hat etwas mit dem Modus der Bewegung zu tun.
Er gleicht eher einem Tasten und Herumgehen als dem zielstrebigen
Weg von A nach B. Ihm liegt die schon alte Einsicht zugrunde, daß
man auf Umwegen häufig mehr erfährt als auf dem kürzesten Weg.
Aber selbstverständlich gibt es eine insgeheime Richtung, die in den
vier Hauptüberschriften, gleichsam den Hauptetappen, zum Ausdruck
kommt.

Die Wiederkehr des Raumes: Allen Reden vom »Ende der Ge-
schichte« und allen Mutmaßungen vom »Verschwinden des Raumes«
zum Trotz leben wir inmitten einer neu in Gang gekommenen, vielleicht über uns hereinbrechenden Geschichte und inmitten eines
Zusammenbruchs des Raumes, an dessen Stabilität, vielleicht sogar
»Ewigkeit« wir uns in der Zeit des ein halbes Jahrhundert währenden
Kalten Krieges so sehr gewöhnt hatten. Diesen Raum des Ost-West-
Konfliktes gibt es nicht mehr. Etwas ist zu Ende. Wir treiben wieder
Erdkunde, wenngleich nicht in einem altbackenen Sinne, denn auch
die alte Erdkunde, die einmal für die »tote Natur« zuständig war, gibt es
nicht mehr. Schillers Diktum von »Hart im Raume stoßen sich die

Gegensätze« kommt wieder zu Ehren, ein kräftiger Schuß Materialismus kommt in die so lange um Virtuelles und Simulacra kreisenden Diskurse. Unter unseren Augen entsteht ein neuer Raum, eine neue Ordnung der Welt, während die Begriffe und die Sprache, die sie erfassen sollen, noch nicht bereitstehen. Die Zeit ist günstig, eine große, in Deutschland verschwundene und vom nazistischen Diskurs kontaminierte theoretische Tradition zurückzugewinnen. Raum ist nicht identisch mit dem nazistischen Diskurs über »Lebensraum«, »Volk ohne Raum«, »Ostraum« usf. Es gibt eine Genealogie des Raumdenkens, die älter ist und mit dem Nazismus nicht das Geringste zu tun hat. Sie ist bezeichnet duch die Namen von Alexander von Humboldt, Carl Ritter, Friedrich Ratzel und Walter Benjamin, die freilich selten in einem Atemzug genannt werden. Es ist die geschichtliche Situation nach 1989 und nach dem 11. September 2001, die dafür gesorgt hat, daß die räumlichen Aspekte des Politischen schärfer gesehen und neu bedacht werden. Wer will, kann das als *spatial turn* bezeichnen, aber wichtiger als die Arbeit an einer aparten Geschichte des Raums ist etwas anderes: die Erneuerung der geschichtlichen Erzählung selbst. Sie wird, bereichert um die Wahrnehmung von Raum und Zeit, die kulturalistischen Engführungen hinter sich lassen und eine Zivilisationsgeschichte ansteuern, und sie wird, nachdem der alte geographische Determinismus sich längst erledigt hat, das Denken der komplexen räumlichen Umgebungen und Zusammenhänge des Politischen wiederaufnehmen. Mehr noch: es deutet sich längst an, daß die Räumlichkeit und Verräumlichung menschlicher Geschichte zum Punkt der Reorganisation, zur Neu-Konfiguration der alten Disziplinen – von Geographie bis Semiotik, von Geschichte bis Kunst, von Literatur bis Politik – werden wird. Die Quellen des *spatial turn* sprudeln reichlich, und der von ihnen gespeiste Strom ist mächtig – mächtiger als die Dämme und Barrieren der Disziplinen.

Kartenlesen: Dies ist kein Kapitel über die Geschichte der Kartographie, sondern eine Serie von Studien und Übungen darüber, was Karten als Formen der Repräsentation von Raum leisten und was nicht. Karten erscheinen hier gleichsam als eine andere »Phänomenologie des Geistes«, als »Zeit, in Karten gefaßt«. Für Historiker sind Karten in der Regel Hilfsmittel, während sie in Wahrheit doch viel mehr sind: Weltbilder, Abbildungen von Welt, Projektionen von Welt, für die alles gilt, was für historische Texte in der Regel auch gilt: die Kriterien der Quellen- und Ideologiekritik. Karten bilden Macht ab und sind Machtinstrumente. Jede Zeit hat ihre eigene Kartenvorstellung, ihre eigene kartographische Rhetorik, ihr eigenes kartographisches Narrativ. Es gibt nichts, was sich nicht kartographisch abbilden ließe: Krieg, Belagerung, Flucht, Pilgerwege, imperiale Herrschaft, der Geltungsbereich kultureller Werte. Aber der größte Vorzug kartographischer Repräsentation – die Abbildung des Nebeneinander und der Gleichzeitigkeit – ist offenbar auch deren Schranke: Karten bleiben statisch, können Bewegung höchstens andeuten, nicht abbilden. Karten bilden nicht nur ab, sondern konstruieren und projektieren Räume und machen so aus Räumen erst Territorien. Dafür werden einige Beispiele durchgespielt: Cassinis Vermessung Frankreichs im Zeitalter der Aufklärung, die Vermessung Britisch-Indiens, die territoriale Konstruktion der Vereinigten Staaten oder die Bildung des modernen Nationalstaates. In weiteren Studien über Spionage und Kartographie, über Kartenkunst und Kartographie in der Kunst, über die imaginären Landschaften im Kopf oder über den strategischen Gebrauch von Karten durch die Mächtigen wird gezeigt, wie sehr alle Aspekte des geschichtlichen Lebens mit Kartenbildern verwoben sind.

Augenarbeit: Wir leiden nicht an einem Mangel an Bildern, sondern eher an einer Flut der Bilder. Das Auge muß sich gleichsam rüsten, sich in Stellung bringen, um noch unterscheiden und lesen zu können. Es geht also nicht nur um ein Plädoyer für den Gebrauch der Sinne, sondern um die Frage, wie sie geschärft werden können für die geschichtliche Wahrnehmung. Man könnte ein Geschichtsstudium streckenweise auch als Schulung der Sinne und als Augentraining absolvieren – mit Städten und Landschaften als Dokumenten. Etwas zur Anschauung bringen können ist nicht die Sache von ein paar literarischen oder rhetorischen Tricks, sondern hat zunächst einmal die Anstrengung, sich eine Sache anzusehen, zur Voraussetzung. Alles bekommt dann ein anderes Aussehen und beginnt zu uns zu sprechen: Trottoire, Landschaften, Reliefs, Stadtpläne, die Grundrisse von Häusern. Was sonst nur als Hilfsmittel in Gebrauch ist – Kursbücher, Adreß- und Telephonbücher –, gewinnt eine ganz neue Aussagekraft, sobald sie als Dokumente sui generis behandelt und befragt werden. Sie eröffnen uns die Räume von Städten, die untergegangen sind, und führen uns die großen und komplexen Bewegungen vor, die längst angehalten oder stillgestellt sind: Choreographien des Menschenverkehrs, Drehbücher menschlicher Vergesellschaftung. Wir nehmen erstaunt zur Kenntnis, daß es einen Zusammenhang zwischen Triangulation und Daktylographie, zwischen der Vermessung der Erdoberfläche und der Körpermessung gibt – zwei Aspekte von Inbesitznahme und Herrschaft. In drei weiteren Studien – die Konstruktion Mitteleuropas im Baedeker, die Poesie des amerikanischen Highway, der Mythos vom russischen Raum – soll gezeigt werden, wie weit man mit derartigen phänomenologischen Studien kommen kann – und was sie nicht leisten.

Europa diaphan: Der letzte Abschnitt versammelt Studien zu Europa. Wir stehen erst am Beginn einer Geschichtsscheibung, die den Rahmen der nationalstaatlichen Historiographie hinter sich läßt und Europa als Ganzes denkt. Europa wird neu vermessen – retrospektiv und in der Gegenwart. Die Europäisierung des Geschichtshorizonts ist weit schwieriger, als es eine wohlfeile Europa-Rhetorik vermuten läßt. Man muß sich in ganz Europa auskennen, nicht nur in den Teilen, auf die die Disziplinen und Kompetenzen bisher zugeschnitten waren. Dabei geht es nicht nur um Wissen, sondern um Vertrautheit mit transnationalen Formen, Stilen, Praktiken und ihren jeweiligen konkreten Ausprägungen. Europa ist mehr als die Addition nationaler Geschichten und Kulturen. Europa ist vor allem Schauplatz unübersehbar vieler, ineinander verschlungener Geschichten, die transparent und durchsichtig zu machen die Anstrengung von mehr als nur einer Generation von Historikern erfordern wird. *Europa diaphan* enthält ein paar Geschichten und Exkurse, die andeuten, worum es gehen könnte: um die Geschichte kultureller Verdichtung und Diffusion (der Fall Djagilew), um die Zeichnung Europas durch den Orkan der Gewalt, der sich in seinen Lagerwelten und Lagertopographien von Dachau bis Workuta oder in den Strömen von Flüchtlingen und Entwurzelten niedergeschlagen hat, um europäische Friedhöfe als einem unüberbietbar genauen Abbild von Leben und Sterben in Europa. Europa ist nicht nur eine Idee, eine Ansammlung von Werten, sondern ein Ort. Und die Schreckensnamen der europäischen Geschichte sind keine Metaphern, sondern Namen für Orte, an denen Europa zugrunde ging oder wieder auferstand – je nachdem. Das Schlußkapitel über Herodot in Moskau und Walter Benjamin in Los Angeles ist eine Phantasie in systematischer Absicht. Was würden Meister einer reichdimensionierten Geschichtswahrnehmung und einer komplexen Geschichtsdarstellung wie Herodot und Benjamin an Geschichtsorten des 20. oder 21. Jahrhunderts anfangen? Was könnte man bei ihnen, aber auch bei Literatur, Kunst und Film lernen, um eine Sprache zu finden, die auf der Höhe der Zeit ist? Vielleicht lassen sich Antworten auf die Frage finden, wie man große Erzählungen nach dem Ende der Großen Erzählung schreibt.

Das Buch bietet keine kompakte Theorie und keine Gebrauchsanweisung zum Studium der Geschichte, intendiert diese auch nicht. Es handelt sich weder um eine Kurzfassung der Geschichte der Kartographie noch um eine Einführung in Kultursemiotik oder Kulturgeographie, sondern um Versuche und Übungen, wie weit man kommt, wenn man den eigenen Sinnen wieder vertraut und sie systematisch schärft. Ziel dieser Darstellung war nicht Vollständigkeit, und mancher wird enttäuscht sein, daß weder Carl Schmitt noch Georg Simmel, weder Aby Warburg noch Ernst Cassirer auftauchen. Ziel war auch nicht die Verkündung eines neuen Paradigmas. Manchmal ist weniger mehr. In diesem Fall ging es schlicht um die Steigerung von Aufmerksamkeit, um die Erfahrung, daß eine räumlich gesehene Welt reicher, komplexer, mehrdimensionaler ist. Wer davon gekostet hat, kann nicht mehr zurück. Es war eine beglückende Erfahrung, im Laufe dieser Untersuchungen auf Weggefährten zu stoßen, die von frappierend ähnlichen und zum Teil identischen Ansichten und Schlußfolgerungen umgetrieben worden sind oder werden. Die Lektüre der Zeitgenossen – ob es sich um David Harvey, Edward Soja, Derek Gregory, Paul Carter, Matthew H. Edney oder Allan Pred handelt – war der beste Beleg dafür, daß wir längst inmitten des *spatial turn* stehen. Etwas von diesem Glück der Begegnung ist an die Leser weitergegeben durch ausführliche Zitate und durch die Textgestalt, die in der Montage oder Collage nicht einen Defekt, sondern den Steinbruch sieht: für eigenes und selbständiges Weitergraben.

Berlin im Mai 2003   *Karl Schlögel*

DIE WIEDERKEHR
DES RAUMES

ALEXANDER
VON HUMBOLDTS SCHIFF,
NAVIGATION

Als Alexander von Humboldt mit seinem Gefährten Alexandre Aimé Goujaud Bonpland im Juni 1799 von La Coruña aus nach Lateinamerika in See stach, hielten sie jenen denkwürdigen Augenblick fest, in dem die Küste der Alten Welt aus ihrem Horizont verschwand und sie aufs offene Meer hinausfuhren. Es war ein Moment der Erschütterung, in dem Sentiment, Anhänglichkeit an das Altvertraute, die Furcht vor etwas ganz anderem und Neuem sich vermischten. Atlantiküberquerungen waren noch immer hoch riskant, nicht Routine, deren Ende man absehen, sondern ein Abenteuer, in dem man umkommen konnte. Humboldt durchlebte noch einmal jenen Moment, den vor ihm schon ganze Generationen von Seefahrern erlebt hatten, jene Überschreitung einer Schwelle, von wo aus es kein Zurück mehr gibt, wo alles offen ist und in der nur derjenige eine Chance hat, dessen Sinne hellwach sind. Alexander von Humboldt war kein Abenteurer, sondern ein Mensch von geradezu unstillbarer und animalischer Neugier und schier unerschöpflicher Arbeitskraft. Alles war wohlvorbereitet und durchdacht, das Schiff bis zur letzten Kammer vollgestopft mit wissenschaftlichen Papieren, Atlanten, Meßgeräten, man war bereit, für lange Zeit und unter größten Strapazen ein Stück neuer Welt zu erkunden, erstmals zu erfassen und zu vermessen. Die Expedition kehrte von ihrer Reise durch sieben Länder Südamerikas, Kubas und Nordamerikas nach mehr als fünf Jahren zurück. Mit der Auswertung der mitgebrachten Sammlungen, Beobachtungen und Meßergebnissen waren die Wissenschaften das ganze 19. Jahrhundert über beschäftigt – und sind es zum Teil bis heute.[1]

Wir haben nichts dergleichen vor: keine Erforschung der Neuen Welt, die längst vermessen ist; keine Expedition, in der wir mit dem Schiff, das uns trägt, untergehen können, keine Ausbeute, die sich in 34 000 Manuskriptseiten und unzähligen Objekten – von Mineralien bis zu ausgestopften Tieren – niederschlagen wird. Was uns interessiert, ist die Frage, welche Rolle der Raum in der Geschichte spielt und wie

»Es ist das Bild eines geradezu monumentalen Unternehmens,
in dem noch einmal eine Wissenschaftswelt vorgeführt wird,
die dabei ist, im Zuge der Spezialisierung und Arbeitsteilung
ihre innere Einheit zu verlieren und vor allem: zu vergessen.«

Eduard Ender, Alexander von Humboldt und Aimé
Bonpland im Urwald, *ca. 1850, Öl auf Leinwand*

es kam, daß er uns abhanden gekommen ist. Aber es ist auch nicht ganz
zufällig, daß uns zu Beginn unserer Arbeit der Aufbruch Alexander von
Humboldts zu seiner Südamerika-Reise in den Sinn kommt. Es muß
eine unbändige Neugier gewesen sein, die hinauswollte aus der schon
bekannten und vertrauten Welt und die so stark war, daß auch das
größte Risiko eingegangen wurde. Es ist das Bild eines geradezu monumentalen Unternehmens, in dem noch einmal eine Wissenschaftswelt vorgeführt wird, die dabei ist, im Zuge der Spezialisierung und
Arbeitsteilung ihre innere Einheit zu verlieren und vor allem: zu vergessen. Und schließlich ist es das Bild einer Hingabe an die Sache –
einschließlich des Einsatzes des ganzen privaten Vermögens, von Leib

und Leben –, die man heute vermutlich nur nachsichtig belächeln würde. Wäre da nicht dieses jederzeit und unter allen Bedingungen zu genauen und gründlichen Notizen und Aufzeichnungen bereite Arbeitstier Alexander von Humboldt, man würde in ihm sogleich jenen Romantiker erkennen, mit allem Schwung, aller Maßlosigkeit der romantischen Epoche. Es ist nicht nur der Universalgelehrte, die wandelnde Enzyklopädie und die Akademie in einer Person, die uns beschäftigen soll, sondern seine Haltung zur Welt, seine Weltzugewandtheit und die Energie, mit der sich diese Aufmerksamkeit in den vielfältigsten Formen niederschlug. Sie schien keine Grenzen zu kennen: Sie arbeitete mit dem Mikroskop und astronomischen Meßgeräten, sie exzerpierte vor Ort aus den Dokumenten der präkolumbianischen Zivilisationen, sie beobachtete die Affenpopulationen im Dschungel und vertiefte sich in die Studien der Missionare, der Vorläufer von Völkerkunde und Anthropologie, sie fertigte Zeichnungen an und unterzog sich mühsamen Kartierungs- und Vermessungsarbeiten – und all dies unter außerordentlich schwierigen Bedingungen: in der Feuchtigkeit des tropischen Urwalds, ohne die Hilfsmittel, die später das Arbeiten an derart unwirtlichen Orten erst erträglich und möglich gemacht haben.[2] Alexander von Humboldt verkörpert noch eine Gestalt des Wissens, in der alles zusammenkommt, was später auseinandergelaufen ist – die Disziplinen: Mineralogie, Erdkunde, Völkerkunde, Linguistik, Botanik, Zoologie, Geschichte; die Genres: Statistik, Erdvermessung, Landesaufnahme und Landschaftsbeschreibung, dichte Situationsbeschreibung und historische Studie; die Organisationsformen: der Wissenschaftler als Gelehrter und als Unternehmer und Organisator in einer Person. Er steht für eine Wissenschaft, in der Theorie noch problemlos beides sein konnte: Empirie und Reflexion, Anschauung und Systematisierung, Feldstudie und Archivrecherche. Alexander von Humboldt ist der Anhaltspunkt für den unbändigen und schier grenzenlosen Reichtum einer Wissenschaft, die – so scheint es – noch alles vor sich hat: nirgends Rückkehr, Rückzug, sondern überall Aufbrüche, Einschiffungen, Erkundungen, Entdeckungen. Natürlich kann es nach fast zwei Jahrhunderten Fortschrittsgeschichte in allen Wissenszweigen und nach der Entwicklung der Wissenschaft zu einem eigenen »gesellschaftlichen Subsystem« keine einfache Rückkehr zu Humboldt geben. Die Beschwörung der Gestalt des Universalgelehrten mutet eher seltsam an. Man ist bescheiden geworden nach soviel Fortschritt, der sich als Weg in die Katastrophe erwiesen hat. Und doch bleibt etwas an ihm paradigmatisch. Die Weite des Horizonts, die Bereitschaft, hinauszugehen und sich selber ein Bild zu machen von Dingen, von denen es noch kein Bild gibt, Unmittelbarkeit des Eindrucks, vor dem man sich durchaus einschüchtern lassen darf, der Mut, den eigenen Augen zu trauen, die Bereitschaft, auf große Fahrt zu gehen, auch wenn noch nicht alles »endgültig« geklärt und geregelt ist. Man muß etwas zurückgewinnen von der Kühnheit des Aufbruchs und von dem Gefühl dafür, daß etwas auf dem Spiel steht. Man muß sich der Einschüchterung und der Disziplinierung, die in den Disziplinen selbst liegt, für einen Augenblick wenigstens entziehen, um einen Blick auf das Ganze werfen zu können – auf den Wald, nicht bloß auf die Bäume, auf die Welt, nicht bloß auf deren Teile.[3]

Uns geht es mit dem vorliegenden Buch ein wenig wie Alexander von Humboldt und Bonpland im Augenblick, da sie die europäische Küste aus den Augen verlieren und nichts vor sich haben als das weite Meer, wo einem vor Leere und Weite schwindlig werden kann. Wir möchten den Impuls des Hinaus in die Welt aufnehmen. Es ist höchste Zeit. Man hat den Raum vergessen, es gibt ihn nicht mehr. Die rasende Beschleunigung hat ihn angeblich zum Verschwinden gebracht. Es gibt ihn innerhalb der funktionierenden Routinen nicht mehr – oder höchstens, wenn für einen Augenblick die Routine zusammenbricht: durch eine Katastrophe, einen unplanmäßig erzwungenen Halt. Dann gibt es ihn plötzlich: als Schauplatz, als Tatort, als Katastrophenszenario. Für einen Augenblick kehrt dann das Wissen davon zurück, daß die Welt ihre schwarzen Löcher hat und daß es aller Beschleunigung zum Trotz eine Geographie gibt, die nach wie vor eine Rolle spielt. Es gibt Dinge, von denen spricht man nicht, weil sie sich von selbst verstehen – jedenfalls solange sie stillschweigend da sind oder einfach funktionieren. Der Raum gehört zu diesen Selbstverständlichkeiten. Es gibt nicht einmal eine Sprache für ihn. Er ist eine Tatsache unseres Alltagslebens, aber in der Sprache der Theorie kommt er nicht vor. Er ist absent, zugedeckt und zugebaut von der Geschichte, von den Ereignissen, von Strukturen und Prozessen, an denen alles wichtig ist, nur das eine nicht: daß sie alle stattfinden, daß sie alle einen Ort, einen Schauplatz, einen Tatort haben. Der Raum scheint von den Begriffen der Sozialwissenschaft kolonisiert. Jetzt kommt es darauf an, ihn in seiner ganzen Ungeheuerlichkeit an sich heranzulassen.

Die räumliche Welt ist von Textverwaltern und Textinterpreten okkupiert. Die Welt scheint in einen einzigen großen Text verwandelt, und von Hans Blumenbergs »Lesbarkeit der Welt« haben die meisten nur den Buchstaben, nicht den Sinn übernommen. Die Welt zu erkennen, heißt, die ausschließliche Fixierung auf die Texte hinter sich lassen und die bequeme Illusion aufzugeben, daß die Welt ein einziger großer Text sei, den wir – gewissermaßen einfach so, vom Schreibtisch oder vom Kaffeehaus aus dechiffrieren könnten. Landschaften sind keine Texte, sowenig wie Städte. Texte kann man lesen, in Städte muß man hineingehen. Man muß sich umsehen. Orte kann man nicht lesen, sondern man muß sie aufsuchen, um sie herumgehen. Gebäude und Plätze sind etwas anderes als die Reproduktion von Gebäuden, Interieurs etwas anderes als der Roman, in dem sie vorkommen. Es geht um Raumverhältnisse, Entfernungen, Nähe und Ferne, Maße, Proportionen, Volumina, Gestalt. Räume und Orte stellen gewisse Anforderungen, unter denen sie nicht zu haben sind. Sie wollen erschlossen sein. Und man soll über sie nichts sagen, was nicht an Ort und Stelle und vor Ort beglaubigt ist. Das geht nicht ohne Schulung des Auges, nicht ohne Feldstudien, nicht ohne Arbeit vor Ort. Und das heißt auch: es geht nicht, ohne daß wir für einen Augenblick die Bücher schließen, daß wir von ihnen aufsehen und ganz unmittelbar unseren Augen vertrauen, schutzlos, ungeschützt. Es stellt sich dann rasch heraus, daß andere Wege zu beschreiten sind, wenn man in der Welt ankommen will. Aber welche Wege, auf welchen Wegen?

Wir nehmen die Bewegungsform auf, die jemand, der sich im Raume orientieren will, verfolgt. Wir legen uns zurecht, wie wir vorgehen, vorankommen wollen. Wir machen einen Reiseplan, eine Reiseskizze, ein Itinerar. Es ist nicht die Luftlinie. Wir bauen kein Gebäude. Es ist keine Anweisung, wie man zum Ziel gelangt, sondern eine Methode der Bewegung, um in einem nach allen Seiten offenen Gelände nicht die Orientierung zu verlieren. Wir stützen uns nicht auf Ableitungen aus einem Begriff, der allem vorangeht, sondern tasten uns voran: von Stadt zu Stadt, von Landzunge zu Landzunge, von Insel zu Insel, von Bucht zu Bucht – wie auf alten Portolankarten. Es kann gut sein, daß wir uns täuschen, daß hinter der nächsten Landzunge nicht der Hafen, sondern der unendliche Horizont auftaucht, daß wir uns verrechnet haben – in den Entfernungen und den Schwierigkeiten. Es ist nicht ausgeschlossen, daß wir auflaufen und scheitern. Wir werden uns mit Hilfe von Karten fortbewegen und dabei darauf stoßen, was Karten alles sagen – oder auch: verschweigen –, um vielleicht irgendwann in einer Wirklichkeit anzukommen, von der wir überzeugt sind, daß sie etwas anderes ist als die Repräsentation von Wirklichkeit und etwas anderes als die Diskurse, die über sie geführt werden. Wer Karten richtig benutzt, kommt irgendwann in der Welt an, für die sie gemacht sind.

Sowenig das vorliegende Buch ein Buch über Karten und Kartographie ist, so wenig versucht es in Konkurrenz zu treten mit der Reproduktion großer Kartenwerke, an denen allein sich der Zauber entfalten läßt, der in ihnen steckt. Es wäre ganz aussichtslos, es mit ihnen aufnehmen zu wollen. Wer sie je in der Hand gehabt hat, weiß, daß man sie als Werke von Kunst, Wissenschaft und Technik nur beschädigt, wenn man versucht, sie in Verkleinerungen, in Abbildungen zu zwängen. Um sie zu verstehen, muß man sie ansehen, so wie man auch ins Museum geht, um Rembrandt zu betrachten. Im vorliegenden Text geht es um einen anderen Umgang, einen anderen Blick auf Karten und die durch Karten repräsentierte Welt. Es geht nicht um Illustration, sondern um eine Reflexionsbewegung, nicht um die Interpretation von Bildern, sondern um die Schärfung, vielleicht auch die Produktion eines Blicks und einer neuen Aufmerksamkeit für all das, was in Texten nicht steht und nicht stehen kann, eben weil die Welt, was lange vergessen wurde, nicht aus Texten besteht. Dies ist ein Buch nicht für Augen, sondern für Köpfe, die Augen haben, zu sehen, oder wenigstens mit ihren Augen arbeiten wollen. Es geht im Grunde um einen einzigen Gedanken, daß wir nämlich ein angemessenes Bild von der Welt nur gewinnen können, wenn wir beginnen, Raum, Zeit und Handlung wieder zusammenzudenken. Da dieser elementare Gedanke lange genug vergessen oder verdrängt worden ist, lohnt es sich, ihn neu ins Spiel zu bringen. Er ist auch der Kompaß für die nun beginnende Suchbewegung.

LEHRSTÜCK I:
FALL DER
BERLINER MAUER
1989

Irgendwann im ausgehenden 20. Jahrhundert hatten wir gelernt, daß die Geschichte zu einem Ende gekommen sei; aber dann kam 1989, und was so einleuchtend und plausibel erschienen war, galt nicht mehr. Wir hatten auch gelernt, daß der Raum verschwunden sei und daß Geographie keine Rolle mehr spiele. Was unter Normalverhältnissen möglicherweise langer Debatten, eines ausführlichen Argumentierens pro und contra bedurft hätte, war nach den Erschütterungen von 1989 auch ohne größere Kommentare und Begründungen klargeworden. Nicht nur ein Imperium hatte sich aufgelöst, sondern auch der Raum, der Ostblock hieß. Nicht nur eine politische Revolution hatte sich ereignet, sondern eine »Raumrevolution«, die keinen Aspekt des Lebens unberührt gelassen hatte. 1989 war das Datum, das das Ende der Nachkriegszeit bezeichnete, die Berliner Mauer war der Ort, an dem sie zu Ende gegangen war. Unter den Augen der bald hoffnungsfrohen, bald verängstigten Zeitgenossen lief ein Lehrstück ab, um das andere Generationen sie beneidet haben würden. Sie wurden Augenzeugen, wie die Welt aus dem einen in einen anderen Zustand, aus dem Davor in ein Danach überging. Fast ein halbes Jahrhundert hatte Europa im Zustand der Teilung gelebt, in Grenzen, die aus den Verwerfungen des Zweiten Weltkrieges und den Spannungen des Kalten Krieges hervorgegangen waren. Für die Grenze, die mehr als ein halbes Jahrhundert durch Jalta-Europa lief, gab es keinen Vorläufer, keinen Anhaltspunkt, sie war keine ethnographische, keine kulturelle, sprachliche oder historische Grenze, schon gar keine »natürliche«. Kein Gebirgszug, kein Strom, keine Sprachscheide verlief östlich von Lübeck bis Triest, sondern ein Eiserner Vorhang, der erst improvisiert, dann immer besser ausgebaut sich im Bau der Berliner Mauer vollendet hatte. Von nun ab gab es kein Europa mehr, sondern Ost und West. Wo man einmal von Mitteleuropa gesprochen hatte, waren nun die Vorposten des sozialistischen und des kapitalistischen Lagers. Aus Metropolen in der Mitte

Europas waren Provinzstädte an den westlichen oder östlichen Peripherien der geteilten Welt geworden. Es bedurfte eines spezifischen Grundes, um sich aus der einen Hälfte in die andere aufzumachen, wenn es nicht ganz unmöglich oder verboten war. Die Pflege der Nachbarschaft, die zur Fremde geworden war, bedurfte größter Zähigkeit bei der Überwindung bürokratischer Schikane, bei der Besorgung der Visa und Hotelgutscheine. Es war einfacher, von Berlin-Ost nach Pjöngjang zu reisen als nach Berlin-West, obwohl es sich um ein und dieselbe Stadt handelte. Die alten Nachbarschaften von Wien und Budapest, von Sankt Petersburg und Helsinki, von Prag und Nürnberg galten nichts mehr, seit die einen im Bereich des Warschauer Paktes und die anderen im Bereich der Nato. Für mehr als eine Generation lag die nächste Nachbarschaft außer Reichweite, und man traf sich bestenfalls auf internationalen Kongressen oder an den Stränden neutraler Drittstaaten. Diese geteilte Welt war auf Anhieb erkennbar und unterscheidbar: in der einen gab es Reklame, die einen anfiel, wo immer man ging oder stand; in der anderen kam einem die Leere der weißen Flächen entgegen, die allenfalls von einem Plakat oder einer Fahne zum 1. Mai zeitweilig geschmückt war. Hier gab es Propaganda, dort Reklame. Hier gab es Schlangen, dort die Ratlosigkeit angesichts des Überangebots des Sortiments. Hier die Beschwerlichkeit des Werkelalltags, dort die unerträgliche Leichtigkeit des Seins. Jede Hemisphäre hatte ihre Ikonographie, ihre Sprachregelung, ihren Code – bis in die Gesten hinein – die einen selbstbewußt-auftrumpfend-angeberisch, die anderen eher linkisch-zurückhaltend-verschämt. Jede Hemisphäre hatte ihr Design, ihren Entwurf vom halbwegs glücklichen Leben, ihre je eigene Traum- und Urlaubslandschaft.[1] Und jede hatte ihre Erfahrung vom Glück und vor allem vom Unglück. Im »Ostblock« hatte man Erfahrungen mit der Aussichtslosigkeit der Revolte gemacht: 1953, 1956, 1968, 1976, im »Westen« war es immer irgendwie vorwärts- und aufwärtsgegangen. Die Berliner Mauer war nicht nur das pefekte Symbol, sondern die perfekte Ausführung einer perfekten Grenze. Grenzüberschreitung war, auch wenn sie mitten in einer Stadt versucht wurde, etwas Tödliches, man wurde abgeschossen wie ein Hase auf freiem Feld oder ein Flüchtling aus einem Konzentrationslager. Die Mauer verlief unter der Erde: durch U-Bahn-Röhren, Kanalisations- und Versorgungssysteme; sie verlief auf der Erde: durch Straßennetze, Häuser und Friedhöfe, und sie verlief durch den Himmel, in dem es nun auch Korridore gab. In dieser Mauer gab es Schleusen, an denen man peinlich und leiblich durchleuchtet und untersucht wurde, in denen einem Druckerzeugnisse abgenommen wurden, in denen ein Zustand der Bedrohung und Angst erzeugt wurde, der zur Grundausstattung von Grenzgängern im Europa des Kalten Krieges werden sollte. Nun, da kaum mehr etwas an die Grenze von einst erinnert, bedarf es schon fast der Imagination oder archäologischer Aktivitäten, um jenes Europa, das zum Normalzustand geworden war, sich vorzustellen. Für jene, die im Schatten der Mauer aufgewachsen sind, werden Orte für immer jenen merkwürdigen Kosmos von Jalta-Europa bezeichnen: die Grenzübergangsstellen von Marienborn oder das Labyrinth der U- und S-Bahnhöfe von Berlin-Friedrichstraße, die Vorzimmer der Konsulate, in denen man um Visa ersuchte, und der dort herrschende spezifische Muff und die ganze geistige Ökonomie, die auf der Spannung der geteilten Welt beruhte: einschließlich jenes »Geht doch rüber«, das hysterische Westberliner den aufmüpfigen Studenten zugerufen hatten.

1989 hat die ganze Lage geändert. Mit den Institutionen und der Legitimität des Realsozialismus war auch die ganze Geographie der Macht zusammengebrochen. Die Hauptstädte des Ostblocks wurden zur großen Bühne, auf der die Abdankung der alten Macht vor aller Augen vor sich ging. Jedes Land hatte seine bevorzugten Haupt- und Nebenschauplätze. In der Regel waren es die symbolisch bedeutenden Orte und Plätze, auf denen sich das Kräftemessen abspielte und der Machtwechsel in Szene gesetzt wurde. Die Medien trugen ihren Teil zur Verbreitung und Synchronisierung der Abläufe bei. So kommt es, daß fast alle Europäer vom Jahr 1989 eine konkrete Anschauung haben. Es gibt darin immer dramatis personae: Michail Gorbatschow, Lech Wałęsa, Václav Havel. Es gibt darin immer Orte des Geschehens: die Straße zum Fernsehturm in Vilnius, das Weiße Haus in Moskau und unvergeßlich: der große Platz vor dem Regierungspalast in Bukarest, von dessen Balustrade Nicolae und Helena Ceauşescu sich in einem Hubschrauber in Sicherheit bringen müssen. Zerfall der Macht ist nicht nur ein ideologischer Vorgang, sondern ein buchstäblich leibhaftiger: Nachrichtenübermittlungen werden blockiert, Verbindungen fallen aus, Kasernen werden nicht mehr verlassen, Wachtürme nicht mehr besetzt, eine Grenzbefestigung wird erklettert und verliert ein für alle Mal ihren Schecken. Ein Schritt ergibt den nächsten, wo nur das freie Spiel der Kräfte zugelassen wird – und dies ist im kurzen Sommer der Anarchie weit wichtiger als alle sogenannten »demokratischen Reformen«, für die es gar keine Kraft, keine Macht, keine Zuständigkeit gibt. Losgelassen und aus den Verankerungen der alten Machtverhältnisse gelöst, sortiert sich alles neu, marode Koalitionen lösen sich auf, neue fügen sich. Die zivilen Kräfte, die sich bisher eher am Rande oder im Untergrund gehalten hatten, rücken in die Mitte vor, der Schriftsteller wird zum Präsidenten, und sein Empfangszimmer ist nun nicht mehr im Café Vltava, sondern auf der Burg. Die Produzenten von Samizdat-Büchern und Flugschriften des Untergrunds machen nun die größte Zeitung des Landes. Von den öffentlichen Plätzen verschwinden die Monumente mittelmäßiger Despoten, überall bekommen die Straßen neue Namen. Die Umbenennung, die Umkodierung, die Übernahme des Definitionsmonopols ist in vollem Gange. Neue Namen bezeichnen die Inbesitznahme und Aneignung von Straßen, Häusern, öffentlichen Räumen – mit allerlei Komplikationen. Die Grenzbefestigungen verschwinden, nun zählen andere Grenzen: die von Arm und Reich, der *digital gap*. Städte, die Frontstädte, Grenzstädte gewesen sind, nehmen plötzlich wieder eine zentrale Lage ein, leicht erreichbar von allen Seiten. Provinzen, die auf die Rückseite Europas geraten waren, stehen wieder offen. Überall kommt der Verkehr in Schwung, besonders zwischen lange vernachlässigten Metropolen, während andere abgekoppelt werden und nicht wissen, wie es weitergehen soll. Der europäische Raum wird neu geordnet. Die Regionen folgen ihrer natürlichen Schwerkraft und alten Kraftlinien. Es erweist sich, wie stark auch nach langer Teilung die Verbindungen um das Baltische Meer herum sind. Es zeigt sich, wie rasch das mittlere Europa wieder zusammenfindet. Und wer genau hinblickt, erkennt, daß nicht die nationalstaatlichen Grenzen von gestern den Ausschlag geben für Beschleunigung oder Verzögerung, sondern die Grenze zwischen den neuen *metropolitan corridors*, in denen die *global flows* zirkulieren, und jenen weiten Provinzen, an denen die Ströme von Energie, Geld, Menschen und Ideen vorüberziehen. Nicht überall ist die Transformation der großen Grenze, des Eisernen Vorhangs, in die kleine Grenze gelungen. An einigen Stellen wurde aus der Grenze die Demarkationslinie und aus der Demarkationslinie der Frontverlauf. An vielen Stellen ist das Netz nicht neu geknüpft worden, sondern gerissen. Europa als Schauplatz von Vertreibung, gewaltsamer Säuberung, Greueln und Krieg. Europa als Schlachtfeld – nach einem halben Jahrhundert Zustand ohne heißen Krieg. Das ist offensichtlich die andere Seite des Zusammenbruchs des Machtraums der Nachkriegszeit. Während der Zusammenbruch zu einem Ende gekommen ist, ist die Neubildung des europäischen Raumes noch ziemlich unbestimmt und in vollem Gange. Das neue Europa ist ein geographischer, politischer, kultureller, sozialer Raum – so etwas kann nicht »gemacht« werden, sondern »wächst« – oder auch nicht. Mit Dekreten oder Vereinbarungen läßt sich da – im Unterschied zu gutgemeinten, aber nutzlosen Vorstellungen – nichts machen.

LEHRSTÜCK II:
GROUND ZERO.
11. SEPTEMBER 2001

Der 11. September 2001 hat uns an einen Raum erinnert, den wir längst vergessen hatten, dessen Bewältigung aber zu den Voraussetzungen unserer Zivilisation gehört. Es ist die Erinnerung an das Selbstverständliche. Erinnerung an die Ozeane, die überquert werden müssen und täglich von Millionen überquert worden sind, die aber nicht mehr überquert werden können, wenn der Luftraum gesperrt ist. Wir sind alle Bewohner eines globalen Raumes, der über Jahrzehnte hinweg produziert worden ist. Nun hat er einen Riß bekommen. Es stellt sich heraus, daß Räume zerfallen können, wenn »Nervenstränge« oder Verkehrslinien unterbrochen werden. Es zeigt sich, daß auch in Zeiten von Cyberspace Ortskenntnis und Terrainerkundung nicht überflüssig geworden sind.

Vielleicht ist es mehr als ein Zufall, daß der erste Krieg des 21. Jahrhunderts dorthin zurückgekehrt ist, wo vor fast genau 100 Jahren der britische Offizier und Geograph Sir Halford Mackinder den »Drehzapfen der Weltgeschichte« vermutet hatte: ins »Heartland«, das er in Zentralasien vermutete und dessen Beherrschung den Ausschlag für die Herrschaft über die ganze Welt geben sollte. Es ist, als trauten wir den Bildern, die wir doch mit eigenen Augen gesehen haben, immer noch nicht. Deshalb sehen wir so ungläubig und fasziniert vom Kraterrand auf den Trümmerberg, aus dem noch immer Rauch- und Staubschwaden aufsteigen. Deshalb suchen wir, wenn wir aus dem Flugzeug blicken, die hell erleuchtete Stelle im Süden Manhattans. So brennen sich Orte in das Gedächtnis ein, so bauen sich die Referenzpunkte kollektiver Erinnerung auf, so bildet sich der Horizont, der für Generationen danach maßgeblich sein wird. Woran sich Augenzeugen und Zuschauer für immer erinnern werden: die Fassadenreste, die wie eine Theaterkulisse oder wie ein Stück dekonstruktivistischer Architektur aufragen; das Inventar des Katastrophenschutzes – Zelte, Bahren, Desinfizierungsanlagen, Staub- und Gasmasken.

New York jetzt: die Stadt ohne die Zwillingstürme – vorerst jedenfalls. Brooklyn Bridge: die Brücke mit den aus Manhattan Fliehenden, nicht nur John Roeblings Weltwunder. Wall Street: keine Metapher mehr, sondern der Ort, wo für eine Sekunde die Zirkulation des abstrakten Reichtums unterbrochen wurde. Washington Square und Union Square: nicht mehr die angenehmen Stadtplätze, sondern bewegende Memorial-Sites, Gedenkstätten mit einem Meer aus heruntergebrannten und zerfließenden Kerzen. New York: die Stadt, in der es einen neuen Typ von Helden gibt und einen Bürgermeister, der treffender als Dichter zum Ausdruck bringt, was geschehen ist.[1] Wir werden daran erinnert, daß nicht alles Medium und Simulation ist, daß Körper zermalmt und Häuser zerstört werden, nicht nur Symbole; wir nehmen zur Kenntnis, daß es Ozeane gibt und daß es nicht gleichgültig ist, ob ein Land von Ozeanen umgeben ist oder nicht; wir merken, daß es selbst im *global space* Stränge und Knoten gibt, die nicht nur virtuell sind, sondern wirklich durchtrennt und beschädigt werden können.

Die Karte erfaßt nicht nur einen physischen Ort, sondern Stillstand und Aussetzen der Selbstverständlichkeiten, auf denen unser Alltag beruht, und sie zeigt das Ende der Routinen, auf deren stillschweigendem Funktionieren unsere Zivilisation beruht. Ground Zero ist der Punkt, an dem etwas zum Stillstand und zum Einsturz gebracht worden ist, der Punkt, von dem aus die Welt, in der wir von nun an leben, neu vermessen wird. Darin spielten Fronten und Grabenkämpfe, nationale Grenzen und nationale Souveränitäten kaum eine Rolle, um so mehr aber imaginäre Räume, in denen die Flug-, Flucht- und Infiltrationsbewegungen, die Bildung von Netzwerken, die Lebensstationen der Akteure und Aktivisten eine gewichtige Rolle spielten. Eine neue Welt mit neuen Zentren, neuen Gefahrenzonen, Bruchlinien und Grenzen entsteht. Die Grenzen verlaufen jetzt nicht mehr zwischen Staaten, sondern durch sie hindurch, zwischen denen, die noch mithalten können im globalen Spiel, und jenen, die es nicht mehr schaffen und herausfallen.

Der 11. September hat nicht nur die Türme des World Trade Center zum Einsturz gebracht. Für einen Augenblick wenigstens hat er den Raum sichtbar werden lassen, in dessen Zentrum die Türme stehen. Es war nur eine historische Sekunde, aber sie genügte. Es wurden Türme getroffen, nicht nur Symbole. Der Kapitalismus ist nicht nur der Name für ein System, sondern ein System, das einen Ort hat. Er hat seine Banken, seine Analysten, seine unüberschaubar komplexe Struktur, seine Nervenknoten, seine Adern und Arterien. Von der Funktions-

31

tüchtigkeit dieser an einem bestimmten Punkt gebündelten Flüsse und Ströme an Informationen hängt alles ab. Wer es stören will, greift nicht *den* Kapitalismus an, der nur eine Abstraktion ist, sondern den Kapitalismus, der sich in Firmenzentralen, Börsen, Banken, Unternehmen kristallisiert hat. Noch die Produktion abstraktesten Reichtums braucht Menschen, die mit Hingabe und Intelligenz arbeiten und nach Glück streben. Wer den Kapitalismus oder den Westen treffen will, muß Menschen treffen, Etagen, die von Fensterputzern gereinigt werden und von Kellnern versorgt werden. Also: wer ein System treffen will, muß die Menschen, aus denen es besteht, treffen. Die aus den Fenstern stürzenden Körper sind die Fragmente des Systems.

»Der Körper ist«, wie Henri Lefebvre in seiner Schrift über die Produktion des sozialen Raumes gesagt hat, »das eigentliche Zentrum des Raumes und des Diskurses der Macht, irreduzibel und subversiv«.[2] Die Ortsangaben, die wir immer wieder zu sehen und eingeblendet bekamen: das Geviert im Süden von Manhattan diente nicht der Illustration, sondern war eine exakte und notwendige Lokalisierung, nicht Beimischung von Lokalkolorit. Es war die Nahaufnahme vom finanzökonomischen Herzen der Vereinigten Staaten und der ganzen westlichen Welt. Es war der innere Bezirk der großen Stadt New York und damit des Zentrums der modernen, wenigstens westlich-modernen Welt. New York ist nicht nur Symbol, sondern eine Stadt, die verletzbar ist, getroffen werden kann.[3] Die Verletzung eines Symbols kann man zur Kenntnis nehmen, das Eingeständnis, eine Stadt wie New York sei prinzipiell unverteidigbar und jederzeit verletzlich, ist eine Frage von Leben und Tod. New York und Städte wie New York funktionieren nur als offene Stadt. New York als geschlossene Stadt, als verbarrikadierte Stadt, als Zitadelle ist undenkbar und wäre gleichbedeutend mit dem Ende der westlichen Lebensform. Diese Einsicht, und nicht Panik und Hysterie, lag allen Reaktionen auf den Anschlag zugrunde. Die Schließung der Tunnels, die Manhattan mit den anderen Stadtteilen verbinden, brächte das Leben zum Erliegen. Die Schließung der Untergrund-Stationen ließe das Leben des ganzen Distrikts absterben und machte das südliche Manhattan auf Dauer unbewohnbar. Die Überprüfung aller irgendwie arabisch aussehenden US-Amerikaner und Touristen – bekannt als *racial profiling* – hielte die amerikanische Gesellschaft, auch wenn sie sie technisch hätte durchführen können, gesellschaftlich und kulturell nicht aus. Die Unterbrechung der Post, die Verweigerung der Briefbeförderung oder Briefannahme nach den Anthrax-Attentaten, die Lähmung all jener Vorgänge, auf de-

»Es war der innere Bezirk der großen Stadt New York, und damit des Zentrums der modernen, wenigstens westlich-modernen Welt«

Ground Zero oder die Trümmer des World Trade Center in einem dreidimensionalen digitalen Oberflächenmodell

ren stillschweigendem Funktionieren unsere Zivilisation beruht, gab eine Vorahnung von der Anfälligkeit unserer hochempfindlichen Strukturen. Die für einen Moment angeordnete Einstellung des Flugverkehrs über den Vereinigten Staaten hätte, über eine längere Zeit extrapoliert, zum Zusammenbruch des Luftraums geführt, in dem Amerika seinen zentralen Platz hat, zum Aussetzen all jener Bewegungen, die Amerika mit dem Rest der Welt verbinden. Das bedeutete nicht weniger, als daß Nordamerika für einen Augenblick unerreichbar und wieder zur großen Weltinsel geworden war. Mit einem einzigen, mit einfachen Mitteln verübten Anschlag war für einen Augenblick das ganze aufwendig geknüpfte Netzwerk zerschnitten worden. Die Konturen der Neuen Welt, wie sie vor Kolumbus auf den Globus eingezeichnet war, traten überraschend wieder in Erscheinung.

Der Feind war neu, und einer der neuen Züge war, daß er nicht von einem festen staatlichen Territorium aus operierte, sondern aus den Strömen der globalen Welt heraus – seien dies nun die Ströme der Kommunikation (Internet), die finanziellen (der Aufbau der Logistik), der Medien (die präzise, mediengerechte Inszenierung des Angriffs, der die Medien des Feindes für sich arbeiten ließ), des Verkehrs (Reisen in die und in den Vereinigten Staaten), die Korridore von internationalisierter Ausbildung und Studium, schließlich die Großzügigkeit und Anonymität, die das Leben in den großen Metropolen bietet. Deterritorialisierung des Feindes und seiner Operationen und Verwundbarkeit der offenen Gesellschaft, die auf die Durchlässigkeit, ja Beseitigung von Grenzen angewiesen ist, gehören zusammen. Ein neues Szenario tat sich auf, eine Ausweitung der Kampfzone, ein gänzlich anders geartetes Schlachtfeld zeichnete sich ab.

Auf der einen Seite: die Nervenzentren des globalen Kapitalismus, die symbolischen Orte und Monumente des Okzidents, die offenen Kanäle und Korridore, die unkontrollierbaren Prärien und unregierbaren Dschungel der modernen Metropolen. Auf der anderen Seite: die Rückzugsgebiete in den Höhlensystemen von Tora Bora oder den Armenvierteln und Vororten von Islamabad, die weiten Territorien, die, nur noch Ruinen eines Staatswesens. gänzlich dem Zugriff von Warlords ausgeliefert sind, die Nachschubrouten für High-Tech-Instrumentarium, Waffen, Drogen. Und dies alles vernetzt durch die globalen Kommunikationssysteme, die jeden Kampf im entferntesten Bergtal des Hindukusch noch zu einer Live-Geschichte in der ganzen Welt werden lassen. Die Grenzen verlaufen jetzt nicht mehr zwischen Staaten, sondern durch sie hindurch. Die Bruchlinien verlaufen nicht zwischen der arabisch-islamischen und der westlichen Welt, sondern zwischen den aufgeheizten Zentren eines radikalisierten Islamismus und einer um ihre Stabilität besorgten Welt.[4]

Grenzen, Zentren und Schauplätze wandern, und kaum noch etwas erinnert an den Grenzverlauf und die Spannungszonen von vor einem Jahrzehnt. Die Kartenbilder, die wir uns nolens volens eingeprägt haben, zeigen den Spannungsbogen der neuen Kampfzone: er reicht von den Schluchten in Lower Manhattan bis in die Hochebene von Kandahar. Das Schlachtfeld ist unübersehbar weit: es reicht von den Banlieues mit ihren unauffälligen Gläubigen bis zu den vollklimatisierten Airports, die man in eine Hölle verwandeln kann. Von Ground Zero aus wird die Welt neu vermessen. Die These vom Verschwinden des Raumes war so sinnlos wie die These vom Ende der

Geschichte. Es bedarf offensichtlich immer wieder großer Ereignisse, um an Dinge zu erinnern, die einmal selbstverständlich gewesen sind, unter bestimmen Bedingungen aber hatten »in Vergessenheit geraten« können.

»SPATIALE ATROPHIE«.
DAS VERSCHWINDEN
DES RAUMES

Die These vom »Verschwinden des Raumes« wird vor allem mit der Revolution der Informationstechnologien in den letzten zwei, drei Jahrzehnten begründet. Ungleich stärker als alle vorangegangenen Mittel – Dampfschiffahrt, Telegraph, Telephon, Radio, Fernsehen – trügen, so das Argument, die neuen Technologien – Internet, E-Mail, Fax, Mobiltelephone – nicht nur zur Schrumpfung, sondern überhaupt zum Verschwinden des Raumes bei.[1] Eine ganze Literatur hat sich um diesen Topos vom »Verschwinden des Raumes« und vom »rasenden Stillstand« (Paul Virilio) entwickelt: »Die Idee von der Telekommunikation als ›Schrumpfung von Entfernung‹ läßt ihn (Cyberspace – K.S.) analog zu anderen Verbesserungen von Transport und Kommunikation erscheinen. Indes wird so gerade das Wesentliche der fortgeschrittenen Telekommunikation verfehlt, das gerade nicht darin besteht, die ›Reibung der Entfernung‹ zu mindern, sondern sie gänzlich bedeutungslos zu machen. Wenn die Zeit, die man für eine Kommunikation über 10 000 Meilen hinweg benötigt, nicht unterscheidbar ist von jener, die man für eine Meile braucht, dann ist es zu einer Konvergenz von ›Zeit-Raum‹ in einem grundlegenden Maßstab gekommen. Da alle geographischen Beziehungen implizit oder explizit auf der durch Entfernung erzeugten Reibung basieren, ergibt sich zwangsläufig, daß die Leugnung einer jeglichen derartigen Reibung die Basis in Frage stellt, auf der bisher wie selbstverständlich die Geographie beruht hat.«[2] Doch geht diese Auffassung selbst Theoretikern des Cyberspace zu weit. Es gebe zwar keinen Zweifel, »daß die Informations- und Kommunikationstechnologien abrupt die Logik moderner Gesellschaften unterbrechen, aber sie machen sie nicht einfach hinfällig. Geographie spielt weiterhin eine Rolle – als ein organisierendes Prinzip und als ein Konstituens sozialer Beziehungen; man kann sie nicht gänzlich eliminieren ... Man darf die Tatsache nicht übersehen, daß die Menschen noch immer in einer materiellen Welt leben und Lebensmittel, Wohnung und menschlichen Kontakt brauchen.«[3] Die Revolutionierung der Mittel führe eher zu einer Erweiterung oder Überlagerung des geographischen Raumes, nicht zu dessen Verschwinden. »Der geographische Raum wird von einem virtuellen Raum überlagert und erlaubt so Menschen und Organisationen, flexibler auf die realräumlichen Geographien zu reagieren. Wir glauben, daß diese gesteigerte, flexible räumliche Mobilität und Akkumulationsweisen anzeigen, daß wir heute in einer Ära leben, in der die räumliche Logik spätmodern ist; eine Ära, in der ein neuer sozial-räumlicher Nexus konstruiert wird.«[4]

Indes ist das Argument oder die Meinung vom Verschwinden des Raumes älter als die allerjüngste technologische Revolution und stützt sich auf weitaus massivere Schichten als nur den zu Recht konstatierten technischen Fortschritt. Es geht eher um eine ganze Denkform, um einen Habitus, eine *façon de parler*. Darin dominiert wie selbstverständlich der Zeithorizont und das historische Narrativ. Sein Primärmaterial ist die Rede, der Text, der Diskurs. Reinhart Koselleck hat von einer wie selbstverständlichen und spontan akzeptierten Vorherrschaft der Zeit über den Raum gesprochen. »Vor die formale Alternative Raum oder Zeit gestellt, optierte die überwältigende Mehrzahl aller Historiker für eine theoretisch nur schwach begründete Dominanz der Zeit.«[5] Und Edward Soja stellt ins Zentrum seines Entwurfs postmoderner Geographien überhaupt die These vom Verschwinden des Raumes als der Kehrseite des Sieges des Historismus, den er erst jetzt an sein Ende kommen sieht. »Mein Ziel ist die Verräumlichung des historischen Narrativs (›to spatialize the historical narrative‹), die Verbindung von durée und dauerhafter und kritischer Human-Geographie ... die Vergewisserung einer kritischen räumlichen Perspektive in der zeitgenössischen Gesellschaftstheorie und Analyse. Für das vergangene Jahrhundert wenigstens haben Zeit und Geschichte eine privilegierte Stellung im praktischen und theoretischen Bewußtsein des westlichen Marxismus und der kritischen Gesellschaftstheorie eingenommen. Verstehen, wie Geschichte gemacht wird, war die wichtigste Quelle emanzipatorischer Erkenntnis und praktisch-politischen Bewußtseins, der große, variable Behälter für eine kritische Interpretation gesellschaftlichen Lebens und gesellschaftlicher Praxis. Heute indes ist es eher der Raum als die Zeit, der uns in seinen Konsequenzen verborgen bleibt, es ist eher das ›Machen der Geographie‹ als das ›Machen der Geschichte‹, das uns die praktische und theoretische Welt vor Augen führt. Darin liegen am nachdrücklichsten Voraussetzung und Versprechen postmoderner Geographien.« Edward Soja zufolge geht es weiterhin um »einen Versuch, das rigid historische Narrativ zu dekonstruieren und neu zusammenzusetzen, aus dem Gefängnis der Temporalität von Sprache und eines ähnlich gefängnishaften Historizismus konventionell kritischer Theorie auszubrechen, um Raum zu schaffen für Einsichten einer verstehenden Human-Geographie, einer spatialen Hermeneutik. Der Fluß der Sequenz würde damit immer wieder unterbrochen und abgelenkt, um Gleichzeitigkeiten und das Nebeneinander von Karten aufzunehmen und zusammenzubringen, womit es möglich würde, an fast jedem beliebigen Punkt in die Narration einzusteigen, ohne die allgemeine Aufgabenstellung aus den Augen zu verlieren, die man so umschreiben könnte: Schaffung kritischerer Zugänge für die Verbindung von Zeit und Raum, von Geschichte und Geographie, von Epoche und Region, von Abfolge und Simultaneität.«[6]

Die Obsession des 19. Jahrhunderts war der Historismus, die Zeit – *durée*, nicht *éspace*. Der Historismus dachte Veränderung im zeitlichen Nacheinander, nicht im Nebeneinander. Sie entfaltete – zuweilen auf hypertrophe Weise – die soziale Imagination, während die geographische Imagination immer peripher blieb und verkümmerte. Soja spricht gar von einer Unterwerfung des Raumes im kritischen Gesellschaftsdenken.

Auch Nicolaus Sombart verweist auf eine viel tiefer liegende Schicht, wenn es um die Beschreibung und dann um die Erklärung der textualistischen und temporalistischen Verkürzungen unserer geisteswissenschaftlichen und kulturgeschichtlichen Interpretation geht. »Unsere Hermeneutik ist geisteswissenschaftlich. Mit anderen Worten: maimonidisch, talmudistisch, protestantisch, auf Texte und ihre Chronologie bezogen; sie interpretiert die Welt wie ein Buch in der Abfolge der Seiten; in der Ordnung der Buchstaben versucht sie, einen geheimen Sinn, der dahinter verborgen sein soll, zu entziffern. Es geht immer um ›Enthüllung‹. Das kulturelle Phänomen, um dessen Sinndeutung es geht, ist immer Chiffre, die ›hinterfragt‹ werden muß. Die Lebenswelt in ihrer sinnlichen Konkretheit wird nicht ernst genommen. Sie ist nur Schein, der das Sein verbirgt. Die wissenschaftliche Demarche zielt darauf, Indizien für einen Betrug zu finden, dem man auf die Schliche kommt. Die ›Enthüllung‹ wird ›Entlarvung‹ (das ist der Gestus der modernen Kulturkritik). Belege sind in der Regel immer Textstellen. Die Interpretation klebt am Buchstaben. Die Topologie dieser Hermeneutik ist ortlos ... Dagegen stünde eine kulturwissenschaftliche Hermeneutik, die raumbezogen ist und in Körpern denkt, dreidimensional, morphologisch, geographisch. Die Welt des Menschen ist der Planet mit seinen

Erdteilen und Ozeanen, seine Geschichte, sein Erdenschicksal ist an konkrete Orte und Räume gebunden. Ihre Topik ist Topographie. Jeder Ort muß über die ihm zugeordnete Ikonographie verstanden werden. Nicht Epochen und Zeitabläufe sind das Entscheidende, sondern Sozialkörper und Kulturkreise. Sinnmuster werden in räumlich-geographischen Beziehungen und Bereichen gesucht, das Phänomen als Bild und Gestalt in situ wahrgenommen. Es gibt kein von der sinnlichen Welt abgelöstes Reich des Geistes, das nur im Geisterreich kanonischer Texte existiert. Alles ist lokalisierbar. Man könnte von einer topographischen Hermeneutik sprechen. Das Grundmuster, in das alle Daten des geschichtlich-gesellschaftlichen Kontinuums eingetragen sind, ist der viergeteilte Kreis der Windrose mit den Himmelsrichtungen Ost und West, Nord und Süd; im Mittelpunkt – mit beiden Füßen auf dem Boden, hoch erhobenen Hauptes – der Mensch in der Dreidimensionalität seines Körpers, von dem her bestimmt wird, was oben und unten, vorne und hinten und rechts und links ist. Jede Sinnfrage kann eine Antwort nur in diesem Koordinatensystem finden, in dem es nichts zu ›hinterfragen‹ und zu ›entlarven‹ gilt, sondern in dem sich Antworten in dem Maße finden lassen werden, in dem man darin das für eine Kultur und ihre Physiognomie bestimmende System der symbolischen Zuordnungen erkennt.«[7]

Woran könnte das liegen? »Liegt es am Ende daran, daß die Kulturtopographie, der wir hier das Wort reden, so selbstverständlich zu unseren Denkgewohnheiten und zu unserer Denktradition gehört, daß sich jedes Verstehen von Welt, auf jeder Stufe der Erkenntnis, von der Lebenswelt des Alltags über das Verständnis politischer und historischer Zusammenhänge bis zur philosophisch oder naturwissenschaftlich begründeten ›Weltanschauung‹, daß jede Ideologie- und Kulturkritik, ob wir es merken oder nicht, sowieso immer schon im Koordinatensystem einer räumlich-geographischen, körperlich-anthropomorphen Ortsbestimmung entfaltet...?«[8]

Es gab eine Zeit, in der diese Fragen noch gestellt worden sind, in der sich die Dominanz der Zeit über den Raum noch nicht von selbst verstand und in der Raum und Zeit, Erdkunde und Geschichte noch in einem ausgeglichenen Verhältnis zueinander standen. Bevor die Geschichte des Siegeszugs des Historismus erzählt wird, die gleichzeitig eine Verdrängungsgeschichte ist, muß man zum Ausgangspunkt zurückkehren. Man braucht dazu nicht bis in die Antike zurückzugehen, in deren Geschichtsschreibung immer eine komplexe Welt beschrieben wurde, in der Reise, Landesbeschreibung, Klimabeobachtung, Ereignisgeschichte, Alltag und Haupt- und Staatsaktion, Mythos und Realgeschichte wie selbstverständlich koexistierten. Ob bei Thukydides, Xenophon, Herodot, Strabo, Plutarch oder Tacitus – es wird immer von einer Einheit von Zeit, Ort und Handlung ausgegangen. Dies gilt, wenn auch auf andere Weise, noch für die Chronisten des Mittelalters, für die Reisebeschreibungen der Pilger ins Heilige Land und auch noch für einen Teil der frühen Entdeckungsliteratur. Mit den Anfängen der modernen Geschichtsschreibung im 18. Jahrhundert tritt auseinander, was ursprünglich in einer Hand oder in einer Person vereint war. »Die Entgegensetzung naturwissenschaftlicher und historischer Raum- und Zeitkategorien ist modern. Zur alten ›historia‹ als allgemeiner Erfahrungswissenschaft gehörte sowohl die Kunde der Natur, die Geographie im engeren Sinne wie auch die Chronologie.«[9] Sie traten in der Entfaltung der Disziplinen auseinander – in Lessings *Laokoon* von 1776, wo gesagt ist, daß der Raum und die Körper Sache des Malers und die Zeit und die Handlungen die Sache der Dichter seien, oder bei Kant, wo Geschichte als die Disziplin des Nacheinander, Geographie als Geschichte des Nebeneinander definiert wird[10] – aber immer noch sind beide Stränge im Blick.

Am Beginn des 19. Jahrhunderts ist die Geographie jedoch schon in eine Position geraten, in der sie sich zu legitimieren gezwungen sieht. »Die Geographie ist seitdem in eine prekäre Zwischenlage geraten, sowohl Teil der reinen Naturwissenschaft sein zu müssen wie auch – als Anthropogeographie, als Kulturgeographie usw. – Teil der Geistes- und Sozialwissenschaften zu sein«; sie kann »sich wohlverstanden nur als interdisziplinäre Wissenschaft begreifen, während sie von der ehedem selbstbewußten Historie gemeinhin nur als Hilfswissenschaft eingestuft wurde.«[11] An Carl Ritters Schriften aus der ersten Hälfte des 19. Jahrhunderts ist nicht ganz klar, ob es Rückzugsgefechte einer in die Defensive geratenen Disziplin sind, die die Einheit der Wissenschaften retten möchte, oder ob es sich um die Neubegründung eines Verhältnisses handelt, nachdem das naive Einverständnis von Historie und Geographie zerbrochen war. In jedem Fall bleibt es Carl Ritters großes Verdienst – aber auch das der Gebrüder von Humboldt und später Friedrich Ratzels und Karl Lamprechts –, »die raumzeitliche Konstitution empirischer Geschichten thematisiert zu haben«.[12]

Carl Ritter hat den ganzen Reichtum einer sich ihrer Geschichtlichkeit bewußten Geographie in seinem Vortrag »Über das historische Element in der geographischen Wissenschaft«, vorgetragen am 10. Januar 1833, formuliert. Er bezieht sich auf die »natürliche Einheit« des

»Die Geographie ist seitdem in eine prekäre Zwischenlage geraten.«

Carl Ritter (1779–1859), *Ölgemälde von A. Bemert*

Historischen und Geographischen bei den Autoren der klassischen Antike. »Denn das rein gedachte gleichzeitige Nebeneinander des Daseins der Dinge ist, als ein wirkliches, nicht ohne ein Nacheinander derselben vorhanden. Die Wissenschaft der irdisch erfüllten Raumverhältnisse kann also eben so wenig eines Zeitmaaßes oder eines chronologischen Zusammenhanges entbehren, als die Wissenschaft der irdisch erfüllten Zeitverhältnisse eines Schauplatzes, auf dem sie sich entwickeln mußten. Die Historie bedarf eines solchen zu ihrer Entfaltung, sie wird in ihre Gestaltungen überall, sei es ausgesprochen oder nicht, ein geographisches Element mit aufnehmen müssen, auch in ihre Darstellungen; sei es nun, indem sie, wie bei Thukydides oder Johannes Müller, gleich zu Anfang ihrer Historien dieses in einem großen Überblicke voranstellt, oder, wie bei Herodot, Tacitus und anderen Meistern, in den Fortschritt ihrer Darstellungen einwebt, oder, wie bei noch Anderen, es

auch übergeht und nur den Ton oder die Färbung durch dasselbe bei-
behält. In einer Philosophie der Geschichte, wie sie früherhin Baco
und Leibniz dachten, Herder entwarf, wie sie neuerlich auf mancherlei
Weise weiter zu führen versucht ward, mußte diesem geographischen
Elemente, dem Raumverhältnisse des Erdballs, eine immer bedeuten-
dere Stelle eingeräumt werden.«[13] Die Hauptargumentation gilt aber
der Historizität der geographischen Wissenschaft selbst und der Kritik
einer bloß »leblosen Landkartenansicht«[14]. »Die geographische Wissenschaft kann aber eben so wenig des historischen Elements entbehren,
wenn sie eine wirkliche Lehre der irdischen Raumverhältnisse sein
will, und nicht ein abstraktes Machwerk, ein Compendium, durch
welches zwar der Rahmen und das Fachwerk zur Durchsicht in die
weite Landschaft gegeben sind, aber nicht die Raumerfüllung selbst in
ihren wesentlichen Verhältnissen und in ihrer innern und äußern Ge-
setzmäßigkeit ... Das dunkle Gefühl wie das klar bewußte Bedürfnis
hat daher auch von jeher die geographischen Wissenschaften an die
historischen angereihet.« Von den alten Geographen Hekataios, Dicaearchos, Strabo, den Geographen der Araber und Chinesen, sagt Ritter
mit Anerkennung, sie »haben ihre Geographien fast ganz historisch gestaltet.«[15] Ritter kritisiert eine bloß physikalische Geographie, die keine
Geschichte kennt, »die Verarmung und gewissermaßen die Erstarrung,
welcher das Leben der geographischen Wissenschaft jedesmal unterlag,
sobald sie sich in jenen schwachen compendiarischen Versuchen, um
desto reiner aufzutreten, aller historischen Bereicherung entäußerte«,
und entwirft eine Geographie, die ihren Gegenstand in Wandel und
Entwicklung wahrnimmt und analysiert. Er zeigt, wie durch menschliche Arbeit und Aktivität die Wirkung naturwüchsiger Vorgänge ein-
geschränkt wird. »Unverkennbar ist es, daß die Naturgewalten in ihren
bedingenden Einflüssen auf das persönliche der Völkerentwicklung
immer mehr und mehr zurückweichen mußten, in demselben Maaße
wie diese vorwärts schritten ... Die civilisierte Menschheit entwindet
sich nach und nach, eben so wie der einzelne Mensch, den unmittelbar
bedingenden Fesseln der Natur und ihres Wohnortes. Die Einflüsse
derselben Naturverhältnisse und derselben tellurischen Weltstellungen
der erfüllten Räume bleiben sich also nicht durch alle Zeiten gleich.«[16]
Während Ritter durchaus die umgestaltende Kraft der menschlichen
Arbeit auf die Natur des Planeten als »Erziehungshaus des Menschengeschlechtes« im Auge hat, wird das entstehende Gesellschaftsdenken –
Fourier, Marx, Comte – sehr rasch den Weg zu einem Anthropozen-
trismus einschlagen, der die Verbindung zu den Schwerkräften der

natürlichen Umwelt kappt oder hinter sich läßt. Im Unterschied zu dieser Ignoranz des Räumlichen in der aufkommenden Sozialwissenschaft entfaltet Ritter seinerseits eine Geschichte der Produktion sozialer Räume, wie sie explizit erst mehr als ein Jahrhundert später – von Henri Lefebvre und anderen – formuliert wird. Ritter spricht etwa von der Verwandlung der Alpen aus einer Naturbarriere in eine Passage im Zuge der Entwicklung der Verkehrs- und Transportmittel. Küsten und Meere verlieren ihre verlangsamende, trennende Funktion: »Früherhin waren die Gestade, die Meere, die Oceane nur Hemmungen auf dem Planetenring… Gegenwärtig scheiden die Meere nicht, wie ehedem, die Länder- und Erdtheile; sie sind es, welche die Völker verbinden, ihre Schicksale verknüpfen, auf die bequemste, selbst auf die sicherste Weise, seitdem die Schiffahrt zur vollkommensten Kunst herangereift ist, seitdem der schnellste und leichteste Transport durch die Beseelung der Bewegungen der flüssigen Elemente, welche bei weitem den größern Raum (3/5 gegen 2/5) auf dem Erdrund einnehmen, das Verknüpfungsmittel aller Kulturvölker geworden ist… Der Fortschritt der oceanischen Schiffahrt hat sogar die ganze Stellung der Erdtheile, der Continente und aller Inseln gegen die frühere Zeit zu einer anderen wirklich gemacht.« Durch solche »Raumrevolutionen« wurde, so Ritter, St. Helena zu einer »Nachbarinsel unseres Erdtheils«, die Fahrt von Europa zum Kap der Guten Hoffnung zur Routine, die Fahrt nach China verkürzt sich seit dem 18. Jahrhundert auf die Hälfte, auf vier Monate. »Der atlantische Ocean ist also in der That hierdurch (durch Fortschritt in der Schiffahrt – K. S.) in einen schmalen Meeresarm oder in einen großen Kanal verwandelt.« Das Innere von Kontinenten sei durch die verkehrsmäßige Erschließung der Stromsysteme zugänglich geworden, »die bis dahin starre Physik der rigiden Erdrinde« habe aufgehört zu wirken.[17] Der technische Fortschritt hat die Relationen verändert, die Zentren und Peripherien verschoben. Europa, dessen Zentrum sich an den Atlantik verlagert hat und in vielfältigen Beziehungen zu Asien steht, habe »seine ehemalige Kulturmitte auf die Gestadeseite geworfen, sein Inneres nach Außen gewendet, und ist dagegen vielfach in Wüstenmitte versunken«. Ost-Indien und West-Indien erscheinen »gleichsam als maritime Gliederungen der europäischen Welt, die in ununterbrochener Berührung, in unausgesetztem gegenseitigen Verkehr stehen, ungeachtet ihrer weiten Abstände«. Sie sind »befreundete Planetenstellen« geworden.[18] Carl Ritter geht noch weiter, indem er die Brücke zwischen den »Erdwissenschaften« und den »Geisteswissenschaften« schlägt, indem er, bei gleichzeitiger Abgrenzung gegen monokausale Ableitungen, eine Relation zwischen der »räumlichen Zusammenwirkung des Natursystems in seiner localen Gesamterscheinung« und den »theosophischen, philosophischen und poetischen Produktionen« herstellt und fast ein Programm andeutet, das heutzutage unter dem Titel »Geoculture« firmiert. »Die Ossianische Dichtung auf der nackten Heide des rauhen, wolkenreichen schottischen Hochgestades entspricht einem anderen Naturcharakter ihrer Heimath, wie der Waldgesang des Canadiers, das Negerlied im Reisfeld am Joliba, das Bärenlied des Kamtschadalen, der Fischergesang des Insulaners, und alle diese sind nur einzelne Laute der vorherrschenden, gemüthlich-geistigen Stimmung und Entwicklung, welche den Naturvölkern, aus denen sie hervortönen, durch das Zusammenwirken des sie umgebenden Natursystems, durch den Totaleindruck ihres Naturelements, dem sie angehören, eingeprägt und wieder entlockt wurden.«[19]

Von diesem reichen Programm einer ihrer Sache sicheren Erdkunde um 1830 nimmt sich die weitere Entwicklung wie ein kontinuierlicher Abstieg oder besser: wie eine Marginalisierung einer ganzen Disziplin aus. In jedem Fall verschieben sich die Gewichte. Parallel dazu erfolgt der unaufhaltsame Aufstieg des Historismus, der zugleich die Verdrängungs- und Marginalisierungsgeschichte des Räumlichen ist. Es geht dabei weniger um eine offene, manifeste, erklärte Feindschaft und Durchsetzung von Hegemonie, sondern in erster Linie um ein stillschweigendes Verschwinden, um »silencing spatiality« (Edward Soja), um ein konstitutionell werdendes Desinteresse. Räumliche Verhältnisse sind gewissermaßen nur noch ein Container, eine Black box, eine passive Bühne für geschichtliche Akteure. Während sich die Geschichte und ihre Akteure unter allergrößtem Aufwand und mit größter Detailtreue selbst inszenieren, bleibt die Bühne selbst tot. Sie hat keine eigene Geschichte, keine eigene Zeit. Nicht unschuldig daran sind die Geographen und Raumwissenschaftler selbst, die die räumlichen Verhältnisse naturalisiert, zuweilen sogar versteinert und »geologisiert« haben – ohne einen Blick dafür, daß es menschliche Einflüsse und Einwirkungen gab, nicht nur ein *making of history*, sondern auch ein *making of geography*.

Bei Hegel verflüssigen sich alle festen Begriffe und Traditionen in Momente und Durchgangsstadien eines Prozesses, der Selbstbewegung des absoluten Geistes. Doch selbst die Hegelsche Dialektik des geschichtlichen Prozesses war bezogen auf einen Ort, auf ein Territorium – den bürgerlichen Nationalstaat alias Königreich Preußen. In der Marxschen Wendung der Hegelschen Dialektik avanciert das Kapital, als das sich selbst setzende und über sich hinausweisende Absolute, zum Motor der Weltgeschichte, und es gibt niemanden, der die historische Mission des Kapitals bei der Herstellung der einen Welt in Gestalt des Weltmarktes enthusiastischer gefeiert hätte als Marx. Marx blieb der Leserschaft zwar die Ausführung des von ihm angekündigten Kapitels zum »Weltmarkt« schuldig, aber die verstreuten Bemerkungen deuten doch darauf hin, daß er über ein äußerst feines Verständnis der Naturbedingungen für die Genese der kapitalistischen Produktionsweise verfügte; alles sprach dafür, daß er den Prozeß der Produktion eines spezifisch kapitalistisch-imperialistischen Raumes lebhaft vor Augen hatte. Im Gesamtwerk dominiert freilich der Produktions- und Verwertungsprozeß, der Prozeß der Selbstbewegung und Selbstzerstörung, einschließlich der Hervorbringung jener Klasse, die aus dem Kapitalismus herausführen würde. Im Marxismus, der auf Marx folgte, ohne daß er dafür verantwortlich gemacht werden könnte, gelangt der Prozeß der Gesellschafts- und Klassenbildung, der Exekution der »historischen Gesetze« und das zum Kollektivsingular avancierte revolutionäre Subjekt vollends ins Zentrum »des« Marxismus. Der kritische Diskurs und die materialistische Vulgata hatten immer auf die Veränderbarkeit von Mensch, Gesellschaft, Natur gesetzt und sich gegen unhistorische, abstrakte Universalisierungen – »die Natur des Menschen«, »das Wesen der Gesellschaft« und dergleichen – gewandt und die Erinnerung an anthropologische Konstanten, an »Naturbedingungen« als ahistorisch, deterministisch und in der politischen Konsequenz als fatalistisch denunziert. All das führt zu einer stillschweigenden Tabuisierung des Räumlichen, oder wie Edward Soja es nannte, zu einer »creation of critical silence.«[20]

Auch bei Lenin, der eigentlich die soziale Topographie der europäischen Metropolen und der europäischen Peripherie vor Augen hatte, dominiert »der« Imperialismus, in seiner ganzen expansiven Erstreckkung, aber Zentrum und Peripherie sind bei Lenin nicht wirklich thematisiert, nicht einmal Rußland, das weite Land par excellence und der Ort eines von Pjotr Tschaadajew bis Pjotr Kropotkin lebhaften Diskurses über den Zusammenhang von Geographie und Geschichte. Freilich gibt es bei ihm »Stadt« und »Land«, aber es ist niemals räumlich entfaltet, sondern immer zu den Begriffen »Proletariat«, »Bourgeoisie« und »Bauernschaft« verfremdet. So gibt es bei Lenin eigentlich kein Dorf, kein weites Land, kein Rußland, sondern nur den abstrakten Ort einer abstrakten Klassenkonfiguration. Nirgendwo ist der *Horror vacui*, der Schrecken des Raums, die Angst, sich im weiten Russischen Reich zu verlieren, deutlicher als in diesem Schweigen über die Unendlichkeit des russischen Raumes. Herrschaft hieß hier von allem Anfang an: Herrschaft über die Bauern, Herrschaft über das Dorf, Herrschaft über den unermeßlichen Raum, in dem die städtischen Enklaven sich verloren. Die systematische Ausschaltung der Geographie im produktivistischen und terroristischen Denken der Stalinzeit – oder ihre bloße Duldung als »Wirtschaftsgeographie« – ist nur ein weiteres Indiz dafür, daß sie nicht einmal im Traume daran denken durfte, den wirklichen Verhältnissen ins Auge zu blicken – sie wäre verloren gewesen. Der Terror ist auch der verzweifelte Versuch, nicht vor der Weite zu kapitulieren, sie um jeden Preis zu unterwerfen.

Auch bei anderen großen Denkern der Epoche und geschichtsmächtig gewordenen Gestalten – Émile Durkheim, Max Weber, Georg Simmel – dominieren die Prozesse, die Strukturen, die Typenbildungen, die Apparate, die Kollektivsingulare, die Produktionsmetaphern, die Entwicklung, die vom Niederen zum Höheren führt, die evolutionistische Illusion der Epoche, manchmal revolutionistisch überdreht.

Und doch ist die von Edward Soja vertretene These von einer durchgängigen *despacialization* im Denken des 19. und 20. Jahrhunderts in ihrer Schärfe und Einseitigkeit nicht haltbar. Das gleiche Jahrhundert, das den Historismus zum Gemeinplatz gemacht hat, hat auch dessen Opposition und Widerpart hervorgebracht, ein geradezu verschärftes Raumbewußtsein mit allem, was dazugehört: die Ausprägung des modernen Territorial- und Nationalstaates, die Produktion der mental maps, die ihn stützen, von der Entstehung moderner Staatsgrenzen bis hin zur obligatorischen Edition eines Nationalatlasses, die Herstellung des Weltmarktes und die Verinnerlichung aller Insignien einer Weltzivilisation und Weltkultur, die Unterwerfung und Kartierung der Welt durch die Kolonialmächte, der ungeheure Bedarf an Mitteln der Unterwerfung, Vermessung, Kartierung, kulturellen Durchdringung der akquirierten gewaltigen überseeischen Territorien, die verkehrsmäßige Erschließung der Welt durch Ozeandampfer, Bagdadbahnen, Transsibirische Transversalen und die Linien der Union Pacific. Eisenbahnbau, Handel, Verkehr – und nicht zuletzt Armeen und Flotten: vermutlich nie zuvor in der Geschichte hatte es einen so großen Bedarf an *mastering space*, Raumüberwindung, Raumbeherrschung, Raumaufklärung und Raumerforschung gegeben, und zwar weltweit. Der Herstellung der Räume der modernen Nationalstaaten und der Herstellung des über die ganze Welt ausgeworfenen Netzes der Herrschaft der europäischen Mächte folgt daher wie ein Schatten eine reflexive Bewegung, deren wissenschaftlicher Kern die Geburt der modernen

Geographie und deren politischer Kern die moderne Geopolitik ist. Es ist kein Zufall, daß sich das Auftreten der Pioniere der modernen Geographie in der Zeit um 1900 konzentriert: Friedrich Ratzel, Paul Vidal de la Blache, Frederick Jackson Turner, Pjotr Semjonow-Tjan-Schanskij, die ihrerseits bedeutende nationale Schulen bilden werden. Es ist kein Zufall, daß es in jener Zeit fast zeitgleich in den avancierten Ländern zur Institutionalisierung der Geographie und zur Gründung Geographischer Gesellschaften kommt – in Großbritannien, in Frankreich, in Deutschland, in Rußland, in Japan. Und es ist kein Zufall, daß im Sog der großen Politik eine Disziplin mit ihren Hauptfiguren – Mackinder, Mahan, Lord Curzon, Karl Haushofer, Rudolf Kjellén – Gestalt annimmt. So hat der Imperialismus des 19. und frühen 20. Jahrhunderts nicht nur Enträumlichung, Ortlosigkeit hervorgebracht, sondern aggressives Territorialbewußtsein.

Was an Edward Sojas und anderer Kritik an der »Enträumlichung« wahr bleibt, ist dies: daß die Fragen des Raums aus dem Gesellschafts- und Geschichtsdenken verdrängt oder ausgelagert worden sind, so daß der Befund, den kritische Soziologen wie Allan Pred, Pierre Bourdieu, Henri Lefebvre oder Anthony Giddens am Ende des 20. Jahrhunderts gegeben hatten, durchaus seine Richtigkeit hat. »... Die meisten Gesellschaftstheorien haben es nicht nur unterlassen, die Zeitlichkeit von Sozialverhalten genügend ernst zu nehmen, sondern auch die räumlichen Eigenschaften. Auf den ersten Blick erscheint nichts banaler und belangloser als die Versicherung, daß Sozialverhalten in Zeit und Raum stattfindet. Aber weder Zeit noch Raum sind zentral in der Gesellschaftstheorie integriert worden: eher sind sie ganz gewöhnlich bloß als »Umgebung« behandelt worden, in der Sozialverhalten eingeschlossen ist.[21] Und noch einmal Anthony Giddens: »Mit Ausnahme neuerer geographischer Arbeiten ... haben Sozialwissenschaftler es unterlassen, ihr Denken um jene Raum-Zeit-Modi herum zu konstruieren, in denen Sozialsysteme konstituiert sind. Ich möchte mich dafür stark machen, daß eine Erforschung dieses Problems ... nicht ein spezieller Typus oder ein einzelnes ›Feld‹ der Sozialwissenschaft sind, die man ernst nehmen oder auch bleiben lassen kann. Es handelt sich vielmehr um das Herz von Gesellschaftstheorie und sollte als von außerordentlichster Relevanz für die Durchführung von empirischer Forschung in den Sozialwissenschaften betrachtet werden.«[22]

HORROR VACUI.
DIE SCHRECKEN DER
GLEICHZEITIGKEIT

Das historische Narrativ folgt der Zeit. Die Chronik ist ihr Prototyp.
Im Gerüst der Zeit läßt sich noch das größte Chaos einordnen. Alles –
die Blüte der Renaissance, der Niedergang des Adels, die verheerende
Epidemie, die Massaker und Weltkriege – läßt sich dort eintragen. Es
gibt eine Richtung: aus der Gegenwart zurück in die Vergangenheit
und vorwärts in die Zukunft. Wir können uns beziehen auf die Vorfahren, auf vorangegangene Generationen. Wir finden einen Halt an dieser Bewegung. Wir brauchen nur der Zeit zu folgen: Tag für Tag,
Monat für Monat, Jahr für Jahr, Jahrhundert für Jahrhundert. Wir sind
aufgehoben in der Sicherheit des Nacheinander, und die Geschichte,
die wir erzählen, kommt auch dann noch zu einem Schluß, wenn sie
zu keinem Happy-End gekommen ist. Vom Raum können wir das
nicht sagen. Es gibt darin keinen Anhaltspunkt, an den wir uns halten
müßten. Er ist offen nach allen Seiten, und es hängt ganz an uns, in welche Richtung wir gehen. Auf einen einzigen Blick nehmen wir wahr,
was uns umgibt: alles, was gleichzeitig und nebeneinander um uns herum ist. Alles, was nebeneinander ist, erscheint auf einmal, zu gleicher
Zeit, gleichzeitig. Die Welt in ihrer Ganzheit, als Komplex, als Umgebung. Wer mit Orten zu tun hat und über Orte schreibt, sieht immer
mehrere Dinge gleichzeitig. Weil wir räumliche Wesen sind, sehen wir
auch räumlich. Etwas hat Oberfläche, Tiefe, Farbe, Bewegung, Geruch. Alles hat etwas zu bedeuten: Entfernung, Nähe, Eile, Langsamkeit, Greifbarkeit, Erregung oder Beruhigung. Wenn wir einen Platz
betrachten, dann ist das immer der Schnittpunkt von Bewegungen aus
verschiedenen Richtungen. Wir können den einzelnen Bewegungen
nachgehen, konsekutiv. Aber der Ort, an dem sich diese Bewegungen
treffen, ist definiert durch die Gleichzeitigkeit des Erscheinens und
Auftretens oder Zusammentreffens dieser Bewegungen. Wir können sie
nur separieren um den Preis der Zerstörung dessen, was der Ort, der
Platz, der Knotenpunkt ist. Wir können etwas gleichsam analytisch in
Parenthese setzen, einen Aspekt herauslösen, aber das ist nur eine vor-

übergehende, verschwindende Bewegung. Was ist und was bleibt, was konstitutiv wirkt, ist: das Zusammen, das Ineinander, die simultane Kopräsenz des Differenten.

Im Grunde trifft dieses Problem der Beschreibung auf jeden Gegenstand zu, aber nur hier fällt er wirklich auf und ins Gewicht. Man kann Geschichten erzählen, die sich entfalten, sich entwickeln, einen Anfang haben und ein Ende. Aber man kann einen Raum nicht erzählen, sondern nur zur Anschauung bringen. Ortsbeschreibung muß dem Nebeneinander entsprechen, nicht dem Nacheinander. Freilich tut man das dann schriftlich und nacheinander, weil wir auch nacheinander denken und formulieren, aber das Alpha und Omega dieses Nacheinander ist immer wieder die Gleichzeitigkeit der Erscheinungen vor Ort.

Bevor wir wahrnehmen, was sich bewegt und was sich entwickelt, nehmen wir wahr, was ist. Wir sind in dieser Welt, die uns umgibt und die uns hält, ohne daß wir etwas dazu tun müßten; und wir sind in dieser Welt, die uns von allem Anfang an überfordert, denn sie ist mehr »auf einmal«, als wir »auf einmal« wahrnehmen und verarbeiten könnten. Wir verlieren uns im Raum, der nach allen Seiten offen ist, und wir sind vom Raum gehalten, denn er umgibt uns. Er ist – auch ohne uns. Und er wird unserer in dem Maße, wie wir uns darin umtun und ihn uns aneignen, indem wir nicht nur Grenzen vorfinden, sondern auch Grenzen ziehen, indem wir nicht nur uns an Orten orientieren, sondern neue Orte schaffen und die Welt zu unserem Raum machen, sie uns aneignen, sie »verräumlichen«. Wenn wir uns im Raum nicht verlieren wollen, müssen wir ihn uns aneignen, ihn markieren. Auch wenn man skeptisch ist gegen »Logiken« gleich welcher Art, ist offensichtlich, daß das historische Narrativ einer anderen »Logik« folgt als die räumliche, nicht konsekutiv, sondern lateral, nicht linear, sondern eher stereoskopisch. Räume sind nicht teleologisch, sie folgen keiner Teleologie. Man darf freilich die Entgegensetzung nicht übertreiben, denn bei näherem Hinsehen stellt sich heraus, daß Raum und Zeit, nichtreduktionistisch und komplex aufgefaßt, eher komplementär und parallel sind, nur daß in der historiographischen oder soziographischen Praxis der Zeitachse mehr Bedeutung beigemessen wird. Die Polemik gegen eine auf Meistererzählungen reduzierte Historiographie darf nicht den Blick darauf verstellen, daß Zeit, ob Gegenwart oder Vergangenheit, nicht weniger unübersichtlich, chaotisch ist als Raum. Und doch ist die Befreiung des historischen Narrativs aus dem »Kerker einer ausschließlichen Temporalität« (Edward Soja) das Dringlichere und auch Schwierigere. Die Anstrengung kann umschrieben werden mit: Verräumlichung von geschichtlicher Erzählung und Entwicklung einer Hermeneutik des Räumlichen. Zugespitzt erscheint dieses Problem in jener Pointe, die Soja immer wieder zitiert, und zwar aus Jorge Luis Borges' Erzählung *Das Aleph*, wo es um das Problem der Gleichzeitigkeit geht, wenn man die Geschichte räumlich vergegenwärtigt. Soja spricht in diesem Zusammenhang von *linguistic despair*. »Was man sieht, ist unabweisbar gleichzeitig, die Sprache aber diktiert eine schrittweise Folgehaftigkeit, den linearen Strom von satzweisen Feststellungen, festgelegt durch den räumlichsten aller irdischen Zwänge, nämlich die Unmöglichkeit, daß zwei Objekte (oder Worte) genau denselben Platz (wie auf einer Seite) einnehmen können. Alles, was wir tun können, ist wieder zusammen- und intelligent nebeneinanderzustellen und dabei mit Beteuerungen und Betonungen des Räumlichen gegen die Vorherrschaft der Zeit anzugehen. Am Ende ist die Interpretation postmoderner Geographien nicht mehr als nur ein Anfang.«[1]

Die Konsequenzen, die dies für die historische Darstellung, also für die Historiographie hat, sind kaum absehbar, wenn man beispielsweise ähnliche Überlegungen in John Bergers *The Look of Things* (1974) liest. Er entwickelt darin eine gleichsam räumlich inspirierte oder aufgeklärte Ästhetik. »Wir hören eine Menge von der Krise des modernen Romans. Was dies grundsätzlich bedeutet, ist ein Wechsel im Modus der Narration. Es ist wohl kaum noch möglich, eine Geschichte geradewegs zu erzählen und schrittweise in der Zeit zu entfalten. Und dies deshalb, weil wir nur zu gut darüber Bescheid wissen, was unentwegt und seitwärts über die Linie der Erzählung hinweggeht. Das heißt, wir sind uns darüber im klaren, daß es keinen Punkt als einen unendlich kleinen Teil einer geraden Linie, als das Zentrum sternförmig zusammenlaufender Linien gibt. Dieses Wissen ist das Ergebnis davon, daß wir unentwegt die Gleichzeitigkeit und die Ausdehnung von Ereignissen und Möglichkeiten in Rechnung stellen. Es gibt viele Gründe, warum das so ist: die Reichweite der modernen Kommunikationsmittel; der Umfang moderner Macht; der Grad persönlicher politischer Verantwortung, die für Ereignisse überall auf der Welt zu übernehmen ist; die Entwicklung innerhalb dieser Welt; das Maß von Ausbeutung. All diese Dinge spielen eine Rolle. Prophezeiung hat heute mehr mit geographischer als mit historischer Prophezeiung zu tun; es ist der Raum und nicht die Zeit, deren Folgen wir nicht kennen. Um heute zu prophezeien, muß man nur Männer (und Frauen) wie es sie in der ganzen Welt in all ihrer Ungleichheit gibt, kennen. Jedes zeitgenössische Narrativ, das die Vordringlichkeit dieser Dimension leugnet, ist unvollkommen und gewinnt den simplifizierenden Zug einer Fabel.«[2]

Eine Spatialisierung geschichtlicher Wahrnehmung, das scheint unbestreitbar, hat Folgen auch für das Narrativ, also für die Geschichtsschreibung. Es muß einen Unterschied machen, ob man die Welt stereoskopisch wahrnimmt oder nicht. Deswegen ist das Kartenzeichnen die erste Form der Skizze, des Manuskripts. Wir zeichnen auf dem weißen Blatt Papier die Punkte, die Linien, die Richtungen, die Verdinglichungen und Verkörperlichungen ein. Es ist eine unendliche Bewegung. Das Zeichnen von Feldern, von Schnittpunkten oder von Linien, die an der Bildung des Netzes beteiligt sind, ist eine der Hauptformen der räumlichen Vergegenwärtigung (eine andere, so bedeutende, ist: das Itinerar, die Reisebeschreibung). Da es keinen Anfang und kein Ende gibt, stellt sich die Frage, wo anfangen und wo aufhören. Man kann im Grunde an jedem beliebigen Punkt anfangen und aufhören. Aber das bedeutet nicht, daß es beliebig wäre. Man muß diesen Punkt gefunden haben. Während die Folgen für die Historiographie noch offenbleiben, sind sie es auf einem anderen Feld nicht: auf dem der Kartographie. Karten sind seit jeher das Medium, Raum zu vergegenwärtigen, Gleichzeitiges und Nebeneinander, über das sich so schwer synchron sprechen läßt, zu fixieren. Karten sind wahrscheinlich die wichtigste Form, die der Mensch sich geschaffen hat, dem Horror vacui zu entgehen, ein Netz von Linien und Punkten, das über den Globus geworfen wird, um sich Orientierung zu verschaffen. Erst wer einen Punkt, einen Halt im Raum finden kann, ist nicht mehr verloren. Fernand Braudel soll den Raum als »Feind Nummer eins« bezeichnet haben. Vielleicht sind Karten die Form, in der er wenn schon nicht geschlagen, so doch gefangen und bezähmt wird.

DER DEUTSCHE FALL:
RAUM ALS OBSESSION

Es hat seinen besonderen Grund, wenn in Deutschland der Raum aus dem Repertoire der wissenschaftlichen Diskurse – für eine Zeitlang jedenfalls – gestrichen worden ist. Raum und alles, was mit ihm zu tun hatte, war nach 1945 obsolet, ein Tabu, fast anrüchig. Wer die Vokabel benutzte, gab sich als jemand von gestern, als ewig Gestriger zu erkennen. Die Diktion deutete an, »verriet« buchstäblich, wes Geistes Kind jemand war. Raum zog eine ganze Kette von Assoziationen und Bildern nach sich: »»Raumnot‹, ›Volk ohne Raum‹, ›Ostraum‹, ›Raumbewältigung‹, ›Grenzraum‹, ›Großraum‹, ›Siedlungsraum‹, ›Lebensraum‹. Es roch nach Revisionismus, und es hatte seinen guten Grund, aufmerksam zu sein. Der Nationalsozialismus hatte das ganze Vokabular aufgesogen oder doch mindestens kontaminiert. ›Lebensraum‹, ›Ostraum‹, ›Großwirtschaftsraum‹ – schon das geographische, geoökonomische und geopolitische Vokabular des Nationalsozialismus verweist auf neue Raumdimensionen und impliziert territoriale, militärische und ökonomische Expansion. Mit dem Beginn des ›Dritten Reiches‹ kam es zu einer Kulmination der verschiedenen Raumdiskurse, die bereits während des Kaiserreiches und der Weimarer Republik entstanden und an unterschiedliche Interessenkreise gebunden waren.«[1] Nach allem, was geschehen war, hatten der Raum und die Disziplinen, die mit ihm befaßt waren, ihre Unschuld verloren.[2] Aber so war es ja auch mit allen anderen Begriffen geschehen: Ehre, Nation, Heimat, Pflicht, Gemeinschaft, Volk. Es gab nichts, was von der verbrecherischen Praxis und Sprachregelung des nationalsozialistischen Deutschland nicht beschädigt und für Jahre unbrauchbar geworden wäre. Aber sowenig der nationalsozialistische »Mißbrauch« dieser Vokabeln diese selbst unbrauchbar gemacht und die Frage nach Ehre, Heimat sinnlos gemacht hatte, so wenig war es möglich, umstandslos zurückzukehren zu einem »eigentlichen« und »ursprünglichen Sinn«. Es blieb, wenn man sich mit der Kontamination nicht abfinden und die Begriffe wieder in Betrieb nehmen wollte, nichts anderes übrig, als sich ihrer zu erinnern, sie kritisch zu überprüfen und sie aus den Anlagerungen und Verbindungen, die der Begriff in der Geschichte angenommen hatte, herauszulösen.

Der erste Befund bei dieser Bemühung, eine vom Nationalsozialismus und seinen Verbrechen kontaminierte Begriffswelt und geistige Tradition sichtbar zu machen, ist die erschreckende Einsicht, in welch hohem Maße im Nationalsozialismus Denk- und Vorstellungswelten, das ganze nationalsozialistische Projekt tatsächlich räumlich-anschaulich ausformuliert und ausgestattet war. Man begreift so erst recht etwas von der suggestiven Durchschlagskraft und Wucht des Nationalsozialismus. Seine Visionen hatten eine konkret-räumliche Dimension. Der Nationalsozialismus war wie alle gravierenden geschichtlichen Bewegungen nicht nur ein ideologisches Phänomen und erschöpfte sich nicht in einer bloß aufgesetzten Agitation, sondern verband sich mit einer Imagination, ja Vision von der Welt, wie die »Volksgemeinschaft« sie sich erstreben und einrichten sollte – und die Mehrheit der Deutschen trug diese mit, zunächst jedenfalls. Darin ging es nicht nur um politische Herrschaft oder Propaganda, sondern um kulturelle Leitbilder, um die Frage, wie das Leben eingerichtet werden soll. Darin waren impliziert Vorstellungen davon, wie Städte und Dörfer aussehen sollten, wie der Wirtschaftsraum gestaltet werden sollte, Vorstellungen von öffentlichen Plätzen und idealen Interieurs, wer der »Volksgemeinschaft« angehören und wer aus ihr ausgeschlossen und verbannt werden sollte. Der Nationalsozialismus hatte eine Vorstellung von Europa, in dem die »Auswüchse der städtischen Zivilisation« getilgt und die Landschaften von der »Schönheit der Arbeit« geprägt sein sollten. Es gab darin Landschaften der industriellen Arbeit und Landschaften des »Kraft durch Freude«-Tourismus und Pläne, wie die Polarisierung von Zentrum und Peripherie gemildert werden könnte. Die »Volksgemeinschaft« als kollektiver Gestalter der eigenen Umwelt. Zur Vision vom nationalsozialistisch umgestalteten Europa gehörte auch der Traum vom unendlich weiten Raum, von einem »Osten«, von einem »Rußland als einem Indien vor unseren Toren« (Adolf Hitler). Dazu gehörten weit ausgreifende Räume, die durch Überlandautobahnen, Dampferverbindungen, Eisenbahnmagistralen miteinander verbunden sein sollten. Die germanische Rasse als jene Kraft, die der Welt ihren Stempel aufprägt und sie zu einer neuen Einheit kommen läßt: gegen die formlosen und häßlichen Agglomerationen der modernen Metropolen, das Chaos und die Anarchie der urbanen Wucherungen, die Brutstätten von Epidemien, Krankheiten, erhöhter Sterblichkeit in den Hinterhöfen der »steinernen Meere« und den »Asphaltdschungel« der

Großstädte. Die harmonische Landschaft, in der der Volksgenossen-Mensch mit der Natur wieder zur Einheit gefunden hat, auch die Vorstellung von einem gesunden Körper gegen die neurasthenisch schwächliche Gestalt des Stadtmenschen gehört zu diesem »Heimat-Komplex«. Es gibt so etwas wie einen völkischen Raum, der sich unterscheidet von den Bedrohungsräumen des Ostens, aber auch denen des Westens: der Osten ist darin grenzenlos weit, so daß der Mensch ihm ausgeliefert ist, durch ihn ziehen die Steppen- und Reitervölker heran, von dort drohen Gefahren. Es gibt das Hinterland, die Etappe, die für die Weltkriegsfreiwilligen und Freikorps-Soldaten selbstverständlich das Suspekte, Zivile, Unzuverlässig-Unkriegerische sind, die rückwärts-hinterrücks auch den Dolchstoß auszuführen in der Lage waren. Es gibt die »Tiefe des östlich-asiatischen Raumes« und all das, was ihm entgegentritt: Ostmark, Ostwall, deutsche Ostsiedlung, »deutscher Drang nach Osten«. Und es gibt, als Inbegriff des Fremden, Nicht-dazugehörigen, das Nichtdeutsche, Nichtgermanische, Nichtarische in Gestalt des Slawentums, vor allem aber des Judentums. »Der Jude« steht für das Fremde schlechthin in allen nur denkbaren Konnotationen: Beweglichkeit, Ungebundenheit, Nichtseßhaftigkeit, Bodenlosigkeit, Grenzenlosigkeit, Ortlosigkeit, Formlosigkeit, Entwurzeltheit, Ubiquität, Modernität, Mondänität, Mondialität, Globalität.

Es sind letztlich nicht die Qualitäten des Raums, die den Ausschlag geben, sondern die des Blutes oder der Rasse. Sosehr in den Augen des Nationalsozialismus Bodenständigkeit, Verwurzelung und Beständigkeit im Heimat- oder Volksboden eine Bedingung für die Entwicklung sind, so ist es in letzter Instanz doch die Macht des Blutes, die über die Gestalt der Erde entscheidet. Wo die starke Rasse am Werk ist, gelingt ihr die Umgestaltung der Erdoberfläche. Sie ist auch stärker als »natürliche Grenzen« und »ewige Natur«, »race not space« ist die ausschlaggebende Instanz. Europa, so Hitler 1939, sei für ihn ein »rassischer Begriff«, nicht ein geographischer. Die Konflikte, die sich ergeben haben zwischen den rassisch-biopolitisch begründeten Aktionen des Dritten Reiches und den räumlich-geopolitisch denkenden Mitläufern der Nazis dürfen nicht übersehen werden. Die Biopolitik hatte eine räumliche, sozusagen eine geopolitische Komponente. Es war die Biopolitik, die dafür Sorge trug, daß das östliche Europa zum Verschiebebahnhof ganzer Nationen und Völkerschaften wurde, daß hier das Sturmzentrum für das Neuzeichnen der ethnographischen Landkarte Europas lag, daß hier die Abschiebungsräume und die Vernichtungslager eingerichtet wurden[3].

Und doch hatte der Raum Eigenschaften, die ihn dazu prädestinierten, zum Hauptschauplatz chirurgisch-ethnographischer Eingriffe zu werden: die ethnographische Gemengelage des östlichen Mitteleuropa, in der die Deutschen jenseits der Reichsgrenzen bis zum Ende in der Austreibung ihre Sonderstellung hatten. In der »Sammlung des wertvollen Blutes« durch das nationalsozialistische Deutschland kulminierte eine Linie, die weitaus älter war und jedenfalls eine Anlaufzeit und ansteigende Verlaufskurve hatte. Man kann sie bezeichnen als die Ideologisierung des Raumes. Sie stellt wie alle Ideologisierungen einen Übergang zwischen bestimmten zu ihrer Zeit gängigen und begründeten Annahmen über die Rolle der Geographie, geographischer Milieus in der Geschichte einerseits und der Instrumentalisierung und Politisierung bestimmter Annahmen andererseits dar. Es ist der in sehr kurzer Zeit zurückgelegte Weg von einer in vielen Hinsichten radikal neuen und innovativen Anthropogeographie hin zu einer leicht instrumentalisierbaren Geopolitik, hinter der sich schon bald der Rassismus der nationalsozialistischen Biopolitik verbarg. Zwischen beiden gibt es Übergänge, aber auch einen radikalen Bruch. Es gibt theoretische und ideologische Elemente der Anthropogeographie, die von der Geopolitik aufgenommen worden sind, jedenfalls rhetorisch.[4] Und doch liegt eine Diskontinuität vor, die schärfer nicht gedacht werden kann. Es führt kein Weg von Friedrich Ratzel zu Adolf Hitler, sowenig wie von Friedrich Nietzsche zu Heinrich Himmler.[5] Friedrich Ratzel, von Hause aus Biologe und Zoologe, nutzte Darwins Theorie der Evolution, um eine erstarrte und tendenziell zur Geologie reduzierte Geographie zu dynamisieren und zu humanisieren. Die Großraumplanungen der Nazis folgten den Imperativen der rassisch-ethnischen Neuordnung Europas. Raumverhältnisse waren für sie vor allem: ethnisch-rassische Verhältnisse, Völkervermischungen und Gemengelagen, denen sie brachial und zum letzten entschlossen auf den Leib zu rücken gedachten in der Form einer großmaßstäblichen Säuberung und Homogenisierung, die Vertreibungen, Umsiedlungen, Massentötungen und Völkermord einschloß.[6] Europa war für Hitler eben kein geographischer, sondern ein rassischer Begriff.

Es kann kaum einen Zweifel geben, daß in der Evolution der Anthropogeographie zur Geopolitik die historische Konstellation eine zentrale Rolle gespielt hat. Die Geographie, die sich auch vor dem Ersten Weltkrieg in der Ära kolonialer Expansion als Disziplin geradezu neu und wissenschaftlich konstituiert hatte, um den gestiegenen Anforderungen imperialer Herrschaft und Einmischung genügen zu können, gleich ob in England, wo die Geographische Gesellschaft gegründet wurde, oder in Frankreich, wo es zu einer Blüte der Geographie kam, oder in Deutschland, wo der Beginn der Disziplin ebenfalls im Jahrzehnt um 1900 datiert.[7] In Deutschland geriet die Geographie neben vielen anderen Disziplinen in den Sog der Kriegsniederlage und all dessen, was damit gemeint war: der Bedeutungsverlust der traditionellen Disziplin, die Kränkungen und Traumatisierungen, die mit den Beschlüssen von Versailles verbunden waren und die Volk wie Intelligenz gleicherweise zu betreffen schienen. Versailles war für Deutschland mit neuen Grenzen, mit Gebietsverlusten verbunden und mit der Entstehung eines Deutschtums, das seinen Ort in der Hierarchie der Reiche, die zusammengebrochen waren, eingebüßt hatte: Ein »Deutschtum jenseits der Grenze«, ein »Streudeutschtum«, bald in »Siedlungskammern« und »Sprachinseln« konzentriert, bald in Siedlungsbrücken zerstreut. Revisionspolitik, die die ganze Weimarer Zeit hindurch so etwas wie Parteienkonsens war, umschloß automatisch die Interessenvertretung jener Auslands-, genauer: Volksdeutschen und später im Zuge einer rabiaten Aufkündigung des Versailler Systems durch Nazideutschland die entschiedene Instrumentalisierung dieser Gruppen, als Fünfte Kolonnen, als Hebel, um das europäische Sicherheitssystem aus den Angeln zu heben: zuerst in Österreich, dann in den Randgebieten der Tschechoslowakei, im Memelgebiet, in der »Rest-Tschechoslowakei« und als nächster und letzter Punkt: in Oberschlesien und in Danzig, wo der Zweite Weltkrieg begann. Die deutschen Volksgruppen jenseits der Reichsgrenzen fungierten als Vehikel für die Revisionspolitik. Ihre Minderheiten-Belange werden instrumentalisiert und territorialisiert. Die hier assistierende Wissenschaft spricht von »deutschem Kulturboden« und »deutschem Volksboden« und produziert so jene schier nicht mehr auflösbare Konjunktion von »Volk und Territorium«, von »Blut und Boden«. Die Ethnisierung der Geographie, die Ethnisierung der Territorien, die Ethnisierung von Kulturräumen, das ist die große intellektuelle Vergiftungsarbeit, die deutsche Wissenschaft zwischen 1918 und 1939 geleistet hat: Anthropologen, Ethnologen, Archäologen, Linguisten, zwar in verschiedenen Rollen und Anteilen, doch in gleichem Maße. Alles war bereit, als der nationalsozialistische Vorstoß einsetzte. Mit fliegenden Fahnen war die Volkstumsforschung und Geopolitik zu Hitler übergewechselt, denn er tat nur, wovon die meisten nicht einmal zu träumen gewagt hatten. Es ist ein Neben- und Abfallprodukt in der Zersetzung der traditionellen Disziplinen, daß darin im einzelnen auch Entdeckungen oder methodische Innovationen zustande kamen:

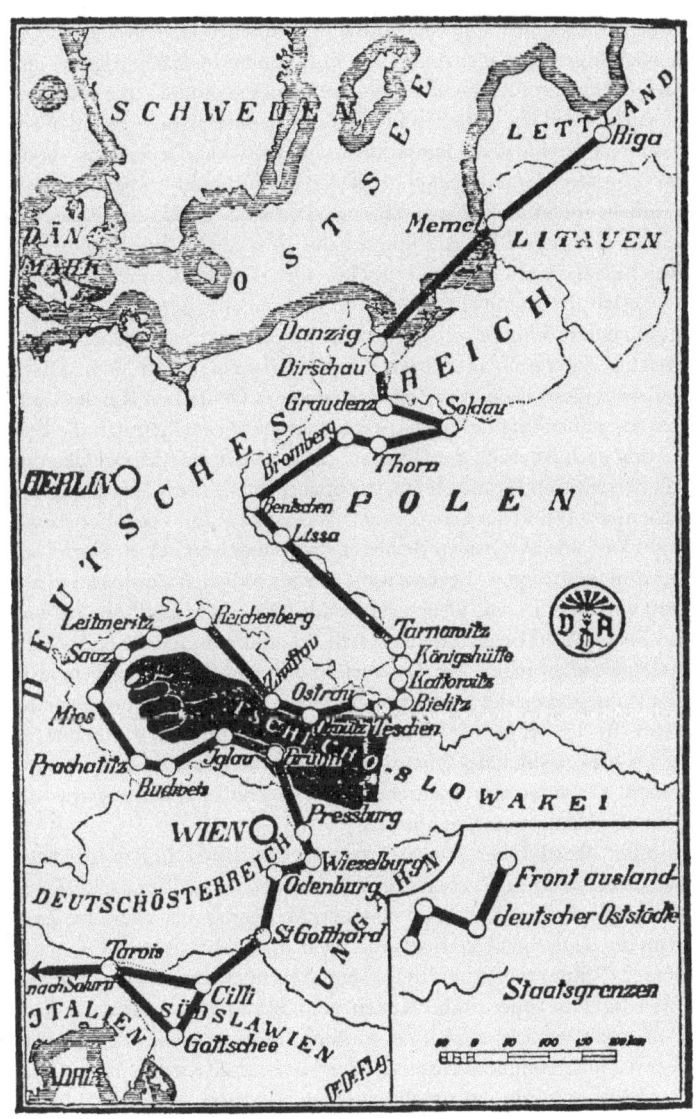

»Die deutschen Volksgruppen jenseits der Reichsgrenzen
fungierten als Vehikel für die Revisionspolitik.«

Die Ostfront auslandsdeutscher Städte

Anfänge einer Soziologie der ethnisch-kulturellen Gemengelagen, Untersuchungen zum Ineinander von Kulturen und sozialen Klassen, eine Steigerung von Komplexheit, wie sie der Gegenstand – die ostmitteleuropäischen Gesellschaften in der Zwischenkriegszeit – gebot. Wenn die Hypertrophie des Raumproblems im deutschen Denken um 1900 – im Zeitalter des europäischen Kolonialismus und Imperialismus – kaum als ein Sonderfall angesehen werden kann, ist die ethnische Aufladung der imperialen Ambitionen des 1918 geschlagenen Deutschen Reiches sehr wohl etwas Spezifisches. Der »Export der sozialen Frage« in Gestalt des Kolonialismus war eine allgemeine Methode, mit dem sogenannten »Überbevölkerungsproblem« umzugehen (Wilhelm Liebknecht), doch nach 1918, nach der Niederlage und nach dem »Diktat von Versailles«, nach der »Zerstückelung des Deutschen Reiches« und der »Beschneidung des deutschen Lebensraumes« schien sich die Forderung nach Revision der Grenzen, die die Mehrheit der Bevölkerung mit den meisten Parteien teilte, fast organisch mit der »Gewinnung von Lebensraum« und der Losung vom »Volk ohne Raum« zu einer ebenso populären wie aggressiven Bewegung verbunden zu haben. Nach Lage der Dinge war jener »Lebensraum« nur im östlichen Europa zu erlangen, vor allem in den Weiten Rußlands. Dort hatte es schon während des Ersten Weltkrieges und nach dem Zusammenbruch des Russischen Reiches Erfahrungen mit Kolonisierung im großen Stil gegeben: in den Kohlegruben des Donbas, in den mondänen Seebadeorten auf der Krim, in der immer als »Kornkammer« apostrophierten Ukraine, in den Weiten des »Landes Oberost« mit seinen vielen Völkerschaften und seinem Gewusel von Menschen, das angeblich erwartungsvoll der deutschen Kultur entgegenfieberte.[8]

Aber »Reich Oberost« war zusammengebrochen. In Rußland hatte es eine Revolution gegeben und in Berlin auch. Der Weg nach Westen war versperrt. Im Osten wird man es noch einmal versuchen. Im Zentrum des deutschen Revisionismus nach 1918 steht das nach Osten gerichtete Raumprogramm. Im Raum soll kompensiert werden, was verloren ist. Das hypertrophe Reden vom Raum in Deutschland nach 1918 und vor allem nach 1933 ist zunächst kompensatorischer, dann aber vor allem imperial-ausgreifender Natur. Im Zentrum steht immer eine »Neuordnung des osteuropäischen Raumes« – von der Umbildung der Flurformen bis zur Stadtplanung, von der Umsiedlung von Bevölkerungsgruppen bis zur Planung einer neuen Verkehrsinfrastruktur, vom Bau von Erdölpipelines bis zur Erhöhung der Umlaufzahlen der Züge, die die Juden aus ganz Europa in die Vernichtungslager schaffen. Im Zentrum des »Generalplans Ost« steht die »ethnographische Neuordnung«. Es ist vor allem ein biopolitisches, dann erst geopolitisches Programm. Die Verräumlichung des Nationalsozialismus, die Ausdehnung deutscher Herrschaft über Europa ist identisch mit Entfernung, Säuberung, Liquidierung von Volksgruppen, die dem Rasseprogramm des Nationalsozialismus nicht entsprechen. Das Raumprogramm ist geprägt vom Bevölkerungs-, Umvolkungs- und Völkermordprogramm. Hinter Hitler steht nicht Friedrich Ratzel und nur eine gewisse Zeit lang auch der Mitläufer General Karl Haushofer, sondern das Projekt von einem Europa der Herrenrasse. Von der Geographie alten Stils zur modernen Anthropogeographie, von da zur Ethnisierung der Politik und von dieser zum Rassismus, der Europa zerreißen wird, ist es nur ein winziger, aber alles verändernder Schritt.

SPATIAL TURN,
ENDLICH

Wendungen, die alles, was einem bisher vertraut war, in einem neuen Licht erscheinen lassen, lassen sich nicht dekretieren. Sie treten ein, wenn es soweit ist – nicht früher und nicht später. Das hängt weniger mit einem gewissen Fatalismus zusammen als mit der Eigentümlichkeit von Wenden, die in der Logik der Forschung und im Binnenleben der Wissenschaften auch als Paradigmenwechsel bezeichnet werden. Was man über den Paradigmenwechsel sagen kann, ist, daß er in dem Augenblick, wo er in Erscheinung tritt oder wirksam wird, »so tut«, als hätte es das neue Paradigma immer schon gegeben, nur sei es von der Mehrheit nicht bemerkt worden. Sein Grundzug ist Plausibilität, Selbstverständlichkeit, Schlüssigkeit. Alles Künstliche und Ausgeklügelte ist getilgt. Die Zeit des Ausprobierens ist vorbei. Wenn der Wechsel vollzogen ist, scheint es, als hätte es immer schon so sein müssen und nie anders sein können. Ein neuer Erklärungs- und Deutungsansatz, ein neuer Schlüssel, eine Entwertung nicht der Werte, aber der Deutungsmuster und Sprachregelungen. Sein Hauptzug ist: Unangestrengtheit, Zwanglosigkeit, Deutungskraft, Evidenz. Wenn es soweit ist, dann ist ein Deutungsmonopol zu Ende gegangen, erodiert, abgesetzt und ein anderes an seine Stelle gerückt, ohne daß eine Spur noch auf die vorangegangenen Auseinandersetzungen, ja Kämpfe verweisen würde. Ein Kapitel ist geschlossen, ein anderes geöffnet. Der Blickwinkel hat sich geändert, das Objekt ist vielleicht dasselbe geblieben, aber es erscheint aus einer anderen Perspektive, in einem anderen Licht, und damit ganz neu, so als würde es zum ersten Mal überhaupt richtig wahrgenommen. Anderes taucht ab, gerät ins Zwielicht, ins Abseits, ins Dunkel, in eine eigentümliche Spannungslosigkeit, in der sich alles erledigt hat. Die Kehrseite solch neuer Evidenz ist eine neue Abdunkelung, die man freilich leicht in Kauf nimmt, weil die Aussicht auf neue Erkenntnis so unendlich verlockend und verführerisch ist. Zu so etwas kommt es alle paar Jahre oder Jahrzehnte. Ihr Zustandekommen ist der Beweis für die Lebendigkeit des Denkens, vielleicht der Beweis, daß wir überhaupt lebendig sind und daß es weitergeht. In solchen Wenden vollzieht sich die Häutung des Wissens, der Abend und der Morgen der Erkenntnis. Wenn sie eingetreten sind, ist es, als wäre es immer schon so gewesen. Man kann diesen Vorgang auch in anderen Sphären, außerhalb der Wissenschaften, beobachten: als das Aufkommen einer neuen, selbstsicheren Sprache; als eine neue Art, den Pinsel zu führen; als einen gänzlich neuen Ton.

Wenn es soweit ist, dann ist alle Erinnerung an die schwierigen Anfänge, an die verzweifelten Peripetien, die Verirrungen getilgt. Und das will etwas besagen, denn alles Neue beginnt gewöhnlich als Abweichung, als Suchbewegung, als Unsicherheit und Verunsicherung. Der Hauptverbündete der Suchbewegung, die fortschreitend ihrer Sache sicherer wird, ist der Umstand, daß das vorherrschende Deutungsmuster alt geworden ist, alt im Sinne, daß es an Erklärungs- und Deutungskraft einbüßt, daß es Züge der Künstlichkeit, der Perpetuierung über die Zeit hinaus – und irgendwann: um jeden Preis – angenommen hat. Dem neuen Paradigma arbeitet alles entgegen, was sich hinter dem Rücken etablierter Deutungsmuster vollzieht und was sich auf Dauer nicht ungestraft ignorieren läßt. Der Übergang von der blitzenden und strahlenden Evidenz zur Banalität, die allem innewohnt, was Erfolg hat und zur Routine wird, ist hauchdünn. Aber der Sieg ist erst errungen, wenn jener Schritt von der Sensation zur Banalität vollzogen ist, wenn aus einer zufällig scheinenden, individuell aufblitzenden Erkenntnis flächendeckende, universelle Erklärung geworden ist. Es gibt verbreitete Redewendungen für dieses Moment, in dem es allen »wie Schuppen von den Augen fällt« und wenn allen schlagartig klargeworden ist, »daß der König nackt ist«. Wenn alle behaupten, sie hätten es immer schon so kommen sehen, dann ist der Sieg des neuen Paradigmas unabwendbar – und vorbei. Die Banalisierung ist die Kehrseite des Triumphs und der Beginn eines neuen Niedergangs. Es gehört zum Durchsetzungsmuster von Paradigmenwechseln, daß sie längst vollzogen sind, wenn von ihnen die Rede ist. So etwas geschieht nicht einfach aus heiterem Himmel, sondern in bestimmten Konstellationen. Es nützt hier gar nichts, auf Vorgänger, die alles schon vorgedacht und vorbereitet hatten, zu verweisen. Ihre Arbeit war vielleicht aufopferungsvoll und ehrenhaft, aber vergebens. Man wird sie in den Annalen der Wissenschaft vermerken, aber nicht als die Epochemacher, sondern als Vorläufer, die keine Spur hinterlassen haben oder nur eine ganz apokryphe und Eingeweihten nachvollziehbare. Es ist wie mit Gewässern, die wieder versickern, eine Zeitlang und ein Stück weit unterirdisch, unbemerkt weiterfließen, um irgendwann wieder an die Oberfläche zu treten – wenn überhaupt. Es kann sein, daß es viele solcher Gewässer, Bäche, Ströme gibt, ohne daß sie sich getroffen haben; sie können parallel verlaufen, ohne etwas voneinander zu wissen. Gedankenblitze können parallel zünden; Entdeckungen doppelt gemacht werden. Aber wenn das eine zum anderen nicht kommt und jene kritische Masse gewinnt, die etwas braucht, um durchzuschlagen, eine Tür aufzumachen oder eine andere ein für allemal ins Schloß fallen zu lassen – solange dies so ist, wird noch der ingeniöseste Gedanke schwach, wirkungslos sein, versickern. Irgendwann wird vielleicht ein Archäologe des Wissens seine verlorene Spur aufnehmen, dieses seltsame Fossil ausgraben und bergen.

Vieles spricht dafür, daß jenes Momentum, in dem das viele zusammenkommt, das alles auf das neue Gleis eines *spatial turn* setzt, herangereift ist: Dazu gehören die erschütternde und durchschlagende Erfahrung von den radikalen Veränderungen von Zeit und Raum im 20. Jahrhundert, die Wucht des Globalisierungsprozesses und die beschleunigte Durchsetzung der neuen Technologien, die damit einhergehende Produktion von Gleichzeitigkeit der Ungleichzeitigkeit auf engstem Raum und, nicht zu vergessen, die Raumrevolutionen der letzten beiden Jahrzehnte: 1989 und 2001. Diese Beschleunigung wird zum Katalysator, der längst formulierte, aber lange stillgelegte und unwirksam gebliebene Erkenntnisse aktiviert und in Bewegung setzt. Mit einem Mal schießen Erkenntnisse zusammen und produzieren jene kritische Masse, die ein Zurückgehen hinter den einmal erreichten Punkt nicht mehr zuläßt. Alles kommt jetzt zur Sprache, was ignoriert oder verschwiegen war, ganze Traditionsstränge laufen nun mit einem Mal zu einem großen Knoten zusammen. Ganze Bibliotheken fallen einem entgegen. Was einmal wie in einem luftleeren Raum und ortlos gedacht war, bekommt plötzlich einen Ort, einen Kontext, in dem es sich mit anderem verbindet und potenziert. Der Knoten wird geschürzt. So kommen Traditionen zusammen, die oft nichts voneinander wissen – etwa die grundlegenden Überlegungen des US-amerikanischen Anthropologen Yi-Fu Tuan zu *Place and Space* und Otto Bollnows noch ganz und gar in der deutschen ontologischen Tradition stehendes Werk *Mensch und Raum*.[1] Henri Lefebvres *La production d'éspace social* verläßt den Rahmen neomarxistischer Rezeption und eröffnet ein neues Kapitel im räumlichen Denken sozialer Verhältnisse und findet so Anschluß an Auffassungsweisen und Arbeitszusammenhänge, die sich in der Geschichts- oder der Literaturwissenschaft gebildet hatten: im Kreis der »Annales« oder in Gaston Bachelards *Poetik des*

Raumes.[2] Der Zersetzungsprozeß von amerikanischem und europäischem Neomarxismus und kritischer Gesellschaftstheorie scheint besonders fruchtbar gewesen zu sein für die Freisetzung eines räumlich reflektierten und aufgeklärten Gesellschaftsdenkens. Doch Denker wie Edward Soja, David Harvey, Derek Gregory, Allan Pred und andere sind zu wuchtigen Gestalten erst in einer Umgebung geworden, die selber in Auflösung begriffen und der Reflexion zugänglich, ja bedürftig war: den reifen spätkapitalistischen, spätmodernen Gesellschaften, in denen das Kapitel der industriellen Arbeit, der traditionellen industriellen Arbeiterklasse abgeschlossen und neue, noch dunkle Horizonte eröffnet worden waren. Die Krise der Industriegesellschaft, vor allem aber die Krise der städtischen und metropolitanen Zentren, war offensichtlich der Stoff, der darauf wartete, zum Thema gemacht zu werden. So sind die Arbeiten von Henri Lefebvre, Yi-Fu Tuan, Edward Soja und David Harvey, die alle in die siebziger Jahre zurückreichen, nur auf den ersten Blick isoliert, in Wahrheit sind sie schon die Schwalben, die den Sommer machen in einer Welt, die konfrontiert ist mit der Krise der großen Städte, mit den Folgen grandioser Umweltzerstörungen.[3] Der Strang eines erneuerten westlichen Marxismus trifft auf eine aus ganz anderem Zusammenhang kommende Bewegung der *urban studies* in Europa und Nordamerika, und diese wiederum ist eingebettet in ein um sich greifendes neues Bewußtsein von der Gefährdung der Lebenswelt durch menschengemachte Faktoren.[4] Auch das neue Interesse für den Körper, als dem letzten nicht weiter hintergehbaren Punkt für Individualität und Subjektivität, gehört zu jenem Bündel.[5] Schließlich waren die Disziplinen selbst gesprächsbereit und offen geworden: ob in der Anthropologie[6] oder in der Semiotik,[7] in der Literaturwissenschaft[8] oder in der Geschichtswissenschaft,[9] in den Medien oder in den Erd- und Raumwissenschaften[10] – eine neue Bereitschaft, sich aus der selbstverschuldeten Isolation der arbeitsteiligen Wissenschaft und noch mehr den Zwängen und Automatismen des Wissenschaftsbetriebes herauszubegeben, meldete sich zu Wort. Dies alles fand statt vor dem Hintergrund einer Destabilisierung und Auflösung der Verhältnisse, die fast ein halbes Jahrhundert, die ganze Nachkriegszeit über, stabil geblieben waren, deren frappierendste Erscheinung ebendie Raumrevolutionen der Jahre 1989 und 2001 und die Beschleunigung der Globalisierungsbewegung gewesen waren.

Aber diese Bereitschaften wären vermutlich folgenlos geblieben, hätten sie nicht zu jener kritischen Masse gefunden, die nötig ist, um etwas auf ein neues Gleis zu setzen, wenn es nicht jene Provokation gegeben hätte, die in der bloßen Existenz eines nach wie vor bestehenden, aber fadenscheinig und mit den Jahren auch in offene Legitimationsschwierigkeiten geratenen Historismus bestanden hätte. Der Historismus hatte seine große Zeit – aber auch ihm ist ein historischer, kein überhistorischer Ort beschieden. »Der Aufstieg eines enträumlichenden Historismus, der eben erst dabei ist, durchschaut und überprüft zu werden, fiel zusammen mit der zweiten Modernisierung des Kapitalismus und dem Einbruch eines Zeitalters der Oligopolie in Staat und Wirtschaft. Er hat so erfolgreich Raum als einen Gegenstand des kritischen sozialen Diskurses verdrängt (occluded), entwertet und entpolitisiert, daß sogar die Möglichkeit einer emanzipatorischen räumlichen Praxis für fast ein ganzes Jahrhundert aus dem Blick verschwand.«[11]

Die Krise des Historismus, nicht zuletzt ausgedrückt in der Rede vom »Ende der großen Erzählungen«, hat eine unmittelbare Konsequenz für unsere Fragestellung. Die traditionelle Geschichtsschreibung favorisiert die Dauer, die *durée*, die Zeit und die große Erzählung erst recht. Das historische Narrativ hat wesentlich dazu beigetragen, den Raum zum Schweigen zu bringen, der nicht in der zeitlichen Sequenz zur Sprache und zur Anschauung gebracht wird, sondern in der Vergegenwärtigung des Nebeneinander. Die Erschütterung der fraglos hingenommenen großen Erzählung hat das Diktat der Zeit etwas gelockert, hat ein wenig *the prisonhouse of temporality* erschüttert und Raum für die Erprobung anderer Modi und Formen der Vergegenwärtigung geschaffen. Die Krise des Historismus lockert den disziplinären Druck, die Selbstzensur der Fakultäten, öffnet das Feld, in dem nun zusammenströmt, was bisher getrennt, fragmentiert, für sich – und damit unwirksam geblieben war. Da es eigentlich keine Genealogie und schon gar keine Logik des neuen Raumdenkens gibt, muß man nicht nach einer zeitlichen Abfolge oder gar einem Zusammenspiel Ausschau halten, sondern kann die Hauptelemente oder Hauptstränge relativ schematisch benennen. Sie könnten ungefähr so lauten:

In Frankreich war die Tradition, die mit der Schule der »Annales« begründet worden war, nicht nur nicht unterbrochen worden, sondern hatte sich immer durch eine kräftige, fast möchte man sagen strahlende Präsenz ausgezeichnet. »Nur in Frankreich«, meinte Edward Soja, »hatte sich eine Tradition erhalten, die die Enträumlichung Mitte des Jahrhunderts überlebt und das Raumdenken lebendig gehalten hatte.«[12] Dazu gehören Namen wie Saint-Simon, Fourier, Proudhon, Elisée Reclus, Vidal de la Blache u. a. Doch Schule machten die Klassiker der »Annales« – etwa Fernand Braudels *La Méditerranée* – auch erst Ende der sechziger, Anfang der siebziger Jahre des 20. Jahrhunderts. Man hatte hier ein im Methodischen ebenso frisches und unverbrauchtes, wie schon ausgereiftes Werk vor sich. Zustrom bekam das Raumdenken in den sechziger Jahren ganz unerwartet aus dem Lager einer enttäuschten, aber nicht resignierten marxistischen Dissidenz. Es war der marxistische Philosoph Henri Lefebvre, der, von einer Kritik der Marxschen Politischen Ökonomie herkommend, ein Plädoyer für die Verräumlichung der Produktionsverhältnisse oder für eine räumliche Fassung von Produktionsverhältnissen formuliert hatte. Sein ganzes nachmarxistisch-kritisches Werk – und Lefebvre war immerhin bis zu seinem Austritt aus der KPF ein führender orthodoxer Marx-Interpret mit starken Loyalitäten gegenüber der UdSSR und der KPdSU – kann man in dem Titel seines Werkes *La production d'éspace social* zusammenfassen. Das Kapitalverhältnis wird gefaßt als die antagonistische Entfaltung von – geradezu körperlich-physischen – Raumverhältnissen. Später wird diese verräumlichte Kapitalanalyse ausgeweitet auf eine epochenübergreifende Analyse des Geschichtsprozesses überhaupt. Doch im Zentrum von Lefebvres Bestrebungen bleibt das Kapitalverhältnis oder – räumlich gesprochen – die wesentlich urbane Welt der Moderne. Lefebvres Wendung heraus aus einer abstrakten politischen Ökonomie in die immanente Kritik der Produktion des sozialen Raumes »Kapitalismus« war bedeutsam für das Gesellschaftsdenken, für die Geographie, für die Diskussion um die Zukunft der Städte. Für das Gesellschaftsdenken bedeutete es: »Die Dialektik ist wieder auf der Tagesordnung. Aber es handelt sich nicht länger um Marxens Dialektik ... Um Raum zu erkennen, um zu erkennen, was dort ›stattfindet‹ und wozu er benutzt wird, muß man die Dialektik wiederaufnehmen; Analyse wird die Widersprüche des Raums zum Vorschein bringen.«[13] Henri Lefebvres Intervention wurde zum Schlüsselmoment in der Entwicklung eines neuen »historisch-geographischen Materialismus«.[14]

Lefebvres Intervention war folgenreich in einer Disziplin, die sich offenbar ganz aus der Debatte um die Moderne verabschiedet hatte: die Geographie. Es war der britische Marxist und Geograph David Harvey, der die Brücke von der Gesellschaftstheorie zur Geographie, von der Kritik des Kapitalverhältnisses zur Analyse der geographischen Räume schlug. Indem Harvey der klassischen Geographie eine gute Dosis Marx verpaßte, formulierte er alle Themen, um die die Geographie einen großen Bogen zu machen pflegte, um: die Fragen der Bodenrente und der Landnutzung, die Fragen des fixen und variablen Kapitals, die Formen der gebauten Umwelt, der Ansiedlung von Industrie und des Verlaufs von Transportwegen, die Evolution der städtischen Lebensformen und der Urbanisierung, die Ausbreitung von Modernisierungprozessen, die funktionalen Hierarchien von Siedlungen, das ganze Mosaik ungleicher regionaler Entwicklung des Wohlstands der Nationen, die Formung und Umgestaltung von Landschaften, die Herausbildung von Zentren und Peripherien, die Spannung von Globalem und Lokalem – alles dies war mit einem Male Sache einer erneuerten, »kritischen« Geographie geworden. Der Sog dieser Intervention und Innovation war groß, wie sich schon an den Namen derer ablesen läßt, die seither Gesellschaftsanalyse auch als Raumanalyse betrieben haben: Manuel Castells, Andre Gunder Frank, Immanuel Wallerstein, Samir Amin und andere. Das Soziale und das Räumliche waren von nun an untrennbar und unproblematisch miteinander verbunden. Derek Gregory hat es so formuliert: »Die Analyse räumlicher Strukturen ist nicht abgeleitet und zweitrangig gegenüber der Analyse sozialer Strukturen, wie die strukturalistische Problematik suggeriert: eher bedingen sie sich gegenseitig. Räumliche Strukturen sind deshalb nicht bloß das Gebiet, in dem sich Klassenkonflikte Ausdruck verschaffen, sondern auch das Feld, in dem – und zum Teil: durch das – Klassenbeziehungen sich erst konstituieren, ein Konzept vom Raum muß einen Platz haben in der Konstruktion von Konzepten bestimmter gesellschaftlicher Formationen ... räumliche Strukturen können nicht theoretisiert werden ohne die sozialen Strukturen und umgekehrt, und soziale Strukturen können nicht praktisch werden ohne räumliche und umgekehrt.«[15] Die Auswirkungen dieser theoretischen Intervention waren außerordentlich bedeutsam. »Die geographische Imagination ist nach einem langen Schlaf erwacht, aber ihre Vision blieb beschränkt und verschwommen.«[16]

Von Lefebvres Kapital- als Raumverhältnis und einer entsprechenden kritischen Analyse war es nicht einmal ein Sprung zur konkreten Analyse der vom Kapital geschaffenen Raumverhältnisse, namentlich in Gestalt der Stadt. »Kapital repräsentiert sich«, meint David Harvey, »in der Gestalt einer physischen Landschaft, erzeugt als sein Ebenbild, erzeugt als Gebrauchswert, um die fortschreitende Akkumulation des Kapitals voranzubringen. Die geographische Landschaft als Resultat triumphalen Ruhms vergangener kapitalistischer Entwicklung. Aber zugleich drückt sie die Macht der toten Arbeit über die lebendige Arbeit aus, und als solche fesselt und behindert sie den Akkumulationsprozeß mit spezifischen physischen Zwängen ... Kapitalistische Entwicklung muß daher einen messerscharfen Grat zwischen Sicherung des Tauschwerts vergangener Kapitalinvestitionen und Eröffnung neuer Akkumulationsmöglichkeiten beschreiten. Unter dem Kapitalismus gibt es einen ewigen Kampf, in dem das Kapital eine physische Landschaft aufbaut, die seinen Anforderungen zu einem bestimmten Zeitpunkt entspricht. Die zeitliche und geographische Ebbe-und-Flut-Bewegung der Investitionen in der gebauten Umwelt läßt sich nur in den Kategorien eines solchen Prozesses verstehen.«[17] Oder in den Worten von Edward Soja: »Die Stadt, die gebaute urbane Umwelt, ist eingebettet in die ruhelose geographische Landschaft des Kapitals, und ausgeprägt als Teil einer komplexen und widerspruchsvollen gesellschaftlichen Verräumlichung, die zugleich befördert und hemmt, die zugleich neuen Raum schafft und fesselt, Lösungen anbietet und schon kurz darauf sie widerruft. Die Geschichte des Kapitalismus, der Urbanisierung und der Industrialisierung, der Krise und des Wiederaufbaus, der Akkumulation und des Klassenkampfes wird notwendigerweise und ganz zentral eine örtlich zentrierte historische Geographie. Diese blitzartige Einsicht beendete das Schwanken bei Harvey und eröffnete eine neue Phase in der marxistischen Analyse des Urbanen.«[18]

Diese Wendung in die *urban studies* – oder auch aus allzu beschränkt verstandenen *urban studies* heraus – ist um so bemerkenswerter und folgenreicher, als es sich hier um weit mehr als ein enges akademisches Arbeitsfeld handelt. *Urban studies*, das meint: Studium der komplexesten Formen menschlicher Zivilisation als sozialer, kultureller, ökonomischer Prozeß, als Produktion, Distribution, Zirkulation, als Stadtplanung und Städtebau, als Architektur, Kultur, Erholung, Transport, Versorgung, Ausbildung usf. Es waren gewiß die Beschleunigungen und Steigerungen des Urbanisierungsprozesses weltweit, die *urban studies* zu einem Kreuzungspunkt vieler disparater Disziplinen haben werden lassen, aber auch in den Disziplinen muß die Bereitschaft, herauszutreten aus der Borniertheit und Betriebsblindheit, die mit Arbeitsteilung und Spezialisierung verbunden sind, gewachsen sein. Dies gilt in noch stärkerem Maße für die zu »Überlebensfragen« herangewachsenen oder auch nur stilisierten »Umweltfragen«, die nur noch im Gesamt der Disziplinen zu erfassen waren.

Die Simultaneität und Gleichgerichtetheit von Denkbewegungen ist immer schon ein ziemlich guter Indikator dafür gewesen, daß »etwas im Gange« ist: Wenn in der Literatur etwa endlich Gaston Bachelards vor vielen Jahrzehnten erschienene Pionierarbeit über die *Poetik des Raumes* endlich eine größere Resonanz findet;[19] wenn allenthalben Ansätze zu einer Überschreitung eines engen, allzu ausschließlich textfixierten und intertextuellen Zugangs zur Erschließung von Texten ausprobiert werden und Ansätze einer Topographie der Literatur sichtbar werden; wenn sich ein Anthropologe, der das 21. Jahrhundert zum »Jahrhundert der Anthropologie« erklärt hat und der zum Studium der neuen Zivilisationen und neuen Kulturen aufgerufen hat, erklärt: »Wir müssen neu lernen, den Raum zu denken.«[20] Schon vor ihm haben Anthony Giddens und Pierre Bourdieu dieselbe Aufforderung auch an die Sozialwissenschaft gerichtet.[21] Fragen der räumlichen Repräsentation haben mit einem Male einen größeren und über die bloßen Kartenhistoriker hinausgehenden Kreis zu interessieren begonnen und die Kartierung von Kulturen zu einem zenralen Anliegen von *cultural studies* gemacht. All dies geschieht ohne zentrale Steuerung, ohne Veranlassung von oben oder sonstwoher, es gibt keinen Meisterdenker und keinen Masterplan – wenn dies so ist, dann muß etwas im Gange sein.

Dies gilt selbst dann, wenn die Rede vom *turn* undramatisch, ja entdramatisiert aufgefaßt wird. Und dazu besteht Anlaß, seit parallel und synchron auch von *linguistic turn*, von *iconic turn* und *anthropological turn* die Rede ist. Die inflationär gewordene Rede vom *turn* hat auch das Gute an sich, daß sie den Einzigartigkeits- und Ausschließlichkeitsanspruch unterminiert oder ironisiert. Das ist gut so. *Turns* und Wendungen sind ja keine Neuentdeckung oder Neuerfindungen der Welt, sondern Verschiebungen von Blickwinkeln und Zugängen, die bisher nicht oder nur wenig beleuchtete Seiten sichtbar werden lassen. *Turns* sind Indikatoren für die Erweiterung der geschichtlichen Wahrnehmungsweisen, nicht »das ganze Neue« oder »das ganz andere«. Es kann also gar nicht genug *turns* geben, wenn es um die Entfaltung einer komplexen und der geschichtlichen Realität angemesseneren Wahrnehmung geht. *Spatial turn*: das heißt daher lediglich: gesteigerte Aufmerksamkeit für die räumliche Seite der geschichtlichen Welt – nicht mehr, aber auch nicht weniger.

Einer der Aspekte der Entfaltung der Räumlichkeit menschlichen Daseins oder menschlicher Geschichte ist die Entdeckung von den vielen Räumen, von der Pluralität der Räume. Dies kann auch nicht anders sein. Wenn Räume nicht nur »da sind« als tote, passive Bühne und Behältnisse, wenn sie vielmehr geschichtlich konstituiert sind, eine Genese, eine Verfaßtheit, eine Verfallszeit, auch ein Ende haben können, dann ergibt sich daraus auch, daß es viele Räume gibt. Es gibt die Räume der Natur, jene gewissermaßen »überhistorischen« Räume, die in Jahrmillionen oder Jahrmilliarden zustande gekommen sind und in denen die menschliche Tätigkeit kaum merkliche Spuren hinterläßt.

Es gibt die Geschichtsräume, in denen Generationen einen historischen Epochen- oder Staatszusammenhang zuwege bringen, und die mehr oder weniger von Großkollektiven konstituiert sind, die überschaubar sind und in der die Zeit – in Jahrtausenden, Jahrhunderten – ihre Spur hinterlassen hat. Es gibt schließlich den Lebensraum, der von einem Individuum konstituiert ist und der gleichsam eingelagert ist in den überhistorischen und historischen Großzusammenhang. Die Pluralisierung der Räume hat etwas Verwirrendes an sich – das ist das, was Marc Augé das »Übermaß an Raum«, das uns die Moderne und die Postmoderne beschert haben, bezeichnet.[22] Sie steigert zunächst die Unübersichtlichkeit. Und doch bringt sie in unser Bild von der Welt, unsere ohnehin zur Simplifikation verurteilten Repräsentationen von der Welt, eine Ahnung von der Komplexität zurück, die die Welt ist. Man könnte summarisch sagen: es gibt so viele Räume, wie es Gegenstandsbereiche, Themen, Medien, geschichtliche Akteure gibt. Die Pluralisierung der Räume drückt sich bereits im selbstverständlich gewordenen Sprachgebrauch quer durch die kulturellen Milieus und Sphären und quer durch die Disziplinen hindurch aus. Wir sprechen von Erinnerungs- und Gedächtnisräumen, von historischen und politischen Räumen, von Geschichtslandschaften, von Räumen der Literatur. In vielen Fällen ist der Terminus ein Synonym geworden für den älteren und aus bekannten Gründen diskreditierten »Lebensraum« und für die unbelastete und nicht weniger plastische »Lebenswelt«.

Wenn nicht alles täuscht, dann sind wir an einem Punkt angelangt, wo aus ganz verschiedenen Gründen, in ganz unterschiedlichen Feldern die Frage der »Verräumlichung« irgendwie spruchreif geworden ist. Wir haben die wichtigsten Hinweise dafür aufgezählt, um unseren Eindruck zu »objektivieren« und uns Klarheit darüber zu verschaffen, ob es sich beim fälligen *spatial turn* um einen empirisch konstatierbaren Vorgang handelt oder nur um eine ideologische Idiosynkrasie und Idée fixe, die man besser auf sich beruhen lassen sollte.

Das vorläufige Endresultat der hier gemachten Untersuchungen ist ganz einfach: wir sind wieder angekommen bei ganz unspektakulären und unsensationellen Auskünften – nun freilich nicht mehr »einfach so«, nicht »naiv«, sondern durchaus »reflektiert«. Wir verstehen nun vielleicht besser, daß bestimmte Redewendungen, wie Sprache überhaupt, die untrüglichsten Fingerzeige geben, daß man die Sprache selbst ernst nehmen muß: Sie ist es, die die Einheit von Raum und Zeit unauflöslich festhält. Es ist klar, daß diese sprachlich gegebene vollständige Verschmelzung der raum-zeitlichen Dimension nur durch einen

Gewaltakt aufgebrochen werden kann, wobei Gewalt nicht immer und unbedingt brachialer Art sein muß. Aber man sieht es Denk- und Sprachformen an, ob sie diese Einheit hinnehmen oder sich an ihr vergehen. Vor dem Hintergrund der disziplinären Trennungsgeschichte von Raum und Zeit ist die Wiedergewinnung ihrer Einheit ein Stück Versöhnungs- und Wiederherstellungsarbeit. Es sind zuweilen die Allerweltsformulierungen, die *common places*, die die elementaren Wahrheiten besser aufbewahren als die gelehrten Disziplinen, die nur auf ihre eigenen Kosten kommen wollen.

Was mit Vermutungen über den *spatial turn* anfing, endet als Rede vom Selbstverständlichen. Wir müssen uns nur der Sprache anvertrauen, sie ernst nehmen; denn sie bezeugt mit jeder Silbe die Unauflöslichkeit des Zusammenhangs von Raum und Zeit: Zeitraum – es gibt kaum ein schöneres Wort in unserer Sprache. Auch Lebensraum gehört dazu. Wir leben in Erfahrungs- und Erwartungshorizonten. Wir gehen in die Welt hinaus. Wir sprechen vom Lebensweg, Curriculum vitae. Wir schreiben Biographien, indem wir Geburts- und Sterbedaten, aber auch Geburts- und Sterbeorte angeben. Wir kommen ohne Ortsangaben nicht aus, wenn wir eine Epoche beschreiben wollen. Selbst wenn wir nur allgemein von Vergangenheit, Gegenwart oder Zukunft sprechen, benutzen wir räumliche Angaben: wir gehen zurück in die Vergangenheit, wir leben im Hier und Jetzt, oder wir schreiten vorwärts in die Zukunft. Noch die abstraktesten Charakterisierungen nötigen uns zum Gebrauch räumlicher Termini: uns ist etwas nah oder auch fern, wir unterscheiden ein Oben und ein Unten, wenn wir Herrschaft thematisieren, wir kommen ohne die Distinktion von innen und außen nicht aus. Wir brauchen, wenn wir ein Bild von der Welt geben wollen, eine Vorstellung von einem Zentrum, einer Mitte – wie immer sie bestimmt sein mag, wo immer sie auch angesiedelt ist. All unser Wissen von Geschichte haftet an Orten. Wir sprechen pars pro toto von Downing Street No 10, Kreml oder Weißem Haus. Geschichtliche Daten fallen mit Tatorten zusammen: mit Alexanders Schlacht von Issos, mit dem Überschreiten des Rubikon, mit Waterloo oder Stalingrad oder auch der Straßenkreuzung von Dallas, wo das Kennedy-Attentat geschah. Wir »orientieren« uns. Wir kommen ohne Bilder von den Schauplätzen, an denen sich alles ereignet hat, nicht aus. *History takes place* – Geschichte findet statt. Wenn wir von Kulturen sprechen, denken wir an die Orte, an denen sie sich kristallisieren: an »Paris, die Hauptstadt des 19. Jahrhunderts«, an die »Neue Welt«, die in den Wolkenkratzern von Manhattan Gestalt angenommen hat, an die Gleise, die auf das Tor von Auschwitz-Birkenau zulaufen. Wir sprechen von öffentlichen Räumen und von Privatsphäre. Wir haben, wenn wir Proust oder Tolstoj lesen, die Interieurs der verlorenen Zeit vor Augen. Wir haben vor unseren Augen sogar Nichtorte, Orte, die wieder verschwunden, untergegangen sind, von denen nichts geblieben ist außer der Erinnerung an sie. Es gibt keine Geschichte im Nirgendwo. Alles hat einen Anfang und ein Ende. Alle Geschichte hat einen Ort.

Es ist schwerer zu erklären, wie so etwas in Vergessenheit geraten konnte, als zu verstehen, warum das so ist. *Spatial turn* ist nichts anderes als die Rede vom Selbstverständlichen oder in den Worten Yi-Fu Tuans: »Und hierin liegt das letzte Ziel dieses Essays, im Vertrauen auf das menschliche Projekt: die Bürde eines wachen Bewußtseins zu vergrößern.«[23]

CYBERIA:
NEUER RAUM,
NEUE GEOPOLITIK

»Ist die Geopolitik tot?« fragen sich Gearóid Ó Tuathail und Simon Dalby, die Herausgeber eines Bandes, in dem es um den Entwurf einer »kritischen Geopolitik« geht, und antworten sogleich mit einem entschiedenen Nein: »Auf den ersten Blick scheinen das Ende des Kalten Krieges, der zunehmende Einfluß der ›Globalisierung‹ und die deterritorialisierenden Folgen der neuen Informationstechnologien einen Pflock ins Herz der Geopolitik getrieben zu haben.«[1] Die Schlagworte der neuen Zeit – Ende der Geschichte, neue Unübersichtlichkeit, Kampf der Kulturen – scheinen der neuen Situation angemessener zu sein. »In vielen Analysen ist die Geopolitik für tot erklärt worden.«[2] Den Autoren geht es um eine neue, eine kritische Geopolitik, mit der ihrer Meinung nach vorkritischen Tradition der »klassischen«, zumal deutschen Geopolitik setzen sie sich nicht weiter auseinander; vielleicht ist diese Unbefangenheit – oder soll man sagen: Ahnungslosigkeit – auch ein großer Vorzug. Geopolitik wird bei ihnen aus der engen Bindung an den geographischen Raum herausgelöst; selbst die weiche Formulierung der Aufgaben von Geopolitik, wie sie in den Gründungsthesen der *Zeitschrift für Geopolitik* formuliert worden war, nämlich »das räumliche Gewissen politischen Handelns« sein zu wollen, ist den Vertretern der kritischen Geopolitik zu eng. Geopolitik hat überhaupt nicht primär mit geographischen Räumen zu tun, sondern vor allem mit politischen Konzepten und Konstruktionen von der Prägung und Beherrschung des Raumes. Mit dieser Herauslösung aus dem eng geographisch verstandenen Raum wird jede Verbindung zur alten Geopolitik unterbrochen und ein neues Kapitel aufgeschlagen. Kritische Geopolitik ist im Verständnis ihrer Vordenker vor allem ein »kulturelles Phänomen«. Sie analysiert »geopolitische Imagi-Nation des Staates, seiner Gründungsmythen und nationalistischen Ausschließlichkeitslehre«. Sie hat zu tun mit den elementaren Prozessen der Identitätsbildung, der Selbstunterscheidung von Nationen und der entsprechenden Repräsentationsformen. Kritische Geopolitik untersucht die

Akte der Schaffung von »nation-space and nation-time«, die Projektionen der »imaginären community«, die »Homogenisierung des nation-space« und die »Pädagogisierung der Geschichte«. Sie hat zu tun mit den Visualisierungen dieses Raumes, inbesondere in der Gestalt von kartographischen Erfassungen und Abbildungen in nationalen Atlanten. Sie untersucht, wie aus Territorien kulturelle Einheiten und kulturelle Räume werden, wie aus Menschen ein Volk oder eine Nation wird. Sie interessiert sich infolgedessen ganz besonders für die Prozesse und Projekte der Selbstunterscheidung, der kulturellen Grenzziehungen; sie interessiert sich für die Kartierung von Bedeutungen (maps of meaning) nicht weniger als für die Kartierung von Staaten. Die neue Geopolitik spricht im Grunde nur von Geopolitiken, weil sie von einer Pluralität kultureller Identitäten ausgeht, und sie löst, indem sie alles in Kultur verwandelt, den Begriff der Geopolitik im strengen Sinne eigentlich auf. Man könnte von einer Kulturalisierung der Politik und von einer Depolitisierung geostrategischen Handelns sprechen. In den Horizont kritischer geopolitischer Analyse gerät so ziemlich alles: mediale Repräsentationen des Eigenen und des Fremden, die Analyse von politischen Karikaturen, Fremdenbildern in der schönen Literatur, Content-Analysen von Filmen usf. Kritische Geopolitik legt ihre eigenen Voraussetzungen offen und zerstört, indem sie sich selbst zum Thema macht, die Illusion der Wertfreiheit. An die geopolitische Analyse im engeren Sinne erinnert nur noch ein Aspekt: die theoretische Reflexion der historisch-räumlichen Bedingungen politischer Aktion. Das Neue hieran ist, daß diese Bedingungen wiederum in einem weiten Sinne kulturhistorisch, nicht geographizistisch gefaßt werden. Gefragt wird, in welcher Weise Vermessungs- und Visualisierungstechniken wie Kartographie, Geographie, die Etablierung von technisch-territorialen Netzwerken – Eisenbahn, Telegraph, Highways – die Implementierung von integralen Institutionen wie Zollvereine oder wie technisch-militärische Innovationen die Prozesse der Territorialisierung und »Imagi-Nation« befördern oder behindern.[3] Das Neue an der neuen Geopolitik ist, so könnte man zunächst sagen, die Kulturalisierung des Politischen und die Kulturalisierung der politischen Räume. Das hat bedeutende Konsequenzen. Zur deutschen Geopolitik gehören in einem solchen Verständnis dann nicht nur die organizistischen Raumvorstellungen eines Ratzel oder die Kontinentalideologie eines Haushofer, sondern die unter der Bevölkerung verbreiteten Vorstellungen von Epidemien und Seuchen, die angeblich aus dem Osten eingeschleppt werden, von der Plausibilität der Desinfektions- und Quarantäne-Maßnahmen und von der schließlichen »Entfernung« bestimmter Bevölkerungruppen aus dem »deutschen Lebensraum«. Zur Geopolitik des Kalten Krieges, in der es zur Teilung der Welt gekommen ist, gehörten dann nicht nur die globale politisch-militärische Auseinandersetzung zwischen »Demokratie und Unfreiheit«, sondern auch die Selbstbilder von Abendland und Okzident, von Rückständigkeit und Komfort, ja sogar der Maskulinitätsfetischismus der Marlboro-Reklame oder Schwarzenegger-Filme beginnt dann im »Kampf der Systeme« eine Rolle zu spielen. Die Bomben von Oklahoma, die im Midwest, im *heartland* Amerikas, hochgegangen sind und ein Blutbad angerichtet haben – auch sie sind dann Geopolitik, die den Raum politischen Handelns und das Bild vom unverletzbaren Amerika radikal verändert haben. Ganz zu schweigen von den geopolitischen Implikationen des 11. September 2001.

Die neue Geopolitik bezieht ihre Neuheit indes nicht allein aus der Erweiterung der geopolitischen um eine »geokulturelle« Dimension, sondern auch aus der theoretischen Reflexion des neuen, gewissermaßen letzten Standes der Produktion des sozialen Raumes in Zeiten des Cyberspace. »Cyberia« ist der neue Raum, der sich über die uns vertrauten historischen Räume zu legen begonnen hat. Neue Geopolitik ist nur möglich – oder wird auch herausgefordert –, indem sie sich diesem neuen Raum stellt.

Die Züge dieser Terra incognita mit dem Namen Cyberia sind in den letzten Jahren von den Pionieren des Cyberspace-Wissens schon herausgearbeitet worden.

Die Revolutionierung der Kommunikationsmittel hat eine neue soziale Morphologie mit neuen räumlichen Praktiken entstehen lassen. Sie läßt sich am besten beschreiben als Netzwerk-Gesellschaft, bestehend aus Knotenpunkten und Verbindungen – Computer, Fax-Maschinen, Satelliten, Internet –, durch welche die entscheidenden Informationsströme laufen und über die sie auch kontrolliert werden können. »Schalter, die die Netzwerke verbinden, sind die privilegierten Instrumente der Macht«, sagt Manuel Castells. »Wer die Schalter bedient, hält die Macht in Händen«.[4] Die vorgefundene, ältere Raumordnung wird nicht gänzlich aufgehoben, aber doch überformt und überlagert. Die alte Raumordnung war wesentlich bestimmt durch den Raum des Staates, durch das Territorium des Nationalstaates. Der Nationalstaat war der »Meister des Raumes«, die Agentur, die die Raumerschließung, Raumbewältigung und Durchdringung organisierte und trug. Die neuen globalen Netzwerke und das ihnen entsprechende Personal aus Netzwerk- und Informationsdesignern, Programmierern, Ingenieuren, Lizenzvergebern und Lizenzerwerbern entwerten die vorgefundene traditionelle soziale Morphologie, lassen sie erodieren. »Die korporative Nationalität wird zunehmend irrelevant in dem Maße wie die früher zentralisierten Körperschaften sich selbst in Netzähnliche Organisation mit globaler Reichweite umstrukturieren.«[5] Der bisher dominierende »reale« geographische Raum wird zu einem unter anderen, wie Bruno Latour meint: »Die Idee vom Netzwerk hilft uns, die Tyrannei der Geographen bei der Definition von Raum abzuschütteln, und liefert uns eine Vorstellung, die weder sozialer noch ›realer‹ Raum ist, die traditionelle ›reale Raum‹-Geographie ist lediglich ein Netzwerk unter vielen anderen.«[6] So wie dem Territorial- und klassischen Nationalstaat eine bestimmte lokal gebundene, feste, körperliche Technik – Straßen, Kanäle, Telephon, Dampfschiffe – entspricht, so entspricht dem postmodernen politischen Zusammenhang eine Infrastruktur vom Typus des Netzwerkes. Cyberia, diese neue Landschaft der Informationen, Medien, Netze, kennt neue Typen von Akteuren: *digerati* – die Literati des neuen Zeitalters, jene, die sich darin zu bewegen wissen; *digital nations*, die sich über das Netz konstituieren und nicht über die Staatszugehörigkeit; *info-insurrectionists*, also die Info-Rebellen, die die neuen Medien als ihren Kampfplatz betrachten und nutzen; eine Landschaft mit Infobahnen und telematischen Highways. Neue Disproportionen und Ungleichheiten, neue Spaltungen und Antagonismen treten in Erscheinung: nicht ein Eiserner Vorhang, sondern ein *digital divide*; nicht eine Teilung der Welt in Erste, Zweite und Dritte Welt, sondern eine Teilung in hochgradig vernetzte Weltregionen einerseits und aus dem Netz herausgefallenen Regionen andererseits. Digitalisierung produziert eine neue Räumlichkeit. Der Übergang von *geo-graphy* zu *info-graphy* scheint vollzogen. So wie die Welt der Antike um das Mittelmeer zentriert war; so wie die Welt des Mittelalters nach Jerusalem, Rom oder Mekka ausgerichtet war und die Welt des Kolonialismus und Imperialismus nach Lissabon, London und Paris, so ist die digitalisierte Welt ausgerichtet auf den Punkt ihrer maximalen Verdichtung im transatlantisch-nordamerikanischen Raum: New York. Die neue Infographie bildet auch die neuen Machtverhältnisse – Infopower – ab.[7] Sie beruht nicht länger auf traditionellen Waffen, einschließlich Nuklearwaffen, sondern auf der Entwickeltheit der Informationstechnologie. Die Macht der »Bit-States« ist nicht mehr an Territorien gebunden, was selbst noch für Atommächte galt. Cyberspace ist das durch digitale Information konstituierte und kohärent gemachte

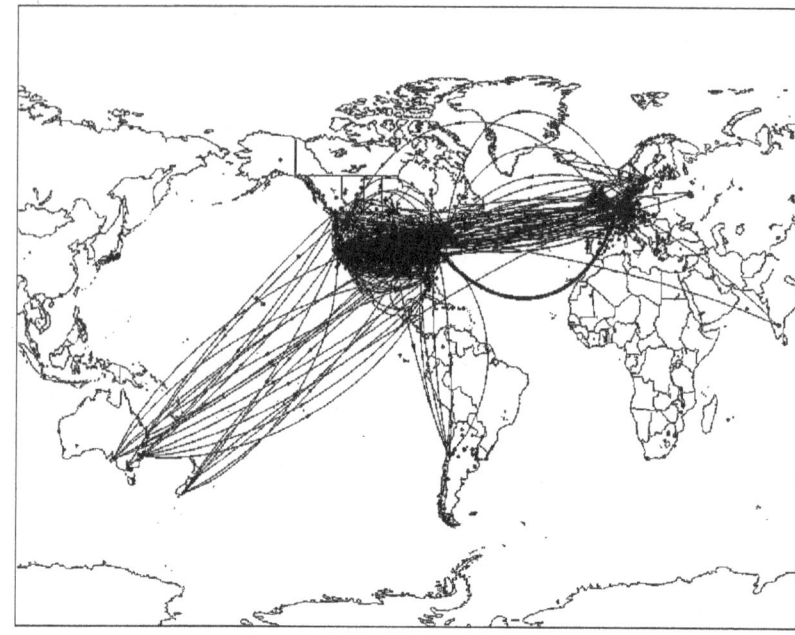

»Digitalisierung produziert eine neue Räumlichkeit. Der
Übergang von *geo-graphy* zu *info-graphy* scheint vollzogen.«

Datenströme im Internet (13. Mai 1993)

»Territorium«. Es macht an den Grenzen des souveränen Nationalstaates nicht halt, ja stellt diesen fundamental in Frage. Es steht mit der ganzen Welt in Verbindung und überschreitet so die Beschränkungen lokaler Bindung. Cyberia ist das, was für Nationalstaaten auch einmal
gegolten hatte: *imagined community, digital nation.*[8] »Seine Bürger sind
jung, gebildet, wohlhabend. Sie bewohnen vernetzte Institutionen
und Industrien – Universitäten, Computer- und Telecom-Firmen, Wall
Street und Finanzeinrichtungen, die Medien ... Sie sind vorwiegend
männlich, obgleich Frauen in enormen Mengen zu ihnen stoßen und
immer mehr aufschließen. Die Mitglieder der digitalen Nation sind
nicht repräsentativ für die Bevölkerung als ganze: sie sind reicher, besser ausgebildet und in überdurchschnittlicher Zahl weißer Hautfarbe.
Sie verdienen genug und haben genug Zeit. Ihre Ausbildung ist oft un-
konventionell und hört nie auf, und sie haben fast ungestörten Zugang

zur Masse der in der Welt verfügbaren Information.«[9] Die neuen Prozesse respektieren die territorialen und politischen Grenzen nicht. Sie sind nicht mehr an vorgefundene Orte gebunden. Sie laufen daher, wenn schon nicht auf ein Verschwinden des Raumes, so doch auf eine Deterritorialisierung hinaus. Die traditionellen Grenzen lösen sich auf, werden irrelevant. Der Nationalstaat ist aus dieser Perspektive fast eine nostalgische Fiktion. Der Feind wird deterritorialisiert, die Gefahren sind nicht mehr lokalisierbar, terroristische Bedrohungen, Proliferation von Massenvernichtungsmitteln sind nicht mehr lokalisierbar, jedenfalls nicht von den *task forces* alten Zuschnitts, die es mit festen Adressen, fixen Orten und Silos für Atomraketen zu tun hatten. So ungreifbar die neuen deterritorialisierten Bedrohungen sind, so verwundbar sind die neuralgischen Punkte der offenen und globalen Welt: Flughäfen und Fluglinien, Computernetzwerke, Dateiensysteme, Großstädte und Wolkenkratzer. Wer es mit diesen Gefahren aufnehmen will, muß sie in der Welt des Cyberspace aufspüren. Der »Geist der Frontier« muß sich heute an den vorgeschobenen Linien im Cyberspace bewähren. Wer den Kampf aufnehmen will, muß dem Herausforderer dorthin folgen, wie auch Verteidigungsminister Donald Rumsfeld nach dem 11. September 2001 bemerkt hat. Die wahren Erben Sir Halford Mackinders in der Geopolitik sind die Netzwerkaktivisten von heute.[10] Wenn die wesentlichen unser heutiges Leben bestimmenden Vorgänge jenseits der Grenzen oder über die Grenzen der alten Territorialstaaten – ob in der Form der Imperien und Vielvölkerreiche oder in der Gestalt des modernen Nationalstaates – hinweg verlaufen, dann verändert sich der gesamte Schauplatz, das *theatrum mundi*. Die Barrieren der Territorialstaaten, ja der Kontinente werden durch die globalen Informations-, Verkehrs- und Finanzströme niedergerissen. Die Globalisierung produziert durch die radikale Verminderung der Entfernungen Gleichzeitigkeit der Ungleichzeitigkeit auf engstem Raum. Was früher durch Kontinente getrennt war: die »fortgeschrittenen Mutterländer« und die »rückständigen Kolonien«, das dynamische Zentrum und die stationäre Peripherie – sie sind nun aufeinander zugerückt und bilden einen ineinander verwobenen Teppich verschiedener Zeiten, Kulturen, Zivilisationen. Charles M. Maier meint im Anschluß an Michel Foucaults These,[11] daß unsere Epoche eine der Simultaneität und des Raumes sein werde, und im Anschluß an Homi Bhabha, dem zufolge nicht mehr die nationalen Kulturen, sondern die transnationalen Räume der Migranten, Flüchtlinge und Geschäftsleute zur Wiege der Kultur geworden seien,[12] daß das Schwinden der Territorialität im Zeitalter der Globalisierung tiefgehende Implikationen haben werde: »Das Verschwinden von Territorialität bedeutet weiterhin, daß Kultur oder Zivilisation an Stelle des Raumes zum Zentrum von internationalen oder lokalen Konflikten wird. Ob aufgrund direkter Migration oder aufgrund ökonomischen Wettbewerbs, die wohlhabenden und gebildeten Bewohner des Westens werden gezwungen sein, in unmittelbarer Nachbarschaft zu Menschen anderer kultureller Traditionen zu leben, ohne gegen sie territorial geschützt zu sein. Auch dann, wenn sie weit weg sind und nicht einfach am anderen Ende der Stadt, macht sie der Zusammenbruch der Räumlichkeit zu ihren potentiellen Nachbarn. Aber sind wir nicht ohne den Schutz durch das Territorium dazu verurteilt, das ist die These, in einem fortwährenden zivilisatorischen und kulturellen Konflikt zu leben?«[13]

Die Phantasie, auch die »geographische Imagination«, ist weit mehr mit den entstehenden Cyberspaces beschäftigt als mit der Erkundung der Zonen, die jenseits und außerhalb von ihnen sich erstrecken; wir wissen viel weniger über die zivilisatorisch abgehängten Regionen. Es fällt einem leichter, sich vorzustellen, wie die Netzwerkgesellschaften funktionieren, als die Welten, die von ihnen nicht mehr erfaßt werden. Jenseits der neuen Weltzentren entstehen neue Wüstungen, neue Weltprovinzen. Die Rede von der Glokalisierung, also der Verbindung von Globalität und Lokalität, von weltweiten Prozessen und Bedingungen vor Ort, ist wie die Hegelsche Triade These – Antithese – Synthese: sie hat etwas Beruhigendes, Versöhnendes, wo alles darauf hindeutet, daß auch der zweite Anlauf der Globalisierung mit katastrophischen Brüchen einhergehen wird – nicht anders und doch ganz anders als der Bruch von 1914/1917, als das Weltsystem am »schwächsten Kettenglied« riß.

KARTENLESEN

KARTENZEITEN.
ZEIT, IN KARTEN GEFASST

Karten sind meist schon in dem Augenblick, da sie erscheinen, überholt. Das gilt erst recht in Zeiten beschleunigten Wandels. Der Berlin-Stadtplan von 1989 – »aktualisierte Ausgabe« –, der noch den Verlauf der Mauer mit den lebenswichtigen Grenzübergängen verzeichnete, war schon kurz nach seiner Auslieferung etwas für den Antiquar und half dem, der sich in den Straßenverläufen der wiedervereinigten Stadt zurechtzufinden versuchte, schon nicht mehr so recht. Wer im Jahre 1994 in der Moskauer Metro seinem Streckenplan von 1990 vertraut hätte, wäre verloren gewesen: viele der Stationen hatten andere Namen bekommen: statt »Dzershinski-Platz« nun wieder »Lubjanka«, statt »Marx-Prospekt« nun wieder »Jägerzeile«, und statt »Kirowskaja« hieß es wieder »Krasnye worota«. Diese Umbenennungen waren noch eine Lappalie – man konnte auf den Stadtplänen einfach einen Eintrag anbringen oder alte Namen überkleben – im Vergleich zu den Veränderungen, die sich aus der Auflösung ganzer Staatswesen und Bündnissysteme ergeben hatten. In den Urlaubsprospekten der Reisebüros, die sich auf Jugoslawien, die dalmatinische Küste, Istrien und Montenegro spezialisiert hatten, gab es immer noch Jugoslawien, obwohl es politisch bereits zu existieren aufgehört hatte und die Buchten und Strände längst verschiedenen Staatswesen angehörten. Auf den Autokarten war dick die Linie des »Autoput« eingetragen, auf dem Jahr für Jahr Hunderttausende von türkischen Gastarbeitern aus der Bundesrepublik und Österreich ihre Urlaubsreise nach Hause angetreten hatten – mit allen Details: Grenzübergängen, Tankstellen, Rasthäusern, Motels, Abfahrten. Aber die Kriege in Jugoslawien hatten ihn zu einer gespenstisch leeren Autobahn werden lassen, auf deren Betonspiste schon bald Gras zu sprießen begann. Nichts stimmte mehr an den Atlanten, die doch genau, zuverlässig und übersichtlich sein sollen. Die Schreibweise von Orten, manchmal auch ihre Namen selbst, waren andere geworden. Wo man einst hatte problemlos passieren können, war jetzt mit Schwierigkeiten und Schikanen zu rechnen. Die Brücke, die eingezeichnet war, war vielleicht gesprengt, und die Straße, die eine problemlose Verbindung gewesen war, war vielleicht vermint. Nur eines war gleichgeblieben: die Entfernung, in Kilometern gemessen – was wenig bedeutet, wenn Nachbarorte unerreichbar geworden sind.

Der Bedarf an Karten in Zeiten des Umbruchs wie 1989 ist ungeheuer groß. Die Kartenzeichner können dem Tempo der Veränderungen kaum folgen. Die Sprecher der Abendnachrichten müssen sich mit immer neuen Ortsnamen vertraut machen. Der Kartenmarkt boomt, wenn ganze Bevölkerungen sich nach der Grenzöffnung in die weite Welt hinaus auf den Weg machen können. Der Bedarf an allen Formen des Itinerars – vom klassischen Baedeker über den Sprachführer bis zur GIS(Geographisches Informationssystem)-gestützten Website – ist groß, wo neue Pfade ausgekundschaftet werden. Man muß sich in den Städten, in denen man neue Kontakte und Geschäftsbeziehungen knüpft, auskennen und zurechtfinden. Je größer die Erschütterungen und Verwerfungen, desto größer auch der Bedarf an Orientierungshilfen. Je größer die Möglichkeiten, sich überall in der Welt umzusehen oder auch sich niederzulassen, um so größer auch der Bedarf an Wegweisern und Informationen. Das gilt für alle Umbruchzeiten, nicht nur für diejenigen, deren Augenzeugen wir selbst geworden sind.

In geschichtlichen Umbruchzeiten zeigt sich nur in konzentrierter, fast mit dem bloßen Auge erkennbarer Form, was generell gilt: daß im Grunde alle großen geschichtlichen Veränderungen – neue Entdeckungen, Staatsbildungen und Zusammenbrüche von Reichen, große militärische Eroberungen und Auseinandersetzungen, die Ausdehnung von Kulturen und Zivilisation ebenso wie so langfristige Entwicklungen wie die Erdentwicklung selbst – ihren »Niederschlag« in der kartographischen Abbildung finden. So wie Zeiten des geschichtlichen Umbruchs Zeiten der kartographischen Revision, des Neuzeichnens, also in einem eminenten Sinne: Kartenzeiten sind, so ist die Geschichtszeit generell auch kartographisch faßbare und gefaßte Zeit. Jeder Schritt der Veränderung oder der veränderten Wahrnehmung und Erkenntnis der Welt schlägt sich – so oder so, nicht immer unmittelbar und nicht immer »logisch« und »folgerichtig« – in der kartographischen Repräsentation nieder. Dabei spielt eine Rolle, daß jede Zeit ihr eigenes Maß hat. Für die Anfertigung geologischer Karten spielt die Differenz von einigen Tausend Jahren kaum eine Rolle, während bei der Anfertigung von Wetterkarten schon ein Unterschied von wenigen Stunden den Ausschlag gibt für Aussagekraft und Präzision, und das heißt auch: den Nutzen einer Karte.

Man kann von einer Boomzeit sprechen, in der die Revision fast mit dem bloßen Auge zu registrieren ist. Im Jahr der Entdeckung Amerikas – 1492 – wurde der berühmte »Erdapfel« Martin Behaims fertig, eine Summa aller geographischen Kenntnisse und kartographischen Fertigkeiten der Zeit. Er ist nicht nur der älteste auf uns gekommene Globus, sondern er zeigt die Welt genau vor der Rückkehr des Kolumbus von seiner ersten Überquerung des Atlantik. Er folgt noch dem ptolemäischen Weltbild, allerdings mit Informationen über Ostasien, die erst mit den Fahrten Marco Polos bekannt geworden waren. Eurasien erstreckt sich fast über den ganzen Globus, so daß sich Europa und Asien über den Atlantik hinweg fast treffen – also ganz die Vorstellung des Kolumbus, der nach Westen segelte, um Indien zu finden.[1] Es war die Entdeckung des Kolumbus, die das alte Welt- und Kartenbild über den Haufen warf und eine Welle neuer Kartenbilder auslöste: die Karte des Juan de la Cosa von 1500, die erste europäische Generalkarte der Neuen Welt; die Karte des Alberto Cantino, die bereits die Aufteilung der Welt durch den Vertrag von Tordesillas von 1494 zeigt, und die berühmte Karte des Martin Waldseemüller aus dem Jahre 1507, die inspiriert von Amerigo Vespuccis Berichten im *Novus Orbis* dem neuen Kontinent den Namen gab.[2] Alle nachfolgenden Entdeckungsfahrten und Erdumsegelungen – die Fernando Magellans und Juan Sebastian de Elcanos von 1519 und 1522 – haben nicht nur eine regelrechte Kartenindustrie entstehen lassen, sondern das Bild von der Erde und das Weltbild als Ganzes revolutioniert. Nach und nach wurden die weißen Flecken gelöscht, mit Namen versehen und auf dem Globus eingezeichnet: die Präzisierung des Fernen Ostens (zur Abgrenzung von portugiesischer und spanischer Herrschaft), die Konturen der Magellanstraße und des Kaps der Guten Hoffnung, die Entdeckung und Konturierung der *Terra Australis*, zu der es freilich erst in der zweiten Hälfte des 18. Jahrhunderts durch Kapitän James Cook kam.[3] Norman Thrower hat bei seiner Analyse der Entwicklung des Kartenwesens im späten 15. und frühen 16. Jahrhundert vom »Age of Atlases« gesprochen. Die berühmtesten Kartenmacher der Geschichte – Abraham Ortelius aus Antwerpen, Mercator aus Duisburg, Hondius und Janssonius, Blaeu und Visscher – haben in dieser Epoche gearbeitet, und fast alle konzentrierten sich im Niederländischen und Niederrheinischen.[4] Einen vergleichbaren Boom in der Veränderung des Kartenbildes hat es dann nur noch einmal gegeben mit der Entdeckung Australiens und bei der Erschließung der inneren Räume des Schwarzen Kontinents oder auch Innerasiens im 19. Jahrhundert.[5]

Nahe verwandt zu den durch geographische Entdeckungen provo-
zierten Revisionen sind die durch politische Um- oder Zusammenbrüche ausgelösten Revisionen. Kriege, Revolutionen und Feldzüge bedeuten immer Hochkonjunktur für Kartenzeichner. Bewegungen von
Armeen, besonders in moderneren Zeiten, sind ohne Kenntnis des
Terrains und der Bedingungen für Logistik und Transport undenkbar.
Es bedarf strategischer Einblicke und Übersichten. Karten müssen aus
den Archiven herbeigeschafft werden, wenn es um die Aufteilung von
Territorien geht. Kartenmacher müssen mit am Verhandlungstisch sitzen, an dem der Verlauf der künftigen Grenzen ausgehandelt und fest-
geschrieben wird. Allen Friedensverträgen sind Kartenwerke beigegeben, in denen die neuen Verhältnisse und Zuständigkeiten Meter für
Meter, Grenzpfahl für Grenzpfahl niedergelegt sind. Das gilt für die
Zeit des modernen Nationalstaates, der der Territorialstaat par excellence ist, erst recht. Souveränität und Machtvollkommenheit erweisen
sich an der Hoheit über Grenzen – und handele es sich auch nur um
ein paar Quadratkilometer – mehr noch als in ökonomischer Potenz
oder kulturellem Glanz. Alle historischen Friedensschlüsse, die für das
Völkerrecht und die Gestalt der Welt maßgeblich geworden sind, sind
von Kartenwerken sekundiert oder illustriert: der Westfälische Friede,
in dem das Zeitalter der Glaubenskriege zu Ende geht und das Prinzip
cujus regio, ejus religio befestigt wird; der Friede von Hubertusburg, mit
dem der Spanische Erbfolgekrieg zu Ende ging und die Aufteilung
Nordamerikas besiegelt wurde; die Beschlüsse des Wiener Kongresses
1815, der nach den Turbulenzen der napoleonischen Zeit für fast ein
Jahrhundert die Grenzen in Europa definierte, vor allem die Grenzen
der Reiche der »drei schwarzen Adler«; die Pariser Friedensverträge –
Versailles, Trianon, Sèvres, St. Germain – am Ende des Ersten Weltkrieges, die eine gänzlich neue Staatenwelt in Europa hatten entstehen
lassen; die Beschlüsse der Münchner Konferenz von 1938, wo die »Zerstückelung« der Tschechoslowakei sanktioniert wurde, oder die im geheimen Zusatzprotokoll zum »Nichtangriffspakt« von 1939 beigelegte
Karte über die künftigen »Einflußzonen« Deutschlands und der Sowjetunion in Polen. Kein Krieg beginnt ohne Karten, und kein Krieg
geht zu Ende ohne Karten. Die Karten der Friedensverträge sanktionieren den neuen Status quo, und je komplizierter die neuen Verhältnisse, um so aufwendiger die zu erstellenden Kartenwerke und um so
fanatischer der Wille, auch das letzte Detail noch regeln und fest-
schreiben zu wollen. Wahrscheinlich sind nie mehr Karten gezeichnet
und verbreitet worden als im Europa nach dem Ende der großen Reiche

nach 1918: Grenzkarten, Minderheitenkarten, Karten von Religionsgemeinschaften, Verkehrskarten, Karten von strittigen Abstimmungsgebieten. Und kein Friedensschluß geht ab ohne große Kartenvernichtungsaktion. Die Karten, in denen die alten Zustände fixiert waren, die alten Reichskarten, in denen Generationen von Grundschülern beigebracht wurde, wes Untertan sie waren – für sie gibt es im Augenblick der Revolution und des neuen Zustandes keinen anderen Weg als den auf den Scheiterhaufen, auf den Müll oder – im besten Fall – zum Altpapierhändler oder ins Antiquariat. Die Rückseite von aus dem Verkehr gezogenen Karten darf als weiße Fläche benutzt werden, für den Druck neuer Karten oder schlicht als Schmierpapier. Alte Karten sind unter den neuen Verhältnissen nicht nur nutzlos geworden, sondern vielleicht sogar verdächtig.

Das Ende der Imperien ist die große Stunde der Nationalatlanten. Jede Nation hat endlich ihre Karte, jede Gesellschaft die Topographie, von der sie immer schon geträumt hat. Endlich können die Städte und Orte die Namen tragen, die sie schon immer hatten oder gehabt haben sollten, die zu tragen ihnen aber verwehrt gewesen war – den stolzen Namen der eigenen Nation. Endlich können ihre Straßen und Plätze die Namen tragen, die sie schon lange tragen sollten: die Namen der nationalen und lokalen Heroen. Endlich darf das Land die eigenen Farben tragen. So färbt sich in Zeiten des Umbruchs, der nationalen Revolutionen und der Befreiung die ganze Staatenwelt neu.

Alle großen Umbrüche sind Zusammenbrüche und Neubildungen von sozialen, politischen, kulturellen Räumen. Die Welt muß neu vermessen, neu kartiert, neu benannt, also neu definiert werden. Definitionsmonopole über große Territorien und Räume gehen zu Ende, neue werden etabliert. Es ist ein buntes Volk, das sich die Entdeckung und Unterwerfung des neuen »jungfräulichen Landes« teilt: Abenteurer und Gelehrte, gescheiterte Existenzen und kühne Unternehmer, Entdeckernaturen und Profiteure – und nicht zuletzt »Völkerkundler«, Geographen und Kartographen. Wo immer der weiße Mann ein erstes Mal seinen Fuß hinsetzt, hinterläßt er eine Spur und zeichnet sie in seine Karten ein: die Quellen des Nils und der Wasserfälle, die Victoriafälle heißen werden, die Gipfel des Chomulungma, die irgendwann nach Sir Everest benannt werden. Der Wettlauf um die Löschung der weißen Flecken und die Inbesitznahme des letzten noch nicht vergebenen Stücks der Erdoberfläche endete in einem *rush*, der auch ein *rush* der Karten war.[6] Hundert Jahre später, im Zeitalter der Dekolonisierung werden die Karten, die die Kolonialmächte gezeichnet haben, aus dem Verkehr gezogen und neue, die dem eigenen Selbstgefühl, der eigenen Würde und den eigenen Zwecken entsprechen, hergestellt.

Aber so rasch sich in Kriegen, Revolutionen, Staatszusammenbrüchen die Namen von Ländern und Staaten, die Farben von Territorien und die Grenzverläufe ändern mögen, die Linien, die die Lebenspraxis in den Köpfen hat entstehen lassen, sind nachhaltiger und dauerhafter. So kann es sein, daß in den Schulen die Kinder schon nach den neuen Lehrbüchern und Atlanten unterrichtet werden, während die Elterngeneration noch immer mit der Karte im Kopf herumläuft, mit der sie selber großgeworden war. Kartenbilder gehören zu den eindringlichsten »Visualisierungen« räumlich-politischer Verhältnisse, die sich denken lassen, waren sie in der Regel doch der Abdruck fest etablierter und dauerhafter Verhältnisse. Diese Kartenbilder im Kopf leben mit den Generationen. Sie sind nicht durch Dekret ein- oder abzustellen. Sie sind nicht dadurch schon getilgt, daß ein Vertrag geschlossen oder eine neue Schulwandkarte aufgehängt worden ist. So lebten nach 1918 die Bürger der Zweiten polnischen Republik noch lange im österreichischen, deutschen oder russischen Erfahrungszusammenhang, auch wenn sie längst Bürger der lange ersehnten und wiedergeborenen Republik waren. So erging es wohl den Bürgern des Sowjetstaates, die einmal Untertanen des Russisches Reiches gewesen waren, und so geht es wohl auch heute den Bürgern der Nachfolgestaaten der UdSSR, die einmal zu einem großen, grenzenlosen Staatswesen gehört hatten. Karten im Kopf werden nicht neu gezeichnet, sondern bilden sich neu mit der Lebenszeit – und verlöschen auch mit ihr. So kann es sein, daß der Horizont der kolonialen Welt, in dem die Eltern noch aufgewachsen waren, sich erst bei den Kindeskindern endgültig aufgelöst hat.[7]

Karten haben ihre eigene Verfalls- und Alterungszeit. Mark Monmonier hat über sie gesagt: »Der Informationsgehalt einer Karte ist wie Milch verderblich, und es empfiehlt sich deshalb, vor dem Gebrauch auf das Datum zu schauen.«[8] Sie verweisen auf einen Umstand von viel grundsätzlicherer Bedeutung: wir haben es zu tun mit der Geschichtlichkeit räumlicher Repräsentationen, die selbst wiederum nur ein »Ausdruck« der Geschichtlichkeit der in Karten repräsentierten Räume ist. Die Geschichtlichkeit der Kartenbilder lenkt uns auf einen zentralen und dramatischen Aspekt: daß Karten, als geschichtliche Dokumente aufgefaßt, uns etwas vom Drama des Auftauchens und Wiederverschwindens von Orten, Räumen und Raumbildern sagen, daß Karten immer, nicht nur in den dramatischen Momenten der Abwicklung eines alten Zustandes, Zeit in Karten gefaßt darstellen, in Konturen und

Schraffuren. Sie sind nicht nur Repräsentationen der Gegenwart, mit Karten kann man Vergangenheiten sichtbar machen. Zuweilen sind sie sogar das einzige, woran sich Menschen, überrollt von der rasenden Zeit, noch halten können. In ihnen sind Grundrisse aufbewahrt und Spuren fixiert, die sonst gelöscht und vergessen worden wären.

Indes sind Karten nicht nur passives Abbild, Abdruck oder Ausdruck dieser Zeit, sondern auch Konstruktion, Projekt und Projektion in die Zukunft.[9] Sie sagen etwas über Macht, Expansion, Aggression und Herrschaft, über Appetite, Ambitionen und Leidenschaften. Alle großen Projekte, Visionen und Zukunftsentwürfe sind, wenn sie wirklich überzeugend, mitreißend sein wollen, auch räumlich. Die Rede vom irdischen Paradies ist ohne die Flüsse und Bäche, in denen Wein und Honig fließen, undenkbar. Das Versprechen einer glücklichen Zukunft ohne den Ort, an dem sie Wirklichkeit werden soll, ist ohne einen Ausblick auf *City Upon the Hill* nicht glaubwürdig. Wer die Zukunft anschaulich ausmalen will, kommt an einem irgendwie konkreten Szenario nicht vorbei. So gibt es Karten von Weltreichen, die noch entstehen werden, von Städten, die noch errichtet und von Wohnungen, die komfortabler und schöner als alles je zuvor noch eingerichtet sein werden.

Immer wenn eine Welt zu Ende geht und eine neue initialisiert wird, ist Kartenzeit. Kartenzeiten stehen für den Übergang von einer Raumordnung zu einer anderen. Im Zeitalter der Massengesellschaft und der Massenproduktion von Karten spielt sich dies vor aller Augen ab, ja umgekehrt: ohne die Massen, ohne eine Öffentlichkeit geht es nicht mehr. Die Massenmedien – ob Zeitung, Schulwandkarten oder Fernsehschirm – werden zur großen Wand, auf die die wechselnden Bilder von der Ordnung der Welt geworfen werden: das kann das Europa der großen Reiche und Kolonien sein, der Aufmarsch der Armeen in den Weltkriegen, die farbenprächtige Inszenierung der Nationalstaaten, die Teilung der Welt im Kalten Krieg oder – heute: die Knotenpunkte, die die globale Welt zusammenhalten.

In Karten sind Zeiten aufbewahrt; Vergangenheiten, Gegenwarten, Zukünfte – je nachdem. Wir merken es in der Regel immer erst, wenn eine Zeit zu Ende geht, wenn Karten alt geworden und die neuen noch nicht gezeichnet sind.

WAS KARTEN ZEIGEN.
ERKENNTNIS UND INTERESSE

Es gibt nichts, fast nichts, was nicht auf Karten darstellbar ist und dargestellt wird. Wir haben gewöhnliche Straßenkarten, die uns zeigen, wie wir von A nach B gelangen, und Karten, auf denen alte Grundstücksgrenzen sichtbar gemacht werden. Man kann die Verteilung von Einkommen und die Häufigkeit von Infektionen und Epidemien, die Wahrscheinlichkeit von Erdbeben und die Dichte von Morden kartographieren. Es gibt Karten, auf denen sind Oberflächentemperaturen und die Richtung von Luftströmungen, Vegetationsgrenzen und die Alphabetisierungsraten eingezeichnet. Wir können auf Karten leicht die Ballungszentren höchster Bevölkerungsdichte ausmachen und jene weiten Flächen, in denen sich die Punkte, von denen ein jeder tausend Einwohner bezeichnet, verlieren. Karten zeigen die Verstrahlung von Territorien mit Radionukleiden, die Routen des Waffen- und Drogenhandels, die Ausbreitung von Religionen über die Jahrhunderte und den Rückgang der Lebenserwartung in bestimmten Regionen. Man muß nur die Website für Atlanten und Karten anklicken und einigen der Links nachgehen, um festzustellen: es sind Abertausende von Titeln – vom Nuclear War Atlas über Weltatlanten des Weins bis zum DNA-Atlas. Im Map Catalogue ist alles im Angebot. Dies spricht für zweierlei: Erstens dafür, daß alles, was geschieht, nicht nur in der Zeit, sondern auch im Raum geschieht, daß alles einen Ort hat, daß Karten Repräsentationen von Welt sind und wir für alles eine räumlich-kartographische Entsprechung finden können: für die Poesie des Raums ebenso wie für die Räume der Poesie, für das Wachsen des Cyberspace ebenso wie für die Tilgung der Pest. Man kann mit Karten Vergangenheiten sichtbar machen, eine Gegenwart abbilden und die Zukunft entwerfen, also eine Kartographie der Zeitschichten, der »überhistorischen« Zeitschichten, mit denen sich Geographie und Geologie beschäftigen ebenso wie Epochenzeitschichten, der Zeitschicht der Ereignisse, mit denen es in der Regel die Historiker zu tun haben. Zweitens aber deutet der extensive, fast möchte man sagen: inflationäre Gebrauch des Teminus »Karte«, »Atlas«, »map«, »chart« – er steht auch für Nachschlagewerk, Enzyklopädie, Anthologie – daraufhin, daß Karten und Atlas zur Metapher für eine Darstellungsweise avanciert sind, der man offenbar in besonderer Weise die Fähigkeit zur Herstellung von Übersichtlichkeit und Überschaubarkeit zutraut.[1]

Es ist nicht aussichtslos zu versuchen, in diese Fülle eine gewisse Richtung oder Ordnung hineinzubringen. Die primäre Bedeutung und das Ursprungsgebiet der Karte ist natürlich der geographische Raum: die Erdteile, die Ozeane, die Länder, die Gebirge, die Flüsse, die Städte. Sie führt uns die Oberflächengestalt der Erde, ihre geologische, hydrologische, klimatische, orographische Formation vor Augen. Wir können den Bildausschnitt wählen: eine Fernsicht – aus dem All auf den Globus – oder eine Nahsicht – die Anlage von Städten, ein Straßennetz oder die Gemarkung einer Flur.

Die nächste Bedeutung ist wohl die Übersicht über die politische Gestalt der Erdoberfläche, also die Verteilung der Staaten und Regierungssysteme, die politischen Organisationen, Bündnisse, mit ihren Grenzen, Hauptstädten, Konfliktzonen.

Man kann die schematische Gliederung mühelos weiterführen. Vermutlich würde die Abbildung der Verteilung der Völker und Sprachen, der großen Weltreligionen und Konfessionen folgen. Vielleicht auch eine Verteilung der Staats- und Regierungsformen, der Rohstoffe und wichtigsten Wirtschaftsbranchen sowie der Hauptverkehrs- und Kommunikationswege.

Der Übergang von der Grundbedeutung der Karte und des Atlas – den geographischen Raum abzubilden – zur Darstellung anderer Aspekte der räumlichen Darstellung – Politik, Wirtschaft, Kultur, Sprache usf. – ist fließend. Der Entwicklung sogenannter thematischer Karten ist im Grunde keine Grenze gesetzt. Wenn alle Aspekte des menschlichen Lebens eine räumliche Dimension haben und wenn Raum sich darstellt als Komplex unendlich vieler Aspekte, dann gibt es so viele Karten, wie es Aspekte des menschlichen Lebens gibt. Es gibt nichts, was sich nicht verräumlichen ließe: Fluchtwege und Drogenrouten, Schlachtfelder und Konzentrationslager, tektonische Formationen und die Verbreitung des bürgerlichen Romans, die Zentren der Gotik und die vom Dschungel überwachsenen Städte der Mayas, das Netz der römischen Straßen und die Rotlichtviertel der großen Städte, Lebenswege und Schlachtfelder, die Kanalisationsnetze von London und die Luftkorridore nach Berlin-West, die Schulwege von Kindern und der Schlieffenplan, Traumlandschaften des Tourismus und die Topographien der Gewalt. Es ist wichtig, an die Fülle der thematischen Karten zu erinnern, weil darin erst die Kapazität des Mediums, das schier unerschöpfliche Register der Formen komplexer Repräsentation sichtbar wird. Wir werden gewahr, daß die Kartographie, die im gemeinen Verstand und Gespräch der Fakultäten eine »Hilfswissenschaft« genannt wird, die in erster Linie den Hauptwissenschaften, also der Geschichte im eigentlichen Sinne, zu dienen habe, ihre selbstbewußte Herauslösung, ihre Emanzipation noch vor sich hat. So wie es ein literarisches Narrativ, ein soziologisches oder anthropologisches Narrativ gibt, so gibt es auch ein kartographisches. Die Zeit für die Auflösung der hierarchischen Verhältnisse zwischen den Disziplinen und für die neue und freie Assoziation derer, die sich etwas zu sagen haben, ist längst gekommen. Eine Bedingung für die Aufnahme des Gesprächs ist die Überwindung einer Vorstellung von der Kartographie, an der diese selbst nicht ganz unschuldig ist, als einer mathematisch-geographischen oder ausschließlich naturwissenschaftlichen Disziplin, die es fast unmöglich macht, sie als Medium einer »topographischen Hermeneutik« (Nicolaus Sombart) in Betracht zu ziehen.

Da Karten nicht nur von Räumen, in denen Menschen leben, handeln, sondern auch von Räumen und räumlichen Beziehungen, die von Menschen »gemacht« werden, von ihnen »eingegangen« sind, gibt es viele Verbindungswege zwischen Geschichtsschreibung und Kartographie, zwischen der Rhetorik der Historiographie und der Rhetorik der Kartographie. Man kann sogar, was auf den ersten Blick erstaunlich ist, von einer parallelen Rhetorik sprechen. Dies kann auch nicht anders sein. Denn: Karten haben Autoren oder Autorschaften; Karten sind gebunden an Zeit und Ort; Karten geben Blickwinkel und Blickeinstellungen wieder; Karten sind nicht wertneutral, sondern haben genauso mit Fragen der Objektivität, Subjektivität und Parteilichkeit zu tun wie die Geschichtswissenschaften selbst; Karten sind wissenschaftliche und ideologische Produktionen; Kartenmacher müssen sich der Frage der »Relevanz« ihres Tuns nicht weniger stellen als Geschichtenerzähler und Geschichtsschreiber; Kartographie hat teil am ideologischen Komplex, an Macht, kurz: sie ist selbst ein historisches Produkt, das sich über die Möglichkeitsbedingungen ihrer Tätigkeit, ihre Reichweite und ihre Wirkungen nicht weniger Rechenschaft abzulegen hat als irgendeine andere Disziplin der Humanwissenschaften.

Karten haben Autoren, individuelle oder kollektive. Sie haben eine spezifische Handschrift, und die großen Innovationen in der kartographischen Repräsentation der Welt sind nicht zufällig mit den Namen großer Kartographen verbunden. Das gilt für Klaudios Ptolemaios, den

Bibliothekar von Alexandria, im 2. Jahrhundert vor Christus, und dessen großen Vorgänger Eratosthenes ebenso wie für Abraham Cresques und Gerardus Mercator im 15. und 17. Jahrhundert. Ihre Namen erscheinen nicht nur im Kontext einer eng verstandenen Kartographie, sondern sind Signaturen von Weltbild-Revolutionen, von folgenreichen Brüchen in der Entwicklung der Vorstellungen, die die Menschen sich von der Welt gemacht haben – über die Stellung der Erde im Kosmos, über die Stellung Europas zu den anderen Kontinenten usf. Ihre Karten oder die Karten, die ihnen zugeschrieben werden, sind Grundlagentexte der abendländischen Zivilisation geworden.

Indes gibt es nicht die Kartographie, sondern viele Kartographien, die sich unabhängig entwickelt haben: die Karten der pazifischen Insulaner, die berühmten geflochtenen Karten der Marshallinselbewohner, die eine Orientierung auf dem Meer erlauben; die grandiosen Kartenwerke der altamerikanischen Kulturen, die Kolumbus und Cortez vorgefunden hatten, die Karten der Eskimos oder die Kartenwerke der frühen chinesischen Dynastien mit ihrer unglaublichen Detailgenauigkeit und den raffinierten Projektionsmethoden. Für die Identifizierung der Autorschaften kartographischer Werke gelten keine anderen Maßstäbe als für die Identifizierung irgendeines anderen historischen »Dokumentes«.

Karten sind zeit- und ortsgebunden, schweben nicht im abstrakt-luftleeren Raum, sondern stehen in einem bestimmten historischen und kulturellen Kontext. Die Identifizierung von Karten, also ihre personelle Zuschreibung und Datierung, gehört nicht nur zu den aufregendsten intellektuellen Sportarten, sondern ist ein unabweisbarer analytischer Schritt, der überhaupt erst eine sinnvolle und erschöpfende Interpretation und Einordnung dieser »Dokumente« erlaubt. Auch für die in Karten eingegangenen Erkenntnisse und Interessen gilt, daß sie nicht zeitlos, überzeitlich, sondern historisch konstituiert sind. Diese Aussage reduziert nicht den Wert ihrer Aussagen, sondern liefert uns überhaupt erst den Schlüssel für die volle Entfaltung des interpretatorischen und analytischen Registers. Jede Karte hat ihre Zeit, ihren Ort, ihren Blickwinkel, ihre Perspektive, und richtig gelesen, liefern uns Karten nicht nur einen Schlüssel zum Sehen oder Verstehen der abgebildeten Welt, sondern auch über die Richtung und Intentionen derer, die sich dieses Bild von der Welt gemacht haben. So enthält eine Geschichte der räumlichen Repräsentation, also der Kartographie, immer schon auch ihre Konstitutionsgeschichte in sich. So wird nicht nur die Geschichte der Kartographie transparent, sondern die ihrer historischen Möglichkeitsbedingungen, die Geschichte eines Fortschrittes, der häufig um den Preis eines Rückschrittes in anderer Hinsicht erkauft ist.

Der menschliche Geist hat seit den Anfängen der Kartographie bis heute einen ungeheuren und eindrucksvollen Weg in der Abbildung und Repräsentation der räumlichen Welt zurückgelegt. Welcher Zuwachs an Welterkenntnis liegt nicht zwischen dem detaillierten Plan eines Gartens oder einer nubischen Goldmine, wie sie sich in Ägypten gefunden haben, oder zwischen der akkadischen Karte aus der Zeit um 2300 v. Chr., die den in den armenischen Bergen entspringenden Euphrat und die Stadt Babylon zeigt, einerseits und den satellitengestützten Vermessungen der Erdoberfläche, auf der noch jeder auf sie geworfene Schatten identifiziert werden kann, andererseits! Welch ungeheurer Fortschritt von den Mutmaßungen über ein Indien und Hinterindien oder Japan am anderen Ende der Welt in den Karten des Ptolemaios und der Erfassung noch des letzten Atolls in den Weiten des Pazifik heute! Nicht minder erstaunlich als dieser Fortschritt und Wissenszuwachs ist die Evolution der in den Karten niedergelegten Weltbilder: Karten für die Reise im Jenseits im alten Ägypten, Karten des Heiligen Landes mit Jerusalem als Mittelpunkt der Welt; Karten mit dem Europa der Pilger, auf dem Rom, Jerusalem und Santiago de Compostela die wichtigsten Orte sind; die Welt, vermessen im cartesianischen Netz der Aufklärung; die Welt, gesehen aus den Höhen der okzidentalen Zivilisation, die sich anschickt, den Rest der Welt zu missionieren; die Welt als *one world* der Finanz- und Migrantenströme oder als »blauer Planet« am Vorabend globaler Katastrophen. So viele Weltbilder wie es Epochen gibt, und so viele Kartenbilder, wie es Weltbilder gibt. Der Weg scheint von mythischen Kosmogonien zu Kosmologien zu führen, die empirisch zunehmend überprüft und verifizierbar werden und schließlich sowohl zur Entdeckung des abstrakten Raumes wie auch des empirisch meßbaren menschlich-historischen Raumes führen.

Die eine Welt ändert auch in den Karten, die von ihr gefertigt werden, ihr Aussehen je nach Blickwinkel und Blickeinstellung. Standard Oil hat ein anderes Bild von der Erdoberfläche als Meteorologen. Die Satelliten des Pentagon interessieren sich für andere Details als die Archäologenteams, die auf der Krim ihre Grabungen veranstalten. Die Gruppen afghanischer Flüchtlinge, die nach Europa möchten, brauchten andere Karten von Eurasien als die Vielflieger des Global Village, die darüber hinwegfliegen. Ein und dasselbe Stadtviertel sieht aus der

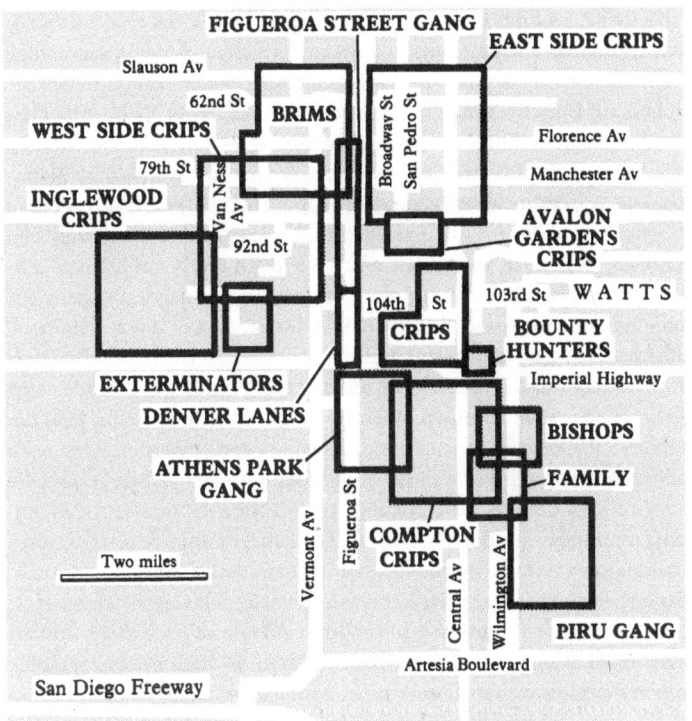

FIGUEROA STREET GANG

EAST SIDE CRIPS

Slauson Av

62nd St

BRIMS

WEST SIDE CRIPS

Broadway St
San Pedro St

Florence Av

79th St

Manchester Av

Van Ness Av

INGLEWOOD
CRIPS

AVALON
GARDENS
CRIPS

92nd St

104th St

103rd St   W A T T S

CRIPS

BOUNTY
HUNTERS

EXTERMINATORS

Imperial Highway

DENVER LANES

BISHOPS

ATHENS PARK
GANG

FAMILY

Figueroa St

Two miles

COMPTON
CRIPS

Vermont Av

Central Av

Wilmington Av

PIRU GANG

Artesia Boulevard

San Diego Freeway

»Die eine Welt ändert auch in den Karten, die von ihr gefertigt werden, ihr Aussehen je nach Blickwinkel und Blickeinstellung.«

Street-Gangs und ihre Territorien in Los Angeles, 1972

Perspektive der Mutter Teresa anders aus als aus der Perspektive des Grundstücksmarktes. Die Karten des menschlichen Geistes beruhen auf anderen Messungen als die hydrologischen Karten für die Hafeneinfahrten von Rotterdam oder Sydney. Es gibt Karten, auf denen sind touristische Sehenswürdigkeiten, und solche, auf denen sind Shopping Malls eingezeichnet. Manche Karten machen das Unsichtbare sichtbar – aufgelassene Friedhöfe, abgetragene Tempel, verschwundene Dörfer. Wieder andere warnen uns vor Grenzen, die wir nicht überschreiten sollen. Manche Karten wählen einen großen Ausschnitt, einen großen Maßstab und machen so unsichtbar, was man nur sehen kann, wenn

man den Ausschnitt klein hält. Wer sich entscheidet, das eine hervorzuheben und das eine zu zeigen, entscheidet sich auch dafür, das andere
nicht hervorzuheben und das andere nicht zu zeigen. Kartenbilder beruhen auf Entscheidungen, Vorentscheidungen, einer Wahl. Alle klassischen Fragestellungen der Geschichtswissenschaft stellen sich auch
für die kartographische Repräsentation, für das kartographische Narrativ. Die Verfertigung von Karten – Mapping im weitesten, also auch im
übertragenen Sinne – ist eingelassen in den kartographisch-räumlichen
Diskurs. Was darin verhandelt wird, wie darin das Räumliche gegenwärtig ist, erschließt sich in einer eingehenden Analyse, in dem geschichtliche Interessen, Technisch-Handwerkliches und was sonst noch
alles zu Diskursen gehört, zur Sprache kommen. Es wird das Subjektive,
Individuelle, das konstitutiv in solche Raum- und Kartenbilder eingeht, zur Sprache kommen, ebenso wie die Grenzen, die im Feld des
»Inter-Subjektiven« genauer diskutiert und geprüft werden. Und nach
aller Erfahrung wird es weniger zum Streit um »die« Wahrheit oder die
»wahre kartographische Repräsentation« kommen, sondern eher um
eine mehr oder minder der Wirklichkeit nahekommende oder entsprechende; also weniger essentialistisch, sondern deskriptiv-gradualistisch.
So wie es auch in der Geschichtswissenschaft vielleicht fruchtbarer ist
zu fragen, »wie es gewesen sein könnte« (Helmut Fleischer), anstatt,
»wie es in Wahrheit gewesen ist«, so könnte es auch im kartographischen Narrativ weiter führen, nicht zu fragen, welche Repräsentation
die »wahre und wirkliche« ist, sondern eher: welche vielleicht am meisten dazu beiträgt, um einer komplexen Wirklichkeit gerecht zu werden. Das ist beileibe kein Plädoyer für das beliebige Konstruieren von
Welt- und Kartenbildern, für die Ebenbürtigkeit »subjektivistischer«
Projektionen. Nicht alle kartographischen Repräsentationen sind
»wahr«, und schon gar nicht alle sind gleich geeignet, jenes zur Anschauung zu bringen, worauf es im gegebenen Falle ankommt. Es gibt
wie in allen Fragen geisteswissenschaftlich-historischer Hermeneutik
ein Vetorecht von Quellen, Daten und Fakten, die »intersubjektiv«
überprüfbar sind. Und es bildet keine allzu große Schwierigkeit, eine
wirkliche Karte von einem *fake* zu unterscheiden, so wie sich auch
Fakten von Fiktionen unterscheiden lassen. Karten sind nicht neutral,
sondern in einem fundamentalen Sinne »parteilich«, selektiv. Und es
kann auch hier nur darauf ankommen, die Bedingungen explizit zu
machen. Solange es differente, sogar antagonistische Interessen gibt, ist
die differente, sogar antagonistische Repräsentation der Welt in den
Kartenbildern nicht nur unvermeidlich, sondern auch ein Moment ge-

sellschaftlicher Wahrheit. Solange dies so ist, müssen wir mit vielen Karten von ein und derselben Sache und ein und derselben Welt leben, und es wird dann sowohl eine Frage des Standpunktes, des jeweiligen Interesses, vielleicht auch des individuellen Temperaments oder Geschmacks sein, wie man sich am Ende entscheidet. Weil Karten eines der eindringlichsten Mittel der Visualisierung von Welt darstellen, spielen Karten im Kampf um geistige und kulturelle Hegemonie eine herausragende Rolle. Dies muß nicht unbedingt immer explizit geschehen oder in einem manifest-propagandistischen Sinne – eher im Gegenteil. Das Register und die Handschrift der Kartenzeichner ist so weit und verschieden wie der menschliche Charakter: er reicht von aufdringlich-zudringlich bis zurückhaltend, von diskret-neutral bis auftrumpfend-angeberisch, von gelassen bis einschüchternd. Man muß sich Kartenwerke nur einmal durchsehen. Die Karten der Airlines, die dem Passagier suggerieren, er könne jeden Punkt der Erde mit ebendieser Airline erreichen. Die Karte der UdSSR von einst, die, als »Sechstel der Erde« und in krassem Rot gefärbt, weniger als »Hinterland der Revolution« in Erscheinung tritt, sondern einschüchternd mit dem Gewicht ihrer flächenmäßigen Ausdehnung auf den Rest der Welt drückt. Oder die Karten der *big companies* und Banken, für die globale Präsenz schon eine Tatsache ist, der niemand nirgends mehr entgehen kann – ob in Tokio, Lagos oder Asunción. Die Bilder vom Kreml oder vom Roten Platz, die für die Generation des Kalten Krieges für immer Orte von Paraden und Raketen sein werden. Und dann gibt es jene über allen politischen und weltanschaulichen Zwistigkeiten und Antagonismen schwebenden Karten, auf denen nichts eingezeichnet ist als die feine Kontur der Küste und die noch feinere Schattierung von Bergen und Tälern. Kartenbilder können einladend sein, aber auch einschüchtern und angst machen. Man soll also nicht nur von der Verantwortung der Physiker und ihrer Atombombe sprechen, sondern auch von der Verantwortung der Kartenzeichner, die angeben, wo sie zur Detonation gebracht werden. Von der Angabe des Fluchtweges, den sie einzeichnen oder verschweigen, kann im Ernstfall alles abhängen.

Karten sind wie Texte oder Bilder Repräsentationen von Wirklichkeit. Karten sprechen die Sprache ihrer Verfasser, und sie verschweigen das, wovon der Kartograph nicht spricht oder nicht sprechen kann. Karten sagen mehr als tausend Worte. Aber sie verschweigen auch mehr, als man in tausend Worten sagen könnte.

SPRACHE DER KARTEN,
KARTENSPRACHEN

Wie bringt man Karten zum Sprechen? Geographische und kartographische Modelle sind, wie Derek Gregory bemerkt hat, »pictures of the world«, was zugleich etwas weniger und vielleicht auch etwas mehr bedeutet als der deutsche Ausdruck »Weltbild.«[1] Die klassische Situation, Karten zum Sprechen zu bringen, ist jedem vertraut – aus der Schule, aus dem Hörsaal, auch aus dem Fernsehen: es ist die Interpretation der Flächen, Linien, Zeichen, Symbole. Ein Zeitgenosse des großen Geographen Carl Ritter, der immer ein Feind »lebloser Landkartenansichten« war,[2] hat diese Grundsituation der Vergegenwärtigung von Welt durch Karten anschaulich beschrieben: »In einem anderen Auditorium doziert ein großer, stark ausgearbeiteter Mann mit einem kräftigen Gesicht und einer hohen Stirne in geübter Rede. Er hat die Geographie erfunden. Es ist Karl Ritter. Vor ihm war sie eine Tabellenkenntnis, durch ihn ist sie eine Wissenschaft geworden, und zwar vielleicht die interessanteste der Welt. Die Erde hat in seinen Händen tausendfaches geistiges Leben gewonnen. Der Baum spricht, das Blatt lehrt, der Stein, das fremde Tier, das Meer und die fremden Völkerschaften erwecken Gedanken und helfen der Forschung.

Jeder, der just nachmittags über den Opernplatz geht, kann den hochgewachsenen Mann mit schwarzem Frack in die Universität schreiten sehen. Ritter belebt die Erde vor seinem Auditorium so interessant, wie es die üppigste Idealistik nicht vermöchte. Er handhabt sie wie eine leichte Kugel auf dem Katheder. Mit einem Stückchen Kreide zeichnet er ferne Länderstriche rasch und charakteristisch an die Tafel, während die Quelle aus der ältesten und der neuesten Literatur, aus indischen, giechischen und englischen Schriftstellern zitiert werden. Die Kriegs- und Völkerzüge, die den Landstrich hier belebten, hört man vorüberrauschen, man sieht die Tiere jener Gegenden vorüberschreiten, die Menschen treten in ihrer Besonderheit auf, die Sternenwelt, Nebel und Winde geben der Landschaft ihr Gepräge, eine farbige, lebendige, schattierte Welt wird innerhalb einer Viertelstunde neu geboren. Ein Schwamm fährt darüber hin, der Weg geht weiter, ein neuer Erdteil zieht an unseren Augen vorüber.«[3]

Carl Ritter ist hier Akteur in einem umfassenden Sinne: er zeichnet, liest, schreitet auf und ab, gestikuliert, interpretiert, kurz: er bietet alle einem gelehrten Menschen zu Gebote stehenden Ausdrucksweisen und »Medien« auf, um vor dem Auditorium Welt zu vergegenwärtigen. Er ist es, der die Karten liest, deutet, dynamisiert, und an ihm scheint es ganz und gar zu hängen, ob die Karte zu sprechen beginnt. Aber wie ist es mit der Sprache der Karten selbst bestellt?

Jeder Gegenstandsbereich hat seine Sprache: die Sprache der Ökonomie, die Sprache der Architektur, die Sprache der bildenden Kunst. Die Karte spricht vom Raum, und da es viele Räume gibt – den geographischen, den politischen, den kulturellen –, darf man auch von vielen Kartensprachen oder Kartenidiomen ausgehen. Das grundlegende Problem der Kartographie besteht bekanntlich in der Abbildung räumlicher, also dreidimensionaler Verhältnisse, auf eine Fläche, in zwei Dimensionen. Das ist ein fundamentaler und beeindruckender Vorgang, und man kann sich unschwer eine Vorstellung davon machen, wieviel Menschheitsentwicklung und Abstrahierungsvermögen dahintersteckt. Mit der kartographischen Spache gelingt nicht weniger als die Abbildung der räumlichen Dimension der Welt. Ihre Haupteigenschaft und Hauptleistung ist dabei die Abbildung der Gleichzeitigkeit, ja: sie kann gar nicht anders, als gleichzeitig abzubilden, also all das, was in einem Moment auf einen Blick erfaßbar ist und sich an einem Punkt, einem Ort, in einem Raum befindet. Diese grundlegende Qualität kartographischer Repräsentation hat eine qualitative Schranke: sie ist statisch, sie bildet keine Folgen und keine zeitlichen Verhältnisse ab, sie kann sie allenfalls andeuten oder symbolisieren.

Die Geschichte der kartographischen Repräsentation dreht sich um die Entwicklung der Grundregeln der Repräsentation und um ihren Umgang mit ihren Grenzen. Freilich sind die Zeiten einer schematischen, fast versteinerten Abbildung der Welt seit der Entwicklung der neuen Medien, die die Kartenbilder in Bewegung gesetzt haben, längst dahin. »Multimedia-Systeme überwinden nicht nur die statische Ein-Karten-Darstellung und erlauben es, dynamische Phänomene wie Kriege oder wissenschaftliche Untersuchungen auf informativere und anschaulichere Weise als bisher kartographisch zu gestalten, sondern sie fördern auch die Integration von Kartenmaterial, Diagrammen, Bildern, Text und Ton zu einem vielschichtigen multimediale Produkt.«[4] Die Geographischen Informationssysteme (GIS) haben die Kartenentwicklung stark beeinflußt und wirken wiederum auf die traditionelle Papierkarte zurück. Man kann mit diesen zum Teil auch interaktiven Karten fast alles abfragen – Geburtenraten, Sterblichkeitsziffern, Scheidungsraten, Wahlbeteiligungen, Bildungsstand usf. –, was Karten-Legenden im klassischen Sinne nie hätten leisten können. Und dennoch bleiben die der »graphischen Logik« inhärenten Zwänge, die man nicht ungestraft mißachten kann, bestehen. Was für die Sprache im allgemeinen gilt – daß sie Regeln der Grammatik, der Rhetorik, der Semantik folgt –, gilt auch für die Sprache, in der sich die Kartenzeichner verständigen und verständlich machen. Wie immer sie sprechen: ruhig und besonnen oder in agitierender Übertreibung, aggressiv und verleumderisch – Kartographen können dies nicht weniger als ihre Kollegen von der Historiographie –, sie können sich nicht jenseits der Regeln kartographischer »Syntax« und »Grammatik« bewegen.

Die Sprache der Kartographie teilt mit den Sprachen anderer Professionen deren Vorzüge und Gebrechen.[5] Es handelt sich um die Sprache von Personen, Autoren, Persönlichkeiten, die durchaus oft auch »Autorenkollektive« sein können. Sie sprechen die Sprache der Zeit. Sie haben ihre persönliche Handschrift oder »Note«. Es gibt Autoren, die es auf Klarheit, die oft langweilen kann, andere, die es auf Zuspitzung und Effekt anlegen. Es gibt wie überall die großen Simplifikateure, aber auch jene, die vor lauter Bäumen den Wald nicht mehr sehen. Karten haben einen »Wortschatz«. Man muß Kartensprachen lernen. Denn es gibt auch einen kartographischen Analphabetismus, der in der Regel unbemerkt und ohne Konsequenzen bleibt. Karten sind selektiv und parteilich. Und man kann mit Karten alles machen, fast alles, wie mit anderen Texten auch – zum Beispiel aus dem Kontext herauslösen und dadurch manipulieren. Sie folgen einem bestimmten Code und spielen mit einer bestimmten Semantik. Sie sind ideologische Konstruktionen und historische Produkte, wie alles Menschengemachte. Sie folgen Ikonographien: »Die Karte ist ein hoch-komplexes Superzeichen.«[6] Es gibt propagandistische und polemische Atlanten und solche, die man sachlich nennen kann, weil sie den Regeln der Quellenkritik, der Logik, der Eindeutigkeit genügen. Es gibt sorgfältig gezeichnete und schludrige mit empörenden Fehlern. Es gibt Karten, die einer politischen Tendenz folgen, »tendenziös« sind, die Partei ergreifen, »engagiert« sind – also all jene Schattierungen aufweisen, die auch in der Geschichtsschreibung gang und gäbe sind. Nicht einmal reine Landschaftskarten sind »wertfrei«, und selbst die Farbgebung beinhaltet Aussagen, die des Kommentars bedürfen.

Syntax, Grammatik und Vokabular der Kartographie. »Karten besitzen drei grundlegende Bestandteile: den Maßstab, die Projektion (auch als Kartennetzentwurf bezeichnet) und den Zeichensatz«, schreibt Mark Monmonier in seiner ideologiekritischen Untersuchung der Kartographie *How to Lie With Maps*.[7] Der Maßstab bezeichnet die Relation zwischen Realentfernung und abgebildeter Entfernung, also: 1:100, 1:1000, 1:10 000 usf., d. h., ein Zentimeter auf der Karte entspricht einem Kilometer in der Wirklichkeit. Die Benutzung des Maßstabes erlaubt uns überhaupt erst die Abbildung, denn alles andere würde auf eine Abbildung 1:1, also auf eine Verdoppelung der Welt hinauslaufen, was von radikalen Theoretikern zuweilen auch vorgeschlagen worden ist. Das hat bedeutende Implikationen. »So etwas wie eine ›richtige Gestalt‹ kann es bei einer Kartenprojektion nicht geben, schon allein deshalb, weil Karten ›Schnitte‹ entlang des Kartenrandes haben.«[8] Die Projektionen bilden »die gekrümmte, dreidimensionale Erdoberfläche auf eine flache, zweidimensionale Ebene ab und können daher den Kartenmaßstab beträchtlich verzerren. Während der Globus als ein verzerrungsfreies Modell der Erde betrachtet werden kann, bei dem der Maßstab an allen Punkten und in allen Richtungen konstant ist, werden auf der ebenen Karte manche Entfernungen gedehnt und andere verkürzt, so daß der Maßstab von Ort zu Ort und oft sogar in verschiedenen Richtungen variieren kann.«[9] »Für jede Projektionsfläche kann der Kartograph unter einer Vielzahl von Netzentwürfen mit jeweils ganz bestimmten Projektionsmerkmalen wählen. Manche Projektionen sind flächentreu (äquivalent) und erlauben es dem Kartographen, Flächen im richtigen Verhältnis zueinander darzustellen. Wenn also Südamerika auf der Erdkugel achtmal größer ist als Grönland, dann wird es auch bei einer flächentreuen Projektion achtmal größer erscheinen.« Aber entscheidend bleibt: »Keine ebene, zweidimensionale Karte kann wie der Globus gleichzeitig Flächen, Winkel, Umrisse, Entfernungen und Richtungen verzerrungsfrei abbilden.«[10] »Projektionen verzerren fünf geographische Beziehungen: Fläche, Winkel, Form, Entfernung und Richtung. So gibt es zum Beispiel Projektionen, die lokal winkeltreu, aber nicht flächentreu sind, und andere, die flächentreu, aber lokal nicht winkeltreu sind. Alle Entwürfe verzerren in beträchtlichem Umfang die Form großräumiger Gebilde.«[11] Die rechteckigen Karten bringen also die Welt um ihre Krümmung. »Sie lassen jeden Breiten- und Längengrad als gerade und nicht gekrümmt erscheinen, und geben dem Globus das irreführende Aussehen von rechteckigen Winkeln und klar geschnittenen Rändern.«[12]

Im Laufe der Jahrhunderte sind eine Reihe von Projektionen ausprobiert worden, im Grunde setzte sich die von Fleming Gerhard Kremer, genannt Mercator (1512–1594), im Jahre 1569 entwickelte Projektion durch, die die Welt als Zylinder ansah, so daß die Längengrade parallel geführt wurden, anstatt an den Polen zusammenzulaufen. Die Polarzonen wurden dadurch so umfangreich wie die Äquatorzonen, die gemäßigten Landmassen wuchsen auf Kosten der tropischen Landmassen. Um diese Projektion wurden weltanschauliche Kämpfe geführt, und als klare Gegenposition stellte sich die Karte des deutschen Marxisten Peters, die die wirklichen Landmassen abbildete mit dem Ergebnis, daß »die Dritte Welt« – mit Afrika, Asien, Südamerika – bedeutend an Fläche und Umfang zunahm. Die kartographische Abbildung erfordert gewissermaßen einen Kompromiß, denn: »Winkeltreue und Flächentreue schließen sich gegenseitig aus.«[13]

Das dritte Element sind die graphischen Symbole. »Graphische Symbole machen ausgewählte Merkmale, Orte und andere räumliche Informationen auf der Karte sichtbar und bilden neben Maßstab und Projektion den dritten wesentlichen Bestandteil von Karten. Indem sie Orte und Merkmale beschreiben und voneinander unterscheiden, dienen Kartensymbole als eine Art graphischer Code für das Speichern und Abrufen von Daten in einem zweidimensionalen geographischen Bezugssystem.« Es sind in der Regel Punktsignaturen, Liniensignaturen und Flächensignaturen – also meist: Punkte für Orte und Sehenswürdigkeiten, Linien für Flüsse, Straßen, Flächen für die Ausdehnung von Städten, Parks, staatlichen Territorien. Sie sollen eindeutig, aufschlußreich, leicht erkennbar sein. »Zur Verdeutlichung geographischer Unterschiede benötigen Karten kontrastierende Zeichen«, die in Größe, Form, Tonwert, Helligkeit, Füllung, Farbe variieren.[14] Mit Punktsignaturen kann man Flächendichtekarten erstellen, mit Symbolen wie Pfeilen Richtungsangaben markieren. Zur »Zeichensprache« gehören aber auch Abkürzungen, Eigennamen, die Farbgebung.

Hinter der Entwicklung der räumlichen Repräsentationsformen, also von Maßstab, Projektion und Kartensymbolen, steht jeweils eine lange und faszinierende Geschichte des menschlichen Geistes. Alle Geschichte der Kartographie ist auch Genealogie der Kartensprache.[15]

Kartographische Generalisierung, kartographisches Narrativ. »Karten sind selektive Repräsentationen von Realität, und sie müssen es sein«.[16] Eine Karte, die alles darstellt, stellt nichts dar und ist sinnlos, sie wäre nichts anderes als Chaos, Tohuwabohu. Aussagekräftig werden Karten erst durch die Hervorhebung des einen und die Vernachlässigung des anderen. »Um die Lesbarkeit der Karte zu gewährleisten, sind geometrische Vereinfachungen zwingend erforderlich, denn Kartensymbole nehmen oft mehr Raum auf der Karte in Anspruch, als ihnen maßstabsgemäß zukommt.«[17] Straßen, Flüsse, Grenzen werden nicht 1:1 eingetragen, sondern reduziert, vereinfacht, was bedeutet, daß gewisse Dinge oder Aspekte gelöscht werden – Bürgersteige, Häuser, Stege –, während andere eingetragen werden, die in der Realität körperlich gar nicht existieren oder existieren müssen – eine Landesgrenze, eine Staatsgrenze, eine Sprachgrenze etwa. Monmonier sagt provokativ und richtig: »Eine gute Karte beschönigt oder verschweigt die Wahrheit, um es dem Kartenbenutzer zu erleichtern, das Wichtigste zu erkennen. Die dreidimensionale Wirklichkeit ist viel zu komplex und reich an Details, als daß sie vollständig und doch übersichtlich auf ein zweidimensionales, maßstabgetreues graphisches Modell abgebildet werden könnte. Eine Karte, die keine Generalisierungen (Vereinfachungen) vornehmen würde, wäre sogar völlig nutzlos.«[18] Aus diesem Grunde ist die »genaueste Abbildung« – die photographische – für die Kartenzeichnung ungeeignet: Sie enthält zu viele – ungefragte – Informationen. Jeremy Black sagt: »Karten generalisieren, abstrahieren, übertreiben, vereinfachen und klassifizieren und sind somit auf je spezifische Weise irreführend. Nicht nur die Wahrheit ist komplexer, sondern auch das Faktum der Komplexität selbst. Der Hauptmangel von Karten, Unbestimmtheit wiederzugeben, ist sowohl aus analytischen wie aus pädagogischen Gründen gravierend.«[19]

Fünf verschiedene Formen von Generalisierung kommen für die Kartographie insbesondere in Frage: Auswahl, Vereinfachung, Verdrängung, Glättung, Typisierung. Es geht dabei immer um die Reduzierung der Detailfülle, um Begradigung, Anschaulichmachung, Stilisierung, Vereinfachung. Aus einem Mäander wird eine Kurve, aus einer kurvenreichen Straße ein Strich, aus einem Nebeneinander vieler Linien, die sich überkreuzen – Straße, Eisenbahn, Fluß – ein geordnetes Nebeneinander. Aus vielen Punkten an einer kurvenreichen Strecke wird eine einfache Beziehung – fast direkte Luftlinie – zwischen A und B. Man muß auswählen, man muß Prioritäten setzen und entsprechend anderes verdrängen, zusammenfassen, reduzieren. Selbst Karten, die der Norm entsprechen, verzerren – unvermeidlicherweise. Karten zeigen planimetrische Entfernungen an, also Horizontalentfernungen. Höhenunterschiede sind nicht berücksichtigt. Für zwei Punkte unterschiedlicher Höhe gibt die planimetrische Karte daher einen Abstand an, der nicht nur unterhalb der wahren Entfernung über Land, sondern auch unterhalb der dreidimensionalen Luftlinienentfernung liegt. »Die planimetrische Entfernung zwischen A und B ist nicht nur kürzer als die Überlandentfernung zwischen A und B, sondern auch kürzer als die entsprechende Luftlinienentfernung. Planimetrische Karten verzerren die natürlichen Entfernungsverhältnisse, indem alle Geländepunkte senkrecht auf eine horizontale Fläche projiziert werden.«[20]

Brauchbare Karten sind auf Generalisierung, Schematisierung, Stilisierung angewiesen. Sie müssen mit einem Minimum an erläuterndem Text auskommen. Sie sollen auf einen Blick sagen, was Sache ist, denn zum Studium von Legenden braucht man viel Zeit. Sie dienen einem Zweck, sind Orientierungsmittel, organisieren das Kartenbild entsprechend den je spezifischen Bedürfnissen. U-Bahn-Karten sollen nicht alles zeigen, was in der Umgebung der U-Bahnen liegt. Es kommt hier nicht einmal auf die exakte Entfernungsangabe an, sondern auf die Angabe der relativen Lage, der Verknüpfung der Verbindungen, die Nachbarschaft und Erreichbarkeit. Das Kartogramm der Metro lebt geradezu von der systematischen Vernachlässigung der »wirklichen Geographie«. Sie rückt die Geographie der effektiven Fortbewegung ins Zentrum. »Gerade durch den Verzicht auf geometrische Genauigkeit tragen schematische Karten den grundlegenden Bedürfnissen des Nutzers nach Orientierung besonders gut Rechnung. Fragen wie: ›Wo befinde ich mich im Verkehrsnetz, wo ist mein Ziel, wo und in welche Linie muß ich umsteigen, wie heißt der Endbahnhof, und nach wie vielen Stationen muß ich aussteigen?‹ können mit ihrer Hilfe problemlos beantwortet werden. Die Form ist der Funktion untergeordnet, und eine im landläufigen Sinne ›genauere‹ Karte wäre für diesen Zweck längst nicht so gut geeignet.«[21] Klassisches Exempel für diesen Grundzug der kartographischen Arbeit ist die Karte für die Londoner Untergrundbahn. Vor 1931 gab es Karten, die exakt die Entfernung mit zahlreichen weiteren Details angaben. Das war verwirrend. Erst der Designer der neuen U-Bahn-Karte, Henry Beck, verstand, daß es für die Millionen von Passagieren, die täglich die Londoner Subway benutzten, nicht auf eine genaue Darstellung des Stadtgrundrisses ankam, sondern allein darauf, wie sie rasch an ihr Ziel gelangen konnten. Die Vororte wurden an die City »herangerückt«, so daß die Vorstädte plötzlich nicht mehr außerhalb Londons lagen, sondern Teil der Londoner Zirkulation geworden waren. So wurde die Karte gewissermaßen eine Einladung in die Stadt statt ein Dokument der Distanzierung und Resignation vor der Riesenhaftigkeit Greater Londons. Bahnhöfe,

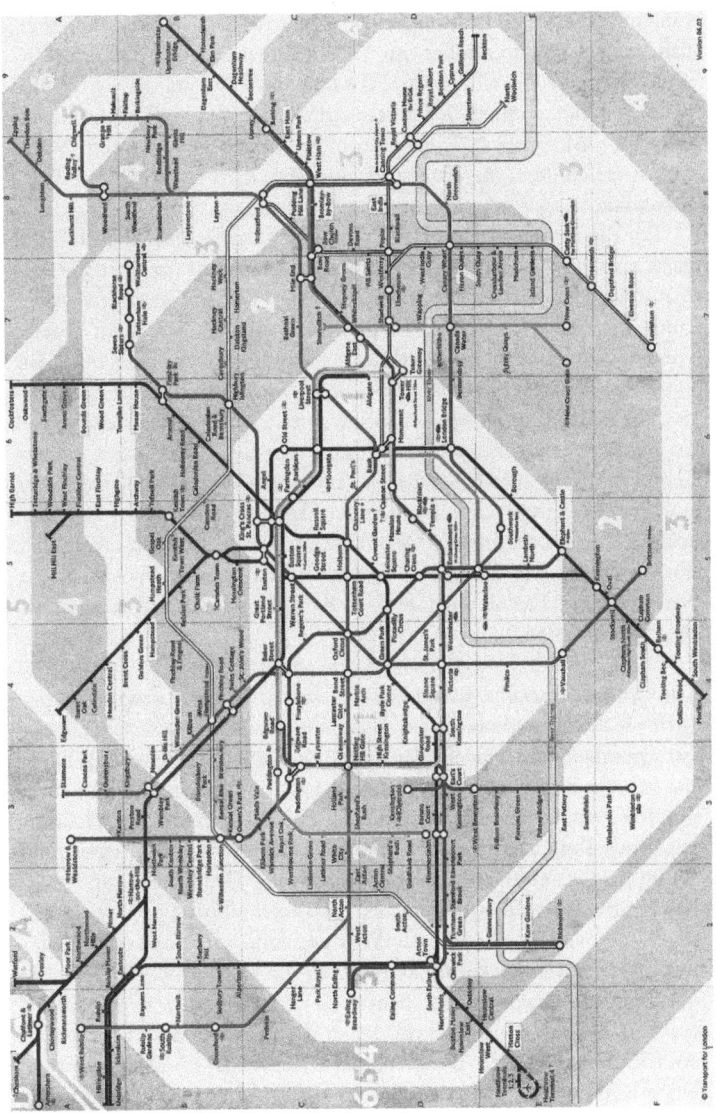

»Das Kartogramm der Metro lebt geradezu von der systematischen Vernachlässigung der ›wirklichen‹ Geographie.«

Tube map. Übersichtsplan des Londoner U-Bahn-Netzes

Linienführung, Beschriftung, Farbe, alles mußte so übersichtlich sein, daß man es gewissermaßen im Vorübergehen erfassen konnte. Obwohl oder gerade weil die Karte fast eine Karikatur auf die »wirkliche« Stadttopographie ist, ist sie bis heute intakt, wurde zum Urmuster aller folgenden Metropläne. Es ist eine stilisierte und schematisierte Karte und zugleich eine, die auf fast ideale Weise kartographischen Prinzipien folgt.

Für die Kartengestaltung ist, wie bereits angedeutet, nicht nur die geometrische Generalisierung grundlegend, sondern vor allem die thematische oder inhaltliche Generalisierung. Was soll gezeigt werden, lautet die Frage, und damit ist meist auch gesagt, was nicht gezeigt werden wird. Das ist unvermeidlich, so wie es unvermeidlich ist, daß ein Historiker sich mit einer Darstellung für eine Hauptlinie entscheidet, die andere Linien vernachlässigt; so wie es unvermeidlich ist, daß ein Soziologe oder Ethnologe sich für dieses und damit gegen ein anderes Zentrum seiner Untersuchungen entscheidet. Von Belang ist hier nur, ob die Betreffenden sich darüber klar sind und darüber Rechenschaft ablegen oder nicht. »Generalisierte Karten spiegeln fast immer ein Werturteil über die relative Bedeutung kartographisch darstellbarer Merkmale und Details wider.«[22] Jede Karte führt demnach in einen anderen Raum hinein.

Die Genese der Sprache. Es hat lange gedauert, bis diese inzwischen gemeinverständlich gewordene und auch international mehr oder weniger vereinheitlichte Sprache der Karten zustande gekommen war. Darin hat sich die Erfahrung vieler Generationen kristallisiert. Generationen von Kaufleuten und Händlern, die die Erfahrungen und Beobachtungen ihrer Reisen zusammenfaßten und irgendwie niederlegten und somit den Grundstein für das Itincrarium, eine Grundform von Reisebeschreibung und Topographie, legten. Die Erfahrung von vielen Generationen von Pilgern, die die Welt durchmessen haben – die hellenistische, die islamische, die christliche, die hinduistische – und ihre Wegbeschreibungen verfaßt haben. Seeleute haben seit der frühen Neuzeit Seekarten angelegt, in denen die für die Seefahrt wichtigen Anhaltspunkte – Inseln, Buchten, Landvorsprünge, Windverhältnisse – eingetragen waren, die sogenannten Portolankarten. Es bedurfte ganz neuer Beobachtungs- und Vermessungsmethoden, die die im Zeitalter der Renaissance und Aufklärung aufkommende systematische Landvermessung, ausgehend vom Cassinischen Unternehmen der Vermessung Frankreichs im 18. Jahrhundert bis zur Landesaufnahme, die den ganzen indischen Subkontinent erfaßte, ermöglicht haben: Die Entwicklung des gesamten Ensembles von Meßinstrumenten, Beobachtungsgeräten, Meßverfahren und über lange Zeit geführten Naturbeobachtungen waren hierzu notwendig – Kompaß, Astrolabium, Theodolit, Triangulation, Senkblei, Chronometer und vieles andere. Eines kam zum anderen: barometrische Messungen, die Anlage von Registern von Fauna und Flora, die Anlage von Katasterkarten, die Nutzung der Montgolfière für einen distanzierten Blick auf die Erde, die Satellitenphotographie. Hinter jedem uns heute selbstverständlich erscheinenden und standardisierten Emblem steht eine lange Geschichte der Erfahrung, der Stilisierung und Erprobung: so etwa bei der Einführung von Konturen für Landformen, der Schraffierung für die Angabe von Höhenunterschieden, das ganze Spektrum elaborierter Nuancen, die mit den unterschiedlichen Techniken des Kupferstichs, Stahlstichs, der Lithographie gegeben waren und die seit der Erfindung des Buch- und Kartendrucks verstetigt und präzisiert werden konnten. Die Entwicklung der kartographischen Sprache ist in einem buchstäblichen Sinne das Werk vieler Kulturen und Kulturkreise, die alle in großer zeitlicher und geographischer Distanz ihre eigenen Kartenbilder, Navigationssysteme und kartographischen Idiome hervorgebracht hatten – die Mayas, das Reich der Mitte, die Eskimos, der Islam, die hellenisch-jüdisch-christliche Welt – und doch über vielfältige Austauschprozesse miteinander in Verbindung gestanden hatten und sich so wechselseitig beeinflußten. Die kartographische Revolution im Europa der Renaissance wäre ohne die Wiederentdeckung des Ptolemäus via Byzanz nicht möglich gewesen; die Kenntnis der asiatischen Welt wäre ohne die Erfahrung der arabischen Seeleute radikal beschränkt gewesen; die Vermittlung des Kompasses und diverser in China erprobter Meßverfahren, die über Marco Polo nach Europa gelangten, sind wohl die bekanntesten Beispiele für den Transfer »kartographischen Wissens«. Ereignisse wie die Vereinheitlichung der Zeit und die Einigung auf den Null-Meridian auf der Internationalen Meridian-Konferenz 1884 in Washington, D. C., sowie die Vereinheitlichung der Maßstäbe oder der Beschluß im Jahre 1891 zur Herstellung des Jahrhundertwerks einer »International Map of the World« waren nur der vorläufige Schlußpunkt in der Ausbildung einer globalen Kartensprache, deren wir uns heute wie selbstverständlich bedienen.

Das Schweigen der Karten. Physikalische Karten scheinen über jeden Zweifel erhaben und jenseits aller ideologischen Färbung und Wertung. Jedenfalls scheint es schwieriger als bei Karten, die die Staatenwelt, politische oder ökonomische Prozesse abbilden. Sie zeigen Höhenunterschiede, Täler, Mittelgebirge, Hochgebirge, Marschen, Niederungen, Moore, Polder. Aber auch diese »nur natürlichen« Karten sind bereits Kulturlandschaften, mit Entwässerungssystemen, Dammbauten und dergleichen. Wenn man diesen anthropogenen oder jedenfalls von Menschen beeinflußten Charakter von Landschaften zum Verschwinden bringt, entsteht ein ganz anderes Bild. Das 20. Jahrhundert war ein über weite Strecken sehr deterministisches Jahrhundert, und eine seiner Ideologien war die Naturalisierung von gesellschaftlichen Vorgängen und Prozessen. Die Hervorhebung von Bergkämmen, Pässen, Meerengen hat gerade in der Ideologie der »natürlichen Grenzen«, mit der nicht wenige territoriale Ansprüche vorgebracht oder zurückgewiesen worden sind, fröhliche Urständ gefeiert. Auch »natürliche«, d. h. physikalische, geologische Karten verdienen daher eine kritische Sichtung.[23]

Touristische Karten, ein anderer Fall harmlos-unpolitischer Karten, zeigen, wie rasch man an ein Seeufer oder in die Berge gelangt, wo die Abfahrt zum nächsten Hotel oder Motel ist. Michelin, Shell, Esso, die alle ihre eigenen, nicht wenig einflußreichen Atlanten und Karten produzieren, zeigen ein Territorium der Schnelligkeit und des komfortablen Wegs zu Sehenswürdigkeiten und der dazugehörigen Service-Einrichtungen. Auch die einfachsten Kartenbilder haben große Macht: sie pflanzen in die Köpfe Bilder davon, was Zentrum und was Peripherie ist, und etablieren Hierarchien – wenn auch meist harmlose.

Die »reine Natur« ist dort fast zur militanten Ideologie geworden, wo neu entdeckte und neu erschlossene und unterworfene Territorien in den Blick genommen und kartographiert wurden. Ganze Kontinente – so Nordamerika im 16. und 17. Jahrhundert, so Schwarzafrika im 19. Jahrhundert – erscheinen als »jungfräulich«, als »menschenleer«, als »tabula rasa«. Die Kinder- und Schulkarten der späten Kolonialzeit waren bevölkert mit Elefanten, Löwen, Antilopen und Schimpansen – Menschen kamen darauf selten vor. Der Raum der außereuropäischen Welt erscheint auf den Karten eigentlich erst in dem Maße, wie er von Weißen besiedelt und kolonisiert wird. Es sind die von ihnen gegründeten Stützpunkte und Städte, die eingezeichnet werden, nicht jene, die es schon gab; es sind die Flüsse und Naturwunder, denen sie die Namen geben. Die Sprache der Karten ist hier die Sprache der Kartenzeichner in einem ganz expliziten Sinne: es ist das Zum-Schweigen-Bringen einer vorgefundenen Karte, die gelöscht wird. Und es ist ein aufregender und dramatischer Vorgang nun, nach dem Ende der kolonialen Herrschaft und der kolonialen Kartierung, die Neuzeichnung der Karten zu verfolgen. Schon daß in der Regel die Weltkarten in englischer Sprache gehalten sind und Städtenamen, Ländernamen in englischer Sprache eingetragen sind, kann man als ein Schweigen deuten, das in den postkolonialen Geographien und Kartographien thematisiert und damit zu Gehör gebracht worden ist. Die wichtigste Erfahrung ist nun vielleicht gerade die: daß es die eine Sprache der Karten nicht gibt, sondern deren viele. Es ist auch in der Kartographie angekommen, daß die Welt viele Bilder von sich hat, und mithin in vielen Sprachen sprechen muß, wenn sie sich verständigen will.

DER KRIEG UND
DAS AUGE

»Man könnte ein besonderes Kapitel über die Bedeutung des menschlichen Auges in diesem Krieg schreiben. Wahrhaftig! Das gäb' einen der lesenswertesten Aufsätze unter den zahllosen Flugschriften, die unter dem Titel ›Der Krieg und —‹ auf dem Büchermarkt erschienen sind, der Aufsatz: Der Krieg und das Auge. Namentlich die Großstädter unter den Soldaten, die im taghellen Schein der elektrischen Lampen um Mitternacht sich wie um Mittag nach Hause fanden, wußten gar nicht mehr, welch eine wichtige Rolle das Auge als Sinneswerkzeug hat. Sie brauchten es vor allem nur mehr zum Lesen und Schreiben. Beim Gehen auf den gesicherten Bürgersteigen der Städte war es kaum noch nötig. Jedenfalls mußte man es nicht anspannen. Aber wie viele haben draußen im Kriege wieder ihre Augen spitzen müssen wie die Tiere des Waldes. Die scharfen Sinne der Indianer, die wir als Knaben in den Erzählungen von Lederstrumpf, vom Wildtöter und Waldläufer preisen hörten, sind manch einem Feldgrauen draußen wieder angewachsen. Ja, selbst bei Nacht galt es oft hellsichtig wie die Eulen zu sein und scharfhörig dazu wie der Iltis. Besonders auf den erhöhten Beobachtungsposten haben sich viele die Augen ausgespäht. In Kurland waren diese Standorte zuweilen schon durch die hölzernen Feuertürme gegeben, die dort bei fast allen Siedelungen stehen. Von ihnen aus wurde früher ein Waldbrand gesichtet, der sich rauchend über dieses dünn bevölkerte Land heranwälzte, das selbst dem Gerücht, dem tausendzüngigen, keine schnelle Stimme geben konnte. Wo diese Feuertürme fehlten, da wurde schnell aus Bohlen und Brettern ein luftiger Steig gezimmert. Auf der schmalen Hühnerleiter kroch der Beobachter hinauf, um von diesem Luginsland nach den Bewegungen des Feindes auszuspähen. So hat mancher, wie ein Adler oben in seinem Nest horstend und ausschauend, Wochen und Monate im Kriege verlebt, ein Nachbar der Sonne, ein Bruder der Wolken. Und ist sich wie Lynkeus, der Türmer im ›Faust‹ vorgekommen, dessen Verse man sich oft, die Langeweile zu bannen, vorgesprochen hat: ›Zum Sehen geboren, zum Schauen bestellt‹ . . .«[1]

»So hat mancher, wie ein Adler oben in seinem Nest horstend und ausschauend, Wochen und Monate im Kriege
verlebt, ein Nachbar der Sonne, ein Bruder der Wolken.«

Satellitenaufnahme von Bagdad vor den alliierten Luftangriffen

SARAJEWO: TERRAINKUNDE,
ÜBERLEBENSWICHTIG

In den Schaufenstern der Buchhandlungen von Sarajewo, durch das
die Angehörigen der internationalen Oganisationen und nun auch
schon wieder Touristen schlendern, liegt die Karte aus, die Sarajewo
während seiner Einschließung und Belagerung in den Jahren
1994–1998 zeigt.[1] Wer sie kauft, hat eine Kriegskarte in der Hand. Er
sieht mit den Augen des Feindes von den umliegenden Bergen auf die
Stadt hinab, die wie in einem großen Amphitheater liegt, wie eine
Bühne, auf der man jede Bewegung genau verfolgen und sogar, wenn
man genau hinhört, jede Stimme gut vernehmen kann. Und er sieht
mit den Augen des Eingeschlossenen, der unten, auf dem Grund des
Kessels steht und hinaufspäht, um zu sehen, was sich dort oben tut.
Eingezeichnet sind die Höhen, von denen aus die Granaten auf den
Basar abgefeuert wurden, der überfüllt von Menschen sich in ein Pandämonium von zerrissenen Körpern, abgerissenen Gliedmaßen, an den
Geländern hängengebliebenen Körperteilen und Blut, überall Blut,
verwandelt hatte. Der Basar, eingefaßt von ein- bis zweistöckigen Häusern, lebensnotwendiges Zentrum, das jederzeit aufgesucht werden
muß, von einer Stadt, die irgendwie sich versorgen und über die Runden kommen muß: der Basar als todsichere Zielscheibe, wo man kein
Profi sein muß, um ein mörderisches Blutbad anzurichten. Die Stadt
mit ihren Türmen, den Hochhäusern und den Kuppeln der Kirchen,
Schulen, Synagogen und Bibliotheken. Zielscheiben wie im Bilder-
buch für jeden, der Lust hat, sich an der Stadt zu vergreifen. Und so
schossen sie in Brand die Gebäude, die jetzt noch dastehen wie Trash-
Skulpturen, ganz frisch, weil der Frühling um sie herum wieder zu blühen begonnen hat. Zwanzig Stockwerk hohe Wohngebäude mit aufge-
rissenen Flanken, verbeulten Balkongittern, aus leergebrannten Fenstern
herausflatternden Vorhängen; das aus Habsburger Zeit stammende große Dreieck, das einmal die Nationalbibliothek war und in dem die
Schätze der bosnischen Literatur verbrannt sind; Wohnhäuser entlang
der ziemlich steil ansteigenden Straßen, in Brand geschossen und jetzt
scharfe Unterbrechungen in der Front der Fassaden. Wie sieht man Sa-

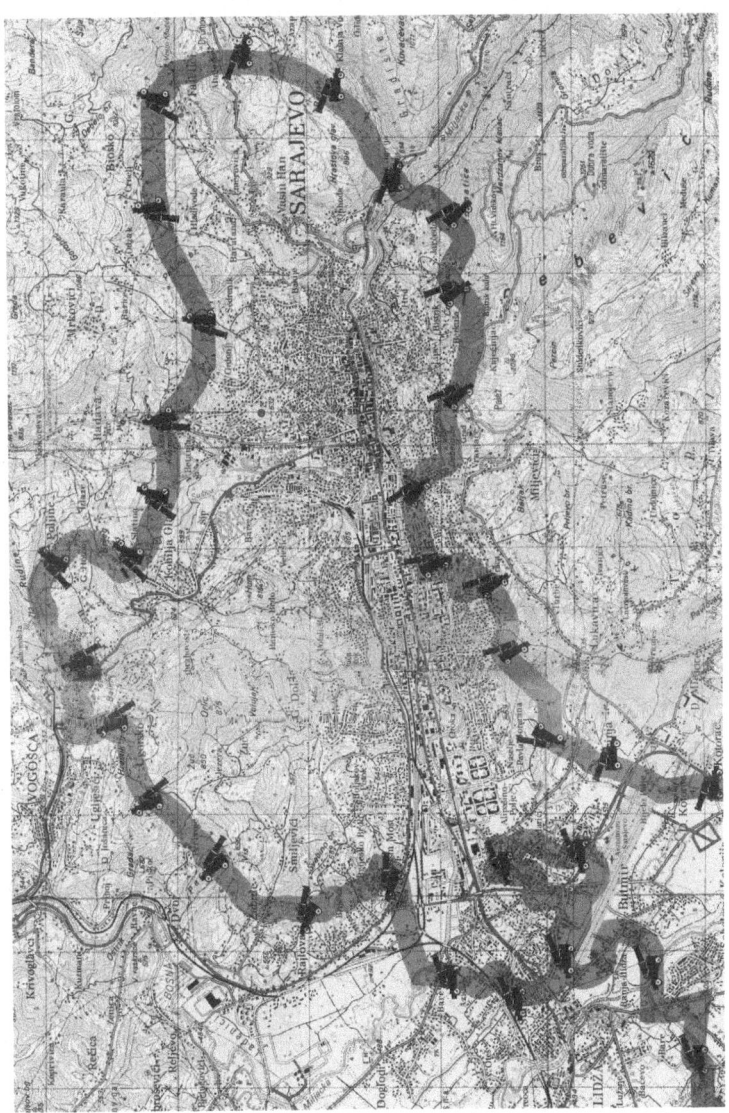

»Die Geschosse sind von intim mit der Stadt vertrauten Schützen abgefeuert worden. Nur sie treffen so oft und so genau.«

Der Belagerungsring um Sarajewo

rajewo aus dem Blickwinkel der Belagerer? Die Stadt ist gefangen im Kessel. Jeder kann sich an ihr vergreifen, es gehört kein Mut dazu, sondern nur eine günstige Position zum Einsehen und Schießen. Gerade der nicht berechenbare Schuß ist derjenige, der am meisten Schrecken verbreitet, denn er sagt: es gibt keine sicheren Orte, keine Zone größerer oder minderer Sicherheit mehr. Der ganze Raum der Stadt ist dem Zugriff der Belagerer ausgesetzt. Der Belagerer von Sarajewo ist der Kenner der Stadt par excellence. Man hat hier gelebt, ist hier zur Schule gegangen, kennt jeden Winkel, jede Gasse, jede Abkürzung, jeden Hinterausgang. Man kennt sogar den Rythmus der Stadt, die Bewegungsdiagramme, die Intervalle, in denen die Straßenbahnen, Züge und Busse verkehren. Die Geschosse sind von intim mit der Stadt vertrauten Schützen abgefeuert worden. Nur sie treffen so oft und so genau. Die Stadt wird eingesehen von den Haupthügeln, von besonders günstig liegenden Vorsprüngen und Stellen wie dem Jüdischen Friedhof oder der Fernsehstation. Von dort aus liegt die große Verbindungsstraße, über die die Straßenbahn vom alten Zentrum Richtung Neustadt und Flughafen rollte, offen da, wie auf einer besonders sorgfältig gemalten Karte. Man muß nur mit dem Finger entlangfahren, eine Eintragung machen. Von dort aus hat man freies Schußfeld bis in die Mitte der Altstadt. Die Minarette, die Türme, die Kuppeln, kurz die wohlvertraute Silhouette ist der beste Anhaltspunkt, die zuverlässigste Orientierung, um die neuralgischsten Punkte zu treffen, die den Organismus der Stadt zusammenhalten: Kreuzungen, Märkte, Busstationen, Hotels. Wer die Hügel beherrscht, beherrscht den Luftraum über der Stadt und hat damit die Kontrolle.

Die Belagerten müssen sich mit den Augen der Belagerer sehen, wenn sie überleben wollen. Sie müssen die Linie zwischen Scharfschützen auf den Hügeln und Stadtzentrum genau kennen, um sie rasch oder Haken schlagend zu überqueren. Sie müssen wissen, was der Feind sieht, um zu entscheiden, wo sie einigermaßen sicher gehen können: im Schatten der Gebäude, auf der einen, dem Feind nicht einsehbaren Straßenseite, unter der Brücke hindurch. Man muß seine Bewegungsabläufe der Reaktionsgeschwindigkeit der Scharfschützen anpassen. Offen daliegende Plätze, einst das Herz der Stadt, sind jetzt tödliche Fallen und müssen um jeden Preis gemieden werden, während die Höhlen der Stadt, ihre Keller, ihre Heizungsschächte, das Tunnelsystem der modernen Stadt zum sichersten Ort geworden ist, an dem die Stadt über sich selbst entscheidet. Binnen Jahresfrist vollzieht sich noch einmal eine Extremsituation des 20. Jahrhunderts: die Verwandlung einer urbanen Gesellschaft in die Bewohner von Laufgräben und Höhlen. Während die Belagerer den Luftraum beherrschten und so die Stadt kontrollieren, gehört den Belagerten der Untergrund. Hier sind sie fast unangreifbar, und wenn sie aushalten, bis Hilfe von draußen kommt, auch unbesiegbar. Das Sarajewo der Belagerer hat seine Topographie: der Berg Iman, der Fernsehturm, der Jüdische Friedhof, Optja und andere Punkte. Das Sarajewo der Belagerten hat seine Topographie: die Krankenhäuser, die Kirchen, die Tunnel. Sie werden unauslöschlich in den Köpfen der Bewohner bleiben. Sie brauchen keine Karten, denn sie sind Ortskundige des Ausnahmezustandes und des verminten Geländes. Die Sarajewokarten sind post festum gezeichnet. Für die Belagerten von einst war topographische Kenntnis indes lebens-, überlebenswichtig. Eine ganze Stadtbevölkerung wurde zum Spezialisten in Stadttopographie und Terrainkunde.

Ein altes Lehrbuch für angehende Generalstäbler beschreibt diese Subdisziplin so: »Unter dem Ausdrucke ›Terrain‹ versteht man irgend einen Theil der Erdoberfläche mit allen darauf befindlichen unbeweglichen Gegenständen. Das Terrain bildet den Schauplatz der Kriegsführung und beeinflußt die Bewegung, Aufstellung, das Gefecht der Truppe im hohen Grade; die Kenntnis des Terrains ist daher bei allen kriegerischen Unternehmungen höchst wichtig, ja unentbehrlich. Die militärische Terrainlehre ist nun jene Wissenschaft, welche uns lehrt, das Terrain richtig zu erkennen, sich darin zurecht zu finden (zu orientieren), bezüglich seiner Eignung für militärische Zwecke richtig zu beurtheilen und entweder mündlich, schriftlich oder durch Zeichnung so mitzutheilen, daß Jedermann sich daraus ein klares Bild machen könne, ebenso die Darstellung Andrer richtig zu lesen und zu beurtheilen.«[2] Kenntnis des Terrains ist eine Conditio sine qua non der kriegerischen Auseinandersetzung. Sie entscheidet nicht alleine über den Ausgang des Kräftemessens, in dem es auch um die Güte der Waffen, Intelligenz, Rücksichtslosigkeit, Mut und anderes mehr geht, aber mangelnde Kenntnis des Terrains kann tödlich sein. »Der Gebrauch der Karte im Gefecht erfordert die genaueste Kenntnis des Kartenlesens.«[3]

Die Sondierung, Vermessung und Inspizierung des Terrains für die militärische Auseinandersetzung ist daher eine der Grundsituationen für die Geburt der Kartographie – andere sind: Handel, Entdeckungen, Seefahrt, Pilgerreisen, Vermessen von Grundstücken und Landschaften.

Die Verbindung zwischen Krieg und Kartographie ist durch vieles gegeben und durch vieles bestätigt. Das militärische Kräftemessen »findet statt«, d.h., es gibt einen Schauplatz, der eine Rolle spielt, ein Gelände, das beherrscht, vermint, okkupiert, bewältigt werden muß, wenn man den Gegner schlagen will. Militärische Auseinandersetzungen haben einen Vorlauf und ein Nachspiel; sie bedürfen des Transports großer Truppenkontingente, sie kommen ohne Logistik, also ohne »Raumbewältigung« im großen Maßstab nicht aus. Das ganze Vokabular der militärischen Auseinandersetzung ist räumlich-örtlich: es geht um strategische Punkte, Gelände, Vorposten, Fronten, Verbindungslinien, Stellungen, Glacis, Hinterland, Aufmärsche, Aufstellungen usf.

Fast überall ist die Zivilgeographie aus der Militärgeographie, die Zivilkartographie aus der Militärkartographie hervorgegangen oder sind die Verbindungen überaus wichtig und offensichtlich. Die Übergänge sind fließend. Yves Lacoste hat auf die Pionierrolle des Militärischen für die Entstehung der Kartographie hingewiesen.[4] Die Vermessung des nordamerikanischen Kontinents folgte der weißen Landnahme, die eine mit Waffengewalt vollzogene Verdrängung, ja Ausrottung der einheimischen Urbevölkerung war. Viele Landvermessungen – wie die Schottlands oder die der englischen Südküste – hatten einen militärischen Konflikt zum Anlaß: das eine Mal die Schlacht von Culloden 1746, das andere Mal die napoleonische Gefahr. Die Errichtung der Herschaft Indiens ist ohne die Vermessung des indischen Subkontinents nicht denkbar. Die modernen Kriege als Massenkriege sind ohne Millionen von Karten nicht führbar gewesen – allein der U.S. Map Service hat im Zweiten Weltkrieg rund 500 Millionen Karten produziert. Die Abbildung von Schlachtabläufen und die Rekonstruktion von Gefechten in der Massenpresse kam ohne kartographische Abbildungen nicht mehr aus. Militärische Auseinandersetzungen haben der Entwicklung der Kartographie bedeutende Impulse verliehen – so der amerikanische Bürgerkrieg oder der Deutsch-Französische Krieg. Die US-Militärakademie Westpoint war lange Schrittmacher auch für die Entwicklung der zivilen Kartographie, während umgekehrt zivile Institutionen – etwa die Kartenabteilung der New York Public Library – immer wieder zur Generierung kriegsrelevanten kartographischen Wissens herangezogen wurden.[5] Helmuth von Moltke (1800–1891), Chef des Großen Generalstabs Preußens, war stark von Carl Ritter beeindruckt, hatte seine kartographische Ausbildung im Topographischen Bureau des Generalstabs erhalten und hatte mit seinen Landesaufnahmen von Konstantinopel und des Bosporus kartographisches Niemandsland betreten.[6] »Es gibt kaum einen Heerführer, der nicht seine topographische Schule durchgemacht hat.«[7] Die in manchen Ländern besonders ausgeprägte kartographische Tradition hat oftmals einen militärischen Hintergrund – so ist die starke kartographische Tradition Ungarns nicht ohne die Geschichte der militärischen Rückgewinnung der pannonischen Tiefebene in den sich über Jahrhunderte hinwegziehenden Türkenkriegen zu verstehen.[8] Etwas Ähnliches gilt wohl auch für die starke Tradition der russisch-sowjetischen Militärkartographie und ihre Schrittmacherfunktion für die zivile Kartographie.

Ob militärische Karten zuverlässig sind oder nicht, ist eine Frage von Leben und Tod. Es geht um Tausende von Menschenleben, um Sieg oder Niederlage. Militärische Karten – insbesondere Festungskarten, Brückenanlagen, Grenzgebiete, Pässe – sind daher als Staatsgeheimnisse betrachtet und gehütet worden. Kartensammlungen wurden in Hochsicherheitstrakten aufbewahrt und unterliegen striktester Geheimhaltung. »Ging ein solcher Stapel Karten ganz oder teilweise verloren, dann stand die Truppe da – verraten und verkauft.«[9] Ihre Aushändigung konnte Hochverratsanklagen und die Todesstrafe nach sich ziehen. Kartenfälschungen und kartographische Desinformation waren immer wesentliche Kampfmittel. Kartographie war in totalitären Staatswesen wie der stalinistischen Sowjetunion ein riskanter, um nicht zu sagen lebensgefährlicher Beruf, der leicht in die Nähe des Sabotage- oder Spionageverdachts rücken konnte. Jahrzehntelang war Kartenzeichnen in der UdSSR geheime Staatssache. Karten von Küstenlinien, Flußverläufen, Straßen- und Eisenbahnführungen, die Einzeichnung bestimmter Gebäude, Brücken, Kraftwerke, Staudämme, Grenzen verschwanden überhaupt aus dem öffentlichen Gebrauch. Photographieren und Kartieren bestimmter, militärisch relevanter Objekte war und ist auch in »westlichen« Gesellschaften nicht erlaubt oder nicht erwünscht. Auch noch in der Epoche der hochauflösenden Satellitenphotographie sind diese Verbote und Gebote intakt geblieben.

Karten haben eine große Rolle in der psychologischen Kriegführung während des Kalten Krieges gespielt. Auf sowjetischer Seite wurden systematisch falsche Stadtpläne hergestellt – auf denen Straßen und Gebäude fehlten –, auf amerikanischer Seite wurden die damals genauesten Stadtpläne für sowjetische Großstädte produziert. So kam es zu einem allmählichen Verschwinden exakter kartographischer Repräsentationen und entsprechend, so könnte man es bezeichnen: zum Schwinden des topographischen Gedächtnisses einer ganzen Gesellschaft, die von sich, ihren Grenzen, ihren Hauptachsen und Hauptorten keine angemessene und lebendige Vorstellung mehr besaß. Jeder

Besucher der späten Sowjetunion hat für sich den Verlust einer angemessenen kartographischen Repräsentation gespürt. Es gab keine auch nur halbwegs korrekten und aussagekräftigen Stadtpläne. Die in den Eisenbahnwaggons angebrachten Karten zeigten das Land, welches man gerade durchquerte, nie als Ganzes, sondern immer nur den Korridor entlang der Stationen, die von dem Zug berührt wurden – was einen eigentümlich engen Korridor- und Tunnelblick auf das »weite Land« erzeugte. Doch ist die Militarisierung der Kartographie, also die Darstellung der Erdoberfläche unter Gesichtspunkten des militärischen Schlagabtausches und der Geheimhaltung, letztlich nur die angemessene Auffassung einer Gesellschaft, die sich permanent und unausgesetzt im Belagerungszustand wähnt. Was einmal als Terrainkunde, als überlebensnotwendige Vergewisserung der Bedingungen einer weltpolitischen Auseinandersetzung begonnen hatte, endete in einer, so könnte man sagen: Kartographie der Paranoia. Sie war ein Indiz für fortschreitenden Wirklichkeitsverlust, und dieser wiederum war einer der Gründe für den finalen Zusammenbruch des Systems.

DER GRUNDRISS DES
GHETTOS VON KOWNO

An Grundrissen von Städten und Häusern vergewissert man sich, wie es gewesen sein könnte. Grundrisse beglaubigen: Hier war es, hier ist es geschehen. Das gilt besonders für Orte und Plätze, von denen kaum etwas geblieben ist. Ein solcher Ort ist Vilijampole, ein Stadtteil von Kaunas, heute die zweitgrößte Stadt Litauens. Kaunas war in der Zeit zwischen den Kriegen, als Vilnius von Polen besetzt war, die provisorische Hauptstadt des Landes, es war auch unter seinem polnischen Namen Kowno bekannt; sein deutscher Name war Kauen. Vilijampole liegt jenseits der Neris, die nur wenig weiter flußabwärts in den Njemen – die Memel – mündet. Man erreicht Vilijampole, wenn man das von barocken Kirchen, von den Überresten einer Burg und vor allem das von modernen Regierungsgebäuden aus den zwanziger und dreißiger Jahren dominierte Stadtzentrum von Kaunas hinter sich läßt und über eine unscheinbare Brücke geht. Dort gibt es nichts Spektakuläres zu sehen, nur das Übliche: Fabrikhallen, rasch errichtete Kindergärten und erstaunlich viele Holzhäuser, oft noch mit kleinen Vorgärten. Die Holzhäuser erinnern einen an alte Photographien aus der Vorkriegszeit. Aber nach dem, was wir von Vilijampole wissen, können sie nicht vor 1944 gebaut worden sein. Denn am 8. Juli 1944, als sich die Rote Armee Kaunas näherte, brannten die Deutschen den ganzen Stadtteil nieder, um die Spuren des Ghettos Kowno zu verwischen und Widerstandskämpfer, die sich in Kellern und im Untergrund versteckt hatten, auszuräuchern. Eine Photographie vom August 1944 zeigt die Überreste des Ghettos: es ist eine weite verbrannte Fläche, in der einzig die gemauerten Schornsteine, die dem Feuer getrotzt hatten, stehengeblieben waren.

Nichts war geblieben von Slobodka, wie Vilijampole vor dem Krieg auch genannt wurde, jenem Stadtteil, in dem die ärmere jüdische und litauische Bevölkerung von Kaunas lebte, mit zahlreichen jüdischen Bethäusern und Schulen, die in ganz Litauen einen guten Ruf hatten. Nichts war geblieben von der großen und stolzen jüdischen Gemeinde, die an Ort und Stelle umgebracht oder deportiert worden war; nichts war geblieben von den Schätzen einer reichen Kultur. Eine Ausnahme gab es: die Dokumentation des Untergangs, angelegt von den tödlich Bedrohten selbst und gerettet für die Nachwelt in Verstecken, aus denen sie nach dem Ende der Besatzung herausgeholt wurde.[1] Vom ersten Augenblick der Errichtung des Ghettos bis zum Ende sind alle Schritte der Deutschen, aber auch des inneren Lebens im Ghetto selbst dokumentiert. Der Aufruf des Vorsitzenden des Judenrates, Dr. Elkhanan Elkes, die Geschichte des Ghettos zu dokumentieren, wurde von vielen und auf vielfältige Weise befolgt in Form von heimlich angefertigten Photos, Zeichnungen, Protokollen von Treffen und Sitzungen, Dokumentation von mündlichen Erlassen, Tagebüchern, Notizen und Karten und Plänen. Es beteiligten sich Künstler, Maler, Photographen, Wissenschaftler verschiedenster Disziplinen, einfache Leute und aktive Widerstandskämpfer. So entstand eine über drei Jahre hin angelegte Dokumentation, die fast alle Aspekte des Ghettolebens betraf. Sie wurde in Kisten unter den Ghettogebäuden vergraben. Im einzelnen handelt es sich um eine Sammlung von Erlassen aus der Zeit von August 1941 bis März 1943, die in einem kleinen Notizbuch, das an einen Stenoblock erinnert, zusammengefaßt wurden mit dem Titel »Und dies sind die Gesetze – deutschen Stils«. Das zweite ist das Jahrbuch *Slobodka Ghetto 1942*, das äußerlich an ein Kinderalbum erinnert und eine Chronik der Ereignisse dieses Jahres, aber auch Jahrestage der Greuel aus dem Vorjahr enthält. Ferner sind Zeugnisse wie offizielle Stempel, Arbeitsausweise, Abzeichen dokumentiert. Das Jahrbuch enthält auch zahlreiche Karten, auf denen die Reduzierung des Ghettoterritoriums Schritt für Schritt und in allen Einzelheiten dargestellt ist. Und das dritte ist eine künstlerisch gestaltete Gedächtnisplakette mit dem Titel »Ziffern, die man zählen muß«, faßt Statistiken von der Liquidierung der Ghettobevölkerung zusammen. Zu diesem harten Kern von Dokumenten kommen hinzu regelmäßig und systematisch angefertigte Zeichnungen von der Hand professioneller Künstler wie Esther Lurie, Jakob Lifschitz und Peter »Fritz« Gadiel, einem deutschen Juden mit Bauhaus-Ausbildung, die etwa tausend Photos, die der im Ghetto und in der Stadt als Fachmann eingesetzte Ingenieur Georg Kadisch verfertigt hat. Schließlich hat Avraham Tory, der als Sekretär des Vorsitzenden des Ältestenrats Dr. Elkes die Kommunikation und Korrespondenz mit den Deutschen abwickelte, ein umfangreiches Ghettotagebuch veröffentlicht, das fast lückenlos die Vorgänge im Kownoer Ghetto beschreibt.[2]

Zentral in diesem unglaublichen und auf wundersame Weise geret-

»Nur eines war geblieben: die Dokumentation des Untergangs, angelegt von den tödlich Bedrohten selbst.«

*Karte des Ghettos von Kowno
aus dem Tagebuch Ilja Gerbers*

teten Archiv des Ghettos sind die Karten, die eine genaue Verortung des Geschehens erlauben. Die Karte des »Jüdischen Ghettos Vilijampole 15. August 1941« zeigt das Ghetto mit den anfänglich ins Auge gefaßten Grenzen. Eine Karte vom Oktober 1942 zeigt das Ghetto mit den drei verschiedenfarbig eingezeichneten Polizeibezirken sowie den wichtigen Gebäuden – offensichtlich das Gebäude des Judenrates, des Hospitals, der Feuerwehr, der Ghettopolizei u. a. Ein Photo von Georg Kadisch zeigt zwei Mitglieder der Ghettopolizei über den Plan des Stadtteils gebeugt. Ein weiterer Plan, erstellt von der Mal- und Zeichenwerkstatt, gibt ein genaues Bild der Straßen mit entsprechenden Adressen. Diesem Plan entspricht eine Zusammenstellung des Wohnungsamtes der jüdischen Ghettogemeinde, Stand zum 31. Dezember 1942, in der Straße für Straße die Anzahl der Wohnungen, die Anzahl der Zimmer, der durchschnittlichen Fläche und der Zahl der Bewohner eingetragen sind: zu diesem Zeitpunkt 16489 Menschen. In den Karten des Jahrbuches ist die schrittweise Reduzierung des Territoriums festgehalten: vom August 1941, als das Ghetto geschlossen wurde und seine zwei Teile – das Große Ghetto an der Neris und das Kleine Ghetto – durch eine Fußgängerbrücke miteinander verbunden waren; vom 4. Oktober 1941, als das Kleine Ghetto liquidiert wurde, nachdem die Deutschen die Insassen des Ghettos einschließlich der Patienten des Infektionskrankenhauses getötet hatten; vom 1. Mai 1942, als ein weiterer Teil des Ghettos geschlossen wurde. Karten erscheinen aber auch in anderen Dokumenten: so im Tagebuch von Ilja Gerber, der am 27. September 1942 eine Lageskizze der Berufsschule für Zimmerleute beifügte, die, mit Stacheldraht umgeben, dem Ghetto zugerechnet wurde. Karten finden wir selbstverständlich auch bei den Partisanen, die sich in den Wäldern von Rudniki und Augustow in der Umgebung von Kowno aufhalten und zu denen sich einige wenige aus dem Ghetto hatten durchschlagen können.

Die Karten definieren den Schauplatz, die Tagebücher berichten von der Ereignissen, die Photos und Zeichnungen halten Menschen und Situationen im Bild fest. Man sieht allen Dokumenten, ob Bild, Photo, Karte, den Zeugnischarakter an. Nichts ist überflüssig. Georg Kadisch hat die öffentliche Hinrichtung des Nahum Meck photographiert – viele Photos sind mit versteckter Kamera durch das Knopfloch aufgenommen –, die Arbeit in den Schulen und Werkstätten, die mit den Habseligkeiten beladenen Umzugswagen, den Abmarsch der Arbeitsbrigaden, die Holzbrücke, die die beiden Ghettos verband, schließlich die Deportationen von Tausenden in Arbeitslager nach Estland im Oktober 1943 und ein Bild vom gegenüberliegenden Flußufer auf das am 8. Juli 1944 von der SS in Brand gesetzte Ghetto.

Das Ergebnis ist die Selbstbeschreibung eines Untergangs der Kownoer Judenheit und einer glücklichen Rettung einiger weniger. Litauen war nach dem Beginn des deutschen Angriffs auf die Sowjetunion am 22. Juni 1941 zum ersten Schauplatz der »Endlösung« geworden. Schon im Februar 1942 waren – so die Berichte von Stahlecker und Jäger – 136 421 Juden in Litauen umgebracht worden. Zwischen dem Rückzug der Roten Armee und dem Einmarsch der Deutschen war es zu entsetzlichen Pogromen in Kaunas gekommen, in deren Verlauf an die 1000 Juden von litauischen Faschisten auf offener Straße umgebracht worden waren. Schon in der ersten Juliwoche beginnen die Umsiedlungen: die etwa 30 000 Kaunaser Juden müssen bis zum 15. August, da das Ghetto geschlossen wird, nach Vilijampole ziehen. Die Zustände in der überfüllten Vorstadt, in der es keine Krankenhäuser, nicht einmal fließendes Wasser oder Kanalisation gibt, sind fürchterlich. Die erste Karte hält die Zusammenfassung, die Konzentration der großen und bedeutenden Kaunaser Judenheit in Slobodka/Vilijampole fest. Auf dem geschlossenen Territorium entsteht eine Pseudostadt mit allem, was man braucht, um eine große Zahl von Menschen zu kontrollieren und schrittweise zu beseitigen: Polizei, Gefängnis, Wohnungsverwaltung, Feuerwehr, Hygieneinspektion, Seuchenkrankenhaus, Orchester, Schule, Werkstätten; es gibt sogar Gärtnerei und Kartoffelanbau. Tausende von Arbeitern verlassen Tag für Tag in Kolonnen das Ghetto, um in Betrieben in der Stadt oder auf dem Flugplatz Aleksotas zu arbeiten. In »großen« und »kleinen Aktionen« wird die Ghettobevölkerung schrittweise »reduziert«, d. h. in den nahegelegenen, aus der zaristischen Zeit stammenden Forts VI und IX umgebracht. Die Reduzierung des Ghettoterritoriums hält den mörderischen »Übervölkerungsdruck« im Ghetto aufrecht, aus dem immer wieder große Kontingente herausgeholt und in der Nähe exekutiert oder deportiert werden: nach Estland und Lettland, im Juli 1944 schließlich auch nach Stutthof und Dachau. Von den etwa 37 000 Juden, die es 1941 in Kowno gegeben hatte, hatten am 1. August, als die Rote Armee die Stadt erreicht, etwa 500 in Unterschlupfen, in den Wäldern überlebt und etwa 2500 in Konzentrationslagern in Deutschland. Von den rund 235 000 Juden, die vor dem Krieg in Litauen gelebt hatten, hatten nur 8000 bis 9000 überlebt. Photos aus den Augusttagen 1944 zeigen Überlebende, die über das niedergebrannte Gelände irren. Tamara Lazerson schreibt zehn Wochen nach der Befreiung in ihrem Tagebuch am 12. Oktober

1944: »Das Ghetto hat furchtbare Spuren hinterlassen, als es von den Flammen verschlungen wurde. Wo einmal stolze Häuser gestanden haben, ist kein einziges Haus übriggeblieben. Nur bedrückend nackte Schornsteine ragen in den Himmel und bezeugen, daß dies ein Friedhof ist. Sie ragen in den Himmel und bitten um Vergeltung für das Unrecht, das man ihnen angetan hat.«

Der Grundriß des Ghettos von Kowno ist nur eines von vielen Memorialen, die den spurlos Verschwundenen errichtet sind. Man könnte über sie sagen, was im Piskarjowskoje-Friedhof in Leningrad festgehalten ist: »Niemand wird vergessen, und nichts wird vergessen.« Man könnte hinzufügen: auch keiner der Orte, an denen es geschah.

PHILO-ATLAS.
FLUCHTWEGE

*Für Walter Laqueur, der im November 1938
auf der Gerusalemme des Lloyd Triestino entkam*

1938 erschien in Berlin der *Philo-Atlas. Handbuch für die jüdische Auswanderung. Mit 20 mehrfarbigen Karten, über 25 Tabellen und Übersichten, über 600 Stichworten auf 280 Textspalten.*[1] Für diesen bemerkenswerten und in seiner Art einzigartigen Atlas gilt, was für viele Kartenwerke gilt: auch er war in dem Augenblick, da er erschien, bereits überholt. Auf der politischen Karte ist die Tschechoslowakei noch eingezeichnet, die im Laufe des Jahres 1938 von der Bildfläche verschwunden sein wird. Für die Benutzer des Handbuches, die sich über die Wege aus Hitler-Deutschland heraus informieren wollten, war dies nicht unerheblich. Die Tschechoslowakei, die ein so wichtiger Zufluchtspunkt für Flüchtlinge und Transitreisende aus Deutschland gewesen war, gab es nicht mehr. Über die Aufgaben des Handbuches schrieb der Herausgeber: »Der Philo-Atlas – Nachschlage-, Karten- und Tabellenwerk zugleich – ist in der Reihe der Philo-Lexika ein ausgesprochen zeitbedingtes jüdisches Speziallexikon. Die jüdische Wanderungsbewegung unserer Tage hat das jüdische Leben völlig umgestaltet und der jüdischen Sozialarbeit einen stark erweiterten Wirkungskreis gegeben. Der einzelne jüdische Mensch steht vor Aufgaben und Entscheidungen, die ein großes Maß zusätzlichen allgemeinen und jüdischen Wissens verlangen. Der Philo-Atlas soll die zahllosen neu entstandenen Fragen beantworten helfen. Er soll ein Informator für den Auswandernden, ein Wegweiser für den Einwandernden und ein Bindeglied zwischen den Menschen draußen und hier sein.«

Die alphabetisch geordneten Handbuch-Eintragungen erscheinen zunächst beliebig und könnten so auch in anderen Nachschlagewerken enthalten sein. So finden sich zum Beispiel Einträge zu den Stichworten: Auto, Einreisebestimmungen, Eisenbahn, Flugzeug, Geographie, Hafen, Hauptstadt, Industrie, Jüdisches Leben, Karte, Klima, Landwirtschaft, Recht, Verkehr, Wirtschaft. Aber es zeigt sich rasch, daß alle

Bestimmungen, die auch in gewöhnlichen Reiseinformationen zu finden sind, unter dem Blickwinkel der Auswanderung eine ganz andere Bedeutung gewinnen. Im Artikel »Auswanderung« wird diese Perspektive sogleich deutlich. Dort heißt es: »Auswanderung bedeutet in der Regel völlige Veränderung aller gewohnten Verhältnisse: Klima und Ernährung, Sprache und Sitte, berufliche Aussichten und politische Verhältnisse sind im Einwanderungsland, selbst wenn es sich um eine Wanderung innerhalb Europas handelt, meist völlig abweichend vom Gewohnten. Deshalb stellt Auswanderung ungeheure Ansprüche an körperliche, geistige und seelische Anpassungsfähigkeit; meist sind diesen nur junge Menschen voll gewachsen.«

Aus dieser Perspektive bekommt alles einen anderen Sinn. Einreisebestimmungen sind nicht einfach nur eine lästige bürokratische Prozedur, sondern Formalitäten, an denen das Überleben hängt. Das Funktionieren von Eisenbahnen und Schiffsverbindungen sowie die Erreichbarkeit von Hafenstädten sagt anders als in Friedenszeiten, wo man sich Gedanken über die Urlaubsorganisation macht, etwas darüber aus, ob man dem Einflußbereich der Nazi-Behörden rechtzeitig entkommen kann oder nicht. Die Informationen über die Hauptstädte dienen nicht der Aufklärung des Touristen, sondern der Mitteilung jener Adressen, an denen man die überlebenswichtigen Dokumente – Visa, Affidavits, Durchreisepapiere – bekommt. Informationen über die in den jeweiligen Ländern entwickelten Industrien dienen nicht, wie sonst üblich, der Anbahnung von Geschäftskontakten, sondern der Information darüber, wo Mitteleuropäer mit ihren spezifischen fachlichen Qualifikationen Arbeit finden können. Es handelt sich also um eine Abbreviatur des absolut Notwendigen. Unter dem Buchstaben A finden wir die Einträge: Abtretung, Affidavit, Akklimatisierung, Amtsarzt, Anbietungspflicht, Anmeldung, polizeiliche Arbeitserlaubnis, Aufenthaltserlaubnis, Auswanderungsberatungsstellen, Auslieferung, Auswanderung, Ausweisung. Es ist ein Alphabet der Not, in dem eine neue Topographie entworfen wird. Es geht um die immer mehr einschnürenden Regelungen in Deutschland und die Frage, wo man am besten unterkommt.

Unter »Auswanderungsberatungsstellen, gemeinnützige, öffentliche« finden wir als wichtige Adressen: Berlin W 9, Linkstr. 15,I; Bremen, Dechanatstr. 15, II; Breslau, Friedrichstr. 3, I; Dresden A, 1 Schloßstr. 1; Frankfurt a.M., Braubachstr. 27, I; Hamburg 36, Kaiser-Wilhelm-Str. 110; Karlsruhe, Karlstr. 38; Köln, Ubierring 25; Königsberg, Prinzenstr. 5; Leipzig N 22, Friedrich-Karl-Str. 22, München, Kanalstr. 29, II; Stuttgart, Danziger Freiheit (Haus des Deutschtums); Wien I, Herrengasse 25 (Österreichisches Wanderungsamt).

Länder, ebenfalls in alphabetischer Ordnung aufgeführt, werden wichtig unter dem Aspekt, ob sie noch Auswanderungswillige aufnehmen. Es finden sich darunter Länder, die in weniger als ein bis zwei Jahren von der Wehrmacht besetzt sein werden. Und es sind darunter Länder, die zu Fallen werden, aus denen es kein Entkommen geben wird. Und viele der Städte, die im Handbuch noch als Fluchtpunkte der Rettung erscheinen – Riga oder Kaunas etwa –, werden Zielorte der Deportationen sein.

Im Eintrag »Beruf« ist nur von Bedeutung, welche Berufe in den prospektiven Aufnahmeländern gefragt sind und ausgeübt werden können – freie Berufe haben die schlechtesten Chancen –, ob man sich in den Hauptstädten, in denen ein Überangebot an Fachkräften vorhanden ist, oder ob man sich in den Provinzstädten, wo ein Mangel an solchen besteht, niederlassen soll.

Der Eintrag »Elektrizität« informiert über so praktische Dinge wie die Umstellung aller Haushaltsgeräte in anderen Kulturkreisen, der Eintrag »Desinfektion« behandelt die komplizierten Fragen, die sich stellen, wenn Europäer über Nacht in ganz andere, ihnen fremde Welten versetzt werden – an den Äquator, an den Pazifik, nach Fernost, in den Nahen Osten. Unerschöpflich scheint das Verzeichnis zu erwartender Krankheiten – diese Abbreviatur der Krankheiten stellt im Philo-Lexikon sogar den umfangreichsten Teil dar: Lepra, Fleckfieber, Chagassche Krankheit, Bilharziaj, Beriberi, Schlafkrankheit, Schlangenfluß, Tradom, Gelbfieber, Malaria, Madurafuß usf. Hervorgehoben werden Orte, von denen aus man Europa noch verlassen kann, eine eigentümliche Topographie der Flucht: Bremen, Lissabon, Rotterdam, Triest. Es geht um so bürokratische und unabwendbare Prozeduren wie »Reichsfluchtsteuer« und »Umzugsgut« oder »Vorzeigegeld«: »Geldsumme in fremder Währung, die Einreisender bei Landung dem Landungsbeamten vorweisen muß, welche aber nicht hinterlegt zu werden braucht. Soll Einwanderungsbeamten Gewißheit geben, daß Einwanderer genügend Mittel zum Existenzaufbau mitbringt.« Es findet sich eine Tabelle »Vorzeigegelder, Landungsdepots- und Lebenshaltungskosten in Übersee«.

Die Karten im Atlas sind sorgfältig gezeichnet und schön koloriert: die Farben der politischen Erdkarte, die Nichtzugehörigkeit zum deutschen Einflußbereich und die mannigfaltig abgestuften völkerrechtlichen Bestimmungen entscheiden darüber, ob man überhaupt

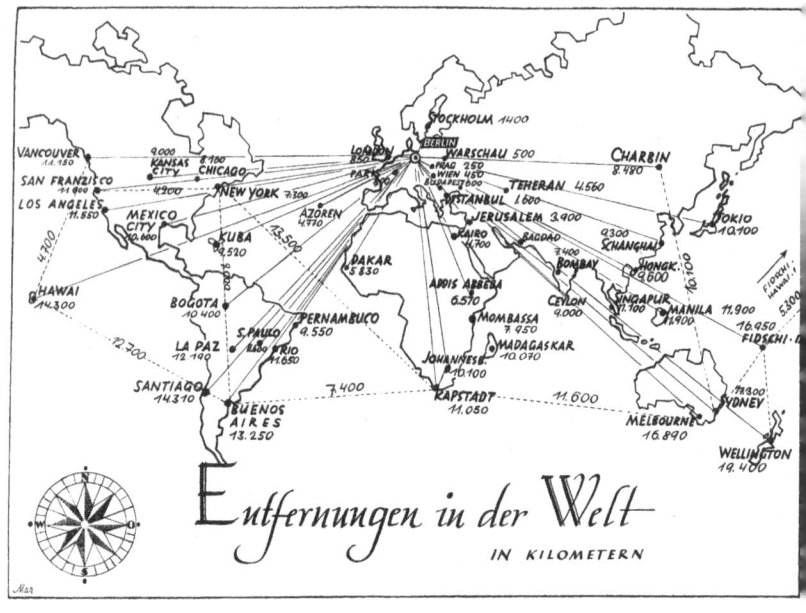

Entfernungen in der Welt

IN KILOMETERN

»In diesem Atlas spielen nicht die Sehenswürdigkeiten eine
Rolle, sondern die Paß- und Visabestimmungen, nicht die
Ausflugsorte, sondern die rettenden Häfen.«

Entfernungen in der Welt in Kilometern, dargestellt im
Philo-Atlas. Handbuch für die jüdische Auswanderung,
Berlin 1938

herauskommt. Die Klimakarte der Erde informiert die von heute auf
morgen zur Auswanderung Gezwungenen über Temperaturen und
Luftfeuchtigkeit am Äquator – für eingeborene Mitteleuropäer, die seit
vielen Generationen in den gemäßigten Breitengraden von Breslau,
Wien oder Berlin lebten, gewiß ein Novum und eine schockierend
neue Erfahrung. Die ganze koloniale Welt ist dargestellt, die großen
Kontinente Lateinamerika und Nordamerika. Südafrika ist sogar mit
zwei Stadtplänen von Kapstadt und Johannesburg vertreten. In einer
Weltkarte sind die Entfernungen von Berlin zu den neuen Zielorten der
Flucht eingezeichnet: Wellington 16 400 Kilometer, Kapstadt 11 050 Kilometer, Buenos Aires 13 250 Kilometer, Kuba 9520 Kilometer, Shang-
hai 9300 Kilometer. Es ist eine Karte des Abschieds für immer.

In diesem Atlas spielen nicht die Sehenswürdigkeiten eine Rolle, sondern die Paß- und Visabestimmungen, nicht die Ausflugsorte, sondern die rettenden Häfen; es geht um Klimaangaben, um ein zweites Leben beginnen zu können, nicht um die Auswahl eines Ortes mit den annehmlichsten Temperaturen. Es ist ein wahrer Baedeker der Flucht, ein wahrer Baedeker des 20. Jahrhunderts. Ähnliche Fluchtkarten und Orientierungspläne kennt man sonst nur noch aus dem Gepäck der russischen Emigranten nach der Oktoberrevolution.

Das Handbuch von 1938 hat vielen geholfen, die zum Verlassen der alten Heimat notwendigen Prozeduren abzuwickeln. Nicht verzeichnet sind im *Philo-Atlas* die Wege, die man gehen muß, wenn die Grenzen geschlossen und die legale Auswanderung zum Stillstand gekommen ist. Und da zeigt sich, daß der *Philo-Atlas* mit seiner enzyklopädischen Vollständigkeit und Gelehrsamkeit doch noch ganz und gar der »Welt von gestern« (Stefan Zweig) angehört. Aus ihm spricht der feste Glaube, alles werde einen ordentlichen Weg gehen. Aus ihm spricht das Vertrauen in eine Ordnung, an die geglaubt zu haben den Opfern zum Verhängnis werden sollte.

PASSAGEN:
BENJAMINS WEG ZUR
BIBLIOTHÈQUE NATIONALE

Von der *Berliner Kindheit um Neunzehnhundert* bis zum monumentalen Torso des *Passagen-Werks* erweist sich Walter Benjamin als ein Denker der räumlichen Imagination.[1] Von jenen Kindheitstagen an, in denen er den Erfahrungsraum des Knaben noch auf das Löschblatt kritzelte, bis zur Rekonstruktion des Epochenraums »Paris – Hauptstadt des 19. Jahrhunderts« erwies er sich als ortsgebunden, ortstreu, ja ortsverfallen – bis in den Tod. In einem Brief an Alfred Cohn, der bereits in New York, dem neuen Sitz des Frankfurter Instituts für Sozialforschung, lebte, schrieb Walter Benjamin im Januar 1936: »Auf lange Dauer werde ich Paris vorläufig nicht verlassen – es sei denn, daß politische Umstände es erzwingen – weil ich durch die Arbeit an meinem Buch auf die Bibliothèque Nationale weiterhin angewiesen bleibe.«[2] Der Ausbruch des Krieges machte die Auswanderungspläne zunichte. Am 15. September 1939 wurde Benjamin wie auch andere Emigranten in Frankreich als »feindlicher Ausländer« interniert. Am 16. November 1939 kam er wieder frei und kehrte nach Paris zurück. Als die Deutschen Paris besetzten, versuchte er über die französische Grenze nach Spanien zu gelangen. Am 26. September 1940 beging er in Port Bou Selbstmord, um der befürchteten Auslieferung an die Deutschen zu entgehen. Die Arbeit, zu deren Vollendung er glaubt sich in Paris aufhalten zu müssen, war die Arbeit am sogenannten *Passagen-Werk*, dessen Manuskript in der Bibliothèque Nationale versteckt und nach dem Krieg unversehrt aufgefunden wurde.[3] Benjamin hatte 13 Jahre lang, von 1927 bis zu seinem Tod im Jahre 1940, mit Unterbrechungen am *Passagen-Werk* gearbeitet; die letzten Eintragungen stammen vom Frühjahr 1940.[4]

Bekanntlich ist das Torso gebliebene Werk das produktive Zentrum im Schaffen Benjamins gewesen, aus dem zahlreiche seiner wichtigsten Studien hervorgewachsen sind – so der Aufsatz »Das Kunstwerk im Zeitalter seiner Reproduzierbarkeit«, der Text über Baudelaire und »Über den Begriff der Geschichte«. Der Herausgeber des Fragments faßt die Absicht des Benjaminschen *opus magnum* so zusammen: »Nichts Geringeres als eine materiale Geschichtsphilosophie des neunzehnten Jahrhunderts hätte das Passagenwerk dargestellt, wäre es vollendet worden.«[5] Oder es ging, um Benjamins eigene Worte aus dem Exposé zu zitieren, darum, »gesteigerte Anschaulichkeit mit der Durchführung der marxistischen Methode zu verbinden. Die erste Etappe dieses Weges wird sein, das Prinzip der Montage in die Geschichte zu übernehmen. Also die großen Konstruktionen aus kleinsten, scharf und schneidend konfektionierten Baugliedern zu errichten. Ja in der Analyse des kleinsten Einzelmoments den Kristall des Totalgeschehens zu entdecken.« Die Passagen sind nur ein Thema innerhalb des Gesamtprojektes, das auch von Straßen und Warenhäusern, Panoramen, Weltausstellung und Beleuchtungsarten, von Mode, Reklame und Prostitution, vom Sammler, vom Flaneur und vom Spieler erzählt. Benjamin entfaltet im Konspekt und dann in den Exzerptsammlungen das, was Rolf Tiedemann im Anschluß als Benjamin als die »Idee einer materialistischen Physiognomik« bezeichnet. »Physiognomik schließt vom Äußeren aufs Innere, sie entziffert das Ganze aus dem Detail, stellt im Besonderen das Allgemeine dar. Nominalistisch geht sie vom leibhaften Diesda aus, induktiv setzt sie in der Sphäre des Anschaulichen ein«, oder – mit Benjamins eigenen Worten –: »Nicht die wirtschaftliche Entstehung der Kultur, sondern der Ausdruck der Wirtschaft in der Kultur ist darzustellen«.[6]

Alles was Benjamin zur Formulierung eines »Prolegomenon zu einer materialistischen Physiognomik«[7] brauchte, verkörperte sich in »Paris«. Alles, was sich in »Paris als der Hauptstadt des 19. Jahrhunderts« verkörperte, fand er wenigstens in Spuren oder in Ruinenform im Paris seiner Gegenwart. Das Paris der Gegenwart war der Ort des Erwachens, das die Arbeit der Erinnerung erst in Gang kommen läßt. Und alles, was er zur empirischen Rekonstruktion des untergegangenen Paris brauchte, fand er an einem Ort versammelt: in der Bibliothèque Nationale. Die Bindung an den Ort ist eine dreifache: der Ort der Inspiration (oder des Erwachens), der Ort der Erinnerung (die Spuren der untergegangenen Hauptstadt des 19. Jahrhunderts) und der Ort, an dem die Arbeit der Vergegenwärtigung geleistet werde kann (die Bestände der Bibliothèque Nationale). Alle drei Ebenen melden sich bei Benjamin immer wieder zu Wort, und zwar ganz explizit, nicht nur »unbewußt« oder verklausuliert. Benjamin war ortsabhängig wie kaum ein anderer Denker, daraus bezog er seine Kraft, darin wurde sein physiognomischer Blick immer wieder aufgeladen und bestätigt. Das

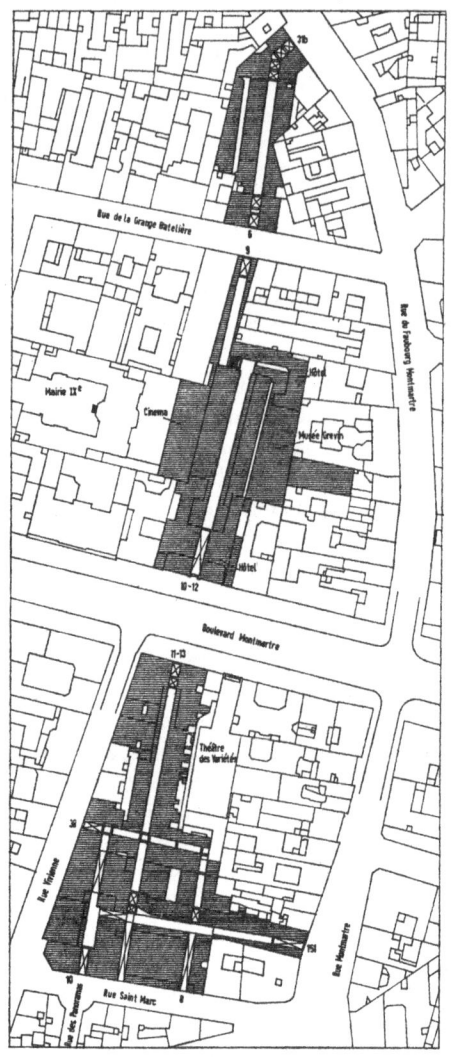

»Benjamins Bindung an den Ort ist eine dreifache: der Ort
der Inspiration, der Ort der Erinnerung und der Ort, an dem
die Arbeit der Vergegenwärtigung geleistet werden kann.«

Passage des Panoramas, Passage Jouffroy, Passage Verdeau,
Zustand 1950

Passagen-Werk sollte »die extremste Konkretheit für eine Epoche« erreichen. Ohne den Kontakt mit den Oberflächen, die er deutete, ohne das Herumgehen in den Städten, die er in kristallinen Beobachtungen und Formulierungen fixierte, ohne die Erfahrung der Räumlichkeit und Körperlichkeit, die in der Anschauung von Örtern steckt, wäre es zu jener »materialistischen Physiognomik« nicht gekommen, oder noch pointierter und mit Benjamins Worten: »Geschichte schreiben heißt, Jahreszahlen ihre Physiognomie geben.«[8]

Es ist keine Frage, daß Benjamin der Stadt Paris bedurfte, um an ihr eine Geschichtsphilosophie des 19. Jahrhunderts – oder etwas weniger pompös: eine Zeit in Gedanken und Bildern gefaßt – zu entwickeln. Dafür sprechen nicht nur die zahlreichen Reisen und Aufenthalte, erst freiwillig, dann gezwungenermaßen, sondern auch Benjamins Reflexion über die inspirierende Kraft der Stadt als Umgebung des Denkens. Die Passage ist ihm nicht nur antiquarisches Objekt, sondern lebendige Anschauung, die ihm auch die Idee der konkreten Totalität der Passage im 19. Jahrhundert nahebringt. Über seinen Gang durch eine Passage in seinem, im gegenwärtigen Paris schreibt er: »Hier in den Passagen haust der letzte Dinosaurus Europas, der Konsument. An diesen Höhlenwänden wuchert als unvordenkliche Flora die Ware und geht, wie die Gewebe in Geschwüren, die regellosesten Verbindungen ein. Eine Welt geheimer Affinitäten: Palme und Staubsauger, Föhnapparat und die Venus von Milo, Prothese und Briefsteller finden sich hier, wie nach langer Trennung, zusammen.«[9] Und schließlich war das Verschwinden der Passage de l'Opéra, die bei Aragon eine so zentrale Rolle gespielt hatte, ja der Ausgangspunkt zur Untersuchung des Verschwindens des 19. Jahrhunderts, als deren Hauptstadt Paris figurierte. Benjamin hatte Paris als Beobachtungspunkt für seine Grabungen, für seine Recherchen auserkoren. Er legt sich über diesen privilegierten Beobachtungs- und Erkenntnisort immer wieder Rechenschaft ab: »Diese Ecke des Boulevard Saint-Germain (auf den die Rue du Four stößt) hat sich in der Tat als strategisch besonders bedeutsam erwiesen.«[10] Der eigentliche Beobachtungspunkt, die wahre Grabungsstätte und die Werkstatt, wo die Funde zusammengestellt, geordnet, gereinigt, präpariert und zusammenmontiert werden, ist selbstverständlich: die Bibliothèque Nationale. Man kann gar nicht genug die Bedeutung dieser Fund- und Werkstätte betonen. Es geht nicht nur um seltene Texte, die es nur dort zu lesen gibt, es geht um die Bibliothèque als Fundus, als physischer Ort, von dem aus die Brücke in eine andere Epoche geschlagen wird. Immer wieder schreibt er seinen Freunden in

New York, daß das erste, was er ihnen bei einem gelegentlichen Besuch zeigen wolle, sein Arbeitsplatz sei. Die Bibliothèque Nationale ist Paris en miniature. An Gretel Adorno schrieb er Anfang 1934: »Da die Bibliothèque Nationale ja nicht ausleiht, so sitze ich meist tagsüber in ihrem Arbeitssaal.«[11] An Theodor W. Adorno, dem er gewiß auch seine Arbeits- und Lebensbedingungen vorführen wollte, schrieb er ebenfalls 1934: »Wenn Sie erscheinen, wäre es eines meiner ernsthaftesten Anliegen, Ihnen einige Aspekte der Bibliothèque Nationale zu eröffnen, die niemandem gelegener sein können als Ihnen. In der Tat enthält sie einen der merkwürdigsten Bibliothekssäle der Erde und man arbeitet wie in einer Opernszenerie. Es ist nur zu bedauern, daß um sechs schon geschlossen wird – eine Einrichtung, die noch aus der Zeit stammt, als die Theater um sechs begannen. Es ist wieder Leben in die Passagen gekommen und den schwachen Funken – der nicht lebendiger sein konnte als ich selbst – haben Sie angeblasen. Seit ich wieder ausgehe, bin ich eigentlich den ganzen Tag dort im Arbeitssaal und habe es mir endlich auch in dem schikanösen Reglement einigermaßen wohnlich eingerichtet.«[12] Wiederum in einem Brief vom 18. März 1934 an Theodor W. Adorno: »Ich hoffe, Sie dann eines Tages auf meinen Arbeitsplatz in der Bibliothek führen zu können.«[13] An Alfred Cohn schreibt er am 18. Juli 1935: »Ich habe mir jetzt, da es dem Abschluß zugeht, noch zwei Arbeitsfelder eröffnet. Das eine ist das Cabinet des estampes, in dem ich die Anschauungen von Gegenständen und Verhältnissen, die ich mir aus Büchern gebildet habe, an Bildern zu kontrollieren suche und das andere der Enfer der Bibliothek, für die das Recht auf Benutzung erwirkt zu haben einer der wenigen Erfolge ist, die ich auf diesem Boden für mich verzeichnen kann. Es ist außerordentlich schwer zu erhalten.«[14] An Kraft meldet er in einem Brief vom 30. Januar 1936: »Soweit ich Zeit für mein Buch finde, wende ich sie gegenwärtig dem Studium im Cabinet des Estampes zu, wo ich auf den großartigsten Porträtisten der Stadt Paris, Charles Meryon, gestoßen bin, einen Zeitgenossen Baudelaires. Seine Radierungen gehören zu den erstaunlichsten Blättern, die je eine Stadt ins Leben gerufen hat; es ist ein ungeheurer Verlust, daß der Plan, sie von Baudelaireschen Erläuterungen begleiten zu lassen, infolge von Meryons Schrullen nicht ausgeführt wurde.«[15] Gewiß erscheint die Bibliothek so prominent, weil sie in einem ganz elementar-trivialen Sinne der Fundort und der Arbeitsort für die von ihm benötigten Materialien war – »das meiste davon steht in selten benutzten Rayons der Magazine der Bibliothèque Nationale«[16] –, aber die Bibliothek wird von Benjamin eben nicht nur als Depot aufgefaßt, sondern als Ort des Erkundens der untergegangenen Stadt, als Ort des Flanierens. Benjamin in der Bibliothèque Nationale ist niemand anders als der virtuelle Flaneur. »Diese Niederschrift, die von den Pariser Passagen handelt, ist unter einem freien Himmel begonnen worden, wolkenloser Bläue, die über Laube sich wölbte und doch von den Millionen Blättern bestaubt war, von denen die frische Brise des Fleißes, der schwerfällige Atem des Forschens, der Sturm des jungen Eifers und das träge Lüftchen der Neugier mit vielhundertjährigem Staube bedeckt ward. Der gemalte Sommerhimmel, der aus Arkaden in den Arbeitssaal der Pariser Nationalbibliothek hinuntersieht, hat seine träumerische, lichtlose Decke über die Erstgeburt ihrer Einsicht geworfen. Und wenn er vor den Augen dieser jungen Einsicht sich öffnete, standen darinnen nicht die Gottheiten des Olymp, nicht Zeus, Hephaistos, Hermes oder Hera, Artemis und Athene, sondern im Vordergrunde die Dioskuren« – sogar ein Ort der Kommunikation mit den Freunden Adorno und Horkheimer also.[17]

Es ist in diesem Raum, in dem Benjamin aus dem ungeheuren Fundus das Material zutage fördert. Hier übt er das Lesen der Wirklichkeit: »Die Rede vom Buch der Natur weist darauf hin, daß man das Wirkliche wie einen Text lesen kann. So soll es hier mit der Wirklichkeit des neunzehnten Jahrhunderts gehalten werden. Wir schlagen das Buch des Geschehens auf.«[18] Die Bibliothek ist der Raum, wo er die Bilder ausgräbt, die ihm für eine ganz neue Sicht auf die Geschichte unabdingbar erschienen und an denen er seine Texte »verifiziert«: »Dies nämlich ist novum: daß ich mir über wichtiges und entlegenes Bildmaterial zu meinen Studien Aufzeichnungen mache. Das Buch, soviel weiß ich seit einiger Zeit, läßt sich mit den bedeutsamsten illustrativen Dokumenten ausstatten und diese Möglichkeit will ich ihm nicht von vornherein abschneiden.«[19] Es ist in diesem Raum, wo das Material von der Hand des Autors »nur noch« angeordnet werden muß, damit es sich gleichsam wie von selbst zu einer Geschichte fügt. Denn als dieses »nur noch« war Geschichtsschreibung, eine *histoire raisonnée*, von Benjamin einmal beschrieben worden: »Methode dieser Arbeit: literarische Montage. Ich habe nichts zu sagen, sondern nur zu zeigen.«[20]

Benjamins körperliche Konkretheit und räumliche Imagination zeigte sich indes nicht erst in der Passagenarbeit, sondern schon von allem Anfang an. Es gibt in seinem Denken und Schreiben eine starke räumliche Komponente, das Räumliche ist immer da. Er reiste viel und mit Nachdruck. Reisen war Fortbewegung in explorativer Absicht. Er brachte immer einen Ertrag mit nach Hause. Sein Pariser Bilderbogen steht in einer langen Reihe bedeutender Städtebilder, wenngleich diese meist kleineren Formats waren: Berlin, Paris, Neapel, Moskau. Schon die »Einbahnstraße« hatte mit Paris zu tun, war »der erste Versuch meiner Auseinandersetzung mit dieser Stadt. Ich setze ihn in einer zweiten Arbeit fort, die ›Pariser Passagen‹ heißt.«[21] In den Passagen ging es darum, »die äußerste Konkretheit, wie sie dort (in der Einbahnstraße) hin und wieder für Kinderspiele, für ein Gebäude, eine Lebenslage in Erscheinung trat, für ein Zeitalter zu gewinnen«.[22] In diesen Stücken ist die Methode der genauen Beschreibung, die eigentlich mehr die Entfaltung einer »konkreten Totalität« an einem bestimmten Gegenstand oder einer bestimmten Geste ist, bereits entwickelt.

Die *Berliner Kindheit um Neunzehnhundert* ist unter diesem Blickwinkel eine wichtige Übung oder Vorarbeit, ein Meisterwerk topographischer Hermeneutik. Man kann dies schon an den »Kapiteln« ablesen, die überwiegend Topoi, Örter, sind: Tiergarten, Kaiserpanorama, Steglitzer Ecke Genthiner, Die Speisekammer, Markthalle Magdeburger Platz, Blumeshof 12, Das Karussell, Schränke, Nähkasten, Pfaueninsel und Glienicke. Es entfaltet sich eine kulturelle Topographie der Stadt, wenn er schreibt: »In meiner Kindheit war ich ein Gefangener des alten und neuen Westens. Mein Clan bewohnte diese beiden Viertel damals in einer Haltung, die gemischt war aus Verbissenheit und Selbstgefühl und die aus ihnen ein Ghetto machte, das er als sein Lehen betrachtete. In dieses Quartier Besitzender blieb ich geschlossen, ohne um ein anderes zu wissen … Manchmal nahm mich an Winterabenden meine Mutter zum Kaufmann mit. Es war ein dunkles, unbekanntes Berlin, das sich im Gaslicht um mich ausbreitete. Wir bleiben im Bereich des alten Westens, dessen Straßenzüge einträchtiger und anspruchsloser waren als die später bevorzugten.«[23]

Das *Passagen-Werk* ist undenkbar ohne die Gestalt, die den städtischen Raum durchmißt: den Flaneur, und ohne die Bewegungsweise, die Flanerie, die ihr angemessen ist. Franz Hessel war es, dem Benjamin die große Inspiration zum Flaneur verdankte. Benjamin hat immer wieder die in der Bewegung liegende Erkenntnisweise, gewissermaßen die epistemologische Seite des Flanierens, thematisiert. So schrieb er in der *Einbahnstraße*: »Die Kraft der Landstraße ist eine andere, ob einer sieht oder im Aeroplan darüber hinfliegt. So ist auch die Kraft eines Textes eine andere, ob einer ihn liest oder abschreibt. Wer fliegt, sieht nur, wie sich die Straße durch die Landschaft schiebt, ihm rollt sie nach den gleichen Gesetzen ab wie das Terrain, das herum liegt. Nur wer die Straße geht, erfährt von ihrer Herrschaft und wie aus eben jenem Gelände, das Fliegern nur die aufgerollte Ebene ist, sie Fernen, Belvede-res, Lichtungen, Prospekte mit jeder ihrer Wendungen so herumkom-mandiert, wie der Ruf des Befehlshabers Soldaten aus einer Front.«[24] Ja, es ist etwas, das man erst durch lange Übung und Erfahrung erlernt: sich zu verirren in einer Stadt, so daß man sie zu sehen bekommt. »Sich in einer Stadt nicht zurechtzufinden heißt nicht viel. In einer Stadt sich aber zu verirren, wie man in einem Walde sich verirrt, braucht Schu-lung. Da müssen Straßennamen zu dem Irrenden so sprechen wie das Knacken trockener Reiser und kleine Straßen im Stadtinnern ihm die Tageszeiten so deutlich wie eine Bergmulde widerspiegeln. Diese Kunst habe ich spät erlernt; sie hat den Traum erfüllt, von dem die ersten Spuren Labyrinthe auf den Löschblättern meiner Hefte waren. Nein, nicht die ersten, denn vor ihnen war das eine, welches sie überdauert hat. Der Weg in dieses Labyrinth, dem seine Ariadne nicht gefehlt hat, führte über die Bendlerbrücke, deren linde Wölbung die erste Hügel-flanke für mich wurde. Unweit von ihrem Fuße lag das Ziel: der Fried-rich Wilhelm und die Königin Luise. Auf ihren runden Sockeln ragten sie aus den Beeten wie gebannt von magischen Kurven, die ein Wasser-lauf vor ihnen in den Sand schrieb.«[25]

Ausführlich und systematisch entwickelt Benjamin die explorativen und hermeneutischen Qualitäten des Flaneurs in dem Aufsatz »Die Wiederkehr des Flaneurs«. Der Flaneur ist ein »Priester des genius loci«, ein Detektiv der Formen, er ist der Schwellenkundige, der die feinsten Übergänge ahnt und kennt. Es ist nicht nur ein spezifisches, gar enzy-klopädisches Wissen von dem städtischen Gelände, das ihn etwa ge-genüber dem Reisenden, der auf der Jagd nach Sehenswürdigkeiten ist, auszeichnet, sondern eher eine bestimme Auffassungsgabe, fast ein Instinkt. Benjamin nennt es »Witterung«. »Und all sein Wissen von Künstlerklause, Geburtsstätten oder fürstlichen Domizilen gibt er für die Witterung einer einzigen Schwelle oder das Tastgefühl einer einzi-gen Fliese dahin, wie der erstbeste Haushund sie mit davon trägt.«[26]

Das Herumgehen erweist sich nicht nur als eine Bewegungs-, son-dern als eine Wahrnehmungs- und Erkenntnisweise. Im *Moskauer Tage-buch* hatte Benjamin eine wichtige Erfahrung festgehalten: »Man kennt eine Gegend erst, wenn man sie in möglichst vielen Dimensionen er-fahren hat. Auf einen Platz muß man von allen vier Himmelsrichtun-gen her getreten sein, um ihn inne zu haben, ja auch nach allen diesen Richtungen ihn verlassen haben. Sonst springt er einem drei, vier Mal ganz unvermutet in den Weg, ehe man gefaßt ist, auf ihn zu stoßen. Ein Stadium weiter und man sucht ihn auf, benutzt ihn als Orientierung. So auch die Häuser. Was in ihnen steckt, erfährt man erst, wenn man an anderen entlang sich bis zu einem ganz bestimmten durchzufinden sucht.«[27] Dieses Herumgehen als Erfahrungs- und Erkenntnismodus findet seine Entsprechung in der Darstellung. Im *Passagen-Werk* kann man von einer Szenerie in die andere hinüberwechseln, »herumgehen«. Sein Konstruktionsprinzip ist das Nebeneinander und die Gleichzeitigkeit. Das macht, daß man die Lektüre des *Passagen-Werks* – und ihm verwandte – nicht von vorne beginnen muß. Man kann an jedem beliebigen Punkt einsteigen – auf halber Strecke oder vom Ende her. Es ist dem »Erfahrungszusammenhang Paris« oder genauer: den Arkaden, nachgebildet. Susann Buck-Morss hat in ihrer Studie über das *Passagen-Werk* auch den Gang Benjamins zu seinem Arbeitsplatz in der Bibliothèque Nationale rekonstruiert. Es war nichts anderes als der tägliche Gang über das Ruinenfeld, das einmal der Schauplatz seines 19. Jahrhunderts gewesen war.

GRENZEN, *RAZORLIKE*
UND ANDERE

Grenzen sind das denkbar Eindeutige. Sie trennen drinnen und draußen. Sie verlaufen zwischen diesseits und jenseits. Sie sind der Limes, der die zivilisierte Welt von den Barbaren trennt. Sie sagen einem, wer dazugehört und wer nicht. Grenzen sind die wichtigste Raumerfahrung, ebenso wie ihr Gegenteil: die Grenzenlosigkeit. Sie besagen: hier hört etwas auf, hier fängt etwas an. Sie gliedern Territorien, die sonst nur formloser, leerer Raum wären. Sie geben etwas Gestalt. Wir können ohne Grenzen nicht leben. Ohne Grenze wären wir verloren. Und doch wird Grenze meist assoziiert mit Beschränkung, mit Einschränkung, mit beschränkt. Grenze ist ein Codewort für Unfreiheit, für Barriere, für Enge, während Grenzüberschreitung, Grenzenlosigkeit, gar Entgrenzung einen semantischen Mehrwert enthält und positiv aufgeladen ist. Noch nie ist ein Loblied auf die Grenze gesungen worden, obwohl klar ist, daß es Kultur ohne Respektierung von Grenzen und eine Kultur der Grenze nicht geben kann.

Wir haben alle solche Grenzen der Eindeutigkeit vor Augen. Die Berliner Mauer, diese Grenze ohne Wenn und Aber, diese Grenze im reinsten Zustand, die West und Ost getrennt hat und deren symbolische Kraft vielfältig beglaubigt ist: man verging sich nicht ungestraft an ihr. Es wurde geschossen auf den, der die Hoheitsrechte mißachtet und die Linie einfach überschritten hat oder über sie zu fliehen versuchte. Sie war ein markantes Bauwerk, das die Trennung einer Stadt in zwei Teile fast mit chirurgischer Präzision bewerkstelligt hat. Wie mit dem Stift auf die Karte eingezeichnet. Mit einem kunstvoll aufgebauten Glacis, Beleuchtungs- und Warnvorrichtungen, einer nach Tausenden zählenden Mannschaft der Instandhaltung, Perfektionierung und Bedienung, versehen mit Vorrichtungen der Durchschleusung und Kontrolle. Sie war ein Instrument der Sicherung, der Abschnürung und des kontrollierten Durch- und Übergangs. Solche Grenzen gibt es immer noch überall, wo ein Konflikt sich zur vollen Schärfe entfaltet hat und auf Dauer gestellt ist. Dieser Typus von Vorrichtungen wird immer dann gebraucht, wenn Gegensätze unüberwindbar geworden sind und befestigt werden müssen, wenn der Ausnahmezustand zum Alltag wird. Nicht immer müssen es kunstvolle und technisch hochgerüstete Mauerwerke sein, Stadtmauern, Chinesische Mauern. In der Regel und in einem Jahrhundert, in dem die Verfeindung von recht instabilen Staaten zum Massenphänomen geworden ist, nimmt die Befestigung der Grenze eine modernere und beweglichere, fast ubiquitär einsetzbare Gestalt an. Neben den Mauern, die kämpfende und aktuell im Konflikt liegende Parteien oder Staaten auseinanderhalten – Ost und West in Berlin, Türkei und Griechenland in Zypern/Nikosia, die moderne Grenzanlage, die Nordamerika von Mexiko trennt –, gibt es die bewegliche, die ambulante, die *task force* in Gestalt von Stacheldraht. Er ist weniger kostspielig, läßt sich überall und zu jeder Zeit ausrollen und bei Bedarf, nach Abkühlung der Spannungen, auch wieder einrollen. Mit Stacheldraht gesicherte Grenzen bezeichnen eher Kampflinien, Konfliktlinien. Solche Grenzen können sich von heute auf morgen verwandeln: aus Demarkationslinien können Kampflinien und aus Kampflinien können Frontlinien werden, wie umgekehrt aus Frontverläufen irgendwann wieder harmlose Brachen und Areale werden können, denen nicht mehr anzumerken ist, daß hier einmal die Grenze verlaufen ist: zwischen gut und böse, rechts und links, Freiheit und Unfreiheit.

Der gewöhnliche Fall der Grenze ist die Linie, die verschiedene staatliche Territorien abgrenzt und Hoheitsgebiete voneinander trennt. Es sind Linien, die Herrschaft markieren und die Gültigkeit von Herrschaftsansprüchen markieren. Grenzen umreißen Territorien, Staatsgebiete, Herrschaftsbereiche. In der Regel genügt die Markierung des Grenzverlaufs durch Grenzpfähle, vielleicht einen Wachturm im Gelände, einen Gitterzaun. Doch die meisten Grenzen in der Welt sind unsichtbare Grenzen, grüne Grenzen, verlaufen eher auf unseren inneren Karten, im Kopf, manifestieren sich in unseren Zugehörigkeits- und Loyalitätsverhältnissen. Die meisten Grenzverläufe der Welt kann man nicht sehen: sie verlaufen auf den Meeren und trennen die allgemeinen von den Hoheitsgewässern, sie gehen durch wilde Gebirgslandschaften und Wüsten, in denen kein Grenzpfahl die Territorialität markiert. Grenzen, etwas außerordentlich Festes, Hartes und physisch Unüberwindbares, sind zugleich das Gedachte, Unsichtbare, nur in unserem Kopf und in unseren und durch unsere Konventionen Existierende.

Auf die Spitze getrieben ist die Grenze als ein Phänomen der Eindeutigkeit und Klarheit in den Kartenbildern, insbesondere jener wie mit dem Rasiermesser gezogenen Linien, die die *paper partitions* der kolonialen Welt fixiert haben. Sie markieren Einflußsphären und Herrschaftsansprüche, stecken keine durch inneren Landesausbau gestalteten Territorien ab. In der Regel sind sie vereinbart worden, weitab vom Schuß, auf internationalen Konferenzen. Es sind Oktroys, von außen auferlegt, nicht rein abstrakt-geometrisch, sondern vielleicht auf diesen oder jenen Wasserlauf, diese oder jene Ressource Rücksicht nehmend, aber jedenfalls eine Territorialität entwerfend, die nichts zu tun hat mit der Territorialität von Stammesgesellschaften, Clans und nomadisierenden Völkerschaften. Es sind Limitierungen, die auf Delimitierungen basieren. Über die Territorialität der Stammesgesellschaften wird die Territorialität der Kolonialmächte geworfen. Über die Tribal-Kartographie legt sich die Imperial-Kartographie. Wie schon der Raster der Vereinigten Staaten den Jagdgründen der Indianerstämme übergeworfen wurde, so geschah es auch überall sonst in der Welt, wo der weiße Mann seine Herrschaft etablierte. Diese Grenzen blieben unberührt, unproblematisch, »tot«, solange sich die unter sie gezwängten »Gesellschaften« nicht selbständig artikulierten. Als dies – in der Welle der antikolonialen Befreiungsbewegungen – geschah, wurde ein gänzlich anders verlaufendes Koordinatensystem von Einschluß und Ausschluß, von Zugehörigkeit und Fremdheit sichtbar und machte sich in gewaltsamen Konflikten Luft, die die auferlegten »künstlichen Grenzen« aufkündigten und gegenstandslos werden ließen: in einer unendlichen, bis heute nicht zur Ruhe gekommenen Kette von Kämpfen um die Etablierung anders verlaufender Grenzen. Dort, wo es Widerstand gab, wo man mit dem Eigensinn und der Eigenmacht von Völkern und Gesellschaften rechnen mußte, waren pure *paper partitions* nicht möglich. Grenzregelungen hatten, wollten sie irgend Bestand haben und Sinn machen, Rücksicht zu nehmen auf »gewachsene Verhältnisse«, historische Traditionen, sprachliche und kulturelle Gemengelagen.

Die gewaltigen und beispiellos gewalttätigen Machtverschiebungen im 20. Jahrhundert sind sekundiert und markiert von Grenzverschiebungen. Auch hier spielten – mehr oder weniger genaue und intelligente – *paper partitions* eine große Rolle. Das 20. Jahrhundert in Europa ist reich an markanten Grenzveschiebungen, und für die meisten von ihnen gibt es sogar ein präzis angebbares Copyright oder einen Urheber, der sich auf seine Autorschaft etwas einbilden darf und in die Geschichtsbücher eingegangen ist. Solche Grenzen sind: die Curzon-Linie, die 1920 entlang der ethnischen Verhältnisse Polen und der UdSSR – erfolglos – auferlegt wurden und erst nach den Katastrophen des Zweiten Weltkriegs Wirklichkeit werden sollte. Eine solche

Grenze ist die »Oder-Neiße-Grenze«, hinter der die Arbeit der Planungsstäbe von Außenministerien und der großen internationalen Konferenzen von Teheran über Jalta bis Potsdam stehen. Hierher gehört im Grunde auch das Kartenwerk der Pariser Friedenskonferenzen: Versailles, Trianon, St. Germain, Sèvres. Und es ist kein Zufall, daß Geographen und Kartographen in den jeweiligen Delegationen prominent vertreten waren. Mit der eindeutigen, wissenschaftlich begründeten Grenze, sollten Reibungsflächen, Konfliktpunkte und Konfliktfelder beseitigt werden, eine offenbare Illusion, denn es waren in der Regel nicht die Grenzen, sondern die dahinter stehenden Kräfte, die jene Grenzen zum Gegenstand erbitterter und tödlicher Verfeindung und Kämpfe hatten werden lassen.

Die territoriale Grenze, gerade die einfachste Linie, der schattenlose Strich, muß kapitulieren vor der Wirklichkeit. Die Grenze als Strich auf der Karte ist jene unverzeihliche und zugleich unverzichtbare Reduktion von Komplexität, ohne die Karten nicht funktionieren. Nur wer etwas verschweigt, kann etwas anderes hervorheben. Wer alles zeigen möchte, zeigt nichts. Definitio est negatio. Territoriale und staatliche Grenzen sind nur eine Form von Grenzen unter vielen und nur unter einem bestimmten Gesichtspunkt – des Hoheitsrechts, des Staatsbürgerrechts, der Zahlung von Steuern, der Wehrpflicht usf. – entscheidend. Freilich oft lebensentscheidend. Es ist, wie jeder weiß, durchaus von Belang, ja lebenswichtig und lebensentscheidend, welchem Staat man angehört. Und dennoch ist die Staats- und Territorialgrenze nur eine unter vielen anderen – und dem trägt die Kartierung der Grenzen ja auch Rechnung. Es gibt so viele verschiedene Formen von Grenzen, wie es einschließende und ausgrenzende Subjekte und ein- oder ausschließende Räume gibt, also unendlich viele. Sprachkarten zeigen uns den Verlauf von Sprachgrenzen, Sprachinseln, Sprachgemeinschaften. Bevölkerungskarten führen uns die Grenzlinien und Kontaktzonen von ethnischen Gemeinschaften vor Augen. Auf Konfessions- und Religionskarten sehen wir die Verläufe der Grenzen des Verbreitungsgebietes religiöser und konfessioneller Überzeugungen. Jede Karte hat ihre eigene Grenze: die Bevölkerungskarte, die Religionskarte, die Kulturkarte, die Karten der Wirtschaftsformen, die Karten der »politischen Landschaften«. Physische Karten halten den Verlauf der tektonischen Linien, die Grenzlinien von Einzugsgebieten von Flüssen usf. fest. Und es ist eine Frage der Entscheidung, was hervorgehoben werden soll, was sichtbar gemacht werden soll. Am schwierigsten hat es Grenzziehung und Grenzbildung dort, wo sich staatliches Territorium, Ethnos, Sprache und Kultur nicht decken – und dies war außerhalb der »reinen« Nationalstaaten Westeuropas, wie Frankreich und England, fast überall die Regel.

Wie immer ist das Leben komplexer als die Darstellungsformen, die einem zur Verfügung stehen. Und schon ein paar Überlegungen zeigen, wie wenig oder wie selektiv die gängigen Repräsentationsformen auf die Lage der Dinge einzugehen vermögen. Wo der Kartenzeichner mit einem dick eingezeichneten Strich eine Grenze markiert, die den einen Staat vom anderen abgrenzt, verläuft in Wahrheit eine Landschaft, in der nicht einmal Grenzpfosten zu sehen sind: ein unmerklicher Übergang, die Grenze als reine Kopfgeburt und Konstruktion. Die Schlachtenkarten, in denen die einander gegenüberliegenden Truppen eingezeichnet sind, stimmen vielleicht hinsichtlich der Entfernung und der Angaben zum Terrain, aber für das, was den Ausgang der Schlacht entscheidet, gibt die Karte nichts her: sie zeigt nichts von der Logistik, von der strategischen Intelligenz der militärischen Führung und nichts von der Kampfmoral, die über Sieg oder Niederlage entscheiden wird. Sprachkarten, und seien sie noch so akribisch erstellt – und es gibt wahre Wunderwerke –, sagen nichts über die Akzent- und Lautverschiebungen in Grenzgebieten, die einen fast unmerklich von der einen in die andere Sprache hinüberführen. Und gewöhnliche Karten sagen schon gar nichts aus über die Karten im Kopf, in denen es Zugehörigkeiten und Loyalitäten gibt, die über jede Kartendarstellung hinausgehen. Die findet man eher in Familienerzählungen, Romanen, Traumbüchern. Aber es kann auch der Tag kommen, wo sie spruchreif werden und Grenzwächter herausfordern können. Fast immer besteht eine Verbindungslinie zwischen den geheimen Karten und Grenzverläufen in den Köpfen der Menschen und jenen Karten und Grenzen, die geschichtsnotorisch geworden sind: Noch jedes Land, das staatliche Form gewonnen hat – im Unabhängigkeitskampf, in einer Revolution –, hat lange zuvor schon in den Träumen und Köpfen eine Gestalt gehabt. Zwischen den Romanciers und den Kartenzeichnern von Nationen bestehen innige Beziehungen. Manchmal treten sie an die Oberfläche und werden mit einem Schlag kenntlich.

Die Grenze und die Grenzziehung haben selber eine Geschichte. Es gab Herrschaftsbildungen, die keine feste Grenze kannten. Es gab ein Zentrum, einen Hof, von dem aus regiert und Tribut erhoben wurde, aber Grenzen an sich sind eine sehr späte Erfindung, im Grunde eine Erfindung und Errungenschaft des territorialen Nationalstaates und dann des Kolonialismus und Imperialismus.[1] Grenzen erfassen die Massen. Die Vorstellung, daß Staaten durch Grenzen definiert sind, wandert über die Schulwandkarten der europäischen Nationalstaaten in die Köpfe der Menschen, die nun Bürger ihrer Nation geworden sind. Der moderne Staatsbürger trägt die Grenzen im Kopf. Und viele Grenzen, gerade umstrittene, werden im Zeitalter der Massen und der Massendemokratie plebiszitär eruiert und affirmiert – wie die vielen Abstimmungen in den strittigen Gebieten nach den Pariser Friedensverträgen zeigen. Der moderne Staatsbürger identifiziert sich mit seinem Staat, und das heißt vor allem: mit seinen Grenzen nach außen.

Der Strich ist per se inadäquat für die Darstellung des Übergangs, für die Schattierung, für das Schwächer- und wieder Stärkerwerden von Loyalitäten. Die Farbgebung der Karte suggeriert Kompaktheit, die es in Grenz- und Übergangsgebieten nicht gibt. Noch der raffinierteste Kartenzeichner, der Farben und Linien sich überlagern läßt, kommt an die organische Komplexheit sich vermischender Sprachen und Stile nicht heran. Linien, Striche, Schraffierungen – sie alle sind Indizien, Hinweise, Kürzel, Zeichen des »Als-ob«. Sie sind Hilfskonstruktionen zur Bewältigung von Komplexheit, zur Herstellung von Ordnung. Wir brauchen die Reduzierung, die Konstruktion, die Ordnung – gerade wenn wir Komplexheit, Nicht-Konstruiertes, Unübersichtliches und Chaos uns vergegenwärtigen und darstellen wollen.

Und doch wäre es nach allem bisher Gesagten unsinnig zu bestreiten, daß es Grenze und Grenzen gibt. Die Grenze zwischen den USA und Kanada einerseits und den USA und Mexiko andererseits sieht nicht nur aus wie mit dem Lineal gezogen, sie wurde auch mit dem Lineal gezogen, und dennoch ist sie eine stimmige, akzeptierte Grenze, der niemand etwas Gewalttätiges, Aufgesetztes und Erzwungenes zusprechen würde, obwohl sie von keinem Fluß, keinem Meer, keinem Bergkamm gestützt wird. Der Rhein trennt in seinem Oberlauf Frankreich und Deutschland. Die Donau bildet die Grenze zwischen Rumänien und Bulgarien. Die Sahara trennt den Maghreb von Schwarzafrika. Der Bosporus, der das Schwarze Meer mit dem Mittelmeer verbindet, trennt Europa von Asien. Der Mississippi, später die Rocky Mountains, dann der Pazifische Ozean waren für bestimmte Zeiten die äußerste Linie des Fernen Westens. Irgendwo an der Oder wechseln wir aus dem germanischen in das slawische Sprachgebiet. Im Gebirge spricht man von einer Baumgrenze. Bei der Beschreibung der Reliefs von Landschaften zeichnen wir die Grenzen ein, die sich aus Niederschlagsmengen, Isothermen, Kälte- und Wärmeschwankungen, dem Verbreitungsgrad bestimmter Pflanzen- oder Tierarten ergeben. Das Ausbreitungsgebiet bestimmter untergegangener Kulturen definieren wir über archäologische Fundstellen und die Linien, die sie miteinander verbinden. Die Epoche der Entdeckungen könnte man gleichsam als Epoche beschreiben, in der die Grenzen der Terra cognita verschoben werden, eine Epoche der Grenzverschiebungen – im buchstäblich-räumlichen und im übertragenen Sinn. Flüsse und Ströme dienten lange und oft als Grenzen. Gebirgszüge wirkten als Barrieren und wurden auch so verstanden. Küsten waren Grenzlinien, aber auch die vom Nordpol zum Südpol gezogene Linie, die im Vertrag von Tordesillas die bekannte Welt zwischen der spanischen und der portugiesischen Krone aufteilte, bekanntlich mit weitgehenden welthistorischen Folgen. Die Grenze verläuft aber auch zwischen Altstadt und Neustadt, zwischen Downtown und Suburbia, zwischen Schwarzen-Ghetto und weißer Vorstadt. Es gibt Grenzen, die nirgends verzeichnet sind, und doch von allen respektiert werden. Und es gibt Grenzen, denen die Anerkennung verweigert und deren Legitimität herausgefordert wird. Man muß eine Grenze überschritten haben, wenn man untertauchen will. In Grenzüberschreitungen können sich säkulare Erschütterungen ankündigen. Grenzen bezeichnen die »heiligen Räume« von Tempelbezirken und verbotenen Städten. In manchen Metropolen sind es oft nur wenige Blocks, und man wechselt aus »einer Welt in eine andere«. Solche unsichtbaren Grenzen können zu wirklichen Grenzen werden, Zonen und Kampfgebiete des innerstädtischen Bürgerkriegs. Grenzen können sogar durch Heime und Behausungen verlaufen, durch die innersten Bezirke des privaten und intimen Lebens, wie der orientalische Serail oder das Berberhaus Pierre Bourdieus zeigt. Überhaupt ist die Grenze zwischen öffentlich und privat eine der delikatesten, subtilsten und zugleich massivsten Grenzen: an ihren Verschiebungen kann man die Intaktheit oder Erosion ganzer Kulturen ablesen. Dem Geheimnis der Schwelle liegt die Grenze zwischen drinnen und draußen zugrunde. Die Unsicherheit, die im Umgang mit der Grenze zutage tritt, resultiert aus diesem Reichtum und dieser Vieldeutigkeit der Bezüge und Bedeutungen: Was abgrenzt, schließt aus. Was trennt, verbindet. Was sich berührt, ist immer auch Distanz. Wir können diesem Paradox nicht entgehen.

Es wird immer wieder zum Thema, immer wieder umkreist und immer wieder neu behandelt. Die geläufigste Fassung ist der Streit zwischen den Anhängern der These von den »natürlichen Grenzen« und den Anhängern der These, daß es sich bei Grenzen »zuerst um eine soziale, dann um eine räumliche Tatsache« handle. Die klassischen Kontrahenten in dieser Affäre sind Friedrich Ratzel einerseits und Georg Simmel andererseits.[2] Man könnte diesen Streit als den Streit zwischen zwei Disziplinen, der Geographie und der Soziologie, auffassen. Der Streit ist aber, weil er ein Streit in der Zeit und ein Streit in den Diskursen der Zeit war, selbst ideologisch aufgeladen worden, und man hat an Ratzels Naturalismus und Naturalisierung zugleich etwas Reaktionäres, Immobiles ausgemacht, während Simmels soziologischer Raumbegriff für eine moderne, dynamische Auffassung stand, ja mehr noch: Ratzels Anthropogeographie wurde in die Nähe eines biologischen Naturalismus der späteren Nationalsozialisten gerückt, während Simmels Soziologie des Raumes als ein Zug seines Judentums und seiner angeblichen Ortlosigkeit charakterisiert wurde. Die Ideologisierung der Grenzfrage als »natürliche Grenze« bei Ratzel und als »soziologische Tatsache« bei Simmel und ihre Stilisierung zur Konfrontation von »alldeutschem Raumgefühl« und »jüdischer Ortlosigkeit« ist ein Indiz für die Spannungslage der Zeit und selbst erklärungs- und auflösungsbedürftig.

Was die Sache selber betrifft, hilft allein eine geschichtliche Betrachtung weiter. Es wäre ganz unsinnig zu leugnen, daß natürliche Bedingungen – Flußverläufe, Küsten, Bergmassive – eine Rolle bei der Entwicklung geschichtlicher Aktionen und Formationen spielen; und ebenso unsinnig wäre es, Grenzen und Grenzverläufe als etwas ewig Gegebenes und Übergeschichtliches anzusehen. Alle Grenzen haben ihre Genese, die Zeit ihrer Wirkung und Geltung, und ihre Verfallszeit. Grenzen werden »gemacht«. Es gibt dauerhaftere und weniger dauerhafte, stabilere und weniger stabile, elastischere und weniger elastische Grenzen. Wenn man sagt, daß alle Grenzen eine Geschichte haben, sagt man auch, daß Grenzen historisch sind. Das ist natürlich eine beunruhigende, beängstigende Aussicht: die Verflüssigung all dessen, was fest ist und dem Zusammenleben einen Bezugsrahmen, eine Ordnung gibt. Die Verflüssigung von Grenzen ist beängstigend wie alles Relativistisch-Relativierende. Es lebt sich komfortabler, wenn die Dinge feststehen und Grenzen ewig sind. Historisierung von Grenzen – das könnte sein: Gebrauchsanweisung und Legitimation für Revisionismus und Irredentismus; das könnte sein: Aufkündigung von stillschweigend anerkannten und legitimen Grenzen, die Unruhe, Chaos und Bürgerkrieg heraufbeschwört; das könnte sein: Infragestellung von stillschweigend funktionierenden Routinen und Regeln. Grenzen sind Überlebensbedingungen geordneten menschlichen Lebens, und Grenzüberschreitungen sind, bevor sie zu einem Modewort wurden, etwas höchst Gefährliches und Riskantes.

Im Zeitraffer betrachtet, ist die ganze europäische Geschichte eine ununterbrochene Geschichte der Macht- und Grenzverschiebungen, der Aufkündigung lange respektierter Abgrenzungslinien, einer nie zum Stillstand kommenden Dynamik bald friedlicher, bald gewalttätiger Revision. Geschichtsschreibung ist über weite Strecken Rekonstruktion dieser Entwicklungs- und Revisionsbewegungen. Historiographie arbeitet sich speziell an den Grenzen entlang. Sie ist spezialisiert auf Grenzverschiebungen. Sie nimmt sie als die exaktesten Indikatoren für Dynamik, für Vorstöße und Rückzüge. Die Grenze ist der privilegierte Ort für eine raum-zeitlich fundierte Geschichtsschreibung. Hier mißt man die Stärke der Impulse, die Durchschlagskraft von Vorstößen, die Nachhaltigkeit von Innovationen oder auch das Versanden von Vorstößen. Hier zeigt sich, was geschichtsmächtig wird oder was nicht von Dauer ist und eben wieder zurückgenommen wird. Alexander Kulischer hat das die Flut und Ebbe der geschichtlichen Bewegung genannt, und die ewige Wanderung war für ihn das Hauptagens geschichtlicher Bewegung.[3]

Noch in einem anderen Punkt sind Grenzen bevorzugte Orte: hier kann man Durchmischungsprozesse, Transferprozesse, Amalgamierungen studieren, aus denen gewöhnlich etwas Neues hervorgeht. Die Grenze bietet einen Erkenntnispunkt besonderer Qualität. An der Peripherie sieht man anders und anderes als im Zentrum, das sich oft selbst genügt. Vielleicht stimmt es, daß viele neue Entwicklungen an der Peripherie, an der Außengrenze einsetzen und daß die Kerne neuer Reiche sich an der Außengrenze alter Reiche bilden. Man kann aus dieser Eigenschaft der Peripherie und der Grenze freilich selbst wieder eine Ideologie machen und die Peripherie zum wahren Zentrum, die Marginalität zum »Eigentlichen« stilisieren: Die Grenze als der Ursprungsort des Originalen und Originellen, das Hybride als das Superiore.

Der Meister, der aus der Grenze eine ganze Gesellschaft erklärt, ist Frederick Jackson Turner.[4] Er ist weit mehr als der Autor einer provozierenden These. Man versteht im nachhinein wohl, warum für viele Europäer die amerikanische Raumerfahrung so wichtig geworden ist. Hier war man Augenzeuge einer Gesellschaftsbildung in nuce. Hier konnte man mit blankem Auge verfolgen, gleichsam im Zeitraffer, wie eine Gesellschaft alle Entwicklungsstufen, die in Europa bereits im Dunkel der geschichtlichen Epochen verschwunden waren und durch

mühsame Rekonstruktionsarbeit der Geschichtswissenschaft wieder
zutage gefördert werden mußten, im Eiltempo, aber Stufe für Stufe
sichtbar durchlief: Die Verwandlung von Raum in Territorium und
die Verwandlung von Territorium in einen mächtigen Staat. Ein Abenteuer im Raum, das eigentlich noch mehr ein Abenteuer der Zeit war.
(Etwas Ähnliches gilt auch für Rußland, das ebenfalls zum Schauplatz
einer Gesellschaftsbildung aus dem Stand heraus werden wollte oder
sollte). Die Territorialisierung einer Geschichts- und Gesellschaftser-
fahrung, die Konstruktion einer Gesellschaft coram publico, das machte
die Faszination durch den »amerikanischen Raum« aus. Frederick Jackson Turner war sich der Bedingtheit, der »Historizität« seines Aus-
sichtspunktes bewußt: Seine Betrachtung über die konstitutive Bedeutung der *frontier* für die amerikanische Gesellschaftsbildung war erst
möglich in dem Augenblick, da die *frontier* und die Bewegung nach
Westen selbst zu einem Ende gekommen war – konkret: in dem Augenblick (1890), da der Leiter der amerikanischen Zensusbehörde kon-
statierte, daß es kein eigentliches Grenzgebiet mehr gebe. Turner hat
mit seinem Essay einen Schlüssel für die amerikanische Geschichte geliefert. Man kann daran erkennen, was Grenze – ob *front, frontier, border,
boundary* etc. – impliziert.[5] Turner liest sie rückwärts, er dechiffriert sie,
er entfaltet sie. Was im Gemeinverstand nur eine Linie ist, verwandelt
er in eine Schnittfläche, an der er das amerikanische Epos entfaltet.

In Turners Analyse werden die Elemente der Dynamik sichtbar –
demographisch, verkehrsgeographisch, juristisch, sozial, institutionell,
mentalitätsmäßig – die Amerika geformt haben. »Die Vereinigten Staaten liegen wie eine weiße Seite in der Geschichte der Gesellschaft
da.« Alle Stufen werden durchlaufen, alle Stufen haben ihr charakteri-
stisches Personal, ihre typischen Wege. Während im Osten alles nur die
Transformation von ursprünglich europäisch-kolonialen Institutionen,
die Entfaltung vorhandener Formen ist, prägt den Westen die amerikanische Urerfahrung, die das Neue und genuin Amerikanische hervorbringt. »Die gesellschaftliche Entwicklung Amerikas hat immer wieder
aufs neue an der Grenze eingesetzt. Diese unentwegte Wiedergeburt,
diese Fluidität des amerikanischen Lebens, die Expansion nach Westen
mit ihren neuen Möglichkeiten, die ständige Berührung mit der Einfachheit einer primitiven Gesellschaft formt die Kräfte, die den amerikanischen Charakter beherrschen. Der einzig angemessene Blickpunkt
auf die Geschichte dieser Nation ist nicht die Atlantikküste, sondern
der Große Westen ... Die Grenze ist die Linie der schnellsten und effektivsten Amerikanisierung. Die Wildnis beherrscht den Siedler. Sie

findet einen Europäer, was Kleidung, Fertigkeiten, Handwerk, Reisegewohnheit und Denkgewohnheiten angeht. Es holt ihn aus dem Eisenbahnwaggon und setzt ihn ins Birkenkanu ... Er muß die Bedingungen, die er vorfindet, hinnehmen oder zugrunde gehen, und so findet er den Weg auf die indianischen Lichtungen und folgt den Indianerpfaden. Schritt für Schritt verändert er die Wildnis, aber das Ergebnis ist nicht das alte Europa, nicht einfach die Entwicklung der germanischen Keime ... Tatsache ist, das etwas Neues entstanden ist, das amerikanisch ist.«[6] Die amerikanische *frontier* kann einen lehren, was auch für andere Grenzen, für Grenzen überall zutrifft: daß sie nichts Statisches, sondern etwas Dynamisches sind, ein ziemlich guter Indikator für die Reichweite der dahinter verborgenen Energien.[7]

WELTBILDER, KARTENBILDER:
EINE ANDERE
»PHÄNOMENOLOGIE
DES GEISTES«

»Die Geschichte der einander ablösenden Raum-Vorstellungen ist gut untersucht und hier nicht zu wiederholen«, schreibt Reinhart Koselleck.[1] Dies trifft zu, wenn man nur den europäisch-okzidentalen Raum im Auge hat. Weit weniger gilt dies für die Erforschung der Raumvorstellungen der außereuropäischen Gesellschaften und Völker. Jede geschichtliche Epoche hat demnach die ihr eigenen Raumvorstellungen, jede Zeit macht sich ihr eigenes Bild vom Raum. In Karten manifestiert sich das Wissen und die Vorstellung der Zeit vom Raum. Sie erzählen Geschichte in Form von räumlichen Abbildungen und Konstruktionen. In ihnen kommt das Weltbild gleichsam zu sich. Die Geschichte der Kartographie durchläuft ihr mythisch-mythologisches Stadium, ihr religiöses, die Epoche der Aufklärung, das Stadium imperialen Ausgreifens und imperialistischer Phantasie bis hin zu Bildern der Selbstzerstörung. Sie wirft sogar schon einen Blick zurück auf den blauen Planeten – aus weiter Ferne, aus dem All, wie zum Abschied.[2] Sie durchläuft die verschiedensten Perioden und Metamorphosen, vielleicht nicht in einer logischen Stufenfolge, vielleicht nicht in einer insgeheimen Teleologie des Erkenntnisfortschritts, sondern mit Brüchen, Verlusten, »Rückschritten« verbunden, wie ein Blick auf das Mittelalter zeigt, in dem das avancierte Raum- und Weltwissen, die avancierte Kartographie eines Strabon oder Ptolemaios verlorengegangen war.[3] Lange sind Raumvorstellungen und Kartenbilder ausschließlich unter dem Gesichtspunkt empirischer Wirklichkeitstreue und »Wissenschaftlichkeit« untersucht worden, unter der Frage, inwieweit sie der »wirklichen Welt entspricht«, inwieweit sie diese »richtig abbildet«. Unter dieser szientistischen Blickrichtung konnte so etwas wie ein Erkenntnisfortschritt – und entsprechende Abweichungen davon und »Rückfälle« – herauspräpariert werden. In jüngerer Zeit werden Kartenbilder »komplexer« gesehen, nicht nur als »Abbilder«, sondern auch als Konstruktionen von Weltbildern, als Ausbildung von Vorstellungen, die die Menschen sich von der Welt machen. So gesehen wird ein zweiter Blick auf Karten möglich: unter dem Gesichtspunkt der Bedeutungen, die die Kartenmacher, die eine kartenbedüftige und kartenlesende Öffentlichkeit Räumen, Orten, Plätzen von sich aus zuweist, zuschreibt, einschreibt. Es geht also eher um die aktive Seite der Raumvorstellungen und des Kartenzeichnens und die Frage, welche diese in der geschichtlichen Welt spielten.

Das Bedürfnis der Menschen, die Umgebung, in der sie leben, abzubilden und für sich zu fixieren, ist offenbar uralt. Die älteste bekannte Karte eines bewohnten Ortes ist die sogenannte Bedolina-Karte aus Norditalien aus der Zeit etwa von 2000 bis 1500 v. Chr. Die Felszeichnung zeigt Menschen, Tiere, Häuser, rechteckige Gebilde und unregelmäßige Linien. Auch anderswo hat man Steinzeichnungen, die Orte abbilden, gefunden. Aus Ägypten kennen wir den detaillierten Plan eines Gartens, auf Holz und Lehm geritzt, aus der Zeit um 1500 v. Chr., Pläne und Karten von nubischen Goldbergwerken, Sternbildkarten und schon stilisierte Karten für die Reise in der Welt des Jenseits. Die Ägypter hatten häufig Kartendarstellungen auf Sarkophagen für die Reise im Totenreich. Ägypten war wegen der jährlichen Nilüberschwemmungen und der daraus folgenden Neuvermessungen ein Übungsfeld für die Anfertigung von Katasterkarten. Auch im ägyptischen Fall ist unklar, was das Primäre war: das praktische Bedürfnis nach konkreter Orientierung oder das metaphysische Bedürfnis nach einer spirituell-mythischen Einordnung in das Leben des Kosmos. Ist eher die Karte der nubischen Goldmine, die Katasterkarte charakteristisch für die ägyptische Raumvorstellung oder jene Karten auf dem Grund der Sarkophage, die den Toten durch das Totenreich geleiten sollen? Sie erinnern an die stilisierten Formen der modernen Computer-Kartographie. Eine Karte aus der Zeit um 1500 v. Chr. zeigt Kanäle, eine Stadtmauer mit Toren, Häuser, Türöffnungen und einen Park. Eine akkadische Karte aus der Zeit um 2300 v. Chr., die den Osten an den oberen Kartenrand legt, zeigt den Euphrat, der in den armenischen Bergen entspringt und zum Persischen Golf fließt, sowie Babylon und andere Orte. Eine dritte Karte stellt eine Weltkarte dar mit assyrozentrischer Orientierung: Babylon liegt in der Mitte. Von Norden kommen die Ströme Euphrat und Tigris. Neben Babylon sind weitere Städte eingezeichnet.[4]

Neben der frühen Existenz von Kartenbildern ist es die Ubiquität von Raumdarstellungen, die das Bedürfnis nach Raum- und Kartendarstellungen geradezu als »anthropologisches Grundbedürfnis« erscheinen lassen. Wir finden Karten in Gestalt der *stick charts* der Bewohner der Marshallinseln, die aus Palmzweigen geflochten sind: eingesetzte Muscheln gaben die Position von Inseln, die langen gebogenen Zweige aber Strömungsverhältnisse an. Es handelte sich um Navigationskarten, die die Ortung von Inseln und Atollen ermöglichten. Sie fixieren gleichsam das Geheimwissen einer seefahrenden Bevölkerung, das für Fremde unzugänglich und unlesbar ist. Solche Navigationskarten hat es auch im präkolumbianischen Amerika gegeben, denn als Christoph Kolumbus im Oktober 1492 nach Guanahani – später San Salvador – kam, erfuhr er durch Einheimische von der Existenz einer weiter im Süden liegenden Insel: Kuba. Dreißig Jahre später, im Jahre 1520, bekam Hernando Cortez eine sehr genau gezeichnete Karte. Die Einträge dieser Karten sind in die europäischen Karten aufgenommen worden, während die Originale der mexikanischen Karten später oft verbrannt wurden und nicht erhalten geblieben sind. Der Codex Mendoza, der in der Bodleyan Library aufbewahrt wird, ist ein solcher Fall. Die Karte stellt die Stadt Mexiko/Tenochtitlan dar, in der zum Zeitpunkt der Entdeckung durch die Europäer etwa 150000 Menschen lebten.

Karten finden sich auch bei den nordamerikanischen Indianerstämmen. Sie verzeichnen Flüsse, Pfade, Wohnorte und Himmelskörper. Eine hochentwickelte Kartographie finden wir zeitgleich mit der Antike des Mittelmeerraumes auch in Ost- und Südasien. Die Kartenzeichner bedienen sich der verschiedensten Materialien wie Seide oder Stein. Auf ihnen sind Reliefs mit Flüssen und Siedlungen eingezeichnet. Es gibt Karten einzelner Provinzen, aber auch Himmels- und Sternenkarten. Oft sind Namen für die Orte eingetragen. Sehr früh findet sich eine offizielle Festlegung der Richtlinien für die Anfertigung von Karten wie die Anwendung eines rechtwinkligen Koordinatensystems. China stellte die erste gedruckte Karte her, sie stammt aus der Zeit um das Jahr 1155 n. Chr. und zeigt einen Teil der Großen Mauer und Westchinas; sie ist genordet. China hat vor Europa und unabhängig von Europa den so wichtigen Kompaß und andere für die Seefahrt und Entdeckungsbewegung wichtige nautische Instrumente, außerdem den Globus erfunden. Aus Japan kennen wir isometrische Darstellungen von Kyoto, die mit der Einzeichnung der Tempelanlagen, der Heiligtümer, den Straßenverläufen und Entwässerungskanälen wie ein moderner Stadtplan anmuten.

Allseits bekannt ist die kartographische Leistung der islamischen Welt. Die Araber hatten nicht nur sehr früh das Erbe der Antike über-

nommen und sich kritisch mit ihm auseinandergesetzt – Ptolemaios'
Almagest und *Geographia* wurden im 9. Jahrhundert bereits ins Arabische
übersetzt, im 10. Jahrhundert wurden die Ptolemaios-Karten den Ara-
bern zugänglich –, sondern sie übernahmen auch indisches, chinesisches
Kartenwissen, lernten Papier und Buchdruck und Navigationstechni-
ken kennen. Sie waren, wie die Legende von Sindbad dem Seefahrer
andeutet, vielleicht die bedeutendsten Weltreisenden und Entdecker.
Hinter ihrer imposanten kartographischen Leistung steht ihre Ent-
deckerleistung. Auf ihren Dhaus segelten sie in den Süden Afrikas und
an die Küsten Indiens und Südostasiens. Sie verfügten über Navigationsinstrumente, Kompaß, Windrose und eine frühe Form der Portolankarten. Ihr Antrieb war Handel und die Ausbreitung der Lehre des
Propheten. Von ihnen stammen der älteste Globus der Welt – er wurde
1279 in Persien hergestellt –, Weltkarten, Karten des Niltales und andere Regionalkarten, Pläne für die Belagerung von Häfen und Städten,
Stadtpläne, Itinerarien und sogar Pläne aus der Vogelperspektive.[5] Es ist
der Weg über die islamische Welt, über den das geographische Wissen
der Antike, das im christlichen Europa großenteils verlorengegangen
war, nach Europa zurückkehrt, nicht zuletzt an der Stelle, an der sich
Islam und Christentum am fruchtbarsten gegenüberstanden: auf der
Iberischen Halbinsel, und nicht zufällig vermittels jener, die Verkehr
und Austausch zwischen diesen beiden Welten vermittelten: der spanischen Juden. Es ist kein Zufall, daß jenes islamisch-jüdisch-christliche
Austausch- und Grenzgebiet zum Zentrum der modernen europäischen Portolankartographie und zum Ausgangspunkt der modernen
europäischen Seefahrt und Entdeckungen geworden ist.

Man kann also ein »Urbedürfnis« nach Orientierung im Raum »quer
durch alle Kulturen« beobachten; es gab nicht »den« Weg der kartographischen Eroberung der Welt, sondern viele Weisen der Vergegenwärtigung. Gewiß stand das paktische Bedürfnis nach Orientierung bei
Handelsreise und Seefahrt am Anfang. Gruben- und Minenkarten gaben Auskunft über Fundorte von wertvollen Edelmetallen. Katasterkarten und Itinerare, wie sie vor allem im römischen *Corpus Agrimensorum* oder in jener Abbildung von Straßen an der Nordküste des
Schwarzen Meeres auf einem römischen Schild, aber auch in der Jeru-
salem-Karte in der Gestalt des Mosaiks von Madaba in Jordanien um
590 n. Chr. enthalten sind, gaben Auskunft über Entfernungen und
Grund und Boden für die Bemessung der Steuern – beides für die Erfassung und Vermessung des römischen Weltreiches außerordentlich
wichtige Funktionen. Am wichtigsten aber ist wohl die Karte als

Orientierung für Handels- und Entdeckungsreisende, und so waren es denn auch die Vorstöße der Handelsreisenden und Entdecker, die am nachhaltigsten das Bild von der Welt, das die Menschen sich gemacht haben, erschüttert und weiterentwickelt haben.[6] Mit jeder Entdeckung verändert sich unser Wissen vom »Aussehen der Welt« und führt zu Revisionen; zugleich geschieht es aber auch, daß einmal gewonnenes Wissen wieder verschüttet wird und verlorengeht.

Indem Karten die Welt aus einem bestimmten Blickwinkel abbilden und sich für ein bestimmtes »Objekt« interessieren, sind sie zugleich Dokumente der Macht und der Herrschaft: ob die Welt um Babylon, Rom oder »das Reich der Mitte« kreist, immer impliziert die kartographische Abbildung eine Entscheidung über Zentrum und Peripherie, um Macht und Marginalität.[7]

Alle Welt- und Kartenbilder sind, wenn man sie für sich und immanent betrachtet, in sich geschlossen, schlüssig, haben ihre Plausibilität, und es gehörte zu einer historischen Betrachtung der Kartographie, diese immanent zu betrachten, sie für sich stehen und gelten zu lassen, anstatt aus der Höhe des Geographical Information System (GIS) oder der Satellitenkartographie auf die Beschränktheiten und phantastischen »Irrtümer des Mittelalters« herabzublicken. Damit läßt man sich freilich auf einen Relativismus ein, ohne den eine durchgängige Historisierung von Welt- und Kartenbildern nicht möglich ist. Insofern sind Kosmogonie und Kosmologie nicht weniger Selbstverständigungs- und Selbsterklärungsweisen als die satellitengestützte Erdvermessung, und die *mappa mundi* von Hereford gilt soviel wie die erste Karte Frankreichs, die nach dem Abschluß der großen wissenschaftlichen Vermessung Cassinis möglich geworden ist.

Weltbild- und Kartenbildentwicklung sind gebunden an technologische Entwicklung und technologisch ermöglichte Standards von Welterkenntnis, also an den Stand der Vermessungstechnik, den Bau neuer Instrumente, Erfassung von relevanten Daten, Entdeckung von Kompaß, Theodolit oder Satellitenphotographie. Das Fernrohr, das neue Planeten sichtbar macht, läßt ein Weltbild aus den Fugen geraten. Der Chronometer, mit dessen Hilfe sich endlich exakt Entfernungen auf See messen lassen, verwandelt einen unendlichen und unberechenbaren Ozean in eine überschaubare und durchmeßbare Oberfläche, auf der Bewegungen nicht nach dem Prinzip »Trial and Error« erfolgen, sondern sich kontrolliert und zielstrebig reproduzieren lassen. Auch damit entsteht eine neue Welt. Kartenbilder sind, so gesehen, auch Abbilder von der Macht des menschlichen Geistes, Ausformulierungen des menschlichen Genius bei der Bewältigung und Erschließung der räumlichen Welt, in der wir leben. Kartographie ist nur unter einer sehr beschränkten Sichtweise eine »Hilfswissenschaft«. In Wahrheit ist sie eine der vielen Formen menschlicher Erkenntnis. Kartenbilder lesen ist nichts weniger als eine andere »Phänomenologie des Geistes«.

PARADIESLANDSCHAFTEN
UND ANDERE

Die Geburt Europas findet auch im Kartenbild statt, wie es die antike Welt entworfen und gezeichnet hat. Es findet hier so etwas wie die Abbildung des Ursprungs statt, jenes Raumes, in dem die legendäre Entführung der Europa in mythischen Zeiten stattgefunden haben muß. Im Zentrum liegt das östliche Mittelmeer, wo die drei Kontinente – Afrika, Asien, Europa – aufeinanderstoßen. Das Mittelmeer als Zentrum einer Welt-Insel, die von einem sie umfließenden Ozean umgeben ist – diese Grundfigur prägt bis heute die Schulwandkarten; das Ursprungsgebiet, umgeben von jenem sich ausweitenden Feld an den Rändern, die Oikoumene, die sich nach und nach vorschiebt, erweitert, präzisiert.

Oikoumene. Die antike Welt schließt offenbar an die Hochkulturen Ägyptens und Mesopotamiens an, sowohl in der Kenntnis der Welt wie in den theoretischen Denkmitteln. Die Griechen, eher Philosophen als Geographen, übernehmen das bisherige Wissen und deuten es kühn um. Es entstehen die Karten von Anaximander von Milet um 550 v. Chr., die fünfzig Jahre später von Hekataios aus Milet verbessert werden. Er teilte die Welt in zwei Teile: Europa und Asien mit Afrika/Libyen, die das Mittelmeer umschlossen. Thales von Milet entwickelte eine neue Projektionsmethode. Die Diskussion der Alten drehte sich um die Teilung der Welt in drei Kontinente. Herodot, der weltreisende Historiker aus dem 5. Jahrhundert v. Chr., später dann die Alexanderzüge um 320 v. Chr. erweiterten und präzisierten die geographischen Kenntnisse enorm – nicht zuletzt unter Einsatz von *bematisty*, also Wegmessern. Demokrit betrachtete die bewohnte Welt – Oikoumene –, die sich in seinen Augen vor allem in Ost-West-Richtung erstreckte. Der von den Griechen bewerkstelligte Fortschritt im Raumbild der Erde, also in der Kartographie, ging vor allem in den Gewinn einer Vorstellung von der sphärischen Gestalt der Erde ein. Diese Entwicklung hatte eingesetzt mit den Pythagoräern und unter Platon und seinen Nachfolgern an Kraft gewonnen. Aristoteles (gestorben 322 v. Chr.) hatte die Einteilung des Globus in fünf Klimazonen vorgeschlagen und die Oikoumene von einem arktischen Norden und einem tropischen Süden begrenzt gesehen – diese von ihm im Norden und Süden gezeichneten Linien wurden später in der modernen Kartographie mit dem 66½ten und 23½ten Grad nördlicher Breite identifiziert. Auch nahm Aristoteles an, daß es einen der »bewohnten Welt« entsprechenden antipodischen, wenngleich unbewohnten Gürtel im Süden gab.[1] Systematisiert wurde dieses Wissen der Alten von dem Vorsteher der Bibliothek von Alexandria, Eratosthenes (276–196 v. Chr.). Eratosthenes, der als Vater der wissenschaftlichen Geographie gilt, hat zum ersten Mal den Erdumfang berechnet. Nachdem die sphärische Form einmal anerkannt war, war die Vermessung der nächste Schritt. Eratosthenes' Vermessung des Erdumfangs folgten später weitere Vermessungen durch Eudoxos von Knidos, dann von Dicaearchos und von Aristarchos von Samos.[2] Eratosthenes hat im Grunde den Erdumfang korrekt berechnet und die Landmassen neu eingeteilt. Er hat Fortschritte in der Vermessung der Länge des Mittelmeeres gemacht, er hat unsere Kartenkenntnis vor allem Nordeuropas und Südasiens erweitert, indem er Berichte von Reisenden ausgewertet hat. Eratosthenes ging im übrigen davon aus, daß die Erde weitgehend wasserbedeckt sei. Spätere Geographen und Kartographen haben an Eratosthenes angeknüpft. Kratos von Mellos (um 200 v. Chr.) konstruierte erstmals einen Globus, auf dem vier etwa gleich große Kontinente zu sehen sind, zwei im Norden und zwei im Süden, umflossen von Ozeanen. Drei davon waren zu jener Zeit aber noch gar nicht bekannt. Diese Vorstellung blieb dann über Jahrhunderte hinweg bestehen. Hipparchos von Nicaea, ein Zeitgenosse des Krates, gilt als Urheber der Kartenprojektion. Er entwarf ein Netz von gleichmäßigen Breiten- und Längengraden, die sich im rechten Winkel schnitten. Hipparchos benutzte die Einteilung von 360 Grad zu je 700 Stadien für den Erdumfang und legte die Orte in diesem Netz fest. War ein systematisches Netz für die Erde erst einmal angenommen, war auch Kartenprojektion möglich. Hipparchos soll auch das Astrolabium, das Instrument zur Berechnung und Vermessung der Positionen und Bahnen von Gestirnen und Planeten, erfunden haben.[3] Klaudios Ptolemaios im 2. Jahrhundert v. Chr., der wie Eratosthenes Bibliothekar in Alexandria gewesen war, hat wie jener Grundlagen der Kartographie formuliert, die über Jahrhunderte hinweg Gültigkeit besitzen sollten. Ptolemaios stützte sich nicht auf die Erdmessung des Eratosthenes, sondern auf die des griechischen Astronomen Poseidonios und kam damit auf einen etwas geringeren Umfang, etwa von drei Viertel des wirklichen Umfangs – ein Irrtum, der sich ebenso über die Zeit fortschleppte wie die von Ptolemaios erzielten Erkenntnisgewinne. In seiner *Geographia* sind enthalten: Anweisungen zur Kartenprojektion, Vorschläge, die große Weltkarte in kleine regionale Karten zu untergliedern: insgesamt 26, davon 12 für Asien, 10 für Europa, 4 für Afrika; ein Verzeichnis für die Eintragung von etwa 8000 Orten; schließlich die Verwendung von Breiten und Längen in Graden, wobei einer Stunde fünfzehn Grad entsprechen. Ptolemaios' erster Längengrad verlief durch die heutigen Kanarischen Inseln, und seine Karte erstreckte sich bis nach China. Während die Karte aufgrund von astronomischen Berechnungen erstellt wurde, wurden Orte aufgrund der Berichte von Reisenden eingetragen. Wir wissen nicht, ob Ptolemaios selbst Kartograph war oder ob dies – ähnlich wie Hippokrates in der medizinischen Traditionsbildung – nur der Sammelname für ein ganzes Corpus von Kartenwerken ist. Ptolemaios war, bei allen Fortschritten der Raumerfassung der Erde, Geozentriker und entscheidend für eine Tradition, die bis Kopernikus dominant bleiben sollte.[4]

Die Römer, die Eroberer von Alexandria und die Erben der alexandrinischen Kultur, übernahmen auch die dort gespeicherte Kenntnis der Welt: die Kugelgestalt der Erde, die Bemessung des Erdumfangs, die Methode der Kartenprojektion, Karten verschiedener Maßstäbe, Weltkarten, die Europa, Afrika und Asien umfaßten. Der praktische Sinn, der den Römern zugesprochen wird, hat sich auch auf dem Gebiet der kartographischen Erfassung der bekannten Welt ausgewirkt. Einige römische Karten sind auf uns gekommen: Etwa die Karte des Agrippa, die erstmalig die drei Kontinente Europa, Asien, Afrika/Libyen zeigt. Vor allem aber gibt es aus römischer Zeit – 2000 Jahre vor der United States Public Land Survey – Katasterkarten. Das Land im sogenannten Corpus Agrimensorum vermessen und in Katasterämtern archiviert. Darüber hinaus gibt es Stadtpläne, eine Zusammenstellung von hydrologischen Eintragungen, Itinerarien und jene berühmte Wegzeichnung am Ufer des Schwarzen Meeres, die sogar Ortsnamen und Entfernungsangaben enthält. Die römische Kartenwelt ist am besten repräsentiert in der sogenannten Tabula Peutingeriana, die auf uns in einer Kopie aus dem 13. Jahrhundert gekommen ist, die ihrerseits auf einem Original aus dem 4. Jahrhundert und auf einem Wissen fußt, wie es von dem großen Strabo (63 v. Chr. – 24. n. Chr.) verkörpert war.[5]

Das räumliche Wissen und die kartographischen Vorstellungen der Antike sind nicht nur an sich bemerkenswert, sondern auch deshalb, weil jener zwischen 2500 v. Chr. und 400 n. Chr. gemachte »Erkenntnisfortschritt« nach dem Ende des Römischen Reiches gleichsam wieder verfällt, zurückgenommen wird, bis jenes antike Wissen nach fast einem Jahrtausend und auf den wunderbarsten Wegen erneut zu zirkulieren beginnt – die Geschichte einer Regression, wo ansonsten Geschichte doch meist mit unaufhaltsamer Progression verbunden zu sein pflegt.

Das kartierte Paradies. Wege nach Jerusalem. Der Zerfall des römischen Weltreiches ist begleitet von einem Niedergang der kartographischen Kunst. Nur wenige Kartendarstellungen lassen sich zwischen dem 5. und dem 10. Jahrhundert finden. Zu den wenigen gehört die Karte in Form eines von byzantinischen Künstlern angefertigte Fußbodenmosaiks in einer Kirche im syrischen Madaba aus der Zeit um 590 n. Chr. Sie zeigt Westasien, das Nildelta und das Schwarze Meer. Genau ist darin die Position Jerusalems eingezeichnet. Eine weitere Karte ist die schon erwähnte Tabula Peutingeriana, benannt nach dem Augsburger Humanisten des 16. Jahrhunderts Konrad Peutinger. Es handelt sich dabei um ein großes Pergament-Manuskript, ein Fuß hoch und an die 20 Fuß lang. Es ist in zwölf Abschnitte aufgeteilt, elf davon sind erhalten und zeigen den gesamten Erdkreis von Ostengland über das Mittelmeer bis Indien. Die Tabula Peutingeriana basiert vermutlich auf einem römischen Itinerarium. Zum Teil sind Entfernungen angegeben, Straßen und Bergzüge, sogar Gebäude und sogar Personen sind eingezeichnet, das Meer erscheint in grünlich-blauer Farbe: Rom wird symbolisiert von einer Figur, die den Erdball, einen Schild und einen Speer trägt. Die Hauptstraßen des Reiches gehen alle von der Ewigen Stadt aus.

Obwohl es in der Bibliothek Karls des Großen ziemlich detaillierte Stadtpläne von Rom und Konstantinopel gegeben haben muß, verfiel die Kartenkunde nach dem Ende des Römischen Reiches. Es gab keine geschlossene und feste Auffassung darüber, ob die Erde eine Kugel oder eine Scheibe sei. Es kam auch nicht so sehr auf geographische Informationen an, sondern auf die Darstellung von Welt, die den Vorstellungen des frühen Christentums entsprach. Die verbreitetste Auffassung war die von der Erde als einer kreisförmigen Scheibe, dargestellt in den sogenannten Radkarten mit T-O-Schema, die auf eine Schrift des Isidor von Sevilla zurückgehen. Sie entwarfen eine Karte der Welt, die den Erdkreis vom ozeanischen Strom – *mare oceanum* – umflossen darstellt. Dieser wurde durch den Buchstaben O repräsentiert. Dem O war ein T eingeschrieben, wobei das T die Welt in die drei bekannten Erdteile Europa, Afrika, Asien einteilte. Der senkrechte Balken stellte das Mittelmeer dar, während der waagerechte Balken des

»Sie entwarfen eine Karte der Welt, die den Erdkreis vom
ozeanischen Strom – *mare oceanum* – umflossen darstellt.«

TO-Weltkarte aus einem Leipziger Kodex des
11. Jahrhunderts

T die großen Ströme Don – Tanais fluvius – und Nil – Nilus fluvius –
bezeichnete. Der Querbalken konnte auch für das Schwarze Meer, den
Bosporus und das östliche Mittelmeer stehen. Im Osten, über dem
Querbalken des T, befand sich oft ein Bild des Gartens Eden, gemäß
dem Bibelwort »Und Gott der Herr pflanzte einen Garten in Eden gegen Morgen ...« (Genesis 2,8). Das Paradies erhielt so einen zentralen
Ehrenplatz auf der Weltkarte. Weiterhin wurden vier Flüsse dargestellt,
die dem Garten Eden entsprangen: Pischon, Gihon, Tigris und Euphrat. Der Schnittpunkt des senkrechten und waagerechten Balkens stellte
die Mitte der Welt dar. Dort lag die Mitte der Christenheit, nämlich
die heilige Stadt Jerusalem: »So spricht der Herr: Das ist Jerusalem, das

ich mitten unter die Heiden gesetzt habe und ringsumher Länder«
(Hesekiel 5,5).[6] In dieser Darstellung ist einerseits die antike Vorstel-
lung weitergeführt: Asien und Afrika getrennt durch den Nil, Europa
und Afrika getrennt durch das Mittelmeer, Europa und Asien getrennt
durch Bosporus und Schwarzes Meer; andererseits ist die Plazierung
von Garten Eden und heiligem Jerusalem sowie die Identifizierung der
Kontinente mit den Söhnen des Noah – Japhet/Europa, Shem/Asien,
Ham/Afrika – das durch Bibel und Neues Testament produzierte
Neue: nicht die Oikoumene, sondern das Heilige Land definiert den
Raum.[7]

Diese Sicht hält sich bis über das Spätmittelalter hinaus und wird
erst allmählich durch die Portolankarten der Seefahrer und Handelsreisenden und durch die über den Islam vermittelte Neuentdeckung des
antiken Erbes aufgebrochen und zersetzt. Am deutlichsten wird die
Vermischung von biblischen Vorstellungen und empirischem Kartenwissen in einigen berühmten Kartenwerken des Mittelalters, etwa der
kreisförmigen *mappae mundi* oder Weltkarte von Hereford (1276) und
Ebsdorf (1339), die beide aus dem Ende des 13. und Anfang des 14. Jahrhunderts stammen. Diese *mappae mundi* hingen wahrscheinlich hinter
dem Altar in der Klosterkirche in Ebsdorf und in der Kathedrale von
Hereford. Die Weltkarte von Ebsdorf ist im Zweiten Weltkrieg zerstört
worden, die von Hereford existiert noch. Beide sind mit den T-O-
Radkarten und älteren antiken Karten verwandt, beziehen das Wissen
von Itinerarien mit ein und repräsentieren so vermutlich am besten das
geographische Wissen des Mittelalters. Die Hereford-Karte folgt dem
T-O-Schema, ist angereichert um die Namen von Städten wie Paris,
Rom, Antiochia. Sichtbar sind zwei Alpenpässe, lebendig gemalte bi-
blische Szenen, mythologische Fabelwesen, bizarre Ungeheuer und
Monster, die den Betrachter offenbar in Schrecken versetzen sollen.
Auch die etwas jüngere Ebsdorfer Weltkarte, die einen Durchmesser
von drei Metern hatte, arbeitet mit einer Mischung von biblischer Mythologie und empirisch nachprüfbaren Ortsangaben, die durchaus
ihren »Informationsgehalt« etwa für Pilgerreisende oder Kreuzzugsteil-
nehmer haben konnten. Hier wird übrigens der Osten von einem
Christuskopf dargestellt, während Jerusalem sich im Zentrum der
Karte befindet. Noch die aus dem Jahre 1493 stammende Weltchronik
von Hartmann Schedel (Liber Chronicarum) zielt nicht primär auf geographische Kenntnisse im heutigen Sinne, sondern präsentiert ein Be-
stiarium von Ungeheuern, Zwergen, Würgeengeln. Es ging offenbar
mehr um das Jenseits, nicht um die diesseitige, physische oder physika-

lische Welt. Die künstlerische Gestaltung ist wichtiger als die Genauigkeit des Eintrags. Die Verankerung des Christus als Weltenrichter im Kartenbild ist so wichtig wie die Verankerung des Christus-Bildes im Tympanon des Kirchenbaus. Rein geographische Angaben waren auch gar nicht erlaubt. Die vollkommene Welt des Himmels thront über der unvollkommenen Welt des Irdischen. Die Bibel war die wichtigste Inspiration für die Kartographie und prägte diese auch. Es ging um die Geographie der Paradieslandschaft und des Heiligen Landes. Noch in den großen Kartenwerken des *Theatrum Orbis Terrarum* des Ortelius, das 1570 in Antwerpen veröffentlicht wurde, ist die Sprache und der Horizont der Bibel und des Evangeliums deutlich nachlesbar. Das Kartenwerk *Parergon* umfaßt neben den Abschnitten, die dem Alexanderzug oder den Reisen des Odysseus gewidmet sind, Abschnitte, die den Reisen der Kirchenväter und des heiligen Paulus gewidmet sind. Die Landschaften der Bibel und der Antike stehen zwanglos nebeneinander. In den Epochen geht es wild durcheinander, man könnte auch sagen: ganz frei. Im Alexanderzug kamen Schiffe einer Bauart, wie sie im 16. Jahrhundert im Schwange war, zur Darstellung. Atlanten waren noch weit ins 16. Jahrhundert hinein eine religiöse Angelegenheit: Man konnte für Karten auf den Scheiterhaufen geschickt werden. Kartenzeichner lebten an der Übergangzeit zur frühen Neuzeit nicht ungefährlich. 1535 noch gaben Melchior und Gaspar Trechsel eine von Michael Servet kommentierte Ptolemaios-Ausgabe heraus. Dieser Atlas wurde auf Forderung des Johannes Calvin dem Feuer übergeben, da Palästina nicht als jenes Land dargestellt worden war, in dem Milch und Honig flossen. Der Kartograph Servetus wurde im Jahre 1553 wegen Ketzerei verbrannt.[8]

PORTOLANKARTEN.
SICH VOM UFER ABSTOSSEN.
ZU NEUEN UFERN.

Vom 13. Jahrhundert an taucht ein neuer Typ von Karten auf. Etwa die Carte Pisane von 1290 oder die Portolankarte des Abraham Cresques von 1375, eines mallorquinischen Juden, der die Welt vom Atlantik bis China abbildet.[1] Wörtlich verstanden ist die Portolankarte eine Karte, die die Findung des Hafens ermöglicht oder erleichtert. Es sind Küstenbeschreibungen mit Kursangaben, Beschreibungen komplizierter Hafeneinfahren, gefährlicher Stellen wie Untiefen und Riffe, und Hinweise auf sichere Häfen und Ankerplätze, die Beschreibung von bekannten Inseln, Landzungen, eine Art Segelanleitung für die Küstenschiffahrt, ursprünglich basierend auf den privaten Aufzeichnungen der Seefahrer und Lotsen. »Ein Netz sich schneidender Geraden (gewöhnlich Rumbenlinien genannt), die von 16 äquidistanten Punkten auf der Peripherie eines ›versteckten‹ Kreises ausgehen. Die Geraden reichten oft über den Kreis hinaus, und an einem oder mehreren Schnittpunkten befanden sich nicht selten reich verzierte Kompaßrosen.«[2] Die Linien dienen ebenso wie die rechtwinkligen Gitter der Orientierung. »Als erste Karten im Europa des ausgehenden Mittelalters und der beginnenden Neuzeit waren Portolane maßstäblich gezeichnet.«[3] Die Portolane und Isolari konzentrierten sich auf die Küstenumrisse, auf Flüsse und Flußmündungen. Die Küstenlinien sind wichtiger als die Erfassung des Landes selbst. Ihre Entstehung hängt eng mit der Entdeckung des Kompasses und der dadurch ermöglichten verbesserten Navigation zusammen. Sie sind in der Regel auf Schafshäuten – oder die berühmte Karte des Ibrahim Al Mursi von 1461: auf Gazellenhaut – gezeichnet. Diese die Navigation erleichternden Karten mit ihren Orientierungspunkten und der Angabe der vorherrschenden Winde haben einen bedeutenden Einfluß auf die Entwicklung des Kartenwesens gehabt, weil sie kartographisches Wissen fixiert, damit verstetigt und beliebig reproduzierbar gemacht haben.

Doch zum Aufstieg der europäischen Kartographie, der im späten Mittelalter begann, mußten mehrere Faktoren zusammenwirken: die

Wiederentdeckung der Ptolemaischen Kartographie, die Erfindung des Buchdrucks und die Entdeckungsreisen der Europäer. Die Ptolemaios-Karten waren den *mappae mundi* weiter überlegen. Sie kamen auf zwei Wegen nach Europa: im Gepäck der Gelehrten, die vor der türkischen Eroberung Konstantinopels nach Westeuropa geflohen waren, auf indirektem Wege durch die islamische Rezeption der Antike und ihre praktische Verbindung mit dem Entdeckungs- und Kartierungswesen der Araber. Die Erfindung des Buchdrucks ermöglichte es der Kartographie, von nun an genaue Reproduktionen herzustellen. Jetzt gab es identische Beschreibungen und deckungsgleiche Kartenbilder – sei es die Augsburger Isidor-Karte von 1472, sei es der Ptolemaios-Atlas aus Bologna von 1477, sei es die Ulmer Holzschnittkarte des Ptolemaios von 1486 oder die *Nürnberger Chronik* des Hartmann Schedel von 1493. Von nun an waren Karten, ob als einfacher Holzschnitt, als venezianischer Zweifarbendruck oder als lothringischer Dreifarbendruck, als handkolorierter Stich reproduzierbar, identisch und in gewisser Weise »objektivierbar« geworden. Die Ulmer Ptolemaios-Ausgabe lieferte nun im Prinzip beliebig reproduzierbar eine Karte mit einem Netz von bezifferten Breiten- und Längengraden, von deren Rand zwölf Winde blasen und auf der Flüsse, Berge, Seen eingetragen sind. Erst kartographisch fixierte Orte sind wirklich entdeckt, weil sie nun erneut, wann immer und von wem immer, angesteuert werden können.[4] Die erste Entdeckung war erst verifiziert, wenn sie durch die zweite wiederholt werden konnte: erst dann war der Raum gedanklich angeeignet und verfügbar.

Und schließlich kam die selbständige Entdeckertätigkeit hinzu, seien es durch die arabischen oder die europäischen Seefahrer. Araber waren bedeutende Seefahrer und Kartographen. Die Karte des Arztes Ibrahim Al Mursi, der aus Murcia stammte, zeigte im Jahre 1491 präzise die islamischen Territorien in Nordafrika, die Festungsanlagen entlang der Donau einschließlich des Bistums Esztergom. Im Westen schickten sich die Portugiesen unter Heinrich von Portugal an, die afrikanische Westküste entlangzusegeln, die Kapverdischen Inseln und die Azoren zu entdecken. Kolumbus, selber ein Kartenmacher, entdeckte 1492 Amerika, Vasco da Gama fand 1497 mit Hilfe eines muslimisch-arabischen Lotsen den Seeweg nach Indien.

Der Behaimsche Erdapfel von 1492, eigentlich zur Belustigung des Nürnberger Publikums erdacht, spiegelt im Jahr der Entdeckung der »Neuen Welt« den höchsten Stand des Wissens vor ihrer Entdeckung. Er zeigt die Welt exakt am Vorabend der Rückkehr des Kolumbus aus der Neuen Welt. Es ist noch ein ptolemäischer Erdapfel, freilich mit reichlichen und neuen Informationen über das östliche Asien, die Marco Polos Entdeckungsreisen zu verdanken sind. Eurasien erstreckt sich fast über den ganzen Globus hinweg, so daß sich Europa und Asien über den Atlantik hinweg zu treffen scheinen – also exakt die Vorstellung des Kolumbus wiedergeben, der bei seiner Fahrt nach Westen ja auf Indien zu treffen geglaubt hatte. Der Behaimsche Globus ist bunt mit blauen Ozeanen und einem roten Roten Meer, mit phantastischen Schiffen und Seeungeheuern, Sternzeichen und Flaggen bemalt. Aber die erste wahre Generalkarte der Neuen Welt ist eine Karte im Portolanstil, angefertigt von Juan de la Cosa im Jahre 1500 und heute der kostbarste Schatz des Museo Naval in Madrid. Eine weitere wichtige Karte, die die Neue Welt zeigt, ist die Cantino-Karte von 1502, die von Alberto Cantino nach Ferrara geschmuggelt wurde, um den Herzog von Ferrara über die neuen Entdeckungen und über die Teilung der Welt zwischen Spanien und Portugal, wie sie im Vertrag von Tordesillas 1494 besiegelt worden war, zu informieren; sie ist heute in der Biblioteca Estens in Modena aufbewahrt. Beide Karten sind noch von Hand gezeichnet, die ersten gedruckten Weltkarten stammen von Giovanni Contarine und Francesco Rosselli aus Florenz im Jahre 1506.[5]

Erst schrittweise war klargeworden, daß eine neue Welt entdeckt worden war. In dem Augenblick, da die Küstenumrisse des neu entdeckten Amerika zum ersten Mal kartographisch fixiert waren, war die zweite, vielleicht die eigentliche Entdeckung erst vollzogen. Zuvor konnte alles Eindruck, Zufall gewesen sein, nun war ein »Zeugnis« abgelegt, gleichsam ein neuer Raum geschaffen. Dies war zum ersten Mal mit der Karte des Juan de la Cosa von 1500 geschehen, in der Cantino-Karte von 1502 festgehalten und dann auch im Druck vervielfältigt worden, und es geschah unwiderruflich in der berühmten Karte des Martin Waldseemüller von 1507, auf der erstmals der Name Amerika – zu Ehren des Seefahrers Amerigo Vespucci – auftauchte. Waldseemüller, der von Vespuccis *Novus Orbis* von 1499 außerordentlich beeindruckt war, hatte 1513 noch versucht, seine Karte in Kenntnis der wirklichen Entdeckungsgeschichte zu revidieren, aber es war zu spät: der Name Amerika war in der Welt. Auf das von Ptolemaios gezeichnete Kartenbild der Alten Welt war das von Vespucci produzierte Kartenbild der Neuen Welt gefolgt. Von nun an geht es Schlag auf Schlag. Die Kenntnis von der Neuen Welt breitet sich in rasender Geschwindigkeit aus. Amerika findet sich schon 1513 auf der türkischen Piri-Reis-Karte, bald auch schon auf chinesischen Karten. Weiteren Entdeckungen folgen weitere Neukartierungen: Balboa war 1513 in der Südsee, die Erdumsegelung Fernando Magellans und Juan Sebastian de Elcanos zwischen 1519 und 1522 zieht neue Kartierungsarbeiten nach sich, die sich auf die Küsten Afrikas, Indiens und die Inselwelt Südostasiens und den Pazifik beziehen. Einzig der große Kontinent der Südseen – die *Terra Australis* – wird erst in der zweiten Hälfte des 18. Jahrhunderts durch James Cook entdeckt werden.

Entdeckungszeit ist Zeit der Kartographie. Galt dies schon in der Zeit des 13. bis 15. Jahrhunderts für die Portolankarten, so gilt es erst recht für die Zeit nach der Entdeckung Amerikas. Das 16. Jahrhundert ist die Zeit der Globenhersteller und Instrumentenbauer, der Kartenzeichner und Atlantenhersteller. Kaum ein bedeutender Künstler der Renaissance, der sich nicht mit dem Kartenwesen beschäftigt hätte. Sie alle haben Karten, Stadtpläne und Stadtansichten, Belagerungskarten gezeichnet: Leonardo da Vinci, Albrecht Dürer, Hans Holbein der Jüngere, von dem eine Weltkarte stammt, die 1532 in Basel gedruckt wurde. Gerardus Mercator/Gerhard Kremer, der Autor nicht nur der berühmten, nach ihm benannten Weltkarte, sondern auch vieler Europakarten, war ein vollendeter Graveur und in vielfacher Hinsicht ein Neuerer des kartographischen Designs. Kartenprobleme gingen in den öffentlichen und literarischen Diskurs ein, etwa jener Passus bei Shakespeare, der im Zusammenhang mit Francis Drakes Weltumsegelung steht: »He does smile his face into more lynes than are in the Mappe with the augmentation of the Indies.«[6] Ein neues Genre kommt zur Blüte: der Atlas. Kartenzeichner war ein angesehener und wahrhaft repräsentativer Beruf der neuen Epoche des Humanismus und der Renaissance. Sie waren hervorragend ausgebildet, hatten die europäischen Universitäten zwischen Löwen und Bologna besucht, waren als Sammler der für die Kartierung wesentlichen (»statistischen«) Informationen – Reiseberichte, überlieferte Karten, geographische Daten usf. – auf Materialien aus aller Welt angewiesen. Abraham Ortelius, der bedeutendste Zeitgenosse Mercators, der Schöpfer des *Theatrum orbis terrarum*, war ein Polyhistor, der Beziehungen zur gesamten reisenden und gelehrten Welt hatte, fließend Flämisch, Lateinisch, Griechisch, Italienisch, Französisch, Spanisch, Deutsch und Englisch sprach, mit Korrespondenten überall in Europa – von Löwen bis Danzig und von Oxford bis Venedig. Die Zeit zwischen 1570 und 1612 ist »the Age of Atlasses«. Es erscheinen nicht nur die Kartenwerke von Mercator und Ortelius, sondern auch die von Hondius, Janssonius, Blaeu, Visscher. Neben den Atlanten und Globen blühen Stadtansichten, die im übrigen nicht nur europäische Städte zeigen, sondern Städte der Neuen Welt wie Cuzco und Mexiko. Mit den Stadtansichten, die in den »Civitates orbis terrarum« von Georg Braun und Frans Hogenberg zwischen 1572 und 1618 in Köln herausgegeben wurden, finden wir die wichtigsten visuellen Dokumentationen bedeutender europäischer Städte der Zeit, wie London und Brügge. Das Repertoire und Vokabular der Kartenzeichner erweitert sich: neue Zeichen für Höhen, Gebäude, Siedlungen, Gewässer werden eingeführt, die maßgeblich für die Ausbildung der Kartensprache werden. Die Herstellung von Karten, Globen und Atlanten wird zu einem einträglichen, ja hochprofitablen Geschäft; Abraham Ortelius' *Theatrum Orbis Terrarum* von 1570 war ein Riesenerfolg, zwischen 1570 und 1612 erschienen mehr als 40 Auflagen und zahlreiche Übersetzungen – ins Holländische, Deutsche, Französische, Spanische, Italienische, Englische. Häufig befand sich das Karten- und Atlantenwesen in den Händen weniger, zudem oft miteinander verwandter Familien wie im Falle von Mercator/Hondius/Janssonius. Wir haben es mit der Ausbildung eines Marktes für kartographische Produkte wie Karten, Stadtansichten, Globen zu tun. Im Laufe der Zeit hatte sich das Zentrum des Kartenmachens verschoben: von den italienischen, balearischen, spanischen Häfen und Seestädten in den flämisch-holländisch-niederrheinischen Raum; aus dem Raum, in dem auf wunderbare Weise arabisches, jüdisches und christliches Wissen und Tradition sich mit den Anfängen der europäischen Seefahrt verbunden hatten, in den nordwesteuropäischen Raum, der von nun an Europas Tor in die Neue Welt werden sollte. Ganz offensichtlich konzentriert sich die europäische Kartenproduktion des späten 15. und frühen 16. Jahrhunderts im Rheintal. Waldseemüller kam aus Saint-Dié, Mercator aus Duisburg, Ortelius aus Antwerpen, Hondius, Janssonius, Blaeu, Visscher, Van Keule und andere aus Amsterdam, Sebastian Münster aus Basel. Einige kamen aus oberitalienischen Zentren wie Venedig und Florenz. Auch einige Reichsstädte spielten eine bemerkenswerte Rolle: Etzlaub, der Autor der *Romkarte*, kam aus Nürnberg, Konrad Fürst aus Zürich.[7] Die Kartenproduktion folgt so den Spuren der Entdecker und ist Teil der großen Verschiebung des zivilisatorisch dynamischsten Zentrums aus dem oberitalienisch-mediterranen Raum in den niederrheinisch-atlantischen. Was in den Portolankarten als vorsichtig-kühnes Sich-Hinauswagen auf das erst küstennahe und dann immer weiter werdende Meer begonnen hatte, vollendete sich in den ersten gedruckten Weltkarten, in denen der Abschied von der Alten Welt als der einzig denkbaren und die Entdeckung der

Neuen und radikal veränderten Welt endgültig fixiert war, für jeden in jedem Augenblick nachvollziehbar und immer mehr für einen immer größer werdenden Kreis von Interessenten erreichbar: das gedruckte Kartenbild, das jeder mit nach Hause nehmen konnte. Damit hörten Weltbild und Kartenbild auch auf, nur eine Sache der wenigen – der Magier, der Astrologen und Astronomen, der Gelehrten und Priester zu sein – und waren zu einer Sache vieler, ziemlich vieler, geworden.

»DISCOURS DU MÉRIDIEN«:
DESCARTES UND CASSINI

Raum ist, solange er nicht vermessen ist, ungeheuer, wild, undiszipliniert, ungebändigt, leer, unermeßlich. Erst der vermessene Raum ist gebändigt, erschlossen, diszipliniert, zur Vernunft gekommen, zur Vernunft gebracht. Erst der territorialisierte Raum ist beherrschbarer und beherrschter Raum, Herrschaftsraum. Das Zeitalter der Aufklärung empfand ein Ungenügen der kartographischen Erfassung. Sie war ihr zu ungenau, zu »unwissenschaftlich«. Es sollte Schluß sein mit einer Situation, in der Karten in Ermangelung genauer Informationen einfach mit Fabelszenen und Tieren illustriert wurden; eine Situation, über die Jonathan Swift sich noch lustig gemacht hatte:

> »Seht doch nur der Geographen Fabelbilder,
> beleben Afrika mit wüstem Kriegstanz Wilder,
> lassen über seine leeren Weiten,
> mangels Städten Elefanten schreiten.«[1]

Zeitgenossen wie der Nürnberger Kartograph Güssefeld wußten wohl, woher dieser Mangel kam: »Bei den fast unübersteigbaren Hindernissen, welche das Klima, die Rohheit der Völker, die großen Wüsten, der Mangel großer schiffbarer Flüsse und dergleichen mehr in den Weg legen, ist es kein Wunder, daß wir von Afrika, außer den Küsten und den nächst daran liegenden Ländern, von dem Innern wenig oder gar nichts wissen. Alle Kenntnisse von den inneren Ländern beruhen bisher auf Hörensagen. Man muß daher ruhig abwarten, ob die Bemühungen der Briten zur Entdeckung des Inneren künftig von mehr Erfolg sein werden als bis daher.«[2] Die Kartographie und Geographie sollte endlich »kritisch« werden. Der englische Gelehrte John Green hatte sich in seiner Abhandlung »The Construction of Maps and Globes« von 1717 mit den bisherigen Karten auseinandergesetzt und kritisiert, daß »wegen der Atlanten stümperhafter Geographen eine solche Untersuchung schon lange überfällig ist. Es geht nicht an, daß weiterhin solche gefälschten Karten und mangelhaften Bücher erscheinen, die der Geographie schaden und sie der Verachtung preisgeben«. Green beklagt, daß Kartographen nie ihre Informanten und Quellen nennen,

»Erst der territorialisierte Raum ist beherrschbarer und beherrschter Raum, Herrschaftsraum.«

La Méridienne de Paris. Carte de Cassini, Paris 1720

daß die Küstenlinien nie genau gezeichnet werden, daß Straßen nicht eingezeichnet werden und Städte oft falsch situiert sind.[3] Hier meldet sich ein neuer Ton. Die Kartographen und Geographen wollen es den Philosophen der Neuzeit gleichtun: Angaben nicht einfach auf gut Glauben und ungeprüft zu übernehmen, sondern überall kritisch nachzufragen. René Descartes hatte mit seinem »Discours de la méthode« die Reflexion der Erkenntnis selbst zum Thema gemacht. Die Geographen und Kartographen der Neuzeit und der Aufklärung tun es ihm nach. Jacques Cassini, einer aus der großen Dynastie der Cassinis, die die erste Vermessung eines Landes durchgeführt hatten, erläutert in seinem »Discours du méridien« von 1749 sein Verfahren. Das Ergebnis – die »Carte géométrique de la France« – wurde neben der Enzyklopädie zu einem der größten wissenschaftlichen und organisatorischen Unternehmen des 18. Jahrhunderts. Die Erstellung der Karte Frankreichs wird zu einer Zäsur, und man wird von »avant la carte« und »après la carte« sprechen.[4] Die Denker der Aufklärung rückten dem Raum auf den Leib mit den Mitteln, die ihnen zur Verfügung standen: der Abstraktion und der Rationalität. Sie ruhten nicht eher, bis auch der letzte weiße Fleck von der Karte getilgt war. Keine Unebenheit und Anhöhe, kein Fluß und keine Bucht, keine Brücke oder Sehenswürdigkeit, die nicht ihren Platz finden sollte im Rahmen einer Landesaufnahme, die jeden Schritt der Vermessung und Lokalisierung begründen, nachvollziehen und jederzeit wiederholen kann. Die Aufklärung hat Sehnsucht nach einem aufgeklärten Raum, einem Raum, aus dem alle dunklen Stellen getilgt sind.

Es hatte verschiedentlich Anläufe zu kartographischen und topographischen Landesaufnahmen gegeben – etwa von Christopher Saxton und John Noden in England oder Willbrord Snell am Ende des 16. Jahrhunderts. 1681 machte John Adams von der Royal Academy den Vorschlag, ganz England gestützt auf astronomische Messungen und Triangulation zu vermessen. Aber die tatsächliche Vermessung eines ganzen Landes begann erst mit der Ankunft des aus Bologna stammenden italienischen Astronomen Giovanni Domenico Cassini (1625–1712) im Jahre 1669 in Frankreich. Die Initiative zur Vermessung Frankreichs war von Jean-Baptist Colbert (1619–1683) ausgegangen, und es war kein Zufall, daß es Frankreich war: Frankreich war in der Herstellung topographischer Karten im 17. Jahrhundert führend. Die absolutistische Monarchie sah, dem »Geist der Zeit« folgend, in der Landesvermessung eine wichtige Voraussetzung für die Verbesserung der wirtschaftlichen und administrativen Struktur Frankreichs, das sich anschickte,

Europas modernster Zentralstaat zu werden, Heimat eines merkantilistischen Systems und einer rationalen Verwaltung, die imstande war, alle Ressourcen des Landes zur Entfaltung zu bringen. Freilich mußte Ludwig XIV. mit Blick auf die neue Karte Frankreichs leicht düpiert feststellen, daß ihn diese Landesvermessung mehr Territorium gekostet habe als ein beliebiger Krieg.[5] Landesvermessungen waren schon von ihrer Anlage her wirtschaftliche, organisatorische, logistische und wissenschaftliche Großprojekte, die bedeutende Aufwendungen verlangten und sich zudem über Generationen hinzogen – viele ihrer Organisatoren wie Colbert, Picard oder mehrere Mitglieder der Familie Cassini starben noch vor der Vollendung des Projekts, jeder Krieg mit seinen Turbulenzen konnte das Unternehmen zum Stillstand oder Abbruch bringen. Sie erforderten quasi generalstabsmäßige Planungen. Nur ein Staat von organisatorischer Potenz und einem starken Willen war in jener Zeit dazu in der Lage. Die französische Monarchie besaß beides, um das Territorium des kommenden Nationalstaates zu schaffen. Freilich mußten verschiedene Dinge zusammenkommen: die wissenschaftlichen und technischen Voraussetzungen, die geistige Situation der Zeit, der politische Wille der Macht. Aufklärungsgeist, Akademie und Sonnenkönig trafen sich hier zu einem der glänzendsten Projekte der modernen Wissenschaftsgeschichte. Vier Generationen der Familie Cassini arbeiteten in einem Zeitraum von mehr als hundert Jahren an der ersten wahrheitsgetreuen Topographie eines Landes und schufen damit den Prototyp für die Vermessung weiterer Länder – etwa Irlands – und schließlich der Welt – etwa in der Great Trigonometrical Survey of India. Als die topographische Karte Frankreichs im Jahre 1793 erschien, war nicht nur eine »Haupt- und Staatsaktion« an ihr Ende gekommen, sondern ein Meisterwerk der Wissenschaft und Organisation vollendet worden. John Goss beschreibt sie wie folgt: »In ihrer endgültigen Fassung bestand die Cassinische Karte aus 182 Blättern (jedes im Format 55,5 mal 88,0 Zentimeter) im einheitlichen Maßstab 1:86400. Es war das ehrgeizigste kartographische Projekt, das bis dahin in einem Land verwirklicht worden war. Das Kartenwerk war in Atlasform im Folioformat, ein- oder mehrbändig, erhältlich und besaß ein Vorwort: »Avertissement, ou introduction à la carte générale et particulière de la France«. Es konnte aber auch gerahmt oder als Faltkarte im Schuber erstanden werden. Schuber, die das Aussehen von Büchern hatten, waren sehr beliebt, da auf diese Weise Karten, die große Gebiete des Territoriums abdeckten, in handlichem Format mit sich geführt werden konnten. Die Aufmachung ähnelte Viviers Karte von Paris und Umgebung aus dem Jahre 1678, die sich durch ein klares, von allem überflüssigen Rankenwerk befreites Bild auszeichnete. Die Hauptstraßen waren hervorgehoben, zu größeren Städten gab es kleine Stadtpläne, und für kleinere Siedlungen standen vielfältige konventionelle Zeichen zur Verfügung. Markante Punkte wie Kirchen, Abteien, Klöster, Schlösser, Mühlen usw. waren angegeben und Wälder sorgfältig gezeichnet. Auch die Namen der Grundbesitzer und des ansässigen Adels sowie anderer Würdenträger waren vermerkt.« Es ist »eines der bedeutendsten Dokumente in der Geschichte der Kartographie«.[6] Für J. W. Konvitz lag bereits im Abschluß des Unternehmens der Vermessung der Erfolg begründet: »Viele Menschen bewundern auch heute noch die Qualität des Drucks und studieren mit Vergnügen die charakteristischen Züge, die Frankreich vor 200 Jahren aufwies. Insgesamt gesehen ist die Karte eine der bekanntesten Errungenschaften des 18. Jahrhunderts. Doch für die Zeitgenossen lag ihr Ruhm nicht in den ästhetischen Qualitäten, sondern in ihrer Wissenschaftlichkeit begründet. Nur wenige Leute kauften die kartographischen Blätter, und noch weniger erwarben die ganze Ausgabe, wenn auch viele von ihrer Existenz wußten. Menschen, die nie in ihrem Leben auch nur ein Stück der Cassinischen Karte zu Gesicht bekommen hatten, wußten doch, daß Frankreich in bis dahin nie gekannter Genauigkeit kartiert worden war. Die Karte war der Beweis für die Eroberung des Raumes durch Vermessung... Ihr nachhaltigster Einfluß auf die Kartographie bestand vielleicht darin, daß sie Beleg dafür war, daß solch ein weitgespanntes Unternehmen mit Erfolg durchgeführt werden konnte.«[7]

Wie muß man sich diese »Haupt- und Staatsaktion«, die mit dem Namen der Familie Cassini verbunden ist, vorstellen? John Goss faßt das Projekt so zusammen: Zuerst mußte der Meridian in Paris vermessen werden, um die Länge und den Breitengrad festlegen zu können. Zwischen 1668 und 1669 wurden verschiedene Vermessungsmethoden in der Nähe von Paris erprobt. Jean Picard maß eine »Grundlinie, in annähernd nordsüdlicher Richtung, zwischen zwei Punkten auf der Straße von Paris nach Fontainebleau, etwa zwischen der Mühle von Villejuif und dem Pavillon von Juvisy. Ihm stand Cassini zur Seite, der ein neu zusammengebautes Instrument benutzte. Picard vermaß von 1669 bis 1670 dreizehn Dreiecke, ausgehend von einer Grundlinie von 5663 Toises (das sind 11037 Meter, eine Toise entspricht etwa 1,95 Meter)«. Nach der Vermessung des Meridians entschied die Akademie der Wissenschaften, die neuen Methoden und Techniken nun für die Erarbeitung einer vollkommen neuen Karte von Frankreich zu verwenden.

Zunächst sollten, als erster Schritt einer Neuvermessung ganz Frankreichs, die Küsten neu vermessen und im Anschluß alle vermessenen Regionen miteinander verbunden werden. Dazu schlug Picard vor, »erst die Länge und Breite des Landes zu bestimmen und dann detaillierte Aufnahmen anhand des ganz Frankreich umfassenden Dreiecksnetzes vorzunehmen. Eine Kette von Triangulationen sollte von Dünkirchen im Norden bis nach Perpignan im Süden verlaufen und in etwa dem Meridian von Paris folgen. Mit einer solchen Kette könnte man den Längengrad noch genauer messen und außerdem weitere Ketten entlang der Land- und Seegrenzen aufhängen.«[8] Jean Picard war es nicht vergönnt, den Plan umzusetzen. Er starb 1682, und an seine Stelle trat Jean-Baptiste Cassini. Nach einer Reihe von Verzögerungen wurden die Vermessungsarbeiten im Jahre 1700 entlang des Pariser Meridians wiederaufgenommen. 1701 wurde ein Punkt bei Collioure an der Grenze zu Spanien erreicht. Der Spanische Erbfolgekrieg brachte die Vermessungsarbeit für lange Zeit wieder zum Stillstand. Erst 1718 wurden sie wiederaufgenommen. Im Jahre 1720 erschien Cassinis Abschlußbericht unter dem Titel »De la grandeur et de la figure de la terre«. Darin wurden alle bereits existierenden Karten Frankreichs auf ihre Genauigkeit überprüft. 1733 setzte Jacques Cassini mit seinem Sohn César-François Cassini de Thury die Arbeit fort. »Gleichsam das Rückgrat der neuen Triangulation war der korrigierte Meridian von Paris, an dem in Abständen von 60 000 Toises Lotrechte nach Ost und West konstruiert wurden. Dies ist der Ursprung der Kartenprojektion, die auch heute noch mit Cassinis Namen verbunden ist ... Auf ihr ist Maßstabtreue gewährleistet entlang lotrecht zum Meridian stehender Geraden sowie Abstandstreue entlang eines Vollkreises durch die Position, die den Meridian im rechten Winkel schneidet ... Im Juni 1733 begannen Cassini und seine Helfer mit der Vermessung einer Linie, die lotrecht zum Pariser Meridian stand. Pyramiden von 1,2 Meter Breite und rund 2,4 Meter Höhe oder andere spezielle Gerüste wurden alle zehn Kilometer errichtet, sofern das Gelände keine geeigneten Visierobjekte bot. Eine besondere Schwierigkeit stellten immer Wälder dar, denn dichte Baumreihen verhinderten das Visieren. Um diese Schwierigkeit zu umgehen, folgten die Landmesser dem Lauf der Loire. Nebenbei sammelten sie auf diese Weise wichtige Daten für Ingenieure, die an einer Regulierung des Flusses mit Deichen und Kanälen arbeiteten. Schließlich erreichte Cassini Saint-Malo an der Ärmelkanalküste und stellte die Verbindung zu den von Picard begonnenen Triangulationen her.«[9] Eine Begleiterscheinung dieser Arbeiten waren zwei Expeditionen zur Vermessung zweier Meridianbögen in der Nähe des Äquators – bei Quito – und in Nordeuropa – am Bottnischen Meerbusen –, die die empirische Bestätigung der Newtonschen Theorie von den abgeflachten Polkappen erbrachten.

»In der Zwischenzeit wurde Cassinis Landvermessung in Frankreich 1735 an der nordwestlichen Küste bis nach Brest fortgesetzt, an die sich 1736 eine weitere Linie nach Westen anschloß. Die neue Vermessung zeigte unter anderem, daß die Karten der französischen Atlantikküste aus der gängigen Ausgabe von *Le Neptune François* an Genauigkeit noch sehr zu wünschen übrigließen. Um diesem Übel abzuhelfen, wurde 1737 eine zweite Triangulation begonnen, die über Cherbourg und Nantes bis Bayonne verlief. Gleichzeitig vermaß eine andere Mannschaft die Ärmelkanalküste bis Dünkirchen. Im Jahr 1738 begannen beide Mannschaften die Triangulation der südlichen Landesgrenze von Bayonne am Golf von Biscaya bis nach Antibes an der Mittelmeerküste. Darauf teilten sich die Vermessungsmannschaften wieder: Der eine Teil vermaß nochmals den Pariser Meridian und schloß die Arbeit 1740 ab, der andere nahm sich der östlichen Landesgrenze an, begann in Nizza und erreichte Metz im Sommer des Jahres 1740. Die Normandie und die Bretagne waren bereits 1739 vermessen worden, so daß nun, nach acht Jahren sorgfältiger Aufnahmearbeit, ein durchgehendes Netz von 400 Dreiecken, die von 18 Grundlinien konstruiert worden waren, die gesamte Fläche Frankreichs umspannte. Der große Vermessungsrahmen, den Picard vor einigen Jahrzehnten so nachdrücklich gefordert hatte, war nun vollendet und bildete die Grundlage für eine große Übersichtskarte in großem Maßstab. Als die Cassinis 1744 ihre Arbeit beendeten, konnten sie auf 800 Dreiecke von 19 Grundlinien verweisen.«[10] 1744 erschien eine einblättrige allgemeine Karte Frankreichs, auf der die Triangulationslinien eingezeichnet waren, später folgte eine ausführlichere Karte in 18 Blättern. Damit ist die Geschichte der Landesaufnahme in Frankreich noch nicht beendet. Cassini de Thury setzte seine Arbeit an einer engmaschigen Detailvermessung fort, die erst 40 Jahre später abgeschlossen wurde. Das Ergebnis war jene Karte aus 182 Blättern, von der eingangs die Rede war.

Später sollten die nationalen Triangulationsnetzwerke miteinander verbunden werden – so zwischen Frankreich, den Niederlanden zu Lande und zwischen Frankreich und England über den Kanal hinweg. Das Projekt Cassinis machte in den folgenden Jahrzehnten Schule überall in der Welt, in den Landesaufnahmen in England, Österreich, Skandinavien, Rußland, in der Schweiz und auch in den deutschen Ländern.

Dieses Großprojekt wäre nicht erfolgreich abgeschlossen worden, wenn es nicht getragen worden wäre von seiner Zeit, von der Epoche der Aufklärung und einer langen Anlaufzeit in Renaissance und Humanismus. Es muß mit der Veränderung des Raums und des Raumbewußtseins im Zusammenhang der Entdeckungen zu tun haben, daß die Vermessung und Neuvermessung fast so etwas wie ein Gemeinplatz geworden ist und daß alle bedeutenden Gelehrten der Zeit sich zu irgendeinem Zeitpunkt mit kartographischen Problemen beschäftigt hatten: Nikolaus Kopernikus, der Autor von *De revolutionibus orbium coelestium* (1543), war auch der Kartograph Litauens und Preußens. Von Galileo Galilei stammen vermutlich die ersten Mondkarten. Himmelsbeobachtung und Erdvermessung waren aufeinander angewiesen, und die astronomischen Techniken waren Voraussetzung auch für Erdbeobachtung und Erdvermessung. Johannes Kepler und Tycho Brahe hatten mit ihren Himmelsbeobachtungen und Messungen den Grundstein für die genauere Festlegung des Längengrades und damit verbesserte Weltkarten gelegt. Sir Isaac Newton hatte durch seine These von der Abflachung der Erde an den Polkappen einen großen Einfluß auf die Entwicklung der Erdkartographie. Edmond Halley (1656–1742), als Leiter des Observatoriums von Greenwich und als Astronom bekannt, hat Pionierarbeit auf vielen Gebieten der Kartographie geleistet: von ihm stammt die erste meteorologische Karte, in der Winde und Luftströmungen eingezeichnet sind. Er entwickelte die ersten hydrographischen Karten von der Themsemündung und der Küste von Sussex. Er begann mit der Erstellung einer Gezeitenkarte und organisierte die erste Schiffsreise, die ausschließlich wissenschaftlichen Zwecken – der Vermessung der Längengrade und der Wirkung des Kompasses – diente.

Alle großen Entdecker waren in irgendeiner Weise Erdbeschreiber und Erdvermesser. Das gilt für James Cook, der eine Ausbildung als *marine surveyor* erhalten hatte und auf seinen Pazifikreisen zum Astronomen und Kartographen wurde, ebenso wie für Captain John Smith in der Chesapeake Bay.

Staatsmänner erkannten die Rolle der Vermessung für die Festigung von Herrschaft und Verwaltung. Richelieu war ein leidenschaftlicher Geograph, der sich insbesondere für Frankreichs »natürliche Grenzen« interessierte. Auch die amerikanischen Revolutionäre, die die Erschließung der Neuen Welt vor sich hatten, waren durchweg an Fragen der Erdvermessung und Kartierung interessiert. Benjamin Franklin, von dem eine Karte des Golfstroms aus dem Jahre 1755 existiert, war ebenso wie George Washington leidenschaftlich an kartographischen Fragen interessiert. Für die Kolonialmächte war die Vermessung der neu eroberten Territorien eine Grundvoraussetzung für dauerhafte Unterwerfung und Ausbeutung, ob in New England oder in Nouvelle France oder in »Hindustan«.

Ein weiteres unverzichtbares Element für diesen Sprung in der Vermessung der Welt war die Verbesserung der Meßtechniken und Instrumente. Dank des exakten und seetauglichen »Chronometers Nummer vier«, den John Harrison (1693–1776) in lebenslanger Arbeit geschaffen hatte, war es möglich geworden, ein uraltes Problem zu lösen: die genaue Bestimmung des geographischen Längengrades, die für die Schiffsnavigation unverzichtbar war.[11] Dank der Erfindung des Theodoliten durch Jesse Ramsden (1735–1800) wurden exakte Entfernungsmessungen und somit die Triangulation möglich. Der große Theodolit von 1784 bestand aus mehreren Teilen: »ein horizontaler Ring von fast einem Meter Durchmesser, der in Sektoren von jeweils zehn Winkelminuten eingeteilt war, zwei Mikroskopschrauben zum Ablesen von Winkeln bis auf ein Zehntel einer Sekunde genau; ein Zielfernrohr, das auf der Ebene des Instruments frei beweglich angeordnet ist«. Das Instrument war ca. 90 Kilogramm schwer und wurde auf einen Spezialwagen montiert. In den folgenden Jahren wurde ein etwas schlankeres und damit mobileres Gerät entwickelt, das bei den Vermessungen Indiens und Amerikas zum Einsatz kam. Schließlich wurde das Verfahren der Triangulation im großen Maßstab eingesetzt. Seit dem 16. Jahrhundert wurde sie schrittweise von Gemma Frisius, Sebastian Münster, Philipp Apian und Tycho Brahe und italienischen Festungsbauern entwickelt. »Bei der Triangulation wird zunächst eine sogenannte Grundlinie gemessen, die als Basis für die Konstruktion eines Netzes von Dreiecken dient. Alle anderen Strecken können dann rein rechnerisch, durch Trigonometrie, abgeleitet werden. Indem die Landmesser Kirchtürme oder eigens konstruierte Gerüste als Visierobjekt benutzten, konnten sie das Dreiecksnetz über sehr weite Entfernungen verlängern.«[12]

Schließlich war eines der Ergebnisse der Französischen Revolution die Reform der Gewichte und Maße, die Vereinheitlichung des lokalen, regionalen Durcheinanders der unendlich vielen Maßeinheiten. Die Homogenisierung der Maßeinheiten ist unabdingbare Voraussetzung für die Homogenisierung des Raumes durch Vermessen. Die Akademie hatte 1791 festgelegt, daß ein Meter einem 1/10 000 000 des Quadranten des Erdmeridians entspreche. Dies führte zur Einführung eines *natural scale* in der Kartographie, der nach und nach von immer mehr Staaten übernommen wurde.

Mit der Entstehung eines Netzes von wissenschaftlichen Akademien, Observatorien, wissenschaftlichen Instituten, mit der Einrichtung von hydrographischen Stäben und Vermessungseinheiten – etwa bei der East India Company – wurde das Vermessen der Welt zu einem eigenen Beruf und zu einem eigenen Geschäft. Der wissenschaftliche Apparat für die Vermessung der Welt begann Gestalt anzunehmen. Die Verwandlung von Raum in Territorium war in Gang gesetzt.

Die Landesvermessungen arbeiteten zunächst an der Homogenisierung des jeweiligen Herrschaftsraumes und ließen so den modernen (nationalen) Territorialstaat entstehen. Irgendwann würde aus den homogenisierten Territorialstaaten das homogene Ganze einer durchgängig vermessenen *one world* hervorgehen. Die vermessene Welt, aus der alles Uneindeutige, Ungefähre und Formlose getilgt und alles seinen genau definierten Ort im Koordinatennetz von Längen- und Breitengraden gefunden hatte, war fast die ideale Verwirklichung dessen, was im Traum von der Vernünftigkeit der Welt und der Erkennbarkeit der Welt im *Discour de la méthode* des René Descartes artikuliert worden war. Bernard de Fontenelles *esprit géométrique* war zum Gemeinplatz der Epoche geworden. Bei Albrecht von Haller wird wissenschaftliches Denken und kartographisches Verfahren gleichsam in eins gesetzt, wenn er schreibt: »Ein Theoretiker der Natur geht vor wie ein Landvermesser, der eine Karte beginnt, auf der er einige Orte fixiert hat, ohne die Position anderer Orte dazwischen schon angeben zu können.«[13] Carl von Linné nannte sein Klassifikationssystem »mappae naturae«, Ephraim Chambers nannte 1728 seine Systematisierung der verschiedenen Zweige menschlichen Wissens »map of knowledge«. Am Ende war die exakte kartographische Vermessung der Erde zum Vorbild für die Vermessung menschlichen Wissens selbst geworden.

JEFFERSONS KARTE:
DIE MATRIX DER
AMERIKANISCHEN
DEMOKRATIE

»Es ist dieses territoriale Gitter, nicht der Adler oder die *Stars and Stripes*, die unser wahres nationales Emblem sind. Man sollte es, glaube ich, im Augenblick der Zeugung jedem amerikanischen Kind aufprägen, wo es sein oder ihr Leben lang für die Art und Weise stünde, wie man nicht nur mit Raum, sondern auch mit Bewegung umgeht.«

John Brinckerhoff Jackson[1]

Die sogenannte Jefferson-Hartley-Karte, eine Kopie des Entwurfs für die Erweiterung der Vereinigten Staaten, den Thomas Jefferson, einer der Gründerväter der USA, während seines Aufenhalts in Paris im Jahre 1783 gezeichnet hatte, ist zum Urbild unserer Vorstellung vom Territorium der Vereinigten Staaten von Amerika geworden. Es ist die Zeichnung auf einer Tabula rasa. Das Territorium der Vereinigten Staaten ist gleichsam aus dem nordamerikanischen Kontinent herausgeschnitten. Die mit dem Lineal gezogenen Linien, die parallel zu den Breiten- und Längengraden verlaufen, sind die Grenzen. Sie nehmen keine Rücksicht auf ein natürliches Relief, auf Flüsse oder Bergzüge. Es ist das Urbild des gemachten, des konstruierten, des künstlichen Raums. Wir kennen solche Grenzziehungen von den *paper partitions* des kolonialen Afrika. Dort erscheinen sie als von einer äußeren und fremden Macht gezogene Abgrenzung von Herrschaft und Ausbeutung, im amerikanischen Fall jedoch sind die Linien von den Staatsgründern selbst gezogen. Auch wenn wir uns heute, mehr als 200 Jahre nach der Gründung der USA und nach Jeffersons Zeichnung, an die Regularität der Linien gewöhnt haben, sie uns fast als »natürlich« erscheinen, bleibt doch ein Moment von Überraschung und Irritation über die Kühnheit dieser Karte. Sie besagt, näher betrachtet, daß die Geschichte der Vereinigten Staaten sich auch darstellen läßt als die Geschichte amerikanischer Territorialität oder als die Produktion des amerikanischen Raumes.

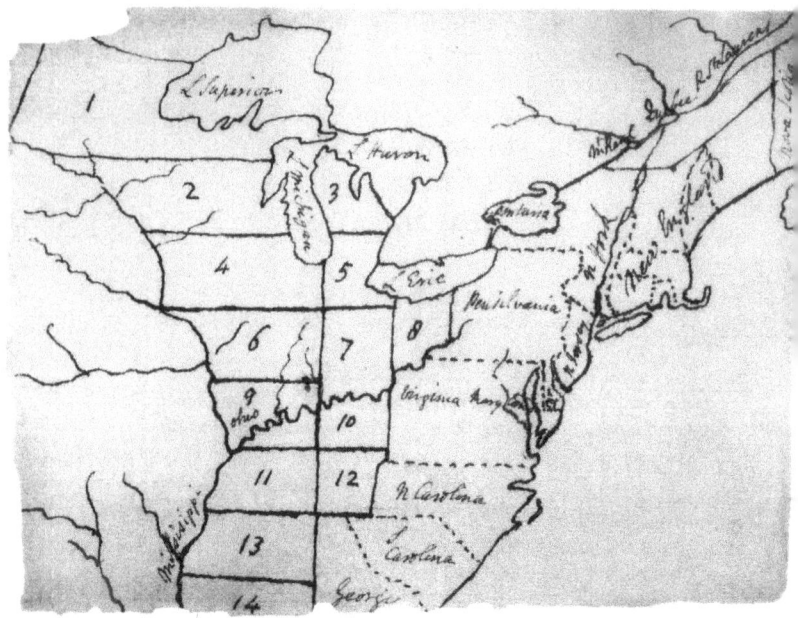

»Es ist die Zeichnung auf einer Tabula rasa«

Die sogenannte Jefferson-Hartley-Map von 1783

»Die Vereinigten Staaten waren eine Erfindung, ein neuer Entwurf, um bestimmte grundlegende Aufgaben der Gesellschaft, der Politik und der Wirtschaft zu bewältigen.«² Jeffersons Karte ist ein äußerst aufschlußreiches und bahnbrechendes Dokument.

Es stammt aus der Zeit, als die 13 Gründungsstaaten, die den Kern der Vereinigten Staaten bildeten, sich konsolidiert hatten, der Prozeß einer stürmischen Expansion, die sich auf das Innere des Kontinents richtete, aber keineswegs zum Stillstand gekommen war, im Gegenteil: die Erweiterung der Vereinigten Staaten war mit jedem neuen Schub von Kolonisten, die westwärts zogen, auf die Tagesordnung gesetzt. Die Vereinigten Staaten wurden zu einem beispiellosen »geopolitischen Experiment«: würde es möglich sein, die Idee der Vereinigten Staaten, die ihr Zentrum an der Atlantikküste hatten, auch in den Jahren rasanter Expansion, sogar über den ganzen Kontinent hinweg, zu bewahren? Wie ließ sich Demokratie, wie sie sich in den Gründungsstaaten etabliert hatte, verbinden mit der voranschreitenden und beschleunigten Expansion, die nicht eher zum Stillstand kommen würde, als bis die Küste des Pazifik erreicht sein würde? Welche Gestalt würden die Vereinigten Staaten überhaupt annehmen: mit dem britischen Kanada im Norden, den Spaniern im Süden, Frankreich an der Mündung des Mississippi? Ein Kontinent, kein dunkler zwar, aber von den Mündungsgebieten her erschlossen, mit einer ganz eigenen Kultur im Süden, mit einem britischen Norden, einem spanischen Westen und überhaupt mit einem Kontinent, der bis vor kurzem allein den Ureinwohnern gehört hatte, die nun dabei waren, zu *alien residents* im eigenen Land oder ausgerottet zu werden? Alles war offen.

Wir müssen uns freimachen von dem Bild, das wir kennen. Denn wir haben nie ein anderes als das der Vollendung gesehen. Vollendung legt immer eine Art von Teleologie nahe. Aber es hätte auch anders kommen können: ein Nordamerika der vielen Staaten, der vielen Kolonien. Jeffersons Karte ist eine Option von vielen, ein Projekt gegen andere. Eine Konstruktionszeichnung der großen Maschine. Wie mußten die neuen Staaten aussehen, damit sie die Vereinigten Staaten erweitern und bereichern, ihren revolutionären Geist speisen könnten, anstatt ihn zu erdrücken? Diese Fragen stellten sich im Ausgang der 1770er und zu Beginn der 1780er Jahre. Das Nordwestterritorium, also das Gebiet zwischen Pennsylvania, Ohio, Mississippi und den kanadischen Seen, war 1763 von Frankreich an Großbritannien abgetreten worden und von diesem 1783 an die Vereinigten Staaten. Es war im 18. Jahrhundert als *Old Northwest* zwischen Großbritannien und Frankreich umstritten und erst 1815 endgültig von britischen Pelzhändlern und Truppen geräumt. Nachdem die Anliegerstaaten ihre Gebietsansprüche an die Bundesregierung abgetreten hatten, wurde das Northwestterritorium 1787 durch die Northwestordinance politisch organisiert, d. h. »territorialisiert«. Diese Organisation des Territoriums, diese Territorialisierung des bis dahin offenen Raumes stellte sich mit großer Dringlichkeit. Thomas Jeffersons Plan stammt aus der ersten Entwicklungsphase der Vereinigten Staaten, also aus der Spanne zwischen der Unabhängigkeitserklärung im Juli 1776 und der vollen Ratifizierung der neuen Verfassung im Mai 1790. Durch den Abzug der Franzosen und der Briten waren große Gebiete jenseits der 13 Staaten an der Atlantikküste, jenseits der Appallachen, im Nordwesten »frei geworden«, und die Gründervater mußten sich Gedanken darüber machen, wie die Erweiterung der Vereinigten Staaten vor sich gehen sollte. Robert H. Wiebe hat das so zusammengefaßt: »Im Norden wie im Süden, im Osten wie im Westen, in Stadt und Land, war es zwischen den 1780er und den 1850er Jahren der Raum, der den größten Einfluß auf die Formung der amerikanischen Gesellschft ausgeübt hat. Theorien vom Raum, der Sinn von Raum, Raumentwürfe, Anpassung an Raum – dies vor allem war es, was die grundlegenden Änderungen fixiert hat, die in jenen Jahren stattgefunden haben.«[3] Der Kongreßabgeordnete von Ohio, Samuel Vinton, drückte dies so aus: »Die Frage der Bildung der neuen Staaten und ihrer Aufnahme in die Union ist immer und muß auch immer, sooft diese Frage auftaucht, als eine von größter Bedeutung angesehen werden. Es sind nur wenige Fragen, die der Kongreß behandeln muß, die für die Konföderation von so vitaler und ausschlaggebender Bedeutung sind ... Es handelt sich um einen Vorgang, der der Republik eine neue Identität gibt und in jedem Fall Einfluß auf das letztliche Schicksal und die Stabilität der Union selbst haben muß.«[4] Wie formte man funktionsfähige Staaten, wie mußten Staaten aussehen, damit sie die Züge der amerikanischen Föderation bewahrte und schützte vor einem Abgleiten in die Formlosigkeit eines großen, allzu großen Territoriums? Eine mit der Ausarbeitung von Vorschlägen betraute Kommission unter Vorsitz George Washingtons legte im März 1784 einen Bericht vor, in dem Form, Zahl und Grenzen der neuen Staaten festgelegt und die Prozedur der Aufnahme festgelegt wurden. Es ging um die optimale Größe und Form der neuen Staaten, die aus dem Kontinent »herausgeschnitten« werden und der Union beitreten sollten. Es ging um die Regelung des Verhältnisses zwischen Zentrum und Peripherie, zwischen zentrifugalen und zentripetalen Kräften, die den Bestand der Union festigen oder auch untergraben könnten. Eine Frage war, wie die Macht zwischen ungleich großen und ungleich dicht besiedelten Staaten balanciert werden könntc. »The shaping of the new states« war ein ständiges und dringliches Thema. Dabei ist wichtig, daß Staaten und Staatsgrenzen nicht als etwas Fix-und-Fertiges, nicht als ein für allemal Gegebenes angesehen wurden, sondern als etwas Plastisches, Formbares, Variables, Machbares. So sagte Benjamin Franklin etwa: »Ich für meinen Teil sollte nicht gegen eine solche Maßnahme sein, wenn sie praktikabel erscheint ... Kleine Staaten lassen sich leichter einfach & gut regieren als große. Daher sollte bei einer solchen gleichen Aufteilung Pennsylvania notwendigerweise verkleinert werden, und ich wäre nicht dagegen, einen Teil an New Jersey und einen anderen an Delaware abzugeben.«[5] Es ging darum, jene Größe und Form zu finden, die dieser Balance der Macht am meisten entgegenkam. Man befürchtete offensichtlich, die neuen Staaten könnten sich weniger für das Allgemeinwohl einsetzen als die alten Gründungsstaaten.

Das Ergebnis dieser von Sorgen getragenen Überlegungen war die »Ordinance for the Government of the Territory of the United States North West of the River Ohio«. Sie legte die Verfahren für die ordentliche Erweiterung der Union fest. In drei Stufen sollten die neuen Staaten den Beitritt vollziehen. Erstens bestellte der Kongreß für das jeweilige Territorium eine Art provisorischer Verwaltung. Sobald die Bevölkerung – dies zweitens – 5000 freie und männliche Erwachsene umfaßte, sollten die Bürger vor Ort eine Verfassung für den neuen Staat ausarbeiten und in Kraft setzen, während die Regierung der Föderation einen Gouverneur einsetzte; aus dieser provisorischen Regierung sollten dann Abgeordnete in den Kongreß entsandt werden. Drittens: sobald das Territorium 60000 Bürger als Einwohner zählte, sollte es als gleichberechtigtes Mitglied in die Union aufgenommen werden. Zentraler Punkt der »Northwest Ordinance« war die Frage des »geographischen Designs«, des geographischen Zuschnitts der neuen Staaten. Wie viele neue Staaten sollte es überhaupt geben? Sollten zentral festgelegte Standards hinsichtlich Größe, Form und geographischen Eigenschaften gelten oder sollte man davon eher absehen? Sollten die Staatsterritorien Schritt für Schritt definiert werden oder auf einmal in einem allgemeinen geopolitischen Plan? Jefferson plädierte für die Schaffung und Aufnahme von 14 neuen Staaten, Madison warnte hingegen vor einer solchen »Vervielfachung der Teile der Maschine«, weil er der Meinung war, die USA würden einen solchen Zuwachs nicht unbeschädigt überstehen können. R. Meinig faßt die historische Leistung der Northwest Ordinance so zusammen: »Die Ordinance of 1787 definierte das Verfahren für die Bildung der republikanischen Staaten unter Aufsicht der Zentralregierung ... Grundlegende Verfahren hinsichtlich der Regierungsinstitutionen waren festgelegt, aber gewichtige geopolitische Entscheidungen sollten noch von Fall zu Fall entschieden werden: wie diese gewaltigen Gebiete in Einheiten zurechtzuschneiden, die in die Föderation passen würden. Welche Größe, Form, Typen von Grenzen, Positionen hinsichtlich der wichtigsten geographischen Eigenschaften sollten wir haben? ... Die Diskussionen, die sich 1784 auf Jeffersons Komitee zum ›West Territorium‹ bezog, hat sich ausführlich mit diesem Problem beschäftigt. Erste Entwürfe von Jeffersons Plan zeigten eine Reihe von Staaten, zwei Breitengrade breit und eingepaßt in den allgemeinen Rahmen des Westens in der allereinfachsten geometrischen Form. In Übereinstimmung mit der Sache sprach er sich für Staaten nicht größer als 30 000 Quadratmeilen (›nicht ganz so groß wie Pennsylvania‹) als dem Charakter der amerikanischen Gesellschaft am angemessensten aus. Man stimmte generell darin überein, daß neue Staaten eine ›mäßige‹ Größe haben sollen, wobei das einer breiten Interpretation überlassen blieb.«[6]

Die Northwest Ordinance hatte aber nicht nur die Bildung von fünf neuen Staaten zur Folge – Ohio 1803, Indiana 1816, Illinois 1818, Michigan 1837, Wisconsin 1848 – und damit den Weg für die künftige Erweiterung der Föderation gezeigt, sondern sie schuf auch das Modell für den »inneren Landesausbau«, für die Herstellung eines mehr oder minder einheitlichen und gleichförmigen Modells von Verwaltung und institutionellem Aufbau – bis hin zur Anlage von Städten und Ortschaften. Jeffersons Karte war in Wahrheit ein geopolitischer Entwurf, die territoriale oder räumliche Fassung des Gesellschaftsprojekts der amerikanischen Gründerväter. Ins Auge springt nicht nur die Einfachheit, Linearität, Rationalität der territorialen Gliederung, sondern auch, daß diese nur Ableitungen aus einem politischen Entwurf sind: das Ideal einer Balance von Staaten, die einigermaßen gleichförmig und gleich potent sein müssen, um ein Maximum an Stabilität zu erzeugen; die Relation von Zentrum und Peripherie, die eine einseitige Machtzusammenballung verhindert. Es sollte ein ideales, wenngleich erprobtes mittleres Maß territorialer Ausdehnung und Bevölkerungszahl geben, nicht zu groß und nicht zu klein. Das geographische Design ist die räumliche Fassung des Gesellschaftskonzepts. Der Staatsaufbau, das Finden der politischen Form Amerikas findet in diesem Siedlungs- und Aneignungsprozeß statt. Institutionenbildung und Bildung von Staatsterritorium gehen bei dieser »Erfindung Amerikas« Hand in Hand.

Amerika erprobte nicht nur eine neue Gesellschaftsform, sondern auch eine neue Form der Territorialität. Sie hatte sich schon im großen Stil angekündigt im Zusammenhang der Entdeckung der Neuen Welt. Mit der päpstlichen Bulle »Alexandrina« von 1493 und dem Vertrag von Tordesillas von 1493 war eine stark abstrakte Definition von gesellschaftlichen Beziehungen in Erscheinung getreten.[7] Der Vertrag von Tordesillas garantierte den Spaniern die Macht über die nichtchristlichen Länder hundert Wegstunden westlich der Azoren. »Diese Linie war in Wahrheit ein Längengrad, gezogen von Pol zu Pol. Zum ersten Mal in der Geschichte war ein abstraktes geometrisches System benutzt worden, um die Kontrolle über ein riesiges – globales – Gebiet zu definieren.«[8] Die Entdecker der neuen Welt dachten den Erdraum in einem mehr abstrakten und geometrischen Sinn: Längengrade, Breitengrade, Entfernung und Zeit waren die primären räumlichen Referenzpunkte, nicht Erfahrungen oder Ereignisse, wie sie für die antiken oder christlichen Raumvorstellungen noch charakteristisch gewesen waren; auch die Koordinaten der chinesischen Karten oder die Linien in den Karten des Ptolemaios hatten noch nichts mit den Längen- und Breitengraden der modernen Kartographie zu tun.[9] Die alte Welt hatte in sozialen, heiligen, mythischen Räumen oder überschaubaren Räumen der Stadtgemeinde gedacht. Der gemeinsame Glaube, die gemeinsame Sache, ein tradierter Lebensraum war das einigende Band, nicht das Territorium. Anders in der Neuen Welt: »Die Alte Welt sah Territorialität primär als social definiert an, aber das sollte sich ändern. Das Bewußtwerden der Neuen Welten beschleunigte eine Abstraktion des Raumes, da die beiden Amerikas die europäischen Mächte mit einem riesenhaften, fernen, unbekannten und neuartigen Raum konfrontierten. Dies bedeutete, daß die Europäer mit ihrer beschränkten Technik und beschränkten politischen Macht noch darauf bestehen konnten, den Raum ›freizumachen‹ und Territorien zu formen, sie in einem Grad auf allen geographischen Ebenen zu organisieren und zu durchdringen, den man in der Alten Welt nicht antreffen konnte. Wiederum ist es wichtig, zu sehen, daß diese Wahrnehmung und diese Nutzung von Raum nicht mit einem Mal da war, sondern sich immer noch abspielt und an Kraft gewinnt. Die Entdeckungen indes haben diesem Prozeß einen gewaltigen Schub verliehen.«[10]

Und doch wird die Neue Welt zunächst noch mit den Augen der Alten betrachtet. Die Eroberer und Entdecker der Neuen Welt können sich vom Horizont der Alten Welt noch lange nicht verabschieden. Die nordamerikanische Gegenküste wird in den Erfahrungs- und Raumbegriffen der europäischen Küste gedacht: Amsterdam wird zu Neu-Amsterdam, Schottland zu Nova Scotia, York zu New York und so weiter. Man kann die neue Welt noch lange nicht jenseits der alten denken. Die Charta für Sir Walter Raleigh 1584 hatte ihm noch Macht gegeben über Territorien und Länder mit »Städten, Burgen, Ortschaften und Dörfern« – so als gäbe es dergleichen in der Neuen Welt. In der Namensgebung verdoppelt sich der Kontinent der Herkunft, das schafft für einen Augenblick ein neues Heimatgefühl.

Doch geschieht dies schon nicht mehr ganz bruchlos. In den ersten Schritten auf dem neuen Kontinent deutet sich ein neuer Umgang an; man könnte ihn einen »geometrischen« nennen.

Die Northwest Ordinance von 1787 wurde zum Hauptmodell für die Territorialisierung des nordamerikanischen Raumes. Ihre Züge waren: Linearität, Übersichtlichkeit, Rationalität, Transparenz, »convenience«. Die territoriale Gliederung wurde eine Maschine zur Verteilung und Aneignung von Land. Dies waren die ersten Voraussetzungen für Erschließung, »inneren Landesausbau«, wenn man diesen Begriff aus den Tagen der europäischen Siedlungsbewegung des 13. und 14. Jahrhunderts benutzen will. Auf diese Weise ist der Raum gereinigt, geleert worden, sind unpersönliche abstrakte Beziehungen und Institutionen geschaffen worden. Die Frontier in Amerika war spätestens 1890 verschwunden, es gab kein »leeres« Land mehr. Die amerikanischen Ureinwohner waren zu geduldeten Fremden im eigenen Land geworden. »Diese Indianer waren dort ansässige ›fremde‹ Nationen... Der nordamerikanische Kontinent war ihre Heimat. Es war ein Problem, für das der Nationalismus eines neuen Landes keine Lösung hatte. Mit ihren exklusiven Ansprüchen auf Souveränität und territoriale Kontrolle hatten die Nationalismen nicht einmal ein Vokabular, in dem man die Diskussionen hätte führen können. Es gab keinen Begriff und keine Kategorie für die dort lebenden ›Fremden‹, die sich selbst gar nicht als Teil und schon gar nicht als Abhängige der Vereinigten Staaten empfanden und die gar nicht daran dachten, Teil der neuen amerikanischen Nation zu werden.«[11]

Die Grundsätze der Northwest Ordinance von 1787 betrafen nicht nur das »geographische Design« im Großen – die Festlegung der Zahl der Staaten, ihre Außengrenzen etc. –, sondern erstreckten sich bis auf die Ebene des sozialen und kommunitären Mikrokosmos. Sie implizierten zwei territoriale Innovationen. »Erstens sollten die Nordwestterritorien unterteilt werden parallel zu den Breiten- und Längengraden, und diese sollten, wo immer es möglich war, die Staatsgrenzen und die Grenzen für praktisch das ganze Land, die Städte und die privaten Landparzellen abgeben. Dieses rechteckige Landvermessungssystem sollte in der Folgezeit für fast den gesamten Westen angewandt werden, und das Nordwestterritorium sollte zur Bildung von zwei bis fünf Staaten genutzt werden... All diese Staaten waren nun ermächtigt, die Territorien innerhalb ihrer Grenzen zu unterteilen und zu modifizieren und so auf einer niedrigeren geographischen Stufe die dynamische Beziehung zwischen Volk und Territorium in Gang halten.«[12]

Der erste Staat, der den Neubildungs- und Beitrittsprozeß zurücklegte, war Ohio, das am 1. März 1803 aufgenommen wurde.[13] So standardisiert das Verfahren war, so erlaubte es gerade, mit den konkreten gegebenen Verhältnissen vor Ort in einer intelligenten Weise zu experimentieren. Es war nicht von vornherein ausgemacht, wo die Hauptstadt liegen sollte und welche Stadt dafür überhaupt in Frage kommen würde. Zuweilen wechselten die Hauptstädte der Einzelstaaten mehrmals. Sehr schön kann man das Suchen und Experimentieren mit der optimalen Form des Staates am Beispiel Indianas studieren. Hauptstadt von Indiana wurde das in der Mitte des Staates liegende und neu gegründete Indianapolis, entworfen als ideale Stadt auf dem Reißbrett, von einem Schüler L'Enfants, des Chefarchitekten der Hauptstadt der Vereinigten Staaten, von Washington, D. C. Der Grundriß für Indianapolis weist alle Elemente der planmäßigen, konstruierten, aber sowohl symbolisch bedeutsamen wie zweckmäßigen Stadt auf: mit entsprechenden Hauptstraßen, Marktplätzen und Märkten, dem Capitol des Staates – jede Haupstadt eines Staates ist zugleich ein »Klein-Washington« –, dem Gericht, dem Gefängnis, den Kirchen der verschiedenen Kongregationen.[14] »Obwohl der neue Staat Indiana kein undifferenzierter Raum, keine tabula rasa war, spiegelte er als politischer Raum genau das abstrakte Modell einer einzelnen amerikanischen Republik wider. Die Schlüssigkeit dieses Entwurfs wurde unterstrichen von der relativ einheitlichen Oberfläche des größten Teils des Territoriums, so daß nur geringfügige Anpassungen an Terrain und Wasserwege die erbarmungslos geometrischen Symmetrien von Staat, County, Township und Hauptstadt entstellten. Basierend auf diesem Entwurf, hat hier wie fast überall sonst im Westen das rigide und durchgängig rechtwinklige System der Township-Vermessung alles Land der Föderation geprägt.«[15] Dieses Modell machte in den folgenden Jahrzehnten Schule und bewies seine Wirklichkeitstüchtigkeit auch in der Bewältigung außerordentlich verschiedener Gegebenheiten, etwa bei der »Absorption« des zur West-Ost-Gliederung der Staaten quer liegenden großen Territoriums von Louisiana oder bei der Neubildung von Staaten wie New Mexiko und Kalifornien. Die Neubildung von Staaten erwies sich als elastisches Instrument, nicht nur um Staaten und Nation in ein ausbalanciertes und funktionierendes Spannungsverhältnis zu setzen, sondern auch als Rahmen für die Entwicklung regionaler Gesellschaftsbildung. Jede Aufnahme eines neuen Staates war verbunden mit einer Selbstprüfung der Intaktheit der sich erweiternden Föderation. Die Ausdehnung der USA war kein mechanischer oder gar automatischer Prozeß, sondern fast einer der Selbstreflexion und Selbststeuerung, sie bewegte sich in Kompromissen und Proporzen, fast parallel in Süd und Nord, in Rivalität und Koexistenz, in einer produktiven Konkurrenz. Der große Vorzug des Föderalismus, nämlich elastisch sich den jeweiligen Verhältnissen anpassen zu können, kam ins Spiel. »Föderalismus ist eines der

Mittel, um mit geopolitischer Diversität fertig zu werden. Das Wesen des Föderalismus ist es, verschiedene und unterschiedliche geopolitische Einheiten zusammenzubinden und dabei die grundlegende Unversehrtheit dieser Einheiten zu bewahren.«[16]

Die Northwest Ordinance war aber auch ein Instrument, ein Hebel, eine große Maschine für den allgemeinen Umgang mit Grund und Boden, für die Verwandlung von Land in Privateigentum, von Weidegründen der eingeborenen Amerikaner in Grundstücksparzellen, für die Inwertsetzung von Grund und Boden, für die Kapitalisierung der natürlichen Ressourcen – kurz: für die Schaffung des amerikanischen Kapitalismus. »Die Nord-West-Ordinance von 1787 machte sich frei von vielen Kompliziertheiten des englischen Gewohnheits-Eigentumsrechts ... Nachdem die nationale Regierung ihren ersten Verkauf von Landparzellen durchgeführt hatte, hatte sie den Rahmen verlassen ... Allgemein gesprochen konnte jemand Land, das er wollte, kaufen, Land, das er verkaufen wollte, verkaufen, es per Willen vermachen, stückweise und in Teilen, wie es ihm gefiel. Land war zur Ware geworden und eine produktive Ressource in privater Verfügung und Kontrolle, ein elementarer Teil des Systems, das der Welt als amerikanischer Kapitalismus geläufig ist.«[17] Land Ordinance und Land Survey wurden zu den entscheidenden Hebeln für die Verwandlung von Land in Grund und Boden und damit in Ware. Man kann es als die gigantische und geschichtlich präzedenzlose Parzellierung eines ganzen Kontinents bezeichnen, als die transkontinentale Privatisierung und Aneignung der Erdoberfläche durch eine ganze Gesellschaft, als die Inbesitznahme der Neuen Welt durch die Abkömmlinge der Alten Welt.

Die Geometrisierung des Landes, die Verwandlung von Raum in Territorium, kam der allgemeinen und durchgängigen Verwandlung von Land in Waren entgegen. »Die Formalität, Regularität, Symmetrie, Teilbarkeit eines derartigen Systems machte es in ganz besonderer Weise attraktiv für die philosophisch gesonnenen Geister der Zeit, und Jeffersons Vermächtnis bestand darin, daß er eine auf einem neuen Dezimalsystem beruhende lineare Vermessung hinterließ. Aber das Wichtigste war der Umstand, daß ein durchgängiges, einheitliches rechtwinkliges System es erlaubte, Land rasch und wie geschaffen für Spekulationszwecke auf den Markt zu bringen. Eine derart perfekte Standardisierung von Einheiten, eine jede rationell und exakt definiert und registriert, machte Kauf und Verkauf von Land zu einer einfachen, sicheren und raschen Transaktion; zusammen mit einer vereinfachten

Vorstellung von Eigentum machte es das Land zu einer Ware, die weitgehend aus sozialen Bedingungen gelöst war, es sei denn durch strikt monetäre Maßnahmen.«[18] Durch diese allgemeine Monetarisierung des Landes kommt das Land buchstäblich in Bewegung. »Im Jahre 1800 wurde Land der Föderation viel rascher vermessen und zum Verkauf angeboten in zahlreichen bequemen regionalen Landbüros in Einheiten halb so groß wie eine Sektion (320 acres) zu zwei Dollar per acre bei einer Kreditlaufzeit von vier Jahren. Dies beschleunigte den Lauf der Dinge, und da die Bundesregierung über eine so riesige Landreserve verfügte, war klar, daß das neue Vermarktungssystem grundlegend werden würde für die nächsten Jahrzehnte.«[19] Wer will, kann sein Stück an Erdoberfläche erwerben. Noch nie zuvor ist eine ganze Gesellschaft so umfassend zum Eigentümer von Land geworden. In jener Zeit Amerikaner zu sein hieß soviel wie Eigentümer geworden zu sein. Eigentum war so breit gestreut wie noch nie zuvor. Eine ganze Nation als Eigentümerklasse. Eine Gesellschaft in fast totaler Abwesenheit der Extreme großen Landbesitzes und Landlosigkeit, der feudalen Latifundien und des Paupers von einst, deren Elend das moderne Europa in Schrecken versetzt hatte und die Erschütterungen durch die »soziale Frage« ankündigte. Was mit dem Instrument der Northwest Ordinance bewirkt worden war, ist weit mehr als nur das Modell für eine gelungene territoriale Aufteilung des Kontinents. Sie ist das *grid*, das Netz, das Gitter, das über den Kontinent geworfen ist, das von nun an jeden beliebigen Punkt bestimm- und benennbar macht. Es gibt keine weißen Flächen mehr. Ganz Amerika hat von nun an eine Adresse oder kann eine bekommen. Sie ist das Instrument der Aneignung, der Aufteilung und Umverteilung, der Territorialisierung und Parzellierung. Von nun an gibt es Grenzen im Grenzenlosen: Grenzen der Union, Staatsgrenzen, County-Grenzen, Stadtgrenzen, Gemeindegrenzen, wo es bis dahin nur weiten Raum oder Weide- und Jagdgründe gegeben hatte. Das *grid* wird zur Markierung und zum Instrument der Verwandlung einer Natur- in eine Kultur- und Geschichtslandschaft. Mit seiner Hilfe werden Kanäle, Turnpikes, Highways und vor allem die Trassen der Eisenbahnen festgelegt. Die Karte ist ein Programm der Erschließung. Mit ihrer Hilfe wird der Raum erst zugänglich. Er ist der Schlüssel, mit dem die große Wildnis transparent gemacht wird. Sie ist die Anweisung zur Aufteilung des Landes und damit zur Schaffung der Eigentümerklasse, die Amerikas Gesicht verwandeln wird: einer Klasse, die es so noch nie und nirgends gegeben hat: einer Klasse jenseits der alten Klassen, der *middle class*, dem revolutionären Subjekt par excellence. Jeffersons Plan ist wie das Mikroskop, durch das Amerika sichtbar wird. In ihm ist die ganze Wucht des parzellierten, in Wert gesetzten, mobilgemachten Amerika verkörpert, dessen Stunde noch kommen wird. Der unerschütterlich scheinende Boden einer wohlgegründeten und wohleingerichteten Bürgergesellschaft, die kaum etwas aus der Ruhe zu bringen vermag. Alles ist damit gut eingerichtet: die Macht ist in Reichweite und nah; sie ist nicht fern wie der Zar, der immer weit und unerreichbar ist. Die Macht ist zugänglich, handgreiflich, fast nachbarschaftlich. Neben dem großen Capitol, das die meisten nur als Begriff kennen, gibt es das kleine Capitol, das in der Hauptstadt jedes Staates – meist zentral – steht: in Indianapolis, Columbus, St. Paul, Phoenix oder Des Moines. Staaten sind räumlich so angelegt, daß die Macht immer erreichbar bleibt und wenigstens binnen einer Tagfahrt. Städte, Gemeinden sind so eingerichtet, daß man sich in ihnen überall zurechtfindet. Sie funktionieren überall nach demselben Prinzip, so wie es überall die Main Street, das Gericht, die Post, das Gefängnis, das wichtigste Hotel am Platz gibt. Was auf den ersten Blick wie Uniformität aussieht, ist in Wahrheit die Erzeugung eines homogenen Raumes, in dem die Differenz blüht und in dem alle Fortbewegung leicht, einfach und schnell ist. Man ist immer schon informiert und orientiert und bewegt sich wie selbstverständlich im Grundriß der Stadt, sei es Boston, New York oder Des Moines. Diese Leichtigkeit des Seins erlaubt die Konzentration aller Energie auf das, worauf es in Amerika wie nirgends sonst ankommt: auf die Arbeit. Alles ist in Bewegung, alles ist von einer unerhörten Leichtigkeit, alles ist zugänglich, und zugleich gibt es eine Haftung, eine Schwere, ein Interesse, das in der Eigentümerschaft gründet. Es gibt weniger als anderswo Luftmenschen und umherziehende Rebellen, weil jeder sein Haus hat. Selbst die kühnste Spekulation hat etwas in der Hinterhand. Die bürgerliche Gesellschaft ist unerschütterlich, weil sie immer eine letzte Rückzugsmöglichkeit hat, wie sehr sie auch Konjunkturschwankungen unterworfen sein mag. Jeffersons Karte ist vieles in einem: geographisches Design für den wohleingerichteten Staat, noch mehr aber und wenn man ihrer Verfeinerung vor Ort folgt: die Matrix des Privateigentums und die Matrix der amerikanischen Bürgergesellschaft und ihrer Verallgemeinerung.

MAPPING AN EMPIRE:
DIE GEOGRAPHISCHE
KONSTRUKTION INDIENS
1765–1843

So wie die Enzyklopädie und die Vermessung Frankreichs durch die Cassinis zu den Großleistungen der Epoche der Aufklärung gehören, so gehört die Vermessung des indischen Subkontinents zu den Großleistungen des Britischen Empire. Ohne Enzyklopädie keine moderne Welt, ohne die Vermessung Indiens nicht das, was man den modernen Imperialismus oder die Herrschaft Europas über den Rest der Welt nennt. Den Raum, in dem Indien liegt, hat es immer gegeben, und er war der Geburtsort einer der ältesten und reichsten Zivilisationen der Welt, aber das Indien, das in den Horizont Europas und der Welt, wenigstens des 19. und 20. Jahrhunderts, eingegangen ist, ist ein historisches Produkt. Indien ist »British India«, Indien, wie es die Briten sahen, Indien mit den Augen der britischen Kolonialherren, »ihr Indien«. Die Briten haben aus einer Vielzahl von Landschaften, Territorien erst das gemacht, was »Indien« wurde und was es bis heute, auch nach Gewinnung der Unabhängigkeit und nach der Teilung des »indischen Subkontinents« in Indien, Pakistan und Bangladesch, ist. Es waren die Briten, die jenes Indien konstruiert hatten, auf das niemand sich mehr bezog als die militanten indischen Unabhängigkeitskämpfer und Nationalisten. »India«, der einmal geschaffene Bezugspunkt, begann sein Eigenleben zu führen, Indien gab es auch, und erst recht, nachdem die Briten gegangen waren. »Die Vermessungen und Karten zusammen machten aus der exotischen und weithin unbekannten Region eine wohlumrissene und wohldokumentierte geographische Einheit. Der imperiale Raum Indiens war ein Raum der Rhethorik und des Symbolismus, der Rationalität und der Wissenschaft, von Herrschaft und Spaltung, von Einschließung und Ausschließung. Seine horizontalen räumlichen Grenzen, die einschlossen, teilten und dadurch einem ansonsten homogenen Raum eine politische Bedeutung gaben, verschmolzen untrennbar mit den vertikalen Grenzen der sozialen Hierarchien des Empire. Das Empire mochte die Reichweite der Karten definieren, die Kartierung indes definierte die Natur des Empire.«[1]

Die eindrucksvolle Geschichte der Vermessung Indiens durch die Briten hat Matthew H. Edney in seiner grandiosen Studie *Mapping an Empire. The Geographical Construction of British India, 1765–1843* rekonstruiert. Es ist neben Paul Carters Studie über die Inbesitznahme Australiens die bedeutendste Studie über die Schaffung von imperialem Raum, imperialem Territorium, über die Durchsetzung von Raumvorstellungen als Moment von Durchherrschung und Beherrschung, eine der Studien, an denen die säkulare und doch ambivalente Leistung der Aufklärung deutlich gemacht werden kann: die Verwandlung von physischem Territorium in abstrakten Raum, auf den wir, seit es eine »Weltgeschichte« gibt, nicht mehr verzichten können. Von nun an gibt es keinen Weg mehr zurück. Indien ist auf der Karte der Welt, integral, selbstverständlich, so als wäre es immer schon so gewesen. Matthew H. Edney hat eine Pionierarbeit der *Spatial History* geschrieben, und was im folgenden dargestellt wird, ist nichts anderes als der Versuch, die Hauptargumente und Ergebnisse dieser Studie zu referieren.[2]

Wer Territorien beherrschen will, muß sie kennen. Der Beginn britischer Herrschaft auf dem indischen Subkontinent ist daher auch der Beginn der Beschaffung systematischen Wissens. Der Schaffung des Empire steht das *Empire of knowledge* zur Seite. Die East India Company war mehr als nur eine Handelsgesellschaft, sie war auf ihre Weise auch ein Explorations- und Forschungsunternehmen. Mit an der vordersten Front der Erkundung und Erschließung standen die Geographen, die die Landschaften studierten, die Völkerschaften untersuchten und klassifizierten, geologische Untersuchungen anstellten, die Fauna und Flora in neu angelegten botanischen Gärten zusammentrugen und für die Forschung aufbereiteten. Geographen, die in jener Zeit auch Völkerkundler, Botaniker, Zoologen sein konnten, gewannen die wesentlichen Erkenntnisse und produzierten das Bild, das die Company von diesem neuen Handels- und Handlungsfeld besaß. Die Karten, die die Geographen anfertigten, gaben das Bild vom Empire wieder. »Die Karten sollten das Empire selbst definieren und seine territoriale Integrität und seine grundlegende Existenz verbürgen. Das Empire gibt es, weil man es auf einer Karte erfassen kann; was das Empire ist, steht in seinen Karten.«[3]

Es hat eine Weile gedauert, bis jenes »Indien« auf den Karten abgebildet und in die Köpfe gewandert war. Jenes Indien, von dem der britische Premierminister Clement Attlee, sich an seine Schulzeit erinnernd, sagt: »An der Wand in der Schule hing eine große Karte mit großen Flächen in Rot. Es war eine berauschende Vision für einen kleinen Jungen … Wir glaubten an unsere große imperiale Mission. Und die grundlegende Botschaft der Karten war einfach: das ist britisches Territorium; wenn nicht, so könnte es solches sein; das ist ein imperialer Raum, von uns regiert.«[4] Das war Indien »auf einen Blick«. Mit einer solchen Karte hatte man »Indien in der Tasche«. Dieses Indien ließ sich jederzeit erfassen, am besten von London aus, das zwar Tausende von Seemeilen entfernt lag, wo in den Archiven des Imperiums aber das Wissen über Indien, das jeder Karte zugrunde liegt, gesammelt war.

Es war ein ziemlich langer Weg von einem diffusen, Noch-nicht-Indien zum Indien, das zu einer festen Kontur und Gestalt geronnen, sich den Menschen einprägen konnte. Vor jenem Indien gab es viele andere »Indien«: die diversen Vorstellungen, die die Europäer von der Antike an bis ins Zeitalter der Entdeckungen von Asien hatten. Der Indus war einmal die äußerste Grenze der Oikoumene, der bewohnten und bekannten Welt der Antike. Dieses Bild und Wissen verschwand für eine lange Zeit, bevor es sich über Ptolemaios und Strabo im Europa der Renaissance wieder zurückmeldete. Im 15. und 16. Jahrhundert wußte man von Cathy/China, von Cipangu/Japan. Man kannte Ceylon. Nach den Entdeckungsfahrten gab es ein India intra Gangem und ein India extra Gangem, womit die Inselwelt Indonesiens und Indochina gemeint waren. Europäische Karten nach 1500 zeigten ein Indien, das sich bis zum späteren »Indochina« erstreckte. Man sprach noch lange von Vorderindien und Hinterindien. Auf der ersten Karte von Indien, der »Carte de l'Inde« von Jean B. d'Anville von 1752, ist Indien ein Gebiet, das bis zum Chinesischen Meer reicht. Für eine längere Zeit war Indien auch identisch mit dem politischen Herrschaftsgebiet der Mogule und umfaßte vor allem die Territorien westlich des Indus, den Punjab, den Hindukusch, manchmal auch Afghanistan – so etwa auf der Karte von Hermann Moll über den »Westlichen Teil Indiens oder das Reich der Großmogule« von 1717. Irgendwann in der zweiten Hälfte des 18. Jahrhunderts kam es zur Synthetisierung der verschiedenen Indien: des Indien der Mogule und des Indien, das die East India Company erschlossen hatte. Beide verschmolzen zu einem neuen. Die Geburt des modernen Indien oder Indienbildes schlug sich nieder in Rennells Karten von 1782 bis 1788. Sie haben für das britische und europäische Publikum Indien »as a meaningful, still ambiguous geographical entity«[5] produziert. Die oszillierenden Bezeichnungen: Hindustan, Land der Hindus, Reich der Mogule, Bengalen u. a. verschmelzen zu einem neuen Bild. Von einem bestimmten Zeitpunkt an verstand es sich dann von selbst, was unter »Indien« zu verstehen war, so sehr, daß selbst Gegner des Empire wie die indischen Unabhängigkeitskämpfer und Nationalisten dieses Bild und diesen Begriff übernahmen. »Der Triumph des Britischen Empire aus einer imperialistischen Perspektive bestand darin, daß es die Vielzahl von politischen und kulturellen Bestandteilen Indiens durch einen einzigen ganz Indien umfassenden Staat mit einem geographischen Ganzen ersetzte ... Die geographische Einheit Indiens ist, in Kürze, eine Kreation der kartographischen Erfassung des Empires durch die Briten ... Die Briten machten sich zu den geistigen Herren der indischen Landschaft. Und sie taten dies mit der ganzen Gewißheit und Genauigkeit der europäischen Aufklärung.«[6] Es waren die Briten und ihre Kartenmacher, die erstmals die Dörfer, Forts, Straßen, Bewässerungskanäle, Grenzen, Flüsse, Hügel, Wälder in ihre Karten einzeichneten, die Kataster vermaßen und anlegten und dem Land neue Namen gaben.

Die Vermessung Indiens hat ihren vollkommenen Ausdruck in der Großen Trigonometrischen Vermessung, Great Trigonometrical Survey of India (GTS), gefunden. In ihr findet das Ideal der europäischen Aufklärung, die Welt in einem empirisch genauen und rational kontrollierten Prozeß zu vermessen und zu erfassen, seinen vollkommenen Ausdruck. Die GTS war ein intellektuelles, logistisches, organisatorisches, technisches, finanzielles Großunternehmen, eine wahre »Haupt- und Staatsaktion«, wenngleich ihr Betreiber zunächst und für die meiste Zeit die East India Company war. Die GTS durchläuft mehrere Stufen der Vervollkommnung. Sie gerät immer wieder an den Rand des Scheiterns. Ihr Erfolg bemißt sich nicht am Erfolg eines einzelnen, sondern vollzieht sich in der Arbeit mehrerer Generationen. Sie basiert auf der Akkumulation ungeheurer Datenmengen, die mühsam und erstmalig zusammengetragen werden mußten. Sie konnten erst angefertigt werden, als die Achive des Wissens gefüllt waren. In ihnen hat sich die systematische Beobachtung vor Ort, aber auch die sich über Jahre erstreckende Arbeit von Astronomen und anderen Grundlagenforschern niedergeschlagen. Das Wissen des Empire sollte in die Karten des Empire eingehen. Die GTS ist verbunden mit Leben und Werk dreier Männer und mindestens dreier Generationen. Von James Rennell, der zwischen 1765 und 1771 begann und als »Vater der indischen Geographie« bezeichnet wird, über William Lambton, unter dessen Führung die Große Triangulation von 1799/1800 begann und der alles auf

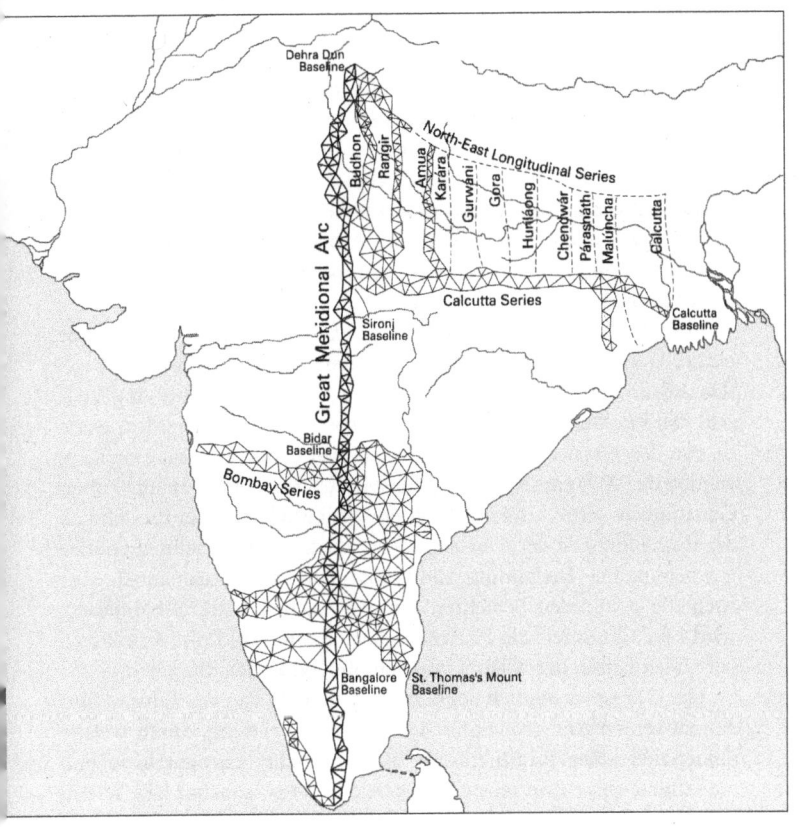

»In der Großen Trigonometrischen Vermessung Indiens findet das Ideal der europäischen Aufklärung, die Welt in einem empirisch genauen und rational kontrollierten Prozeß zu vermessen und zu erfassen, seinen vollkommenen Ausdruck.«

The Great Trigonometrical Survey: Stand der trigonometrischen Vermessung Indiens im Jahr 1862 eine wissenschaftliche Grundlage stellte, bis zur Beendigung der Arbeit im Jahre 1843 unter George Everest, der als Lambtons Assistent gearbeitet hatte und ihm als »Surveyor of India« nachgefolgt war. George Everest, der postum als Namensgeber des höchsten Berges der Erde geehrt werden sollte, hatte den großen Bogen über eine Strecke von 2250 Kilometer am Fuße des Himalaja bei Dhra Dun enden lassen. Zwischen Rennells Karte von 1765 und dem Ende der Vermessungsarbeiten 1843 unter Everest liegt eine Arbeit, deren Leistung noch in dem bebenden Pathos eines der Zeitgenossen, des Generalgouverneurs Lord Hastings, 1817, zu spüren ist:

»Es gibt keine andere solide Basis als Triangulation, auf der die exakte Geographie gegründet ist. Die ersten Triangel, die über dieses Riesenland verteilt sind, errichten so jenseits allen Irrtums eine Vielzahl von Punkten, und die Räume, die von ihnen erfaßt werden, wenn sie von den Details, die die untergeordneten Landvermesser eintragen, werden der Welt eine Karte ohne Beispiel liefern, sei es hinsichtlich ihrer Genauigkeit, sei es hinsichtlich ihrer Ausführlichkeit oder hinsichtlich der Einheitlichkeit der Anstrengungen, die zu ihrer Erstellung vonnöten waren. Die Bedeutung, die Ökonomen und Staatsmänner, aber auch die gebildeten Schichten Europas solchen Werken beimessen, wird bestätigt durch die Hartnäckigkeit, die England und Frankreich seit vielen Jahren in solchen Unternehmungen an den Tag legen.«[7]

Die GTS ist vermutlich der beste Ausdruck für das, was Edward Said einmal »einen Akt geographischer Gewaltanwendung, durch welche tendenziell jeder Raum in der Welt erforscht, kartographiert und schließlich unter Kontrolle gebracht worden ist«, genannt hat. Wie in Benthams Panoptikum kann auf dieser Karte jeder Ort, jeder Punkt auf dem indischen Subkontinent identifiziert werden, jede Stadt, jeder Fluß, jedes Fort bekommt seinen genau berechenbaren Ort. Die Anfertigung der Karten ist nicht einfach passiver Vorgang, bloße Abbildung und Sammeln von Daten, sondern es geht um deren Einordnung in eine kohärente, administrative und disziplinierende Struktur oder Matrix, die notwendigerweise von konkreten Besonderheiten absehen mußte, wenn sie einen einigermaßen homogenen Raum generieren oder produzieren wollte. Der Kartierungsvorgang ist zugleich ein Homogenisierungsvorgang. Sehr treffend hat Thomas H. Holdich 1916 die Leistung der GTS beschrieben: »Die GTS hat uns einen Rahmen oder eine Anatomie Indiens geliefert, und in diesem Rahmen ist eine riesige Sammlung von geographischen, politischen, militärischen und Kataster-Karten integriert. Was immer das Schicksal Indiens in Zukunft sein wird, es wird immer als ein ewiges Zeugnis für das wissenschaftliche Können der britischen Nation stehen. Dies kann nicht ausgelöscht werden, solange es Mauern gibt, die sie bewahren.«[8]

Wie muß man sich die Große Trigonometrische Vermessung vorstellen? »Um 1820 wurde die Trigonometrische Vermessung das Markenzeichen für eine ›wissenschaftliche Karte‹. GTS ist eine Abkürzung für einen Prozeß, in dem viele verschiedene Verfahren zusammenkamen, oft weit entfernt vom epistemologischen Ideal des Kartenmachens. Eine einheitliche GTS gab es im Grunde gar nicht, es gab vielmehr verschiedene Verfahren und Prozesse, die erst sehr spät – 1878 – in einer kohärenten Organisation zusammengefaßt wurden. Zur ersten regionalen Vermessung war es zwischen 1765 und 1771 gekommen. James Rennell arbeitete, wie man damals in Europa gearbeitet hatte, wesentlich mit der Kompilation von Karten. Er und seine Helfer sammelten Karten, maßen Entfernungen und Richtungen entlang der wichtigsten Straßen und Wege Bengalens. Er maß auch die Breiten und Längen der Schlüsselorte – *control points* –, so daß er fortschreitend seine lokalen Messungen in das Koordinatennetz der Längen- und Breitengrade einfügen konnte. Die Triangulation, die unter seinem Nachfolger William Lambton begonnen hatte, ging über die Beobachtung und Vermessung vor Ort hinaus, indem sie Orte exakt durch astronomische Beobachtung und Berechnung definieren konnte. Wenn Breite und Länge eines Ortes bestimmt werden konnten, dann konnte man auch jeden Ort exakt eintragen. Die Bestimmung des Längengrades, über Jahrhunderte hinweg das Hauptproblem, war im 18. Jahrhundert im großen und ganzen möglich – entweder durch die Orientierung an den Jupitermonden oder durch die Arbeit mit dem Chronometer des John Harrison. Die Längenbestimmungen für Bombay oder Katmandu zum Beispiel wurden an den Jupitermonden vorgenommen. Die Landvermesser der GTS mußten die aus astronomischen Berechnungen gewonnenen Bestimmungen und die Beobachtungen und Messungen vor Ort – *route surveys* – zusammenbringen. Die *route survey* war die Hauptform der Vermessung in den britischen Kolonialbesitzungen bis weit ins 20. Jahrhundert hinein. Das beinhaltete die Bestimmung der Richtung und Entfernungen mit dem Kompaß und mit dem Perambulator, einem Rad, das durch die Zahl der Umdrehungen die Entfernung maß oder die Angabe der Zeit, die man auf der Reise verbrachte. Das wurde eingetragen in ein Journal, dort gab es eine Tabelle mit vier Zahlenkolonnen: Angabe der Richtungen und Entfernungen, Eintrag der Beobachtungen auf beiden Seiten der zurückgelegten Strecke. Diese Darstellungen sind lineare Darstellungen, sie umfassen ein schmales Band der Landschaft, gleichsam einen Korridor. Auch hier gab es Schwierigkeiten, weil die Messungen und Zeitangaben ungenau waren, denn der Perambulator maß nicht die direkte Entfernung, sondern die buchstäblich zurückgelegte, mußte Hindernissen ausweichen und verzerrte so die Entfernungen. Man mußte für die vielen kompilierten Daten und Materialien eine einheitliche Sprache finden. Der Vorteil der Triangulation bestand eben darin, daß sie genaue Messungen erlaubte und einen rigoros strukturierten Raum »aufbaute«, in den die diversen Beobachtungen und Daten eingetragen werden konnten. Alle Punkte in der Triangulation sind gleich wichtig, sie produziert einen uniformen und homogenen Raum. Die Karte wird immer genauer, immer mehr Orte werden eingetragen, kommen in Reichweite. Die Karte wird immer mehr zu einem Instrument der Durchdringung und Durchherrschung. Es war eine gewaltige Planungs- und Logistikaufgabe: man mußte Voruntersuchungen anstellen, es war schwierig, den perfekten Aussichtspunkt auf den Hügeln und Türmen zu finden. Aus diesen Gründen wurden immer öfter Beobachtungs- und Vermessungstürme errichtet. Es brauchte also Tage und Wochen, um die besten Beobachtungsbedingungen herzustellen, die besten Zeiten waren nachts – Everest maß mitunter mit Fackeln – oder die Monsunzeit, die zugleich aber am ungesündesten war. Die Errichtung des »Great Arche« von der Südspitze des Subkontinents bis in die Vorgebirge des Himalaja war ein Großunternehmen in jeder Hinsicht. Die Daten mußten gesammelt und gespeichert werden, was unter den klimatischen und baulichen Verhältnissen nicht einfach war: der beste Ort mit den sichersten und zuverlässigsten Depots des gesammelten Wissens waren daher die Archive in London. Die Erhebungsbögen für die GTS, die dort gespeichert wurden, kann man getrost als Vorformen der modernen Soziologie ansehen. Sodann bedurfte es eines Kaders von gut ausgebildeten Astronomen, Geometern, Triangulatoren, Botanikern, Zoologen. Das Klima, die Hitze, die Tropenkrankheiten machten den Teilnehmern der Survey schwer zu schaffen. Führende Kartographen des zentralen Kaders starben oder kehrten als Invaliden zurück – Robert Colebrooke 1808, Mackenzie 1820, Lambton 1823. George Everest fuhr regelmäßig zur Erholung ans Kap oder nach Hause. Es bedurfte der Ausbildung eines geschulten Kaders, der eine einheitliche »Kartensprache« sprach, sich über die Grundsätze, den »Bezugsrahmen«, in den alles einzutragen war, einig war. Es bedurfte eines Regelwerks für die Standardisierung bei Kollektion und Evaluation von Daten. Es bedurfte schließlich einer Infrastruktur und Verwaltung, die über Jahrzehnte hinweg arbeitsfähig blieben. Schließlich war der Vermessungsvorgang selbst ein höchst komplexer Vorgang: das Gelände mußte für die Sichtung und Messung päpariert, Beobachtungstürme mußten sondiert und errichtet werden, Arbeitsbedingungen in wildem, unzugänglichem Gebiet mußten geschaffen, eine Schneise durch den Kontinent geschlagen werden. Die Besetzung von Höhen und Hügeln durch die Trupps der Trigonometrischen Vermessung steht symbolisch für die imperial-strategische Inbesitznahme des Subkontinents.

Die Geographie der Herrschaft stützte sich auf Aussichts- und Überblickspunkte. Die Vermessungstrupps mußten immer unter bewaffnetem Schutz arbeiten; manche Unruhen waren durch die Landvermessungen ausgelöst worden. Es gab Widerstand, Instrumente wurden beschädigt. Die Landvermesser waren so etwas wie Sündenböcke der britischen Herrschaft. Die Vermessungstrupps zogen mit Flaggen umher, die Flagge war ein Zeichen britischer Autorität und Hoheitsrechte. Die Trupps zählten oft bis zu 300 Mann. Das Wichtigste aber war, daß die Bevölkerung des Subkontinents möglichst wenig Informationen an die Engländer gelangen lassen wollte, weil diese damit nur ihre Herrschaft und Ausbeutung stärken konnten. Man wehrte sich vor Ort gegen die Untersuchungen, gegen die Umfragen, gegen die Abholzung von Bäumen, die den Beobachtungen im Wege standen. Die Dorfbewohner gingen oftmals mit Keulen gegen die Errichtung von Vermessungstürmen auf den umliegenden Hügeln vor. Die Einheimischen scherten sich nicht um die koloniale Namensgebung ihrer Orte und blieben bei ihrer Benennung von Orten und Flüssen, egal, was in den britischen Karten stand.[9] Es gab so etwas wie eine Doppelherrschaft der Namensgebung von Orten und Landschaften, die selbstverständlich auf englisch vorgenommen wurde.

So viele Einheimische auch hinzugezogen wurden, so viele »Eurasier« auch herangebildet wurden, so blieb die Kartierung Indiens doch eine Sache der Briten und der kolonialen Elite, eine Sache von Fremden. Der wissenschaftliche Blick der Briten mißtraute den »unwissenschaftlichen«, »mythologischen«, »obskuranten« Indern und ihren Traditionen. Ein Regal mit europäischen Büchern wog, wie es in einem berüchtigten Satz von Macaulay hieß, die ganze Literatur Indiens und der arabischen Welt auf. Es war ein riesiges Problem, das Wissen des Kontinents zu heben, zu übersetzen und in die rationalen Netze der Klassifizierung der Kolonialherrschaft einzufügen. Und hier erwies sich bei aller stupenden Überlegenheit des okzidentalen, rationalen Wissens und aller »britischen Matrix« die vollständige Abhängigkeit des kolonialen Wissens und der kolonialen Kartographen von Informationen, die sie nur von den Einheimischen, den Indern selbst, bekommen konnten. Die Briten mußten sich ihre Landvermesser, die ihren Blick, ihre Art der Wahrnehmung und Klassifizierung teilten, heranbilden. Die Heranbildung des »kartographischen Kaders« ist Teil der »zivilisatorischen Mission«. Die Kartographie hatte ihren Platz in der Trinität von *British knowledge, British reason, British rule*. Es ging um mehr als um eine geodätische Vermessung und astronomisch bestimmte Ortsbestimmungen, es ging um ein »vollkommenes geographisches Panoptikum« im Sinne Benthams. »Mittels ihrer Repräsentanten konnten die Briten Indien auf einen äußerst kohärenten, geometrisch genauen und einheitlichen imperialen Raum reduzieren, einen rationalen Raum, innerhalb dessen man ein systematisches Archiv des Wissens über Landschaften und Völkerschaften Indiens anlegen konnte. Indien, in all seinen geographischen Aspekten, war den Briten wissensmäßig zugänglich gemacht. Die Briten legten entsprechend die Große Trigonometrische Vermessung als ein öffentliches Projekt an, das nicht von den Indern selbst durchgeführt werden konnte und das so konkret und notwendig war wie Bewässerungskanäle und Militärstraßen, um Indien und seine Bewohner zusammenzubringen, seine Ordnung zu verbessern und zu definieren. Und die räumliche Bedeutung der trigonometrischen Vermessungen war in die Karten der Briten eingeschrieben. Sie definierten Indien.«[10]

Die Konversion der Inder zum westlichen, rationalen Kartendenken, zur westlichen Raum- und Territorialvorstellung hatte ihre immanenten Grenzen. So wie Kolonialherrschaft immer Doppelherrschaft war – und als solche implizit oder explizit auch anerkannt wurde –, so war koloniale Kartographie immer auch Doppelkartographie. Die Briten hatten viele Daten gesammelt, alles, was sie finden konnten. Sie hatten Indien »im Griff«. Und dann wurden sie doch von den Aufständen des Jahres 1857 überrascht. Damit begann eine neue Bewegung, an deren Ende eine neue Karte stehen würde, eine Karte nach dem Ende Britisch-Indiens.

KARTEN MONOCHROM:
DER NATIONALSTAAT

Nationen sind Benedict Anderson zufolge »imagined communities«, und eines der Bilder, in denen sie sich denken, vorstellen, zu sich selber kommen, ist das Kartenbild des modernen Nationalstaates.[1] Im sogenannten Völkerfrühling treten die Völker, die bisher unter dem Dach ihrer Dynastien zusammengelebt hatten, auseinander und fügen sich zu einer neuen Einheit. Sie entdecken die Unterschiede, sondieren die Differenz, definieren die Grenze. Im Kartenbild wird deutlich, wo das Eigene aufhört und das andere oder Fremde anfängt. *Imagined communities* lassen sich territorialisieren. Das gemeinsame Territorium ist ein mächtiges Indiz für die Existenz und für die Macht der imaginären Gemeinschaft. Die Nationalisierung des Kartenbildes ist eine unvermeidliche Begleiterscheinung des erwachenden Nationalbewußtseins. Fast zeitgleich erscheinen überall in Europa im 19. Jahrhundert Atlanten eines neuen Typs: nationale Atlanten. Kartenzeichner haben Hochkonjunktur. Überall, in England, in Frankreich, in den Vereinigten Staaten, in Deutschland, sind die neuen Kartenwerke Belege für ein neues Zusammengehörigkeitsgefühl. In den meisten Fällen wird eine neue Tradition begründet: der nationale historische Schulatlas wird auf den Weg gebracht, der von nun an in Jahr für Jahr erneuerten Auflagen in Millionenhöhe Generationen von Schulkindern lehrt, wie die Welt »vom nationalen Standpunkt aus« auszusehen hat. Historische Atlanten und nationale Schulwandkarten bilden den Horizont, in dem die jeweils neue und junge Generation zu leben sich anschickt. Schullandkarten und Schulwandkarten werden zu elementaren Medien der Sozialisierung einer literat gewordenen und von nun an durch die schulischen Apparate geschleusten Bevölkerung. Die Bevölkerung, die Nation weiß von nun an, wie die Welt aussieht: wo die Grenzen von Freund und Feind verlaufen, wo die Krisenherde liegen, wo die Schlachten gefochten und die Niederlagen erlitten werden und wo es noch einen Platz an der Sonne zu holen gibt. »Jedes Schulkind« weiß von nun an, wie die Welt aussieht und wie die Erdoberfläche verteilt ist. Es ist geradezu eine Bedingung für Zeitgenossenschaft geworden zu wissen, wie die Welt aufgeteilt ist. Die neuen Karten sind Medien der Identifizierung. Die Schulwandkarte ist das primäre Medium der Nationalisierung der Massen.

In den Kartenbildern nimmt das nationale Zeitalter Abschied vom alten Zustand. Nirgends kann man dies so deutlich, plastisch, ja kraß sehen wie in den deutschen Karten- und Atlanten aus der Zeit der Reichseinigung, in der die großen neuen deutschen Kartenwerke entstanden sind, mit denen die nachfolgenden Generationen aufgewachsen sind: vor allem Putzgers historischer Schulatlas und seine Version in Gestalt der Schulwandkarte. Die Kartenwerke haben Schule gemacht, in einem buchstäblichen und in einem übertragenen Sinne, sie sind Jahr für Jahr neu aufgelegt worden, und ihre über hundert Jahre fortgeschriebene und immer wieder neu- und umgeschriebene Geschichte ergäbe, wie Armin Wolf und Jeremy Black gezeigt haben, eine wahre Geschichte der Deutschen im Laufe von über hundert Jahren.[2] Sie sind Karten des Aufbruchs zu neuen Ufern: hinein in die Weltpolitik und zum »Platz an der Sonne«; sie sind Karten der Kränkung und des Selbstmitleids: im Anschluß an den Ersten Weltkrieg und den Frieden von Versailles; sie sind Karten der Revanche und des Revisionismus: erst in Weimar und dann am Beginn der Nazizeit; sie sind Karten der Zerstörung und Selbstzerstörung: erst im Ersten und dann vor allem im Zweiten Weltkrieg. Sie sind die räumliche Repräsentation des Auf und Ab deutscher Geschichte im 19. und 20. Jahrhundert. Jede Nuance und Wendung ist in ihnen festgehalten. Es gibt Karten der Objektivität und Gelassenheit und Karten höchster Nervosität, Hysterie und Aggressivität.

Aber zunächst einmal demonstriert der nationale historische Schulatlas, der auf der Höhe der Zeit ist, die Überlegenheit der neuen Zeit. Von den alten Zuständen, wie sie die Karte des Heiligen Römischen Reiches nach dem Ende des Dreißigjährigen Krieges geblieben ist oder wie sie am Vorabend der napoleonischen Kriege bestanden haben, ist nichts mehr geblieben. Verschwunden ist der »Flickenteppich« oder die »Narrenkappe«, die die Karten »Mitteleuropa im Jahre 1648« oder »Deutschland im 17. Jahrhundert« dargestellt hatten. Die alten Karten zeigten ein Deutschland der Zerplitterung, des Partikularismus, der Kleinstaaterei und des duodezfürstlichen Egoismus. Dieses alte Deutschland war schwach, weil es mit sich und seinen Partial- und Parteiinteressen beschäftigt war, anstatt sich dem großen Ganzen und der nationalen Sache zu widmen. Es war wehrlos und unterlegen gegenüber Nachbarn, die ihre staatliche Einheit schon gefunden oder gefestigt

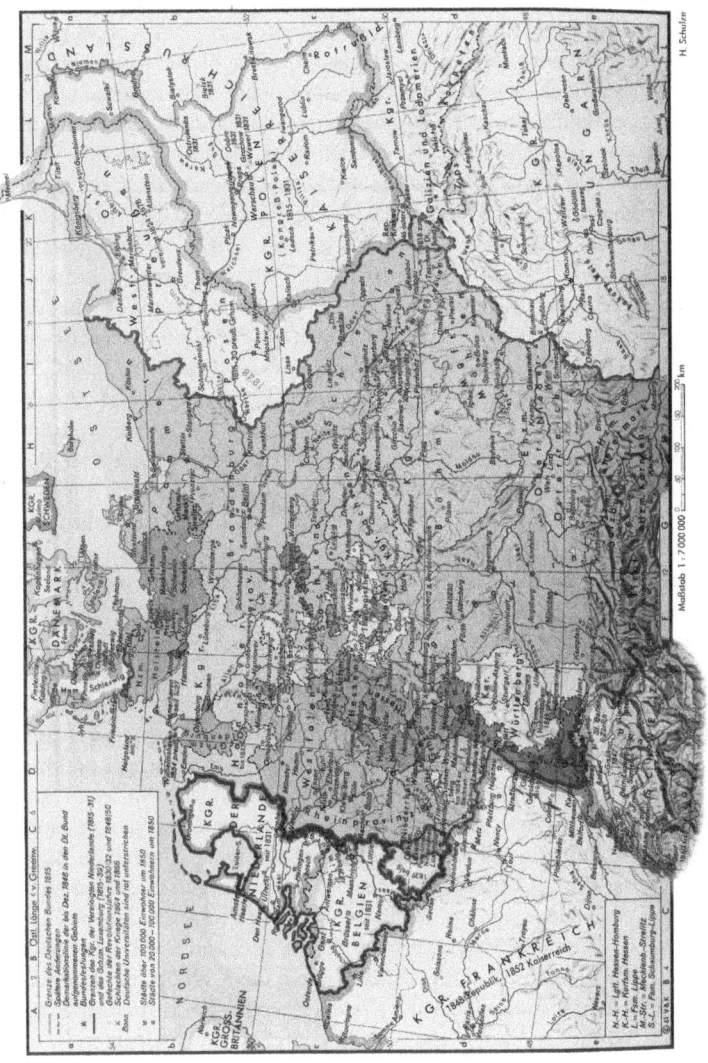

»Vielfarbigkeit ist ein Defekt, Zeichen für Unregierbarkeit,
Verwundbarkeit, nicht Index für Reichtum.«

Mitteleuropa 1815 bis 1866

hatten: vor allem Fankreich. Dieses Deutschland war äußerst fragil und verletzlich, weil jedermann ungestört Zutritt hatte und sich in deutsche Angelegenheiten einmischen konnte. Der Flickenteppich zeigte »auf einen Blick« – und das heißt, man brauchte nicht mehr zu wissen – das Grundübel Deutschlands, das zu jenem Zeitpunkt freilich immer noch »Heiliges Römisches Reich deutscher Nation« hieß. Die Vielfarbigkeit der Karte ist zu Zeiten der Reichseinigung nicht ein Beleg für Vielfältigkeit der Kulturen, Landschaften, Herrschaftsformen, sondern Zeichen für Schwäche, Krankheit und Zerfall. Vielfarbigkeit ist ein Defekt, Zeichen für Unregierbarkeit, Verwundbarkeit, nicht Index von Reichtum. Ganz anders erscheint das Deutschland, das die Einigung und die Gründung des Deutschen Reiches hinter sich gebracht hat. Es hat die Farbe gewechselt, wenigstens in großen Teilen. Es zeichnen sich in diesem endlich vereinten Körper die starken Staaten ab, vor allem das Königreich Preußen. Es hat sich getrennt von den großen, nichtdeutschen Partien, die das Habsburgerreich ins Heilige Römische Reich eingebracht hatte. Es hat sich, wenngleich reduziert, so doch vereinfacht, an Übersichtlichkeit und Überschaubarkeit gewonnen. Der Flickenteppich ist getilgt oder doch zumindest reduziert. Die Gestalt erinnert nun schon mehr an historische Regionen und Landschaften. Das Deutschland, das seine Einheit gewonnen hat, kann es nun mit seinesgleichen aufnehmen: mit Staaten, die bereits moderne Nationalstaaten geworden sind. Andere Dinge treten nun in den Vordergrund. Nicht so sehr die dynastischen Krähwinkel, sondern die Momente und Triebkräfte, die einen neuen homogenen Raum entstehen lassen und produzieren. Abgebildet wird der zielstrebige und mit Erfolg betriebene Prozeß der Einigung – über die verschiedenen Stadien hinweg: Auflösung des Heiligen Römischen Reiches als eines Fossils, Gründung des Rheinbundes, Gründung des Deutschen Bundes – dies alles als Vorstufen für die 1871 endlich geglückte Reichseinigung. Abgebildet werden die Triebkräfte und Momente der Produktion des deutschen Wirtschaftsraumes: die Zollunion, vor allem aber die Industrialisierung, die Eisenbahnlinien, die Kanalbauten, kurz: all jene Elemente, die aus dem alten Reich einen modernen Industriestaat machen. Auf den Karten sind nun weniger die alten charmanten Residenzstädte von Belang als vielmehr die neuen Industriestädte und Verkehrsknotenpunkte. Die Binnengrenzen treten in den Hintergrund oder werden gerade noch als feine Striche wahrgenommen, während die Abgrenzung nach draußen, gegenüber den anderen Reichen und gegenüber den fortgeschrittenen Nationalstaaten, an Bedeutung gewinnen. Deutlich wird dies vor allem an der Auflösung des Zusammenhangs mit Österreich, das nach der »kleindeutschen Lösung« ausscheidet, ausgegrenzt wird, und an der Grenze zu Frankreich, dem im Deutsch-Französichen Krieg, diesem Gründungskrieg des Deutschen Reiches, die Übergangs- und Grenzprovinz Elsaß-Lothringen abgenommen worden ist (auch die dänische Grenze ist hier hinzuzuzählen). Die Karte des vereinigten Deutschland ist vereinfacht, übersichtlich, überschaubar. Aus dem »zerrissenen Körper« ist ein mächtiger, »geschlossener Körper« geworden. Die internen Differenzen sind gemildert, die Grenze nach außen stärker konturiert. Nach innen ist es zu einem Ausgleich gekommen, nach außen zu einer Distanzierung. Der nationale Atlas und die nationale Schulwandkarte betreiben die Homogenisierung, ja Uniformierung des »Flickenteppichs« von einst.

Keine Frage, daß diese Homogenisierung nicht nur und vielleicht nicht einmal in erster Linie ein Konstrukt war, sondern eher ein Index für das, was im Gange war: die Herausbildung eines gemeinsamen Staatsterritoriums, vorbereitet durch die Herausbildung eines gemeinsamen Sprachraumes, Kommunikationsraumes, Wirtschaftsraumes, auch: Verteidigungs- und Militärraumes. Die Produktion der Territorialität des Deutschen Reiches wäre nicht möglich gewesen ohne die mächtigen Ingredienzien, die normalerweise notwendig sind, um Herzen und Hirne von Menschen zu entzünden und zu beflügeln. Zu dieser neuen Karte des neuen Deutschland gehören auch die geistigen oder mentalen Räume, die sich weniger auf der Karte, als vielmehr in den Romanen und Erzählungen, in den Bildern und Denkmälern, in den Schauplätzen geschichtlicher Ereignisse, tragischer Zusammenstöße und beglückender Gemeinschaftserlebnisse niederschlagen. Die Homogenisierung des nationalen Raumes ist ohne die mentalen Räume oder ohne die *lieux de mémoire* nicht denkbar. Dazu gehören so verschiedene Dinge wie der »deutsche Rhein«, der Kölner Dom, das Aachen Karls des Großen, Weimar und Goethe, das Breslauer Rathaus, das Straßburger Münster, die roten Klippen von Helgoland, die Wartburg Martin Luthers, Caspar David Friedrichs *Mondnacht*, der Dresdener Zwinger Pöppelmanns, der Mittellandkanal und die Krupp'schen Schmieden im Ruhrgebiet – und natürlich auch *Putzgers Historischer Weltatlas*, nach dem sich Millionen von Deutschen, Generation für Generation ihr Bild von der Welt und der Stellung Deutschlands darin zu machen aufgerufen oder verurteilt waren. Sie alle sind in der Zeit der allgemeinen Schulpflicht, allgemein gewordenen Lesevermögens, zunehmender Bildung und einer aufkommenden Massenpresse keine

»Die Homogenisierung des nationalen Raums ist ohne die mentalen Räume oder ohne *lieux de mémoire* nicht denkbar. Dazu gehören so verschiedene Dinge wie der »deutsche Rhein« und der Kölner Dom – und natürlich auch *Putzgers Historischer Weltatlas*, nach dem sich Millionen von Deutschen ihr Bild von der Welt und von der Stellung Deutschlands darin zu machen aufgerufen oder verurteilt waren.«

Mitteleuropa seit 1945

speziellen und abgehobenen Begriffe mehr: vielmehr wird man mit ihnen vertraut, durch Lektüre, Verkehr, Reisen. Die Produktion des nationalen Raumes geschieht in der Politik, die nun ein nationales Parlament – in der Paulskirche zu Frankfurt – oder einen Reichstag – in Berlin – hat; in gesamtnationalen Wahlen, zu denen gesamtnational organisierte Parteien antreten; sie geschieht in der zunehmenden Mobilität, die den Hafen von Hamburg und die Bayerischen Alpen naherücken lassen; sie geschieht in Interessenkollisionen und Konflikten, wo es um allgemeine Belange geht, die nichts mehr mit der alten Krähwinkelei zu tun haben: um Kulturkampf, Sozialistengesetze, Flottenpolitik und einen »Platz an der Sonne«, vielleicht in Afrika, vielleicht auch in Asien. Nationale Öffentlichkeit ist der Resonanzboden, in dem es zum Ausgleich, zur Synthetisierung von Erfahrungen und Horizonten kommt, die bisher separiert und fragmentiert waren. Die kartographische Produktion des einen nationalen Raums ist eine Facette oder eine Dimension in diesem grandiosen Prozeß nationaler Selbstidentifikation. Von dort aus wird auch die ganze Geschichte neu gelesen und neu kartographiert: Für die Deutschen wird mit einem Mal die Zeit Karls des Großen wieder wichtig und die Zeit der Zerfleischung im Dreißigjährigen Krieg als Horrorbild evoziert. Jede Nation tastet ihre eigene Geschichte und ihre ganze Geographie noch einmal retrospektiv ab nach dem, was besonders wertvoll und besonders groß war. So wird die Vergangenheit zur Projektionsfläche nationaler Phantasien, die wenig mit der wirklichen Geschichte, viel aber mit Kränkung und Größenwahn zu tun haben. Es werden Reiche erfunden, die es so nie gegeben hat, und Grenzen gezogen, die phantasmagorisch sind. Aus der Geschichte werden Völker hergeleitet, die nichts anderes sind als die Retroprojektion gegenwärtiger Wunschträume, und Territorien zusammengezimmert, die mehr über die Ambitionen und den Appetit der Gegenwart aussagen als über vergangene politische Gebilde. Vollendet war der nationale Staat, als seine Bürger »für Kaiser und Vaterland« in den Krieg zogen und selbstredend bereit waren, für das Vaterland zu sterben. 1914 treten monochrome Gebilde gegeneinander zum Großen Krieg an. Selbst der Kaiser kennt von nun an nur noch Volksgenossen. Man ist Deutscher, Franzos', Engländer, Rußländer, Italiener, sonst nichts. Im allgemeinen Burgfrieden der Parteien von einst war die leiseste Differenz getilgt – für einen winzigen Augenblick wenigstens. Es bedurfte der Erschütterungen und des Zusammenbruchs der Imperien, um die innere Differenz wieder mächtig zum Vorschein kommen zu lassen.

Im deutschen Fall war von Anfang an nie ganz klar und eindeutig, was man als »deutsch« hätte bezeichnen können: War es die Sprache, war es die Kultur, war es eine Volkszugehörigkeit, was immer man darunter verstehen mochte, oder eben nur die staatsbürgerliche Zugehörigkeit zum Deutschen Reich, gleich welcher ethnischer Herkunft man auch war? Ernst Moritz Arndt hatte 1813 gemeint: »Was ist des Deutschen Vaterland? Soweit die deutsche Sprache reicht.« Dies hatte zu allerlei imperialem *overstretch* geführt, da deutsch ja immerhin alles »Von der

Maas bis an die Memel, von der Etsch bis an den Belt« war, auch wenn es durch Teilung und Besetzung an Preußen bzw. das Deutsche Reich gekommen war – etwa der preußische Teilungsteil Polens. Aber virulent und gefährlich wurde dieser eher harmlose Sprach- und Kulturnationalismus erst in dem Augenblick, wo Sprache und Kultur mit etwas anderem verschmolzen: mit Volks- und später Rassezugehörigkeit und wo »Blut und Boden« in eine unauflösliche und tödliche Konjunktion gebracht wurden.[3] Das Kartenbild reflektiert exakt die Wende vom Sprach- und Kulturnationalismus zum Ethnonationalismus und den qualitativen Sprung vom Ethnonationalismus zum Rassismus, insbesondere zum rassebiologisch fundierten Antisemitismus und Antislavismus. Kartenbilder sind genau. In diesem Falle folgen sie exakt dem geschichtlichen Vorgang der Zerstörung des Nationalstaates durch den Imperialismus und Rassismus im nationalsozialistischen Deutschland. Die nationalsozialistischen Kartenzeichner waren zu allem fähig, nur zu einem nicht: zur Herstellung einer Karte eines deutschen Nationalstaates, lag dieser doch jenseits ihrer Wahrnehmung und ihrer Zielsetzungen. Es war daher nur konsequent, daß die großen Kartenwerke, die der Nationalsozialismus auf der Höhe seiner Macht- und Herrschaftsentfaltung herstellen wollte, gescheitert sind: Nicht nur weil die Bomber der Alliierten die Kartenzeichner störten, sondern weil der Nationalsozialismus über keine Sprache für die kartographische Darstellung des Nationalstaates mehr verfügte.

Daß unter deutsch noch etwas anderes zu verstehen war, als nur deutsche Staatsbürgerschaft, war schon in den letzten Jahrzehnten des Kaiserreiches klargeworden. Nationalisten und Alldeutsche übten auf Reichsangehörige nichtdeutscher Herkunft – und das waren im Westpreußischen und Posenschen immerhin über eine Million und in vielen Landstrichen die Bevölkerungsmehrheit – Verdrängungs- oder Assimilierungsdruck aus, vor allem aber sahen sie in den Deutschen jenseits der Grenzen – vor allem im östlichen Europa – die natürlichen Ableger oder Vorkämpfer reichsdeutscher Interessen. Im Ausgreifen des deutschen Imperialismus im Ersten Weltkrieg war das auch von unmittelbarer Relevanz, und die diversen Konzeptionen eines deutsch geprägten und deutsch gestimmten Mitteleuropa – etwa in den Ausarbeitungen von Friedrich Naumann oder Partsch – konnten nie den Beigeschmack der Hegemonial- und Eroberungspolitik loswerden. Vollends wurde dies nach der deutschen Niederlage und dem Versailler Frieden deutlich, der die Abtretung mehrheitlich von Deutschen besiedelter Gebiete, vor allem Grenzgebiete, mit sich brachte. Deutsch waren in der herrschenden Auffassung, der mit Versailles eine schwere und demütigende Kränkung widerfahren war, eben nicht nur die Reichsdeutschen, sondern auch die Auslandsdeutschen, deren Zahl man je nach Rechnung zuweilen mit über 10 Millionen angab, und zu denen nicht selten sogar US-Amerikaner oder Südamerikaner deutscher Herkunft gezählt wurden. Dort, wo Volksdeutsche lebten, gab es auch, so die weitverbreitete Ansicht der zwanziger und dreißiger Jahre, deutschen Volksboden, kam es zur Verbindung von »Blut und Boden«, und in einer weiteren Ausformulierung dieses Konzepts war schon die Anwesenheit von Volksdeutschen Grund genug für die Bildung von »Kulturboden« – als Ergebnis von »deutschem Fleiß« und »deutscher Intelligenz«. Der Territorialbegriff und damit die Grenze lösten sich damit als feste Größe auf. Deutschland war – im Prinzip – überall dort, wo Menschen deutscher Sprache und Kultur lebten. In der Weimarer Zeit wurde dies zum Argument für die Weimarer Spielart des Revisionismus, in der Nazizeit wurde es zum Ausgangspunkt für großflächige territoriale und ethnographische Revirements, für die Neuzeichnung der »ethnographischen Landkarte« Europas. Der Zusammenbruch des Kaiserreiches und die Versailler Friedensregelungen drückten sich in einer Sprache der Kränkung und Beschädigung aus. Deutschland war durch Versailles »verstümmelt« und »umzingelt«, es »lag am Boden«, es war »geknechtet«. Es ist die Rhetorik der Verletzung. Deutschland wird korporalisiert. Die Diskussion der Deutschen über sich selbst im Moment der Niederlage wird zum kartographischen Diskurs. Man spricht von der »blutenden Grenze« und von den »Grenzzerreißungsschäden« durch Versailles. Man spricht von der »Lebensfähigkeit Rumpfdeutschlands«, von »geraubten und entrissenen Gebieten« von »vergewaltigten Gebieten« und »deutschem Grenzland in Not«. Die Kartierung der Abtretungsgebiete hält den Schmerz und die traumatische Erfahrung wach und steigert sie zu suggestiven Kartenbildern von der »Zerreißung des Volkes«. Die über ganz Osteuropa verstreuten Deutschen – jenes dicht punktierte Feld – markieren Verlorenheit und Verlust. An sie wird Hitler-Deutschland später anknüpfen können, wenn es nach 1939 seine »Heim-ins-Reich«-Bewegung initiiert. Die Karten der Weimarer Zeit halten die Differenz zwischen dem größeren Deutschland und dem verstümmelten, zwischen den Deutschen im Reich und denen draußen im Bewußtsein wach und speisten so jenen Revisionismus, der nur auf den Augenblick wartet, da er in Aktion treten kann. Er kam. In den Weimarer Karten zeichnete sich bereits eine Ethnisierung, eine Wendung des Deutschen vom Territorialen ins Völkische oder in dessen Verschmelzung ab. Die Deutschtumskarten, die ethnischen Karten, die Kartierung des Volks- und Kulturbodens – alles steht bereit als geopolitische Anweisung. Doch was von vielen – in Berufung auf Wilsons 14 Punkte – als legitim empfundene Revision, also als Wiederherstellung des gerechten Zustandes quo ante verstanden worden war, war in Wahrheit nur die Form, in der sich etwas gänzlich Neues, bis dahin in Europa Unbekanntes vorbereitete: die biologisch-rassistisch begründete Neuordnung Europas, angestoßen und getragen von einer radikalen und zu allem entschlossenen Bewegung. Die Differenz wird deutlich in dem Vorwort zur erweiterten Auflage des *Geopolitischen Geschichtsatlasses* von Franz Braun und A. Hille-Ziegfeld von 1934. Dort lesen wir nach der Widmung »Dem Deutschen Volk und seinen Führern« folgendes: »Die volks-, staats- und kulturpolitische Grundhaltung der gewaltigen nationalen Erhebung und Umwälzung hat uns in vollem Umfang recht gegeben. Wir beriefen uns damals auf das starke Verlangen nach einer Zusammenfassung und Einordnung alles Volkstums und seines Lebenswillens in ein Kultur- und Staatsleben, nach dem die Volksseele, das Volksganze sich sehne. Darum forderten wir auch im Sinne einer wahren Volksgemeinschaft die Weckung sozialer Gesinnung und eine nationalpolitische Erziehung zum Staatsbewußtsein, zum deutschen Volksstaat. Es ist dabei vorausgesetzt, daß ›Volk‹ gegenüber dem ›Staat‹ nicht etwas Anderes, etwas Geringeres ist. Denn nicht das Volk dient dem Staat, sondern umgekehrt, der Staat dient der Erhaltung und Förderung des Volkes. Das Volk ist ein Teil der göttlichen Weltordnung.«[4] Die »Volksgemeinschaft« steht im Zentrum, der Staat ist das Elastische, Plastische, Bewegliche, Untergeordnete.

Die Nazibewegung wollte keine alten Grenzen wiederherstellen, sondern ein neues Imperium; sie wollte nicht den status quo ante vor Versailles, sondern eine neue Ordnung. Ihre Legitimation war nicht »deutscher Kulturboden« oder »deutsche Sprache«, sondern die Superiorität einer imaginären Rasse. Statt Territorial- und Staatskarten finden wir daher Rassekarten zuhauf – für das Deutsche Reich etwa mit der nordischen, ostbaltischen, ostischen, dinarischen und westischen Rasse. Neue Einteilungen in Stämme und Volksgruppen treten an die Stelle von politischen Gliederungen: Rheinländer, Schlesier, Lausitzer, Schwaben. Dorf- und Hausformen geben eine neue kulturelle Gliederung vor. Aber aus Rassekarten lassen sich gerade keine Gebietsansprüche ableiten – reicht diese imaginäre Rasse doch kaum über die Ostgrenze des Deutschen Reiches hinaus. Dies mag, wie Guntram Herb vermutet, der Grund gewesen sein, weshalb Rasseatlanten für den Schulgebrauch »grundsätzlich nicht zugelassen« waren.[5] Etwas anderes war es, wenn es um die Beschreibung des »ewigen Kampfes« zwischen Ariern und Nichtariern, Germanen und Nichtgermanen ging. Dieser imaginäre und phantastische Kampf wird in zahlreichen Atlanten der Nazizeit in die Vergangenheit zurückprojiziert.[6] Von wirklicher, praktischer Relevanz waren indes nicht jene mythischen Erfindungen, sondern die empirischen Kartierungen der ethnischen Verhältnisse im mittleren und östlichen Europa. Hier konnte sich die Naziherrschaft auf eine reiche und entwickelte Tradition und Forschung stützen, in der in großem Stil interdisziplinär geforscht wurde und in der Ethnographie, Anthropologie, Siedlungsgeschichte, Demographie, Soziologie, Sprachforschung Hand in Hand gegangen waren. Man war durch die intensive Forschung der Weimarer Zeit im Bilde über »geschlossenen deutschen Volksboden« mit durchgängig deutscher Bevölkerung, über »Streudeutschtum« und »deutsche Enklaven im slawischen Meer«, über die Zentren jüdischen Lebens, über die Mischungsverhältnisse in den großen Städten wie in den weiten Provinzen des östlichen Europa. Die Karten taten später, nachdem die Wehrmacht die Grenze überschritten hatte, ihren Dienst (»Nur für den Dienstgebrauch!«). Deutsche Volkstumskarten waren Bestandteil der Ausrüstung für den deutschen Angriff, man mußte wissen, wo man mit freundlicher Begrüßung, Kollaboration oder Widerstand rechnen konnte. Ethnographische und Nationalitätenkarten gehörten zur Grundausrüstung. Eine »wehrethnographische Karte« gab es selbstverständlich nicht für den Angriff auf Frankreich, wohl aber für den Überfall auf Polen.[7] Solche Karten waren unerläßlich, wollte man die komplizierten und komplexen ethnischen und sozialen Gemengelagen aufsprengen und für die eigene Politik nutzen. Für alle speziellen Fälle gab es Karten: für Wolhyniendeutsche, Kaschuben, Sorben, Ukrainer, Litauer und Juden. Keine »Heim ins Reich«-Bewegung ohne die Kartierung der »deutschen Volkstumssplitter«, keine Judenvernichtung ohne die Kartierung der Verteilung jüdischer Bevölkerung in Osteuropa. Einsatzkommandos konnten sich auf den reichen Kartenfundus zahlreicher wissenschaftlicher Institute, auf die von der Deutschen Forschungsgemeinschaft finanzierten Recherchen, auf die Karten der Publikationsstelle Berlin-Dahlem und viele andere stützen. Das östliche Europa war ethnographisch längst vermessen, Naziführung, Wehrmacht, Einsatzkommandos – sie alle mußten die Karten nur hervorholen und lesen.

Im Augenblick ihres größten militärischen Triumphes, im Juli 1942, nach dem Beginn des Angriffs auf die Sowjetunion und vor der Schlacht um Stalingrad, ging das Auswärtige Amt daran, das große Kartenprojekt »Historisch-geographischer Atlas von Europa« zu realisieren. Als die Arbeiten begannen, tobte die Schlacht um Stalingrad. Die Bombenangriffe auf Berlin zwangen die Kartenmacher im Herbst 1943 zur Evakuierung auf Schloß Grabow. Das Kartenwerk, auf dem das veränderte Europa dargestellt werden sollte, wurde nicht nur, wie es immer bei Karten der Fall ist, von der Wirklichkeit überholt, sondern es wurde nicht einmal fertiggestellt. Es wäre vermutlich eine Karte des arischen Europa gewesen, also eine mythisch-ideologische Konstruktion, ein kartographisches Ornament für eine Form von Herrschaft, wie sie Europa bis dahin noch nicht gekannt hatte. Aber die Karte, die wirklich angefertigt wurde, war die von der Zerschlagung des Deutschen Reiches, die Karte des »finis Germaniae«.[8] Alle Karten mußten neu gezeichnet werden. Sie zeigen für lange Zeit ein geschlagenes, geteiltes Deutschland, das seine politisch-territoriale Einheit verloren hatte. Deutschland gehörte nach Jalta und Potsdam für ein halbes Jahrhundert verschiedenen Hemisphären und Systemen an. Für mehr als eine Generation war Deutschland zwei-, ja dreigeteilt, durch eine scharfe Grenze getrennt, verschiedenen Welten angehörig, verschieden koloriert. Nach dem Krieg wuchs man – im westlichen jedenfalls – noch mit den Umrissen von »Deutschland in den Grenzen von 1937« in Dierckes Schulatlas auf; aber auch mit den Spuren, die das Netz der deutschen Konzentrations- und Vernichtungslager auf der Karte Europas hinterlassen hatte, und mit den Pfeilen, die für die Umsiedlung und Vertreibung der Deutschen aus dem östlichen Europa standen.

WELTVERKEHR.
DIE KRAFT DER
BOURGEOISIE

Zur Karte des entstehenden Weltmarktes kann es keinen angemesseneren Text geben als jene Passage aus dem *Manifest der Kommunistischen
Partei* von Karl Marx und Friedrich Engels von 1847/1848: »Die Entde-
ckung Amerikas, die Umschiffung Afrikas schufen der aufkommenden
Bourgeoisie ein neues Terrain. Der ostindische und chinesische Markt,
die Kolonisierung von Amerika, der Austausch mit den Kolonien, die
Vermehrung der Tauschmittel und der Waren überhaupt gaben dem
Handel, der Schiffahrt, der Industrie einen nie gekannten Aufschwung
und damit dem revolutionären Element in der zerfallenden feudalen
Gesellschaft eine rasche Entwicklung ... Die große Industrie hat den
Weltmarkt hergestellt, den die Entdeckung Amerikas vorbereitete. Der
Weltmarkt hat dem Handel, der Schiffahrt, den Landkommunikatio-
nen eine unermeßliche Entwicklung gegeben. Diese hat wieder auf
die Ausdehnung der Industrie zurückgewirkt, und in demselben Maße,
worin Industrie, Handel, Schiffahrt, Eisenbahnen sich ausdehnten, in
demselben Maße entwickelte sich die Bourgeoisie, vermehrte sie ihre
Kapitalien, drängte sie alle vom Mittelalter her überlieferten Klassen in
den Hintergrund. ... Die Bourgeoisie kann nicht existieren, ohne die
Produktionsinstrumente, also die Produktionsverhältnisse, also sämt-
liche gesellschaftlichen Verhältnisse fortwährend zu revolutionieren.
Unveränderte Beibehaltung der alten Produktionsweise war dagegen
die erste Existenzbedingung aller früheren industriellen Klassen. Die
fortwährende Umwälzung der Produktion, die ununterbrochene Erschütterung aller gesellschaftlichen Zustände, die ewige Unsicherheit
und Bewegung zeichnet die Bourgeoisepoche vor allen anderen aus.
Alle festen eingerosteten Verhältnisse mit ihrem Gefolge von altehr-
würdigen Vorstellungen und Anschauungen werden aufgelöst, alle
neugebildeten veralten, ehe sie verknöchern können. Alles Ständische
und Stehende verdampft, alles Heilige wird entweiht, und die Menschen sind endlich gezwungen, ihre Lebensstellung, ihre gegenseitigen
Beziehungen mit nüchternen Augen anzusehen.

Das Bedürfnis nach einem stets ausgedehnteren Absatz für ihre Produkte jagt die Bourgeoisie über die ganze Erdkugel. Überall muß sie sich einnisten, überall anbauen, überall Verbindungen herstellen.

Die Bourgeoisie hat durch ihre Exploitation des Weltmarkts die Produktion und Konsumption aller Länder kosmopolitisch gestaltet. Sie hat zum großen Bedauern der Reaktionäre den nationalen Boden der Industrie unter den Füßen weggezogen. Die uralten nationalen Industrien sind vernichtet worden und werden noch täglich vernichtet. Sie werden verdrängt durch neue Industrien, deren Einführung eine Lebensfrage für alle zivilisierten Nationen wird, durch Industrien, die nicht mehr einheimische Rohstoffe, sondern den entlegensten Zonen angehörige Rohstoffe verarbeiten und deren Fabrikate nicht nur im Lande selbst, sondern in allen Weltteilen zugleich verbraucht werden. An die Stelle der alten, durch Landeserzeugnisse befriedigten Bedürfnisse treten neue, welche die Produkte der entferntesten Länder und Klimate zu ihrer Befriedigung erheischen. An die Stelle der alten lokalen und nationalen Selbstgenügsamkeit und Abgeschlossenheit tritt ein allseitiger Verkehr, eine allseitige Abhängigkeit der Nationen voneinander. Und wie in der materiellen, so auch in der geistigen Produktion. Die geistigen Erzeugnisse der einzelnen Nationen werden Gemeingut. Die nationale Einseitigkeit und Beschränktheit wird mehr und mehr unmöglich, und aus den vielen nationalen und lokalen Literaturen bildet sich eine Weltliteratur.

Die Bourgeoisie reißt durch die rasche Verbesserung aller Produktionsinstrumente, durch die unendlich erleichterten Kommunikationen alle, auch die barbarischsten Nationen in die Zivilisation. Die wohlfeilen Preise ihrer Waren sind die schwere Artillerie, mit der sie alle chinesischen Mauern in den Grund schießt, mit der sie den hartnäckigsten Fremdenhaß der Barbaren zur Kapitulation zwingt. Sie zwingt alle Nationen, die Produktionsweise der Bourgeoisie sich anzueignen, wenn sie nicht zugrunde gehen wollen; sie zwingt sie, die sogenannte Zivilisation bei sich selbst einzuführen, d. h. Bourgeois zu werden. Mit einem Wort, sie schafft sich eine Welt nach ihrem eigenen Bilde ... Die Bougeoisie hat in ihrer kaum hundertjährigen Klassenherrschaft massenhaftere und kolossalere Produktionskräfte geschaffen als alle vergangenen Generationen zusammen. Unterjochung der Naturkräfte, Maschinerie, Anwendung der Chemie auf Industrie und Ackerbau, Dampfschiffahrt, Eisenbahnen, elektrische Telegraphen, Urbarmachung ganzer Weltteile, Schiffbarmachung der Flüsse, ganz aus dem Boden hervorgestampfte Bevölkerungen – welches frühere Jahrhundert ahnte, daß solche Produktionskräfte im Schoß der gesellschaftlichen Arbeit schlummerten.«[1]

Die rhetorische Wucht, mit der Karl Marx und Friedrich Engels im *Kommunistischen Manifest* die revolutionäre Kraft der Bourgeoisie feiern, findet eine Entsprechung in der bildlichen Darstellung der Karten des Weltverkehrs. So spricht nur jemand, der ein offenes Geheimnis ausspricht, der etwas, was irreversibel an die Oberfläche getreten ist, seine Stimme leiht: die Empfindung und die tiefe Überzeugung seiner ganzen Zeitgenossenschaft. So spricht nur jemand, für den die Entfaltung des »Kapitalverhältnisses« zugleich die Produktion eines spezifischen Raumes durch das Kapital ist. Marx, der Analytiker der Produktion des »abstrakten Reichtums«, denkt Gesellschaftsverhältnisse so konkret wie kaum ein anderer. Er war nicht der einzige in seiner Zeit, und vielleicht hat er seinen Sinn geschult bei dem Geographen Carl Ritter, bei dem der junge Marx wohl auch Vorlesungen an der Berliner Universität gehört hat. In der Sprache des Geographen klingt das so: »Früherhin waren die Gestade, die Meere, die Oceane nur Hemmungen auf dem Planetenring... Gegenwärtig scheiden die Meere nicht, wie ehedem, die Länder- und Erdtheile; sie sind es, welche die Völker verbinden, ihre Schicksale verknüpfen, auf die bequemste, selbst auf die sicherste Weise, seitdem die Schiffahrt zur vollkommensten Kunst herangereift ist, seitdem der schnellste und leichteste Transport durch die Beseelung der Bewegungen der flüssigen Elemente, welche bei weitem den größern Raum ($\frac{3}{5}$ gegen $\frac{2}{5}$) auf dem Erdrund einnehmen, das Verknüpfungsmittel aller Kulturvölker geworden ist... Der Fortschritt der oceanischen Schiffahrt hat sogar die ganze Stellung der Erdtheile, der Continente und aller Inseln gegen die frühere Zeit zu einer anderen wirklich gemacht.«[2] Dadurch sei zum Beispiel die Insel St. Helena zu einer »Nachbarinsel unseres Erdtheils« geworden. Die Chinafahrt habe sich seit dem 18. Jahrhundert von acht auf vier Monate verkürzt. »Der atlantische Ocean ist also in der That hierdurch in einen schmalen Meeresarm oder in einen großen Kanal verwandelt.« Da man sich jetzt mit Dampfschiffen vom Wind unabhängig gemacht habe, könne man frei planen und entscheiden. Die »bis dahin starre Physik der rigiden Erdrinde« habe ihre Macht eingebüßt. »Nach Australien zu gelangen ist heutzutage bequemer und in kürzerer Zeit möglich als z. B. in die Mitte unseres Nachbar-Erdtheils, aus dem die ersten Keime der Kultur zu uns herübergewandert sind, nach Inner-Asien.« Ostindien und Westindien seien »gleichsam maritime Gliederungen der europäischen Welt«, »befreundete Planetenstellen geworden«.[3] Und noch eine andere Bemerkung ist für die Zeitgenossen der Globalisierung des 21. Jahrhunderts interessant: »Ja, ein Punkt auf einer günstig gelegenen und durch ihre locale Physik in den Zeitverkehr in die historische Entwicklung fördernd eingreifende Stelle des Erdrings kann, bedeutender als ein Flächenraum vieler Quadratmeilen, durch den richtig ergriffenen Moment schon in der kürzesten Reihe der Jahre, eines Jahrzehnts, wie einst Alexandria, Ormuzd, oder Macao, wie Havannah, wie heute der Freihafen zu Singapore, den größten Einfluß auf den zugehörigen Archipel oder Ocean gewinnen.«[4]

Routen, Universalismus. Karten des Weltverkehrs zeigen die um den Globus führenden Hauptverkehrsrouten.[5] Sie verbinden das eine Ende der Welt mit dem anderen. Sie laufen an bestimmten Stellen zusammen, bündeln sich und gewinnen eine ganz eigene Realität als Seestraßen. Auf diesen Weltverkehrskarten entsteht eine neue Geographie: ihre Hauptstädte sind die Hafenstäde: New York, London, Rotterdam, Colombo, Yokohama, San Francisco, Valparaiso. Ihre Engstellen, an denen sich die ganze Bewegung aufstaut und auf Durchlaß wartet, sind die natürlichen und die künstlichen Seestraßen und Kanäle. Sie sind die Verdichtungen, die Begegnungspunkte auf hoher See, die gefährlichen Eng- und Staustellen: Öresund/Großer Belt, die Straße von Dover, Gibraltar, Messina, Bosporus/Dardanellen, die Straße von Hormus, Bab al-Mandeb, die Straße von Malakka, die Sundastraße, die Makassarstraße bei Borneo, die Oingzhoustraße bei Hongkong, die Taiwanstraße, die Koreastraße/Tsusima, die Tsugarustraße nördlich von Hokkaido, die Cookstraße in Neuseeland, die Belle-Isle-Straße bei Neufundland, die Cabotstraße am St.-Lorenz-Strom, die Floridastraße, die Yucatanstraße, die Windwardpassage, die Monapassage bei Kuba, die Magalhãesstraße. Die Stellen, auf denen der größte Druck lastet, sind die künstlichen Weltmeerkanäle: der Suezkanal, der Panamakanal, der St.-Lorenz-Seeweg, der Nord-Ostsee-Kanal. Es handelt sich nicht um Straßen, aber wir benennen sie so. »Nach allen Himmelsrichtungen hin überqueren die Seestraßen die wirtschaftsermöglichenden und wirtschaftstätigen Gebiete des Weltmeeres. Bei aller Zerfaserung der Linien kann man doch erkennen, daß sich die meisten bündelweise zu bestimmten Routen zusammenschließen, so daß man von bevorzugten oder verkehrsreichsten Routen oder kurzweg von ›Hauptrouten‹ oder von ›Verkehrsbändern‹ reden muß.«[6]

Der Verkehr macht aus den großen Meeren Binnenseen und aus den fernen Küstenorten Nachbarstädte. So verknüpft sich der pazifi-

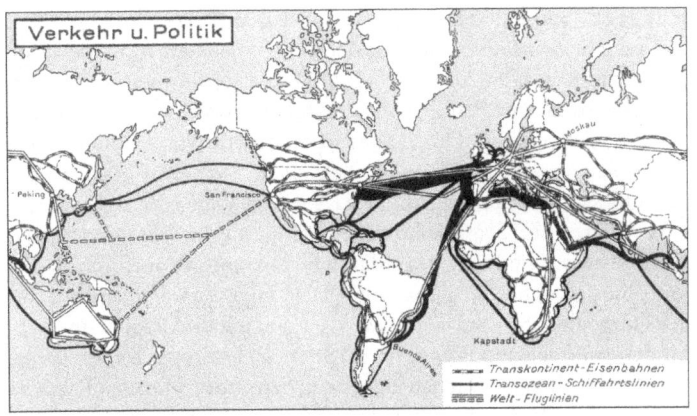

»Auf diesen Weltverkehrskarten entsteht eine neue Geographie. Ihre Hauptstädte sind die Hafenstädte: New York, London, Rotterdam, Colombo, Yokohama, San Francisco, Valparaiso.«

Interkontinentale Verkehrsströme, 1930

sche Raum: Los Angeles, San Francisco und Yokohama und Auckland; im Indischen Ozean: Freemantle in Australien und Kap Guardafui in Ostafrika, Kap der Guten Hoffnung und Bombay; der Nordatlantik scheint die höchste Verdichtung aufzuweisen, und man sieht förmlich die Schiffe aneinander vorüberziehen: New York–Rotterdam, Bahamas–Southampton, Lissabon–Panama. Die Kartensignaturen geben Dichte, Frequenz, bewegte Tonnage wieder. »Der Atlantische Ozean ist das routenreichste und verkehrsreichste Meer unter den Ozeanen. Er hat sich zu einem Weltmittelmeer emporgeschwungen, wogegen der Pazifische Ozean der Große Ozean par excellence bleibt und auf den Verkehr infolge seiner Größe und Gestalt mehr dezentralisierend wirkt. Das alles und mehr erzählt die Karte ohne ausführliche textliche Interpretation.«[7]

Die Relaisstationen sind fester Bestandteil unseres Wissens von der Welt. Auch wenn wir uns nicht für Weltverkehr interessieren, kennen wir: Gibraltar, Panama, Port Said, Singapur, Hongkong. Es sind die Knotenpunkte, an denen eine Welt geknüpft und zusammengezogen wurde, die es vorher nicht gegeben hatte. Zwischen ihnen spannt sich ein dichter werdender Raum auf. Die Durchstiche haben die Strecken halbiert. Panama hat aus der Strecke von San-Francisco nach New York statt 13 230 Seemeilen nur noch 5340 Seemeilen, aus den 13 042 Seemeilen Yokohama–New York nur noch 9700 Seemeilen, aus den 8100 Seemeilen von New York nach Valparaiso 4724 Seemeilen gemacht, und die Strecke von San Francisco nach Liverpool von 13 507 Seemeilen auf 7930 verkürzt. Durch Suez ist die Strecke von Hamburg nach Al-Kuweit von 13 968 Seemeilen auf 6849 Seemeilen geschrumpft, von Odessa nach Bombay von 11 814 Seemeilen auf 4174 Seemeilen.[8]

Seekarten und Seeverkehrswege sind nur die eine, in Diagrammen sichtbar gemachte Form. Das Marxsche Diktum gilt auch für die Eisenbahnrouten, für die transkontinentalen Highways und natürlich für die Flugrouten. Sie sind es, die die Welt nun fest verknüpfen und Verbindungen etablieren. Wir sitzen im Sessel und nehmen aus der Tasche vor uns das Heft der Fluggesellschaft mit den entsprechenden Routenkarten. Die Diagramme, die dem Passagieraufkommen der unterschiedlichen Routen folgen, dokumentieren Verdichtung, Verkürzung. Die Diagramme entsprechen der Erfahrung des Flugpassagiers: man sieht auf den Transatlantikrouten Flugzeuge in hoher Dichte und auf Sichtweite auf unterschiedlichen Flughöhen aneinander vorüberziehen. Was die Hafenstädte für den Beginn des 20. Jahrhunderts noch waren, sind die internationalen Flughäfen für das Ende des 20. Jahrhunderts. Was die großen Schiffahrtsgesellschaften – Norddeutscher Lloyd, Hamburg-Amerika-Linie und andere – für die Gesellschaft vor 1914 waren, das sind United, Lufthansa, Sabena, Air France, Quantas für das Publikum am Ende des 20. Jahrhunderts. Wenn wir die ganze Welt denken, dann denken wir an: JFK-Airport und Newark in New York, O'Hare in Chicago und Denver, Orlando und Atlanta, London-Heathrow, Frankfurt-Rhein-Main, Abu Dhabi, Hongkong. Die Schiffahrtsrouten zwischen England, Panama, Gibraltar, Suez, Bombay, Auckland, Singapur, Hongkong, Vancouver – das waren die »Highways of Empire«. Sie lassen sich statistisch messen in Passagierzahlen, Fracht- und Stückgutzahlen, Akzeleration des Austausches von Menschen und Ideen. Dieses Netz der Routen erzählt und enthält eine ganze Geschichte – vielleicht sogar eine, die dabei ist, zu Ende zu gehen. Es ist die jährlich, täglich, stündlich hergestellte Einheit der Welt, aus der wir punktuell herausfallen können, wenn es zu Störungen kommt, aber hinter die wir doch nicht mehr zurückgehen können. Die Diagramme zeigen die Basis, auf der unser theoretischer Universalismus erst funktioniert, unsere stillschweigende Annahme, daß in dieser Welt gewisse, von allen mehr oder weniger geteilte Grundanschauungen und Grundannahmen gelten würden. Die Diagramme visualisieren die Pfeiler, auf denen die »Weltkultur« ruht. An diesen Strömen hängt die ganze moderne Lebensform: das Sortiment des Kolonialwarenladens, die orientalisierende Kulisse von Aida, die Neonschriften von Chinatown, der Schriftzug von McDonald's, International Herald Tribune am Kiosk – egal wo. Sie bilden die weltweite Vergesellschaftung ab, von der Marx einst gesprochen hatte.

Zivilisatorische Mission: Aneignung der Welt, Kolonisierung der Welt. Die zivilisatorische Mission des Kapitals hat überall auf dem Globus ihre Spuren hinterlassen, mehr noch: den Globus dauerhaft und über weite Flächen hin geprägt. Europa hat der Welt, die es für sich entdeckt und erschlossen hat, einen Namen gegeben, seinen Namen. Überall in der Neuen Welt hat es sich noch einmal erfunden und hingesetzt: New Orleans, Nova Hispania, New York, Novorossijsk, Berlin/Texas. Überall in der neuen Welt hat es die Festungen seiner Gegner geschleift und seine eigenen aufgerichtet. Es hat sich als Mitte der Welt in die Weltkarten eingezeichnet, bis es andere Karten geben würde. Es hat aus den neuen Kontinenten für sich herausgeschnitten, was es herauszuschneiden und dauerhaft auszubeuten vermochte. Es hat Grenzen gezogen, die es bis dahin nicht gegeben hat. Es hat Territorien geschaffen, wo vorher nur Räume waren. Es hat die Welt markiert mit den Einrichtungen und Zeichen seiner Welt: Kirchen, Festungen, Gefängnissen und Kasernen, Städten mit Marktplätzen, Straßen und Kanalbauten, Hafenanlagen, Zollinspektionen und Speicherstädten, Polizei- und Verwaltung, auch Schulen und Krankenhäusern. Überall wo wir heute hinkommen in der Welt, sind wir schon gewesen. An den fernsten Enden der Welt kommt es zu Wiedererkennungseffekten und Déjà-vu-Erlebnissen: eine Kathedrale, ein Turm, ein Tor, ein Leuchtturm, ein Hotel, ein Bahnhof. Und umgekehrt finden wir überall inmitten unserer großen Städte die Abgesandten der fernen neuen Länder: Friese mit den Gaben, die die Entdecker aus Übersee mitgebracht haben, Obeliske und Sphingen, Kunstwerke, Edelsteine und Intarsien aus kostbaren Hölzern, Skulpturen und Pflanzen, die die exotische Welt dem alten Kontinent gespendet hat. Die Museen der Alten Welt sind Schatzhäuser des Imperialismus. Auf den schönsten Plätzen der Metropolen brüllen Löwen, verneigen sich Sklaven und Wilde. Der Reichtum der Welt fand sich ein auf dem Gelände der Weltausstellungen in London, Chicago, Paris.

Imperialismus ist auch Geographie. Das kommt uns vollends zu Bewußtsein in dem Augenblick, da der stumme Konsens über die zivilisatorische Mission beendet und die Mission als Aneignung und Unterwerfung ausgesprochen sein wird. Wo immer wir heute hinkommen in der Welt, wir begegnen den Spuren Europas. Imperialismus ist vom Kapitalismus produzierter globaler Raum. Imperialismus ist die Geographie des Antagonismus von Zentrum und Peripherie, die Geographie des ungleichen Tausches. Imperialismus ist Machtraum, gebaute Herrschaft der Kolonialherren über die Einheimischen, von Weißen über Nichtweiße, Landschaft und Stadtanlage der Apartheid. Der Kolonialismus ist wie jedes »System« räumlich organisiert. Es hat seine Stützpunkte der Macht, seine Flottenstützpunkte, seine Zufluchtspunkte für den Fall des Falles, seine Erziehungs- und Dressuranstalten für die einheimischen Compradoren, seine Welten für sich und die Welten für die anderen. Kolonialismus ist räumlich an der Küste, in den Mündungen der großen Flüsse, näher am Mutterland als am Innern der in Besitz genommenen Kontinente. Kolonialismus besetzt alte Kult- und Herrschaftszentren, benennt und deutet sie um, errichtet auf ihrer Autorität und der Niederlage ihrer Autorität seine kulturelle Hegemonie. Kolonialismus ist zunächst einmal die Herrschaft der Ohnmächtigen, die mit geringsten Kräften maximalen Effekt erzielen müssen. Der koloniale Raum basiert auf der Herrschaft an strategischen Punkten, Höhen, Meerengen. Der strategische Punkt, nicht die Fläche zählt. Die Feuerkraft, nicht die Zahl. Der ganze Universalismus hat zu tun mit der Bewegung des Vorrückens, der Errichtung von Stützpunkten, der Enklavenbildung, des Ausgreifens.

Kolonialismus ist soviel wie unbegrenzte Möglichkeit auf der Tabula rasa. Hier kann geplant, gebaut, entwickelt werden, wie nur sonst auf einem leeren Blatt weißen Papiers. Hier müssen keine Rücksichten genommen werden, hier braucht man sich nicht beengen zu lassen. Maximaler Effekt, maximale Ausbeutung, maximale Annehmlichkeit – das zählt. Die Kolonie ist der Garten der Lüste und der Möglichkeiten, die es zuhause schon nicht mehr gibt. Der Okzident, der sich Kolonien zugelegt hat, kann auf Utopien verzichten. Durch die *porta orientis* kommt er endlich zu sich selbst. Kolonialstädte sind rationell bis in die letzte Konsequenz. Ihre Ästhetik gründet auf dem Schachbrett, dem Block. Sie müssen alles haben, was eine europäische Enklave braucht: Kirche, Palazzi, Gouverneurspalast, Banken, verarbeitende Industrie, Hafen und Hafenverwaltung, den Club, das Bordell. Und man muß haben, was man braucht, um von einem Punkt aus ein ganzes weites, fremdes Land im Griff haben zu können. Kolonialstädte, die so leuchten, sind dem Hinterland, in das sie hinausleuchten, verhaßt. Kolonialstädte sind die Scharniere zur Peripherie. Aber in vielen Fällen wachsen sie über sich hinaus, machen sich selbständig, hören auf Kolonialstädte zu sein und beginnen als Metropolen aus eigener Kraft zu leuchten. So etwas ist mehr als einmal geschehen: New York, Boston, Tanger, Beirut, Odessa, Port Said, Bombay, Aden – sogar Sankt Petersburg, das eine russische Kolonialgründung in finnisch-ingermanländischen Sümpfen ist. Ihre Nachfolger, nach der Auflösung der kolonialen Welt und dem Zusammenbruch des sozialistischen Blocks, sind wohl die Hafenstädte und Knotenpunkte, durch die Globalisierungströme fließen.[9]

JAN VERMEERS
INTERIEUR MIT GEOGRAPH
(1669)

Sammler sind eine besondere Spezies, aber Kartensammler und Kartenhändler sind noch einmal etwas Besonderes. Auf den ersten Blick sind sie nur eine Sonderform der Bibliophilen. Sie sind Spezialisten wie die Jäger der Erstausgaben. Als Sammler sind sie Kenner. Sie verstehen etwas von Drucktechniken, Schraffuren, Farbauftrag, Binde- und Hefttechniken. Ein Gespräch mit ihnen führt um die ganze Welt, die kleinste Karte führt in die großen Weltzusammenhänge. Man ist auf der Spur von Dynastien und Schulen. Also das übliche, ein geschärfter Jagdinstinkt, ein geschärfter Instinkt für das Unikat, für die Aura, die mit dem »Blatt Papier« gegeben ist, ein ins Pathologische gehender Respekt vor der Materialisierung von Zeit, vor dem Aroma der Epoche. Sie haben etwas von Büchernarren. Aber das trifft es nicht. Es geht um etwas genauer zu Bestimmendes. Sie haben die Welt zu Hause. Sie haben ein Geheimnis geborgen. In ihrer Leidenschaft kommt zum Vorschein, weshalb Karten Geheimsache waren, schärfer gehütet als ein Goldschatz; man begreift, warum ihr Export verboten war, warum sie gehütet wurden wie der teuerste Schatz, warum sie in vielen Staaten Konterbande waren – mehr noch als Waffen, Narkotika oder Pornographie. Es geht um etwas Brisantes. Um Kartensammler ist etwas Verschwörerisches. Man gehört dazu oder nicht.

Man könnte denken, es sind die Schmuckblätter, die Schönheit der Arbeit. In der Tat sind Karten und Atlanten pompöse Inszenierungen. Sie heißen bei Abraham Ortelius oder Jan Blaeu *Theatrum mundi et orbis terrarum*. Auf den Titelblättern werden Vorhänge aufgezogen, Podien und Bühnen errichtet, das Personal der geographischen Weltgeschichte, die Kontinente, die Ozeane, die Klimazonen, die Windrose haben ihren allegorischen Auftritt. Viele davon sind von ansehnlichen Formaten, nicht Bildchen, sondern Panoramen. Wie sollte man nicht außer sich geraten angesichts der plastischen Gletscherkarten im *Atlas Suisse* von 1796 bis 1802.[1] Jeder versteht sofort, wovon die Rede ist, wenn man den legendären Dufour-Atlas für die Schweiz von 1842 bis 1876 vor sich liegen hat. Diese Schraffuren, diese Erfindung der genauen Übergänge, dieses Meisterwerk. Die bloße Beschreibung seiner Qualitäten gibt nichts wieder von dem Moment der Erregung, ja Verzückung. »Der Dufour-Atlas war nicht so sehr eine Pionierleistung, die bald der Revision bedurft hätte, als vielmehr ein Muster an Präzision und künstlerischer Darstellung, und dies nicht nur für die Kartographen der Schweiz, sondern für die Kartographie überhaupt ... Die Blätter bildeten die Grundlage für die vielen Folgekarten in unterschiedlichen Maßstäben, die sich alle auf die originalen Dufour-Karten bezogen. Schriftzüge, Abrißpunkte, Gebäude, Straßen, Grenzen und dergleichen waren in Schwarz gedruckt; Hänge und Pässe sowie andere Landmarken, die nicht durch Konturlinien darstellbar waren, wurden durch braune Schraffen wiedergegeben, während schwarze Schraffen den felsigen Steilhängen und Aufschlüssen vorbehalten waren. Die Karten gaben bei vorgestelltem schrägem Lichteinfall ein plastisches Bild des Reliefs. Für horizontale Ansichten wurde eine Bronzetönung verwendet, und alle Gewässer zeigten eine blaue Färbung. Das Ergebnis war das ästhetisch sehr ansprechende topographische Kartenwerk der Schweiz, das auch heute noch verwendet wird. Viele halten es für eines der gelungensten Werke der topographischen Kartographie, das je publiziert wurde.«[2] Jeder, der einmal eine Portolankarte gesehen oder gar in Händen gehalten hat, versteht, was da vor sich geht: es ist wie mit den goldenen Miniaturen und Illuminationen in den Folianten und Pergamentbänden des Mittelalters. Die unendliche Kostbarkeit aus Handwerk und Zeit. Unkolorierte Portolankarten – gibt es etwas Vornehmeres als diese sauberen und kargen Gebilde aus Linien, so schön wie eine alte Architekturzeichnung aus der Renaissance? Man kann sich ereifern über stichtechnische Feinheiten, den Blattgoldauftrag, die Delikatesse der Vignetten.

Eingeweihte wissen, daß Kartenzeichnen etwas für große Künstler war, etwas, woran sich große Künstler versucht haben. Sie haben ihr Bestes gegeben: Leonardo, Dürer, Holbein und viele andere. Ein alter Name für Karte war *pictura*.[3] Karten galten als *pictures of the world*. Kartengemälde wurden häufig zu Wandgemälden und konnten auch als kostbare Tapeten verwendet werden. Die Blüte der Kartographie ist oft zugleich eine Blüte der Kunst und Beleg für die Kulturentwicklung eines Landes überhaupt. Karten sind so etwas wie Porträts der Erde, ihres Antlitzes oder wenigstens deren Spiegel. Im Porträt oder Antlitz kommen sich Karte und Kunstbild entgegen. Zwischen ihnen gibt es Parallelen. Karten sind immer Gesamtkunstwerke, Archive unseres komplexen Wissens: In ihnen geht es um Geodäsie und Klima, Botanik und Zoologie, Geometrie und Literatur. Sie arbeiten mit geometrischen Linien und den Narrativen der Kartenlegenden. Manche Karten sind eingerahmt von Bildergeschichten, von einer Geschichte in laufenden Bildern, einer frühen Form von *cartoons* und *comics*. Es ist nicht vorab klar, ob Kartenzeichner zuerst Geographen und dann erst Künstler oder zuerst Künstler und dann Geographen sind. Es gab Künstler, die Kartographen waren und Geographen, die begnadete Künstler waren: Hans Holbein der Jüngere hat eine Weltkarte gemalt. Carl Ritter hat wunderbare Zeichnungen vom Elbetal bei Außig, von Griechenland oder vom Rheintal bei Bingen gezeichnet. Er entlehnte aus der bildenden Kunst und aus der Kunsttheorie Friedrich Schlegels für seine Disziplin den Terminus des Bas-Reliefs als einer Übergangsform von der Skulptur zur Malerei und schuf 1803 eine Karte »Deutschland als ein Bas-Relief«.[4] Das zeigt, daß es bei Karten vielfältige Übergänge zwischen Information und künstlerischer Darstellung, zwischen Abbildung und Konstruktion gibt. Das erinnert daran, daß das Abbilden der Welt so wichtig war wie das Vermessen und daß die Mittel der Visualisierung so wichtig waren wie die Mittel der Berechnung. Wie bei allen Sammlern gibt es eine Leidenschaft für enzyklopädische Vollständigkeit, und bei Karten ist das schlicht unendlich: da sich alles kartographisch darstellen läßt, ist die Kartenwelt unendlich. Wie jeder Besitzer einer guten Bibliothek spielt auch der Kartensammler ein wenig Alexandria.

Schon für die alten Mäzene, Auftraggeber und Sammler war die ästhetische, dekorative Seite von größerer Wichtigkeit als die der Information und Veranschaulichung von Raum- und Ortsverhältnissen. John Dee, ein Mathematiker und Mystiker des Elisabethanischen Zeitalters, nannte schon 1570 unter den Gründen, weshalb Menschen Landkarten erwerben, auch folgende: »Manche dekorieren damit ihre Vestibüle, Salons, Privatzimmer, Galerien, Arbeitskabinette und Bibliotheken; andere versehen sich mit Karten für ihre privaten Reisen in ferne Länder; wieder andere möchten die Reisen anderer nachvollziehen und lieben und erwerben dafür Land- und Seekarten und Globen.«[5] An solchen Kunstwerken zeigt sich die wahre Kennerschaft. Man diskutiert dann die Feinheiten und Nuancen der diversen Schulen, man debattiert die Unterschiede zwischen Kartenfamilien – den Genuesern, Venezianern, Katalanen, Niederländern und Deutschen.

Aber die Faszination durch Karten erstreckt sich gerade nicht nur und nicht in erster Linie auf die Kunstwerke, sondern auf die Schön-

»Karten werden zum Inbegriff von Welterfassung und Welterkenntnis, rücken ins Zentrum des Innenlebens der frühen Moderne.«

Jan Vermeer, Interieur mit Geograph *(1669)*

heit und Aussagekraft der gewöhnlichen Karten und Atlanten. Was hat es mit jenen meist in sehr hoher Auflage produzierten Kartenwerken auf sich? Vielleicht liegt es daran, daß Karten Abbreviaturen sind, Welten auf einen Blick, Archive des Wissens der Zeit auf einen Blick. In ihnen ist das Gesamtwissen einer Epoche zur Anschauung gekommen. Man hat ein Stück Welt-Anschauung vor sich. Die genaueste Version. So wie der Besitzer einer Erstausgabe in Verbindung tritt mit dem

Autor, dem Verlag, der Epoche, so hat der Besitzer einer Karte die Welt im kleinen in seiner Hand. Es ist ein Stück virtueller Macht, ein Stück Verfügungsgewalt, ein Stück Teilhabe an der in der Karte fixierten Welt. Man schaltet sich damit ein in den Kartendiskurs, quer durch die Zeiten hindurch, transtemporal. Karten sind Formen, Kondensate, Konzentrationen, Abbreviaturen von Gesamtwissen, von Epochen. Es sind Sammlungen von Blicken auf die Welt, von Weltprojektionen. Kartenlust ist mehr als ästhetischer Reiz und mehr als Ehrfurcht vor Wissen. Wahrscheinlich stimmt, was ein Kenner des Kartengeschäfts einmal bemerkt hat: »Ferner sind sich Wissenschaft, Kartographie und Kunst in der Erweckung eines Lustgefühls sowohl bei dem Erzeugenden wie bei dem Aufnehmenden bis zu einem gewissen Grade ähnlich, während aber bei der Kunst dieses Lustgefühl, der Genuß ein unmittelbarer, überhaupt der wesentlichste Zweck ist, sollen durch die Wissenschaft und Kartographie Wahrheiten ermittelt und übertragen werden.«[6]

Karten werden zum Inbegriff von Welterfassung und Welterkenntnis, rücken ins Zentrum des Innenlebens der frühen Moderne. Jan Vermeers *Interieur mit Geograph* von 1669 zeigt den Geographen in seiner Kammer über die Karte gebeugt: der Mensch, der Europäer erfaßt die Welt, macht sich ein Bild von ihr, rahmt es ein, gibt der Welt eine Ordnung, bändigt die Welt, fixiert die Welt, macht sie zum Tableau im Tableau. Es ist soviel wie Verfügung über das Wissen der Welt, vielleicht über die Welt – aber zu Hause, in den eigenen vier Wänden. Es ist so, wie Blaeu, als er Ludwig XIV. im Jahre 1663 seinen neuen zwölfbändigen Weltatlas vorstellte: »Die Geographie ist das Auge und das Licht der Geschichte ... die Karten geben uns die Möglichkeit, dahin und direkt vor unseren Augen die Dinge zu betrachten, die am weitesten entfernt sind.«[7] Man kann in der Welt sein und doch bei sich selber bleiben. Vermeer hat diesen Moment einer ungeheuren Freiheit und Macht festgehalten. Vielleicht liegt darin letztlich der Zauber der Karten.

DER WELT
EINEN NAMEN GEBEN

Erst die Welt, die einen Namen hat, ist unsere Welt. Religionen markieren ihr Ausbreitungsgebiet durch die Namen von Heiligen und Märtyrern, Revolutionen, die sich verewigen wollen, nennen Städte nach ihren Führern. Das revolutionäre Amerika nennt seine Hauptstadt nach George Washington, die russische Revolution macht aus Petrograd Leningrad. So etwas passiert mit großer Regelmäßigkeit, fast gesetzmäßig. Kein Land der Welt war davon ausgenommen. In jungen Nationen und Ländern mit noch frischer Geschichte fällt die Intervention durch Namensgebung nur mehr auf. Aber auch von der »Ewigen Stadt« wissen wir, daß ihr Name aus dem Kult um eine Person entsprungen ist. Nicht immer glückt es. Es bedarf einer glücklichen Konstellation, damit Ort und Name eine unlösbare Verbindung eingehen. Dies wird dann – bei Flußnamen, bei der Bezeichnung von Ländern und Kontinenten, von Orts- und Städtenamen – zum Gegenstand von Mythenforschung und weitausholender Etymologie. Die Geschichte ist voll von künstlichen, nicht wirklich dauerhaften Benennungen und Namensgebungen. Die Namen sind wie aufgeklebt, fast willkürlich, und ein sich drehender geschichtlicher Wind – oder Orkan – reißt den Namen mit sich fort. Meist kommt dann der ältere wieder zum Vorschein, der sich als hartnäckiger und dauerhafter erweist.

Namen bezeichnen Besitzergreifungen, Aneignungen, sind jedenfalls Markierungen. Die Entdeckung der Neuen Welt ist zugleich die Geschichte einer Namensgebung von ungeheurer Dimension. Die beiden Amerikas wurden gleichsam umbenannt. Aus dem präkolumbianischen Amerika wurde das postkolumbianische. Generationen von Entdeckern haben ihre Phantasie spielen lassen und noch mehr in den Fundus ihrer Bildung gegriffen, um dem Neuen einen Namen zu geben. So ist die Neue Welt ein Pantheon der Alten Welt geworden: seiner Götter, Heiligen und Märtyrer, seiner heiligen Stätten, seiner Geschichte gescheiterter Ideale und des Registers all seiner Utopien. Man kann die Namensgebung der Neuen Welt als Geistergeschichte der Alten lesen, ihrer religiösen Phantasmen und Projektionen. Von

San Francisco bis San Diego, von San Antonio bis St. Paul – die ganze Heiligenwelt wird herbeizitiert. Die Alte Welt wird noch einmal aufgelegt: Neu-Amsterdam, New Orleans, Memphis, Oxford, Paris/Texas. Das Glücksversprechen der besseren Welt ist wenigstens schon im Namen präsent: in Philadelphia zum Beispiel. Und einige der größten und markantesten Orte sind Verschmelzungen von Vorgefundenem und Neuem, so als sei wirklich nur von Dauer, was nicht erst implantiert werden muß, Städte mit indianischer Wurzel also wie Chicago oder Utah. Derselbe Vorgang hat sich überall abgespielt, wo Europäer die Welt in Besitz genommen haben – von Algier bis Wladiwostok, von Bombay bis Hongkong. Wie ein neu entdeckter Raum nicht nur vermessen, sondern klassifiziert und durch Namensgebung überhaupt erst »für uns« erzeugt und angeeignet wird, hat niemand so eindrucksvoll dargestellt wie Paul Carter in seiner Studie *The Road to Botany Bay*. Paul Carter beschreibt die Inbesitznahme Australiens, des zuletzt entdeckten Kontinents, der gleichsam zum Experimentierfeld für wissenschaftliche Namensgebung wurde und so ein anderes Projekt der Aufklärung hat Wirklichkeit werden lassen. Es wird daran deutlich, daß hier nicht nur Namen auszudenken und zu vergeben, sozusagen den Orten der Ureinwohner aufzukleben waren, sondern daß es sich um weit mehr gehandelt hat: um einen wohldurchdachten, großangelegten systematischen Akt der Klassifikation einer unbekannten Welt und ihrer entsprechenden Einzeichnung auf der Karte des westlichen Wissens. Paul Carter hat diesen Prozeß des *Re-Naming*, der sprachlichen Kolonisierung detailliert beschrieben. »In den etwa siebzig Jahren nach der Ankunft der ersten Flotten wurde die australische Küste kartographiert . . .; das Innere Australiens wurde erforscht, seine kartographische Leere wurde überschrieben, von den Spuren der Forscher durchzogen, schrittweise von einem Netzwerk von Namen besiedelt; der australische Küstenstreifen wurde nach und nach von Grenzlinien durchpflügt und verbrannt, seine Flußmündungen und Niederungen wurden für die Anlage von Städten präpariert. Die Entdecker, Forscher und Siedler waren dabei, Raumgeschichte zu machen. Sie entschieden sich für Richtungen, für die Vergabe von Namen, für die Projektierung von Zielen und für die Besiedlung des Landes.« Das war Schwerarbeit. Allein in den vier Monaten, die Kapitän Cook in australischen Gewässern verbrachte, sind über hundert Buchten, Kaps und Inseln vermessen und benannt worden. »Geographische ›Entdeckung‹ ist wesentlich ein linguistischer Prozeß.«[1]

Sobald diese Karten angelegt sind, erscheinen sie wie Ewigkeitswerke. Eine titanische Arbeit für Jahrhunderte scheint getan. Erledigt. Aber dann zeigt sich, daß Namen revidiert werden können, daß sie binnen einer historischen Sekunde aus dem Verkehr gezogen, getilgt, gelöscht werden können und Namen wieder sichtbar werden, die für immer vergessen schienen. So geschah es im Moment des Zusammenbruchs des Kolonialsystems, wo unter der imperialen und kolonialen Karte eine andere wieder zum Vorschein kam, eine Welt, die sich zu ihren eigenen Namen bekannte. Namensgeschichte ist immer auch Herrschaftsgeschichte, Geschichte von Doppelherrschaft. Und wer etwas von den Reibungen von Namen und Benennungen, von der Rivalität von Namen, von der Simultaneität schildern könnte, der schilderte auch ein Stück Zeit. Meist sind es Übergangszeiten wie jene nach 1989, als Städte, Straßen, Plätze in rasendem Tempo umbenannt wurden und die damit beauftragten Kommissionen kaum Schritt halten konnten mit dem Tempo der Um- oder Rückbenennungen. So konnte es kommen, daß eine Stadt eine Zeitlang gleichzeitig drei Namen haben konnte: Sankt Petersburg, Leningrad, Piter. Alle wissen, was gemeint ist, wenn der eine oder der andere Name bevorzugt wird. Es ist ein semantischer Code, an dem man Haltungen erkennen, Ressentiments oder den Kampf dagegen ablesen kann. Jeder Name meint etwas anderes, meist eine andere Generationenerfahrung: Leningrad selbstverständlich als die Stadt der Blockade, als die Stadt, die ihren Namen recht eigentlich erst durch den eisernen Ring der 900 Tage bekommen hat, verliehen und eingeschrieben; Petersburg hingegen als die Evokation der alten Hauptstadt des Reiches und des »Fensters nach Europa«. Doppel- und Mehrfachnamen spielen aber auch in den ethnischen und kulturellen Mischzonen des mittleren und östlichen Europa, den Säuberungs- und Entmischungszonen des 20. Jahrhunderts eine große Rolle: Breslau/Wrocław, Königsberg/Kaliningrad, Vilnius/Wilno/Wilna/Wilne, Lviv/Lwow/Lemberg, Reichenberg/Liberec, Ossiek/Esseg, Rijeka/Fiume, Meran/Merano, Großwardein/Nagyvarad/Oradea, Vyborg/Vipuri. Fast alle europäischen Grenzgebiete sind mehrfach kodiert, fast alle Städte und Orte in diesen Übergangs- und Gemengelagen haben Doppel- und Dreifachnamen. Das ist mehr als ein Hinweis auf politisch korrekte Zitierweise, es ist vielmehr eher die Spur in eine Geschichte, die komplexer ist, als daß sie auf den Nenner eines Namens gebracht werden könnte. Die geschichtliche Welt hat viele Namen, und wer Geschichten erzählen will, muß Namen kennen, Namen ernst nehmen, ob es sich um Fluß- oder Städtenamen, um die Namen von Stadtvierteln oder Straßennamen handelt, Immer bringen die Namen das Register eines geschichtlichen Raumes zum Klingen. Sie sind Enzyklopädien (wie die Namen der Berufe und Handwerke, die den Straßenzügen mittelalterlicher Städte die Namen gegeben haben), verklausulierte Chroniken von Umbrüchen (Boulevard Sebastopol, Straße des 17. Juni). In Namen gibt sich das Gedächtnis ein Gerüst von Anhaltspunkten. Sie sind lange Dauer, zu Abbreviaturen geronnen. Sie sind Symbole von Gewaltsamkeit, an ihnen haftet noch lange die Spur von Verbrechen und Grausamkeit (Sachsenhausen, Dachau, Kolyma). Aber selbst das Eindeutigste und Ewigscheinende ist historisch, vergeht, ist im Fluß. An Namen zeigt sich Entwicklung, die Revision in Permanenz. Onomastik ist recht besehen keine »Hilfswissenschaft«, sondern die Fährte, die uns hilft, der Geschichte auf die Spur zu kommen. Fast könnte man sagen: wer eine Geschichte erzählt, beginnt mit den Namen, muß mit den Namen beginnen. Alle Geschichte beginnt mit dem Sichwundern über Namen.

SÁNDOR RADÓ:
DER KUNDSCHAFTER
UND DIE LIEBE ZUR
KARTOGRAPHIE

Viele kennen »Dora«, den legendären Agenten, der von der Schweiz aus am Vorabend des 22. Juni 1941 die Sowjetunion über die Vorbereitungen des deutschen Angriffs informierte. Es ging ihm bekanntlich wie Richard Sorge, der von Tokio aus die Sowjetunion über den Angriffstermin in Kenntnis gesetzt hatte. Eine seiner Meldungen vom 21. Februar 1941 lautete: »An Direktor. Nach Informationen eines schweizerischen Offiziers hat Deutschland gegenwärtig 150 Divisionen im Osten. Seiner Meinung nach wird Deutschland Ende Mai angreifen. Dora.«[1] Oder die Meldung vom 17. Juni 1941: »An Direktor. An der sowjetisch-deutschen Grenze stehen etwa 100 Infanteriedivisionen, ein Drittel davon motorisiert. Außerdem 10 Panzerdivisionen. In Rumänien besonders viel deutsche Truppen bei Galati. Gegenwärtig werden Elitedivisionen für Sondereinsätze vobereitet, dazu gehören die im Generalgouvernement stationierte 5. und 10. Division. Dora.«[2] Stalin glaubte weder ihm noch Sorge, noch sonst irgendwem. Viele wissen, daß »Dora« auch im weiteren Kriegsverlauf – bis zur Wende in der Schlacht im Kursker Bogen 1943 – einer der wichtigsten »Kundschafter« während des Zweiten Weltkrieges war. Aber kaum jemand weiß, daß »Dora«, der mit seinem bürgerlichen Namen Sándor Radó hieß, von Hause aus Geograph und Kartograph war, noch dazu einer, der in mancherlei Hinsicht Kartographie-Geschichte geschrieben hat. Als er am Ende seines Lebens von sich sagte, er sei mit Leib und Seele Geograph gewesen, war dies keine Schutzbehauptung, um sein anderes, sein zweites und weitaus berühmteres Lebens zum Verschwinden zu bringen. In seinen Memoiren schreibt er: »Nach langen und schweren Prüfungen konnte ich nach sechsunddreißigjähriger Abwesenheit 1955 endlich in meine Heimat zurückkehren. Hier verwirklichte ich auf dem Gebiet der Geographie und Kartographie viele meiner wissenschaftlichen Ziele, von denen ich jahrzehntelang nur träumen konnte.«[3] Sein Rang als Geograph und Kartograph ist schon rein formell durch viele Würdigungen, Ehrungen und Mitgliedschaften in zahlreichen gelehrten Gesellschaften verbürgt. Stolz verwies er am Ende seines Lebens – er starb 1981 – 82jährig auf die Auszeichnungen, Orden, darunter auch aus den USA, Polen, der DDR und der UdSSR, vor allem aber auf seine akademischen Auszeichnungen: Ehrendoktor der Moskauer Lomonossow-Universität, Mitglied bzw. Ehrenmitglied der Geographischen Gesellschaften Frankreichs, der DDR, der UdSSR, der USA, Großbritanniens, Aserbajdschans. In Budapest, wo er 1899 geboren wurde und wohin er 1955 zurückgekehrt war, hatte er einen großen Kreis von Schülern hinterlassen, die, inzwischen selbst in reifem Alter, sich ihres Mentors, der immerzu etwas bewirken konnte, kritisch, und doch ausnahmslos mit großem Respekt erinnern. Für sie war er eine Gestalt aus einer vergangenen Epoche, ein Grandseigneur der Weltkriegs- und Revolutionsepoche, streng und unnachsichtig in seinen Qualitätsanforderungen, polyglott und mühelos vom Ungarischen ins Deutsche, Russische oder Französische wechselnd, ungemein anregend, aber auch unnahbar. Zugänglich war der charmante ältere Herr im legeren Anzug und mit den guten Manieren allein Frauen und Kindern[4].

Sándor Radó wäre, so beleuchtet, nur eine interessante Biographie, wie sie das 20. Jahrhundert in übergroßer Zahl produziert hat. Seine Person und seine Vita stehen indes für mehr: für die Verschmelzung oder doch die enge Beziehung von Politik, Geographie und Kartographie im 20. Jahrhundert. Hinter das Geheimnis von »Dora« kommt nur, wer Sándor Radó studiert hat. »Dora« steht für Kundschafter, Aufklärer, Spion, Sándor Radó für das Leben eines kommunistischen Weltbürgers und begabten Wissenschaftlers. Was wir über ihn wissen, stammt aus seinen Memoiren, den Erinnerungen und Festschriften seiner Schüler. Seine »Memoiren« seien wertlos, meint der nonchalante István Klinghammer, ein Radó-Schüler, der heute Rektor der Eötvös-Lorand-Universität in Budapest ist und vom Kartographischen Institut im neuen Gebäude im südlichen Buda auf die Donau blickt. Radó habe die Memoiren Kapitel für Kapitel in der sowjetischen Botschaft abgeliefert, von wo sie nach Moskau gegangen und als korrigierte, bereinigte Endfassung zurückgekommen seien.[5] Während wir auf die vollständigen und unzensierten Memoiren vermutlich noch eine Weile werden warten müssen – wenn sie überhaupt noch vorhanden sind –, so ist die jetzt vorliegende, 1974 im Militärverlag der DDR erschienene Version doch nicht wertlos. Sie gibt uns einen Eindruck von einer Persönlichkeit, deren Porträt erst noch zu zeichnen sein wird.

Kundschaften und Kartographie. In seinen Memoiren beschreibt Sándor Radó die Arbeitssituation seiner Gruppe in der Schweiz im August 1943. »Meine Frau war nicht zu Hause, sie überbrachte den Funkern wichtige Texte, die diese in der folgenden Nacht an die Zentrale durchgeben sollten. Meine Söhne waren schon längst in die Schule gegangen. Ich selbst saß, wie im allgemeinen zu dieser Stunde, am Schreibtisch und fertigte für die Schweizer Zeitungen neueste Karten von der Ostfront an. Die Schlacht bei Kursk ging ihrem Ende entgegen, die Faschisten zogen sich vor den nachdrängenden sowjetischen Truppen ungeordnet zurück. Das war eine sensationelle Meldung, und die Zeitungen und Verlage wünschten täglich Karten über die Front im Osten.«[6] Was war die Situation? Radó hatte sich mit seiner Familie in der Schweiz niedergelassen, in der »Mitte Europas«, auf einer Insel, umgeben vom nationalsozialistisch und faschistisch beherrschten Europa, im »größten Gefängnis der Welt«, wie er die Schweiz in jener Zeit auch nennt. Er nutzt die Situation der Insel, die Internationalität, die Immer-noch-Offenheit, die Tatsache, daß Genf, der Sitz vieler internationaler Organisationen, noch immer ein hervorragender Platz für Informationsbeschaffung und Kontaktaufnahme war, in einem Land, in dem man sich immer noch relativ frei bewegen konnte. Er sammelt Nachrichten über den Feind, über das nationalsozialistische Deutschland, und übermittelt sie mit Hilfe seiner Gruppe, Funkern und anderen, in die UdSSR. So hatte er die sowjetische Führung – ohne Erfolg – bereits über den bevorstehenden Angriff informiert, so hielt er sie auf dem laufenden während des gesamten Kriegsverlaufs. Seine Informationen sind von größter Bedeutung, und sie werden nicht nur von den Russen, sondern auch von den Amerikanern und Briten innerhalb der Anti-Hitler-Koalition gewürdigt – dies ist auch der Grund, weshalb Radó nach seiner Rückkehr nach Ungarn später immer von den Amerikanern und Briten zu Botschaftsempfängen eingeladen wurde. Aber die Schweiz ist auch der Tummelplatz der Deutschen: Sie haben dort Firmen, es gibt Touristen und Kurgäste, sie haben ihre politischen Beziehungen, Soldaten von der Ostfront werden in Sanatorien in der Schweiz, die Deutschen gehören, gesund gepflegt. Es gibt zudem prodeutsche Netzwerke mit Verbindungen ins Schweizer Establishment. Die Deutschen üben Druck aus auf die Schweizer Regierung, »antideutsche Aktivitäten« zu unterbinden. In dem Augenblick, da die deutschen Peilsender im Juli 1941 in Cranz in Ostpreußen die Meldungen »Doras« ausgemacht haben, beginnt die Suche nach der Quelle.[7] Die Suche führt an den Genfer See, zum Haus in der Rue de

Lausanne, und es wird nur eine Frage der Zeit sein, bis der genaue Punkt ausgemacht sein wird. Dies ist die Situation. Radó rekonstruiert, gestützt auf die ihm aus der Presse und deutschen Quellen zugänglichen Informationen, die Kriegshandlungen der Deutschen an der Ostfront und übermittelt seine Beobachtungen und Analysen an die Führung der Roten Armee. Keine Frage, daß dieses Wissen jeder Kriegspartei, die es vorab besitzt, von allergrößtem Nutzen ist. Radós Situation ist die des Kartographen im Untergrund: Er trägt die Informationen zusammen, reproduziert gedanklich den Verlauf der militärischen Auseinandersetzung. Er setzt die Informationen zusammen. So entsteht in Genf das genaue Bild des »Kriegstheaters«, wie in alter Tradition die kartographische Darstellung der militärischen Auseinandersetzung genannt wird. Genf wird zum Beschreibungspunkt für das große Schlachtgemälde. Bei der Rekonstruktion von Frontverläufen und militärischen Aktionen sind entscheidend: das Gelände, Städte, Flüsse, Grenzen, die Infrastruktur, Eisenbahnen, Brücken, die Topographie der Industrie sowie Informationen, die einen Schluß zulassen auf Schlagkraft, militärische Potenz, Beweglichkeit, Reserven, Kapazitäten und vieles andere mehr, von dem Nichtmilitärs in der Regel nichts oder nur wenig wissen. Radó produziert Tag für Tag, besser Nacht für Nacht, ein Bild vom Ablauf der Bewegung von Hunderttausenden von Mann umfassenden Armeen. Indem Dora/Radó die Planungen und Absichten der Wehrmacht weitergibt, verschafft er der Roten Armee einen entscheidenden Vorteil. Ortsangaben, Frontverläufe sind überlebenswichtig oder tödlich, je nachdem. Eine solche Meldung im Zusammenhang der Kursker Schlacht lautet beispielsweise:

»14.7.1943. An Direktor. Dringend.

Von Teddy. Berlin, 11. Juli.

– OKW erteilte Befehl an Luftaufklärung, Tag und Nacht die sowjetischen Truppenbewegungen im Raum Moskau-Tula und Kursk-Woronesh zu beobachten. Die Hoffnungen des OKW, daß starke sowjetische Verbände aus Raum Moskau-Tula in Raum Kursk verlegt werden, haben sich bis heute nicht erfüllt. Wenn es den Deutschen nicht gelingt, das zu erreichen, bleiben die für Westfront und Balkan vorgesehenen Reserven an der sowjetisch-deutschen Front.

– Die 2. und 4. Panzerarmee erleiden unerwartet hohe Verluste. Hälfte der seit 7. Juli in Offensive befindlichen motorisierten und Panzerdivisionen muß mit Mannschaften und Maschinen aufgestellt werden. Dora.«[8]

Eine andere Meldung informiert über Befestigungen im Nordabschnitt des »Ostwalls«:

»30.4.1943. An Direktor. Dringend.

Sehr wichtig. Plan ›Ostwall‹.

Von Teddy.

a) am Nordabschnitt des ›Ostwalls‹ werden zwei Linien gebaut: erstens eine Panzerabwehrlinie, zweitens eine Verteidigungslinie.

b) Die Panzerabwehrlinie verläuft im Vorfeld der Verteidigungszone und ist größenmäßig für die Aufnahme einer Infanteriedivision geplant. Ihre Befestigungen sind durchschnittlich nur in 10 Kilometer gestaffelt ... Im Vorfeld des ›Ostwalls‹ und ebenso an der Verteidigungslinie werden überall Beton- und Holzbunker sowie Panzerfallen gebaut.«[9]

Dora/Radó beobachtet und analysiert von seinem vorübergehend wenigstens sicheren, privilegierten Aussichtspunkt in der Schweiz das Geschehen im besetzten Europa. Er kartiert das Verhältnis von Okkupation und Résistance, von Macht und Gegenmacht, von Wehrmacht und Armeen der Alliierten, von Lebensbedrohung und endlicher Befreiung. Er bildet, auf die Auswertung zahlloser Informationen gestützt, das Kräfteverhältnis ab, zeigt die Zentren und Peripherien, die Fronten, die Durchbrüche, die Situationen in der Etappe. Es gibt kein Detail, das unwichtig wäre – so deutet er beispielsweise die Entsorgung eines Mussolini-Porträts in einem Papierkorb als zuverlässiges Indiz für diesen baldigen Sturz. An der Genauigkeit seiner Information und seiner Details hängt der Ausgang von Schlachten, hängt Leben und Tod oder doch wenigstens die Minimierung von Opfern. Er ist der Kartograph einer weltgeschichtlichen Auseinandersetzung. Man begreift, warum Karten seit jeher kriegswichtig waren und kostbarer als die in Banktresoren gestapelten Goldbarren, weshalb Karten Hauptelemente von Information und Desinformation gewesen sind. Er selbst ist Teil dieser Auseinandersetzung. Er denkt seinen Ort mit, er denkt seinen Ort in diese Karte hinein. Er sieht sich im Zentrum der Peilsender, der nationalsozialistischen Verfolger und ihrer schweizerischen Helfershelfer. Sehenden Auges registriert er, wie die Verfolger ihn und seine Gruppe einkreisen, wie der Kreis immer enger wird, bis endlich die Nahpeilgeräte der Schweizer Gendarmerie vor dem Haus aufgezogen sind. Er wird der Kartograph seiner eigenen Einkreisung. Aber als Ortskundiger weiß er auch den Weg seiner Flucht, durch einen Tunnel, über die schweizerisch-französische Grenze, in den Untergrund der Résistance und von da weiter per Flugzeug über Kairo, Palästina in die UdSSR. In der UdSSR wird er nicht den Lohn für seinen Beitrag im Kampf gegen Hitler, keinen Orden und keinen Ruhm in Empfang nehmen, sondern was alten Kommunisten, Spanienkämpfern und Juden nur allzu häufig widerfuhr: die Internierung im Gulag, den er in Workuta und Uchta kennenlernte.

Der Geograph. Radó war professioneller Geograph und Kartograph. Noch mehr aber war er es aus Leidenschaft für eine bestimmte, »seine« Form der Welterkenntnis und Anschauung von Welt. Mit sechs Jahren hat er wie so viele sein erstes Kartenerlebnis. Er liest in dem Buch *Dai Nippon*, das er zu Weihnachten geschenkt bekommen hatte, die Reportage eines ungarischen Professors über die Transsibirische Eisenbahn. »Auf die Innenseite des Umschlags war eine Landkarte gedruckt, auf der eine rote Linie den Weg Baratosi-Baloghs von Ungarn über Sibirien nach Japan bezeichnete. Das war die erste Karte, die ich sah, und auf ihr war das russische Reich eingezeichnet. Die Karte des riesigen Landes prägte sich meinem Gedächtnis für das ganze Leben ein. Ich könnte auch sagen, sie bestimmte mein Schicksal. Jedenfalls interessierte ich mich von nun an leidenschaftlich für Geographie und Geschichte.«[10] Als junger, hellwacher Mann gerät er in die Wirren der ungarischen Räterevolution, deren Armee dringend Karten braucht, da alles Kartenmaterial der österreichisch-ungarischen Armee nur in Wien gedruckt worden war. Aber die Räterevolution braucht noch dringender Köpfe als Karten, so wird er Politkommissar. Nach dem Sieg der Gegenrevolution beginnt er als Emigrant sein Studium in Wien, besucht die Vorlesungen und Seminare in Geographie und Kartographie des berühmten Glaziologen Brückner. In Moskau, wo er 1921 als Delegierter des 3. Weltkongresses der Komintern ist, beschafft er sich russische Landkarten mit dem Ziel, die erste Karte über die Sowjetrepubliken herauszugeben. 1922 beginnt er sein Studium in Jena und Leipzig. 1924 gibt er im renommierten Braunschweiger Verlag Westermann die erste politische Karte der Sowjetunion heraus. 1924 siedelt er in die Sowjetunion über und bereitet dort den Reiseführer für die UdSSR vor, der 1925 in deutscher und englischer Sprache erscheint und einer ganzen Generation von *Fellow travellers* als »roter Baedeker« diente.[11] Es handelte sich um eine wirkliche Pionierarbeit, denn Radó zeigte erstmals das neue politische Gebilde UdSSR, von dem man nur wenig wußte. Für Jahrzehnte waren die darin enthaltenen Stadtpläne die einzigen zugänglichen sowjetischen Stadtpläne überhaupt. Und der Führer basierte auf selbständigen Erhebungen: Radó

»Ein anderer den Nationalsozialisten nahestehender Geograph warf Radó gar vor, ›das ausgedehnte Sowjetreich noch
gewaltiger erscheinen zu lassen, als es schon von Natur aus ist,
um so auch äußerlich die überwältigende Macht des Bolschewismus auf Erden zu demonstrieren und dokumentieren‹.«

Die proletarische Großmacht – die Sowjetunion

organisierte von seinem Büro im Kreml aus eine regelrechte Umfrage mit einem Set von Fragebögen, so daß viel neue Daten zutage gefördert wurden. Auch den Einsatz des Flugzeugs für die Vermessung und Kartierung lernte er vor Ort kennen. Karl Haushofer, der »geistige Vater der Geopolitik«, verglich Radós Führer durch die Sowjetunion mit der Wirkung von Eisensteins Film *Panzerkreuzer Potjomkin*, weil damit weite Bevölkerungskreise, die mit dem Bolschewismus nichts am Hut hätten, erreicht würden. Ein anderer den Nationalsozialisten nahestehender Geograph, Max Eckert-Greifendorff, warf Radó gar vor, mit der Anwendung der Mercator-Projektion auf seine Rußland-Karten »das ausgedehnte Sowjetreich noch gewaltiger erscheinen zulassen, als es schon von Natur aus ist, um so auch äußerlich die überwältigende Macht des Bolschewismus auf Erden zu demonstrieren und dokumentieren«.[12] Radó ist gewissermaßen der Erfinder der Kurzbezeichnung UdSSR geworden und wurde bei der Herstellung der großen deutschen Atlanten von Stieler, Andree, Meyer der für die UdSSR zuständige Fachmann. Für *Meyers Lexikon* schrieb er die die Sowjetunion betreffenden Einträge. 1929 stellt er den 1. Band des *Atlas für Politik, Wirtschaft, Arbeiterbewegung* her, dessen Umschlag von John Heartfield gestaltet wurde.[13] Wenige Jahre später erscheint er auf japanisch und englisch (bei Victor Gollancz) als *Atlas of today and tomorrow*, während er in der Sowjetunion an dem Projekt des *Großen Sowjetischen Weltatlas* beteiligt ist, der freilich erst nach dem Zweiten Weltkrieg erscheinen wird.[14] Bei einem Flug mit der Deruluft (der Vorgängerin der Lufthansa) im Jahre 1927 aus Moskau nach Berlin entwarf er den Plan von Luftverkehrskarten, zu deren Pionier er wurde und die ihn bis zum Ende seines Lebens nicht losgelassen haben (oft mit halsbrecherischen Flugreisen verbunden). 1932 gab er bei Meyer in Leipzig den ersten Flugreiseführer der Welt heraus. Erhard Milch, damals schon Nazi und rechte Hand Görings, nach 1933 Luftfahrtminister, war von Radós Arbeit tief beeindruckt und schrieb ein Vorwort. In den folgenden Jahren legte er Tausende von Flugkilometern zurück für die Erstellung von Flugkarten – in Griechenland, Sibirien, Frankreich, über dem Mittelmeer. Seine Flugreisen sind Anschauungsunterricht für den Kartographen: »Manche Flugreisen bedeuteten für mich lebendigen Anschauungsunterricht in Erdkunde. So konnte ich beispielsweise, von Basel nach Amsterdam fliegend, alle Biegungen des Rheins, die Loreley und Köln mit seinem Dom aus unmittelbarer Nähe betrachten ... In den zwanziger Jahren, der Pionierzeit des Fliegens, als die Maschinen noch nicht einmal mit Funkgeräten ausgerüstet waren, konnte man sich nur an den Städtenamen orientieren, die mit riesigen Buchstaben auf Gasbehälter am Stadtrand, ein hohes Hausdach oder einen Kirchturm geschrieben waren. Ich erinnere mich an einen Flug von Moskau nach Berlin, als wir uns über den litauischen Wäldern verirrten und nichts anders übrigblieb, als im Tiefflug einer Bahnlinie zu folgen und den Namen des nächsten Bahnhofs abzulesen.«[15] Für Willi Münzenberg wiederum, den gewieften Impresario und Verleger der Linken, produzierte er Fluglinienbeschreibungen für die Passagiere, auch das ein Novum in dem soeben in Schwung kommenden Luftverkehr. In Berlin gründete er Anfang der dreißiger Jahre, um sich und seine Familie zu ernähren, die erste geographische und kartographische Presseagentur der Welt, die die Tagespresse mit wissenschaftlich fundierten Kartenillustrationen über die laufenden Ereignisse versorgen sollte. An der Berliner MASCH, der Marxistischen Arbeiterschule, gab er Vorlesungen über Wirtschaftsgeographie.[16] Nach 1933 geht Radó zuerst nach Paris und gründet Inpress, 1936 zieht er nach Genf um und gründet dort das Unternehmen Geopress. »Es war zu jener Zeit die einzige derartige Einrichtung in der Welt. Geopress publizierte aktuelle Karten, die die politischen und wirtschaftlichen Ereignisse und die physisch-geographischen Veränderungen auf der Erde festhielten ... Es zeigte sich, daß eine enorme Nachfrage nach unseren Karten bestand. Zu den ständigen Abonnenten von Geopress gehörten Presseorgane und Bibliotheken in allen Erdteilen, Universitäten, geographische Institute, verschiedene Ämter, Ministerien, Generalstäbe, Botschaften und sogar der deutsche Exkaiser Wilhelm II.«[17] Der erste Bewährungsraum war das Spanien des Bürgerkriegs. Die Weltpresse folgte den Frontverläufen des spanischen Dramas, die Nachfrage war außerordentlich. Radó war ein hochprofessioneller und allseits gefragter Mann, der auf den Empfängen der Genfer Gesellschaft ein und aus ging und in der Bibliothek des Völkerbundes seinen Stammplatz hatte. Von der Schweiz aus reist er nach Italien, wo er für das ialienische Luftfahrtministerium einen Auftrag erledigen soll. Er bekommt dort schon mehr zu sehen, als für bloßes Kartenzeichnen nötig ist: Flottenbewegungen in Genua und Neapel, deutsche Soldaten auf dem Weg nach Spanien. Radó unternimmt von der Schweiz aus Reisen in viele Länder Europas und kann sich so einen Überblick verschaffen, um so mehr als er Europa bestens kennt. Als am 1. September Deutschland Polen angreift und den Zweiten Weltkrieg beginnt, wird die Schweiz zum »größten Gefängnis der Welt«, zum »Leuchtturm der Engländer«, zum Zufluchtsort und bald gänzlich eingeschlossen. Bis zu seiner Flucht im

September 1944 bleibt er in der Schweiz, danach taucht er in Paris unter. Zur Geographie und Kartographie findet er zurück nach seiner Rückkehr aus dem Gulag: in Moskau nimmt er 1951 die Arbeit am Sibirien-Atlas und am Großen Welt-Atlas wieder auf. In Ungarn arbeitet er nach 1955 im Landesamt für Vermessung und Kartierung und wird Leiter der Arbeitsgruppe für Kartographie, wo er bis zu seiner Pensionierung 1976 bleibt, und wird schließlich Leiter des Instituts für Wirtschaftsgeographie an der Budapester Universität. Dort läßt er auch das *Welthandbuch. Internationaler politischer und wirtschaftlicher Almanach* erscheinen.[18] Er gibt wichtige Impulse für die thematische Kartographie, etabliert im Grunde das Fach Politische Geographie, macht Budapest zu einem Zentrum und Begegnungsort der Kartographie aus Ost und West – speziell auch aus Ost- und Westdeutschland –, reist zu den internationalen Kongressen nach Stockholm, Berlin, London und wirkt vor allem durch seine Präsenz: sein Vorbild, sein Können, seine Aura.

Kartographische Sensibilität. In den Erinnerungen seiner Schüler kommt vieles zur Sprache: seine Weltgewandtheit, seine Unnahbarkeit in bestimmten Dingen, ein spezifischer Elitismus, die Tatsache, daß er über seine Jahre in der Sowjetunion nicht oder nicht mit jedem sprach. Aber auf eines kommen gewiß alle zu sprechen: daß er eine »Nase« gehabt habe für kommende Entwicklungen, daß er zwar unnachgiebig in der Präzision, in Details gewesen sei, aber sich doch mehr für die allgemeinen Fragen, ob nun methodologischer oder thematischer Art, interessiert habe. Er muß ein hervorragender Lehrer gewesen sein, der von seinen Mitarbeitern alles forderte, ihnen aber auch alle Freiheit ließ, mit Problemen selber fertig zu werden. Wahrscheinlich besaß er das, was man nicht lernen kann, jedenfalls nicht in der Schule oder in der Schulgeographie: kartographische Sensibilität, also das instinktive Bestreben, Weltverhältnisse, ob wirtschaftliche, politische, oder ethnische, als räumliche zu denken, und das Interesse, sie in Formen kartographischer Repräsentation, in die Sprache der Karten, zu überführen. Radó hatte diese räumliche Sichtweise. Wo immer er unterwegs war, so berichten seine Mitarbeiter und Schüler, es gab nichts, was nicht seine Aufmerksamkeit und den Weg in seinen Notizblock gefunden hätte, sozusagen ein auf Dauer gestelltes, enzyklopädisches Protokoll für Räumliches. Er notierte neu festgelegte Seegrenzen, neue Bahnverbindungen, Brücken, Tunnel. Er sagte von sich, daß er kein Gesichtsgedächtnis habe, wohl aber ein ausgesprochen topographisches Gedächtnis. So erinnert er mühelos die nicht wenigen Adressen seiner lebenslangen Wanderungen durch Europa, so weiß er genau oder legt Wert darauf, zu sagen, wo das Büro Walter Schellenbergs, des Chefs der Nazi-Aufklärung und gewissermaßen sein »Jäger«, gewesen war: in der Berkaer Straße 32–35 in Berlin-Wilmersdorf. Er nahm es genau und verlor manchmal seine Zurückhaltung, wenn er in Leserbriefen falsche oder ungenaue Ortsangaben in Reportagen oder Analysen brandmarkte – etwa sein Spott über die Verortung der Kursker Schlacht an der Kura in Georgien zum Beispiel. Es war ihm Beruf und Passion, selbst viel unterwegs zu sein – wie alle großen Geographen und Kartographen, die sich ein Bild von der Welt aus erster Hand und nicht bloß aus Lektüren machen. Flugreisen sind für ihn Anschauungsunterricht und bringen ihn auf neue Ideen, wie man das Repertoire der kartographischen Mittel erweitern, also die kartographische Sprache weiterentwickeln könnte. Reisen und Besichtigungen vor Ort gehören für ihn zur Sache, stellen gewissermaßen den Materialismus der Wahrnehmung, die Konkretion von Verhältnissen, Prozessen, Strukturen sicher. Alles hat einen Ort, eine Erstreckung, kann abgeschritten, abgefahren werden: die Häfen, von denen aus das faschistische Italien Francos Truppen versorgt; Stalins sibirische Lager, die er nicht nur als Punkte auf den Karten, sondern aus eigener, unfreiwilliger Anschauung kennt; die weltumspannenden Verbindungen des beginnenden internationalen Flugverkehrs; die Ausbreitung und der Zusammenbruch der Revolution, auf die er doch so sehr gehofft hatte. Er kennt viele ihrer Schauplätze: Budapest, Wien, Berlin, Moskau, Paris, Genf, Moskau und wieder Budapest.

Das Wichtigste indes, was man als Voraussetzung »kartographischer Sensibilität« anführen könnte und was wohl nur jenseits der Schule erworben werden kann, ist Vielseitigkeit, Reichtum der Wahrnehmung. Alles ist ihm von Interesse, alles kann in die Sprache der Karten übersetzt werden. Er ist kein geographischer Fachidiot und hat einen Begriff von Kartierung, der immer schon die politische, geistige, kulturelle Dimension von Räumen mitdenkt, nicht nur die einer am Idealbild der Geodäsie orientierten Geographie. Was man heute als *mapping* bezeichnet, ist bei Radó schon voll ausgebildet. In einer Studie über Radó müßte nicht nur untersucht werden, welchen Anteil an der Ausbildung einer so reichen und komplexen Auffassung von Geographie die akademische Tradition – er war ja in Wien, Jena und Leipzig, und noch war der Geist der Leipziger Schule lebendig – gehabt hat, sondern auch seine Biographie, seine Welterfahrung.

Kartograph des Jahrhunderts. Karte des Weltbürgerkrieges. Radó wurde, wie
das häufig der Fall ist, durch Ausschluß ein Neuerer. Der junge Radó
hatte als Kommunist kaum eine Chance, eine ordentliche akademische
Karriere zu machen. An der Berliner Universität war er nach seinem
Weggang aus Wien abgelehnt worden. In Jena konnte er seine Studien
beginnen, weil Karl Korsch damals Kulturminister in Thüringen war.
So absolvierte er zwar kein ordentliches Studium, lieferte aber 1925
den sensationellen und innovativen *Reiseführer UdSSR* und wenig
später den *Atlas des Imperialismus und der Arbeiterbewegung*, in dem die
im Gange befindliche Auseinandersetzung, das »letzte Gefecht« zur
Darstellung kam.[19] Es geht hier um den Zusammenbruch der Vielvöl-
kerimperien im Ersten Weltkrieg, die Entstehung der neuen Staatenwelt und die sich entfaltenden sozialen Krisen und ethnischen Konflikte, nicht zuletzt um den beginnenden Aufstieg der antikolonialen
Unabhängigkeits- und Befreiungsbewegungen. In diesem Atlas, auch
vom Design her ein Dokument einer von sich selbst überzeugten starken Kultur der Arbeiterbewegung, spricht sich die ganze Zuversicht
aus, die man noch haben konnte vor dem Aufstieg Hitlers, vor dem Triumph Stalins und vor dem Grauen des Zweiten Weltkrieges. Man muß
Radós Kartenwerke und seine Autobiographie zusammenlesen: das
Curriculum vitae und die Lebensstationen, Biographie und Geographie. Dann entsteht eine Karte des 20. Jahrhunderts, und hervor tritt
ein Kartograph des europäischen Bürgerkrieges, der vielleicht nicht
weniger Anerkennung verdient als »Dora«, der von Genf aus seinen
einsamen und verzweifelten Kampf gegen Hitler führt. Seine Memoiren werden zum Führer durch das Europa der Weltkriegsepoche. Der
Leser wandert mit dem Autor über die Schauplätze von Krieg und
Revolution. Die Memoiren sind wie ein *Who's who* jenes Europa, das
in Trümmer ging und von dem Sándor Radó einer der wenigen
Überlebenden sein wird. Von der wohlhabenden jüdischen Familie, in
deren Schoß er in einem boomenden Budapest zwischen Jahrhundertwende und Erstem Weltkrieg aufwächst, wird nichts geblieben sein.
Bis auf eine Schwester werden alle in Auschwitz umgebracht werden.
Das Elternhaus in der Husti ut in den Budaer Rosenhügeln wird, wenn
er nach über 30 Jahren Abwesenheit nach Budapest zurückkehrt, von
einem Polizeibonzen bewohnt sein. Wie viele seines Herkommens, die
noch in der Monarchie mit Sprach- und Musikunterricht, guten Manieren und Ferien an der Adria aufwachsen, zieht es ihn nach dem
Zusammenbruch in die Reihen der ungarischen Räterepublik. Viele
Bekanntschaften mit der politischen Prominenz des stalinistischen Un-

garn der Nachkriegszeit – mit Ernö Gerö, Ferenc Münnich – stammen aus jener Zeit. Er ist gerade zwanzig, als er nach Wien ins Exil gehen muß. Aber auch damals konnte man zugleich für die russische Räterepublik agitieren und abends die Konzerte im Musikvereinssaal besuchen. Radó hielt zeit seines Lebens Kontakt zu Musikern und Künstlern, zu den Dirigenten Hermann Scherchen und Ernest Ansermet, zu den Avantgardisten Gerhart Eisler und John Heartfield. Er lernt Iwan Morosow kennen, der eine Bombe auf Alexander III. geworfen, und Umberto Nobile, der im Luftschiff den Pol überquert hatte. Er kennt Louis Aragon und Elsa Triolet. Der Schreibtisch, an dem er arbeitet, stammte aus dem Dessauer Bauhaus. Er ist umgeben von Todeskandidaten: sowjetischen Diplomaten wie Nikolaj Krestinski oder dem Journalisten Michail Kolzow, die Stalin umbringen lassen wird; er macht die Bekanntschaft von Flüchtlingen und Emigranten, wie er selbst einer ist: Anna Seghers und Johannes R. Becher; er kennt die ganze bunte Szene, die sich in Berlin, in jener Arche der gescheiterten Revolutionäre, eingefunden hat. Er ist umgeben von Todeskandidaten: Walter Kriwitzki, Richard Sorge, Willi Münzenberg, Igor Hubermann. Von gescheiterten und Verzweifelten wie Ernst Toller, Maxim Litwinow. Arthur Koestler ist eine Zeitlang sein Mitarbeiter in seinem Pariser Unternehmen Inpress. Sándor Radó geht auf den Genfer Empfängen ein und aus und weiß Anekdoten über Agha Khan, über die Krawatten Anthony Edens zum besten zu geben. Mit Lenin unterhält er sich auf den Fluren des Kremlpalastes über Kartographie und Imperialismus, den exzentrischen Volkskommissar für Äußeres Georgij Tschitscherin besucht er in dessen Domizil im »Hotel Metropol«. Er wechselt auf den Schauplätzen des Bürgerkriegs: 1919 in Ungarn, 1921 in Moskau, 1922 in Thüringen, 1929 in Berlin, 1936 in Spanien, 1956 wieder in Budapest. Immer sind es Niederlagen oder zweifelhafte Siege. Der konspirative Aufenthalt in Genf ist für ihn nichts Außergewöhnliches. Stadt und Wohnung zu wechseln, unauffällig zu verschwinden, Grenzen zu überschreiten, das war so etwas wie Alltag geworden seit dem Einbruch des Ersten Weltkrieges in die Normalität des bürgerlichen Lebens: der Krieg als zentrale und Generationserfahrung. Das Rollenspiel und das Beherrschen vieler Rollen wird zum Überlebensprinzip in diesem zerrissenen und lebensgefährlich gewordenen Europa. »Dora« in Genf war nicht die einzige, aber die wichtigste, die er in seinem Leben gespielt hatte. Viele seiner nächsten Bekannten sterben in den Folterkellern der Gestapo, viele in den Lagern Stalins. Er sprach nie viel davon, aber daß es für ihn eine Tragödie war, daß die Revolution ihren Anfang im rückständigen Rußland genommen hatte, daran ließ er keinen Zweifel. Als er 1981 starb, hinterließ er zahlreiche Kartenwerke – darunter die Anfänge einer im Auftrag der Vereinten Nationen erstellten Weltkarte – und den Bericht über ein verschlungenes und rätselhaftes Leben. Er zeigt uns darin die Stationen, die Schauplätze, die Frontverläufe der großen Auseinandersetzungen des 20. Jahrhunderts. Es ist eine Art Anleitung für eine Karte des europäischen Bürgerkriegs, um noch einmal die Fronten abschreiten zu können und vielleicht den Weg, der aus ihm herausgeführt hat.

MENTAL MAPS/
LANDSCHAFTEN IM KOPF:
SAN FRANCISCO, HEIMAT,
DEUTSCHER OSTEN ETC.

Landschaften im Kopf kann man nicht vermessen, jedenfalls nicht mit den Methoden der Astronomie oder Trigonometrie. Sie sind deshalb nicht weniger genau und nicht weniger wirklich. Sie bestehen aus einem anderen Material, aus Bildern, Erinnerungen, Gerüchen, aber sind deswegen nicht weniger eindrücklich. Sie haben sich so sehr eingeprägt, daß ihnen nicht einmal die Zeit, der sonst alles zum Opfer fällt, etwas anhaben kann. Solche Bilder können zeitweilig, vielleicht sogar für lange in den Hintergrund treten. Aber plötzlich, in einem Moment des Schocks, können sie wieder dasein, frisch wie am ersten Tag. Sie sind nirgendwo gedruckt, man kann sie nicht schwarz auf weiß nachlesen, aber sie haben sich eingeprägt und sind bei dem, den sie angehen, »unauslöschlich«. Wer an diese Landschaften im Kopf herankommen will, muß Menschen zum Sprechen bringen, ihren Erzählungen zuhören. Doch im Grunde erweist sich ihre Wirkung, überhaupt ihr Vorhandensein im schweigenden Vollzug. Sie sind da, wie selbstverständlich, sie geben sich zu erkennen erst bei Nachfrage.

Solche Landschaften sind in Romanen verborgen oder in Gemälden, auf die man bisher nicht geachtet hat. Sie sind schon Schulkindern vertraut, die lernen, »wo ihr Vaterland liegt«. So prägt sich die Kartographie der Nachbarschaft ein: mit Freund und Feind. Man nennt solche Landschaften imaginär, virtuell. Das stimmt, wenn man damit meint, daß sie an keinen konkreten Ort gebunden sind, daß man sie jederzeit abrufen kann, daß sie bloße Phantasie sind. Aber daß sie bloß Phantasie sind, heißt nicht, daß ihnen keine Wirklichkeit oder keine Wirksamkeit zukommt. Sie sind die unauffälligsten Orientierungsmuster, die sich denken lassen. Menschen sterben für eine *idée fixe*, für eine Überzeugung. Sie haben vielleicht nichts, aber immerhin den Glauben, der Berge versetzt. Ein ganzes Leben reicht oft nicht aus, um ein einmal eingebranntes Bild wieder zu löschen. Bilder – Wunschbilder, Schreckbilder – sind mächtig. Die Karten im Kopf sind gewissermaßen die Welt, die jeder mit sich herumträgt, der Speicher und Bildvorrat. *Mental maps* sprechen von vornherein nicht von einem Raum, sondern von vielen Räumen. Die Rede von den *mental maps* impliziert so viele Räume, wie es Sichtweisen, Wahrnehmungsweisen, Erfahrungsweisen gibt. *Mental maps* sind im Grunde das Ende der Vorstellung von dem einen Raum, eine radikale Subjektivierung der Raumvorstellung.[1] Aber wie weit kann man der Subjektivierung der Raumvorstellungen folgen, ohne in »Subjektivismus« zu verfallen? Wieviel Räume verkraftet ein Mensch, ohne sich in ihnen zu verlieren, ohne sein Zentrum zu verlieren? Erst wer diese Radikalisierung mitvollzogen hat, die in der Pluralisierung und Subjektivierung liegt, wird sich von der falschen Objektivität der Karte trennen und etwas von dem ungeheuren und verwirrenden Reichtum der Landschaften im Kopf spüren. Der wirkliche Raum, der so entsteht, ist nicht der kleinste gemeinsame Nenner, nicht der Durchschnitt oder die Summe aller möglichen Räume, sondern etwas anderes. Man könnte es ad infinitum durchspielen. Der Weg zwischen Elternhaus und Kindergarten oder Schule ist auf der Karte ganz eindeutig eingetragen, aber wir wissen doch, daß der Schulweg des Kindes etwas ganz anderes ist als dieselbe Wegstrecke, zurückgelegt von einem Erwachsenen. Nordamerika ist für die Eingeborenen, die sich in seinen Wäldern und Prärien auskennen, etwas anderes als für die Ingenieure, die die Brücken und die Tunnels für die Union Pacific bauten. Der General, der die Stadt belagert und sie einnehmen will, hat von ihr eine andere Karte im Kopf als der Tourist, der es auf die Sehenswürdigkeiten abgesehen hat. Die europäische Frau, die in Algier oder Damaskus unterwegs ist, weiß, wie und wo sie sich zu bewegen hat in einem unsichtbar markierten Territorium. So viele Karten, wie es Wahrnehmungsweisen gibt, und so viele Wahrnehmungsweisen, wie es Individuen gibt. Die Welt, erst einmal so atomisiert oder verflüssigt, kann wieder zusammengesetzt werden; sie wird nach diesem Durchgang nicht mehr dieselbe sein wie zuvor.

Bleibt nach einer solchen Atomisierung der Räume noch etwas »Allgemeines«? Ganz gewiß, solange es nicht nur pure Individuen, sondern Menschenverbände gibt, denen sie angehören – wohl oder übel: ethnische Gruppen, soziale Klassen, politische Nationen, Altersgruppen, Interessengruppen, Weiß und Schwarz, Jung und Alt, Mann und Frau, Reich und Arm, Stadt und Land usf. Wir sprechen von Landschaften der Kindheit und meinen damit die Landschaften und Umgebungen, wie sie zu jener Zeit existiert haben, und von der Welt, wie sie in der Kindheit wahrgenommen worden ist. Man liest sie vielleicht heraus aus Erinnerungen und Photoalben und rekonstruiert sie aus Erzählungen ebenso wie aus Statistiken. Es gibt einen Horizont der Kindheit oder Jugend, in dem Landschaften vor den späteren großen Veränderungen festgehalten sind. Es gibt den Horizont von Generationen: etwa jener des Krieges und jener des Nachkriegs mit radikal divergierenden Erfahrungen, die gleichwohl vielleicht noch weitergegeben werden können und erschließbar sind. Der Horizont von Generationen muß nicht primär von Großereignissen gebildet sein, es kann auch der *lifestyle* sein und seine Abgrenzung von dem der vorangegangenen Generation.[2]

Wir sprechen von Landschaften des Begehrens und moralischen Landschaften: von »spaces of desire« und »moral landscapes«.[3] Sie werden von jeder Epoche neu kartiert, sie wandern. Im Zeitalter der Globalisierung sind sie über den ganzen Globus verteilt: Greenwich Village, Bangkok, der Castro District in San Francisco, die karibischen und ostafrikanischen Strände. Es muß etwas mit der Sache selber, dem Eros, der Lust und dem Begehren, zu tun haben, daß die labyrinthischen Topographien des Eros mit all ihren *locations* der am meisten entwickelte Zweig innerhalb der mentalen Topographien geworden sind. Es ist kein Zufall, daß die Landschaften des Amüsements, des Entertainments, des Hedonismus, der Drogen, der Verführung und der Sexualität in speziellen *Guides* festgehalten sind. Auch sie sind transitorisch, im Übergang, sie entstehen und verschwinden: die Geheimnisse Istanbuls und des Serails, die Absteigen von Tanger, das Treiben im Schanghai vor dem Krieg, London und New York in den sechziger und siebziger Jahren. Neue Gebiete – nach 1989 zum Beispiel die schwule Subkultur in den Metropolen des östlichen und mittleren Europa – kommen hinzu.[4]

Auch Macht- und Herrschaftszusammenhänge, die das administrative Gerüst und die hierarchische Ordnung für dauerhafte Lebenswelten abgegeben hatten, sind in *mental maps* verarbeitet worden und haben sich in »Landschaften im Kopf« sedimentiert. Der lange Atem des Imperiums weht noch, wenn seine Stützen längst eingestürzt sind. Imperiale Ordnungen waren Ordnungen von langer Dauer, Gerüste der *longue durée*. Dazu gehören zum Beispiel Personal, Beamte, Uniformen, der Habitus, Routinen, die um so schärfer erinnert werden, je größer die Unordnung war, die auf den Zusammenbruch der Ordnung gefolgt war. Imperien leben in den Köpfen fort, auch wenn sie längst zusammengebrochen sind. Reichsordnungen, Staatsordnungen, imperiale Herrschaftszusammenhänge leben noch lange in den Köpfen fort, auch wenn die Menschen schon längst in postimperialen Ordnungen leben. Man könnte sogar sagen, daß Imperien erst mit den in ihnen aufgewachsenen Untertanen sterben.

Ein anderer Zusammenhang, der sich in Landschaften im Kopf niederschlägt, ist Heimat, der engste Umkreis, in den Menschen hineingeboren sind und der zur selbständigen Größe meist immer nur dann wird, wenn Heimat verlorenging. Heimat ist vielleicht die intimste und zugleich am meisten dem Öffentlichen zugängliche Erfahrung. Dort geht es um Details: das Sofa mit der Katze, der Hauseingang, auf dem sich die Familie zum Photo einfand, der Garten, die Schule, die Inschrift auf dem Geschäft, wo es das Brausepulver gab, vielleicht auch der Klang des Dialekts.

Und schließlich die politische Welt, in der die Schlagzeile vom ungarischen Volksaufstand, das Bild von den Panzern auf dem Lenin Körut, die erregte Stimme des Radioreporters in einen einzigen, für immer bleibenden Eindruck zusammenfließen, der immer, wenn von Ungarn oder von der Zeit der 1950er Jahre die Rede sein wird, mühelos aktiviert und in Bewegung gesetzt wird. Ganze Weltgegenden sind so auf den Karten in unseren Köpfen eingezeichnet: eine Sowjetunion, jenes riesenhafte Gebilde, das zu jedem 1. Mai Raketen über den düsteren Roten Platz ziehen ließ, mit einem Personal, das auf einem Mausoleum stehend die Parade abnimmt. Solche Horizonte lösen sich irgendwann auf, werden überlagert von anderen, in denen sich andere Erfahrungen sedimentiert haben. Horizontbildungen sind mit gravierenden Erfahrungen verbunden, Landkarten im Kopf werden nicht nach Belieben hergestellt. Es geht um Wesentliches, Einschneidendes. Es müssen Leidenschaften im Spiel gewesen sein, und es muß um etwas von Belang gegangen sein: ein großes Unglück, ein sagenhaftes Glück, eine Katastrophe. Katastrophenerfahrungen sind der ideale Rahmen, um Bilder für immer zu fixieren. Es ist, als stockte der Atem oder als risse der Film. Katastrophen – persönliche und kollektive – hinterlassen immer erratische Gedächtnislandschaften.

Von einer solchen ist immer die Rede, wenn vom »Osten« oder sogar vom »deutschen Osten« gesprochen wird. Es ist ein Territorium der Selbstüberhebung und der Angst in einem; dort gibt es keine Grenze, an die man sich anlehnen kann, und dort werden Ostwälle gebaut, die dagegen wappnen sollen, sich im unendlichen Raum zu verlieren.[5] Im Osten kommt vieles zusammen: Ostfront, Ostkrieg, Drang nach Osten, Ostblock. Im Osten liegt die verbrannte Erde. Im Osten liegen die von den Deutschen errichteten Vernichtungslager. Im Osten haben sich die

»Im Osten kam nach allem, was geschehen war, eine jahrhundertealte Kultur zu Ende. Der Faden war gerissen, Brücken verbrannt.«

Richtungsschilder in Berlin,
Mehringdamm / Ecke Gneisenaustraße, 1950er Jahre

Einsatzkommandos ausgetobt. Im Osten geschah etwas, was es in der zivilisierten Welt bis dahin nicht gegeben hatte. Dort gab es einen anderen Krieg. Dort gab es eine Kriegsgefangenschaft, aus der man vielleicht nie zurückkehrte. Im Osten kam nach allem, was geschehen war, eine jahrhundertealte Kultur zu Ende. Der Faden war gerissen, Brücken verbrannt. Der Osten ist das Terrain für Krieg, Flucht und

Vertreibung. Die meisten Schreckensnachrichten und Bilder kamen von dort. Dort versank etwas: ein Davor, etwas, was im Schatten des Folgenden wie heile Welt aussah, Katastrophe und heile Welt in einem. Eine ganze Welt hatte aufgehört zu existieren, war ins geschichtliche Aus gesunken, unerreichbar, lange der Verwilderung preisgegeben oder wiederaufgebaut unter fremdem Namen. Es gab lange keine Sprache dafür außer dem Jargon der Hilflosigkeit, eine Sprache der Sprachlosigkeit oder des Ressentiments. Das zuverlässigste und dauerhafteste waren die Bilder: die Bilder von Städten und Landschaften, von Häusern, in denen man aufgewachsen, von Schulen, in denen man zur Schule gegangen war. Das Land war verloren, aber nicht die imaginäre Karte, in der alles eingetragen war und der auch die neuen Grenzen nichts anhaben konnten.

Es ist klar, daß »der Osten« oder »der deutsche Osten« nicht nur und vielleicht nicht einmal in erster Linie von Geographie handeln. Er handelt von kulturellen Spannungen, von Phobien und Idiosynkrasien, von Überlegenheits- und Minderwertigkeitskomplexen, von Ängsten und Projektionen. Der Osten ist nur ein Name für einen zivilisatorisch-psychologischen Komplex. Aber er handelt eben auch von verlorenen Territorien, von konkreten Räumen und Städten. Landschaften im Kopf haben ein Eigenleben. Sie haben ihre eigene Entstehungs- und Verfallszeit. Sie können überholt werden von der Wirklichkeit, und sie werden überholt. Aber selbst dort, wo sie zum Anachronismus geworden sind, zeigen sie nur, daß sie um etwas kreisen: Räume, Orte, auch wenn es sie nicht mehr gibt oder so vielleicht auch nie gegeben hat.

DIE GESTE
DER STRATEGEN.
SZENEN AM
KARTENTISCH

Macht findet im Raum statt. Die Territorialisierung von Macht wird auf Karten abgebildet, ob es sich um die Entwürfe für die Idealstadt der Renaissance und Aufklärung handelt, um die Abgrenzung von Einflußsphären der Supermächte oder den Geltungsbereich von Einreisebestimmungen. Karten bilden Macht ab. Kartenwissen ist sogar selbst Macht. Wer Karten hat, weiß mehr über die Organisation eines Raumes. Der Kartentisch ist fast so etwas wie ein Insignium von Macht. Er gehört zum Interieur der Mächtigen. Auf ihm ergeht sich die Imagination der Macht auf noch mehr Macht, manchmal auch die Phantasie der Machtlosen. Karten gewähren den Überblick, den man im Gewimmel des Erdendaseins und erst recht im Getümmel des Kampfes nicht hat. Strategen – *strategos*: der Feldherr – sitzen in alter Zeit auf Feldherrnhügeln, um ihre Armeen dirigieren zu können. Sie stehen nicht im Getümmel, sondern darüber. Das impliziert eine sehr spezifische Sichtweise, eine strategische. Sie blickt meist von oben, über die Dinge hinweg, an Details nur insofern interessiert, als sie für den Vollzug der Sache – den militärischen Sieg – von Relevanz sind. Dieser Blick wird reproduziert in jeder virtuellen Schlacht, die im Sandkasten geübt oder auf der Wandkarte nachgestellt wird. Er ist vorhanden in jedem Akt der Aufhebung oder Bestätigung von Macht über Territorien. Die Signatur der Karte ist ein staatstragender Akt, an einem Federstrich hängt das Schicksal von Staaten, Völkern, zahllosen Individuen. Man könnte eine Formengeschichte des Federstrichs, der Machtverhältnisse löscht und neue etabliert, schreiben.

Hier geht es nur um ein paar Beobachtungen, die der Konfiguration Macht und Karte, Blick von oben und Kartentisch, Grenzziehung und Federstrich gewidmet sind, eine kleine Anthologie von Beobachtungen. Wir verdanken sie Leuten, die hellwach »dabei waren« und es festgehalten haben. Das kann sehr viele Formen annehmen. Von Noel Lemires zeitgenössischem Kupferstich, in dem die erste Teilung Polens 1772 in allegorischer Form festgehalten ist, bis Charlie Chaplins Tanz des Diktators mit dem Globus in der Reichskanzlei; von den mit Karten geführten Auseinandersetzungen um die Verwirklichung von Wilsons »14 Punkten«, die den Pariser Friedenskonferenzen am Ende des Ersten Weltkriegs zugrunde lagen, bis zu Stalins Schriftzug auf der Karte, die dem Grenz- und Freundschaftspakt vom 28. September 1939 beigegeben war und in der die Teilung Polens besiegelt ist. Vielleicht auch die Explosion der Bombe Graf Stauffenbergs im Führerhauptquartier in der Wolfsschanze, die unter jenem Tisch plaziert war, auf dem die Karten ausgebreitet waren, auf denen sich Hitler soeben noch den Verlauf des Krieges vergegenwärtigt hatte. Die Karte und der Kartentisch sind das Zentrum, um das die Macht kreist und auf denen ihre Ansprüche lesbar werden.

Die Teilung Polens hat als präzedenzloser und unerhörter Akt innerhalb der europäischen Staatenwelt die Zeitgenossen außerordentlich beschäftigt. Nicht ohne längere Vorgeschichte, aber dann doch mit einem Mal war die Teilung, die erste (1772) bis zur Aufteilung der gesamten Adelsrepublik (1793 und 1795), Wirklichkeit geworden, dokumentiert in Karten, auf denen die Teilungsgebiete eingezeichnet sind. Von dieser Konstellation gibt es Hunderte von Variationen – kritische und affirmative, pro- und antipolnische. Das Bildprogramm aber ist immer dasselbe. Im Zentrum ist die Karte von J. Kanter ausgebreitet, auf der die königliche Republik dargestellt ist. Man kann auf ihr gut die Rußland, Österreich und Preußen einverleibten Gebiete erkennen. Die wichtigsten Flüsse, Provinzen und Stadtnamen sind eingetragen. Die Monarchen der Teilungsmächte weisen mit ihrer Hand auf die von ihnen beanspruchten und geraubten Gebiete. Ein Fanfaren blasender Engel deklariert die Rechte der Teilungsmächte. Während die Zarin Katharina II., der österreichische Kaiser Joseph II. und der preußische König Friedrich II. ihre Gebiete »festhalten«, suchen sie untereinander Augenkontakt. Der Konsens der Monarchen. Eine herausragende Stellung nimmt der präsumtive Architekt dieses historischen Deals – Graf Nikolaj Panin – ein. Während er ebenfalls auf die Karte verweist und den Blick senkt, verweist er mit seiner Rechten gen Himmel. Das Ganze – von einem unbekannten Kupferstecher angefertigt – nennt sich *Die Lage des Königreichs Pohlen im Jahre 1772*, während es eigentlich den Akt der Aufteilung zeigt. Die Zarin hat in dieser Konfiguration gewiß den bequemsten und am meisten privilegierten Platz. Die ganze Szene ist eingerahmt von einem Baum, möglicherweise einem Lorbeerbaum. Das Blatt zeigt aber, daß die Repräsentanten der drei Teilungsmächte kein schlechtes Gewissen haben. Sie verstecken sich nicht: Die Teilung als Akt der Staatsräson und in einem Moment, wo es eine »Öffentlichkeit« noch nicht gab.

Eine skurrile und ebendarin aufschlußreiche Szene, die ebenfalls um Karten kreist, ist uns aus dem Umfeld der Pariser Friedenskonferenzen 1919 überliefert. Charles Seymour, Mitglied der amerikanischen Delegation, beschreibt sie so: »Eine der malerischsten Szenen der Konferenz fand in Mr. Wilsons Zeichenraum in Paris statt, das den Präsidenten auf allen vieren vor einer großen Karte auf dem Parkettfußboden zeigt und andere Delegierte in ähnlicher Haltung, Orland wie ein Bär auf dem Boden kriechend, um genauer zu sehen, als Wilson einen knappen und präzisen Vortrag über die Wirtschaft und Geographie des Klagenfurter Beckens hielt. Überall waren Karten. Sie waren nicht alle von guter Qualität. Westermann meinte von manchen Karten, die von den Verhandlungspartnern des Nahen Ostens eingebracht wurden, man würde sich ›lächerlich machen, wenn man sie publizieren würde‹. Aber es gab keine Diskussion, in der man sich nicht auf die Karte berief.«[1] Die Neuordnung Europas nach dem Zusammenbruch der Großen Reiche warf die Frage auf, wie die Staatenwelt danach aussehen, nach welchen Prinzipien sie konstituiert sein sollte. Im Vorschlag des US-Präsidenten Woodrow Wilson – den berühmten »14 Punkten« – war die nationale Selbstbestimmung zu einem entscheidenden Prinzip erklärt worden. Wilson selbst war mit einer großen Kommission aus Historikern, Ökonomen, Politikwissenschaftlern, Geographen nach Paris gekommen. Karten waren ein entscheidendes Mittel für die Festlegung von Grenzen und Territorien der neuen Staaten. Allein 17 der 126 Mitglieder umfassenden Kommission waren Kartographen. Meist ging es um ethnische Karten und Sprachenkarten (»race«, »peoples«, »nations«). Der Leiter der Kommission war der renommierte Geograph Isaiah Bowman, Direktor der American Geographical Society, von dem auch der berühmte Satz stammt: »Eine Karte sagt mehr als tausend Worte.«[2] Mit Karten gingen alle Teilnehmer der Friedenskonferenzen nach Paris, zum Teil mit Karten, die schon in der Vorweltkriegszeit gezeichnet worden waren. Jeder versuchte seine Ansprüche auch kartographisch zu untermauern: Roman Dmowskis Entwurf *La question polonaise* von 1909 war eine ethnographische Karte beigegeben. Die serbischen Nationalisten hatten schon im September 1914 eine Karte für die künftige Organisation Europas und der Jugoslawen entworfen. Tomáš G. Masaryks Zeitschrift *New Europe* arbeitete im großen Stil mit – suggestiven – ethnographischen Karten. Später schalteten sich auch die Deutschen mit ihren Volkstumskarten ein. Karten waren das Beweismittel und Demonstrationsmittel par excellence. Präsident Woodrow Wilson, dem erst auf den Pariser Konferenzen die Kompliziertheit der Verhältnisse in Zentral- und Osteuropa so recht aufgegangen war, bewegt sich auf dem Fußboden seines Kartenraums inmitten dieser heillos unübersichtlichen Flut von Karten.[3] Er ist damit auch ein guter Repräsentant der neuen Situation: Es gab niemanden mehr, der über Europa hätte gebieten können. Die Imperien waren dahin, und das Europa der Diktatoren war noch nicht in Sichtweite. Die Regelung von Territorialfragen war in einem starken Maße an kompetente, arbeitsteilige, »wissenschaftliche« Gremien delegiert. Gleichzeitig waren Karten zu einem Medium und Vehikel des Kampfes in den nationalen Öffentlichkeiten geworden. Von nun an waren Territorialfragen visualisiert, sie waren ein Bestandteil des Kampfes um die Köpfe geworden. Das konnte demagogisch geschehen oder demokratisch, je nachdem.

Aus dem Europa der Diktatoren stammt bereits jene Szene, die Paul Schmidt, der Übersetzer des Reichsaußenministers Joachim von Ribbentrop beschrieben hat. Es war im Jahre 1938 während der Verhandlungen über den ersten Wiener Schiedsspruch, bei dem es im Zuge der Zerstückelung der Tschechoslowakei auch um den Anschluß von Teilen der Slowakei an Ungarn ging. Schmidt hat als genauer Beobachter die diktatoriale Willkür bei der Festsetzung von Grenzen exakt erfaßt, wenn er in seinen Memoiren schreibt: »In dem prächtigen Rahmen des Schlosses Belvedere in Wien, das einst dem Prinzen Eugen als Sommerresidenz gedient hatte, trat im Oktober 1938 ein deutsch-italienisches Schiedsgericht zusammen, um die Gebietsansprüche Ungarns an die Rest-Tschechoslowakei zu regeln. Wenn ich heute von neuen Grenzziehungen höre, steht mir immer wieder eine Szene vor Augen, die ich am Tage vor der Verkündung des ersten Wiener Schiedsspruchs im Schloß des Prinzen Eugen miterlebte. In einem kleineren kreisrunden Saal mit vielen Fenstern, aus denen der Blick weit über den Belvedere-Park und die Stadt Wien schweifte, war auf einem großen runden Tisch in der Mitte eine Karte der umstrittenen Gebiete ausgebreitet. Vor diesem Tisch standen Ribbentrop und Ciano, umgeben von ihren Mitarbeitern. Jeder der beiden Außenminister hatte einen dicken Bleistift in der Hand, und während sie miteinander sprachen, korrigierten sie die von den Sachverständigen als Grundlage des Schiedsspruchs eingezeichnete neue Grenzlinie. ›Wenn Sie die tschechischen Interessen weiter so verteidigen‹, rief Ciano mit einem boshaften Lächeln Ribbentrop zu, ›dann werden Sie von Hácha noch einen Orden bekommen‹, und nahm seinen Bleistift, um mit dicken Strichen die Linie zugunsten Ungarns zu verändern. ›Das geht entschieden zu weit‹, protestierte Ribbentrop, dem der Sachreferent des Auswärtigen Amtes vorher etwas zugeflüstert hatte, und zeichnete einen Teil der Linie neu ein. Und so wurde zwischen den beiden Außenministern noch eine ganze Weile hin- und hergestritten, es wurde radiert und neu eingezeichnet, die Bleistifte wurden immer stumpfer und die Grenzlinien immer dicker... ›Die Grenzkommission wird es schwer haben, eine genaue Linie festzulegen‹, flüsterte mir ein Kollege zu, ›in Wirklichkeit sind diese dicken Bleistiftstriche ja ein paar Kilometer breit.‹ Vor meinen Augen sah ich eine friedliche Landschaft mit Wäldern und Feldern, Bauernhöfen, Dörfern und Straßen, die von Natur aus ein Ganzes bildeten und hier durch Ministerbleistifte und durch menschliche Willkür auseinandergerissen wurden. Selten ist mir der Kontrast zwischen den in prunkvollen Sälen historischer Schlösser leichthin gefällten Grenzentscheidungen der Staatsmänner und ihren Auswirkungen in dem bescheidenen Alltag der betroffenen Gebiete stärker zum Bewußtsein gekommen als bei dieser Gelegenheit.«[4]

Die Grenzziehungen des Wiener Schiedsspruchs sind nur das Vorspiel für die »ethnographische Neuordnung Europas«, wie sie Hitler ins Auge gefaßt hatte. Ein zentrales Dokument, das diesen binnen weniger Jahre ablaufenden, in ethnischer Säuberung und Völkermord einmündenden Prozeß eröffnet, ist der sogenannte Molotow-Ribbentrop- oder auch Hitler-Stalin-Pakt vom 23. August 1939 und der sich anschließende Grenz- und Freundschaftsvertrag vom 28. September 1939. Auch hierzu gibt es Augenzeugen und Berichterstatter. Der schon zitierte Dr. Paul Schmidt war am 22. August 1939 mit Ribbentrop nach Moskau geflogen, wo schon am folgenden Tag der die ganze Welt schockierende und den Weg zum Überfall auf Polen freimachende »Pakt« unterzeichnet werden sollte. Nach Abschluß der Verhandlungen gab es Trinksprüche, von denen Stalin einen auf Hitler ausbrachte: »Ich weiß, wie sehr das deutsche Volk seinen Führer liebt. Ich möchte daher auf sein Wohl trinken.«[5] Die deutsche Delegation flog am 24. August um 1 Uhr mittags wieder nach Berlin zurück, sie war nur 24 Stunden in Moskau gewesen, es war ein »Schnelligkeitsrekord«. Alles mußte sehr schnell gehen, hatte Hitler ursprünglich doch schon den 26. August als Termin des Überfalls auf Polen angesetzt. Zeit für Beratungen gab es nicht. Problematischere Fragen werden per Telephon nach Berlin erledigt. Die Szenerie, die in den wenigen offiziellen Photos festgehalten ist, ist immer eine nächtliche. Hier die Beschreibung von einem anderen

Teilnehmer: »Der Nichtangriffspakt, der das Datum vom 23. August 1939 trägt, wurde am 24. August um zwei Uhr früh unterzeichnet. Kurz darauf wurden die Fotografen hereingelassen, um den historischen Augenblick festzuhalten. Unter ihnen war der deutsche Fotograf Helmut Laux, der mir später schilderte, wie er Ribbentrop und Stalin fotografiert hatte. Sie hatten jeder ein Glas Sekt in der Hand und tranken auf den Erfolg des Abkommens. Stalin bemerkte, es sei keine gute Idee, dieses Foto zu veröffentlichen, da es der deutschen und der sowjetischen Bevölkerung ein falsches Bild vermitteln könne. Laux wollte gerade die Kamera öffnen, um Stalin den Film zu geben, als ihm dieser mit der Bemerkung abwinkte, das Wort eines Deutschen genüge ihm.«[6] Die Festlegung der Grenze zwischen der sowjetischen und der deutschen Einflußzone erfolgte indes erst einen Monat später in einer ebenso nächtlichen wie überstürzt-hastigen Zusammenkunft. Im Zusammenhang mit der Unterzeichnung des Grenz- und Freundschaftsvertrags am 28. September 1939 setzten Ribbentrop und Stalin ihre Unterschrift unter die Teilungskarte. Diese Szene ist von Gustav Hilger festgehalten worden. »Am 25. September ließ Stalin den Botschafter erneut kommen, um ihm zu erklären, daß bei der endgültigen Regelung der polnischen Frage alles vermieden werden müßte, was in Zukunft Reibungen zwischen Deutschland und der Sowjetunion zur Folge haben könnte. Mit den Worten, daß ihm unter diesem Gesichtspunkte ›die Belassung eines selbständigen Restpolens abwegig erscheine‹, schlug Stalin folgende Abänderung der im Geheimen Zusatzprotokoll vorgesehenen Demarkationslinie vor: Litauen solle in die sowjetische Einflußsphäre einbezogen werden, wofür Deutschland mit dem zwischen Weichsel und Bug gelegenen polnischen Territorium, das die fruchtbare Woiwodschaft Lublin und einen Teil der Woiwodschaft Warschau umfasse, entschädigt werden solle. Im Falle des deutschen Einverständnisses, fügte Stalin hinzu, würde die Sowjetunion sofort an die Lösung des Problems der baltischen Staaten gemäß den Vereinbarungen vom 23. August herantreten und erwarte dabei die vorbehaltlose Unterstützung der deutschen Regierung. Um über diesen Vorschlag Stalins zu verhandeln, traf Ribbentrop am 27. September um fünf Uhr nachmittags zu einem zweiten Besuch in Moskau ein.«[7] Die Verhandlungen begannen am 27. September spätabends, wurden am nächsten Nachmittag fortgesetzt und endeten in den frühen Morgenstunden des 29. September mit der Unterzeichnung eines Grenz- und Freundschaftsvertrages, der unter dem Datum des 28. September in die Geschichte eingegangen ist. Er enthielt als wesentlichen Punkt eine Vereinbarung über die Abgrenzung der Einflußsphären gemäß dem Stalinschen Vorschlag.[8] Über die Unterzeichnung selbst berichtet Hilger: »Polen war vernichtet und aufgeteilt. Wir waren zugegen, wie Stalin auf einer Landkarte mit einem dicken Blaustift eigenhändig eine Linie zog, die anfing, wo die Südgrenze Litauens an die Ostgrenze Deutschlands stieß, und von da nach Süden bis zur tschechoslowakischen Grenze lief. An Hand dieser Linie mußte die deutsch-sowjetische Grenzkommission später die Grenzziehung durchführen, eine Arbeit, die viel Mühe verursachte und zu langwierigen Diskussionen führte, da die sowjetischen Unterhändler sklavisch an dem blauen Strich festhielten, auch wenn dies in der Praxis zu unsinnigen Folgen wie Zerschneidung von kleinen Orten und Wohnstätten führte, nur weil die Linie von Stalins eigener Hand stammte.«[9] General Köstring, Militärattaché an der deutschen Botschaft Moskau, der das geheime Protokoll protokolliert hatte – er ist auf einem Photo mit Kartenlupe zu sehen –, beschreibt die Szene so: »Stalin selbst hat dann auf einer Karte mit Buntstift die endgültige Grenze festgelegt. Diese Karte wurde mir von Ribbentrop vorgelegt, mit dem Ersuchen, mich vom militärischen Standpunkt aus zur Grenzziehung zu äußern. Ich erwiderte, daß ich mit dieser Karte wegen ihres allzu geringen Maßstabes nichts anfangen könnte, und erbat ein paar Stunden Aufschub, um inzwischen auf Spezialkarten den Grenzverlauf kontrollieren zu können. Als ich dann fast sofort einige Änderungen vorschlug, erklärte Ribbentrop mir, daß er sie nicht mehr berücksichtigen könnte, da er schon wieder in den Kreml zurückmüsse. Diese grob von Stalin eingezeichnete Grenzlinie hat mir dann, als ich Vorsitzender der Grenzkommission wurde, noch sehr viel Schwierigkeiten gemacht, da der Buntstift Stalins wirklich allzubunt Straßenzüge und wirtschaftliche Einheiten unberücksichtigt gelassen hatte.«[10] Auch Andor Henke, der für die Ausfertigung der Karten des Paktes zuständig war, erinnerte an das Zustandekommen der Demarkationslinien. Er beschrieb, wie Ribbentrop, Stalin und Molotow »an einem langen grünen Tisch, der mit Karten bedeckt war«, gestanden und den genauen Verlauf der Grenze festgelegt hatten. »Zugleich mußten sie außerordentlich sorgfältig sein, da der kleinste Irrtum oder auch nur eine zu dicke Linie eine große Rolle spielen konnten in der folgenden praktischen Markierung der Grenze auf dem Territorium.« Stalin fragte nach Unterzeichnung der Karte scherzend: »Ist meine Unterschrift auch klar genug für euch?«[11]

Die Existenz des Zusatzprotokolls war geheimnisumwittert und von der UdSSR bis zu ihrem Ende bestritten worden. Daß überhaupt

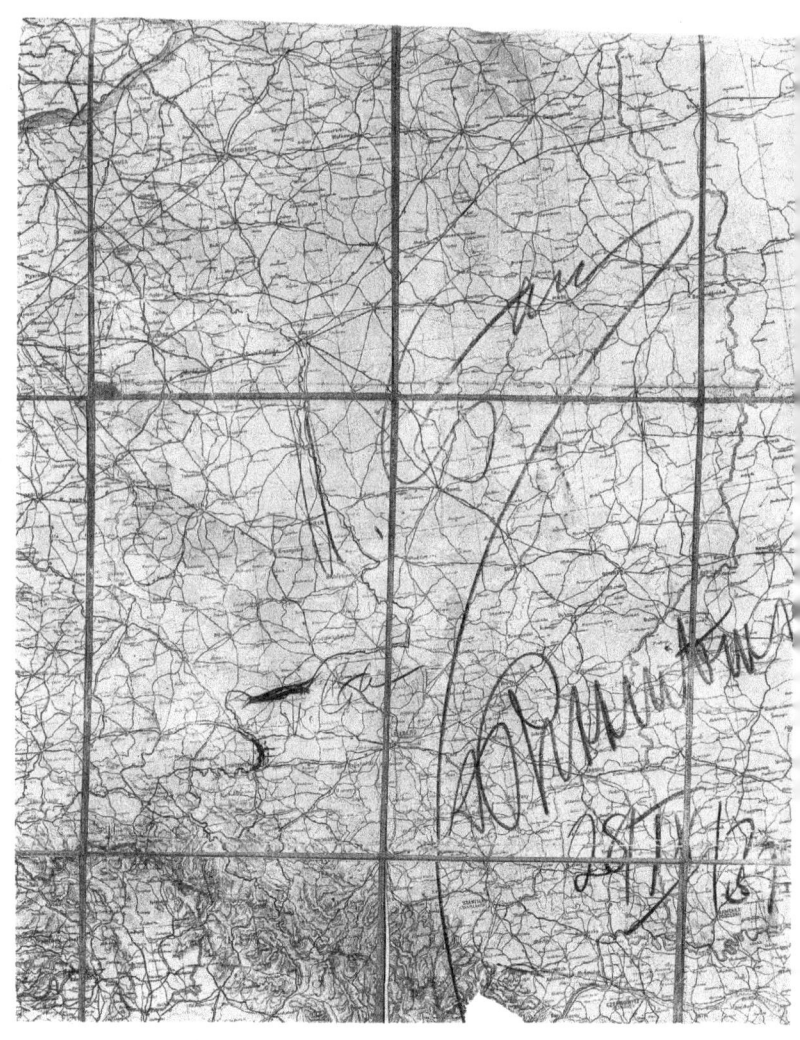

»Ribbentrop zeichnete das sowjetische Exemplar mit dickem rotem Stift und datierte es mit ›28. IX. 39‹, während Stalin mit dickem blauem Stift in die Karte seinen Namen eintrug, der in einem triumphierenden Schriftzug auslief.«

Verlauf der deutsch-sowjetischen Grenze aus den geheimen Zusatzprotokollen des deutsch-sowjetischen Nichtangriffspaktes noch Karten zu diesem Abkommen existieren, ist dem früheren Zweiten Sekretär des Auswärtigen Amtes, Carl von Loesch, zu verdanken. Er war Übersetzer in Ribbentrops Stab. 1945 mißachtete er den Befehl, Dokumente zu vernichten. Damit rettete er auch einen Film, der rund 9725 Seiten von Dokumenten enthielt, einschließlich der geheimen Zusatzprotokolle des deutsch-sowjetischen Nichtangriffspaktes. Er steckte den Film in eine Biskuitdose und vergrub sie in Thüringen, wo er in die Hände der Anglo-Amerikaner fiel. 1959 kehrte er mit anderen Dokumenten nach Deutschland zurück. Die Dokumente des Pakts umfassen fünf sowjetische Karten, enthalten in einer roten Mappe »Anhang – Karten für die Ratifizierung des Deutsch-Sowjetischen Vertrages über Freundschaft und Grenze zwischen der UdSSR und Deutschland vom 28. September 1939 und des Zusatzprotokolls zwischen der UdSSR und Deutschland vom 4. Oktober 1939«. Molotow und von der Schulenburg haben die Karten in Blockbuchstaben gezeichnet. Wichtig ist ferner eine Polenkarte deutscher Herkunft, die den Verlauf der deutsch-sowjetischen Grenze vom 31. August 1939 zeigt. Diese Karte ist gezeichnet von Ribbentrop und Stalin. Davon gibt es zwei Kopien – für jede Signatarmacht eine. Ribbentrop zeichnete das sowjetische Exemplar mit dickem rotem Stift und datierte es mit »28. IX. 39«, während Stalin mit dickem blauem Stift in die Karte seinen Namenszug eintrug, der in einem triumphierenden Schriftzug auslief. Auf der Karte sind von Ribbentrop und Stalin mit farbigem Stift westlich von Lemberg/Lwow Grenzkorrekturen zugunsten Deutschlands eingetragen. Stalin zeichnete diese Änderung noch einmal mit etwas kleinerem Schriftzug. Es ist nicht klar, ob diese Grenzkorrekturen durch einen Irrtum des Kartographen oder durch Nachverhandlungen verursacht waren.[12]

Ein Jahr später sehen wir die deutsche Wehrmachtspitze bereits über die Karten gebeugt, auf denen »Unternehmen Barbarossa« entworfen und durchgespielt wird. Der Chef des Oberkommandos der Wehrmacht Generalfeldmarschall Keitel, der Oberbefehlshaber des Heeres Generaloberst von Brauchitsch, Hitler, der Chef des Generalstabs Generaloberst Halder sind im Kartenraum zu sehen, gebeugt über den speziellen Kartentisch, an dessen Kanten bewegliche Lampen angebracht sind. Die deutsch-sowjetische Grenze erscheint schon nicht mehr als Demarkationslinie, sondern als kommende Front. Hier ist die Grenze bereits als der Aufmarschplatz und Schlachtraum der größten Truppenkonzentration in der Geschichte ablesbar.

Karten dienen der Orientierung und bilden folglich die rasch sich ändernde Kriegslage zu jedem Zeitpunkt ab. Paul Schmidt, der im Stab Ribbentrops unterwegs war, pflegte auch Lagevorträge in Ribbentrops Sonderzug »Heinrich« zu halten, um seinen Chef auf dem laufenden zu halten. »Ich trug eine große Generalstabskarte gerollt unter dem Arm und hatte den Auftrag, mich im Kommandowagen über die neueste militärische Lage zu unterrichten. Wenn ich dort dann etwas unbeholfen vor der großen Lagekarte stand und mir die neuesten Frontlinien in meine Karte mühsam einzeichnete, erbarmte sich meistens einer meiner Generalstabsbekannten aus den Krisentagen in der Reichskanzlei und zeichnete mir kunstgerecht in Rot und Blau mit kühn vorwärts schnellenden oder umgebogenen (wo die Angriffe abgeschlagen waren) Pfeilspitzen alles fein säuberlich mit den entsprechenden Erläuterungen ein... Was Ribbentrop davon hielt, weiß ich nicht: meine Kollegen schien es ziemlich zu beeindrucken, wenn ich mit der flachen Hand ganze Gebiete einkassierte und mit gespreizten Fingern vorwärtsstürmende Stoßkeile markierte oder Kessel mit der hohlen Hand plastisch darstellte. Ich hieß daher einige Tage lang nur noch ›Napoleon‹.«[13]

Das Attentat auf Hitler in der Wolfsschanze geschah an einem Kartentisch. Ian Kershaw hat über den Ablauf des Attentats am 20. Juli 1944 folgendes zusammengetragen: »Die Besprechung fand in einer hölzernen Baracke innerhalb des stark bewachten Führerkreises im inneren Sperrkreis I der Wolfsschanze statt und hatte bereits begonnen, als Stauffenberg eintrat. Hitler saß in der Mitte der Längsseite des Tisches ganz in der Nähe der Tür gegenüber den Fenstern und hörte, wie Generalmajor Adolf Heusinger, Chef der Operationsabteilung im Generalstab, die sich schnell verschlechternde Lage an der Ostfront beschrieb. Geistesabwesend schüttelte Hitler Stauffenberg die Hand, als Keitel ihn vorstellte, und konzentrierte sich wieder auf Heusingers Bericht. Stauffenberg hatte um einen Platz in unmittelbarer Nähe des Führers gebeten. Seine teilweise Taubheit und die Schwerbeschädigung lieferten ihm dafür einen guten Grund. Man fand für ihn einen Platz rechts von Hitler nahe dem Ende des Tischs. John von Freyend, der Stauffenbergs Aktentasche in den Raum getragen hatte, stellte sie unter den Tisch gegen die Außenseite des kräftigen rechten Tischbeins... Hitler hatte sich über den schweren Eichentisch gebeugt, sich dabei auf seinen Ellbogen gestützt, das Kinn in der Hand, und studierte auf einer Karte Stellungen der Luftaufklärung, als die Bombe mit einem Blitz blauer und gelber Flammen und einem ohrenzerreißenden Knall hochging. Fenster wurden herausgerissen. Wolken dicken

Rauchs und Staubs wogten hoch. Fliegende Glassplitter, Holzstücke, Papierfetzen und andere Trümmer preschten in alle Richtungen. Eine Zeitlang herrschte ein Inferno. 24 Personen hatten sich zum Zeitpunkt der Explosion in dem Gebäude befunden. Einige wurden auf den Boden geschleudert oder durch den Raum gewirbelt. Bei anderen standen Haar oder Kleidung in Flammen. Hilferufe ertönten. Menschliche Silhouetten stolperten entsetzt, teilweise blind, mit geplatztem Trommelfell in Rauch und Trümmern umher und versuchten verzweifelt ins Freie zu gelangen. Die weniger Glücklichen lagen in den Trümmern. Einige waren schwer verletzt.«[14] Auch Paul Schmidt gibt die Szenerie wieder, die ihm von Dr. Morell unmittelbar danach beschrieben worden war und die zufällig gerade von Benito Mussolini besucht worden war: »Die Tür zum Kartenzimmer war geborsten und lehnte zerbrochen an der gegenüberliegenden Barackenwand. Der Raum selbst bot ein Bild toller Verwüstung, so wie ich es in Berlin nach Luftangriffen oft gesehen hatte, wenn eine schwere englische Mine neben einem Hause niedergegangen war und alle Räume ›durchgepustet‹ hatte. Tische und Stühle lagen in wüstem Durcheinander zersplittert am Boden. Die Deckenbalken waren herabgestürzt und die Fenster mitsamt den Rahmen nach außen geflogen. Der große Kartentisch, vor dem ich so manche ›Schaulage‹ für Antonescu übersetzt hatte, war nur noch ein Haufen geborstener Bretter und geknickter Tischbeine. ›Hier ist es geschehen‹, sagte Hitler ruhig, während Mussolini vor Bestürzung fast die Augen aus dem Kopf zu fallen schienen. Er war leichenblaß geworden, denn er hatte die Nachricht von dem Attentat völlig unvorbereitet empfangen, als er den Zug verließ. ›Hier an diesem Tisch habe ich gestanden‹, erklärte dann Hitler weiter, auffallend teilnahmslos und wie geistesabwesend. ›So habe ich mich mit dem rechten Arm auf den Tisch gelehnt, um auf der Karte etwas nachzusehen, als mir plötzlich die Tischplatte entgegenflog und meinen Arm nach oben riß.‹«[15] Das Photo nach der Explosion zeigt auch den einstigen Ort unumschränkter imaginärer Herrschaftsausübung über Europa: den zerfetzten Kartentisch, Europa in Fetzen.

FLANEUR: BEWEGUNGSFORM, ERKENNTNISFORM

»Der Erforscher des Volkslebens muß vor allen Dingen auf
Reisen gehen. Das versteht sich von selbst. Ich meine aber
gehen im Wortsinne, und das verstehen viele nicht von
selbst... Wie der moderne Historiker bei einem quellenhaf-
ten Geschichtsbuche nicht mehr bloß Buchstudien, sondern
auch Archivstudien fordert, so fordere ich bei einem Bei-
trage zur deutschen Volkskunde mindestens Wanderstudien.
Wandern heißt auf eigenen Füßen gehen, um mit eigenen
Augen zu sehen, mit eigenen Ohren zu hören.«

Wilhelm Heinrich Riehl[1]

Jeder Bewegungsform entspricht eine spezifische Erkenntnisform. Der
Flaneur läßt sich treiben. Ihn interessiert nicht das Wohin, sondern das
Wo. Er schreitet ab. Er hat seinen eigenen Rhythmus. Bald schneller,
bald langsamer. Er geht herum, er geht einer Sache nach. Es macht ihm
nichts aus, dort wieder anzukommen, wo er losgegangen ist, wenn er
dabei nur etwas gesehen hat, was er versäumt hätte bei einem Gang ge-
radeaus. Seine erste Bedingung ist der Müßiggang. Seine natürliche
Umgebung die Stadt und sein historischer Ursprung die Landschaft aus
Moden und Luxus. Nicht von ungefähr war die an der Schnur durch
die Passage geführte Schildkröte sein Symbol und Maß seines Tempos.
Er hat alles vor sich und um sich. Er läßt sich auf das »Maskenfest des
Raumes« ein. »Der Raum blinzelt den Flaneur an: Nun, was mag sich
in mir wohl zugetragen haben?«[2] Seine Bewegungsform ist »memorie-
rendes Schlendern«, bei dem er der Stadt und all dessen, was sich unter
dem Asphalt verbirgt, gewahr wird, die Stadt zum »mnemotechnischen Behelf des einsam Spazierenden wird«.[3] Das führt den Flaneur,
wenn er ein Fremder ist in der Stadt, in das Labyrinth, und den Flaneur, wenn er in ihr zu Hause ist, »in eine entschwundene Zeit«. Ja, er
läßt sich treiben, er setzt sich kein Ziel. Ihm ist alles zunächst gleichbedeutend und gleichzeitig. Es bedarf einer Weile, um ihn in eine bestimmte Richtung in Bewegung zu setzen. Er verfällt in eine Art
Trance. »Ein Rausch kommt über den, der lange ohne Ziel durch Stra-

ßen marschiert. Das Gehn gewinnt mit jedem Schritte wachsende Gewalt; immer geringer werden die Verführungen der Läden, der Bistros, der lächelnden Frauen, immer unwiderstehlicher der Magnetismus der nächsten Straßenecke, einer fernen Masse Laubes, eines Straßennamens. Dann kommt der Hunger. Er will nichts von den hundert Möglichkeiten, ihn zu stellen, wissen. Wie ein asketisches Tier streicht er durch unbekannte Viertel, bis er in tiefster Erschöpfung auf seinem Zimmer, das ihn befremdet, kalt zu sich einläßt, zusammensinkt.«[4]

Von anderen Bewegungsformen kann man das nicht sagen: der Flüchtling hat nicht die Ruhe und nicht die Nerven, um sich zu blikken. Er muß weg. Sein Blick ist verengt, auf die Überlebensfrage gerichtet, daher genau, scharf wie alle zielstrebig-selektive Wahrnehmung. Flüchtlinge sind, bis sie endlich in Sicherheit sind, bis zum Wahn mit der Frage beschäftigt, herauszufinden, wo der Schlupfwinkel, die letzte Brücke, das letzte Schiff, die sichere Passage zu finden sind. Für den Blick rundum, für das schweifende Auge ist nicht die Zeit und nicht der Ort. Was berichtenswert wäre, findet sich später in Memoiren, die der Nachwelt Auskunft geben. In Momenten des Schreckens vertraut man sich nicht einmal dem Tagebuch an.

So gibt es so viele Blick- und Sichtweisen, wie es Bewegungsweisen gibt: Die des Kaufmanns, des *merchant adventurer*, die des Entdeckers und Kundschafters neuer Seewege und Passagen; die des Soldaten, der alles unter Gesichtspunkten der Front und des Geländegewinns, von Angriff und Verteidigung, Schlag und Gegenschlag sieht; die des Pilgers, für den aller Weg und alle Strapaze nur ein Fortschritt auf dem Wege persönlicher Vervollkommnung sind; oder die des Touristen, der sich durch Komfort für die Entbehrungen des Arbeitslebens entschädigt. Jede Bewegungsform hat ihre spezifische Sichtweise, ihr Privileg, jede vermutlich auch ihren historischen Ort und ihre historische Konjunktur. Jede bringt ihr spezifisches Genre und ihre spezifische Rhetorik hervor: Arten des Schreibens, Berichtens, Darstellens, Systematisierens, jede hat ihre eigenen Hilfs- und Auskunftsmittel.

Auch der Flaneur hat einen Ort. Auf den Highways über Los Angeles ist er nicht denkbar, ebensowenig wie auf den Betonpisten von Brasilia oder in den Räumen der totalen Macht. Der Flaneur entzieht sich der vorgegebenen Richtung. Er ist sein eigener Herr, er folgt seiner eigenen Nase, er läßt sich treiben, überspringt eine Strecke, die ihn vielleicht langweilt, und er geht noch einmal eine Strecke zurück, wenn ihn etwas irritiert hat, dem er nachgehen möchte. Er steht zu allem auf Distanz, aber das heißt nicht, daß er sich in Dinge, die ihm wichtig erscheinen, nicht vertiefen könnte. Der *flaneur/voyageur* kennt das Repertoire von Nähe und Distanz, das die Spezialisten der teilnehmenden Beobachtung entwickelt haben. Das Innehalten, zu dem er sich die Freiheit nimmt, steht im Widerspruch zum allgemeinen Streben nach vorne und nach oben. Er steht dem »main stream« und dessen Tempo im Wege.

Franz Hessel hat seine ebenso beiläufig daherkommende wie epochemachende Studie *Spazieren in Berlin* (1929) eröffnet mit dem Kapitel »Der Verdächtige«, einer Studie über Verdacht und Selbstverdächtigung eines, der angefangen hat, sich frei im Gelände zu bewegen: abseits der Routen, abseits eines Fahrplans, einzig dem folgend, was man den Magnetismus des Ortes nennen könnte. Darin heißt es: »Langsam durch belebte Straßen zu gehen, ist ein besonderes Vergnügen. Man wird überspült von der Eile der anderen, es ist ein Bad in der Brandung. Aber meine lieben Berliner Mitbürger machen einem das nicht leicht, wenn man ihnen auch noch so geschickt ausbiegt. Ich bekomme immer mißtrauische Blicke ab, wenn ich versuche, zwischen den Geschäftigen zu flanieren. Ich glaube, man hält mich für einen Taschendieb ... Hierzulande muß man müssen, sonst darf man nicht. Hier geht man nicht wo, sondern wohin. Es ist nicht leicht für unsereinen.«[5] Aber: »Mit dem Herumlaufen allein ist es nicht getan. Ich muß eine Art Heimatkunde treiben, mich um die Vergangenheit und Zukunft dieser Stadt kümmern, dieser Stadt, die immer unterwegs, immer im Begriff, anders zu werden, ist. Deshalb ist sie wohl auch so schwer zu entdecken, besonders für einen, der hier zu Hause ist.«[6] Hessel sucht einen Anfangspunkt, von dem aus er beginnen kann, er sucht eine Erhöhung, von der aus die Gegenwart, die Stadt, der Ort überschaubar wird, und er findet ihn in den architektonischen Plänen für das neue Berlin. Er gewinnt einen Blickpunkt aus der Zukunft auf die Gegenwart. Das erlaubt ihm auf Distanz zur real existierenden Stadt zu gehen, eine Blickeinstellung vorzunehmen, und dann erst auf das Objekt loszugehen. Darin gibt es zwar eine gewisse Systematik – etwa die Abfolge der Besichtigung von Stadtquartieren, wichtigen Plätzen und Achsen. Aber im Grunde ist Hessels Flaneur Herr seiner selbst, einer freilich, der sich dazu bequemt, bei der Stadt in die Schule zu gehen und sich von ihr belehren zu lassen. Flanieren ist etwas sehr Voraussetzungsreiches: »Die Tauentzienstraße und der Kurfürstendamm haben die hohe Kulturmission, den Berliner das Flanieren zu lehren, es sei denn, daß diese urbane Betätigung überhaupt abkommt. Aber vielleicht ist es noch nicht zu spät. Flanieren ist eine Art Lektüre der

»Mit dem Herumlaufen allein ist es nicht getan. Ich muß
eine Art Heimatkunde treiben, mich um die Vergangenheit
und Zukunft dieser Stadt kümmern.«

Grundriß der Berliner Innenstadt

Straße, wobei Menschengesichter, Auslagen, Schaufenster, Café-
Terrassen, Bahnen, Autos, Bäume zu lauter gleichberechtigten Buchstaben werden, die zusammen Worte, Sätze und Seiten eines immer
neuen Buches ergeben. Um richtig zu flanieren, darf man nichts allzu
Bestimmtes vorhaben.«[7] Wer, wie Benjamin das genannt hat, ein
»Priester des genius loci« sein will, muß sich wenigstens dem »Magnetismus des Ortes« aussetzen, und die Risiken eingehen, die man eingeht, wenn es keinen Plan und kein festes Programm gibt. Der Weg des
Flaneurs ist eher der Umweg, und seine sicherste Orientierung erhält
er eher durch das Unbestimmte. Hessels »ein paar schüchterne Versuche, in Berlin spazierenzugehen«, wie er seine großartige Vermessung
Berlins tituliert, sind in Wahrheit eine »Entdeckungsreise des Zufalls«,[8]
freilich gesteuert von Wachheit, Wissen, Interesse des flanierenden
Subjekts.

Wichtigste Voraussetzung ist: Zeit. Wer keine Zeit hat, kann es bleibenlassen. Überfluß an Zeit erscheint hier schon als Indikator wahren Reichtums. Der Flaneur leistet sich den Luxus des Dilettierens, der Zusammenschau, der Synthese. »Der Müßiggang des Flaneurs ist eine Demonstration gegen die Arbeitsteilung.«[9] Das macht ihn in einer Welt der Spezialisierung und der Ressorts zum doppelt Verdächtigen: Er gehört nirgends hin, er paßt in kein Fach und in keine Schablone. Da sich alle nur für das einzelne, für das Spezielle zuständig fühlen, kommt es zwangsläufig zur Exotisierung des »Dazwischen«. Der Untergang des »Dazwischen«, des Zusammenhangs und seine unwiderrufliche Resurrektion ist auch die Chance, die sich dem Flaneur bietet. Nicht als historische Gestalt, nicht als kultureller Typus, sondern als Name für eine bestimmte Fähigkeit, für ein bestimmtes Potential. Man könnte von einer epistemologischen Rehabilitierung des Reisens für wissenschaftliche Zwecke sprechen, ganz im Sinne von W. H. Riehl. Reisen als eine, vielleicht die anspruchsvollste Form des Sammelns von Erfahrung, als immer noch bedeutsame Form der Erkundung und der Exploration. Es gilt, die Erfahrung des synthetischen Blicks und der langsamen und ziellosen Bewegung, die in der Durchsetzung der Arbeitsteilung der Disziplinen verlorengegangen ist, wieder zu gewinnen. Flanerie ist epistemologisch der Name für eine Bewegung der Reintegration, ohne die auch Wissenschaft nicht auskommt. Die Reise wird zwanglos rehabilitiert als Modus konzentrierter Erfahrung und Erkenntnis. Reise ist das Gegenteil von Zerstreuung. Es geht nicht nur um deren ökonomische, sondern die heuristischen Potentiale. Die Rhetorik der Orts- und Länderbeschreibung wird ihre integrative Kraft erneut unter Beweis stellen. Die Reisebeschreibung, die von Ort zu Ort fortschreitet, das Logbuch und die Routenbeschreibung sind ihre Grundform: ein Narrativ, das sich im Raum bewegt, nicht in der Abfolge der Zeit. Der Baedeker, so könnte man salopp formulieren, ist die Grundform des räumlichen Narrativs. In ihm sind die Städte jener »mnemotechnische Behelf« für die Vergegenwärtigung von Geschichte und Gesellschaft, Land und Leuten, und in ihm ist immer schon das Zusammenspiel der Disziplinen vorausgesetzt: Alles ist in ihm schon angelegt: Demographie, Verkehr, Geschichte, Kunst, Soziologie, Wirtschaft, theoretisches Wissen und Informationen über den Zustand der öffentlichen Toiletten. Der Baedeker ist die Grundform der *area studies*, oder anders gesprochen: *area studies* sind die wissenschaftliche, spezialisierte Form jenes Wissens von der Welt, das Millionen sich Jahr für Jahr zu eigen machen, immer auf dem letzten Stand der je letzten Ausgabe. Einen überzeugenderen Beleg für das Interesse an der Welt, in der wir leben, kann man sich kaum denken.

Es hat immer wieder Versuche gegeben, das in der Erkundungsreise beschlossene Potential an Erfahrung, Erkenntnis, Reflexion systematisch zu fassen, in Regeln zu bringen, um es zu verfeinern und vor allem um es weitergeben zu können – in Ausbildung, Erziehung, Schule, Wissenschaft. Einer der frühesten und zugleich anspruchsvollsten Versuche waren jene Anläufe, die Wilhelm Heinrich Riehl unternommen hatte, indem er eine »Methode des Wanderstudiums« entwickelt hat.[10] Sowohl die frühen Arbeiten von Riehl wie die späteren von Hessel und Benjamin belegen, daß es sich um eine Tendenz der Zeit, das Visuelle und die Reflexion darüber zusammenzubringen, gehandelt hat. Vollends wird dies klar, wenn man die in der frühen Sowjetunion unter dem Namen der »Exkursionistik« (»ekskursionistika«) unternommenen Versuche, die kulturelle Topographie von Städten und Landschaften zu dechiffrieren, betrachtet. Es ging dabei um die Stiftung einer neuen Tradition der bewußten, von Mythen und Legenden bereinigten Aneignung der kulturellen Welt, wie sie in der Ikonographie der Landschaft, in gebauter Geschichte und Kultur sichtbar waren. Ihre Anfänge deuten auf die stürmische Entfaltung einer breiten Geschichtsbewegung in einem von der Revolution aufgewühlten Land hin. Es ist bezeichnend, daß die Exkursionistik und die sie tragende russische Landes- und Städtekunde – verkörpert in Gestalten wie Nikolaj P. Anziferow und Iwan M. Grews – zu den ersten Opfern der stalinistischen Gleichschaltung gehörten und grausam zerschlagen wurden, lange bevor das Land im Jahre 1937 vom Großen Terror überzogen wurde.[11] Bei näherem Hinsehen erscheint das Wüten des Stalinismus auf diesem Felde indes nicht so abwegig: die Durchsetzung totaler Macht muß das Wissen vor Ort, das Wissen vom Ort, die »mnemotechnischen« Anhaltspunkte geschichtlicher Überlieferung und Erinnerung ausrotten, möglichst radikal, also »mit der Wurzel«.

AUGENARBEIT

AUGENARBEIT.
DEN AUGEN TRAUEN.
»IM RAUME LESEN WIR
DIE ZEIT«

»Du siehst, mein Sohn, zum Raum wird hier die Zeit«
Richard Wagner, *Parsifal*

Meine Generation ist mit der Konjunktion von »Erkenntnis und Interesse« (Jürgen Habermas) aufgewachsen. Sie ist damit nicht schlecht gefahren, und sie wäre damit noch besser gefahren, wenn sie die Erkenntnis etwas mehr im Sinne Immanuel Kants – keinen Begriff ohne Anschauung, keine Anschauung ohne Begriff – verstanden hätte: »Unsre Natur bringt es so mit sich, daß die Anschauung niemals anders als sinnlich sein kann, d. i. nur die Art enthält, wie wir von Gegenständen affiziert werden. Dagegen ist das Vermögen, den Gegenstand sinnlicher Anschauung zu denken, der Verstand. Keine dieser Eigenschaften ist der andern vorzuziehen. Ohne Sinnlichkeit würde uns kein Gegenstand gegeben, und ohne Verstand keiner gedacht werden. Gedanken ohne Inhalt sind leer, Anschauungen ohne Begriffe sind blind. Daher ist es eben so notwendig, seine Begriffe sinnlich zu machen (d. i. ihnen den Gegenstand in der Anschauung beizufügen), als, seine Anschauungen sich verständlich zu machen (d. i. sie unter Begriffe zu bringen).«[1] *Theoria*, aufgefaßt ganz im ursprünglichen Sinne, erscheint als Anschauung. Aber in der vulgären Fassung der Kritischen Theorie, die Schule gemacht hat, war die Erkenntnis der Feind der Anschauung. Das hatte Folgen. Die Sinne wurden unter Verdacht gestellt. Vor allem das Auge. Das Auge wurde nur noch als lesendes Auge überhaupt zugelassen, als buchstabenkundig. Das hat sich gerächt. Die Bilder fielen über uns her, ohne daß wir es mit ihnen noch hätten aufnehmen können. Es gab Bilder und vielleicht sogar eine Flut der Bilder, aber es gab keine Sprache für die Welt der Bilder, weil sie an sich schon verdächtig waren. Für sie machte sich allenfalls der gesunde Menschenverstand, »dieser hausbackene Gesell« in der Diktion Hegels und Marxens, stark. Ahnungslosigkeit und Erfahrungslosigkeit sind eine Bedingung für

Denken, das zu schnell denkt. Zu schnelles Denken deutet auf Unbeschwertheit, Erfahrungslosigkeit. Es kann sich ohne Mühe – und oft auch ohne allzu großen Verlust – allein um sich selber drehen. Eine ganze Generation von »Kapital«-Schulungsteilnehmern, der dann eine andere Generation mit anderen Diskursen folgte, fand das einleuchtend. Der »hausbackene Gesell« war allzu roh, innerhalb der Diskursgemeinschaften nicht einmal satisfaktionsfähig. Er sprach von Dingen, die es in der Welt des Diskurses nicht gab: Gerüchen, Entfernungen, Reisen. Wenn er sprach, dann war es schön gesprochen – mehr nicht. Aber er wollte nicht schön sprechen, sondern etwas darüber sagen, ob etwas wahr oder unwahr war, oder genauer: ob das, was wir zu sagen hatten, dem angemessen war, was sich ereignet hatte und geschehen war. Der hausbackene Gesell ist zurückgekommen, hinterrücks. Er kommt zurück als Körper, als trainierter, verletzter, jedenfalls empfundener, als blutender, als Selbstmordattentäter, der Geschichte machen will. Er kommt zurück als Bild, dem man nichts mehr vormachen kann. Er kommt zurück als Mann und als Frau, als *Black and White*, als Partikulares und Molekulares.

Es wäre gut, wenn wir unseren Augen vertraut hätten. Hätten wir die Bilder nur angesehen und uns nicht abgewandt mit dem Hinweis darauf, daß es sich doch nur um Fetische, Fetischisierungen, Erscheinungen und Schein von etwas gehandelt habe, das dahinter verborgen sei: das Wesen, das Gesetz, das Prinzip, das den Schlüssel zum Verständnis der Erscheinungen bereithalte. Wer Tote sieht, muß sich mit Toten beschäftigen und nicht mit einem Prinzip des Todes; wer Gefolterte sieht, muß sich mit Folterknechten beschäftigen und nicht mit dem Bösen an sich; wer Ruinen sieht, muß der Sprengung, der Verwitterung, die sie herbeigeführt haben, nachgehen, nicht einfach einem überhistorischen Gesetz der Zeit. Wir haben die Bilder nicht ausgehalten und sind ausgewichen, dorthin, wo es weicher und für uns erträglicher zugeht: in den Himmel der Prinzipien, über die man sich unendlich unterhalten, streiten, sich Gefechte liefern kann. Aber die Gefechte, bei denen man Kopf und Kragen riskiert, finden nicht im Himmel der Ideen statt. Viele Bücher sind auch deshalb so dick und umfangreich, weil sie Umwege machen, weil sie es vermeiden, die Dinge beim Namen zu nennen. Wenn wir unseren Augen mehr getraut hätten, wenn wir den Anblick der Schrecken des 20. Jahrhunderts ausgehalten hätten, wären wir weniger um Ausreden bemüht gewesen. Bilder aushalten, den Bildern ins Auge zu sehen – das ist eine mutige erkenntnistheoretische Haltung, keine Durchhalteparole.

Eine ganze Diktion, ein regelrechter Jargon der Diskriminierung des Unmittelbaren, des Anschaulichen ist entwickelt worden. Das Schwierigste, eine Geschichte zu erzählen, wurde lächerlich gemacht oder als literarischer Trick enttarnt, als bloßes Buhlen um Leser und nicht als Weg der Erkenntnis. Wir haben uns an Begriffen festgehalten, weil wir nicht hinauswollten auf den weiten Ozean. Kolumbus war eher eine Gestalt aus dem Abenteuerfilm, wo er doch eine epistemologische Figur ist. Wenn wir doch ein wenig mehr von Kolumbus, Carl Ritter, Alexander von Humboldt an uns hätten und weniger von Buchhaltern und Kontrolleuren.

Eine weitere Diskreditierungsformel lautet: »Das ist ja bloß individuell, das ist ja bloß subjektiv.« Als gäbe es etwas Härteres als das subjektiv Erfahrene und das individuell Erlittene. Oft spricht sich darin nicht die Leidenschaft für Objektivität aus, sondern Gleichgültigkeit, Teilnahmslosigkeit, Unverschämtheit, Schamlosigkeit, die Arroganz der Nachgeborenen, die selber nichts mitgemacht haben. Der falsche Ton der Nachgeborenen – das Argumentieren, das Rechten – rührt wesentlich aus dieser Leugnung der individuellen Erfahrung her. Die Nachgeborenen haben nichts oder nur wenig an Erfahrung zu bieten, sie sind jedenfalls erfahrungsärmer. Das ist der schlimmste Vorwurf, den man Leuten, die über das erfahrungs- und leidensreiche 20. Jahrhundert arbeiten, überhaupt machen kann. Der schlimmste Vorwurf, der einem gemacht werden konnte in jenen Zeiten, war, daß man »begriffslos« sei – aber gegen Historiker, die vor allem und in erster Linie auch Nachgeborene, Angehörige einer anderen Zeitheimat sind, gilt vor allem der weitaus gravierendere Vorwurf: daß sie erfahrungslos sind, Leute ohne unmittelbare Erfahrung von der Zeit, von der sie handeln. Sie müssen im Grunde ein ganzes Leben darauf verwenden, sich in die andere, ihnen verschlossene Zeit hineinzufinden. Lebenslanges Studium als Vorbereitung für die Reise in eine andere Zeit.

Die Kritik der Subjektivität im Namen der Intersubjektivität, der Objektivität usf. hatte dem wahrnehmenden, dem erkennenden, dem auch leidenden und handelnden Subjekt den Kampf angesagt. Das Subjekt war »nur noch subjektiv«, sozusagen minderwertig, nicht voll tauglich, während sich die Objektivität herrschaftlich in der Beletage, in den Kommandozentralen des wissenschaftlichen Establishments eingerichtet hatte, von wo aus sie wie in Benthams Panoptikum auf alle anderen außer sich selbst blickte, strafend, zusprechend, sortierend, taxierend, Mittel verteilend. Die mühselige Erzählung nennt sie herabsetzend Roman, die Geschichte, die sie schreibt, Literatur, so als gäbe es keine sehr klaren Kriterien für die Unterscheidung von Fiktion und Fakten. Sie definiert die Prioritäten, und so kann es kommen, daß Interpretationen abgelehnt werden, weil sie angeblich nicht genügend »reflektiert« sind, was hier nichts anderes heißt, als daß sie das im *main stream* festgeschriebene Referenzsystem nicht akzeptiert; so werden vom *main stream* Prioritäten gesetzt, die weniger etwas über Erkenntnisse als über Machtpositionen aussagen. Eine Chance hat man erst, wenn der Wind sich gedreht hat, und wenn die ewig Zuspätkommenden wieder rufen können: wir sind immer schon dagewesen. Das hat Folgen. Wenn die Authentizität einmal desavouiert ist, ist es nicht mehr weit zur Eskamotierung überhaupt jedes an »Wirklichkeitserkenntnis« orientierten Forschens. Wahrheit, Realität, Praxis erscheinen wie Worte aus längst vergangenen Zeiten, ja wie ein schlechter Witz. Wenn die Wirklichkeit und das Interesse daran einmal liquidiert sind, geht es nur noch um die Behauptung von *claims* im Betrieb rivalisierender Diskurse. Jedes Auge, das über Oberflächen hingleitet und sie abtastet, vergleicht. Vergleichen schärft und bildet den Blick. Man kann das Auge im Vergleichen schulen, zu erhöhter Aufmerksamkeit bringen. Aber ein Vergleichen, das zum Selbstzweck geworden ist, treibt nur taube Blüten. Grundlegender als Vergleichen ist das Aufspüren von Kontexten und das Aufhellen von Zusammenhängen. Historiker, die die Augen schließen, sind wie die Architekten, die selber in Altbauwohnungen wohnen, ansonsten aber das Leben in Plattenbauten propagieren. Historiker reisen wie alle kultivierten Menschen mit dem Baedeker im Gepäck, aber ihren Studenten wollen sie denselben Baedeker als Vehikel der Welterkenntnis verbieten. Der Baedeker, der im Leben hilft, die Welt vernünftig anzusehen, gilt im Studium nichts. Reisen ist etwas für den Urlaub, nicht für die Erkenntnis. So kommt es, daß manche Historiker in der Freizeit ästhetische Einsichten haben, die sie, sobald sie ihren Forschungen nachgehen oder am Lehrpult stehen, vergessen und verbieten wollen. Begriffsabhängigkeit, Begriffssüchtigkeit, Begriffsstutzigkeit sind die Namen einer weitverbreiteten *déformation professionelle*. Das Sehen hat sich von der historischen Wahrnehmung abgespalten, ist zu einer Sache der Freizeit geworden oder für den Urlaub, wenn der Historiker sich erlaubt, seinen Augen zu trauen. Eine Nebenerscheinung ist die Verkümmerung der historischen Vorstellungskraft, der historischen Imagination. Es ist fast aussichtslos, Blinden das Sehen beizubringen. Es ist eine wahre Plage, mit Leuten durch die Stadt zu gehen, die nicht sehen, während bei einem selbst ständig die

Alarmsignale schrillen. Blindheit ist ein Schicksal, man soll daraus keine Tugend machen – es sei denn man entwickelt dafür die anderen Organe. Umgekehrt gilt: wer nicht über Sprache verfügt, muß um so mehr seinen Augen vertrauen. Der Illiterat wird zum Augenmenschen. Benjamins *Moskauer Tagebuch* zeigt, wie der der Sprache nicht Mächtige arbeiten muß: mit den Augen. Vielleicht muß man für einen Augenblick die Bücher zur Seite legen und sich den anderen Hieroglyphen zuwenden: der Pyramide von Gizeh, den Domen des Mittelalters, der Skyline von Manhattan. Freilich sieht nur, wer etwas weiß. Wer nichts weiß, sieht auch nichts. Man muß etwas von Meisterschaft, von Bauformen, von Handwerk, von Stilen wissen. Aber all das nützt nichts, wenn man dem Auge selbst mißtraut, wenn man der Form keine Bedeutung beimißt. Man beginnt sich für die Dinge erst zu interessieren, wenn man sie als Objektivationen des Geistes, der menschlichen Arbeit, der geschichtlichen Aktion ernst nimmt, wahrnimmt, zur Kenntnis nimmt. Es kommt dann zu einer Art retrospektiver Verflüssigung. Formen, die fest geworden sind, müssen vergeschichtlicht, in den Zustand ihres Entstehens zurückgedacht werden, als alles noch offen war. Man muß, wie es so schön heißt, die Gegenstände »zum Sprechen bringen«. Es gibt keine Abstraktion, die nicht auch einen Körper hätte, und kein Körper und keine Hieroglyphe lassen sich deuten ohne die Abstraktion, die in ihnen geronnen ist: Max Webers »Bürokratie« hat eine Gestalt, Max Webers oder Karl Marx' Begriffe kann man »sehen«. Aber auch nur derjenige wird sie »sehen«, der etwas von Max Weber weiß. Alle Aspekte des Weberschen Modells haben einen räumlich-körperlichen Aspekt: Spezialisierung, Arbeitsteilung, Standardisierung, Regelmäßigkeit, Zentralisierung, Hierarchie. Das gilt nicht nur für Gegenstände, Objektivationen der Kunst und Kultur. Es gilt für das Subtilste, das sich denken läßt: für Stimmungen, für Atmosphäre, für das am wenigsten Greifbare. Die Denunziationsformeln auch gegen das Atmosphärische sind bekannt – »das ist ja bloß atmosphärisch«. Aber in Wahrheit sind das Kapitulationen des Analytikers vor dem Subtilen, das als nicht analysierbar dargestellt wird.[2] Es gilt wie immer als etwas für Literaten, Schwärmer, Leute, die es nicht so genau nehmen. Aber das ist die Kritik von Rohlingen an Dingen, für die sie nicht einmal ein Organ besitzen oder das sie nicht geschult und so haben verkümmern lassen.

Sehen kann man lernen.[3] Man sieht nur, wenn man stehenbleibt, wo alles sich nach vorn bewegt; man sieht nur, wenn man weiter ist oder schon außerhalb steht. In dieser Differenz zum *main stream* – als

Verlangsamung oder Beschleunigung, als Zurückbleiben oder als Vorauseilen – liegt die erkenntniskritische Potenz von konservativer Reaktion und überbietender Revolution. Man muß sich zurücklehnen können, um zu sehen. Man muß im Fluß stehenbleiben können, um schärfer zu sehen.

TATORT: DALLAS / TEXAS,
22. NOVEMBER 1963,
12 UHR 30

Das Photo vom Attentat von Dallas war von einer Filmaufnahme abkopiert. In den Zeitungen war es von solch grober Körnung, daß man die Einzelheiten kaum mehr erkennen konnte. Deshalb war vermutlich auch der Kreis um das Objekt – den getroffenen Präsidenten – und ein Pfeil notwendig, der die Aufmerksamkeit auf den entscheidenden Punkt lenkte. Das Bild ging um die Welt. Es gehört in den Bildhorizont einer ganzen politischen Generation. Selten ist eine banalere Umgebung zur Szenerie eines »geschichtlichen Ereignisses« geworden: eine breite Straße, umstellt von Büro- und Lagergebäuden, irgendwo *downtown* in irgendeiner Stadt in Amerika. Das Bild ist immer wieder aufgerufen worden, es kam gewissermaßen nicht zur Ruhe. Es nährte die Spekulationen, daß jemand anders als derjenige, dessen Schußkanal rekonstruiert worden ist, geschossen habe. Das Bild als Ausgangspunkt für weiträumige Spekulationen und Verschwörungstheorien. Nicht von allen weltgeschichtlichen Vorgängen existieren Bild- oder gar Filmaufnahmen. Solche Bilder sind: die hilflose Geste Ceauçescus auf dem Balkon in Bukarest im Dezember 1989 und dann vor Gericht in dem Keller irgendeiner Kaserne, oder die im Fernsehen übertragene Lynchung zweier Israelis in Gaza im Winter 2000.

Das Bild, das sich einer ganzen Generation eingeprägt hat, zeigt den Wagen des Präsidenten, der soeben von der Main Street in die Houston Street abgebogen war und von dort in einem Winkel von 120 Grad in die Elm Street. Es ist immer dieselbe Situation, derselbe Winkel, nur der Grad der Auflösung ist unterschiedlich. Aus der Ferne sieht man auf dem Rücksitz Jackie Kennedy in einem hellen Kostüm und mit einem seltsam runden Hut über ihrem langen Haar, neben sich den Präsidenten, der sich an den Hals faßt und tödlich getroffen ist. Noch aus der Nähe, wo die Konturen sich auflösen, sieht man der Bewegung der Präsidentengattin die Verzögerung der Schrecksekunde an. Aus der Ferne aufgenommen, sieht man den Sicherheitsmann, der vom Heck des Wagens sich auf den schon getroffenen Präsidenten zubewegt, und

Jackie Kennedy, die wie hilfesuchend nach hinten auf das Heck des Wagens kriecht. Die verspätete Bewegung des Bodyguard. Alles haben wir wieder und wieder gesehen: das Kostüm der Präsidentengattin, den in sich zusammensinkenden Präsidenten, die hektische Bewegung des Bodyguard, die nach hinten blickenden Begleiter des Präsidenten: der texanische Gouverneur John Conally und seine Frau. Später kamen andere Bilder hinzu: das Gebäude, aus dem die Schüsse abgegeben worden sein sollen – das Schoolbook Depository Building – mit den eingezeichneten Schußlinien; die Überführung des Sargs des Präsidenten und die Lafette, die über den Potomac zum Friedhof in Arlington gezogen wurde und schließlich die live übertragene Ermordung des mutmaßlichen und nach der Tat festgenommenen Lee Harvey Oswald im Moment seiner Vorführung. Man sieht, wie er, schon getroffen von den Kugeln Jack Rubys, die Arme hochreißt, als wolle er sich noch schützen. Die Bilder von der Ermordung des Präsidenten in Dallas/Texas waren von *Life* gekauft und veröffentlicht worden. Der Film wurde erst im März 1975 vom Fernsehsender ABC in der Sendung Goodnight America gezeigt. Die Bilder haben die ganze Welt post festum zum Augenzeugen gemacht. Eine ganze Welt nahm Aufstellung um den Schauplatz des Attentats. Kein Detail, das nicht fixiert und erörtert worden wäre in den jahrelangen Recherchen und Protokollen der Warren-Kommission und in Tausenden von Artikeln, Büchern und Websites. Schauplätze markieren Generationenhorizonte, manchmal sind sie sogar generationenübergreifend. Die Situation gerinnt zu einem Bild, die Zeit schießt zusammen. Alles muß so sein, wie es ist: das Cape von Jackie Kennedy, die ruckhafte Bewegung des getroffenen Präsidenten, die Chromleisten an der Präsidentenlimousine, die Industriearchitektur in Dallas/Texas, verkörpert im Schoolbook Depository Building.

DAS PFLASTER
DES TROTTOIRS.
OBERFLÄCHEN,
HIEROGLYPHEN

Konstantin Paustowski, der grandiose Memoirist des grandiosen Jahrzehnts der russischen Revolution, war der Meinung, daß man an der Oberfläche von Bürgersteigen den Gang der Weltgeschichte ablesen könne. Er wußte es, weil er es konnte. Er konnte an der Beschreibung eines Trottoirs eine Stadt erkennen: »Vor einigen Jahren gab man mir das Notizbuch eines verstorbenen Schriftstellers zu lesen. Ich begann mit der Lektüre und sah sehr bald, daß es sich hier nicht nur um einzelne Aufzeichnungen handelte, wie man sie sonst wohl in Notizbüchern und Tagebüchern findet, sondern um eine ziemlich zusammenhängende Schilderung einer unbekannten Stadt am Meer ... Je weiter ich in diesem Notizbuch las, desto deutlicher traten in meinem Gedächtnis vergessene Farben und Düfte und irgendwelche mir bekannten Örtlichkeiten wieder hervor ... In diesem Buch stand auch eine Notiz über die Hafenzugänge. Die Straßen, die hinunter zum Hafen führen, die Stellen, wo man an die Schiffe und dicht an das weite Meer hinaustritt, sind durchaus nicht so unwichtig für eine literarische Schilderung, wie es auf den ersten Blick erscheinen mag.

Das Pflaster der Hafenstraßen ist von den Hufen der schweren Gäule so abgeschliffen, daß es wie Blei glänzt. Zwischen den Pflastersteinen haben verschüttete Hafer- und Weizenkörner gekeimt. Die steilen Stützmauern sind mit Ginster bewachsen. Er hängt wie ein erstarrter Wasserfall, der aus unentwirrbaren Zweigen, Blättern, Dornen und gelben Blüten besteht, von oben herab ...«[1] Er setzt viele dieser Oberflächenbeschreibungen zusammen, und heraus kommt eine Stadt, ein Geschichtsort: in diesem Falle das alte Taganrog am Asowschen Meer.

Und noch genauer schreibt er über das Pflaster von Odessa: »Beim Wassertragen blickte ich natürlich auf den Boden und studierte gezwungenermaßen alle Gehsteige und das Straßenpflaster zwischen der Tschernomorskaja- und der Uspenskaja-Straße. Dabei merkte ich, daß es eine anziehende und in mancher Hinsicht sogar recht nützliche Beschäftigung sein konnte; Gehsteige und Straßenpflaster wiesen eine Menge kleiner Merkmale und Anzeichen auf, die mich veranlaßten, mir Gedanken darüber zu machen und meine Schlüsse zu ziehen. Es gab angenehme, nebensächliche und unangenehme Zeichen.

Häufig, besonders unangenehm, ja geradezu unheimlich waren Blutstropfen – manchmal ganze Blutlachen – und Patronenhülsen von Mauserpistolen, die säuerlich nach Pulver rochen. Unangenehm waren auch leere Geldbeutel und zerrissene Ausweispapiere, die mir seltener begegneten.

Angenehme Zeichen gab es nur wenige, aber sie waren verschiedenartiger. Meistens waren es überraschende Dinge: verwelkte Blumen, Kristallsplitter, trockene Krabbenscheren, Packungen ägyptischer Zigaretten, Schleifen, die kleine Mädchen verloren hatten, verrostete Angelhaken. All das zeugte von einem friedlichen Leben. Zu den angenehmen Zeichen gehörten natürlich auch das Gras, das hier und da zwischen den Steinplatten des Gehsteiges hervorsproß, und die unscheinbaren, meist schon vertrockneten Blumen, ebenso wie die Meereskiesel in den zementenen Wasserabflüssen, die der Regen immer wieder reinwusch.

Am häufigsten begegnete einem das Nebensächliche: Knöpfe, Kupfermünzen, Nadeln und Zigarettenstummel, aber niemand beachtete sie.«[2]

Wie viele Beobachtungen wären da aus dem Lande Paustowskis beizusteuern! Von den Fliesen und Treppenstufen von Häusern und Palästen, die seit der Revolution benutzt, aber niemals erneuert worden sind! Von den Gittern auf Balkonen und Balustraden, die Kriege, Bürgerkriege, Blockaden, Hungersnöte und Terrorwellen überstanden haben und allenfalls alle paar Jahre ein wenig mit Farbe übertüncht worden sind! Ein besonders markantes Beispiel sind die Treppenstufen im »Haus des Buches« am Newski-Prospekt in Sankt Petersburg, ursprünglich gebaut als Singer-Building, als Niederlassung der amerikanischen Firma im Russischen Reich. Der Globus obenauf zeugt noch von dieser alten Funktion. Die Stufen tun ihre Dienste seit der Errichtung des Gebäudes in den Jahren 1902–1904 (Architekt Pawel Sjuzor). 1919 war es verstaatlicht worden und als »Haus des Buches« die wichtigste Buchhandlung Petrograds/Leningrads geworden. Seither sind Jahr für Jahr, Tag für Tag Hunderttausende, Millionen über diese Stufen hinaufgestiegen zum Buch, zum Licht der Aufklärung. Ganz rund und abgeschliffen sind die Stufen von dem Getrappel der Millionen von Fußpaaren, so daß man heute fast hinuntergleiten kann auf den ausgetretenen und weich geschwungenen Stufen, die an die von einer sanften Brandung gerippte Oberfläche eines Sandstrandes erinnern. Nicht lange wird diese Spur noch zu besichtigen sein, jetzt, da die so lange hinausgeschobene »Rekonstruktion« und »Modernisierung« ansteht. Die Erneuerung des Pflasters auf den Trottoiren vor dem »Haus des Buches« ist schon abgeschlossen. Sankt Petersburg gewinnt seine Form zurück, und es ist kein Zufall, daß dies mit der Erneuerung, mit der Pflege seiner Oberflächen begann.[3]

Pflaster sind aus einem bestimmten Material. Es ist aus der Gegend oder von weit her. Es hat eine Zeit. Es ist abgenutzt oder ganz neu. Es gibt einen Ton von sich, je nachdem, ob Pferdehufe, Eisen oder Gummiräder darüber hinwegrollen. Der Zustand von Trottoiren ist der sicherste Indikator für den Zustand einer Stadt. Sie sind die Haut, und sie sind wie diese gepflegt oder ungepflegt, je nachdem. Man merkt ihr an, ob sie in Schuß gehalten wird und ob Geld dafür ausgegeben wird oder ob man in Kauf nimmt, daß sie verkommt, verfällt, schrundig wird. Gepflegte Trottoire und Pflaster sorgen dafür, daß man sich dem Wichtigen zuwenden kann: man ist der Sorge enthoben, auf den Weg zu achten. Man stürzt nicht, wenn man nicht auf die Erde sieht. Denn alles ist glatt, vorhersehbar. Es gibt Städte, in denen sind die Trottoire geborsten, aufgesprungen. Dort stolpert man leicht. Und es gibt solche, wo Trottoire so gut gepflegt sind wie Parkett. Trottoire zeigen Spuren: Abnutzungsspuren der Zeit. Die Gravierung der *longue durée* gewissermaßen. Aber es gibt auch Dramatisches. Die Spur von Panzern, die darüber hinweggerollt sind. Die Patronenhülse, die vergessen worden ist. Die Blutlache, die längst abgewaschen ist. Die Kreidezeichnung, die den Umriß des Toten für die Spurensicherung und die Dokumentation des Kriminalisten festgehalten hat. Auf Trottoiren liegen die Blumen, die man zum Andenken niedergelegt hat, eine Art Denkmals- oder Grabmalsersatz. Auf Trottoiren wird häufig exekutiert. Die Verwitterung eines ganzen Kontinents, den Stillstand der Zeit kann man am Zustand von Trottoiren ablesen. Katzenkopfpflaster ist die Signatur für eine Welt, die bald gänzlich verschwunden sein wird. Wir werden ans Ende der Welt fahren müssen, wenn wir solche Oberflächen noch zu Gesicht bekommen wollen.[4]

Oberflächen verlangen genaues Hinsehen: man muß ihrer Faktur oder Maserung folgen, sie studieren, sie vielleicht betasten, ihren Widerstand prüfen oder darüber hinweggleiten. Ihre Beschreibung ist eine Kunst, jedenfalls Schwerarbeit. Es ist einfacher, die Oberfläche

»Oberflächen verlangen genaues Hinsehen: Man muß ihrer
Faktur oder Maserung folgen, sie studieren, sie vielleicht betasten, ihren Widerstand prüfen oder darüber hinweggleiten.«

Berliner Pflaster

Oberfläche sein zu lassen und »sich auf das Wesentliche zu konzentrieren«. Das Wesentliche ist immer unsichtbar, es ist dahinter und schon
von daher etwas Mysteriöses. Wer sich mit dem Wesen beschäftigt, muß
sich bei der Erscheinung erst gar nicht aufhalten. Das Wesen bietet keinen Widerstand, es hat keine Haut. Es kann nicht zerstört werden, weil
es nicht greifbar ist. Begriffe können »aufgehoben«, nicht aber verletzt
werden. Begriffe sind nicht schön oder häßlich, sondern klar oder unklar, schlüssig oder unstimmig. Die Oberfläche ist das erste, was uns
begegnet. Wir können ihr nicht ausweichen.

Wir bewegen uns immer schon inmitten oder auf den Oberflächen.

Die Erdoberfläche, mit der es die Geologie zu tun hat und die uns alle mehr oder weniger, wenn wir halbwegs offene Augen haben, zu Geognostikern macht. Carl Ritter schrieb über die Erdoberfläche: »Von dem Menschen unabhängig ist die Erde auch ohne ihn und vor ihm der Schauplatz der Naturbegebenheiten; von ihm kann das Gesetz ihrer Bildungen nicht ausgehen. In einer Wissenschaft der Erde muß diese selbst um ihre Gesetze befragt werden. Die von der Natur auf ihr errichteten Denkmale und ihre Hieroglyphenschrift müssen betrachtet, beschrieben, ihre Construction entziffert werden. Ihre Oberflächen, ihre Tiefen, ihre Höhen müssen gemessen, ihre Formen nach ihren wesentlichen Charakteren geordnet, und die Beobachter aller Zeiten und Völker, ja die Völker selbst müssen in dem, was sie ihnen verkündigten, und in dem, was durch sie von ihr bekannt wurde, gehört und verstanden werden.«[5] Von dieser Tektonik der Erdoberfläche geht es hinüber in die Morphologie der Kulturlandschaft und von dort vielleicht zu den subtilsten Bildungen von Kunst, Stil, Geschmack: Stadtgrundrissen, Gartenanlagen, Fassaden, Ornamenten. Kurz: zu den Hieroglyphen menschlicher Kultur.

LANDSCHAFTEN, RELIEFS

Das Flugzeug hat uns alle zu Betrachtern der Erdoberfläche gemacht. Angeschnallt sitzen wir in unseren Sitzen und blicken hinab. Wenn die Sicht gut ist, liegt die Erde unter uns, als wäre sie ein Atlas. Wir sehen das Geäder der Flußläufe. Die Kontur des Küstenverlaufs. Die Verfärbung des Meeres in Küstennähe zeigt die Einmündung des Flusses. Die feinen Striche sind die Autobahnen und die Gleisanlagen. Kanäle erkennt man an ihrer Künstlichkeit, ihrer Linearität; sie verlassen den natürlichen Lauf der Flüsse. Die Erde ist gefleckt. Weite Strecken dunkel bewaldeter Flächen wechseln mit helleren Feldern bestellten, bebauten Landes. Wie mit dem Zirkel aus dem endlos sich erstreckenden ockerfarbenen Land herausgeschnitten erscheinen die tiefgrünen Kreise bewässerten Landes. Jemand hat mit einem Stift Striche eingezeichnet: das sind Landebahnen von Flugplätzen. An einer Stelle ist die Erde aufgerissen, ganz weiß, als träten die Eingeweide der Erde an die Oberfläche. Das muß ein Tagebau sein. Auf den kontinentalen Flächen gibt es keine Grenzen, keine Staatsgebiete, keine Hoheitszeichen, sondern nur die Faltung der Erdoberfläche: Gebirge, die langsam ansteigen, weiße Spitzen mit schwarzen Abgründen und Schluchten; Küsten und der weiße Saum der Brandung – sogar die heftige Bewegung kann man aus 10 000 Metern Höhe gut erkennen. Man fliegt über die Dünung der Sahara hinweg, bis irgendwann das unendliche Grün des äquatorialen Urwalds kommt. Man verläßt irgendwo die scharfe Kontur der atlantischen Küste und geht auf den Nordatlantik hinaus, stößt sich ab von Irland und Island, hat die Gletscherlandschaft Grönlands in Sichtweite – wenn man auf der richtigen Seite sitzt – und schwenkt irgendwann bei Neufundland auf die große, zerklüftete Landschaft Labradors ein: die neue Welt ist erreicht. Was sind 10 000 Meter! Man kann fast alle Details erkennen. Die Stärke des Wellengangs auf dem offenen Meer, die Spur, die die großen Tanker hinter sich lassen, die Einmündung von Strömen, die Verdichtung der Schiffsbewegungen vor den großen Häfen. Inseln, Buchten, Fjorde, Halbinseln. Man kann die Details erkennen: Brückenkonstruktionen, Hafeneinfahrten, Staubecken. Am meisten enttäuscht, daß das Grandiose so unansehnlich wirkt: New York kann man leicht übersehen, wenn man allein auf die Skyline von Manhattan fixiert ist. Am besten kann man die Welt von oben lesen dort, wo die Kontraste stark sind: Festland/Meer, Wüste/Urwald, Tiefland/Hochgebirge, bewässertes/unbewässertes Land. Der kartographische Analphabet findet sich leicht zurecht, wo alles eindeutig ist – wie bei Inseln oder an Küsten. Etwas geschulter muß das Auge sein, wenn es um Übergänge geht: zwischen Stadt und Land, zwischen Industrie und Landwirtschaft, zwischen Großgrundbesitz, Großraumwirtschaft und kleiner Parzellenwirtschaft. Ein großes Erlebnis ist der Unterschied zwischen Nachtflug und Flug bei Tage. Ein Kontinent, bei Nacht überflogen, ist wie eine Röntgenaufnahme. Europa leuchtet, so gering sind die Entfernung von Metropole zu Metropole. Sibirien, bei Nacht überflogen, ist so dunkel wie der dunkle Kontinent.

Vor hundert Jahren war eine solche Perspektive, ein solcher Blick auf die Erde fast noch undenkbar. Inzwischen ist der Blick auf die Erde, die geognostische Erkundung zum Alltagserlebnis geworden und zur Industrie. Von der Spionage bis zur satellitengestützten Verkehrssteuerung, von der Immobilienwirtschaft bis zum Tourismus – sie alle kommen ohne den Blick von oben auf die Erdoberfläche längst nicht mehr aus. Man sieht von oben die großen Faltungen, die geologischen Verwerfungen, die tektonischen Reliefs, die Welt, wie sie Gott geschaffen hat. Dies ist die Welt, in der der Atem der Jahrmillionen weht, in der die Winde und die Stürme, die die Welt in Bewegung halten, geblasen werden: die »Werkstatt des Klimas« (Carl Ritter). Aus dieser Perspektive sieht man die Schründe, die Krater, die Falten, die Schluchten, die älter sind als alles, was von Menschenhand gemacht ist. Carl Ritter mußte diesen Blick noch imaginieren. In diese Oberfläche ist eingezeichnet, was Menschenhand vollbracht hat. Die Agglomerationen von Städten, die Bahnen des Verkehrs, die Bändigung von Strömen und Flüssen, die Wüstungen und Rodungen, die Mondlandschaften des Tagebaus. Fliegen geht auf Distanz zum Objekt, Fliegen lehrt einen, die kleine Welt zu sehen. Fliegen zeigt einem auch die Verlassenheit des Menschen. Der Blick aus nur 10 000 Metern Höhe lehrt einen Proportionen, Maß, Perspektive, Relativität. Die Bildungen des Menschen sind klein in den Canyons der Rocky Mountains und verschwindend in den Falten des Andreasgrabens. Der Anflug auf Los Angeles International Airport hat etwas vom Blick in ein Höllenfeuer. Bis zum Horizont dehnt sich *suburbia*. Einförmig, rechtwinklig, gut ausgeleuchtet, phosphoreszierend, grandios. Die roten Rücklichter der Autos im Rhythmus der Ampelschaltung aufleuchtend. Die Choreographie der neuen Welt. Die Landschaft, durch die sich der Blade Runner schlägt.[1]

Aus dem Flugzeug sieht man die Naturverhältnisse und ein wenig von dem, was die Menschen zuwege bringen: Canyons, Schluchten, Berg und Tal, Ebenen, Wüsten, Flußdelten, dann und wann einen Damm, einen Highway, eine Stadt. Um die Landschaft zu sehen, muß man näher herangehen. Landschaft ist das, was wir sehen, wenn wir nicht im Flugzeug sind, sondern auf ebener Erde. Landschaft ist laut *Grimms Wörterbuch* das, was man von einem bestimmten Punkt aus wahrnehmen, sehen, erfassen kann. »Als ein sozial zusammenhängendes ganzes, gegend, *regio*, eine landtschaft, gegne«; Landschaft ist, was man auf einen Blick wahrnimmt: »die künstlerische bildliche Darstellung einer solchen Gegend«[2]: das Ganze. Landschaft ist nicht politisches Territorium, nicht Grenze, nicht Staat, nicht das eine oder andere, sondern alles zusammen: Flora, Fauna, Geographie, Klima, Kultur, Stimmung, sogar: Geist einer Landschaft. Landschaft ist das Integral, die Totale, das Zugleich. Zur Landschaft gehören Seen, Wälder, Ebenen, Berge, Hügel, Täler, kurz: »natürliche Gegebenheiten«. Zur Landschaft gehören: Städte, Straßen, Wege, Marktflecken, Brücken, kurz: Menschengemachtes, Geschichtliches, Kulturelles. Zur Landschaft gehören ein Ton, eine Sprache, ein Dialekt, ein Licht – verschieden nach Jahreszeit –, eine Temperatur – ebenfalls nach Jahreszeit. Landschaft ist das Mittlere, das Dichteste, das Gewöhnliche. Menschen wachsen gewöhnlich nicht in Staaten oder Orten auf, sondern im Mittleren: in Landschaften. »Wir sind die Kinder unserer Landschaft; sie diktiert unser Verhalten und sogar unser Denken in dem Maße wie wir ihr gegenüber aufgeschlossen sind. Ich kann mir keine bessere Identifizierung vorstellen.«[3] Weil die Landschaft das Zentrum, der Lebensmittelpunkt ist, ist es das am meisten Umstrittene, Bestrittene, Umkämpfte, für Mythisierungen und Ideologisierungen Anfällige. Es gibt Äquivalente oder Fast-Äquivalente für Landschaft: Region, *landscape*, Heimat. Landschaft ist wichtiger als der politische Verwaltungsbezirk, eindrücklicher und dichter besetzt als der Staat. Menschen definieren sich durch Landschaften, aus denen sie kommen, nicht weniger als durch den Staat, dessen Bürger sie sind. Landschaftsbilder sind daher nicht nur Abbilder, sondern die Welt im kleinen, Mikrokosmen. Weil Landschaft der Name für ein Ganzes ist, ist die Geschichte der Landschaft und insbesondere der Kulturlandschaft zum Namen für die Bestrebung um Wiederzusammenführung gespaltener und verselbständigter Disziplinen geworden, zum Namen für die aufgegebene Vorstellung davon, daß sich Geschichte als ganze, als *histoire totale* erzählen lassen müsse. Landschaft ist ein Terminus, der bei aller Plastizität doch nie seine Form verliert, gleich wovon er handelt: von Ruinenlandschaft oder Gedächtnislandschaft, von Menschenlandschaft oder Stadtlandschaft. Immer geht es um das zur Form gewordene Gesamt, das Ensemble. An der primären Bedeutung der physischen Landschaft ändert dies nichts.[4]

Wir gehen oder reisen durch Landschaften. An ihrem Wechsel und ihrer Unterscheidbarkeit zeigt sich der Reichtum der Welt. Die Landschaft ist das vollkommenste Resultat menschlicher Arbeit und menschlichen Genies. Die Landschaft ist das größte denkbare Kunstwerk, das Menschen zuwege bringen können, und die größte denkbare Katastrophe, wenn sie damit scheitern. Die Landschaft ist der härteste Stoff, in dem der Mensch sich vergegenständlicht hat – Geographie handelt nach Robert A. Dodgshon von der »Materialität des sozialen Lebens« – und zugleich die subtilste, ja atmosphärischste Bildung, zu der Dichter, Philosophen, Architekten und das Volk im weitesten Sinne ihren Anteil beigesteuert haben. Landschaften lesen und dechiffrieren ist daher fast so etwas wie ein Schlüssel zur Völker-, Volks- und Menschheitsgeschichte. Da es Landschaften als »jungfräuliche« Landschaften, als Naturlandschaften an sich, nicht (mehr) gibt, ist alle Geschichte der Landschaft Geschichte von Kulturlandschaften. Hugo Hassinger hat die Anthropogeographie überhaupt als »Morphologie der Kulturlandschaft« bezeichnet.[5] Darin geht es um die Tektonik des Sozialen, um die Trägheit der gebauten Welt, um die sichtbare Verteilung von Macht und Nichtmacht und vieles mehr. Historiker sind Experten für kulturelle Formen, Morphologen, Kulturmorphologen. Sie interessieren sich für Oberflächen und sind daher, wenn sie den wesentlichen Prozessen auf die Spur kommen wollen, gute Phänomenologen und Physiognomiker. Sie lesen Landschaften wie Texte und tragen Schicht für Schicht ab, wie in einem Palimpsest. James Duncan sagte: »Man kann Landschaften, gleich wo, als Texte ansehen, die konstitutiv sind für Diskurse und die so mittels einer Soziosemiotik interpretiert werden können in den Begriffen ihrer narrativen Struktur, von Synekdoche, Rekurrenz. Dies gilt für das Amerika des späten 20. Jahrhunderts genauso wie für die Stadt Kandy im frühen 19. Jahrhundert. Natürlich gibt es in der Formulierung der Konzepte hinsichtlich der verschiedenen Zeiten und Räume eine große Spannbreite. Und dennoch wird der Kern dieser Interpretationsmethode identisch sein, nämlich die vielstimmigen Codes, die aus einer Landschaft eine kulturelle Schöpfung machen, freizulegen, die Politiken des Designs und der Interpretation darzulegen und die Landschaft ins Zentrum des Studiums

»Wir gehen und reisen durch Landschaften. An ihrem Wechsel und ihrer Unterscheidbarkeit zeigt sich der Reichtum der Welt.«

Satellitenaufnahme der Dolomiten

von gesellschaftlichen Prozessen zu rücken.«[6] Historiker mit einem Sinn für die Aussagekraft von Landschaften, ob es sich nun um Anthropogeographen, Kulturgeschichtler, Vertreter der historischen Landeskunde, Kultursemiotiker oder Anthropologen handelt, haben sich angeschickt, Landschaften lesbar zu machen und zu dechiffrieren und dafür eine entsprechende Methodik zu entwickeln. Den ersten Schritt nennt der Kulturgeograph Christopher I. Salter: »So seltsam es klingen mag, wenn ich diesen Essay (über Kulturgeographie – K. S.) schreibe, dann muß ich mit der Ermahnung beginnen, die Bücher zur Seite zu legen. Wenn man wirklich ein Gefühl für die Macht von Landschaft und folglich für die Macht der kulturellen Geographie entwickeln will, dann muß man sich vom Gedruckten lösen. Man muß sich an einen besseren Lehrer halten. Man muß sich dem mächtigsten primären Dokument, das zur Verfügung steht, zuwenden: der Kulturlandschaft selbst.«[7]

Kulturlandschaften sind wie große Texte. Manche sind gut lesbar, manche erfordern Spezialisten. Sie haben viele Autoren. Sie sind in vielen Sprachen geschrieben. Von vielen sind die Autoren bekannt, noch mehr aber sind anonym. Texte brechen ab, und die Nachwelt ist damit beschäftigt, die damit verbundenen Rätsel zu lösen. Kapitel folgt auf Kapitel. Manchmal ist die Reihenfolge durcheinandergebracht. Viele Texte sind im Original gelöscht und existieren nur noch als Zitat, indirekt. Ganze Berufszweige sind mit der Rekonstruktion, Entschlüsselung, Interpretation solcher Texte beschäftigt. Sie sind in Sprachen verfaßt, die wir gut verstehen, andere wieder nicht. Es gibt Probleme der stilistischen Zuordnung. Zwischen vielen Texten gibt es Korrespondenzen, zwischen anderen besteht vollständige Beziehungslosigkeit. Es gibt anmutige Linien der Kontinuität, die von der einen Epoche in die andere hinüberführen, dann wieder totale Abbrüche, schockierende Diskontinuität. Die Seiten sind immer wieder überschrieben worden. Der Reiz des kulturlandschaftlichen Textes besteht darin, daß er aus einer Vielzahl von Texten besteht, die allesamt gleichzeitig gelesen oder zu Gehör gebracht werden müssen. Das erzeugt Vieldeutigkeit, Vielstimmigkeit, die jederzeit umkippen kann. Aber in der Rede von den Kulturlandschaften wird auch vollständig klar, daß die Rede von der Landschaft als »Text« wirklich nur eine Metapher ist. Landschaften – als gebaute Umwelt etwa – sind schwer, schwerfällig, besitzen eine ganz eigene Trägheit und Schwerkraft. Das Umschreiben, Reformulieren, Überzeichnen vollzieht sich in Generationenfristen und Jahrhundertintervallen.

Kulturlandschaften sind Zeichensysteme.[8] Jede Epoche hat ihre Hieroglyphe hinterlassen. Jede Generation hat einen Fundus an für sie bedeutsamen Symbolen hinterlassen. Es ist eine Geschichte der Einschreibung und der Löschung von Zeichen, der ikonoklastischen Zusammenstöße, bei denen es um Leben und Tod ging. Jedem Neuanfang geht ein Verlöschen und Liquidieren voraus. Grandios sind die Hieroglypen, vor denen wir heute noch stehen: die Hafenstädte der Phönikier und der griechischen Kolonisten, die aus einem Gewässer das Mittelmeer der Antike und den Geburtsort Europas gemacht haben. Grandios ist die Spur der Löschung, die die Völkerwanderung nach sich gezogen hat. Bis auf den heutigen Tag lebendig ist die Konfiguration der oberitalienischen Stadtrepubliken. Grandios sind selbst jetzt, wo die Anlagen der Industrialisierung ausgedient haben und zum Museum geworden sind, die früheren Schauplätze industrieller Produktion. Sie alle sind Signaturen der Epochen und Signaturen menschlichen Genies und menschlicher Arbeit.

Kulturlandschaften sind wie geologische Formationen. Jede Generation hinterläßt eine eigene Schicht, die eine mehr, die andere weniger. Kultur ist Ablagerung. Schicht folgt auf Schicht, Ablagerung auf Ablagerung. Unter unseren Füßen liegen Ruinen, Sedimente, Schutt. Könnten wir einen Schnitt machen, wir könnten wie in einem Canyon die verschiedenfarbigen Schichten sehen, betasten. Wie man die Erdalter besichtigen kann, so kann man auch Epochen besichtigen.[9] Der archäologische Schnitt oder die archäologische Grabung sind die bevorzugten Methoden. So kommt man an die Fundstücke, an die Reliquien heran, so mißt man die Mächtigkeit der kulturellen Schichten, und so gewinnen wir ein Bild vom Reichtum unserer Kultur. Es handelt sich zunächst um ein archäologisches Verfahren. Ob es sich um die Erforschung von Straßen, Hausformen, Dorftypen, Rechtsverhältnissen oder die Verbreitung von Heiligenkulten und Baustilen handelt, es geht immer um »Schichten territorialer Bildungen«: »Die lebendigen raumbildenden Faktoren liegen in verschiedenen Schichten übereinander. Wir werden sie am besten von heute her sehen. Nehmen wir die oberste und versuchen sie abzuheben, so erscheinen zunächst die Zonen und die Zonengrenzen ... Wenn wir diese Schicht abgehoben haben, dann stehen wir vor der zweiten, die wir mit einem Gesamtwort als die der Territorialgeschichte bezeichnen können. Eine Schicht von einer außerordentlichen historischen Tiefe, die über 700 Jahre mindestens zurückgeht und in diesem Zeitraum ihre Wurzeln ganz tief in das Bewußtsein der Menschen hineingesenkt hat.«[10] Was dabei herauskommt, ist die Kartierung kultureller Schichten, Zusammenhänge, von »Kulturprovinzen«. »Die Kartenbilder, welche bei dieser zunächst nur verzeichnenden Arbeitsweise, sei es für Zustände von heute, sei es der Vergangenheit, herauskommen, gleichen völlig den geologischen. Auf ihnen liegen Schichten, die historisch aufeinander gefolgt sind, neben- und durcheinander. Wie der Geologe, indem er dieses Nebeneinanders wieder zu dem geistigen Bild eines Nacheinanders zu verwandeln verstand, die Geschichte der Erdrinde klarlegte, ebenso wird auch der Historiker durch eine ganz parallele Denkarbeit den geschichtlichen Ablauf aus dem Zustandsbild herauslesen.«[11] Hermann Aubin hat das

Erkennen von Kulturprovinzen als »Schlußstein« historisch-landes-
kundlicher Forschung bezeichnet, als Non plus ultra kulturgeschicht-
licher Arbeit. »Die Bestandsaufnahme des kulturellen Besitzes einer
Landschaft in einer bestimmten Zeit wird darin verschiedene historische Schichten hervortreten lassen«; und er machte dies deutlich an
den Resten griechischen Kulturgutes in Süditalien, den Resten antiken
Erbes auf deutschem Boden oder an dem »großen Komplex der deutschen Kulturelemente im Osten Europas«.[12] Aubins Fazit lautete: »Das,
worauf wir in der charakterisierten dritten Epoche zustreben, ist nicht
mehr allein eine historische Geographie, eine Erdbeschreibung im
Durchschnitte verschiedener Zeitalter, sondern eine Geographie der
Geschichte, von der wir uns neue Einsichten in die Bedingungen und
den Ablauf des historischen Geschehens versprechen. Wir sind weit davon entfernt, die kartographische Methode für einen Stein der Weisen
zu halten. Aber davon sind wir überzeugt, daß sie unser Geschichtsbild
ganz wesentlich zu erweitern und zu vertiefen geeignet ist. Und sollte
sie nichts anderes leisten, als daß man von ihr nach den schon vorliegenden Erfahrungen bestimmt erwarten darf: daß sie die verschiedenen Disziplinen über die Ergebnisse der anderen unterrichtet und zu
vergleichender und gemeinsamer Arbeit zusammenführt, selbst dann
wäre ihre Bedeutung außerordentlich für eine Zeit, welche, wie die
unsere, allenthalben nach Zusammenfassung und Übersicht der wissenschaftlichen Ergebnisse drängt.«[13] Aubins Hoffnung war, bei dieser
Archäologie und Kartierung der kulturellen Schichten auf eine Ebene
zu stoßen, die fundamentaler und von längerer Dauer sein würde als
jene der politischen Territorialität. Es gehört zur Tragik Aubins und
vieler seiner Generation, daß sie diese weniger in den Bildungen der
Zivilisationsgeschichte als vielmehr in der Geschichte der Stämme,
oder noch später und noch eindeutiger: in einer völkisch aufgefaßten
Volksgeschichte gefunden zu haben glaubten.[14] Was geschah, als der
Nationalsozialismus sich anschickte, Landschaften im »völkischen
Geist« zu gestalten, läßt sich nachlesen in den Planungs- und Umbau-
utopien des »Generalplans Ost«. Ein Mitarbeiter des Planungsstabes von
Konrad Meyer etwa schrieb darüber: »Die Gestaltung der Landschaft
wird zur lebensentscheidenden Kulturaufgabe der Gegenwart. Die ge-
staltende Tätigkeit reicht weit über die physischen und organischen
Lebensbedingungen hinaus. Die Deutschen werden als erstes abend-
ländisches Volk in der Landschaft auch ihre seelische Umwelt gestalten
und damit in der menschlichen Geschichte zum ersten Mal eine Lebensform erreichen, in der ein Volk bewußt die standörtlichen Bedingungen

seines leiblichen und seeelischen Wohls umfassend selbst bestimmt...
Die Landschaftsregeln des Reichsführers SS sind ein entscheidender
Markstein der deutschen Landwirtschaft und deutscher Landeskul-
tur... Die Landschaft in den eingegliederten Ostgebieten ist auf weiten Flächen durch das kulturelle Unvermögen fremden Volkstums vernachlässigt, verödet und durch Raubbau verwüstet. Sie hat in großen
Teilen entgegen den standörtlichen Bedingungen steppenhaftes Gepräge angenommen. Dem germanisch-deutschen Menschen aber ist
der Umgang mit der Natur ein tiefes Lebensbedürfnis... Sollen daher
die neuen Lebensräume den Siedlern Heimat werden, so ist die plan-
volle und naturnahe Gestaltung der Landschaft eine entscheidende
Voraussetzung. Sie ist eine der Grundlagen für die Festigung deutschen
Volkstums. Es genügt also nicht, unser Volkstum in diesen Gebieten
anzusiedeln und fremdes Volkstum auszuschalten. Die Räume müssen
vielmehr ein unserer Wesensart entsprechendes Gepräge erhalten, damit der germanisch-deutsche Mensch sich heimisch fühlt, dort seßhaft
wird und bereit ist, seine neue Heimat zu lieben und zu verteidigen.«[15]
Das Ergebnis dieser gewaltsamen Umgestaltungen war bekanntlich:
Entvölkerung, verbrannte Erde, schließlich auch Tilgung einer jahrhundertealten deutschen Siedlungs- und Stadtgeschichte im östlichen
Europa.

Über das Analysieren und Abtragen historischer Schichten schrieb
Aubin: »Wenn wir den Lauf der Geschichte überblicken, so erkennen
wir eine lange Reihe von Kulturen, welche einander folgen und sich
übereinander lagern. Gleichwie auf dem klassischen Boden von Ilion
neun Bauschichten von der Steinzeit an den Burghügel aufgetürmt haben, nicht anders beruht auch unsere Gesittung auf den Trümmern
und Resten z. T. uralter Kulturen, die sich in stetem Wechsel folgen, sei
es, daß sie zu fremden Völkern gewandert, sei es, daß die Völker selbst
gewandert sind und so neue Träger sich unter die alten Kulturen ge-
schoben haben.«[16] Was ein solcher Blick leisten könnte und müßte,
zeigt Aubin in einer Betrachtung über die Rheinbrücken. Es ist fast ein
Programm der Behandlung eines kulturlandschaftlich so prominenten
Elements, wie es Brückenbauten sind, wenn er schreibt: »Die Überwindung großer Ströme durch Brückenbau stellt so außergewöhnliche
Anforderungen an das technische Können und an die wirtschaftlichen
Mittel, sie hat im tieferen Untergrunde ein so großes Maß von Wil-
lenskonzentration auf einen Punkt und von besonderer Organisation
der öffentlichen Kräfte aller Art zur Voraussetzung, daß jeder einzelne
Vorgang, wenn er genügend analysiert werden kann, weithin klärendes

Licht auf die allgemeinen Kulturzustände seiner Zeit und auf ihre treibenden Motive wirft. Faßt man die Brücken eines Stroms unter diesen Gesichtspunkten ins Auge, so wird ihre Geschichte, ihre Zahl und Art, ihr Zweck, die frühe oder späte Ausnützung der von der Technik der Zeit gebotenen Möglichkeiten zu einem wertvollen Zeugen des Lebens, das sich jeweils im Umkreise dieses Stromes abgespielt hat, und zu einem Gradmesser von dessen Entwicklung wie auch der großen in die Geschichte eingreifenden Persönlichkeiten.«[17]

Man könnte einer mit solchem Ernst verfahrenden Kulturgeschichte auch zutrauen, die Rede vom »vergeistigenden Hauch, den die alte christliche Kultur über manch deutsche Landschaften ausgebreitet hat«,[18] auf den Boden des Geschichtsmaterialismus setzen zu können. Jedenfalls spricht viel dafür, daß »Landschaft« das Reichere ist und daß sie der Statthalter für den Platz ist, der nach der Abdankung »des Systems« frei geworden ist.

HEISSE ORTE,
KALTE ORTE

Jeder weiß, daß sich die Zentren der gebauten Stadt nicht mit den Zentren der gelebten Stadt decken müssen. Das Geschäftszentrum, in dem tagsüber das Leben »pulsiert«, ist nach Feierabend und nachts »wie ausgestorben«. Das Leben hat sich anderswohin verschoben. Im Regierungsviertel ist nach dem Ende des politischen Geschäfts in der Regel »nicht viel los«: vereinzelte Passanten, Security-Personal, Limousinen, die durch die Straßen gleiten, viel kameraüberwachter öffentlicher Raum. Während auf den Plätzen, die nichts sind außer Umsteigebahnhöfe, Relais für die Abwicklung des Menschenverkehrs einer Stadt, die Stadt summt. Die Stadt vibriert. Es geht hektisch zu. Man muß aufpassen, sich von den Menschenströmen nicht von seiner Richtung abbringen zu lassen und Kurs zu halten. Je nachdem: der Menschenstrom hält lange an, er bricht vielleicht erst ab, wenn die Bahnen nicht mehr gehen, um früh, sehr früh, wenn die übrige Stadt erst erwacht, schon wieder zu summen.

Das Leben scheint sich gerade und immer mehr an Orten abzuspielen, die Marc Augé *non-lieux*, Nichtorte, genannt hat.[1] Es sind eher Anlaufpunkte, Provisorien, keine festen und definitiven Orte, die sich eine gebaute Form gegeben haben. Es ist nicht einmal klar, ob sie überhaupt eine gebaute Form brauchen oder nur eine Leerform, die Raum läßt für die Begegnung. Der nackte, sandige Platz, auf dem der Basar abgehalten wird, ist eine solche Leerform: sie füllt sich, so daß kein Quadratmeter frei bleibt, wenn die Marktstände aufgeschlagen sind oder die Waren einfach auf der Erde ausgebreitet werden. Der Markt bedarf in seiner elementaren Anfangssituation offensichtlich keinerlei Vorrichtungen. Arkaden, Souks, Bogengänge, Hütten, Lauben – all das kommt viel später und begründet eine ganze, über Jahrtausende hin sich erstreckende Bautradition. Provisorien, an denen sich ununterbrochen Abertausende von Menschen aufhalten, sich hin- und wegbewegen, sind: Bahnhöfe, Flughäfen, Parkplätze, Rasthäuser, Malls, Tankstellen, die Drive-ins, Kaufhäuser. Es sind die Umsteigebahnhöfe unter und über der Erde, vor allem an den Scharnieren von

Fern- auf Nahverkehr, von Fern- auf Flugverkehr. Bahnhöfe, Häfen und Airports sind selbst solche Scharniere und Relais. Jeder weiß, daß sich dort etwas »abspielt«, während in den Zentren der Wirtschaft, der Politik, der Kultur gewiß entschieden, produziert und prozessiert, veranstaltet und Kultur betrieben wird. Aber dort hat alles schon eine gewisse, vielleicht sogar endgültige Form bekommen. Etwas ist abgeschlossen: Die Kultur hat ihre Spielstätte, ihr Regelwerk bekommen, Politik und Diplomatie ihre Häuser, Institutionen, die Produktion ihre entsprechenden Produktionsräume und Distributionswege. »Institutionen sind wie Festungen«, sagte Karl Popper. »Sie müssen gut geplant und gut ausgerüstet sein.«[2] In den *non-lieux* ist alles noch im Fluß, alles noch provisorisch, alles noch Bewegung oder in Bewegung. So gesehen, sind es gerade die *non-lieux*, die zentral sind, von denen die entscheidenden Impulse ausgehen, in denen die Lebensenergie zusammenstößt und die Reibungshitze erzeugt wird, die Städte, Gemeinwesen, Räume unter Strom setzen und mit Energie versorgen.

Die Bedeutung von Orten und Nichtorten kann sich verschieben. Aus Orten können Nichtorte werden, und Nichtorte können zu den »wahren Orten« aufsteigen. Zentren wandern, Zentren werden entwertet – in keiner Gesellschaft so rasch wie in der kapitalistischen und in keiner kapitalistischen so sehr wie in der amerikanischen, wo einst, nein: vor einer Generation noch blühende *down towns* zu Zentren des Zerfalls, des Elends, von Krankheit und Tod geworden sind, aber es nur ein Jahrzehnt braucht, um sie abermals in intakte Innenstädte zurückzuverwandeln. Man kann an Städten die Jahresringe der Konjunkturen, *booms and slumps* ablesen. »Wenn wir uns die Analysen älterer Industrie- und Stadtgebiete ansehen, dann sind die unterschiedlichen Investitionsphasen und Kapitalzyklen, die den aufgelassenen Ort hervorbringen, die vorherrschenden geographischen Themen. Im Laufe der Zeit haben sie eine vielschichtige Landschaft produziert, mit verschiedenen Schichten von Kapitalanlage und arbeitendem Kapital in jedem Ort der Region, wobei jede Schicht ein anderes Stadium und einen anderen Ort innerhalb des Investitionszyklus bedeutet.«[3] Das einstige Geschäftszentrum der Stadt als Getto und innerstädtisches Vakuum. Aber auch in den funktionierenden und imposant dastehenden Zentren wird nur etwas sanktioniert, nichts entschieden – auch wenn das Zentrum die Illusion des *decision-making* unablässig produziert: in Wahrheit sind sie ohnmächtig, nicht an ihnen hängt, wohin es geht. Auch die Unterscheidung von öffentlich/privat, die bei der Analyse städtischer Räume so grundlegend ist, ist hier nicht hilfreich; denn es geht nicht um diese Differenz, sondern um die Differenz von Orten *in statu nascendi*, um die Verfestigung von Orten, die noch im Flusse sind. *Places in the Making.* Vielleicht ist es daher passender, wenn wir nicht zwischen Orten und Nichtorten, sondern zwischen flüssigen und festen, zwischen heißen und kalten Orten unterscheiden. Bei Wilden heißt das so: »Die heiße Gesellschaft bringt sich auf eine wesentliche Weise zur Geltung, in der Welt außerhalb – in der Natur, auf Stein, auf Wachs, in Ton, auf Papier, auf Zelluloid, auf dem Tonband, in Eisenbahn-Netzwerken, in Straßen, Autobahnen, während die kalte Gesellschaft eher eine Selbstbeschreibung ist (»the cool society is more nearly written in itself«[4]).

Budapest: Moskwa ter, Köbanya, Nyugati pu, Blaha Lujzsa ter – Phänomenologie der heißen Orte. Moskwa ter, der Moskau-Platz, in Budapest ist ein unförmiges Gebilde, das man schwer als Platz bezeichnen kann. Er »ergibt sich« irgendwie aus dem Schnittpunkt von mehreren großen Straßenzügen in Buda, die von der Margaretenbrücke ins Budaer Hinterland führen. Die Kanten werden von hohen Mietshäusern, einem imposanten Postgebäude der Jahrhundertwende und einem Kaufhaus-Neubau des Mammutkonzerns aus der Zeit nach 1998 gebildet. Auf dem Moskwa ter mündet eine Metro, deren Benutzer in regelmäßigen Abständen von den Rolltreppen in der Mitte des Platzes an die Oberfläche befördert werden. Es schneiden sich dort mehrere Straßenbahnlinien, für viele ist hier auch Endstation, auch für Busse. Der Verkehr läuft hier zusammen, er ergießt sich aus den Straßen des Burgviertels herab, er kommt von der Donau herauf, er bricht hervor aus dem Untergrund. Man muß sich seinen Weg bahnen, über die Straßen, über die die Autos fluten, über die Busspuren und die Straßenbahngleise. Jeder Meter ist gefährlich, jeden Moment könnte eine Bahn einen überfahren. Ein klassischer Nichtplatz, an dem alles nicht schön ist: die Kioske, die Metro-Eingangshalle aus Beton, eine Art Kontrolltower, Unterstände für das Personal der Verkehrsbetriebe, Masten, an denen die Tafeln mit den Fahrplänen angebracht sind – alles könnte von heute auf morgen abgebrochen werden ohne Verlust.

Köbanya ist etwas Ähnliches. Eine Endstation Richtung Flughafen. Dort endet die Metrolinie drei, die Budapest von Norden nach Süden durchmißt und die großen Plattenbauviertel vor der alten Stadt mit dem Zentrum verbindet. Alle paar Minuten kommen in den Hauptverkehrszeiten die Züge an und entlassen Pulks von Passagieren. Die Passanten streben über die Rolltreppen auf die Übergänge, wo sie entweder zu den Nahverkehrszügen ins Umland oder zu den Bussen in die Wohnviertel strömen. Es ist ein eindrucksvoller Strom: aus der Metro in Fahrtrichtung, die Treppen hinauf, die Treppen hinab, in die Busse oder Züge hinein. Tausende, Abertausende, Hunderttausende täglich, Stunde für Stunde. Die Ströme müssen über den Übergang, der in der Art der Krämerbrücken, wie es sie im Mittelalter gab – in Florenz, Paris, Erfurt zum Beispiel –, mit kleinen Ständen, Geschäften, Grills, Bistros, einer kleinen Apotheke, Zeitungsständen, einem Mini-Supermarkt, besetzt ist. Der Platz, an dem die Busse und die Straßenbahnen abfahren, ist ebenfalls reichlich bestückt: mit Kiosken für das Allernotwendigste, Zeitungen, Zeitschriften, Obst und Gemüse, Lebensmitteln im kleineren Umfang. Die ganze Architektur scheint darauf eingerichtet zu sein, den Strom zu bewältigen: eine Brücke aus Stahlträgern, ein verglaster Übergang.

Blaha Lujza ter und Nyugati pu – das sind zentrale Kreuzungspunkte und Umsteigestationen im Budapester Untergrund, mit Auf- und Ausgängen hinauf zu den hier aufeinandertreffenden und auseinanderlaufenden Ausfall- und Ringstraßen, zu den Zügen und zur Metro. Auch sie sind Umschlagorte für Hunderttausende Budapester Tag für Tag. Aber hier geschieht es anders. Unter der Erde ist es trocken, hier ist Platz. An den Rändern der unterirdischen Passage sind Geschäfte aller Art – von Blumen bis zur Bierhalle, vom Imbiß bis zur Buchhandlung. Hier geht der Verkehrsplatz über in einen Ladenplatz und der Ladenplatz in einen Raum, der auch als Bühne für Auftritte genutzt werden kann. Eine unterirdische Arena. Publikum gibt es hier: Leute, die vom Zug kommen oder zum Zug gehen und noch etwas Zeit haben oder noch etwas besorgen wollen. Und Leute, die ihr Publikum brauchen, gibt es auch: Zigeuner aus dem Hinterland, die als Musikanten ihren Lebensunterhalt verdienen, die unvermeidlichen El-Condor-Pasa-Indios in bunten Ponchos, Frauen, die ihre Plastikblumen anpreisen, Sonderposten, die sie irgendwo aufgetrieben haben. Anders als an den Endstationen, wo die Menschen im Dunkel verschwinden, ist es hier – schon aus Sicherheitsgründen – strahlend hell, und es gibt einen Ton, einen Lärm, eine Geräuschkulisse, mit Stimmen, Geschrei, der Tonmischung des heißen Ortes.

Solche Orte gibt es in jeder großen Stadt. Berlin-Zoologischer Garten, die RER-Stationen in Paris, die klassischen Empfangs- und Umsteigesituationen der Londoner Bahnhöfe: Charing Cross, Waterloo, Victoria, Blackfriars und viele andere, die Moskauer Bahnhöfe und Metro-Stationen, von denen jedes Wochenende Millionen auf

»Dort gibt es eine gewisse Temperatur, die überall entsteht, wo Menschen in großer Zahl aufeinandertreffen, wo Anstrengung notwendig ist, die Bewegung zu koordinieren und so verlaufen zu lassen, daß es zu keiner Störung und zu keinem Zusammenprall kommt.«

Der U-Bahnhof Gleisdreieck während des Verkehrsstreiks
im März 1920

ihre Datschen streben. Auch die Flughäfen und die Lufträume, in denen sich die Flugzeuge aus ihrer Reiseflughöhe hinabschrauben, bis sie endlich zur Landung ansetzen können. Eine Stunde im Verein mit anderen – in einer Art Karussell – über London zu kreisen, bis man endlich in Heathrow aufsetzt, auch das ist Verdichtung, Erhitzung, Relaisbildung. Aber es müssen nicht nur Orte des öffentlichen Verkehrs sein. Heiße Orte sind überall, wo etwas passiert, wo vieles passiert, wo vieles passieren kann. In dem Sinne sind es Spielräume, in denen sich anbahnt und vorentschieden wird, was an anderer Stelle sanktioniert und beglaubigt wird – ein Proto- oder Inkubationsraum.

Triebraum, Antriebsraum. Dort gibt es eine gewisse Temperatur, die überall entsteht, wo Menschen in großer Zahl aufeinandertreffen, wo Anstrengung notwendig ist, die Bewegung zu koordinieren und so verlaufen zu lassen, daß es zu keiner Störung und zu keinem Zusammenprall kommt. Sie kommt aus der Situation des Übergangs: wenn die Anspannung des Tages abfällt, wenn das Tagwerk getan ist oder auch: wenn man sich anschickt, aus der geschützten Höhle des Privatlebens herauszutreten ins Tagwerk, das einem allgemeinen Zeitregime unterworfen ist, dem man sich zu fügen hat. Hier wird frühmorgens die erste schockierende Zeiterfahrung gemacht, der Zusammenprall mit der Welt, in der man nun mit andren zusammen ist, und der Orbit, aus dem man abends wieder heraustritt oder herausfällt. In jedem Fall ein Ort ansteigender oder abfallender Anspannung. Jeder hat es auf seine, dann aber doch wieder allgemeine Weise wichtig und eilig, und so entsteht ein Strom, in dem man nicht nur mitgerissen wird, sondern selber durch den eigenen Drang mitreißt. Hier ist man noch nicht abgereist und noch nicht angekommen. Man ist schon nicht mehr ganz bei sich, aber auch noch nicht außer sich. Jeder wird in diesem Zwischenraum ein bißchen zu einer amphibischen Existenz. Tag für Tag kommt es hier zu einem Hinaustreten in die Welt, die uns nicht losläßt und in der wir uns auf alles gefaßt machen müssen. Hier hat man noch die Erregung, die noch nicht befriedigt ist, die Vorfreude, die noch auf ihre Kosten kommen kann, und die Ermattung, die ein ganz eigenes Glück darstellt: ein Zustand, in dem man weiß, daß einem nicht mehr viel zustoßen kann. Hier treten wir aus dem diffusen, individuellen Zeitraum aus und in den öffentlichen Zeitraum mit seinem eigenen Regime ein. Wir müssen ganz aufmerksam sein, nicht zu stolpern: wenn der Zug plötzlich anfährt, die Zeit an Fahrt gewinnt und wir das Gleichgewicht halten müssen, oder aber, wenn die Zeit sich verlangsamt und wir uns zum Ausstieg bereit machen müssen. Den ganzen Tag über treffen wir nie auf mehr Menschen als in diesen Perioden des Dazwischen. Nie sehen wir in mehr Gesichter, und nie werden wir von mehr Augenpaaren wahrgenommen. Wir würden verloren sein, wenn wir jedem einzelnen begegnen würden – also mißachten wir sie, entwickeln eine schützende Gleichgültigkeit, nehmen nicht einmal wahr, um nicht vergessen zu müssen. Wir durchlaufen jeden Tag das, was Georg Simmel vor langem schon in seinen Analysen zu städtischer Indifferenz und urbaner Vigilanz festgehalten hat.[5] Das Dazwischen ist das Reich des Zufalls, und insgeheim hoffen wir darauf, daß er uns trifft – oder wir sind besorgt, daß er uns zur unrechten Zeit trifft. Diese

Räume sind wie Ebenen, über die die Jagd in dichter Formation hinweggeht, wie Prärien, in denen Jäger und Gejagte aufeinandertreffen können. Für einen Augenblick haben wir keinerlei Verantwortung, sondern sind nur in Bewegung. Für einen Augenblick sind wir aller Bindungen ledig und bewegen uns allein im großen Strom, in dem auch alle anderen nur Teilnehmer des großen Stromes sind. Mitläufer und Mitgetriebene, Aussteiger und Einsteiger jederzeit. Es ist der Ort der Transaktion, die zwischen den Abschlüssen liegt, also der Moment, bevor es ernst wird. Es ist der Raum der Erwartung, der Enttäuschung, des suchenden Blicks, der aufgefangen wird oder verlorengeht, der Panzerung gegen das Zuviel an Eindrücken. Man schließt die Augen und übt sich in Geduld, bis das Gedränge sich wieder verlaufen hat. Die Luft in diesen Zwischenräumen ist schlecht und verbraucht, aber sie ist aufgeladen von der Spannung, die mit jedem neuen Tag entsteht. Die Menschen sind gegeneinander abgeschirmt, böse Überraschungen sollen nicht an einen herankommen, aber im Schweigen ist auch eine stumme Bereitschaft, sich auf Abenteuer einzulassen, wenn sich die Chance dazu bietet. Eine Hoffnung, daß etwas Ungewöhnliches geschehen möge. In diesem Raum der Routine kann alles passieren. Hier regiert die Verlockung der Anarchie und der Schauder, daß es – o wehe! – ernst werden könnte.

Dieser vibrierende Raum löst sich auf, wenn die Masse sich nach allen Seiten verlaufen hat, wenn sich die Energie verteilt hat, wenn sie angekommen ist: zu Hause, bei der Arbeit, an den Orten, wo man hingehört, wo man seinen Platz hat und wo alles seinen geordneten und wohleingerichteten Gang nimmt. Hier kühlt sich die Energie zur Duchschnittstemperatur herunter. Hier arbeiten sich die überschüssigen Kräfte ab. Hier findet alles seine verbindliche und erträgliche Form. Die modernen Städte wären nur Ameisenhaufen und Orte ununterbrochener Metzeleien, hätten sie nicht ein System, in dem die Lebensenergien gelenkt, umgelenkt, die Triebe in Triebkräfte, das unförmig-ekstatische Leben in Betriebsförmigkeit umgeformt würden. Städte sind im schlimmsten Falle Orte der Umlenkung, Ablenkung, Aufsplitterung, Unschädlichmachung ungeheurer Lebensenergien, im schönsten Falle Formen ihrer Steigerung und Kultivierung. In der Regel haben sie von beidem etwas. Es lohnt sich, die Formen des städtischen Zusammenlebens unter dem Gesichtspunkt der Bewältigung des gesellschaftlichen Reproduktionsprozesses zu betrachten. Alle Schattierungen kommen darin vor: Lebenskampf, Lebensbewältigung, Überlebenskampf, entfaltetes Leben und entfaltete Lebenskultur, Zerstörung und Selbstzerstörung in den phantastischsten Formen. Stadtphantasien und Stadtalpträume.

In dieser Bewegung oder genauer: in diesen Bewegungen zeigt sich die Stadt. Sie regt sich, sie zieht sich zurück. Sie konzentriert sich. Sie läßt sich gehen. Sie geht aus sich heraus. Sie sieht sich zu. Sie kommt zu sich. Sie fällt in sich zusammen. Die expressionistische Stadtlyrik nimmt diese Bewegung nur auf und exaltiert sie, aber sie produziert sie nicht. Sie ist vorhanden. Es gibt sie ohne die Metapher, in der sie sich übersteigert. Sie gewinnt darin ein Bild von sich, es ist die Sprache, in der sie über sich spricht.

Am Nichtort oder heißen Ort gibt es nur Gegenwart. Der Nichtort ist der Ort *in statu nascendi*, Energie im Fluß, Potenz vor der Verdinglichung, vor der Erstarrung. An ihm wird Tag für Tag die Stadt neu erfunden, aus dem Stand heraus. Sie ist noch ganz unfertig. Sie existiert als Hütte, Laden und Kiosk. Als improvisierte Bewegung. Der Nichtort lebt von der Hitze, von der Energie, und er hört auf zu existieren genau in dem Augenblick, da die Energie verschwunden ist. Der Nichtort ist dann buchstäblich Nichtort: Leere, Wüste, Brache – vielleicht von einer Neonröhre beleuchtet oder von einem Hinweisschild geziert. Der Nichtort baut sich seine Umgebung, und aus der Umgebung wird ein Ensemble. Im glücklichen Fall speist die Energie das neue Ensemble, im unglücklichen Fall tritt die Energie zurück und läßt einen Leerraum, ein Museum, eine Bühne zurück, die mit erheblichem Aufwand »bespielt« werden müssen, um den Anschein von Lebendigkeit zu erzeugen. Dort, wo einmal heiße Zonen waren, breitet sich heute Stadt aus, abgekühltes Gelände, das ohne Trieb und Vibrationen ganz gut existieren kann. Es sind die erkalteten Zonen, in denen ein ursprünglicher Impuls seine Form gewonnen hat. Dort ist die heiße Phase der Geschichte abgeschlossen, und ihre Kulturwerdung, ihre Musealisierung hat begonnen. Kultur ist Tod von etwas.

Heiße Zonen. Die geschichtlichen heißen Zonen, in denen der Tumult sich anbahnt und dann auch ausgetragen wird, sind dann die geschichtlichen Schauplätze, von denen wir vorher nicht wußten, daß sie es einmal werden würden. Klassischer Fall für die Verwandlung von peripheren in zentralen, von Nichtort in Ort, historischen Schauplatz. Die heißen Zonen des 20. Jahrhunderts sind bekannt: die Weiten, in denen die großen Mächte zusammenstoßen; die Fabriken, in denen das Verhältnis von Herr und Knecht unerträglich geworden war und eskalierte; die Grenzgebiete, in denen die Armeen aufmarschiert sind; die Felder, die zu Schlachtfeldern werden; die Felder, auf denen die Propagandaschlachten geschlagen und gewonnen werden; ja, die Schlachtfelder, Felder des Abschlachtens; Räume, aus denen unentwegt Menschen hinausgesäubert und abtransportiert werden. Das Kräftemessen findet an Orten statt, die wir uns so sehr eingeprägt haben, daß sie zum Synonym für das ganze Geschehen geworden sind: Verdun, Galizien, Stalingrad. Aus einer Eisenbahnkreuzung an der Grenze von Schlesien nach Galizien, an einer bedeutungslosen *junction city* entsteht Auschwitz mit seinen Untergliederungen und Unterabteilungen des Tötens. Wenn die Schlacht vorbei ist, sinken die historischen Orte meist wieder in die Rolle von Nichtorten zurück, nur eines Sterns im Reiseführer, eines Tagesausflugs der Veteranen würdig. Alle Geschichtsorte im 20. Jahrhundert sind mehr oder weniger mit der Erhitzung verbunden: Stahlgewitter, Straßenkampf, Aussortierung, Tötung. Man darf die heißen Orte ruhig buchstäblich nehmen. Dort ist das Leben einer ganzen Generation in nichts aufgegangen, dort sind Menschen zu Hunderttausenden getötet und verbrannt worden. Warum ist die Kriegs- und Mordgeschichte so unterbelichtet? Weil es schwer ist, sich hineinzudenken, in die systematische Abschlachtung Mann für Mann, in das Massaker, in den Genozid. Die Statistik ist das Machbare. Man erstellt Zahlenkolonnen, wo es sich eigentlich um Menschen handelt, trägt den Tag und Ort des Exitus ein, aber das ist nur ein Datum, nicht Sterbensbedingung, von der man etwas mehr wissen muß: Beteiligte, Ort, Vorgang, Ablauf, »wie es wirklich war«. »Auschwitz« ist schon Rationalisierung von Tötungsabläufen, ein Symbol, eine Metapher. Man muß wissen, wie es gemacht worden ist, um dahinterzukommen, daß es Leute »wie ich und du« waren, die es gemacht haben konnten. Die Schlachtfelder: man muß wissen, wie eine Schlacht abläuft, um von Kriegen etwas zu verstehen. Der Krieg ist nur ein sinnloses Datum, wo er in Wahrheit doch die größte organisierte Kraftentfaltung des Menschengeschlechts ist. Darum kommt man nicht mehr herum, wenn man sich ansieht, wie aus den Einzelbewegungen von zehn Millionen Männern eine koordinierte Bewegung wird, um diesen oder jenen Brückenkopf, vielleicht auch nur jenes Stück Küste oder diese Brücke in ihren Besitz zu bringen. Man kann die Orte der Erhitzung durchspielen. Zum Beispiel die Oktoberrevolution. Es hat seinen Sinn, wenn die Filmszenen aus Eisensteins Film unsere Vorstellung beherrschen. Es ging hier ja nicht nur um einen »Prozeß«, sondern um Entscheidungen, die vor Ort und zu einem bestimmten Zeitpunkt getroffen wurden. Es mußte Verbindungen geben, und viele Dinge wären nicht passiert, wenn ein Zug nicht im Finnländischen Bahnhof eingetroffen wäre. Oktoberrevolution ist minutiöse Rekonstruktion einer heißen Situation, tatsächlich jener zehn Tage, die die Welt erschütterten. Jene zehn Tage sind nicht bloß ein Datum, sondern ein innerer Kern von Geschehen, in dem alle Akteure zeigen, was sie können – und was sie nicht können, wird sich in einer späteren langen Zeit zeigen, in der man Atem brauchte, nicht nur Kampfwillen und Entschlossenheit. Oder 1933. Das Vordringen des Mobs in den parlamentarischen Raum. Die Szenen der Angst, des Mutes, in denen alles Weitere antizipiert ist. Oder das Schlachtfeld als Szene. Man müßte wiederum ausgehen von einem konkreten Schlachtort, um die Ursituation der Schlacht zu analysieren und zu verstehen. Obwohl der Krieg die dominante Erfahrung des 20. Jahrhunderts war, ist er als solcher nicht im Bewußtsein präsent. Warum eigentlich? Angst vor dem Tatort, vor der Überwältigung – man überläßt das den Dichtern und Memoiristen. Oder die Fabrik, das Schlachtfeld der Arbeit, der Verausgabung von Lebenskraft. Was ist eine Fabrik, wenn sie als Lebensort wahrgenommen wird und nicht als Illustration für Industrialisierung, Klassenkampf, Urbanisierung, Migration? Das Studium eines einzigen heißen Kerns – einer Stadt wie Lodz, einer Fabrik wie der von Ludwig Geyer – ergäbe vermutlich mehr an Einsichten über »Industrialisierung« als alle Klassenanalysen.

Verbrannte Erde, Wüstungen. Wo die Bewegung sich übersteigert hat, wo sie durchgedreht ist, hat sie alles verbrannt, zerstört. Wir kennen überall in Europa die Zonen der verbrannten Erde und der verbrannten Menschen. Darin sind ganze Städte verschwunden – man erkennt sie daran, daß alles neu ist. Darin sind ganze Populationen verschwunden – man erkennt sie an den schön restaurierten Fassaden, hinter denen keiner von denen noch lebt, die dort einst gelebt haben. Darin sind ganze Landschaften verschwunden. Man erkennt sie daran, daß man sie im Museum oder in der Literatur besichtigen muß. Selbst Friedenszeiten können Bilder wie vom Krieg hinterlassen. Watts, Detroit, Soweto, Gaza. Die aufgegebenen Innenstädte Amerikas – Detroit, die Bronx – boten eine Zeitlang einen schaurig-großartigen Anblick – Mondlandschaften innerhalb der zivilisierten Welt. Man fühlt sich an die Wüstungen und die Depression nach dem Dreißigjährigen Krieg erinnert.[6]

Zonen, temperiert. Die eigentliche Leistung des 20. Jahrhunderts in Europa: die Bändigung des Kampfes aller gegen alle. Gebaute Distanz. Wohlstand, Individualität. Erkalten des Kampfes aller gegen alle. Wir können die europäische Fortschritts- und Zerstörungsgeschichte am lebendigen Leibe studieren. Der Wohnblock, das Mietshaus, das Wohnviertel ist der vollkommene Ausdruck der bürgerlichen Epoche, die zu Ende gekommen ist. Jeder hat seinen Ort gefunden, jeder hat ein Dach, seine vier Wände gefunden, die Individualisierung ist abgeschlossen. Das ist die Moderne ohne Wenn und Aber. Das bürgerliche Zeitalter ist das Zeitalter der geordneten und allgemein gewordenen Distanz. Unsere Städte bieten Distanzierung in jeder Form und jeder Preisklasse – Altbauwohnung, Villa, Palais, *gated community*, Plattenbau, Doppelhaushälfte, Vorortsiedlung, Datschensiedlung, Obdachlosenheim. Jede Störung macht sich bemerkbar in Aufhebung und Niederreißen der Distanz: dann lebt man plötzlich, manche ein ganzes Leben lang, in Flüchtlingsdurchgangslagern, mit vielen anderen in einem Raum. Man kauft sich Distanz und Distanzierung. Auch wenn es nur die Einschließung in einem schuhkartonähnlichen Raum ist, eine allgemeine Containerisierung – der Abstand ist das entscheidende. In sozialen Erdbeben – zuweilen auch in Naturkatastrophen wie großer Flut, Erdbeben, Bränden – bricht er zusammen. Es gibt bisher keine Lebensform, die darüber hinausführen würde. Doch insgesamt gilt: Die Städtegründer sind weitergezogen: nach Kairo, Mexiko, Lagos, Bangkok.

Kapitalismus ist der letzte Name für Erhitzung und Erkaltung. Heiß und kalt hat viele Namen, historische Namen für unvorstellbare Karrieren und Blütezeiten. Er hat die Städte und Menschen in Bewegung gesetzt, auf die große Wanderung geschickt. Er hat den alten Raum zerstört und einen neuen produziert. Er entwertet, er legt still, er produziert Peripherie. Er schickt ganze Städte ins Abseits, er wirft sie aus dem Rennen.

Schlußbemerkung: Die Opposition von Orten und Nichtorten ist schematisch, statuarisch. Besser wäre es, sie zu verflüssigen, und das heißt: zu vergeschichtlichen. Alle Orte waren einmal Nichtorte, alle Orte können zu Nichtorten werden. Geschichtliche Arbeit mit Orten heißt: Vergegenwärtigung von Vergangenheit in räumlichen Koordinaten. Wenn wir von Weltgeschichte sprechen, haben wir auch die Welt als Globus im Blick, wenn wir von intellektueller Geschichte sprechen, dann haben wir auch den Raum der Gedankenproduktion und Gedankendiffusion im Blick. Vergeschichtlichung heißt Verflüssigung von etwas, was geronnen, verfestigt ist. Gebaute Welten sind Resultate, mit langen, meist verborgenen Vorgeschichten. Alle fixen Formen sind aus lebendiger Arbeit hervorgeganen. Was erstarrt ist, hat einmal pulsiert.

Die Leistungskraft geschichtlicher Imagination zeigte sich daran, daß sie Fixgewordenes noch einmal verflüssigt. Alles, woran wir uns halten, wenn wir von Moderne, Staat, Welt sprechen, hat eine Genese, war einmal Leben, Bewegung: Speicher, Fabriken, Institutionen, Verwaltungen, die Gehäuse der Macht, die Paläste der Kultur, die Gleisanlagen und die Autobahnen, die Piers in den Häfen – Produkte lebendiger Arbeit. Vergegenständlichungen. Objektivierungen. Wenn wir genau hinsehen, erkennen wir in den Bauten von Pittsburgh und Chicago die Vergegenständlichung der lebendigen Arbeit von Generationen von Immigranten. Worin immer wir uns bewegen: es handelt sich um geronnene lebendige Arbeit. Wenn wir von Mauern oder Gebäuden sprechen, sprechen wir in Wahrheit von Menschen. Wenn wir von Ornamenten sprechen, dann sind es immer die Phantasie, die Traumbilder der Menschen, die darin ihre hieroglyphische Gestalt gewonnen haben. Etwas verstehen heißt, es noch einmal verflüssigen, eine feste Form zurückdenken in den Zustand des Werdens. L. A. White hat es so formuliert: »Culture is the organization of things in motion, a process of energy transformation.«[7] Es beginnt vor den Augen zu flimmern. Die Stadt beginnt zu tanzen. Das Häusermeer löst sich auf in Bewegung. Wir sind dann dort, wo alle Geschichte beginnt.

STÄDTE LESEN,
STADTPLÄNE

Im ersten Augenblick kapituliert das Auge vor der großen Stadt. Sie
ist zu groß, man übersieht sie nicht. Es stellt sich sogleich eine Reihe
von Naturmetaphern ein: die Stadt als »Häusermeer«, als Gebirge,
»Dschungel«, sogar als »Prärie« – so Walter Benjamin über Moskau als
»Prärie der Architektur«.[1] Es ist meist das Vokabular der Erhabenheit,
das Distanz ausdrückt, des Zaubers und von Verfallensein. Auf das
Häusermeer von Manhattan zu blicken, in die Straßenschluchten hin-
abzublicken scheint die Form zu sein, in der Menschen mit der Größe
eines überwältigenden Eindrucks fertigwerden. Die Literatur ist voll
von Naturmetaphern bei der Beschreibung der Stadt. Eine der schönsten ist die von Alfred Döblin in *Berlin Alexanderplatz* gebrauchte vom
»Korallenstock«: »Die Städte sind die Hauptorte und Sitze der Gruppe
Mensch. Sie sind der Korallenstock für das Kollektivwesen Mensch.
Hat es da einen Sinn, Land und Stadt gegenüberzustellen? Man kann
an den Städten manches schwach und gefährlich finden, man kann in
dem Streit der Triebe, die in den Städten arbeiten, Partei ergreifen. Man
kann aber nicht die Städte selbst, die Brennpunkte des Gesellschafts-
triebes, ablehnen oder überhaupt bewerten.«[2] Die Stadt als Korallenstock oder als Riff, das wächst oder schrumpft, das anderen Wachs-
tumsperioden und Gesetzen gehorcht als jene, die in Parteikämpfen
gemacht und verhandelt werden. Das Bild vom Korallenstock umfaßt
beides: das zellenhafte, molekulare Wachsen, die Versteinerung, die Ablagerung, die Verwandlung von »Gesellschaft« in »Natur«.

Die Begegnung mit gleich welcher Stadt ist immer so etwas wie das
Rückwärtslesen von Versteinerungen. Wir wissen, daß es ein Korallenstock ist, der eine Geschichte hat, der nun erstarrt, versteinert erscheint,
aus dem das Leben gewichen ist, dem aber doch seine Funktion, sein
Zweck nach wie vor anzusehen ist. Daher gibt es neben der Naturme-
taphorik und Erhabenheitsrhetorik eine ganz andere, die gerade auf die
Rationalität der Bildungen hinweist und sich daranmacht, diese abzulesen. Wilhelm Heinrich Riehl etwa hat – vor allem am Beispiel
Augsburgs – »den Stadtplan als Grundriß der Gesellschaft« aufgefaßt.

Im äußeren Erscheinungsbild der Stadt erscheint ihre geschichtlich gewachsene soziale Gliederung. Es wird so etwas wie eine Übereinstimmung von sozialgeographischer und topographisch-landschaftlicher Gestalt angenommen. Stadt ist dann »Spiegelbild ihres gesellschaftlichen Gefüges«.[3] Die insgeheime Rationalität der Stadtlandschaft, die von jedem, der halbwegs kenntnisreich sich ihr nähert, zur Sprache gebracht werden kann, wird in Tausenden von Bildern immer wieder und quer durch die Zeiten variiert – von Thales von Milet bis Max Weber, von Aristoteles bis Lewis Mumford. Es spricht sich darin eine tiefe Erkenntnis aus, die auch dadurch nicht unwahr wird, daß sie wie alles trivialisiert werden kann. Die Stadt ist eben d i e *social fabric* oder in der Diktion Hegels: »Reichtum und Vielseitigkeit der Interessen, Zustände, Charaktere, Lebensverhältnisse, der breite Hintergrund einer totalen Welt.«[4]

Von den vielen Versuchen, dieses Ensemble zu fixieren, zu bannen und somit zur Sprache zu bringen, ist neben der Ortsbeschreibung die Karte die plausibelste und populärste. Darin sind ihre topographischen Verhältnisse – Lage, Höhe, Berg und Tal, Fluß – verzeichnet, die Namen der Straßen und Plätze, die wichtigsten Gebäude. Man kann sich ein Bild machen, wo die Hauptsehenswürdigkeiten sind, wo Zentrum und Peripherie liegen, wo die Verkehrsströme fließen. Bei näherem Hinsehen zeigt sich vieles im Zusammenhang gesellschaftlicher Arbeitsteilung: die Sphäre der Arbeit getrennt von der Sphäre der Reproduktion und Erholung, die Bereiche der Bildung und Erziehung abgehoben von Orten der Verwaltung oder Finanzen. Wir machen Grundfiguren aus: Marktplatz, Hauptstraße, die alte Burg, den Tempel oder die Kirche, den Bahnhof als das Tor zur Welt draußen, ein Schloß, das längst Museum ist, eine Konzerthalle, Schulgebäude, Gericht und Gefängnis. Nach und nach kommt alles zusammen, was die Stadt als »sozialen Organismus« oder gar als »Kristallisation der Zivilisation« (N. Anziferow) ausmacht.[5]

Aber das ist ein sehr allgemeines, geradezu rohes, man könnte auch sagen: Schulbuchwissen. Schon wer sich einen Plan besorgt, stellt rasch fest, daß es so viele Städte gibt, wie es Pläne gibt, d. h. wie es Perspektiven auf die Stadt gibt. Das gilt schon für jede »normale« europäische Stadt, von der der Restaurantführer eine ganz andere Karte zeichnet als der Museumsführer und die Gelben Seiten wiederum ein noch anderes Bild. Erst recht aber gilt das für die gemischten Metropolen Europas, die einmal Europas Reichtum ausgemacht haben, zum Teil bis heute. Von den Vielvölkermetropolen der Vielvölkerreiche gibt es so viele

Stadtpläne, wie es Völkerschaften, Religionsgemeinschaften, Sprachgemeinschaften gegeben hat oder gibt. Schon ein und derselbe Ort läuft unter verschiedenen Namen: Vilnius in Litauen ist zugleich Wilna, Wilno, Vilne. Lemberg ist zugleich Leopolis, Lwów, Lviv, Tallinn ist Reval, Oradea ist Großwardein und Nagyvarad.[6] Das ist nicht nur ein nominalistisches Verwirrspiel. Jeder Name steht für ein anderes Segment, eine andere Kultur, eine andere Sprache, eine andere Tradition, und alle zusammen und noch ein wenig mehr ergeben die Stadt, von der die Rede ist. Damit sind verschiedene Lebensläufe, verschiedene Herkünfte, verschiedene Wohngebiete und Straßen, Schulen und »Kultstätten« bezeichnet. Sich mit dieser Vielschichtigkeit und Multiperspektivität vertraut zu machen, sich in sie einzuüben gehört zu den größten Reizen jeder Reisevorbereitung. Je mehr Karten, um so besser. Aus je mehr Epochen, um so genauer das Bild, das wir gewinnen. Allan Pred hat an einer so relativ homogenen Stadt wie Stockholm im Fin de siècle die Unmöglichkeit eines einheitlichen Narrativs gezeigt. »Es kann nicht die eine große Geschichte, die eine große Humangeographie geben, deren Erzählung die angemessene Metanarrative ergibt. Vermittels der Teilnahme an einer Vielzahl von Praktiken und damit verbundenen Machtbeziehungen, vermittels ihrer Teilnahme an einer Vielzahl von Strukturierungsprozessen machen die Menschen eine Vielzahl von Geschichten und konstruieren eine Pluralität von Humangeographien.«[7]

Stadterkundung heißt nicht bloß sich informieren, sondern Produktion von Komplexität im Kopf, Erzeugung von Wissen über die Zwischenräume, Training der Sinne für das Indirekte und Implizite, für alles im Schatten des Bekannten und Offiziösen. Alle Bücher der Welt reichen nicht aus, das Implizite auszuführen. Die wahren Stadtpläne sind daher jene mit unendlichen Legenden und Fußnoten. Solche Legenden und Fußnoten entstehen durch Lektüren, lange bevor wir angekommen sind: Reiseberichte selbstverständlich, Memoiren verschiedenster Couleur, Deportationsberichte, Gerichtsprotokolle, vergilbte Photos, Tagebuchaufzeichnungen, Inseratenteile längst untergegangener Zeitungen, vielleicht noch Erzählungen von Überlebenden. Und Literatur, große Literatur, kleine Literatur, der Gesellschafts- und Stadtroman des 19. und 20. Jahrhunderts, ohne die wir gar nichts verstehen, und hätten wir die umfangreichste und beste Plänesammlung der Welt.[8]

Das Wichtigste ist, daß wir anfangen einen Punkt zu finden, von dem aus wir die Spur weiterverfolgen können. Eins ergibt das andere.

Jeder, der es ernst nimmt mit einer Spur, wird an sein Ziel gelangen. Und oft ist die Abirrung, der Nebenweg die ergiebigste Strecke.[9] Sobald wir angekommen sind, übernimmt, wenn wir nur aufmerksam genug sind, die Stadt die Regie. Da geht es nicht der Reihe nach, schon gar nicht in Epochen oder Jahrhunderten. Die Stadt ist gerade nicht das wohlgeordnete Nacheinander, sondern das verwirrende Nebeneinander der Zeiten. Daraus entsteht die Spannung, aus deren Auflösung der Weg sich ableitet. Einer der Autoren, die Benjamin in seinem Steinbruch ans Licht gehoben hat, hat das auf die genaueste und feinste Weise gesehen. »Die heterogensten Zeitelemente stehen also in der Stadt nebeneinander. Wenn man aus einem Haus des 18. Jahrhunderts in eines des 16. tritt, so stürzt man einen Zeitabhang hinab, gleich daneben steht eine Kirche aus der gotischen Zeit, man gerät in die Tiefe, ein paar Schritte weiter ist man in einer Straße aus den Gründerjahren ..., man steigt den Zeitenberg hinauf. Wer eine Stadt betritt, fühlt sich wie in einem Traumgewebe, wo auch einem Geschehnis von heute das vergangenste sich angliedert. Ein Haus gesellt sich zum andern, gleichviel aus welcher Zeitschicht sie datieren, so entsteht eine Straße. Und weiter, indem diese Straße, sei sie auch aus der Goethezeit, in eine, sei sie aus der wilhelminischen Epoche, einmündet, entsteht das Quartier ... Der Gipfelpunkt der Stadt sind ihre Plätze, in welche nicht nur radial viele Straßen, sondern ihre Geschichtsströme einmünden. Kaum sind sie eingeströmt, so werden sie umfaßt, die Platzränder sind die Ufer, so daß schon die äußere Form des Platzes Bescheid gibt über die Geschichte, die sich auf ihm abspielt ... Dinge, die in den politischen Ereignissen nicht oder kaum zum Ausdruck kommen, entfalten sich in den Städten, sie sind ein feinstes Instrument, empfindlich trotz ihrer Steinschwere wie eine Äolsharfe für die lebendigen historischen Luftschwingungen.«[10] Die steinerne Stadt ist hier das subtilste Zeugnis für »historische Luftschwingungen« überhaupt!

Ein anderes Bild ist der Grundriß. Alles geschichtliche Leben erscheint darin kondensiert, vergegenständlicht, petrifiziert zum beweiskräftigsten Dokument: die alte Burganlage, ihre Transformation zum spätbarocken Schloß, die Altstadt, die keineswegs »organisch«, sondern durchaus »planmäßig« im Schachbrettmuster angelegt ist; die Hauptplätze: der Marktplatz mit den zentralen Gebäuden: Rathaus, Gilde, Zunft, Ratsapotheke, Waage, Tuchhallen usf. In Hafenstädten: das Zollamt, die Speicher, der Leuchtturm, das Kaufhaus usf. Auch die Schneisen, die der Krieg geschlagen hat, oder die Brachen, die die Abrißwut der Nachkriegsmoderne hinterlassen hat, der Umbau der Städte zu autogerechten und jederzeit und überall per Automobil erreichbaren Siedlungen – es gibt kein genaueres Dokument als den Plan, wenn man ihn nur zu lesen sich bemüht. Besonders in Deutschland, wo Krieg und Nachkrieg so flächendeckend gewütet haben, ist der Grundriß oder die Löschung des Grundrisses fast zum Menetekel für Gedächtnisverlust und Wiedergewinnung von Gedächtnis geworden – was bei genauerem Hinsehen natürlich eine Übertreibung ist, da nicht der Grundriß der Sitz von Erinnerung und Gedächtnis ist, sondern das menschliche Gedächtnis. Und doch hat die Emphase, mit der über die Schwarzpläne von Berlin gesprochen wird, etwas für sich nach soviel Zerstörung und Selbstzerstörung. »Der Stadtgrundriß ist das Gedächtnis der Stadt. Um ihre Physiognomie sichtbar werden zu lassen, bedarf es allerdings einer besonderen Analyse und Zeichnungsmethode, des sogenannten Schwarzplanes. Er kennt nur zwei Unterscheidungen, trennt bebaute von unbebauten Flächen, markiert die bebauten schwarz und läßt die unbebauten weiß – unbesehen ihrer sonstigen architektonischen und typographischen Unterschiede. Erstmals sind diese Schwarzpläne für den gesamten Bereich der Berliner Innenstadt gezeichnet worden ... Wie einzelne Buchstaben Worte und Sätze bilden, entsteht aus einzelnen Gebäuden die Textur der Stadt. Im Berlin der Nachkriegszeit ist die Textur besonders in der Innenstadt gleich mehrfach überschrieben worden. Gesellschaftliche Veränderungen und neue politische Ziele begnügten sich nicht mit dem Redigieren des vorhandenen Textes, sondern forderten im Bruch mit der Geschichte etwas radikal anderes. Der Prozeß des Auslöschens, der Transformation einer historisch gewachsenen Stadt und die Veränderungen ihrer Physiognomie wurden in fünf Zeitabschnitten dokumentiert: Berlin um 1940, 1953, 1989 und 2000. Wie sich die Struktur der Stadt in den nächsten Jahren verändern könnte, nimmt der Plan von 2010 vorweg. Anhand der erstmals für die gesamte Innenstadt Berlins erstellten Schwarzpläne läßt sich die Berliner Städtebau- und Architekturhistorie und damit auch ein wichtiges Stück deutscher Geschichte besser denn je lesen.

Die Textur einer Stadt spiegelt die Summe komplementärer Orte wider, die nebeneinander existieren, sich überlagern oder andere miteinander verketten. Jeder Ort hat eine eigene Charakteristik, ohne den Anspruch auf Unveränderlichkeit zu erheben. Die Stadt kann daher als Collage gelesen werden, in der sich städtebauliche Haltungen, gesellschaftliche Kritik und der Umgang mit Geschichte baulich manifestiert haben.«[11]

Ein wieder anderes Bild ist das vom »Gesicht der Städte« und der damit verbundene Zugang des Physiognomikers. Wie problematisch die Übertragung individueller Charaktere auf Großkollektive auch sein mag, so ist doch klar, was mit der Rede vom »Gesicht der Stadt« gemeint ist – in einer modernen Sprache würden wir heute sagen: Ikonographie oder kultureller Code. Hermann Aubin hat versucht, das am Beispiel Breslaus zu verdeutlichen: »Nicht allein die Menschen, auch die Städte haben ein Gesicht, das ihr Wesen, ihre Individualität spiegelt. Wie bei den Menschen die Abstammung, so bildet bei den Städten ihre natürliche Lage den Grundcharakter ihres Antlitzes. Wie bei jenen das Erleben, das sie durchmachen, so verleiht bei diesen die Geschichte, die sie durchlaufen, ihrem Antlitz neue und eigene Züge. Gibt es Berufstypen unter den menschlichen Physiognomien, so auch Grundformen der Städte, die durch deren geschichtlichen Beruf geprägt worden sind. Das sind, allein in Deutschland, Römerstädte, die an antike Vorgänger anknüpften, Bischofsstädte, bei denen eine Ansammlung geistlichen Lebens den Ausgangskern gebildet und auch weiter das Wesen der Siedlung geprägt hat, fürstliche Residenzen, die sich oft zu den großen Verwaltungszentren weiterentwickelt haben; die ausgesprochene Gewerbe- und Industriestadt hebt sich von der Stadt vorwiegender Handelstätigkeit ab, und diese zeigt sich verschieden je nach ihrer Lage an der See, an einem schiffbaren Strome oder im blanken Binnenlande.«[12]

Genau besehen ist die Rede vom Lesen der Städte zwar eine schöne, aber die Sache nicht ganz treffende Metapher: Städte sind Dokumente sui generis, keine Texte. Das merkt jeder, der es mit diesem Dokument aufnimmt. Man liest Städte nicht, sie sind keine Bücher, die man vor sich liegen hat, umblättert, auf die man von oben herunterschaut. Städtelesen hat eher etwas von einem Kräftemessen, einem Zweikampf. Wird man ihr gerecht? Hält man ihr stand? Wer macht wen fertig? Es geht bis zur Erschöpfung – wer hält länger durch. Es geht nicht ohne Listen – Städte können einen täuschen auf den ersten und sogar den zweiten Blick. Städtelesen: das sind Peripatien, Erkundungen ohne Gewähr. Man ist kaputt danach – und belebt wie nach einer großen befreienden Entdeckung, weil man etwas Einzigartiges gefunden hat, das nirgendwo verzeichnet ist und noch nie jemandem aufgefallen ist. Die klassische Situation der Entdeckung. In jedem Zustand sieht man etwas anderes. Erschöpfung und Resignation sind ein guter Erkenntniszustand. Auf jeden Fall ist Städtelesen nicht Bücherlesen, auch nicht Stadtrundgang.

Man kann seine Überraschungen erleben. Fassaden sind an sich schon über die Maßen aufschlußreich, haben ihre eigene Tiefe. Aber was kann erst geschehen, wenn wir in die Höfe, in die zweite Reihe gehen. Städte haben Tiefe. Wenn man das Risiko nicht eingeht, sich dort zu verlieren, bekommt man von der Stadt nichts zu sehen. Es geht hier nicht um das alte Spiel Schein und Sein, sondern um die Tiefe des Seins, um die Stadt, die mit der Fassade beginnt, in die die Treppenhäuser hineinführen, um die Höfe, nicht nur die Hinterhöfe, um die Namensschilder, Institutionen, Menschenzusammenhänge, um die sich auflösende Form, um die Trams, die zu keiner Sehenswürdigkeit führen, nur eben zur Stadt als Leben in unendlicher, nicht ausdenkbarer Varietät. Eine wichtige Regel ist daher: losgehen, warten, bis etwas passiert, bis sich ein Abgrund der Erkenntnis auftut, die Oppositionen aufeinanderknallen, die Spuren sich verwischen oder enden, bis etwas geschieht, woran wir im Traume nicht dachten. Das kann sein: Eine Jugendstilvilla im Fabrikgelände, die ihr Überleben dem Umstand verdankt, daß sie zur Transformatorenstation umgebaut wurde; ein Elevator, eine aufgelassene Brauerei, eine Siedlung. Alles ist mühsam, und nichts läßt sich kalkulieren. Städte lesen ist gegen alle Ökonomie der Zeit. Man sollte das Maß kennen: Wenn man zu sehr ermüdet ist, muß man aufhören. Das Auge, das zuviel gesehen hat, ist müde. Es gleitet an der Oberfläche ab, denn nur ein animiertes, wissendes, frisches Auge ist stark. Es muß den Widerstand der Oberfläche fühlen.

Wenn man Stadtpläne von ein und derselben Stadt übereinanderlegt, dann hat man gleichsam die verschiedenen Zeitschichten vor sich, genauer: deren Repräsentationen. Sie sind gleichsam räumlich-kartographische Abbreviaturen des »historischen Prozesses«. Alles findet sich darin: die langen Phasen der Akkumulationen und des Aufbaus; die in der Fieberhitze der Spekulation emporgeschossenen Viertel, in der es finanziell und ästhetisch keinerlei Grenzen gab; die langen Phasen von Niedergang, Rücknahme und Rückbau und die kurzen Momente, in denen binnen einer Sekunde ganze Stadtviertel und Fabrikanlagen von größtem Ausmaß zu Ruinenfeldern wurden. Der Plan hält alles fest: wie es war, wie es ist, wie es werden soll. Er verzeichnet die Achsen, die auch dann noch sichtbar sind, wenn die Stadt selbst schwer getroffen ist. Darin sind – wie auf einem Präsentierteller – die Sehenswürdigkeiten versammelt, mit denen die Stadt vor sich selbst und für die Außenwelt identifiziert wird. Sie sind wie das Skelett, der Knochenbau, der die Statur definiert. Sie sind wie die Erkennungszeichen dafür, daß die Stadt bei allem rasanten Wandel doch noch dieselbe ist, der bedeutend-

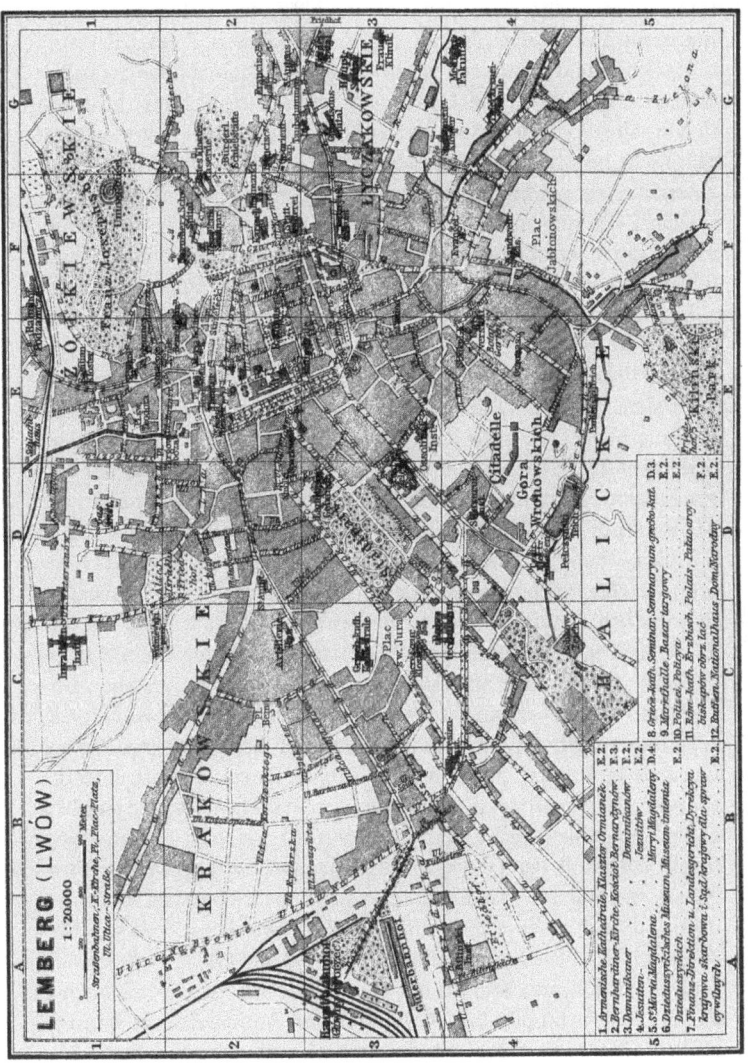

»Städte lesen ist gegen alle Ökonomie der Zeit. Man sollte
das Maß kennen: Wenn man zu sehr ermüdet ist, muß man
aufhören.«

Stadtplan von Lemberg, 1898

ste »Marker« vielleicht, an dem sich unser Wissen von Raum und Zeit festmacht. Pläne verzeichnen Krieg und Revolution. Denkmäler werden gestürzt und neue errichtet, Inschriften getilgt und neue gemeißelt oder gegossen. Die neue Gesellschaft zerstört die Räume, in denen sich die alte wohlgefühlt hat oder zu Hause war. Revolutionen können sich nicht begnügen mit Umdeutungen, Umfunktionierungen – aus einer Börse einen Hochzeitspalast, aus einem Adelspalais ein Institut für die Züchtung neuer Getreidesorten; sie brauchen neue Räume, solche, die ihnen angemessen sind und in denen sie sich nun zu Hause fühlen können: Plätze, auf denen das Volk sich ergeht oder in Paraden aufmarschiert. Neue Städte begnügen sich meist nicht damit, die alten nur in Betrieb zu nehmen, sondern sind Eingriffe in den Gesamtorganismus. Es geht um die Umwertung der Wertigkeit von Räumen, von Zentralität und Rand, um den Sturz von Hierarchien und die Etablierung neuer. Die neue Zeit geht einher mit einem Überschuß an Symbolen. Sie hat keine Zeit und ist ungeduldig. Sie will alles auf einmal – wenn es sein muß auch in Pappmaché und nicht in Bronze oder Marmor, nur damit der vakant gewordene Platz auf dem Sockel nicht leer bleibt. Keine Macht ist rigoroser im Umdefinieren als die Revolution. Ihr entgeht keine abgelegene Ecke, kein Square. Und keine Zeit ist gründlicher im Beseitigen der Spuren als die Zeit, die auf den Sturz Tausendjähriger Reiche folgt. Saubermachen wird für einen Augenblick zur Haupt- und Staatsaktion. Ganze Armeen von Saubermännern und Putzfrauen sind unterwegs, um Ornamente abzuschlagen, Adler mit ausgebreiteten Schwingen von den Stirnseiten gigantischer Gebäude zu stürzen. Schon bald steigen im Devotionalienhandel die Preise für Gegenstände, die es gerade noch in Hülle und Fülle gegeben hatte. Zusammenbrüche und Revolutionen hinterlassen Berge von Schutt und Müll, denn eine ganze Epoche muß entsorgt werden: Straßenschilder mit den Namen, die nun nicht mehr opportun sind, Landes- und Stadtkarten mit den nun falschen Grenzen, Berge von Büchern mit den Namen von Autoren, die aus dem Verkehr gezogen sind und mit denen nun kein Staat mehr zu machen ist. Geschichtlicher Zusammenbruch und Müll, Revolution und Antiquariat: das wäre ein großes Thema für das Verständnis von Geschichtsaneignung, Traditionsbildung, Stiftung von Kontinuität – auch Rettung. Es wäre nicht weniger spektakulär als die allen sichtbaren Aktionen: die Sprengung symbolischer und beherrschender Bauten überall, wo es zum Machtwechsel gekommen ist: Bastille in Paris, Christi-Erlöser-Kathedrale in Moskau, Berliner Schloß und andere. Chirurgische Operationen, präzise Eingriffe gegen zentrale Institutionen des kulturellen Selbstverständnisses gehören seit jeher zum Repertoire der Vernichtung: Bibliotheken, Archive, Schlösser, Universitäten. So bleiben dann in den Karten die Umrisse von etwas, was einmal war. Von manchen Epochen sind nur Geisterstädte geblieben, Schatten, Umrisse, Fragmente, zu denen man sich das Ganze hinzudenken muß. Alle Karten sind – jedenfalls aus den Wüstungs- und Vernichtungsgebieten der zentral- und osteuropäischen Geschichtsregion – Karten des Verschwindens. Das gilt selbstverständlich generell, aber nur dort, wo die Veränderungen sich in Sekundenschnelle, im Blitzkriegstempo gewissermaßen, ereignet haben, wo ganze Regionen als »verbrannte Erde« klassifiziert werden konnten – nur dort sind sie sichtbar als gewaltsame Zäsur, als Einschnitt, als Kante, als Verletzung, als *void*, an welchen keine Erklärung heranreicht. So kartiert man Katastrophengebiete.

Die Stadtpläne, die die aus der Zeit herausgefallenen Epochen und getilgten Räume festgehalten haben, jene Karten von den Schauplätzen der europäischen Katastrophe, werden in den Händen der Nachgeborenen zu Medien der Vergegenwärtigung. Sie sind die Hilfsmittel, mit denen wir uns in einer Welt, die aus den Verankerungen gerissen wurde, und in der kaum ein Stein auf dem anderen geblieben ist, doch noch zurechtfinden können. Sie werden zu Eintrittskarten in die virtuellen Räume, die gelöscht sind, zu Logbüchern für eine Spurensuche, in der alles verloren und dennoch etwas geblieben ist. Sie führen uns hinein in die imaginären, die unsichtbaren Städte. Geschichtsarbeit vollbringt an ihnen eine Arbeit der Vergegenwärtigung. Indem sie den Toten, die nicht mehr sprechen können, ihre Stimme leiht, erweckt sie die Toten für einen Augenblick zum Leben, macht aus Totenstädten für einen Augenblick geschichtliche Schauplätze, Orte lebendiger Geschichte.

HÄUSER, GRUNDRISSE:
»HOTEL LUX«, DAS »HAUS
AN DER MOSKWA«
UND ANDERE

Das Haus ist eine ziemlich kleine Einheit. Es liegt irgendwo in der Mitte zwischen dem großen Raum: Straße, Stadtviertel, Stadt, Landschaft und den kleineren Einheiten: Wohnung, Zimmer, Interieur. Um das Haus rankt sich in allen Kulturkreisen eine ganze Philosophie von Behausung, Behaust- und Unbehaustsein, von Obdach- und Obdachlosigkeit. Das Haus ist unsere kleine metaphysische Heimat. Das Haus, der *oikos*, ist so etwas wie eine Mitte im Lebenskreis eines Menschen. Darin spielt sich, gleich ob wir Anhänger von großer Politik- und Staatsgeschichte oder von Alltagsgeschichte sind, gleich ob wir unter Haus ein festes Heim, eine Burg, ein Zelt oder ein Hotel verstehen, der Großteil unseres Lebens ab. Es ist gewiß der engste, festeste, dichteste Lebensumkreis, der uns umgibt. Die meisten und die uns am meisten berührenden Dramen, die unsere eigenen, unsere persönlichen sind, spielen nicht im öffentlichen Raum, nicht in den Arenen des politischen Kampfes, sondern in der Welt, die in der Regel von vier Wänden umschrieben ist. Es bedarf keiner allzu großen Phantasie, um das Haus als d e n Schauplatz und Knotenpunkt aller für ein Leben wesentlichen Begebenheiten auszumachen. Konstantin Paustowski hat auf diesen oft übersehenen Umstand unsere Aufmerksamkeit gelenkt. Er schrieb in seinen Memoiren: »Die Geschichte um Häuser ist manchmal interessanter als das Leben eines Menschen. Häuser überdauern die Menschen und sind oft Zeugen mehrerer Generationen. Niemand außer einigen wenigen, die sich speziell mit Heimatgeschichte beschäftigen, macht sich die Mühe, der Vergangenheit eines alten Hauses nachzuspüren, und oft werden solche Leute von oben herab behandelt und für harmlose Sonderlinge gehalten, dabei sammeln doch sie die kleinsten Spuren unserer Geschichte, unserer Tradition und wecken in uns die Liebe zu unserem Lande. Ich bin überzeugt, wenn man die Geschichte irgendeines Hauses erzählte, dem Leben seiner Einwohner nachginge, ihre Charaktere erforschte und die Ereignisse beschriebe, die sich in dem Haus zugetragen haben, ein sozialer Roman entstünde, der vielleicht bedeutender wäre als die Romane von Balzac.«[1]

Solche Häuser oder Konfigurationen von Häusern gibt es. Von einigen kennen wir die Geschichte genau, sehr genau: bis auf die schmutzigen Ecken in den Treppenhäusern, den Zustand der sanitären Anlagen oder des Belags auf den Dächern. Einige stehen auf der Liste der bewahrenswerten und für die Erinnerung zu rettenden Gebäude ganz oben. Ihre Geschichte ist noch nicht erzählt. Wir sprechen hier nur von profanen Gebäuden, die durch eine Verkettung der Umstände eine bemerkenswerte Rolle gespielt haben, nicht von den schon von ihrer Funktion her bemerkenswerten Gebäuden, um die die Aufmerksamkeit der Zeitgenossen kreiste. Solche Gebäude sind in der Regel Gebäude der Sozialisation und der Einschließung, des Martyriums und der Disziplinierung, die den zeitweiligen Insassen für den Fall, daß sie es überleben werden, die Verpflichtung auferlegt haben, davon Kunde zu geben; genau, in allen Details, unwiderleglich. Solche Gebäude sind: Gefängnisse, Zellen, Folterkeller, Luftschutzkeller, die Lagerbaracke, das Versteck. Aber auch der Ort lebenslanger Schinderei: das kann eine Fabrik sein, ein Büro. Sie sind der Stoff, aus dem die Literatur des 19. und 20. Jahrhunderts ihre Hintergründe und Umgebungen gewebt hat. Anders als die Literatur hat die Historiographie das Haus als historiographische Urzelle nur wenig genutzt. Es gibt die Geschichten von bemerkenswerten Familiensitzen, Bahnhöfen, Bankgebäuden, Schlössern. Doch häufig sind es Baugeschichten, kunstgeschichtliche Analysen und nur selten Geschichten, in denen die komplexe Geschichte des Orts den roten Faden abgibt.[2] Dies liegt kaum am leidigen Quellenproblem, sondern eher daran, daß das Haus für die Große Erzählung zu wenig hergibt und die Alltagsgeschichte mit ihrem Kult der kleinen Leute sich gerade gegen die Eingriffe der »großen Politik« und damit gegen die epische Dimension dieses kleinsten aller Schauplätze sperrt. Dabei ist offensichtlich, daß »Häusergeschichten« Ausgangspunkt für mikroskopisch verdichtete Weltgeschichte werden können. Als Beispiele können das »Hotel Lux« und das »Haus an der Moskwa«, beide in Moskau, dienen.

Das »Hotel Lux« beschreibt seine Biographin Ruth von Mayenburg, selbst Bewohnerin dieses Hauses, so: »Das Haus, ein großes, stattliches Gebäude, steht in Moskau an der Gorkistraße und trägt die Nummer 10. Es erstreckt sich, sechs Stock hoch, vierzig Schritte lang an der Hauptfront und dreißig Schritte lang um die Ecke in eine Seitengasse hinein, die Uliza Nemirowitscha-Dantschenko. Auf dem Moskauer Stadtplan ist es als Hotel eingezeichnet. Wer vom Roten Platz rechtsseitig zum Puschkinplatz hinaufschlendert, kann es kaum übersehen. Zwei schwere, graue Säulen stehen vor dem überdachten Eingangsportal, zu dem drei flache Stufen führen. An der Ecke befindet sich noch immer das Restaurant, und im Gebäude gleich neben dem Eingang zieht noch immer der große Bäckerladen, bis spätabends geöffnet, die Brotkäufer an.«[3] Seither hat sich einiges geändert: die Modernisierung wird das Gebäude bis zur Unkenntlichkeit verändern, und man wird an anderer Stelle nachlesen müssen, was mit dem Haus alles geschah: erst »Hotel Franzija« Filippows, dann »Hotel Lux«, noch später »Hotel Zentralnaja«. Wichtig ist daran nur, daß das »Hotel Lux« für zehn bis zwanzig Jahre die zentrale Herberge der Kommunistischen Internationale in Moskau war. Alles, was Rang und Namen im Weltkommunismus hatte, fand sich irgendwann im »Lux« ein. Seine Gästeliste ist eine Art »Who's who« der kommunistischen Weltbewegung: Ernst Fischer, Ruth Fischer, Klement Gottwald, Edwin Hörnle, Ho Chi Minh, Stanislaw Hubermann, Béla Kun, Arthur London, Karl Maron, Imre Nagy, Anna Pauker, Karl Radek, Matyas Rákosi, Ernst Thälmann, Josip Broz Tito, Palmiro Togliatti, Tschou En-lai, Herbert Wehner und viele andere. Ist die Tatsache der räumlichen Konzentration der Führung des Weltkommunismus in einem Gebäude von Belang für die Geschichte und die Geschichtsschreibung des Weltkommunismus? Wenn nicht, könnte man es schlicht als Plot verbuchen, den wir keinem Drehbuchschreiber, sondern der Geschichte selbst verdanken. Die räumlichen Verhältnisse entsprechen exakt den Lebensverhältnissen der Komintern-Gemeinschaft. Das »Lux« verkörperte die ausländische Kominternführung. Wer eine Vorstellung von der Komintern-Führung gewinnen will, muß ihr ins »Lux« folgen: dort hat sich alles auf engstem Raume abgespielt, ein Mikrokosmos des Weltkommunismus: diese Mischung aus Privilegiertentum und Hausarrest, aus Verschwörertum und Zwangsgemeinschaft, Genossenintimität und Küchengeruch, Liebschaften und Intrigen, die Atmosphäre aus allgemeinem Verdacht und altem Fraktionszwist, die Abhängigkeit und die Furcht und die nicht abreißende Angst, die Kombination von Kampfgemeinschaft und Denunziation. Es ist ein Unterschied, ob ein Führungskader, der in kurzer Zeit dezimiert werden wird, auf engstem Raum beisammen ist oder weit verstreut, in einer Stadt oder in einem Land. Die Todeskandidaten wohnen auf ein und demselben grün gestrichenen Hotelflur. Jedes Zimmer – 271 z. B. für Ernst Fischer/Ruth von Mayenburg – steht für eine Sektion der Komintern. »Heute sind vielleicht die Polen dran, morgen die Deutschen.« Was die Komintern-Leute sprechen, kann man leicht hinter der Tür hören. Was ihnen vorgeworfen wird, wird bei den abendlichen Zusammenkünften in der Kochküche am Ende des Flurs oder im Gemeinschaftstrakt besprochen. »Hört man durch die Wände?« fragte sich Ruth von Mayenburg unmittelbar nach ihrer Ankunft im »Lux«: »Nein. Nur vom Gang herein.« Ich werde zur Abdichtung zwischen Vorraum und Zimmer einen Vorhang anbringen, nahm ich mir vor. Und tat es später auch: es war ein schweres, turkmenisches Gewebe, das uns vor Horchern an der Tür und den leichten Schlaf von Ernst (Fischer – K. S.) vor Korridorgeräuschen schützte. Die illegale Arbeit im Feindesland hatte mir solche (und andere) Vorsichtsmaßnahmen beigebracht. Wann immer ich an einen neuen Ort kam, ein fremdes Zimmer bezog, suchte ich zunächst die unmittelbare Umgebung zu beschnuppern, wie es die Katzen tun, um dann in immer weiteren Kreisen den künftigen Lebensbereich zu umrunden.«[4] Ein Zimmer wird geräumt: das kann bedeuten: Verhaftung, Abkommandierung zum Fallschirmabsprung hinter der Front oder Einsatz im Untergrund irgendwo in der Welt. Man kann sich auf dem Flur begegnen, ohne den wirklichen Namen seines Visavis zu kennen. Etwas herzlichere Zimmernachbarschaften können jetzt Vorwand für allerlei Verdächtigungen sein. Die Säuberung des internationalen Kommunismus geht von Tür zu Tür. Auf den Fluren des »Lux« gehen die Biographien von Revolutionären zu Ende. Im Kindergarten des »Lux« wächst die Zahl der Waisen. In den neunziger Jahren endlich wurde auch das »Lux«/ »Zentralnaja« für gewöhnliche Besucher zugänglich. Auf der ersten Etage war ein gewöhnliches Buffet eingerichtet, aber von dort konnte man einen Blick werfen in die nach beiden Seiten abgehenden Flure. Umbauarbeiten waren im Gange. Die Türen zu den Zimmern standen offen, und durch die Fenster drang der Lärm von der Twerskaja. Das Restaurant im Erdgeschoß war geschlossen, ebenfalls »na remont«. Wenn es wieder eröffnet wird, wird nichts mehr an das »Lux« erinnern.

Ein anderes Haus, in dem sich Geschichte verdichtet hat, ist das »Haus der Regierung«, besser bekannt von der literarischen Bearbeitung des Stoffes in Juri Trifonows Roman *Haus an der Moskwa*.[5] Ein imposanter, aus mehreren Kuben aufgeschichteter Bau an der Moskwa. Bauzeit Ende der zwanziger Jahre, sein Architekt Boris Iofan. Wenn man um den Bau herumgeht, kann man die an den Portalen angebrachten Plaketten studieren, die an Berühmtheiten erinnern, die dort gelebt haben: Funktionäre der Kommunistischen Partei der UdSSR wie Nikolaj Bucharin und Alexej Tomski, Generäle wie Michail Tuchatschewski, international bekannte Kommunisten wie Georgij Dimitroff und Maurice Thorez. Aus den Erinnerungen und aus dem kleinen, von Altbewohnern des Hauses eingerichteten Museum kann man leicht erkennen, um was es sich gehandelt hat: um den modernsten und komfortabelsten Bau im damaligen Moskau, ein Haus ohne Vorgeschichte und ganz und gar orientiert an amerikanischen *gated communities* – mit allem Komfort, ein Biotop der kommunistischen High-Society. Das »Haus der Regierung« war nur eine Ankündigung für die Zukunft, ein Musterbau des neuen Moskau. Bald sollte schräg gegenüber der Palast der Sowjets wachsen (bis zu 470 Meter hoch), im Schnittpunkt weiterer Hochhäuser. Die ersten Bewohner waren 1932 eingezogen. Das Haus galt als Verkörperung des »sowjetischen Amerikanismus« der frühen dreißiger Jahre. Die Geschichte seiner Bewohner fiele zusammen mit einer Geschichte der modernen Sowjetunion: sie erzählte vom Aufstieg aus dem Dorf in die Stadt, von der Werkbank auf die Kommandohöhen von Planwirtschaft und Politik, von phantastischen Karrieren und unvorstellbaren Abstürzen und Zusammenbrüchen. Von hier aus konnte man einen Blick auf das wachsende neue Moskau werfen – den Palast der Sowjets, das Kino »Udarnik«, den nahen Radioturm von Schabolowka, den Bücherturm der Leninbibliothek, das Portal der ersten Metro-Station »Palast der Sowjets«. Von hier aus sah man die Feuerwerke und Salute zum 1. Mai und zum 7. November und vor allem jenen zum Ende des Großen Vaterländischen Krieges am 9. Mai 1945. Das »Haus der Regierung« ist im Grunde eine Stadt in der Stadt, mit autarker Versorgung, Nobelgeschäften, eigenem Paßsystem, eigener Bewachung. Wer hier einen Platz gefunden hatte, hatte es geschafft in einer überfüllten Stadt, in der nichts so schwer zu finden war wie eine Wohnung oder ein Platz in einer Wohnung. Dort gab es Schuster, Friseure, Chauffeure, Wäschereien, kurz alles, was notwendig war, um einer zum Herrschen erwählten Klasse von Menschen alle gewöhnlichen Alltagssorgen abzunehmen. Das »Haus der Regierung« wurde in den Jahren der Jeschowschtschina 1937/38, in der die Militärspitze geköpft, Regierungs- und Parteileute zu Zehntausenden massakriert wurden, zur Kulisse des Terrors. Die Elite wohnte und lebte hier Tür an Tür, begegnete sich auf den Fluren, im Schwimmbad oder im Sportsaal, im Delikatessengeschäft oder beim Tee. Über das Verschwinden von Bewohnern des Hauses erfuhr man vermutlich zuerst aus der Zeitung, wenn ein neuer Feind, ein neues »Nest der

Konterrevolution« ausfindig und benannt worden war. Die Selbstzerstörung der politischen Klasse schlug sich nieder im Abbruch des Umgangs, in der Bereitschaft, den Denunzianten mehr zu glauben als dem eigenen Urteil, in Feigheit und namenloser Angst. Wiederum: der »Große Terror« zog von Tür zu Tür, von Stockwerk zu Stockwerk, von Flur zu Flur. Wir können leicht die Bewohnerschaft des »Hauses an der Moskwa« ausmachen und die interne Topographie im »Haus der Regierung« rekonstruieren. Es ist der innere Kern der politischen Klasse samt familiärem Anhang. Den Wechsel der Bewohner, der sich in den dreißiger Jahren vollzieht, kann man als Elitenwechsel en miniature und in situ bezeichnen. Die spezifische organische Zusammensetzung des »Hauses an der Moskwa« am Ende der dreißiger Jahre ist eine andere. Die Ausfälle und Neuzugänge unter der Bewohnerschaft stehen für die für die Stalinzeit charakteristischen politokratischen und soziokulturellen Selektionsvorgänge. Und zwar in der Fülle des Lebens: mit den Interieurs aus neu erworbenem Klavier, Urkunden für Stoßarbeitertum, Pathephon, Fahrrad auf dem Balkon, Bücherregal, Wandteppichen, gestickten Deckchen auf den Kommoden, dem makellosen Parkett – und was der Reichtum der stalinistischen High-Society sonst noch gewesen sein mag. Das »Haus der Regierung« war zu Beginn so etwas wie eine Insel der Seligen. 1937 wurde auch dieser privilegierte Ort eingeholt. Und man kann es rekonstruieren, Etage für Etage, Flur für Flur, Wohnung für Wohnung.[6] Man könnte daran auch die Schicksale derer, die Karriere gemacht haben und die nie zur Rechenschaft gezogen worden sind, aufzeigen. Viele von ihnen erlebten die sowjetische Spätzeit, einige mußten sogar noch den Untergang der UdSSR miterleben. Sie blicken nun von ihren Balkonen auf die Kinoplakate, die *Terminator II* ankündigen oder *Independence Day*. Im alten Estraden-Theater im Zentrum des Komplexes wird das Musical *Chicago* gegeben. Auf dem Dach dreht sich der Mercedesstern. Im Zuge der Privatisierung und Kommerzialisierung stehen die Wohnungen im einstigen »Haus der Regierung« zum Verkauf. So kann es kommen, daß der Biograph Nikolaj Bucharins nun auch dem Ort, an dem sein Held ein und aus gegangen war, nahe ist. Das Musterhaus des Kommunismus ist Geschichte geworden.

Etwas Ähnliches geht überall vor sich, wo der Kommunismus von der Bühne abgetreten ist. Eine Archäologie der Grundrisse des bürgerlichen Lebens hat überall eingesetzt – in Bukarest, in Budapest, in Berlin. Man kann es an den neu erschienenen Bildbänden zu den Buka-

»Häuser sind das Persönlichste, Intimste, das sich denken
läßt. An ihnen haftet die Erinnerung. An ihnen haftet das
›Eigentum‹.«

Eingang zu einem Budapester Wohnhaus

rester oder Budapester Villen der Vorkriegszeit sehen.[7] Bukarest ist eine
traumatisierte Stadt: in Friedenszeiten wurde ihm ein Großteil seiner
alten Bausubstanz wegoperiert. Eine Operation am lebendigen Leibe,
unter einem der häßlichsten Regime Europas, das aus einem alten
schönen Land eine verwüstete Zone gemacht hat. Das »Paris des
Ostens« ist untergegangen. Seine Hauptstützpunkte waren die Häuser,
die Villen, in denen sich ein Leben abspielte, das weit entfernt war vom
Leben des Volkes, eine Insel auf der Insel der stürmisch wachsenden
Stadt. Enklaven der Bürgerlichkeit, Proust im Rohzustand, Proust auf
der Veranda, von der aus man die vorbürgerliche Welt überblicken
konnte. Einsprengsel des Bojarischen und vor allem des Jüdischen.
Diese Welt wird jetzt wieder erinnert. Die genaue Beschreibung ist
eine Bedingung der Erinnerung. Der Grundriß wird aufgezeichnet.
Die Zahl der Zimmer, die Lage des Salons und der Bäder, die Rich-

tung, in die sich die Veranda geöffnet hat, alles ist bedeutsam. Das Interieur wird mühsam wieder zusammengetragen.

Häuser sind das Persönlichste, Intimste, das sich denken läßt. An ihnen haftet die Erinnerung. An ihnen haftet das »Eigentum«. Das ist überhaupt die intimste und festeste Beziehung, die es geben kann. Diese Beziehung wurde im 20. Jahrhundert durch die Gewaltverhältnisse durchtrennt, mehrmals. Die Häuser sind gekennzeichnet durch die Abwesenheit derer, die sie errichtet, derer, die darin gelebt haben: Sie sind ermordet, vertrieben, andere sind eingezogen. In diesen Häusern verschränken sich: Rechtsverhältnisse, Geschichte der Gefühle und Leidenschaften, Erziehungsgeschichte, Biographien, die gebaute Geschichte von Orten, Gewaltgeschichte. Sie sind der Hintergrund für die Familienphotos, die den Sessel abbilden, in den zurückgesunken man die Welt gedacht hat.

PROUST,
INTERIEURS

Historiker sind gewöhnlich mit den Interieurs der Epoche, von der sie handeln, vertraut. Die Umgebungen zu kennen, in denen die Menschen sich eingerichtet haben, gehört zu den Standards historischer Hermeneutik. Es verhält sich bei der Vergegenwärtigung und Analyse von Interieurs wie mit dem, was Walter Benjamin über die Mode ausgeführt hat: »Das brennendste Interesse der Mode liegt für den Philosophen in ihren außerordentlichen Antizipationen. Es ist ja bekannt, daß die Kunst vielfach, in Bildern etwa, der wahrnehmbaren Wirklichkeit um Jahre vorausgreift. Man hat Straßen und Säle sehen können, die in allen farbigen Feuern strahlten lange ehe die Technik durch Lichtreklamen und andere Veranstaltungen sie unter ein solches Licht setzte. Auch geht die Empfindlichkeit des einzelnen Künstlers für das Kommende bestimmt weit über die der großen Dame hinaus. Und dennoch ist die Mode in weit konstanterem, weit präziserem Kontakt mit den kommenden Dingen kraft der unvergleichlichen Witterung, die das weibliche Kollektiv für das hat, was in der Zukunft bereitliegt. Jede Saison bringt in ihren neuesten Kreationen irgendwelche geheimen Flaggensignale der kommenden Dinge. Wer sie zu lesen verstünde, der wüßte im voraus nicht nur um neue Strömungen der Kunst, sondern um neue Gesetzbücher, Kriege und Revolutionen. – Zweifellos liegt hierin der größte Reiz der Mode, aber auch die Schwierigkeit, ihn fruchtbar zu machen.«[1]

Interieurs sind, seit es sie gibt – und es ist wichtig zu verstehen, daß es sie nicht seit jeher gegeben hat –, so etwas wie die nach außen gewendete Mode, die Mode des Futterals, das Menschen für sich geschaffen haben. An ihm läßt sich fast alles ablesen, was man über den Menschen in seinem Epochenraum in Erfahrung bringen kann: der technische und handwerkliche Standard, Komfort, Stil, gesellschaftliche Stellung, Geschmack, Verhältnis von Innen- und Außenwelt, Selbstverhältnis. Wer Interieurs hinreichend zu interpretieren wüßte, könnte uns Auskunft geben über gesellschaftliche Inkubationszustände, Bürgerkriege und die Abwicklung von Gesellschaftszuständen. Wie dicht solche

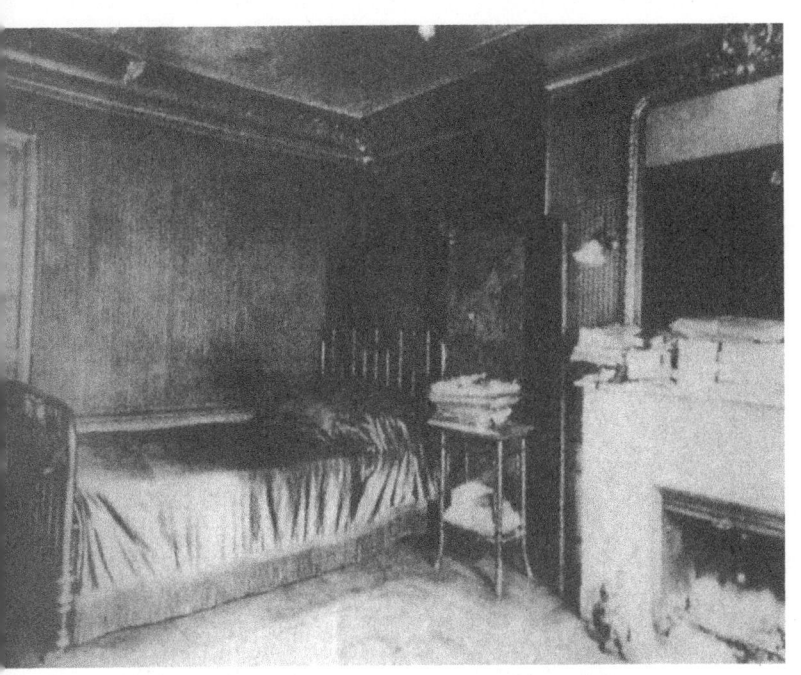

»Interieurs sind so etwas wie die nach außen gewendete
Mode, die Mode des Futterals, das Menschen für sich geschaffen haben.«

Das Zimmer von Marcel Proust in der rue Hamelin

Futterale der Epoche beschrieben werden könnten, zeigt eine Zusammenfassung zum historistischen Interieur der Gründerzeit: Noch in
der Allgemeinheit einer Zusammenfassung von Jost Hermand bebt etwas von der beklemmenden Wucht dieses Innenraumes: »Die Kultur
der Gründerzeit, falls man davon überhaupt sprechen kann, ist daher
eine bloße Fassade, etwas Zusammengestücktes, Wahllos-Erlesenes,
Makartisch-Exotisches. Während die alten Ausbeuterklassen noch
einen gewissen Stil hatten und sich durch Vornehmheit und Distan-
ziertheit auszuzeichnen versuchten, ist die gründerzeitliche Großbour-
geoisie absolut plump. In ihrer Kunst drückt sich eine rangsüchtige
Aufsteigermentalität aus, die viel zu dick aufträgt, weil sie angeben und
auffallen möchte. Die Wohn- und Empfangszimmer der gründerzeitlichen Villen hatten daher den Charakter reiner Schauräume, in denen

man nicht wohnte, sondern die man als gute Stuben lediglich vorzeigte. Wie Antiquitätengeschäfte waren die meisten mit allem vollgestopft, was nur irgendwie museal oder kostbar wirkte: mit altdeutschen Schränken, Boullemöbeln, gotischen Tischen, Louis-Quinze-Fauteuils, exotischen Vogelbauern, Ritterrüstungen, Arrangements von Pfauenfedern, künstlichen Blumen, Palmwedeln, ausgestopften Vögeln, Jagdtrophäen, Tigerfellen, orientalischen Teppichen, Meißener Porzellan, Zinnhumpen, Nippesfiguren, Rokokospiegeln und ledergebundenen Klassikerausgaben. Entscheidend an diesen Räumen war nicht die einzelne Kostbarkeit, sondern der dekorative Gesamteindruck. Selbst die Wahl der Mittel wirkt oft völlig skrupellos. So verwandte man neben echten Materialien auch viel Talmi, viel Imitation: so Messing statt Gold, Pappe statt Leder, Gips statt Marmor, Papiermaché statt Rosenholz. Die Hauptsache war, daß alles glänzte, alles marmoriert, satiniert oder gemasert wirkte, alles beeindruckte.«[2] Auch die Wende gegen den Pomp der Gründerzeit, das Streben zu neuer Einfachheit, läßt sich gut am Interieur des aufkommenden Jugendstils zeigen. Alle Form sollte aus dem Material heraus entwickelt werden, Gebrauchsgegenstände werden wieder aus der Funktion heraus entwickelt. »Im einzelnen hieß das: ein Stuhl sollte wieder eine Sitzgelegenheit, eine Lampe wieder ein Leuchtkörper, eine Vase wieder ein Blumenbehälter sein, statt durch aufgemalte, aufgenietete oder aufgeklebte Renaissancemuster ins Ornamentale entfremdet werden. Das zentrale Schlagwort dieser Bewegung war daher lange Zeit der Begriff der Eigenform, den man allem Imitierten, Zusammengeleimten, Überladenen, Dekorierten und damit – im Sinne des Jugendstils – Sinnlosen als Kampfslogan der Moderne entgegensetzte. Gerade die Dinge des täglichen Gebrauchs sollten wieder das sein, was sie wirklich sind, nämlich Dinge des täglichen Gebrauchs – und nicht Grandeur, Highlife und neureiche Eitelkeit demonstrieren. Das Positive am Jugendstil ist also erst einmal sein Kampf gegen den gründerzeitlichen Historismus, gegen Parvenutum und geschmacklose Protzerei.«[3]

Es ist nicht schwer zu erkennen, aus welchen Quellen dieses Panorama montiert ist: aus Photographien, Ausstellungen und vor allem der Literatur, die auf der »Suche nach der verlorenen Zeit« sich Zeit genommen hat. Alle Literatur hat solche Innenräume. Sie lebt fast so sehr davon wie von dem Leben, das sie belebt. Was immer wir nehmen – Dickens, die Gutshöfe und Adelsnester bei Iwan Turgenjew und Lew Tolstoj, die Kellerräume und Buden um den Heumarkt in Petersburg bei Dostojewski, das Haus in der Sperlinggasse bei Raabe[4] – die Literatur produziert die Umgebungen ihrer *dramatis personae* mit. »Das Interieur als Gegenstand literarischer Darstellung entwickelt sich vom bürgerlichen Raum des Biedermeiers als Ort privater Intimität (der jedoch stets perspektivisch auf ein Außen bezogen bleibt) zum autonomen Ort weltfremder Artifizialität. Als ›Zufluchtstätte der Kunst‹ (Benjamin) und des Künstlers wird es zum Ort der Imagination und schließlich zur metaphorischen Seelenstätte des ›unglücklichen Bewußtseins‹ (Hegel), das in Selbstreflexion gefangen bleibt«.[5]

Keine geschichtliche Rekonstruktion der Epoche kommt um die Innenräume, in denen sich die Subjektivität der Epoche ausgelebt hat, herum. Nehmen wir als Beispiel die Beschreibung der elterlichen Wohnung in Kaschau/Kassa/Kosice bei dem ungarischen Romancier Sándor Márai. Nichts daran ist verzichtbar: die Garnitur aus Mahagoni, die bronzene Nixe, die Fackel in der Hand, auf den Wellen, die einen Aschenbecher formen, die Bronzefigur eines Dackels, »geistreiche Verquickungen von Mahagoni und Perlmutt, Fauteuils, Stuhlbeine mit der Ornamentik dorischer und ionischer Säulen«, das Herrenzimmer mit drei Glasschränken und Bibliothek, Kabale und Liebe, Velhagen & Klasings Monatsheften. Alle Details sind wesentlich für die Erfassung des »Geistes«, der dieses Interieur beseelt. Márai wird wie alle großen Schriftsteller zum Ethnologen und Soziologen, zum Klassenanalytiker.[6]

1942 zu Besuch in der Stadt und auf der Suche nach den Spuren der Kindheit, heißt es bei Márai: »Sonntag nachmittag in Kaschau, zum ersten Mal wieder seit fünfundzwanzig Jahren. Mit dem schweren Geruch des dichten Schmerzes in der Luft, des Schmerzes der Kindheit. Diese Traurigkeit und Hoffnungslosigkeit, die kindliche Nervosität der Sonntage, das Halbdunkel der Kaffeehäuser, inmitten der Ansichtskarten, wie einst im sonntäglichen Kinderzimmer, wenn der Erzieher weggegangen war und wir mit Laubsäge, Jules-Verne-Büchern und Bauklötzen allein geblieben sind . . .«[7]

Walter Benjamin hat auch hier vor langem schon die Tür weit aufgemacht, wenn er vom Interieur als dem »Kostüm der Stimmungen« schreibt und vom »Mobiliar, das die Stilspuren aller Jahrhunderte versammeln, einbringen will«, vom »Maskentreiben der Stile« und vom »Alibi in der Zeit«.[8] Es ging ihm nie nur um eine detaillierte Geschichte des Mobiliars oder des Designs von Leuchtkörpern, sondern um die Signatur von Zeit, wie es auch Norberto Grammaccini in seiner Untersuchung noch einmal betont hat. Bei ihm »wird das Interieur als Schlüssel für tatsächliche Existenz in Vergangenheit und Gegenwart verstanden. Das Ziel der Untersuchung ist eine Kulturgeschichte des Interieurs, die die Positionen des Realienkundlers, des Connaisseurs und des Soziologen nach Bedarf vereint. Den Leser erwartet daher keine Geschichte des Mobiliars, keine Beschränkung auf die Innenarchitektur, Innendekoration oder Spezialgebiete wie zum Beispiel das Puppenhaus und weder eine Soziologie noch eine Philosophie des Innenlebens. Im Vordergrund steht der historische Wandel. Das Interieur im Spiegel der Kunst lehrt wie kaum ein anderes Thema, daß keineswegs alles beim alten geblieben ist.«[9]

Benjamin hatte schon auf die zwei Seiten einer solchen Untersuchung – die anthropologische und die historische – hingewiesen. »Das Schwierige in der Betrachtung des Wohnens: daß darin einerseits das uralte – vielleicht Ewige – erkannt werden muß, das Abbild des Aufenthalts des Menschen im Mutterschoße; und daß auf der anderen Seite, dieses urgeschichtlichen Motivs ungeachtet, im Wohnen in seiner extremsten Form ein Daseinszustand des neunzehnten Jahrhunderts begriffen werden muß. Die Urform allen Wohnens ist das Dasein nicht im Haus, sondern im Gehäuse. Dieses trägt den Abdruck seines Bewohners. Wohnung wird im extremsten Falle zum Gehäuse. Das neunzehnte Jahrhundert war wie kein anderes wohnsüchtig. Es begriff die Wohnung als Futteral des Menschen und bettete ihn mit all seinem Zubehör so tief in sie ein, daß man ans Innere eines Zirkelkastens denken könnte, wo das Instrument mit allen Ersatzteilen in tiefe, meist violette Sammethöhlen gebettet, daliegt. Für was nicht alles das neunzehnte Jahrhundert Gehäuse erfunden hat: für Taschenuhren, Pantoffeln, Eierbecher, Thermometer, Spielkarten – und in Ermangelung von Gehäusen Schoner, Läufer, Decken und Überzüge. Das zwanzigste Jahrhundert machte mit seiner Porosität, Transparenz, seinem Freilicht- und Freiluftwesen dem Wohnen im alten Sinne ein Ende. Der Puppenstube in der Wohnung des Baumeisters Solneß treten die ›Heimstätten für Menschen‹ gegenüber. Der Jugendstil erschütterte das Gehäusewesen aufs tiefste. Heute ist es abgestorben und das Wohnen hat sich vermindert: für die Lebenden durch Hotelzimmer, für die Toten durch Krematorien.«[10]

Das 20. Jahrhundert schüttelt diese Übermacht der Vergangenheit und des Historismus ab (»Plunder« aus Sammetvorhängen, Lüstern, Palmen usf.) und schafft neue Innenräume – ja es geht sogar an deren Auflösung. Le Corbusier schrieb: »Die gleichen Industriellen, Bankiers und Geschäftsleute haben wir fern von ihren Geschäften gesehen, bei sich zu Hause, wo alles ihrem Sein zu widersprechen schien; eine erdrückende Enge der Wände, ein Sammelsurium überflüssiger Gegenstände, die nicht zusammenpaßten, und eine Übelkeit erregende Stimmung, die über dieser Unzahl von Geschmacklosigkeiten und Stilen aller Art und lächerlichem Krimskrams lastete. Die Menschen darin kamen uns beschämt vor, verkümmert wie Tiger im Käfig, man merkte ihnen an, daß sie sich in ihrer Fabrik oder Bank wesentlich wohler fühlten. Wir haben im Namen des Dampfschiffes, des Flugzeugs und des Autos unsere Stimme erhoben für Gesundheit, Logik, Kühnheit, Harmonie und Vollkommenheit.«[11]

Auch dabei sollte es nicht bleiben. Ende des 20. Jahrhunderts kommt es noch einmal zu einem Rückzug aus der Welt des Lärms, der verpesteten Umwelt und der unübersehbaren Gefahren. »Der Fortifikationscharakter der Wohnung hat wieder zugenommen, begünstigt durch ausgefeilte Alarm- und Überwachungssysteme. In diese Zeit paßt die Wiedergeburt des Zirkelkastens mitsamt seines violetten Futterals, der nun aber ironisch gebrochen und desillusioniert auftritt.«[12]

Aber es gibt auch andere Wege heraus aus dem angeblichen Muff des Eklektizismus und Historismus. Dann wird das Interieur zum Schlachtfeld der großen Auseinandersetzungen. Auch hier ist Walter Benjamin wieder ein aus eigener Beobachtung urteilssicherer Analytiker. So schreibt er über die Interieurs im Moskau der zwanziger Jahre Sätze, die ein ganzes Forschungsprogramm enthalten – formuliert im ersten Jahrzehnt der Sowjetmacht, in den Tagen seines Moskaubesuches. Die Tausenden von Bibliotheken, die seither über das »Wesen des Sowjetkommunismus« verfaßt worden sind, haben dieser in wenigen Sätzen formulierten Einsicht nicht ein Gran hinzugefügt, wenn sie überhaupt je das Sujet als solches wahrgenommen haben. Benjamins Sätze lauten: »Morgens erwachten wir spät und gingen dann in Reichs Zimmer. Es ist ein Stück Kleinbürgerwohnung, wie man es sich nicht schrecklicher träumen kann. Bei Anblick der hundert Decken, Konsolen, gepolsterten Möbel, Gardinen kann man vor Beklemmung kaum atmen; die Luft muß dick von Staub sein. In einer Fensterecke stand ein hoher Weihnachtsbaum. Selbst der war häßlich mit seinen hageren Ästen und einem unförmlichen Schneemann als Bekrönung. Mir nahm der ermüdende Weg von der Trambahnstation und der Schrecken dieses Raumes den Überblick über die Lage und ich stimmte Reichs Vorschlag, im Januar dies Zimmer mit ihm zu beziehen, etwas voreilig zu. Solche Kleinbürgerzimmer sind Schlachtfelder, über die der verheerende Ansturm des Warenkapitals siegreich dahingefegt ist, es kann nichts Menschliches mehr da gedeihen. Aber meine Arbeit würde ich, bei meiner Neigung zu Höhlenräumen, vielleicht nicht schlecht in diesem Raum erledigen.«[13] Benjamin war zu jenem Zeitpunkt noch nicht vorstellbar, daß diese Höhle, die ihm immerhin Schutz und Rückzugsmöglichkeit geboten hatte, selbst verschwinden würde: total, für eine ganze Gesellschaft und für Generationen. Die Geschichte der Auflösung und Zerstörung dieses Raums der Privatheit ist noch nicht erzählt.

Interieurs sind Welten en miniature, Universa, Lebensräume, Etuis des Privatmannes, der Privatfrau. Interieurs sind sogar Weltersatz. Man kann in ihnen Welt-Reisen und Reisen in die Vergangenheit unternehmen, ohne je den Raum zu verlassen, der ideale Ort für die »Suche nach der verlorenen Zeit«. Was die Welt zusammenhält, ahnt man vermutlich erst, wenn dieser Innenraum gefährdet ist, zur Disposition steht.

BERLINER ADRESSBÜCHER

Adreßbücher bilden Menschenlandschaften ab, aber in der Regel werden sie nur in Anspruch genommen, um Auskunft über Wohn- und Aufenthaltsort bestimmter Personen zu bekommen. Sie sind die Kontrollinstanz, wenn man autobiographischen Angaben nicht ganz vertraut. Mit ihnen verifiziert man lebensgeschichtliche Daten, wenn man sonst nicht weiterkommt. Man nimmt sie vielleicht auch bei Verfahren in Anspruch, wo es um sehr viel geht: um Rechtstitel, Eigentumsnachweise, Verlust und Restitution. Adreßbücher werden wie andere Nachschlagewerke auch als Hilfsmittel benutzt, sie rangieren unter der Rubrik Hilfswissenschaft. Dabei sind sie viel mehr.

Sie sind eine eigene Gattung der Dokumentation, in der Orte, Städte, Gesellschaftsgruppen Wissen über sich selbst organisieren und speichern. Sie haben eine Geschichte, die irgendwann, als die städtischen Zusammenhänge zu unübersichtlich wurden, begann und die nun offensichtlich zu Ende geht im Zeitalter der digitalen Erfassung und Verfügbarkeit von Informationen. An die Stelle des Adreßbuchs, das nur wenigen – Behörden, Institutionen, – zur Verfügung stand, trat das mehrere tausend Seiten umfassende, mehrbändige Adreßbuch, in gewissem Sinne auch das Telephonbuch sowie die »Gelben Seiten«. Nie hat es einen solchen Luxus an Tansparenz und Demokratie gegeben. Alljährlich werden Millionen dieser Bände in Containern gesammelt und alsbald durch aktuelle Neuausgaben ersetzt, die »gratis« geliefert werden. Daß es sich hier um Luxus handelt, merken wir erst, wenn wir uns in Weltgegenden aufhalten, in denen Adreß- und Telephonbücher nicht existieren oder wieder aus dem Verkehr gezogen worden sind.[1]

Dokumente der Gleichzeitigkeit. Wenn man Adreßbücher nicht nur als untergeordnete Hilfsmittel ansieht und sie als historische Dokumente liest, gewinnen sie plötzlich eine überraschende Aussagekraft. Sie sind Abbreviaturen, in denen auf denkbar rationellste Weise Gesellschaften Wissen von sich selbst organisieren. Ihre bloße Existenz ist ein Index für zivilisatorische Standards – das merkt man dann, wenn sie nicht vorhanden sind. Sie sind Schlüssel, um Städte zu öffnen – wir machen fast täglich Gebrauch davon. Mit Adreßbüchern rekonstruieren wir Städte, die es nicht mehr gibt. Wir benötigen sie, wenn wir untergegangene Städte vergegenwärtigen wollen, wenn wir die Spur von Menschen, die wir im Tumult der Geschichte und im Dickicht der Städte verloren haben, wiederfinden wollen. Adreßbücher bilden die spezifische ethnische Zusammensetzung von Städten ab: Das New Yorker Telephonbuch ist das Telephonbuch des *melting pot*, das Moskauer das des Vielvölkerimperiums, das Berliner um 1900 das der Absorption der Immigranten aus dem Schlesischen und Posenschen. Telephonbücher führen Buch über den Prozeß des *mixing* und *unmixing*: Germanisierung, Polonisierung, Tschechisierung. Für Adreßbücher gilt, was für andere historische Werke auch gilt. Wir stellen Fragen nach ihrer Objektivität und Zuverlässigkeit. Adreßbücher, so objektiv sie daherkommen mögen, sind parteiliche und parteiergreifende Dokumente. Nur das Alphabet ist stark genug, um Kadettenanstalt und Städtisches Obdachlosenamt, die nur über den gemeinsamen Ort miteinander zusammenhängen, zusammenzubringen. Adreßbücher haben den Ort zum Ausgangspunkt und organisierenden Prinzip. Es sind Dokumentationen der Gleichzeitigkeit und schon aus diesem Grunde den Chronisten, den Historikern, die ihre Geschichte nicht anders als konsekutiv mitteilen können, ein zweitklassiges Genre.

Die alphabetische Ordnung verbürgt den Demokratismus, aber in geschichtlichen Ausnahmezuständen wird auch die alphabetische Ordnung außer Kraft gesetzt. Adreßbücher, die zur Auskunft verpflichtet sind, sich diese zum Beruf und zur ausschließlichen Funktion gemacht haben, können auch schweigen, etwas verschweigen. Schon die Frage, wer darin vorkommt und wer nicht, ist relevant. Adreßbücher führen Protokoll über Bedeutsamkeit und Bedeutungslosigkeit. Sie sind schon rein physisch eindrucksvolle Gebilde – mächtig, mehrbändig, vorsichtig anzufassen, wenn sie älteren Datums sind. Aber ihre Ordnung ist nicht gottgegeben, sondern menschengemacht. Was an Daten in ihnen erfaßt, geordnet, hierarchisiert und diszipliniert ist, gibt auch Aufschluß über die Welt, wie sie die Herausgeber sehen, nicht nur über die Welt, in der wir leben. Adreßbücher sind historische Dokumente par excellence. Sie verschwinden in Zeiten des Ausnahmezustandes. Revolutionen bringen die Ordnung der Adreßbücher durcheinander. Sie zeigen Kontinuitäten, wo andere nur Brüche sehen. Sie geben Aufschluß über den großen »Dekorationswechsel«, über den Ortswechsel und über die Veränderung des historischen Personals. Andererseits: man kann in den

Tiefen des Adreßbuches zurückverfolgen und verifizieren, woher einer kommt, wenn er eine wirkliche und nicht nur eine Tarnadresse gehabt hat. Adreßbücher führen keine Pseudonyme, das besorgen spätere kritische Ausgaben. Kriegs- und Revolutionsausgaben sind meist dünn, wenn sie überhaupt erscheinen, auf schlechtem Papier gedruckt, hinfällig und nur mit größter Vorsicht zu benutzen – heute überhaupt nur noch auf Mikrofiche. Prosperierende Friedenszeiten bringen dickleibige, von Selbstreklame strotzende Bände hervor, Krisenzeiten reißen Lücken, Kriegszeiten lassen sie ausfallen, Revolutionszeiten setzen sie außer Kraft. In offenen Gesellschaften sind Adreßbücher für das Funktionieren notwendig, in geschlossenen Gesellschaften wird ihre Zugänglichkeit begrenzt, wenn sie nicht überhaupt aus dem Verkehr gezogen werden. An der Zensur von Adreßbüchern kann man sehen, daß es ein so harmloses Medium auch nicht ist. Fast alles ist in Adreßbüchern gespeichert, was uns Aufschluß gibt über die Konzentration von Macht, Wohlstand, Geist. Sie enthalten ganze Topographien, geben Aufschluß über Knotenpunkte, Nester, Verdichtung, Streuung und Diffusion. Und wer sie über Epochen hin studiert, bekommt den nachhaltigsten und minutiösesten Aufschluß über gesellschaftliche Erschütterungen, und zwar sowohl der *histoire événementielle* als auch der *longue durée*. Sie sind Dokumente der Seßhaftigkeit und der Mobilität: des freiwilligen Ortswechsels und des erzwungenen. Sie halten gesellschaftliche Aggregatzustände fest. In ihren Namenskolonnen dokumentiert sich die Stabilität von Gemeinwesen, aber auch ihre Destabilisierung. Wer sich in Adreßbücher hineingelesen hat, kann sich in ihnen bewegen wie in imaginären Räumen – Stadträumen, Straßenräumen, Wohnräumen. Adreßbücher sind Logbücher und Karten, sie geben der Geschichte die räumliche Dimension zurück, nicht anders als die Auskunftsmittel, die wir selbstverständlich Tag für Tag benutzen. Man kann darin herumgehen und alles erleben: überwältigt von der Dichte des Materials Spurensuche betreiben, seine Überraschungen erleben und sich darin verirren. Wer ihnen zu nahe tritt, verliert den Überblick. Wer sich ihnen allzu sehr hingibt, geht in ihnen verloren. Man kann ganz nahe herantreten, fast bis an die Person der Adressaten, die noch nicht geschützt sind durch den Datenschutzbeauftragten. Denn der Eintrag im Adreßbuch von 1932 etwa gibt Aufschluß über: Eigentümer, Verwalter, Fernsprechanschluß, Bankkonto, Innungsmitglied, Gartenhaus, Hof, Zwischengeschoß, Erdgeschoß, Untergeschoß, Postbezirk. Die römischen Zahlen geben das Stockwerk an. Der Name in der Klammer bezeichnet die Stadt oder das Land, in

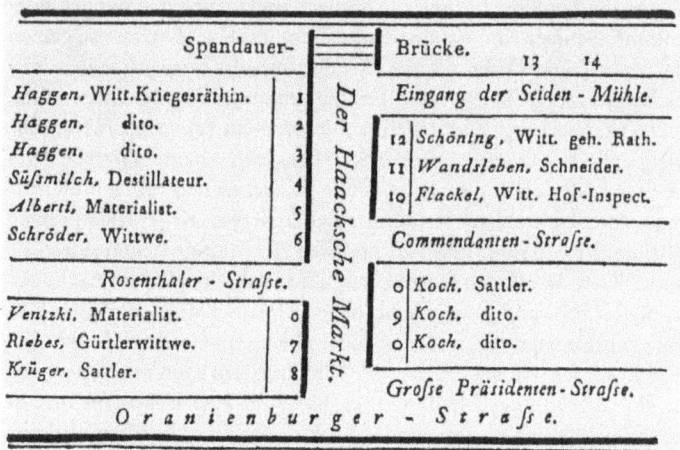

Spandauer-		Brücke. 13 14

Haggen, Witt.Kriegesräthin.	1		Eingang der Seiden - Mühle.
Haggen, dito.	2		
Haggen, dito.	3		12 Schöning, Witt. geh. Rath.
Süfsmilch, Destillateur.	4		11 Wandsleben, Schneider.
Albertt, Materialist.	5		10 Flackel, Witt. Hof-Inspect.
Schröder, Wittwe.	6		Commendanten - Strafse.

Der Haacksche Markt.

Rosenthaler - Strafse.			o Koch, Sattler.
Ventzki, Materialist.	o		9 Koch, dito.
Riebes, Gürtlerwittwe.	7		o Koch, dito.
Krüger, Sattler.	8		Grofse Präsidenten - Strafse.

O r a n i e n b u r g e r - S t r a f s e.

»Wer sich in Adreßbücher hineingelesen hat, kann sich in
ihnen bewegen wie in imaginären Räumen – Stadträumen,
Straßenräumen, Wohnräumen.«

_Neue Anschauliche Tabellen von der gesammten
Residenzstadt Berlin, Berlin 1801_

dem der Eigentümer wohnt. Nicht einmal eine kurze onomastische
Erläuterung des Straßen- oder Platznamens fehlt.

Berliner Adreßbuch 1932. An alten Berliner Adreßbüchern aus dem 18.
und frühen 19. Jahrhundert kann man gut die Grundidee, den Ursprung und die Entwicklung dieses Genres ablesen. Es umfaßt im
Grunde nur die königliche Stadt, die bebaute Stadt, die Steinhäuser. Es
ist ein sehr übersichtliches Gebiet, und man kann daran sehen, daß das
Adreßbuch eigentlich aus der Karte hervorgegangen ist. Am Anfang
war der Straßenzug mit den Grundstücken, der Benennung der Eigentümer und der dort Wohnenden (der Familienvorstand).[2] Ein Vergleich
zwischen den Ursprüngen der Adreßbücher etwa in London, Paris und
Berlin würde gewiß zeigen, daß Berlin ein wahrer _latecomer_ war. Das
Adreßbuch verdankt sich offensichtlich dem Wunsch des Monarchen
und seiner Apparate, den Überblick über die wachsende Residenzstadt
zu bewahren. Das Adreßbuch wurde mit dem Auge des Königs verfaßt.
Aus dieser Sicht emanzipiert sich das Genre jedoch rasch. Die Expansion der Stadt, die Vervielfältigung der Gewerbe, Professionen, Ge-

schäfte, Dienste und Sphären treibt die Differenzierung des Genres voran.[3] Auf der einen Seite sehen wir die Anstrengung, mit dem schieren Wachstum der Stadt Schritt zu halten. Große Verlage nehmen sich dessen an und bringen jedes Jahr aktualisierte und erweiterte Neuausgaben heraus. Bis in die erste Hälfte des 20. Jahrhunderts hinein bleiben die Adreßbücher dem Gedanken treu, die Adressen abzubilden, also zu kartieren, wenn auch in stark stilisierter und abstrahierter Form – aber immerhin ist die räumliche Anordnung im Straßenzug oder am Platz, die Lage der Häuser, erkennbar und nachvollziehbar. Auf der anderen Seite trägt man durch Aufteilung und Ausbildung thematischer Adreßbücher der wachsenden Vielfalt und Differenzierung Rechnung. Die wichtigste Aufteilung ist die Ordnung der Daten unter räumlichen Gesichtspunkten, nach Stadtteilen, Bezirken, Straßen einerseits und nach Personen in alphabetischer Reihenfolge andererseits sowie die Abspaltung der »Gelben Seiten«, die sich bis heute im Branchenbuch erhalten haben und denen von jeher die Mischung von Information und Annonce eigen war.

Das Adreßbuch, das nach etwa hundert Jahren Entwicklung einen Höhepunkt erreicht hatte, ist ein Dokument der Reife und des Reichtums der in ihm erfaßten und abgebildeten Stadt. Wir könnten bei jeder beliebigen Ausgabe einsteigen, und uns würden die Augen übergehen – nicht anders als bei der Schilderung des Bauchs von Paris oder den Panoramen von Émile Zola, Charles Dickens oder Honoré de Balzac. Die Konfrontation mit dem Überfluß und der Fülle ist aber eine der wesentlichen Bedingungen für die Schulung der urbanen Sinne. So finden wir im 700 Seiten starken Branchenteil des dreibändigen Berliner Adreßbuches von 1932, dessen garantierte Auflage bei 30 000 Exemplaren lag (und so dafür sorgte, daß eine Chance bestand, daß es heute ab und zu in Antiquariaten auftaucht), ein Pandämonium der Fülle:[4] die ganze Vielfalt des Produzierens und Handeltreibens und der Gewerbe. Hier entsteht eine Ahnung vom Reichtum der Stadt und vom Stand der entfalteten Arbeitsteilung. Wir bemerken, wie sich die Spannbreite über die Katastrophen hinweg gleichbleibt: von »Aalräuchereien bis Zylinderschleifereien«, wie es bis heute die Reklame in der U-Bahn verspricht. Aber man sieht auch, wie viele Berufe und Gewerbe inzwischen herausgefallen sind aus den tätig geübten und praktizierten Berufen. Wir haben ein Museum untergegangener Professionen vor uns. Wir sehen, wie viele Materialien und Bedarfsartikel inzwischen obsolet geworden sind und welche auch heute noch nachgefragt werden. Wir finden die lebenswichtigen Formationen wie Krankenhäuser und Apotheken verzeichnet, die großen Berufsstände und die mehr exotischen. Wir können über endlos klein und eng bedruckte Seiten wandern: seitenweise Bäcker, Banken, Bierbrauereien, aber mit Differenzen, die vielen nicht mehr geläufig sind: Farbebier, Grätzebier, Karamelbier, Lagerbier, Malzbier, Porter, Weißbier. Es folgen Kolonnen mit Adressen der Bildhauer, Brennmaterialien- und Brennstoffhändler. Alles was mit der Herstellung von Büchern zu tun hat: Buchbinder, Buchdrucker, Buchhandlungen. Die wichtige Fraktion der Fleischer nimmt viel Raum für sich in Anspruch, ebenso die Friseure und selbstverständlich die Gastwirte, die die Spalten 201–228 beherrschen: die berühmten Berliner Eckkneipen also. Dann Handelsvertreter, die Vertreter der Handlesekunst (Chirosophie), die Hühneraugen-Operateure, die ganze Branche der Kynologen: Hundekuchenhersteller, Hundescherer. Der wie ein Kolonialwarenladen reich ausstaffierte Teil Kolonialwaren, Astrachaner Kaviar. Erstaunlicherweise gibt es noch zahlreiche Molkereien im Stadtgebiet. Unter ›P‹ folgen dann u. a. Papier und Schreibwaren, Posamentierer, Posamentierwaren – das Rechtschreibeprogramm eines heutigen Computers weigert sich, viele der Begriffe aufzunehmen, denn sie sind mittlerweile aus dem Wortschatz verschwunden –, Porzellanreparaturwerkstätten, Radiumpräparate, Reklameberater, die Abteilung Pietät mit den herausgehobenen Firmen Reinhold Pätzold und Julius Grieneisen. Überwältigend ist die Abteilung der Damen- und Herrenschneider, ebenfalls der Schuhmacher und Tischler. Die Zeiten sind unruhig, die Versicherungen haben großen Zulauf, also ist die Versicherungsbranche stark vertreten. Es gibt Versicherungen gegen Aufruhr und Autounfälle. Die Tabakgeschäfte, Zigarren- und Zigarettenhandlungen sind eindrucksvoll präsent. Das alles steht für den ungeheuer großen Kosmos stofflicher Gegenstände, die Tag für Tag produziert, distribuiert, konsumiert, entsorgt werden. Die Welt als ungeheure Ansammlung von Gegenständen und Waren, wie Marx das in seiner Kritik des Warenfetischs genannt hat. Doch es gab auch Zeiten der Schrumpfung dieser Fülle. Solche Zeiten kamen bald, und in den Nachkriegsadreßbüchern Berlins spiegelt sich wider, wie lange es gedauert hatte, wieder den zivilisatorischen Normalstandard der Vorkriegszeit zu erreichen.

Reichtum der Stadt. Aber die Gesellschaft als ungeheure Ansammlung von Reichtum, die leicht unübersichtlich werden könnte, ist gebändigt, geordnet, diszipliniert. Auch diese Ordnung ist »historisch«. 1932 ist sie anders als 1941. Und die von 1947 unterscheidet sich von der von

1953. Adreßbücher haben Autoren, auch wenn sie als Kollektiv arbeiten und anonym bleiben. Sie arbeiten strikt »unter Benutzung amtlicher Quellen«. Sie und der Verlag sind die Hüter der Odnung, ihnen verdanken wir die Werke, die mit ihren eng bedruckten Spalten und ihren feinen Lettern an Dünndruckbibeln und Klassikerausgaben erinnern, Meisterwerke der Druckkunst *sui generis*.

Das Berliner Adreßbuch von 1932 liegt in drei Bänden vor, der erste Band hat 2360 Seiten, der zweite umfaßt 3800 Seiten, davon der Branchenteil 700 Seiten. Der dritte Band hat 2340 Seiten. Der Verlag – August Scherl, Adreßbuch-Gesellschaft m.b.H., Berlin SW 19, Krausenstraße 38/39 – hat auch Adreßbücher anderer untergegangener Städte wie Breslau und Königsberg produziert. Es gliedert sich in vier Teile. Im ersten Teil sind Einwohner und Firmen von A bis Z alphabetisch erfaßt. Der zweite Teil enthält das Branchenverzeichnis. Der dritte Teil umfaßt Behörden, Kirchen, Schulen, öffentliche Einrichtungen, Verbände, Vereine, Zeitungen, Sachverständige für allerlei Gebiete. Der vierte Teil umfaßt die Einwohner und Firmen nach Straßenzügen – von Aachener Straße bis Zwischen den Giebeln in Staaken-Gartenstadt – geordnet, und zwar in der Reihenfolge der 20 Verwaltungsbezirke. Nicht weniger aufschlußreich sind die Inserate, die etwas über die geistige Folklore der Zeit – etwa die Zukunfts- und Industrieromane von Hans Dominik und Hans Richter – sagen.

Der dritte Band gehört dem Berlin der Behörden, Kirchen, Schulen, öffentlichen Einrichtungen, der Verbände, Vereine, der Presse. Berlin ist hier zunächst in vollkommen ausgebildeter Dreieinigkeit Reichshauptstadt, dann Sitz der Regierung des Freistaates Preußen, und schließlich erst im dritten Teil, der den Reichs-, Staats-, Provinzial- und Kreisbehörden für Berlin und die Provinz Brandenburg gewidmet ist, erscheint auch die Stadtregierung. Das Adreßbuch wird zum Wegweiser – im Englischen heißt es auch sinnvollerweise: *directory* – durch die Institutionen, zum Soziogramm und Organigramm der politischen und ideologischen Apparate. Reichspräsident, Reichstag, Reichsregierung, Auswärtiges Amt, Reichsministerien, Staatssekretäre, Ministerial-Bürodirektoren, Verwaltungen und Abteilungen – sie alle sind namentlich mit Rang und Position angeführt, mit genauer Angabe des Sitzes der Institution und ihres Telephonanschlusses. Folgt man dem Adreßbuch, stellen sich Zusammenhänge dar, die anderen Aufschluß geben als Fraktions- oder soziale Zusammenhänge. Wir haben dann einen Reichstag vor uns, in dem sich die Abgeordneten Remmele und Heinz Neumann, Theodor Heuss und Dr. Andreas Hermes, Dahlem,

Wilhelm Hoegner, Edwin Hoernle, Heinrich Himmler, Ernst Lemmer, Ernst Thälmann, Clara Zetkin begegnen. Die Einheit des Orts hat alles noch in seiner komplizierten Ungeschiedenheit gelassen, noch bevor die Analytiker sie streng separiert und handhabbar gemacht haben. Wir finden dort die Namen derer, die bald den Staatsterrorismus dirigieren werden, und die Namen derer, die in den Kellern der SA und in den Konzentrationslagern verschwunden sein werden. Noch gibt es viele Parteien und über ihnen die staatlichen Institutionen. Wenig später werden sie die Plätze tauschen, und die Bewegung wird den Staat überrannt haben. Den Staat in all seinen komplizierten und feinen Gliederungen, wie sie nur ein Adreßbuch abbilden kann, das keine wissenschaftlichen, also analytischen Interessen hat: Postämter, Polizeipräsidien, Gerichte, Strafvollzugsämter, Gefängnisse, Landgerichte, Amtsgerichte. Das ganze Massiv von Öffentlichkeit und deren institutionellen Formen liegt vor uns. Karl Marx hätte daran seine Freude gehabt für sein Projekt »Wechselbeziehungen Basis – Überbau«, Max Weber muß bei seiner Idee der Rationalisierung von Herrschaft und Bürokratie diese Bände vor Augen gehabt haben. Antonio Gramsci hätte hieran materialiter seine Theorie der »kulturellen Hegemonie« explizieren können. Wer sie infiltriert, durchdrungen, erobert hat, kann machen, was er will, fast alles. Der Staat als Gesamtkunstwerk, das Zusammenspiel von Staat und Gesellschaft als prästabilierte Harmonie, als wohldisponiertes Konzert, in Sphären geordnet. Solche Glieder und Sphären sind: die Zentralverwaltung mit Magistrat und Stadtverordnetenversammlung, Bezirksverwaltungen, die kirchlichen Einrichtungen, gegliedert in ihrer reichen Verschiedenheit, die Institutionen von Wissenschaft, Unterricht und Bildung mit ihren jeweils berühmten Direktoren, die für sich schon besagen: Berlin als eine Hauptstadt von Wissen und Wissenschaft; schließlich Büchereien und Lesehallen – eine einzige Topographie hauptstädtischen Leseverhaltens und Berliner Belesenheit, gespeist aus Bibliotheken, die noch nicht gesäubert sind; die Einrichtungen der allgemeinen Wohlfahrt mit Heimen, Asylen, der Heilsarmee, den Stellen der Volksspeisung, die Stiftungen, die Hilfe für die Kriegsbeschädigten, die Einrichtungen des Sports, schließlich die Berufs- und Wirtschaftsvertretungen.

Das alphabetische Verzeichnis der Institutionen spricht die Sprache der Bürokratie: Arbeitsgemeinschaft ... Bund ... Centrale ... Deutsch ... Fabrikanten ... Gemeinnützig ... Grundbesitz ... bis Vereine ... Verbände ... Vereinigung ... Zentrale. Es zeigt den hohen Organisationsgrad der deutschen Gesellschaft, in der jedes noch so partielle und partikulare Interesse seine institutionelle und zünftlerische Form gefunden hat: alle Professionen haben ihren Zweckverband bis hin zu den Kleingartenvereinen. Abschnitt XIV – Vereine – ist daher besonders reichhaltig. Wir finden dort alles von Alkoholgegnern bis zu wissenschaftlichen Vereinen, von der Anti-Lärm-Liga bis zu Zuchtvereinen. Bestattungsvereine, die Schönebeger Liedertafel, der Deutsche Druiden-Orden, Radiovereine, politische Vereine, Sportvereine, wissenschaftliche Vereine, die wiederum in eine Vielzahl untergliedert sind: Astrologie, Okkultismus, Typographische Gesellschaft, Entomologen, Deutsche Gesellschaft für ärztliche Studienreisen. Ferner: Schwimmvereine, Rudervereine, die gemeinnützige Edelpelztier-Zuchtvereinigung e.V. In Abschnitt XV – Zeitungen und Zeitschriften – wird die Berliner Presselandschaft vor 1933 vorgeführt, unterschieden nach Erscheinungsweise: täglich, wöchentlich, monatlich, aber auch unterschieden nach ihrer Verbreitung: lokal, bezirklich, überregional, auswärtig. Jede Branche hat ihr Organ, jedes Interesse kann sich artikulieren. Ein anderer Abschnitt beinhaltet ein Verzeichnis der Sachverständigen – von Spezialisten für Abbrucharbeiten über marinierte Fische bis hin zu Zolltechnischen Angelegenheiten.

Diese Aufzählung ist, so scheint es, ermüdend. Sie soll es sein, denn Gesellschaft ist anstrengend, unübersichtlich, verwirrend und ist nur in den Lehrbüchern, wo sie »auf den Begriff gebracht« ist, transparent. Und diese Aufzählung hat einen Sinn. Sie führt den ganzen Reichtum und die Komplexität am Punkt ihrer maximalen Verdichtung vor: Berlin. Das Berliner Adreßbuch von 1932 führt uns das Wunder menschlicher Vergesellschaftung vor Augen – kurz bevor die Stadt explodiert. Man begreift hier, was es bedeutet, welcher Kräfte es bedarf, um einen derart massiven Organismus, der seiner eigenen Trägheit folgt, umzuwälzen oder gar zu zerstören.

Jüdisches Adreßbuch 1931. Man mußte noch ganz im Urvertrauen der bürgerlichen Gesellschaft zu sich selbst befangen sein, um im Jahre 1931 ein *Jüdisches Adreßbuch für Groß-Berlin* erscheinen zu lassen. Es war die zweite Ausgabe, die erste war 1929/30 erschienen. Im Vorwort wird bereits auf skeptische Stimmen derer eingegangen, »denen gerade der Gedanke, ein jüdisches Adreßbuch zu verlegen, in der Zeit, in der wir leben, wenig passend erschien«.[5] Nicht wenige hatten sich aus prinzipiellen Gründen geweigert, ins Adreßbuch aufgenommen zu werden. Die Herausgeber sahen darin wohl ein Instrument, den Geist der Solidarität unter den Juden zu stärken, aber auch, um klarzustellen, daß nicht alle Träger angeblich jüdischer Namen tatsächlich Juden seien. Die Herausgeber sprechen von den schweren Zeiten, die die deutsche Judenheit durchzumachen habe, von den politischen und wirtschaftlichen Sorgen am Horizont. Dennoch: »Sollen wir in einer solchen Zeit feige uns ducken und unsere Art verleugnen? Täten wir es, es würde nichts nützen, denn der Gegner würde dennoch mit Fingern auf uns zeigen. Aber wir können es nicht tun, wenn wir der Größe unserer tausendjährigen Tradition, der Bedeutung unserer Geschichte gerecht werden wollen. Wir wissen, daß wir Juden sind, und wollen zu unserer Gemeinschaft uns bekennen, wie jeder Mensch dem Stamme, dem er entsprossen, Ehre zu erweisen hat. Aber wie wir gute Juden sind, sind wir auch ebenso gute Deutsche ... Wir Juden leben nicht nur in Deutschland, wir sind deutsch, weil es unsere Vorfahren waren, sind in deutschen Orten geboren und wurzeln mit unserer ganzen Kraft und unserem ganzen Gefühle im deutschen Volkskörper. Wie sehr Judenfeinde unser Deutschtum auch leugnen mögen, es ist da, wir leben es jeden Tag, und keine Macht der Welt wird unsere innere Verbundenheit mit dem deutschen Volke zerreißen können, unsere Zugehörigkeit zu diesem deutschen Volke uns streitig machen können. In vielen jüdischen Kreisen ist mit besonderer Lebhaftigkeit die Frage aufgeworfen worden, ob nicht durch die Begründung immer zahlreicherer Verbände und Organisationen die jüdische Isolierung erst recht herbeigeführt wird zu einer Zeit, wo doch eigentlich die Tendenz dahingehen müßte, durch weitgehende Berührung mit den Kreisen der nichtjüdischen Mitbürger die Kenntnis jüdischer Art zu verbreitern.«[6] Treffen diese Bedenken nicht auch das *Jüdische Adreßbuch für Groß-Berlin?* »Indem dieses Werk die jüdischen Namen sammelt, so könnte argumentiert werden, schafft es eine neue Insel, unabhängig von der Umgebung, in welcher die Juden leben.« Im Juni 1931 noch schreiben die Herausgeber, die auf die Darstellung des Anteils jüdischer Kultur in Berlin Wert legen wollen: »Wir sind nicht der Meinung, daß derartige Vorwürfe zutreffen würden. Unser Werk hat mit irgendwelchen allgemeinpolitischen oder selbst religiöspolitischen Erwägungen nichts zu tun. Wir wollten ein Buch für die Praxis schaffen, dazu bestimmt, denen, die mit jüdischen Angelegenheiten zu tun haben, die Feststellung zu erleichtern, wer Jude ist und wer es nicht ist.«[7]

Die Liste der hervorragenden jüdischen Persönlichkeiten, die im redaktionellen Teil als Vorbilder präsentiert werden, wird zwei Jahre später eine Proskriptionsliste sein. Das jüdische Berlin – eine Liste von Verfolgten, Vertriebenen, Ermordeten: Rabbiner Dr. Leo Baeck, Prof.

Georg Bernhard, Kurt Blumenfeld, Rechtsanwalt Dr. Oscar Cohn, Ernst Deutsch, Prof. Dr. Simon Dubnow, Prof. Dr. Albert Einstein, S. Fischer. Dr. Lion Feuchtwanger, Prof. Max Reinhardt, Alexander Granach, Fritz Kortner, Rabbiner Dr. Freimann, Prof. Max Liebermann, Erich Mendelsohn, Prof. Dr. Franz Oppenheimer, Dr. Franz Osborn, Salman Schocken, Staatsrat Dr. Teitel, Georg Tietz, Martin Tietz, Lesser Ury, Rabbiner Dr. M. Warschauer, Prof. Dr. Otto Warburg, Arnold Zweig. Noch haben sie ihre Adressen in Berlin: Dr. Walter Benjamin in der Delbrückstraße 23 im Grunewald, Professor Einstein in der Haberlandstraße 5, Erich Mendelsohn in der Hufelandstraße 21/22, Simon Dubnow in der Charlottenbrunner Straße 3 in Schmargendorf, Dr. Ernst Bloch in der Niebuhrstraße 10/10a in Charlottenburg. Noch existiert das beeindruckende dichte Netzwerk jüdischer Einrichtungen, Vereinigungen und Institutionen. Von den rund 160 000 Juden, die 1933 in Berlin lebten, waren rund 90 000 ausgewandert, 55 000 ermordet, 7000 durch Selbstmord aus dem Leben geschieden, und an die 8000 hatten überlebt, größtenteils in Mischehen, ein kleinerer Teil im Untergrund.

Dazwischen läuft der Prozeß der Ausgrenzung, des Verlusts des Berufs und der gesellschaftlichen Stellung, der Zerstörung der materiellen Existenzgrundlage, der Auswanderung, des erzwungenen Wohnungswechsels, der Konzentration in Judenhäusern und der anlaufenden Deportationen. In der offiziellen Ausgabe des Berliner Adreßbuches für das Jahr 1941 werden Juden mit den Zusatznamen Israel und Sara gekennzeichnet. Die Ehrenbürger, die das Berliner Adreßbuch von 1932 noch aufführt – unter ihnen z. B. Dr. Liebermann, Max, Prof., Pariser Platz 7 –, sind getilgt und ersetzt durch die Ehrenbürger A. Hitler, Hermann Göring, Dr. Joseph Goebbels, Dr. Wilhelm Frick, Paul Linke, Professor und Komponist.

Im »Gedenkbuch der jüdischen Opfer des Nationalsozialismus« wird, soweit möglich, den Spuren der Schöneberger Juden nachgegangen, von denen 6078 deportiert worden sind. Die Liste gibt Geburtsort und Datum, Wohnadresse und Deportationsort an. Von: Aal, Jutta, geb. Mohr, geb. am 16.11.60 in Gochsheim, Bayern; Schöneberg, Meraner Straße 44, Alterstransport vom 14.08.42, Theresienstadt; Todesart: Theresienstadt am 01.09.42, bis: Zyzman, Leo, geb. am 20.05.26 in Berlin; 10. Transport aus Drancy vom 24.07.42, Auschwitz; Todesart: Auschwitz, verschollen. Die Wege führen aus der Meraner Straße, vom Bayerischen Platz, aus der Prinzregentenstraße nach Piaski bei Lublin, nach Litzmannstadt, Nisko am San, nach Riga, Majdanek und Auschwitz. Man wüßte gerne, was aus den Leuten im Hause, in dem man selber wohnt, geworden ist: aus Hirsch, Leo, Schriftsteller; aus Lewin, Joseph, Direktor; aus Popper, Rose, Privatière; und aus Stern, Anna, Privatière.

Berlin skelettiert. 1943 erscheint das Berliner Adreßbuch zum letzten Mal.[8] Das jüdische Berlin existiert nicht mehr oder nur noch im Untergrund. Die Institutionen und das Adreßbuch leben dank eigener Trägheit, obwohl die Stadt, in der 1943 rund 4,4 Millionen Menschen leben, schon in Schutt und Asche fällt. Die Zahl der diplomatischen Vertretungen hat drastisch abgenommen, die Sprachregelung hat sich durchgesetzt – aus Hotels wurden Fremdenheime, aus Restaurants Gaststätten –, die Volksgemeinschaft treibt, je mehr der Krieg gegen die Welt voranschreitet, Hunderte von neuen Kameradschaften und Vereinen hervor. Die Sphäre der Öffentlichkeit ist abgestorben. Krieg, Evakuierung, Zerstörungen, Deportationen, Speers Nachkriegsplanungen für das Berliner Zentrum – all das hat eine innerstädtische Verschiebung mit sich gebracht, über die das Adreßbuch keinen Aufschluß mehr gibt. Am 15. Mai 1939 wurden für Groß-Berlin 4 321 521 Einwohner gemeldet, am 12. August 1945 waren es 2 807 405. Dazwischen liegt eine Geschichte der Entvölkerung. Die Geschichte arbeitet rascher als die Druckereien. Während die Routine, die Adreßbücher produziert, noch weiterläuft, ist die Stadt längst außer Tritt, existiert nicht mehr. Am Ende muß das Adreßbuch selbst dran glauben. Über die Zerstörung Berlins gibt das Adreßbuch erst *post festum* Auskunft.

Der 1947 erschienene zweite Band von *Berlin in der Tasche* heißt *Wer ist wo in Berlin? Adreßbuch des Öffentlichen Lebens*, und er deutet an, was aus Berlin geworden ist. Statt der Apparate der Reichshauptstadt finden sich nun die Behörden der Besatzungsmächte. Institutionen und Begriffe tauchen auf – wiederum in alphabetischer Reihenfolge –, die neu waren für Berlin, mit denen es aber wenigstens zwei Jahrzehnte nun leben muß. Unter B finden wir den Bund der Bombengeschädigten und die Brennholzbeschaffung. Unter C das Care-Komitee (Dänisches) und die Chinesische Betreuungsstelle; unter D: Displaced Person Center, Durchgangslager, unter E: Entlausungsanstalten, Enttrümmerung. Es ist die Abbreviatur der Zerstörung, der Niederlage und des Wiederaufbaus: Flüchtlingslager, Hebrew Immigration Aid Society (HIAS), Heimkehrerausschuß, Heimkehrerlager, Hundefutterscheine/Verteilungsstelle, Interzonenhandel, Jewish Agency, Jewish Relief, Jüdisches Durchgangslager, Jüdischer Hilfsverein, Jüdische Auswanderung, Konsulat Sowjetische Militäradministration, Kriegsgefangenenlager, Kriegsgefangenenpost, Kriegsgräberfürsorge, Kriegsopfer, Kriegsschäden/Hauptamt, die große Zahl der damals in Berlin eingerichteten Militärmissionen, Mitropa-Bunkerhotel/Lankwitz, Typhuskrankenhäuser, UNRRA, Zuckerrüben-Umtauschstelle. Berlin führt Buch über seinen Platz in *Europe on the Move* (Jewgenij Kulischer). Krieg und Zerstörung prägen auch den Inseraten- und Reklameteil. Geworben wird für Abbrüche, Gefahrenbeseitigung, Enttrümmerungen, Schuttbeseitigung, Bergungen. Überall, das zeigen die Inserate, wird konvertiert und geflickt. »Aus einer Decke werden Mantel und Hosen angefertigt«. »Berlin lernt Englisch: School for Languages in Lepsiusstraße 98, Steglitz«. Man erfährt einiges über die Topographie der Bombentrichterstadt: Angaben zu Brücken lauten JV, d. h. für jeden Verkehr; FR, d. h. für Fahrradfahrer; Z, d. h. für zerstört oder nicht passierbar. NS heißt Notsteg. Am frühesten wurde der Schiffsverkehr wiederaufgenommen. Wieder einmal binnen kürzester Zeit lernt Berlin die neue Sprachregelung: aus dem Mitteleuropäischen Reisebüro ist das Deutsche Reisebüro geworden. Während das nationalsozialistische Berlin einfach verschwindet, werden die Institute der städtischen Infrastruktur wieder in Gang gebracht. Es gibt keine NSDAP-Büros mehr; die Blindenanstalten und Taubstummenanstalten bleiben indes an Ort und Stelle. Die *longue durée* triumphiert über die katastrophische Episode.

Alles Weitere spiegelt sich dann nicht minder genau in den Adreßbüchern des Wiederaufbaus, der Besatzungszeit, der Teilung der Stadt im Kalten Krieg – bis in die Gegenwart, in der die Wiedervereinigung schließlich auch im Wiedererscheinen eines Gesamtberliner Adreß- und Telephonbuches sich niederschlug, in der Einführung eines neuen Systems der Postleitzahlen, das gesamtdeutsch konzipiert war.

Im Oktober 1949 war die letzte Ausgabe des »Berliner Stadt-Adreßbuches« erschienen. Die »währungstechnischen Schwierigkeiten«, so hieß es dann, verhinderten eine gemeinsame Ausgabe für »Groß-Berlin«. Das Berliner Stadt-Adreßbuch erscheint nur für den »demokratischen Sektor«. Aber die Reklame ist noch gesamtdeutsch, die Berliner Vereinigung der Verfolgten des NS-Regimes hat noch in allen Sektoren ihre Filialen. Im Stadt-Adreßbuch für 1952 tauchen schon die Institute des Kalten Kriegs auf: der Kontrollrat des Interzonen-Grenzdienstes, die Tuberkulose-Fürsorgestellen, die Interzonen-Paßstellen. Die Hierarchie des Adreßbuches wird nun angeführt von den Behörden der Alliierten und den Dienststellen des Bundes in der Stadt. Für die

einzelnen Berliner Bezirke werden die Sektoren und Sektorenüber-
gänge angegeben. Das Adreßbuch für 1962 nennt sich das »selbstverständliche Rüstzeug einer Weltstadt«, schon sprießt die Reklame des
Wirtschaftswunders, das Westberlin etwas später als andere Städte erreicht. Die Einkaufszentren in der Rheinstraße, in der Neuköllner
Karl-Marx-Straße, der Tempelhofer Damm, die Müllerstraße im Wed-
ding werden groß herausgestellt.

Und natürlich ändern sich die Straßennamen. Berlin schwenkt um –
von den Kaisern und Generälen zu den Bürgermeistern und Refor-
mern, von den Verbündeten der Nazis zu den Verbündeten des neuen
und besseren Deutschland. Die Politik der Umbenennung gibt sich
friedfertig, aufgeklärt, zivil, west-östlich.

Die Teilung der Stadt hat ihre eigenen Paradoxe hervorgebracht.[9]
Sie schnitt Straßen entzwei, so daß die Numerierung der Häuser
unterbrochen wurde, wie in der Köpenicker Straße oder in der Son-
nenallee. Es konnte passieren, daß die linke Seite der einen Stadthälfte,
die rechte aber der anderen zugehörte. Die Bewohner Berlins konnten
sich in der eigenen Stadt nicht mehr bewegen oder – nach einer gewissen Zeit – nur nach einem ziemlich komplizierten Verfahren. Der pure
Zufall entschied darüber, zu welcher Seite man gehörte. Die Adresse
konnte zum Schicksal werden, bestimmend über Lebenshorizonte,
Studien, darüber, was aus einem wurde oder was aus einem nicht
wurde.

*Die Konstruktion der Welt. Private Adreßbücher: Paul Hindemith, Marlene
Dietrich.* Nun gibt es noch eine ganz andere Art des Adreßbuches. Jeder
kennt sie, denn fast jeder führt selbst ein Adreßbuch. Es sind gewissermaßen Adreßbücher »von unten«. In ihnen sind die Adressen gespeichert, die jedem von uns am teuersten sind. Ihr organisierendes Zentrum sind wir, nicht ein Autorenkollektiv oder ein Verlag. Wir müssen
keinen Gesamtüberblick geben oder haben, aber doch den Überblick
über unsere Umgebung und unsere Verbindungen mit ihr. Sie sagen
etwas über uns, insofern sie Aufschluß geben über die Menschen, mit
denen wir Umgang pflegen. Sie sind keine Dokumente von Ewigkeits-
wert, sondern sind in ständiger Bewegung. In ihnen sind Annäherun-
gen und Entfernungen, Befreundungen und Entfremdungen, ja Ver-
feindungen verzeichnet. Es gibt darin die Augenblicksnotiz, die vom
Zufall eingegeben ist, und es gibt darin die Adressen, die ein Leben
lang wichtig bleiben – die *longue durée* individueller Lebenszeit. In unseren Adreßbüchern sind unsere Außenbeziehungen noch ungeschieden

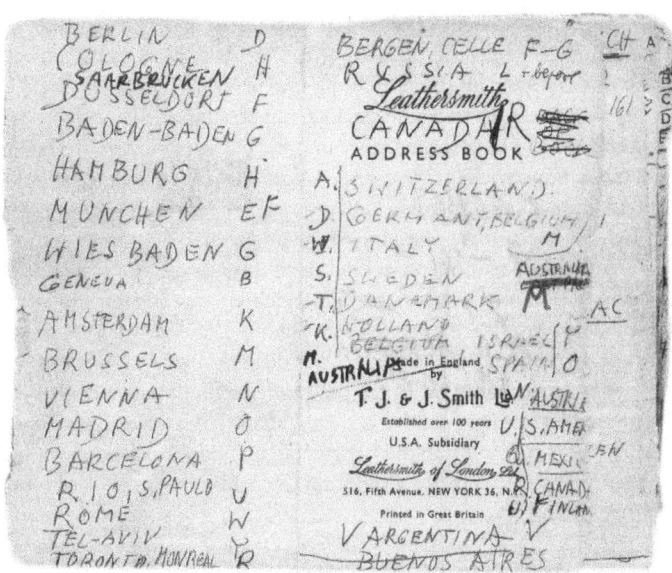

»In unseren Adreßbüchern sind unsere Außenbeziehungen noch ungeschieden registriert: die Telefonnummer des Freundes neben der Nummer des zuständigen Finanzamtes und neben der des Arztes, die immer griffbereit sein soll.«

Doppelseite aus Marlene Dietrichs privatem Adreßbuch

registriert: die Telefonnummer des Freundes neben der Nummer des für uns zuständigen Finanzamtes und neben der des Arztes, die immer griffbereit sein soll. Erst aus ihnen zusammengenommen ergibt sich die Komplexität unseres Lebens, das erst andere in verschiedene Sphären auseinanderdividieren – vielleicht ins Intellektuelle, Private, Öffentliche, Familiäre. Ein bemerkenswertes Exemplar eines solch privaten Adreßbuches ist ediert worden – jenes von Paul Hindemith aus den Jahren 1927 bis 1938, ein anderes – das Notizbuch von Marlene Dietrich – ist in Auszügen bekannt.[10] Hindemiths Adreßbuch gibt einen Überblick über seine Umgebung im Laufe von mehr als zehn Jahren, über seine intimen und seine fernen Verbindungen. Wenn neue dazukommen, besagt das genausoviel, wie wenn alte Verbindungen gestrichen und getilgt werden – manchmal mit bezeichnenden Kommentaren, die eigentlich eher in ein Tagebuch als in ein Adreßbuch gehören. Solche Adreßbücher lassen sich in fast jedem Nachlaß von Belang finden. Nicht alle müssen ediert werden, denn nicht alles ist von Interesse. Aber für die Forschung und das Verständnis eines Menschen und seines »Werkes« sind sie doch unverzichtbar. Sie sind »Beziehungsprotokolle« über lange Dauer und kurze Begegnungen. In ihnen sind die schöpferischen Netzwerke skizziert, die Beziehungen, das Umfeld, das Milieu, das Feld, in dem jemand gedacht, gearbeitet, gelebt hat. Sie sagen nicht alles, und sie bieten keinen Schlüssel, der nur im »Werk« selber zu finden ist. Und doch: hier ist die Matrix, auf der die Spur des eigenen Schaffens eingezeichnet ist, das Koordinatensystem, dem wir etwas verdanken. Ein Schlüssel zur Welt dessen, der es angelegt hat. Biographen kommen ohne dieses Material nicht aus. Und wenn dies so ist, dann gilt es für die großen Adreßbücher erst recht. Zusammengenommen sind sie Findbücher der Gesellschaftsgeschichte, Logbücher durch die Netzwerke individueller Beziehungen, Navigationsinstrumente zur Erkundung von Milieus und soziokulturellen Feldern.

Exkurs: Adreßbuch und Geheimpolizei. Das Schicksal von Adreßbüchern in der russischen Revolution wäre ein eigenes Kapitel wert. Hier könnte sich echte Gelehrsamkeit beweisen, denn die Adreßbücher für Sankt Petersburg–Petrograd–Leningrad, für Moskau und für die größten Städte des Reiches sind zwar nur gute drei Jahrzehnte lang erschienen, dafür aber in erstaunlichem Umfang. Die russische Verlags- und Druckkunst zwischen 1870 und 1930 stand jener im Westen in nichts nach. Ein Land, das sich anschickte, seine Verhältnisse vernünftig zu ordnen, kam ohne Adreßbücher für seine Hauptstädte nicht aus. *Ves Peterburg* (Ganz Petersburg) und *Vsja Moskva* (Ganz Moskau) sind Prachtexemplare der Gattung Adreßbuch. Stattlich, in guter Drucktechnik, zuverlässig. Der Erste Weltkrieg minderte die Papier- und Druckqualität, der Bürgerkrieg, die Hungersnöte und Epidemien führten zur Einstellung. Ihr Wiedererscheinen kam erst mit der Rückkehr des Friedens und der Wiederzulassung von Markt und Wettbewerb nach 1921 wieder in Gang. *Ves Petrograd* und *Vsja Moskva* nehmen die alte Tradition wieder auf und erweisen sich als unverzichtbare Nachschlagewerke eines freilich nun außerordentlich reduzierten Kreises von Benutzern. Vieles an der nachrevolutionären Tradition führt die alten imperialen Linien weiter: statt des Kaiserlichen Hofes in Sankt Petersburg haben wir es nun mit den höheren Sphären des Zentralkomitees zu tun, statt der Ministerien sind es nun die Volkskommissariate. Die hierarchische Struktur der Eintragungen, der pädagogische Ton, den das Adreßbuch anschlägt – es dient nicht nur der Information, sondern auch der knappen Instruktion –, das hat viel mit der Reinstallation der Autoritäts- und Subalternitätsverhältnisse im nachrevolutionären Rußland zu tun. Und trotz alledem: das Adreßbuch tat seine Dienste. Es war nützlich, notwendig. Eine größere Öffentlichkeit hatte Zugang zu den darin enthaltenen Informationen. Die führenden Institutionen, Instanzen und Institute des neues Staates waren noch zugänglich. Die Adresse, die Telephonanschlüsse des politischen Führungspersonals, der leitenden Personen waren erreichbar – noch nicht entrückt in einem Schleier der Geheimhaltung, der sich seit den dreißiger Jahren auszubreiten begann. Angst vor Terrorismus – berechtigt oder nicht –, eine Kultur des allgemeinen Verdachtes und der Spionomanie, die in den schrecklichen Säuberungen der Jahre 1937 und 1938 gipfeln, ließen ein Adreßbuch zu einem obsoleten, ja verdächtigen Gegenstand werden. Es gehörte ganz und gar vorstalinschen Zeiten an. Vermutlich sind die Kompilatoren und Editoren des Adreßbuches selber unter die Räder gekommen. Es war unmöglich geworden, mit dem wie rasend rotierenden Rad der Säuberungen Schritt zu halten. Es war unmöglich geworden, der Enthauptung der Spitzen von Partei, Gewerkschaften, Armee, Akademie-Instituten noch zu folgen. Adreßbücher an sich waren sinnlos geworden in einem Augenblick, wo alles Wissen über Gesellschaft sich an einem bestimmten Punkt konzentrierte: bei den »Organen« der Geheimpolizei. Die Abschaffung von *Vsja Moskva* und *Ves Petrograd* ist daher, wie so viele andere Entscheidungen des Jahres 1937, die zwangsläufige Liquidation der bis dahin noch verbliebenen Restformen von Öffentlichkeit und Transparenz. Das Verschwinden des Adreßbuches ist ein symbolisch präzises Datum. Die Gesellschaft, abgeschnitten von aller Darstellung des Wissens über sich selbst, bleibt sich selbst überlassen und der Manipulation von Partei und Geheimpolizei. *Directories* gibt es nun nur noch in den Händen der Nomenklatura oder des noch engeren Kreises der Tschekisten. Der einzige Ort, an dem das Wissen gesammelt, analysiert, ausgewertet und verarbeitet wird, ist ein geheimer Ort. Die Aufklärung ist zu einem Instrument in der Hand der Repressionsinstrumente geworden. Das »Schwert der Revolution«, wie die Geheimpolizei sich nennt, ist nur scharf, wenn der Kopf, der es führt, aufgeklärt ist. So tappt eine Gesellschaft Jahrzehnte im Dunkel vor sich hin, ist auf *sprawki* (Auskünfte) über alles und jedes angewiesen, was sich unter »normalen Umständen« in jedem beliebigen Land aus Nachschlagewerken wie eben Adreßbüchern erfahren läßt. Der Preis dieser Monopolisierung des Wissens über das Funktionieren der Gesellschaft ist unermeßlich: allgemeine Verlangsamung des Lebens durch die Hemmung des Informationsflusses, Verlust jedes Bewußtseins von sich selbst und vom Gegner, den man nur noch irgendwie und irgendwo vermuten kann. Informationsangst und Angst vor der Wirklichkeit sind die Konsequenzen.

Die Wiederkehr des Adreßbuches im Zuge der Krise und Erneuerung der russischen Gesellschaft unter Gorbatschow war daher unvermeidlich und symptomatisch. Mit ihm kehrte ein elementar-banales Instrument des organisierten Wissens der Gesellschaft von sich selbst wieder. Angesichts des unermeßlichen Schadens, der in der Unterbindung dieses Wissens für Jahrzehnte lag, möchte man fast pathetisch werden und die Wiederkehr des Adreßbuches, der *Moscow Yellow Pages* zuallererst, in den Jahren 1987, als einen Sieg der Vernunft, ja der Aufklärung feiern. Das muß jemandem, der nie auf das Tausende von Seiten umfassende New Yorker Telephonbuch hat verzichten müssen, als Übertreibung erscheinen. Aber man kann leicht abschätzen, was es für Amerika bedeuten würde, wenn auch nur für einen Tag die Informationen, auf deren freiem Fluß sein Funktionieren beruht, unterbunden würden.

Wir brauchen gar keine weitere und schon gar keine verstiegene Theorie der Adreßbücher. In welch höhere Form sie auch immer übergehen werden – digitalisiert, im Taschencomputer gespeichert oder im Handy jederzeit abrufbar –, wir erfahren von ihnen, daß Menschen nicht nur in der Zeit leben, sondern an Orten. In ihnen dokumentieren sich die »Unsichtbaren Städte«, denen Italo Calvino seinen Roman gewidmet hat.

ORTSKUNDE, SUBVERSIV

Kraevedenie, zu deutsch: Landes- und Ortskunde, *gradovedenie*, zu deutsch: Stadtkunde, englisch würde man sagen: *urban studies*, galten in Sowjetrußland von einem bestimmten Zeitpunkt an als staatsgefährdend. Was sich in anderen Bereichen erst im berüchtigten Jahr 1937 abspielte – die Dezimierung der politischen, künstlerischen, militärischen Eliten unter den Schlägen des »Großen Terrors« –, ereignete sich für die sowjetrussische Landeskunde bereits in den Jahren 1929/1930. Es ist jenes Jahr, in dem die Stalin-Führung den Kurs der gemischten Wirtschaft, des politischen Kompromisses und des ideologischen Taktierens in den Aktionen eines »Großen Umbruchs« aufkündigte und die Flucht in den Terror antrat, dem vor allem das russische Dorf, aber auch die Restbestände russischer intellektueller und akademischer Kultur zum Opfer fielen. 1929 wurden führende Historiker wie Sergej Platonow und Jewgeni Tarlé, die Elite der jungen russischen landeskundlichen und landesgeschichtlichen Schule, verhaftet, in der sogenannten »Akademie-Affäre« vor Gericht gestellt und zu langjährigen Haftstrafen verurteilt.[1] Wie man aus diesem Prozeß, vor allem aber aus den noch in den dreißiger Jahren folgenden Prozessen weiß, gab es keinen Anklagepunkt, der nicht absurd und monströs genug gewesen wäre, um bei der Disziplinierung und Vernichtung potentiell unbotmäßiger Intellektueller und Gelehrter nicht in Anspruch genommen zu werden: Agent diverser Geheimdienste, monarchistische Konspiration, Sturz des Regimes, Etablierung einer Gegenregierung. Und doch gibt es eine mit der Sache selbst, also mit der geschichtlichen Landeskunde, zusammenhängende Spur, auf die hier verwiesen werden soll. Im allgemeinen gilt die Landeskunde als affirmativ, ja reaktionär; in Deutschland im besonderen hat sich die historische Landeskunde bis auf den heutigen Tag gegen den Schatten zu wehren, der aus den vornationalsozialistischen und den Zeiten des »Dritten Reiches« auf sie gefallen ist. Landeskunde steht, im deutschen Kontext, immer unter Verdacht der Affirmation des Bestehenden, von Herrschaft, wenn nicht gar eines mythischen Geistes von »Blut und Boden«. Die sowjetrussische Traditionslinie zeigt demgegenüber etwas ganz anderes: die Ortskunde als Hort kritischen, subversiven Wissens, das von der Sache her eng mit dem Streben des Volkes nach Anerkennung und Gerechtigkeit und gegen Unterdrückung verbunden ist. Die Geschichte dieses Kampfes und dieser Linie ist noch zu schreiben, und die folgenden Bemerkungen können nur ein weiteres Mal ihre absolute Dringlichkeit bekräftigen, wenn wir erfahren wollen, was im geistigen Raum der entstehenden Sowjetunion geschehen ist.[2]

Die Jahre nach der Oktoberrevolution waren das »Goldene Jahrzehnt« der russischen Landeskunde.[3] Aus einer kleinen Bewegung von engagierten Angehörigen der Intelligenzija, die damit auch Ziele der Volksbildung und Aufklärung verbanden, war eine breite, ja eine Massenbewegung geworden. Die Zahl der Zirkel, Arbeitskreise, Museumsgruppen hatte sich verzehnfacht. Es gab ein reiches und buntes Spektrum von Mitteilungsblättern, Zirkularen, wissenschaftlichen und populären Zeitschriften. Die Landeskundler hatten ihre Organisation, ihre Allrussischen Kongresse, ihr Zentralorgan und bedeutende Gelehrte an ihrer Spitze und bedeutende Sympathisanten unter den führenden Schriftstellern und Gelehrten des neuen Staates. Die Vielzahl der Aktivitäten ist unübersehbar und so buntscheckig wie das weite und von der Revolution aufgewühlte Land – lange bevor im Westen *oral history* Mode wurde, gab es eine sowjetrussische *oral history* mit höchstem methodischem Anspruch und in systematischer Absicht. Die Aktivisten der Bewegung wußten, worin ihre Chance und ihr Privileg bestand: die Lebenswelten eines alten Imperiums waren zusammengebrochen, Klassen und Individuen mußten, ob sie wollten oder nicht, ihr Leben neu einrichten. Es war ein Land im Aufruhr, in dem man mit bloßem Auge sehen konnte, wie eine Welt verschwand und eine neue aus den gewaltigen Umbrüchen auftauchte. Eine ideale Situation für Menschen mit Geistesgegenwart und einem wachen Gefühl für *History in the Making*. Man mußte festhalten, was für immer zu verschwinden drohte: das bedrohte Gutshaus und »Adelsnest«, die gebrandschatzte Kirche, die gutsbesitzerliche Kleider-Sammlung aus dem frühen 19. Jahrhundert, Interieurs aus dem Haushalt des führenden Kaufmannsgeschlechts am Ort. Die Revolution machte in der Regel kurzen Prozeß, und es kostete nicht wenig Mut, einer Revolte, die blind war vor Wut, entgegenzutreten und mit »Berufung auf die Leistungen des Volkes« den Brandstiftern den Weg zu verstellen. Die Revolution hat Barrieren niedergerissen und ungeahnte Schätze dem Wind, der Straße, dem nächstbesten Plünderer ausgeliefert. Es ging darum, diese Hinterlassenschaften zu sichern »für kommende Generationen«: Gutshäuser, Kirchen, Tagebücher, Familienarchive, Aufzeichnungen, Sammlungen, Mobiliar, Briefe, Legenden, Witze, Anekdoten, Photographien, Musikinstrumente – kurz: die ungeheure Ansammlung von Gegenständen einer zum Sterben verurteilten Kultur. Aber es ging nicht nur um Rettung, sondern auch um Dokumentation, Fixierung einer Gegenwart, die im Begriff war, zu vergehen – so machte man etwa die schreckliche Hungersnot an der Wolga zum Thema eines Museums. Ein riesiges Feld der Aneignung und Aufarbeitung des eindrucksvollen Kampfes des russischen Proletariats öffnete sich mit der Nationalisierung der Konzerne, Fabriken und Betriebe. Nirgends war so früh und so systematisch die Lebensweise der arbeitenden Klasse dokumentiert, ausgestellt und analysiert worden wie im ersten Jahrzehnt der UdSSR. Es gibt kaum einen Aspekt – von der Erarbeitung von Fragebögen für Interviews über die Erstellung von Ortsgeschichten in der sogenannten »lokalen Methode« bis hin zur Formulierung eines Großprogramms der Erforschung der sogenannten »Kulturnester« –, der die frühe sowjetische Landeskunde nicht interessiert hätte – übrigens mit durchaus beabsichtigten Konsequenzen in andere Disziplinen hinein, wie z.B. in die Literaturwissenschaft. Der breite Strom landeskundlicher Aktivitäten war eines jener unwiderleglichen Symptome für einen tatsächlich stattfindenden Prozeß der Aneignung der eigenen Geschichte.[4]

Damit war es 1929/1930 zu Ende. Die Landeskunde galt nun als Einfallstor bürgerlicher Einflüsse par excellence. Sie verschwende, so hieß es, ihre Energien und Aktivitäten an die falschen Aufgaben: an die Konservierung von Mobiliar und Fresken, die Archivierung von Nachlässen, während das Land etwas ganz anderes brauche: »Spezialisten für das Studium der Produktivkräfte und der natürlichen Reichtümer des Landes«, Prospektoren für die Auskundschaftung neuer Bodenschätze und Fundstätten. Statt der Exkursionen in die alten Städte des Landes und auf die Schauplätze der Revolution ging es nun um die Entsendung von Kundschaftern und Aufklärern für Bodenschätze, die Kartierung von Territorien, die demnächst im Zusammenhang eines Kanalprojekts oder Dammbaus geflutet werden würden. Ausstellungen sollten nicht so sehr das Land zeigen, wie es einmal war, sondern wie es werden sollte. Die Führung lag nun nicht mehr in den Händen der alten Intellektuellen, der Liebhaber ethnographischer Expeditionen, kunstgeschichtlicher Exkursionen oder der Sammler alten Liedgutes, sondern bei den Ingenieuren, Bodenforschern oder Pflanzenzüchtern. Was nach 1931 entstand, war eine neue Massenbewegung, nun aber gänzlich anderer Ausrichtung und gänzlich anderen Charakters. Es ist klar, daß es sich dabei nicht einfach um eine Umorientierung aus einer kulturgeschichtlichen in eine produktivistische oder ökonomistische Richtung handelte. Es ging um etwas weitaus Gravierenderes, als die Büros der Landeskundler durchsucht, die führenden Vertreter des Faches angeklagt und ins Lager verschickt, ihre Schriften aus dem Verkehr gezogen wurden und für Jahrzehnte in den Giftschränken für »Spezialliteratur« verschwanden. Ortswissen ist Kontinuitätswissen. In einer revolutionären Gesellschaft, die nur nach vorne blicken soll und in der Entwurzelung Voraussetzung der Flucht nach vorn ist, ist die Tilgung der Spuren wesentlich für Herrschaft. Das Wissen um geschichtliche Orte ist gefährlich, besonders solange es frei zirkuliert. Ein Jahrzehnt ist ein kurzer Zeitraum für eine Stadt, die Schauplatz geschichtlicher Umwälzungen größten Ausmaßes geworden ist. Das Wissen um die Vergangenheit wird leicht zum lebenden Vorwurf an die neue herrschende Klasse. Es ist in den Jahren der Massenkollektivierung und des Hungers noch nicht vergessen, daß es einmal Brot für alle und Brot in hunderterlei Sorten gegeben hatte. Es ist im Jahre der Einführung eines neuen Arbeitsregimes, das Fernbleiben vom Arbeitsplatz als Verbrechen abstempelt, noch nicht vergessen, daß es einmal eine Verfassung, ein Streikrecht und starke Gewerkschaften gegeben hatte. Die Orte der großen Auseinandersetzungen sind in den Herzen und Köpfen noch gegenwärtig: die großen Werften, die Fabriken, die Vorplätze und Straßen, auf die sich nun niemand mehr hinauswagt. Seltsame Identität der Orte: Wie viele verschwanden wieder in den Gefängnissen, in denen sie schon einmal gesessen hatten und aus denen sie im »Kurzen Sommer der Anarchie« herausgeholt worden waren! Kresty, Spalernaja, Lubjanka, Butyrki, Lefortowo – freilich: einige neue sind hinzugekommen. Noch stehen die Sockel, von denen die Denkmäler der alten Herren gestürzt worden sind und auf die nun die neuen Herren prätendieren. Das »Volk«, das sich soeben eine Vorstellung von seiner Stadt, seinen Umgebungen, die weiter sind als nur die Fabriken, verschafft hatte, war im Bilde, und erst recht jene Intelligenz, die vor 1917 ein Leben lang dafür gekämpft hatte, ihrer Mission nachzukommen. Alles sollte allen offenstehen: die Geschichte, der Raum der Geschichte. Sie hat schwer bezahlt. Viele haben ihre methodischen Kenntnisse in Lagern im Norden weiterentwickelt, viele haben ihre lokalgeschichtlichen und landeskundlichen Kenntnisse für die Exploration von Bodenschätzen und für die Errichtung neuer Städte zur Verfügung gestellt. Es ist bezeichnend, daß im ersten Konzentrationslager der UdSSR, auf dem Archipel der Solowjetzker Inseln, es auch eine »Gesellschaft für Landeskunde« gab und daß die Pioniere der Petersburger *urban studies* ihre Studien ebendort fortgesetzt haben. So kommt es, daß Gelehrte, die die ganze Topographie des Silbernen Zeitalters im Kopf haben, in Lagern am Polarkreis sitzen, nutzlos, zum Sterben verurteilt. Sie zeichnen neue Karten, von Bauwerken des 20. Jahrhunderts, des neuen Zeitalters, von grandiosen Kanalbauten, die das Antlitz der Erde verwandeln sollten. So sitzt Nikolaj Anziferow, der Autor des legendären Buches *Die Seele Petersburgs*, in einer Baracke am Weißmeer-Ostsee-Kanal und sammelt Mineralien, richtet in der Hauptstadt des Lagerkomplexes, in Medweshegorsk ein landeskundliches Museum ein.

Stalins Revolution mußte das Wissen um die russische Welt vor Stalin und die Träger dieses Wissens, die alte russische Intelligenzija, löschen. Nur eine in jeder Hinsicht entwurzelte Gesellschaft und eine Kultur, die ihren Halt verloren hatte, würde Stalin folgen können. Es mußten die Spuren verwischt und all jene, die sie zu lesen und zurückzuverfolgen verstanden, unschädlich gemacht werden, wenn das Neue sich etablieren sollte. Das ist eine ganz andere Version von Blut und Boden. Der Boden ist vom Blut der Märtyrer getränkt. Das ist eine ganz andere Version von Orten: der Ort als Widerstand gegen die gewaltsamen Veränderungen und als letzte Instanz gegen die Löschung der Erinnerung. Der Ort als der letzte Halt in einer Zeit der Entwurzelung und der rasenden Beschleunigung, in der alle, wie vom Schwindel befallen, das Bewußtsein verloren zu haben schienen.

KURSBÜCHER:
ZIVILISATIONSPROTOKOLLE

»Lies keine Oden, mein Sohn, lies die Fahrpläne: sie sind genauer. Roll die Seekarten auf, eh es zu spät ist. Sei wachsam, sing nicht« – von Enzensbergers Rat mag vielleicht die Literatur profitiert haben, die Geschichtswissenschaft kaum. Kursbücher kommen im Curriculum des angehenden Historikers nicht vor. Sie sind im allgemeinen Verstand etwas für Reisende. Vielleicht werden sie ab und zu als Nachschlagewerke benutzt. Das Publikum weiß es anders. Es interessiert sich lebhaft für Kursbücher, antiquarisch oder als Reprint. Manche Jahrgänge sind besonders gefragt: 1913 – das letzte Jahr des Friedens im alten Europa; 1939 – das letzte Friedensjahr vor der Katastrophe; 1946 – als die Menschen wieder aus den Ruinen krochen und die Eisenbahnen wieder in Fahrt kamen; vielleicht das Jahr 1961, als die Teilung Deutschlands auch auf die Eisenbahnnetze übergriff; vielleicht auch 1990, als das erste gemeinsame Kursbuch von Deutscher Bundesbahn und Reichsbahn erschien. Es gibt Rara und Rarissima. Die Kursbücher Nordamerikas, die Kursbücher der diversen Linien des Russischen Reiches. Jeder kennt in seinem Umkreis irgendeinen Kursbuch-Freak, der nicht nur Kursbücher ersteigert, sammelt, kauft, sondern mit dem Kursbuch denkt, das Kursbuch im Kopf hat, der auf Befragen die kürzeste oder die umständlichste Verbindung zwischen Berlin und Bad Gastein im Sommer 1914 sagen könnte oder die Zuglaufpaare zwischen Berlin-Schlesischem Bahnhof und Breslau-Hauptbahnhof im September 1939. Das intime Wissen läßt sich ad infinitum steigern: bis zu den Lokomotiventypen, die auf irgendwelchen Nebenstrecken verkehrten, oder zu den Tapeten in den Salonwagen des Sultans. Kurz: es ist nicht nur eine Welt für sich, sondern ein »großer Kulturschatz«, wie das Große Reichskursbuch einmal genannt worden ist.[1]

Kursbücher erscheinen jährlich neu, in Deutschland jeweils zum Fahrplanwechsel im Winter. Sie erscheinen auf einem Gebrauchsdünndruckpapier wie die Bibel, und sie erreichen zusammengenommen gewiß die Auflagenhöhe der Grundbücher der großen Weltkulturen. Kursbücher sind so etwas wie die Grundbücher des Funktionierens

A 2 Wien Westbf.—Linz—(Praha)—(Beograd)—Salzburg—(Paris)—Innsbruck—Zürich—Basel—Paris

D 213	D 123	D 225	D 235	L 111		L 110	D 232	D 224	D 122	D 212
a	d	b	×	c		c		b	d	a
6⁵⁵	8⁰⁵	15³⁰	.	23³⁰	ab Wien Westbf. . an	7³⁰	.	16⁴⁰	22³⁰	21²⁰
	12⁴⁰	20²¹	.	5⁰⁵	an) Linz Hbf. . (ab	2²⁰	.	12¹⁰	18³¹	
über Selzthal	13²⁰	20³⁸	.	5⁵⁵	ab) Linz Hbf. . (an	1⁴⁴	.	11⁵⁴	18¹¹	über Selzthal
	15⁴⁸	23⁰⁵	.	8²⁰	an Salzburg Hbf.⌂ ab	23²⁵	.	9³⁵	15⁵⁰	
über Selzthal	16¹⁵	.	.		ab Salzburg Hbf. . an		.	.	15²⁴	über Selzthal
	18⁴⁸	.	.		an München Hbf. . ab		.	.	13¹⁰	
	23⁰⁴	.	.		an Strasbourg . . ab		.	.	2¹⁵	
D 313	11⁵⁰	.	.		an Paris Est . . . ab		.	.	18⁵⁰	D 312
15⁰⁰	16²⁵	23³⁵	.	8⁴⁵	ab Salzburg Hbf. . an	23⁰⁰	.	9⁰⁵	14¹⁷	13⁵⁰
16⁵¹	18²³	0⁴⁷	.	9⁵⁵	an Schwarzach-St.V. ab	21⁵⁰	.	7⁵²	12¹⁴	11⁵³
.	.	.	.	9⁰⁰	ab Beograd . . . an	21⁰⁰	.	.		Λ
.	.	.	.	17⁴⁰	Zagreb	11³⁰	.	.		
.	.	.	.	0¹⁰	Ljubljana . . .	5⁵⁰	.	.		
13³⁵	.	.	.	6⁵⁰	Villach	1³⁰	.	11²⁰	⊙	
18²³ D 233	.	.	.	9³⁸	an Schwarzach-StV. ab	22¹⁰	.	7⁵⁵	D 234	
17⁰⁰	f	0⁵²	.	10¹⁰	ab Schwarzach-St.V. an	21³⁵	.	7³⁷	.	11⁴⁵
21¹⁵	Y	4⁵⁵	Y	14¹⁵	an) Innsbruck (ab·	18⁰⁰	f	3⁵⁰	←7	8⁰⁰
.	22¹⁵	5⁴²	10⁰⁰	15⁰⁰	ab) Hbf. (an	17²⁶	11³⁵	3⁰⁷	21¹⁰	
.	1³⁸	9⁰¹	13²²	18⁰⁸	an Feldkirch . . . ab	14²²	8²³	23⁵⁵	17⁴⁴	←7
.	1⁴³	9¹¹	13²⁷	18⁵⁰	ab Feldkirch . . . an	13²⁶	8¹⁸	23³⁸	17³⁹	
.	2²¹	9⁴⁸	14⁰⁵	20⁰⁰	an Bregenz . . . ab	12¹⁵	7⁴⁰	23⁰⁰	18⁵⁹	
.	2⁵⁵	10³⁶	14³²	20⁴⁶	an Lindau ⌂ . . . ab	11²⁰	7⁰²	22²⁵	18²⁰	
.	.	10⁴⁵	23⁰⁶	.	an Strasbourg . . ab	.	.	20³⁵	6³⁵	
.	.	18²³	7¹⁵	.	an Paris Est. . . . ab	.	.	12³⁰	21⁵⁰	
.	5⁴⁰	9¹⁶	13⁴⁸	18¹⁸	ab Feldkirch . . . an	14¹⁷	7⁰²	23⁴³	.	17³²
.	6⁰⁶	9³⁶	14²⁰	18³⁰	an) Buchs-(𝔑𝔒𝔈𝔏) (ab	14⁰⁰	6³⁵	23²⁵	.	17⁰⁵
.	.	9²¹	.	18³⁶	ab) St.-G.⌂ (an	11⁵⁹	.	21³⁶	.	
.	.	11¹⁹	.	§20¹⁹	an Zürich (§ Enge) ab	§10¹⁶	.	19³⁵	.	
.	.	12⁵⁹	.	21⁴⁷	an Basel . . . . . ab	8⁴⁴	.	17⁴⁴	.	
.	.	22³³	.	7²⁰	an Paris Est . . . ab	23³⁰	.	8⁰⁰	.	

»Es ist ein eigentümliches literarisches Genre, mit einer eigenen Sprache, eigenen Zeichen- und Bedeutungssystemen.«

Kursbuchstrecke A2 Wien – Zürich – Paris, 1947

unserer Kultur. Sie sind nicht einfach Tabellen und Verzeichnisse, sondern Choreographien unendlich vieler, aufeinander abgestimmter Bewegungen; sie sind Bewegungsprotokolle, ohne die die selbstverständliche Routine unserer ganzen Zivilisation binnen kürzester Zeit zum Stillstand käme. Es sind nicht nur Fahrpläne, vielmehr Chroniken für die Bewältigung von Raum, Protokolle über den Fortschritt bei der Verkürzung von Distanzen und über die Verdichtung von Raum. Erscheinen Kursbücher nicht, so ist dies ein wichtiger Hinweis auf eine fundamentale Störung, sogar für einen Zusammenbruch. Ihre Abwesenheit ist das beste Zeichen für chaotische Zeiten, in denen nicht das Kursbuch, sondern die Improvisation regiert.

Es ist ein eigentümliches literarisches Genre, mit einer eigenen Sprache, eigenen Zeichen- und Bedeutungssystemen. Die gänzlich formale Definition laut Brockhaus-Ausgabe von 1894 gibt kaum etwas wieder von dieser Eigentümlichkeit: »Kursbuch, ein Buch, das die Eisenbahn-, Post- und Dampfschiffahrtsverbindungen für bestimmte Ländergruppen oder Teile derselben enthält, gewöhnlich unter Beigabe einer Eisenbahnübersichtskarte. Es erscheint meist mehrmals im Jahre entsprechend den Veränderungen in den Fahrplänen. Die bekanntesten sind: für Deutschland das ›Reichskursbuch‹ und ›Hendschels Telegraph‹.«

Man kann sich auch hier einlesen. Obwohl sie dick sind, wie die Bibel, ist ihre Faktur doch eine völlig andere. Sie erinnert fast ein wenig an Schaltpläne oder an die Chips in unseren Computern. Es ist eine höchst rationelle und sparsame Sprache. Es brauchte eine Weile, bis sie sich soweit entwickelt hatte. Die Grundform sieht man in den Aushängen »Ankunft« und »Abfahrt« in den Bahnhöfen – sie werden mittlerweile von Computern ersetzt, denen man nur das Ziel eingeben muß, damit die möglichen Verbindungen und der Preis ausgedruckt werden. Die Lust des Kombinierens, die frühere Kursbuch-Leser in Atem gehalten hat, entfällt mehr und mehr. Das Kursbuch ist nicht nur die Zusammenfassung von Fahrplänen, sondern das Resultat eines langen Abstimmungsprozesses, gleichsam die Emanation kollektiver Vernunft bei der Organisation gesellschaftlicher Bewegungen. Sie stellen die denkbar engste Verbindung zwischen Ort und Zeit her, die raumzeitliche Einheit. Entfernungen sind in das Maß von Zeit und Raum gebracht. Den Kursbüchern sind Karten beigegeben. In technisch-kartographischer Hinsicht sind sie mustergültig für die übersichtliche Darstellung komplizierter Bewegungsabläufe geworden. Bis auf die Minute und den Kilometer genau wird gerechnet. Es gibt unterschiedliche Raum-Zeit-Ebenen: Fernverbindungen, Nahverbindungen, nationale, internationale, regionale Verbindungen. Man kann sich auf verschiedenen Zeit- und Beschleunigungsplateaus bewegen: Expreß, Schnellzug, Personenzug – das stand einmal für verschiedene Beschleunigungsweisen, für unterschiedliche Gewichtigkeit. Zwischen Zentren verlaufen in der Regel Hochgeschwindigkeitsstrassen, an der Peripherie versickert die Bewegung. Dazwischen finden sich Knotenpunkte, die wir nur deshalb kennen, weil sie durch »die Geschichte« – eine zufällige Konstellation vielleicht, weil hier einmal die Züge rangiert wurden, mit Kohle und Wasser versorgt wurden, die Eisenbahnverwaltungen ihren Sitz hatten usf. – dazu ausersehen wurden,

Knotenpunkte zu sein. Niemand steigt dort je aus, sondern immer nur um. Vincu de Cos, Orsa, Bebra, Konin, Bohumin – Orte, die wir nicht kennen würden, wenn sie nicht im Kursbuch dick eingetragen gewesen wären. Sie gehören zu den *mental maps* unserer Kindheit.

Imaginäre Reise in die Wirklichkeit. Die Lektüre von Kursbüchern ist so grenzenlos und unerschöpflich wie das Sujet selbst. Sie sind die Welt in einem Buch, die Welt, in die Tasche gesteckt, in handliche Form gebracht. Wer es vor sich liegen hat, kann sich auf Reisen begeben. Es sind Phantasiebücher, noch mehr als Atlanten. Sie stiften zu Reisen an, die man nicht nur im leeren Raum unternimmt, sondern nachprüfbar, meßbar in Kilometern, Stunden und Minuten. Was darin steht, ist »intersubjektiv nachprüfbar«. Das ist kein Roman, sondern ein Text, in dem der strengste aller Herren die Regie führt: die Zeit. Für jeden ist im Kursbuch etwas enthalten: für den Mathematiker, den Physiker, den Romancier, den Historiker des Alltags und den Historiker von Beschleunigung und Verlangsamung. Wir können davon ausgehen, daß das, was darin steht, wirklich stimmt. Daß am 1. August 1912 um 20 Uhr 23 der Nord-Expreß die Gare du Nord verlassen und nach einer Fahrt von 46 Stunden am Baltischen Bahnhof in Sankt Petersburg eingetroffen ist, so wie er es immer tat, solange es ihn gab. Es ist der Zauber einer Vergegenwärtigung, die nicht auf das Ungefähre, nicht bloß auf Phantasieren angewiesen ist, sondern auf ein Faktum, das Faktum einer Routine gewordenen, die Lebenswirklichkeit von vielen Menschen, einer ganzen Generation bestimmenden Routine.[2] Dieses Wissen um den genauen Ort, die genaue Zeit, ist eine wesentliche Bedingung für historische Imagination und Vergegenwärtigung – im Unterschied zur literarisch-künstlerischen. Die Orts- und Zeitangaben stimmen, wenn nicht etwas Besonderes dazwischengekommen ist. Damit kann man zunächst nicht viel anfangen, und doch ist es eine Grunderfahrung, eine Grundbedingung für die Kommunikation über die Generationen hinweg – was Geschichte im Grunde ja ist, nicht mehr und nicht weniger. Die Faszination dieser Lektüre liegt eben darin, daß sie in die Wirklichkeit hineinführt, nicht in einen Himmel, in dem alles möglich ist. Die Faszination liegt im Nachvollzug, in der empirisch gestützten und kontrollierten Bewegung des Nachvollzugs, die uns erlaubt, mit den Toten wie mit Lebendigen virtuell in Verbindung zu treten. Wir können mitreden, wenn wir uns im Raum auskennen. Wir wissen uns zu bewegen. Wir haben mehr als einen blassen Dunst von der Welt, von der wir sprechen. Kurz: wir kennen uns aus.

Die Lektüre von Kursbüchern macht uns zu Kennern, in einem sehr elementaren Sinn, den manche lachhaft finden mögen. Aber andererseits gilt: wer sich im Raum nicht auskennt, kann gar nicht mitreden. Es ist also ungenau, wenn man von den »imaginären Reisen« spricht, die man mit Kursbüchern unternehmen kann. Es ist gerade das imaginär Nichtimaginäre, daß wir uns auf dem Boden der Tatsachen bewegen, daß wir uns einklinken in ein Netz, das wirklich existiert hat und ohne dessen Kenntnis wir eigentlich gar nichts verstehen: vom inneren Tonus von Zivilisationen, von Tempi, von Dichten, von Fernen, von Nähen, von Konzentrationen und Diffusionen. Geschichte ist ja weithin Studium kultureller Dichte.

Wir Kursbuchleser sind also weniger die Liebhaber des freien Phantasierens als vielmehr Abenteurer, die der Wirklichkeit auf die Spur kommen wollen. Das Kursbuch von 1913 ist ein mächtiges Instrument der Reise in die Wirklichkeit, bis an die Grenzen der historisch erfaßbaren und erfahrbaren Wirklichkeit. Nur dort, wo die Kursbuchzeit hinreichte, war auch Geschichtszeit. Was keinen Eintrag im Kursbuch fand, war in einem gewissen Sinne nicht existent. Die erfahrbare Welt konstituiert sich über Kursbücher – man sieht hier schon, daß es eine Quelle ganz besonderer Art und Qualität ist. Eine Quelle, in der man nicht nur etwas nachschlagen kann – die kürzeste Verbindung zwischen A und B im Jahre XY –, sondern in dem etwas gesagt ist über die von Generation zu Generation sich ändernde Konstitution und Konstruktion der Welt.

Geschichtstexte. Zum Gebrauch dieser Bücher heißt es in einer alten Ausgabe von Storms Kursbuch: »Ein Kursbuch richtig zu verstehen, d. h. richtig zu lesen, ist nicht leicht. Es gehört ein eingehendes Studium und eine gewisse Übung dazu, um jede Angabe im Fahrplanteil, im Stationenverzeichnis und auf der Karte in richtiger Weise zu deuten.« Aber es geht um weit mehr. Da ist zunächst ihre eigene Geschichte, die Geschichte des Genres. Sie dokumentiert die Ausweitung und die Vereinheitlichung des Netzes von Eisenbahnen, Postbussen, Dampferverbindungen, die Herstellung eines Verkehrs- und Kommunikationsraumes. Es dauert eine Weile, bis aus den vielen Gesellschaften die eine Gesellschaft und aus den vielen Kursbüchern das Reichskursbuch geworden ist. Man könnte in einer europäischen Bibliothek der Kursbücher diesen Prozeß der Vereinheitlichung, Homogenisierung, Abstimmung der Verkehrsbewegungen nachvollziehen, die Ausbildung einer einheitlichen, erst reichsweiten, dann auch supraimperialen

Zeichensprache, denn die internationalen Verbindungen – Orientex-
preß, Nord-Expreß, Alpen-Expreß etc. – verlangten ja solche Abstimmung. Es kommt zur Herausbildung einer einheitlichen Zeit, und von
nun an kann man sie als Dokumente lesen, in denen die europäische
Geschichte ihren Niederschlag, ihre Einkerbungen, ihre Narben eingezeichnet hat.

Am Anfang standen die von der Post herausgegebenen Kursbücher,
Postroutenkarten und Fahrpläne, deren erste es schon seit 1608 gab.
»Hendschels Telegraph« knüpfte an diese alte, aus der Voreisenbahnepo-
che herrührende Tradition an. Des weiteren gab es »Storms Kursbuch
fürs Reich«. 1863 wurde vom »Verein deutscher Eisenbahnverwaltungen« das »Officielle Cours-Buch Nr.1« herausgegeben. Noch lange
existierten verschiedene Kursbücher nebeneinander her: Hendschels
Telegraph, Storms Kursbuch, das Siesta-Kursbuch. Das Kasseler Ta-
schenkursbuch, das karmesinrote Mitropa-Kursbuch mit schwarz-gold
aufgedruckten Emblemen und Schriftzügen. Nachfolger des »Officiel-
len Cours-Buchs« ist ab 1881 das Reichskursbuch, das mehrmals im
Jahr erschien und wahrhaft international war – Strecken in Ägypten,
Nordamerika, bis Wladiwostok einschloß und außerdem einen auf-
schlußreichen kosmopolitischen Inseratenteil hatte mit Hotelverzeich-
nissen für Budapest, Stockholm, Sankt Petersburg, Bern, Rom, Den
Haag, Nizza, St. Moritz. Der Benutzer wird in die europäische Ho-
tellandschaft eingeführt – Imperial in London, Palace Hotel in Mailand, National in Moskau, Metropol in Paris, Polonia Palace in
Warschau. Mit dem Reichskursbuch wird nicht nur die Zeit verein-
heitlicht, sondern werden auch die Länderbahnen aufeinander abgestimmt; bis dahin – 1880 – konnte ein und derselbe Zug noch nach
Münchener, dann nach badischer Zeit abfahren. Ja es gab nicht nur
verschiedene Landes-, sondern auch verschiedene Ortszeiten. Allein
innerhalb des Deutschen Reiches gab es verschiedene Tageszeiten, von
Europa und der übrigen Welt ganz zu schweigen. Auf einer für die Geschichte des Verkehrs und der Zeit epochemachenden Konferenz 1889
in Washington D. C. kam es zu einer Vereinheitlichung der Zeit, zur
Herstellung einer Einheitszeit – gegen den Einspruch Frankreichs.
1893 legten das Deutsche Reich und die Nachbarstaaten die »Mittel-
europäische Zeit« fest. Die Einführung einer 24-Stunden-Zeitskala
ließ noch auf sich warten: sie kam erst im Jahre 1927. Damit geht auch
die Abstimmung und Vereinheitlichung der Zugtypen einher. Cou-
rier- und Postzüge verschwinden, Durchgangszüge – also die D-Züge –
werden eingeführt. Hinzu kamen Verbesserungen wie die Angabe der

schnellsten Verbindungen von Berlin nach anderen europäischen Hauptstädten, die Expreßzüge der internationalen Schlafwagengesellschaften. Berlin entwickelt sich zur Spinne im Netz des europäischen Eisenbahnwesens. Die Expansion und Verdichtung des Eisenbahnraumes schlug sich nicht zuletzt im Umfang nieder: das Reichskursbuch von 1914 war dreimal so umfangreich wie das von 1880. Noch vom Ende des 20. Jahrhunderts her betrachtet, ist es in vieler Hinsicht unüberboten und mutet geradezu utopisch an. »Im Reichskursbuch 1914 scheint es keine Grenzen zu geben. Da die Zollkontrollen des mitgeführten Gepäcks zumeist in den Zügen stattfanden, dauerte der Aufenthalt an den Grenzstationen vielfach nicht länger als zum Lokwechsel nötig, und, sofern dieser entfiel, auch nur wenige Minuten.« 1936 wurde das Reichskursbuch dann »überflüssig« und erscheint fortan als »Deutsches Kursbuch.«[3]

Wir lernen Kursbücher der Friedenszeit von Kursbüchern der Kriegszeit zu unterscheiden. Diese befördern Zivilisten, jene vor allem Militärpersonal. Diese führen vor allem in andere Städte, vorzugsweise Hauptstädte, jene vor allem an die Front und in die Städte, in denen Divisionsstäbe und Etappenfürsten ihre Hauptquartiere aufgeschlagen haben. In diese darf man ohne alle Restriktionen, in jene darf man nur mit Urlauberpaß oder Sondergenehmigungen, denn sie sind Grenz- und Frontgebiet, in denen Zivilisten und Fremde auffällig sind und allzuleicht unter Spionageverdacht geraten; es sind die Namen von Orten, in denen die Passagiere Entlausungs- und Desinfektionsprozeduren durchlaufen müssen, wo also die Grenze zwischen zivilisiert und nichtzivilisiert verläuft. Die Reichweite von Eisenbahndirektionen ändert sich je nach Kriegsglück und Frontverlauf. So kann es passieren, daß Wilna, Riga, Schaulen, Lodz, Lemberg sich mit einem Male im Reichskursbuch wiederfinden, obgleich sie sich doch weit im Osten, auf dem Territorium von Russisch-Polen befinden. Der Imperialismus schreibt sich ins Reichskursbuch ein in seiner Expansion und in seinem Zusammenbruch 1918. In jener Zeit auch gerät das Erscheinen von Kursbüchern aus dem Tritt, wird unkalkulierbar, die Papierqualität wird so schlecht, daß es heute zwischen den Fingern zu zerbröseln droht. Das Kursbuch fügt sich den neuen Grenzen von Versailles, die schockierend neu und ungewohnt sind. So tauchen plötzlich neue Grenz- und Transitorte auf, die weit aufs Reichsgebiet zurückgezogen erscheinen: Eydtkuhnen, Schneidemühl, Ratibor, Eger, Eupen, Straßburg-Kehl. Später freilich, nach 1940, nach der »Rückgewinnung« einst abgetretener Gebiete mußte das Nummernschema erneut geändert werden – Elsaß-Lothringen firmiert nun im 300er Bereich.

Nach dem Beginn des Zweiten Weltkrieges und der Unterwerfung Europas kommt es noch einmal zu einer ungeheuren Ausdehnung des Gültigkeitsbereichs der Reichsbahn: über alle geographischen und moralischen Grenzen von einst hinweg. Die Reichsbahn führt nun Buch über Destinationen nach Kantemirowka, Iwan-Frankowsk, Orscha, Minsk. Destinationen im Reichskursbuch sind nun Städte wie Odessa, Rostow am Don, Kiew-Hauptbahnhof und Kiew-Süd. Man kann aus den Zugfrequenzen entnehmen, wie wichtig die Destinationen für den Transport von Gütern und Menschen sind. Das Medium des Zivilverkehrs von einst wird zum Hauptvehikel des Kriegstransports mit allem, was dazugehört. Nach und nach schmelzen die zivilen Verbindungen dahin, die Skelettierung der Kursbücher setzt ein.

Das Kursbuch zeigt, wie stabil Routinen sind, denn die Züge halten nicht, als 1933 der Reichstag brennt und die nationale Revolution ausgerufen wird. Die Flüchtlinge und Emigranten verlassen, wenn das Risiko nicht zu groß ist, mit fahrplanmäßigen Zügen vom Anhalter Bahnhof das Land. Die Jahre 1934 bis 1939 brachten Beschleunigung, Expansion, »Kraft durch Freude«-Reisen, und jede neue Ausgabe des Kursbuches hatte etwas zu bieten. Die Reisezeiten werden verkürzt, die Bahnen nehmen die neue Konkurrenz der Autobahnen auf. Etwas sensationell Neues ist das »Reichsgüterkursbuch«. Der Höhepunkt der Modernisierung des Eisenbahnwesens fällt in das letzte Vorkriegsjahr 1939. Zur wahren »Leistungsexplosion« – so ein hoher Funktionär der Reichsbahn – kam es indes in den Jahren des Zweiten Weltkrieges.

Die Umlaufpläne der Reichsbahn, die die Juden Europas ins Gas transportiert, sind das inoffizielle, gleichsam das Zweite Kursbuch, nach dem in Europa transportiert und deportiert wird. Es gibt kein »Räderwerk des Terrors«, sondern eine Eisenbahn, die funktioniert. Es gibt keinen Abgrund des Schreckens, sondern einen minutiösen Plan, nach dem »evakuiert« und deportiert wird. Es gibt genau berechnete Frachtkapazitäten, Zugfolgen. Leistung läßt sich berechnen. Eine ganze Armada von hochspezialisierten und -motivierten Beamten und Angestellten – für Lenin der Inbegriff europäischer Organisationseffizienz – ist damit befaßt. Die Vernichtung auf ihrem Höhepunkt zeichnet sich durch vorausschauendes Kalkül und Effizienz aus. Man könnte von einer Regie der Säuberungsbewegung, von einer Choreographie koordinierter Bewegungen zur Liquidierung von Menschen sprechen. Die Umlaufpläne der Reichsbahn sind die exakten Bewegungsdiagramme für die Verschiebung ganzer Völker, der Schaltplan der Juden-vernichtung.[4]

Irgendwann gibt es für die von Bomben und Fronten zerrissenen »Arterien« keine Kursbücher mehr. Der Krieg erreichte die Nerven-zentren, die Regie entglitt. Ein Volk in Trümmern in einem Europa in Trümmern kommt ohne Kursbücher aus. Es geht für eine Weile nicht mehr um Fahrten in die weite Welt, sondern um Hamsterfahrten ins umliegende Land. Das Wiedererscheinen von Kursbüchern in Deutschland zeigt an, daß das Netz wieder geflickt ist und die Bewe-gungen wieder eingesetzt haben. Bald wird es nicht mehr nur ein Kursbuch geben, sondern zwei, eines der Deutschen Bundesbahn und eines der Deutschen Reichsbahn. Sie sind noch lange aufeinander be-zogen, aber werden doch immer mehr zu Dokumenten der Teilung, des Auseinanderdriftens. Nun werden die innerdeutschen Grenzbahn-höfe wichtig: die Bahnhöfe von Helmstedt/Marienborn kennt eine ganze Generation als Chiffre der deutschen Teilung und für in um-ständlichen Abfertigungsprozeduren aufgebrauchte Lebenszeit. Nach 1989 dokumentieren die Kursbücher den zügigen Prozeß der Wieder-Vernetzung und Rekonstruktion eines einheitlichen Verkehrsraums, der an vielen Stellen am technischen Stand von 1939 anzuknüpfen hatte.

Protokoll über die Herstellung von Raum. Die Reisen, die wir mit dem Kursbuch ad libitum und post festum unternehmen, sind in Wahrheit Reisen in die Produktion von Raum. Wir werden Zeugen der Verkür-zung von Distanzen durch Beschleunigung und Streckenausbau. Wir genießen die Freiheit dessen, der wählen kann zwischen verschiede-nen Wegen, Verbindungen und Stufen des Komforts. Wir spielen noch einmal das Register der Anschlußmöglichkeiten durch, die es längst nicht mehr gibt, oder wir kommen mit einem anderen Zeitbewußtsein an Orten an, die wir nur zu gut kennen. Wir bewundern das kunstvolle System, das solche Beschleunigung möglich gemacht hat. Wir sind aber auch bewegt von der Erfahrung, wie zerbrechlich das alles ist. In einer Sekunde kann eine Strecke unterbrochen werden, an der fast ein Jahrzehnt lang gebaut worden ist; wir stellen fest, daß das ganze En-semble wohlabgestimmter Bewegung aus den Fugen geraten kann, daß Verlangsamung und Entschleunigung in den totalen Stillstand mün-den. Ausfall, Fahrtunterbrechung auf freier Strecke, die Einstellung von Zugpaaren melden, daß die Zivilisation aus den Fugen ist.

Wir konnten anhand der verschiedenen Jahrgänge des Reichskursbuches, insbesondere in dessen »internationalem Teil«, die Produktion eines neuen Raumes von bisher unerhörter Dichte studieren. Wir lesen im Kursbuch von der Entstehung des Europa der Moderne, in dem von nun an Gleichzeitigkeit hergestellt ist. Nichts geschieht irgendwo noch, ohne daß es nicht anderswo Folgen hätte. Das Kursbuch ist das Dokument unserer neuen Abhängigkeit und Nähe. Der Raum, den das Kursbuch beschreibt, hat sich über den Raum der Postverbindungen gelegt. Eine andere Welt entsteht: mit anderen Ansichten auf die Welt, mit anderen Rücksichten und neuen Perspektiven. Das Kursbuch führt in die neue Zeit, in der es immer schneller, zuverlässiger zugehen wird, ohne daß wir davon noch Kenntnis nehmen müssen. Wir rechnen einfach damit. Wir verlassen uns darauf. Kursbücher sind die Dokumente intakter Beziehungen, was immer sonst noch geschehen mag. Aber dann sind sie plötzlich verschwunden.

Die Bewegungen, die sonst annonciert werden, werden nicht mehr ausgeführt. Die Züge fahren nicht mehr, sie kommen nicht mehr an. Kein Weltende, aber das Ende einer Epoche. Der Raum, dessen kühne und doch so zuverlässige Konstruktion im Kursbuch niedergelegt ist, ist zerfallen. Er bildet sich neu, wie das in Zeiten ist, in denen wenigstens das Know-how zur Verfügung steht, auch wenn sonst alles in Ruinen liegt.

Im Nachkriegseuropa entstehen – vereinfacht gesagt – zwei Räume. Räume unterschiedlicher Zeiten und Zeitmaße, Räume verschiedener Tempi, Räume verschiedener Dichte und Kohärenz. Während die Beziehungen, die den alten Raum ausgemacht hatten, immer dünner und sporadischer werden, nehmen die anderen zu, ziehen Reorientierungen nach sich. Was einmal Durchgangsbahnhof war, ist nun Endstation. So entstehen die spezifischen Verkehrsräume, die den jeweiligen Hemisphären in Ost und West angehören.

Die alten Kursbücher, die Kursbücher des einen europäischen Raumes von einst, verwandeln sich in geradezu utopische Dokumente. Nicht vor allem »schön war es in den guten alten Zeiten«, sondern vor allem so viel rascher, zuverlässiger, schneller, näher. Das Kursbuch als Utopie, als Dokument eines immer noch unüberbotenen Zustandes. Nun erst gewinnen sie eine wahrhaft faszinierende Kraft. Sie werden jetzt erst recht die Matrix für die Möglichkeiten Europas. Sie sind Zeugnisse einer Utopie, die schon einmal Wirklichkeit war: von Berlin nach Königsberg in 6 Stunden, von Berlin nach Breslau in 3 Stunden – heute braucht man jeweils doppelt so lang. Nach dem Krieg werden einzelne Strecken gekappt. Die Oder-Neiße-Grenze schneidet alte starke Bahnverbindungen entzwei. Es kommt infolge des Weltkrieges und der nachfolgenden Teilung zu einer regelrechten Regression: im Jahre 1993 brauchte der Intercity von Leipzig nach Magdeburg zwei Minuten länger als der gewöhnliche D-Zug des Jahres 1939. Die Kursbücher der Vorkriegszeit sagen uns, wie weit wir schon einmal waren, und daß Europa eine Dichte und Kohäsion erreicht hatte, von der wir – im allgemeinen Fortschritt – noch weit entfernt sind. Es sind gerade die profanen Werkzeuge und Medien, die uns aufklären über den Stand der Dinge. Niemand am Anfang des Jahrhunderts, das so sehr im Zeichen von Eisenbahnen und Beschleunigung gestanden hatte, hätte sich träumen lassen, daß es an seinem Ende so sein könnte: das Kursbuch als ein utopischer Text, der schon einmal Realität gewesen war.

FINGERABDRUCK,
RELIEF DES KÖRPERS

Zwischen Fingerabdrücken und Reliefkarten besteht eine auffällige Ähnlichkeit. Auf den ersten Blick kann man sie nicht unterscheiden. Das Relief der Haut gleicht einer Gebirgslandschaft, die Darstellung der Fingerkuppe der Darstellung einer Bodenerhebung. Der Verlauf der Hautleisten gleicht dem Verlauf der Relieflinien einer Bodenkarte. Bis in die Formulierungen hinein zeigt sich eine Verwandtschaft von biometrischen und geometrischen Verfahren: Relief, Spur, *minutiae*, Beschreibung der anatomischen Merkmale von Hautleisten wie »Haken«, »Gabelung, »Punkt«, Insel«, »eingelagerte Schleife« u. a. Wahrscheinlich hätten sich die Vertreter der Topographie und der Daktylographie viel zu sagen.

Unter dem Stichwort »Daktyloskopie« – gebildet aus dem griechischen Daktylos: Finger und skopein: schauen, also: Fingerschau – finden wir folgenden Eintrag: »Daktyloskopie, die Wissenschaft vom Hautrelief der Finger (Hautleisten). Für den polizeilichen Erkennungsdienst stellt sie das wichtigste Mittel zur Identifizierung eines Menschen dar und wird vor allem bei der Aufklärung von Verbrechen verwendet. Die Hautleisten an den Fingern und Zehen sowie auf den Hand- und Fußflächen sind bis in alle Einzelheiten während des ganzen Lebens unveränderlich. Gröbere Merkmale des Leistenbildes wie Typus, Größe und Form der Musterbildungen oder die Leistenstromanordnungen in den Hand- und Fußflächen sind erblich verankert; Einzelheiten des Leistenverlaufes (*minutiae*) sind jedoch zufällig und zeigen schon in kleinen Bereichen eine so große Vielfalt ihrer Variation und Kombination, daß Wiederholung desselben Bildes bei zwei Menschen als praktisch ausgeschlossen gilt.«[1]

Die Kartierung der Hautoberfläche schafft Klarheit. Der Fingerabdruck ist das Unzweifelhafte und Unzweideutige, Unwiederholbare und Individuelle. Es war bis in die jüngste Zeit das zuverlässigste Verfahren zur Identifikation eines Invividuums. Selbst eineiige Zwillinge mit identischen Erbanlagen haben unterschiedliche Hautleistenbilder. Das Wissen um die Unverwechselbarkeit des Fingerabdrucks war schon

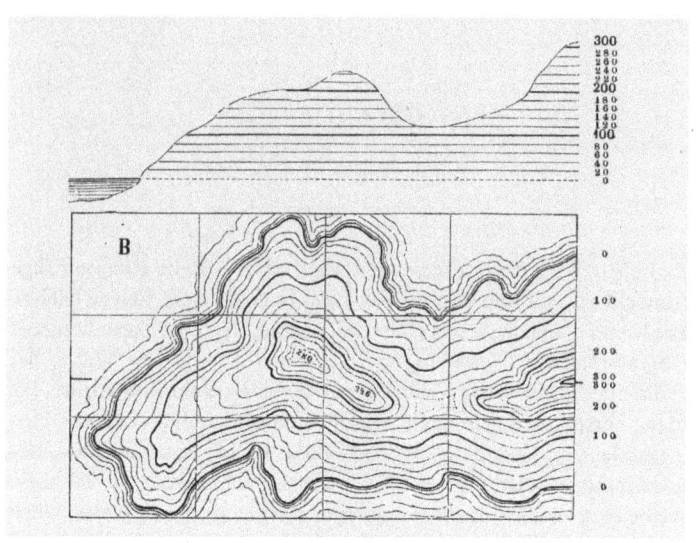

»Das Relief der Haut gleicht einer Gebirgslandschaft, die
Darstellung der Fingerkuppe einer Bodenerhebung.«

*Anwendung der Schichtenlinien bei Darstellung der Terrainformen
im Zusammenhange
(aus: Viktor von Reitzner, Die Terrainlehre),
Fingerabdruck »Wirbelmuster«*

den Alten geläufig. Schon weit in vorchristlicher Zeit wurden bei As-
syrern, Babyloniern, Ägyptern, aber auch in China und Japan für die
Ausfertigung von Zivilangelegenheiten Fingerabdrücke genommen.
Von diesem frühen Wissen in den außereuropäischen Kulturen führt
kein Weg zur Entdeckung und Anwendung daktylographischer Methoden im Europa des 19. und 20. Jahrhunderts. Hier ist sie rasch zu
einer der Hauptmethoden beim Ausbau eines effizienten modernen
Systems von Kontrolle, Überwachung und Strafverfolgung geworden.

Die erste »Daktylographische Landeszentrale« wurde im Jahre 1903 im Land Sachsen eingeführt, das restliche Reich folgte erst im Jahre 1914. Mittlerweile sind die Archive längst digitalisiert und miteinander vernetzt. Rund 26 Millionen Fingerabdrücke waren in der Bundesrepublik Anfang der 1990er Jahre gespeichert. So haben wir nicht nur Kartensammlungen, auf denen die ganze Erdoberfläche erfaßt und gespeichert ist, sondern auch Fingerabdrucksammlungen. Wir können nicht nur jederzeit jeden beliebigen Punkt der Erdoberfläche in verschieden großer Rasterauflösung abrufen und reproduzieren, sondern wir können auch auf umfangreiche Spurensammlungen und Tatortspurenkarten zurückgreifen. Mittlerweile sind ganz neue und verbesserte Identifikationssysteme in Gebrauch genommen worden: die Iris der Pupille, die Stimme, der genetische Code. Aber die Vorstellung, der Identität eines Menschen vollständig habhaft werden zu können, indem man seinen Fingerabdruck nimmt und seine Koordinaten auf die Erdoberfläche projiziert – exakt bis auf den Zentimeter im Netz von Längengrad und Breitengrad –, ist eine grandiose und zugleich furchterregende Vorstellung. Körper und Ort als das Letzte, Unhintergehbare. Herrschaft und Kontrolle immer dezidiert als Herrschaft und Kontrolle über Körper. Und daher auch keine einzige Befreiung, in der es zuletzt nicht um die Befreiung des Körpers gegangen wäre. Noch einiges andere deutet auf einen engen Zusammenhang zwischen geometrischen und biometrischen Verfahren, zwischen Körperkontrolle und Geländekontrolle hin – und es kann auch nicht anders sein. Denn Freiheit ist immer auch Freiheit der Bewegung, und Freiheit der Bewegung ist Freiheit der Körper, sich im Raume zu bewegen.

Die moderne europäische Daktyloskopie geht auf Erfahrungen und Praktiken des britischen Kolonialreiches in Indien zurück.[2] Der erste Europäer, der Fingerabdrücke für polizeiliche Zwecke dienstbar zu machen versuchte, war 1877 der Brite William Herschel, der in Kalkutta im Dienst der indischen Zentralverwaltung gestanden hatte. Ihm war es um die Feststellung der Identität von Personen bei der Auszahlung von Löhnen und Gehältern gegangen. Etwa zur gleichen Zeit gelangte, unabhängig von Herschel, der in Japan lebende Engländer Henry Faulds nach eingehenden Untersuchungen der menschlichen Hautleisten zu den gleichen Erkenntnissen. Er machte 1880 den Vorschlag, die Fingerabdrücke am Tatort zur Überprüfung von Verbrechern zu nutzen und dafür alle 10 Finger zur Aufnahme von Fingerabdrücken zu daktyloskopieren. Der Durchbruch für die Daktyloskopie kam mit der wissenschaftlichen Arbeit Sir Francis Galtons, des Vetters von Charles Darwin und Begründers der Eugenik, der Theorie der Verbesserung des Menschengeschlechtes durch gezielte Auslese. Er war es, der die Beständigkeit des Erbgutes und die Erblichkeit körperlicher und geistiger Eigenschaften erkannt hatte. Er hatte auch die wissenschaftliche Begründung für Unveränderlichkeit und Merkmalsvariabilität der menschlichen Hautleisten erkannt und so der Einführung der Daktyloskopie im polizeilichen Erkennungsdienst zum Durchbruch verholfen. Auf dieser Basis bereits erfolgte die Einführung eines vereinfachten und verbesserten Klassifizierungssystems des Fingerabdrucks durch den damaligen Generalinspekteur der Polizei in Kalkutta, Edward Henry. Im Jahre 1897 wurde die Daktyloskopie in Indien eingeführt und 1901, nachdem Henry Polizeipräsident von London geworden war, auch in England und Wales. Es ist wirklich bemerkenswert, wie die koloniale Welt – Britisch-Indien – zum Experimentierfeld der großen Vermessung der Welt geworden ist: erst der Großen Trigonometrischen Vermessung der Erdoberfläche, dann der daktylographischen Erfassung des Reliefs des menschlichen Körpers.

BIOGRAPHIE,
CURRICULUM VITAE

Walter Benjamin: »Lange, jahrelang eigentlich spiele ich schon mit der Vorstellung, den Raum des Lebens – Bios – graphisch in einer Karte zu gliedern. Erst schwebte mir ein Pharusplan vor, heute wäre ich geneigter zu einer Generalstabskarte zu greifen, wenn es die vom Innern von Städten gäbe. Aber die fehlt wohl in Verkennung der künftigen Kriegsschauplätze. Ich habe mir ein Zeichensystem ausgedacht und auf dem grauen Grund solcher Karten ginge es bunt zu, wenn die Wohnungen meiner Freunde und Freundinnen die Versammlungsräume der mancherlei Kollektiva von den ›Sprechsälen‹ der Jugendbewegung bis zu den Versammlungsorten der kommunistischen Jugend, die Hotel- und die Hurenzimmer, die ich für eine Nacht kannte, die entscheidenden Tiergartenbänke, die Schulwege und die Gräber, deren Füllung ich beiwohnte, die Stellen, an denen Cafés prangen, deren Namen heute verschollen sind und uns täglich über die Lippen kamen, die Tennisplätze, auf denen heute leere Mietshäuser und die gold- und stuckverzierten Säle, die die Schrecken der Tanzstunden beinah Turnsälen gleichmachten, wenn all das dort deutlich unterscheidbar eingetragen würde.«[1] Paris erst hat ihm den Traum erfüllt, »dessen früheste Spuren die Labyrinthe auf den Löschblättern meiner Schulhefte waren«. Benjamin spricht wiederholt von seinen »graphischen Träumereien«,[2] davon, ein »Diagramm« seines Lebens zu zeichnen. Und er hat die Erinnerung an seine Kindheit auch durch Orte seiner Kindheit markiert: die Denkmäler für Friedrich Wilhelm und Königin Luise im Tiergarten, die Bendlerbrücke, den Landwehrkanal, die Tiergartenvillen, das Kaiserpanorama, die Siegessäule, den Garten am Brauhausberg, wo eine der Sommerwohnungen seiner Familie lag, Steglitzer/Ecke Genthiner, die Speisekammer, die Kupplerische Straße an der Synagoge, Markthalle Magdeburger Platz, Zoologischer Garten, Blumeshof 12, Schulbibliothek, Babelsberger Sommerwohnung, Hallesches Tor, das Labyrinth, Loggien, Schwimmbad in der Krummen Straße, Pfaueninsel und Glienicke. Alle Orte sind verknüpft mit zentralen Erlebnissen: Krankheit, sexuelle Erfahrung, Besuch bei den Tanten, Tod des Onkels.

Lebensbeschreibungen sind Bewegungsgeschichten. Ihre Eckdaten sind Geburt und Tod, sie verlaufen zwischen Geburts- und Sterbeort. Das Lexikon und der Grabstein konzentrieren sich auf diese elementaren Mitteilungen. Damit ist vielleicht nicht das Wesentlichste, wohl aber das Sicherste gesagt: Curricula vitae sind Abbreviaturen, auf Kurzformel gebrachte Lebensabschnitte, Leben im Staccato, Andeutung für etwas, was sich am allerschwersten auf einen Begriff bringen läßt. Orte sind nicht Schall und Rauch, sondern sagen etwas über Herkunft, Bildung, Karrieren, Schicksale. Sie flankieren Lebensgeschichten, sie markieren Lebenswege. Sie sind die Schauplätze, auf denen alles spielt. Hier kommt es zu den Begegnungen, von denen alles Weitere abhängt. Hier kreuzen sich die Wege, aus denen etwas Neues hervorgeht oder etwas verschwindet. Hier herrschen die Atmosphären, die etwas zustande kommen lassen oder etwas unmöglich machen.

Das ganze Leben besteht aus Bewegungen im Raum: vom Elternhaus in die Schule, von der Schule in die Kaserne, von der Kaserne in die Universität oder in die Fabrik. Man »tritt« in einen neuen Lebensabschnitt ein. Bewegung ist ein Ausdruck für Freiheit. Mobilität ist Bewegung im buchstäblichen Sinne. Man arbeitet sich »hinauf« und erleidet einen »Absturz«. Jeder macht seinen »Weg«: den Königsweg, die Ochsentour, die »gewöhnliche Karriere« oder den »Quereinstieg«. Man versucht es »hier« und »dort«. »Irgendwo« klappt es schon. Die einen tun es mehr planmäßig und zielstrebig, die anderen eher tastend, tentativ, auf Umwegen, ihre Kräfte erprobend. Man »bahnt sich seinen Weg«, gegen alle Widerstände. Man rennt offene Türen ein. Es gibt auch Pfadfinder. Wir kommen sprachlich um diese Tatsache nicht herum.

In den Biographien kommt alles zusammen: das Individuelle und das Allgemeine, der Mensch und die »Charaktermaske«, der Zeitgeist und das individuelle Temperament, die Tendenz und der Zufall – oder auch nicht. Leben ereignet sich in Raum und Zeit. Ihre Einheit ist in der Sprache gebannt. Ein Blick in den entsprechenden Abschnitt im *Deutschen Wörterbuch* von Jacob und Wilhelm Grimm führt einem die selbstverständliche und unauflösliche Verbindung vor Augen. Leben ist wie Reisen. Es geht durch Höhen und Niederungen. Per aspera ad astra. Es liegt etwas hinter einem oder »alles liegt noch vor einem«. Man blickt auf die Zukunft wie auf ein weit sich erstreckendes Panorama. Man »überwindet« Hindernisse und »meistert gefährliche Situationen«. Man schlägt sich durch. Es gibt ein Auf und Ab des Lebens. Man arbeitet sich durch die Mühen der Ebene. Lebenswege. Lebensstationen. Kreuzwege. Wegscheiden. Weggabelungen. Ausgangspunkte. Übergangszeiten. Bewährungsfelder. Aufgabengebiete. In der Sprache kommt die Motorik des Lebens im Räumlichen zur Sprache. Sich hineinstürzen. Sich lossagen. Sich davonmachen. Sich durchsetzen, sich behaupten, sich gehenlassen, sich aufraffen, sich zusammentun, sich zurückziehen, vorwärtsgehen, abschweifen. Zeitordnung ist auch Raumordnung: ein Leben lang, *vita brevis*, Lebensabschnitt, Lebensaue, Lebensbahn, Lebensbühne, Lebensflucht, das Leben geht wie im Fluge, Lebensfolge, Lebenslabyrinth, Lebenslage, lebenslang, lebenslänglich, Lebenslauf, Lebensmitte, Lebensraum, Lebenswelt, Lebensziel.

Sprache kann nicht anders. Jahre, Jahrzehnte verbringt der Mensch unterwegs. Sein Lebenshorizont verläuft in der Regel zwischen seinem Zuhause und seinem Arbeitsplatz: zehntausendmal, hunderttausendmal immer dieselbe Bewegung vollführend: auf der Eisenbahnstrecke, in den Hochgeschwindigkeitskorridoren, in den Lobbys der Flughäfen, in den immergleichen Bewegungen des Treppauf-Treppab. Das Festeste im Leben sind die zur Routine gewordenen Bewegungsabläufe. Menschliche Vergesellschaftung geschieht in Bewegungen der Annäherung und Entfernung. »In der Regel« verläuft das Leben in »geregelten Bahnen«. In Katastrophenzeiten wird das Leben aus der Bahn geworfen. Brüche haben eine räumliche Dimension. Menschen werden über Tausende von Kilometern fortgeschleudert, weggeschafft, deportiert. Flucht, Emigration, Vertreibung sind Formen der durch Gewalt beschleunigten Bewegung und Ortsveränderung. In die Biographien des 20. Jahrhunderts sind die Brüche des Jahrhunderts eingeschrieben: in ruckartigen Fortbewegungen, gewaltigen und gewalttätigen Ortswechseln, lebensgefährlichen Grenzüberschreitungen. Nur das fernste Zufluchtsland konnte in der Weltkriegsepoche Sicherheit bieten. Je weiter vom Krisenherd entfernt, desto besser. Wer auf halber Strecke gefaßt wurde, war so gut wie verloren. Biographien im Zeitalter der Weltkriege und Revolutionen sind weltumspannend, weltläufig geworden. Sie verlaufen zwischen Berlin und Schanghai, zwischen Prag und New York, zwischen Wilna und Chicago, zwischen Petersburg und Paris. Oder sie führen auf die andere Seite des Lebens, in den Untergrund, in die Wälder der Partisanen und in den Dschungel der großen Städte. Biographien können zum Spiegel von Zusammenbrüchen werden. Wer in den Gewitterzonen der Weltgeschichte lebte und überlebt hat, hatte gute Aussichten, zum Augenzeugen von Zusammenbrüchen ringsum zu werden. Bewohner Galiziens im 20. Jahrhundert konnten, ohne ihren Landstrich auch nur verlassen zu müssen, im Laufe ihres Lebens ihre politische Identität mehrmals wechseln. Sie konnten binnen Generationenfrist Untertanen der k.u.k. Donaumonarchie, der westukrainischen Räterepublik, der Zweiten Polnischen Republik, der Sowjetunion, des Großdeutschen Reiches und noch einmal der Sowjetunion sein. Ähnliches konnte Bewohnern all jener Regionen widerfahren, in denen die Grenzen wanderten und immer neu gezeichnet wurden: im Oberschlesischen, im Ostpreußischen, im Baltischen, in Bessarabien und der Dobrudscha, in der Bukowina und in Makedonien, in Slowenien und im Burgenland, in der Slowakei oder im böhmischen Grenzgebiet, im Elsässischen oder in allen Grenzgebieten des russisch-sowjetischen Imperiums. Was in den Zeiten der wandernden Grenzen und zerfallenden Imperien blieb, waren die Orte. Ihre Namen mochten wechseln, nicht aber ihre Lage im Netz der Breiten- und Längengrade, ihre Lage am Fluß oder in der Ebene.

Orte sind verläßliche Zeugen. Erinnerungen sind flexibel. Das geht so weit, daß man sich Vergangenheiten erdichten und erfinden kann. Biographien gleichsam als Konstruktionen ad libitum. Orte machen da nicht mit: sie sind immer schon dagewesen und sind noch da, wenn der Erinnernde sich längst auf und davon gemacht hat. Sie haben ihr eigenes Leben. Sie haben eine Art Vetorecht. Sie sind die Berge, die es noch gibt, wenn der Glaube, der sie versetzt hat, längst zerrronnen ist. Sie sind die Ebenen, die es auch dann noch gibt, wenn alle Arbeit getan ist. Sie sind die Oberflächen, auf denen die Spuren noch sichtbar sind, die Generationen, die längst erloschen sind, hinterlassen haben.

KARL BAEDEKERS
HANDBUCH FÜR REISENDE
ODER DIE KONSTRUKTION
MITTELEUROPAS

Mitteleuropa, für manche Menschen nur eine Idee oder eine Ideologie, über die man beliebig lange streiten kann, ist zuerst und vor allem ein Erfahrungszusammenhang, dem man mit Mitteln der Wissenschaft – Beobachtung und Analyse – nachgehen kann. Das gilt besonders dort, wo Mitteleuropa seine größte Dichte gewonnen hatte: auf dem Territorium der alten Donaumonarchie. Über Generationen und Jahrhunderte hinweg hatte sich unter habsburgischer Ägide ein einzigartiger imperialer Komplex herausgebildet, der alle Züge eines heterogenen Konglomerats trug und doch von einer erstaunlich starken Kohäsions- und Integrationskraft zusammengehalten wurde. Mehr als zwei Dutzend Völker und Völkerschaften lebten lange unter einem Dach zusammen. Die Reichshauptstadt Wien war eine Vielvölkermetropole, und die Hauptstädte der Kronländer waren selber Vielvölkerstädte, Städte der Multikonfessionalität und Vielsprachigkeit. Die Donaumonarchie hat wie die anderen Imperien der Generalmobilmachung des Ersten Weltkrieges nicht standgehalten und ist im Volkstums- und Klassenkampf zerbrochen. Die Donaumonarchie ist längst verschwunden, und doch hat sie bis heute sichtbare Spuren hinterlassen. Unterwegs im mittleren Europa stößt man auf Schritt und Tritt auf die Erbschaft der kakanischen Kultur. Unschwer läßt sich der Geltungsbereich der alten Monarchie ausmachen. Die Grenzen sind von den Nationalstaaten, die auf ihren Trümmern errichtet wurden, längst verändert worden, und doch kann man noch heute, nach Verwüstungen durch Krieg und Wiederaufbau, unschwer die Grenze der alten kakanischen Welt ausmachen. Es sind keine scharfkonturierten Grenzen, sondern eher Übergänge. Man kann sie an Stadtbildern, Silhouetten, Fassaden, architektonischen Ablagerungen, Gesten und Gewohnheiten ablesen. Was sie auszeichnet, ist nicht ein Privileg, ein Vorzug oder etwas dergleichen, sondern eine spezifische Morphologie und eine »spezifische organische Zusammensetzung« (Karl Marx). Dies hing zusammen

mit den ethnischen, religiösen, kulturellen und sprachlichen Misch-
und Gemengelagen, die jedem Anhänger des »reinen« Nationalstaates
ein Graus und ein unlösbares Rätsel waren. Nicht umsonst bedurfte es
der entsetzlichsten Zerstörungskräfte, einschließlich des Völkermords
und der Massenaustreibung, um aus der mitteleuropäischen Mischzone
die homogenen Nationalstaaten der Nach-Weltkriegs-Ordnung hervorgehen zu lassen. Die Linien des alten Imperiums liegen quer zu den
Gebilden der postimperialen, nationalistischen Welt, und sie sind uns
heute wie die Wegweiser in eine andere Welt, in Stefan Zweigs *Welt
von gestern.*

Es gibt viele Führer in diese »Welt von gestern«: die Literatur Joseph
Roths und Italo Svevos, die Gebäude der Sezession, die Photos der
Millennarausstellung 1896, Statistiken und graphische Darstellungen,
die die Fortschritte in Hygiene und Volksbildung belegen. Und es gibt
den Baedeker, das »Handbuch für Reisende«.[1] Baedekers Österreich-
Handbuch oder das für Österreich-Ungarn, in mehreren Ausgaben
und Auflagen erschienen, hat viele Vorzüge, wie sie Führer und Nachschlagewerke gewöhnlich haben. Man findet in ihnen Auskünfte, in
diesem Falle: über Sehenswürdigkeiten, Pläne, Karten, Angaben über
Zug- und Postverbindungen, Zimmerpreise in den Hotels am Ort.
Doch diese Fülle an Informationen und die schiere Zweckmäßigkeit
des Handbuchs läßt leicht das Wesentliche übersehen. Der Baedeker ist
ein Dokument sui generis. Er bildet kulturelle Räume ab, und er wirkt
selbst mit bei der Produktion und Konstitution von kulturellen Räumen. Baedeker dokumentieren Dichte. Sie stellen Zusammenhänge
her. Sie bilden *mental maps* ab. Der Baedeker ist ein Organon zur Produktion von kulturell homogenen Räumen. Er führt nach Kakanien als
Lebenswelt, nicht ins Kakanien der Literatur. Alles an ihm – äußere
Form, Handlichkeit, Übersichtlichkeit, äußerste Knappheit der Informationen, Ausnutzung auch noch des letzten freibleibenden Raumes –
deutet auf Zweckmäßigkeit. Er ist ein Brevier. Der Reisende soll sich
augenblicklich und mit einem Minimum an Aufwand zurechtfinden
können. Die Donaumonarchie ist so farbig und zerklüftet wie die
Landschaften, die in ihr zusammengefügt sind, aber das Handbuch stellt
das Wesentliche heraus und schafft den Überblick. Vom einen Ende
zum anderen ist es weit, aber der Baedeker zeigt die Wege. Wer in ihm
blättert, erfährt umgehend, wie weit es von Wien nach Czernowitz
oder von Budapest nach Abazzia, von Pilsen nach Krakau ist und wie
lange der Schnellzug für diese Strecke braucht. Der Baedeker zeichnet
das Netzwerk, in dem man sich mühelos und rasch bewegen kann. Das

Reich spricht viele Sprachen, aber der Baedeker spricht die *lingua franca*, die überall verstanden wird. In ihm finden sich unendlich viele Informationen: über die Eigentümlichkeiten des Klimas, die besten Reisezeiten, die Oberflächengestalt von Gebirgen und Ebenen, über die Zusammensetzung der Bevölkerung in den Ländern der Krone und den wichtigsten Städten, die konfessionellen Verhältnisse. So entsteht ein Bild von der Vielgestaltigkeit der Monarchie. Zugleich aber geht es, wenn zur Besichtigung von Sehenswürdigkeiten eingeladen wird, immer um das Wesentliche. Alles hat seine Ordnung. Das Reich ist, trotz seiner vielen Völkerschaften, Sprachen, Bekenntnisse, übersichtlich, transparent. Der Baedeker legt die Sichtachsen und die Strecken, spannt das Koordinatennetz, in dem sich auch der Anfänger mühelos bewegen kann. In diesem Raum bedarf es noch nicht einmal eines Passes. »Ein Paßzwang besteht in Österreich nicht«, heißt es in der Einleitung. Man ist sprachlich nirgends verloren. »Die Kenntnis der deutschen Sprache ist in den slawischen und italienischen Teilen der Monarchie bei den Gebildeten fast überall verbreitet. Bahn- und Zollbeamte, Gendarmen und Schutzleute, Hotelbedienstete und Kutscher sind fast durchweg der deutschen Sprache mächtig.« In allen Orten findet sich eine mehr oder weniger identische Infrastruktur. »In den großen Städten, sowie in den größeren Kurorten, neuerdings auch in einzelnen Tiroler Sommerfrischen bieten die Gasthöfe ersten Ranges den üblichen internationalen Komfort. Außer Aufzug, elektrischem Licht, Centralheizung und Bädern findet man hier bisweilen die sehr nachahmungswerte Einrichtung der Doppelthüren, die sowohl zwischen den einzelnen Zimmern, wie gegen die Korridore hin schalldämpfend wirken.« Die Hotels haben, ob in Abbazia oder Carlsbad, ob in Fiume oder in Graz, ob in Lemberg oder in Klausenburg – immer irgendwie die gleichen weltläufigen Namen: Hotel goldener Adler, Hotel Central, Hotel Europa, Hotel Stadt Triest, Hotel Bellevue. Ein großer Vereinheitlichungsprozeß ist im Gange: bei der Höhe der Kurtaxen, bei den Preisen für Droschken, beim Trinkgeld für Zimmerkellner und Portiers. Monarchieweit ist auch der Ausgleichungsvorgang in der Gastronomie: »Die Speisehäuser haben in der ganzen Monarchie die gleiche Einrichtung. Die Küche ist, namentlich in den größeren Städten, fast duchgängig gut, Suppen und Mehlspeisen meist vortrefflich. Überall, auch in den vornehmsten Restaurants, erhält man zu mäßigen Preisen neben einander Wein und Bier vom Faß.« Es folgen Hinweise auf den Umgang mit Bedienung, die Lektüre von Speisekarten, wie man Bier, Wein und Kaffee zu sich nimmt. »Cafés sind in Wien und den anderen Großstädten zahllos vorhanden, aber auch in Kurorten und kleineren Städten fast überall anzutreffen ... Zeitungen, namentlich die Wiener Blätter, sind überall in großer Auswahl vorhanden, daneben findet man auch ›reichsdeutsche‹ und Pariser Blätter.« Kaffeehäuser schließen selten vor 2 oder 3 Uhr nachts. Der Baedeker beschreibt die Kaffeetrinkgewohnheiten: »Kaffee, meist ausgezeichnet, in Glas oder Tasse (›Schale‹) 12–20 kr. (mit Rahm ›Melange‹, mehr Milch als Kaffee ›mehr weiß‹, mehr Kaffee als Milch ›Kaputziner‹; Rahm heißt ›Obers‹ oder ›Schmetten‹). Mürbes Gebäck steht auf jedem Tische und wird nach Belieben genommen (Stück 2 kr.). Eine ›Portion Kaffee‹ zu fordern ist nicht üblich; man erhält dann Kaffee und Milch getrennt und eine Tasse, zahlt aber für den Inhalt von 1 ½ Gläsern den Preis von zwei. Eis (›Gefrornes‹; 20–30 kr.) ist fast überall zu haben. – Dem ›Zahlmarqueur‹ giebt ein einzelner 2–3 kr. Trinkgeld, ebenso viel dem bedienenden Kellner.« Und über die Konditoreien heißt es: »Die Konditoreien (›Zuckerbäcker‹) führen neben guten Bonbons und Torten (berühmt in Wien die Linzer, Sacher- und Pischinger-Torte) eine große Auswahl von Eis. ›Ribisel‹ ist Johannisbeer, ›Weinscharl‹ Berberitzen, ›Dierndln‹ Cornelkirschen, ›Marillen‹ Aprikosen, ›Schmankerl‹ Vanilleeis.«[2]

All diese Bemerkungen finden sich in der Einleitung, wo das für Reisen Wesentliche vorangestellt wird, also alles, was mit Paß, Zoll, Sprache, Geld, Reisen, Gasthöfen, Post zusammenhängt. Hier ist von den Routinen die Rede, auf deren stillschweigendem Funktionieren jede Ordnung, auch die der Donaumonarchie, beruhte. Hier werden die Standards ausgeführt, die als allgemein vorausgesetzt sind, Standards also, die reichsweit gelten. Dazu gehört die Klassifikation von Hotels, Restaurants, die Erwartungen an das Funktionieren von Dienstleistungen – Droschken, Busse, Gepäckträger, Post. Hierzu gehört die Vereinheitlichung bestimmter Praktiken – Öffnungszeiten von Museen, Rücksichtnahmen auf gewisse lokale oder regionale Gepflogenheiten. Die Orts- und Zeitangaben, die Angaben von Entfernungen, Reisezeiten, Fahrpreise und Dauer müssen zuverlässig sein und setzen ihrerseits bereits ein mehr oder weniger zuverlässiges und reibungslos funktionierendes System des Verkehrs, der Kommunikation voraus. Die Monarchie wird überschaubar nicht nur von der Hauptstadt oder von Schönbrunn aus, sondern für die Untertanen und Bürger, die in zunehmender Zahl es sich leisten können, sich im Raum der Monarchie – auch darüber hinaus – zu bewegen. Die Monarchie, zu Beginn vielleicht ein durch Machtpolitik, Klugheit, dynastische Zweckheiraten zusammengefügter Bestand diverser Länder, wird mehr und mehr zu einem Territorium, zu einem Raum. Abbazia rückt in die Nähe der wohlhabenden Beamten von Mährisch-Ostrau, die ihren Sommer an der dalmatinischen Küste verbringen wollen; Krakau ist so nah, daß die polnischen Abgeordneten des Reichsrats zu Wien über Nacht nach Hause fahren können. Triest wird zum Tor für die Welt für all jene, die in Galizien oder in der Bukowina keine Zukunft mehr für sich sehen und sich zur Emigration entschlossen haben. Cattaro ist Stützpunkt einer Seemacht Österreich-Ungarn. Und für alle, die einen Blick auf den Sitz des Kaisers werfen wollen, ist es gleich weit nach Wien. Kakanien wächst im Rhythmus der Eisenbahnkilometer, die in der Donaumonarchie verlegt werden. Die Monarchie wächst zusammen. Auch äußerlich. Wien umgibt sich mit einem Kreis von Städten, die sich alle als »Klein-Wien« sehen: Lemberg, Krakau, Czernowitz. Ein Netz der raschen Verbindungen der Staats- und Privatbahnen legt sich über den Flickenteppich der Kron- und Erblande. Mit jeder Brücke, die gebaut, und mit jedem Tunnel, der gesprengt wird, schrumpfen die Distanzen und beschleunigt sich das Tempo der Entwicklung. Die Donaumonarchie ist ein zivilisatorischer Raum, nicht bloß ein dynastischer oder Herrschaftsverbund.[3] Es ist kein Zufall, daß der Imperialzusammenhang der Donaumonarchie bis heute an den von ihr und in ihrer Zeit errichteten Bahnhöfen ablesbar ist – oft im Beaux-Art-Stil, oft im Stil der Sezession, jedenfalls nicht im demonstrativen Neoromanischen des Deutschen oder Neorussischen des Russischen Reiches. Bahnhöfe, Bahnknotenpunkte, Stellwerke, die Paläste der Eisenbahnverwaltungen wurden zu den Relaisstationen an den Trassen eines sich modernisierenden Reiches. Dort übte man sich in neue Bewegungsformen und Tempi ein, in neue Kriterien von Disziplin und Effizienz. Eine Armee von Arbeitern, Bediensteten, Ingenieuren, Beamten stand bereit, um die Bewegungsmaschine des Imperiums in Gang zu halten – nicht weniger bedeutsam als die Armee der Militärs. Um die Kathedralen des 19. Jahrhunderts wuchsen die Neustädte.[4] Über sie stellte sich die Einheitszeit her, nach der das Imperium tickte. Was der Visionär Friedrich List im Jahre 1841 über das deutsche Eisenbahnsystem schrieb, galt auch für die Donaumonarchie: »Das deutsche Eisenbahnsystem wirkt indessen nicht bloß durch Förderung der materiellen Nationalinteressen, es wirkt auch ...

- als Nationalverteidigungsinstrument ...
- als Kulturbeförderungsmittel; denn es beschleunigt und erleichtert die Distribution aller Literaturprodukte und aller Erzeugnisse der Künste und Wissenschaften, es bringt Talente, Kenntnisse

und Geschicklichkeit jeder Art in Wechselwirkung; es vermehrt die Bildungs- und Belehrungsmittel aller Individuen, von jedem Stand und Alter;

– als Assekuranzanstalt gegen Teuerung und Hungersnot . . .
– als Gesundheitsanstalt . . . (Heilmittelverkehr);
– als Vermittler des gemütlichen Verkehrs; denn es verbindet den Freund mit dem Fremden, den Verwandten mit dem Verwandten;
– als Stärkungsmittel des Nationalgeistes, denn es vernichtet die Übel der Kleinstädterei und des provinziellen Eigendünkels und Vorurteils;
– als ein fester Gürtel um die Lenden der deutschen Nation . . .
– als Nervensystem des Gemeingeistes wider gesetzliche Ordnung; denn es verteilt in gleichem Maße die Kraft der öffentlichen Meinung wie der Staatsgewalt . . .

Ohne Zentralpunkt für Wissenschaft, Kunst, Literatur und Bildung ist erleichterter und schneller Kommunikationsmittel die Kultur nirgend so bedürftig wie in Deutschland . . . so wird man nicht umhin können uns beizupflichten, wenn wir behaupten, daß schon hierdurch die Herstellung eines deutschen Eisenbahnsystems hinreichend motiviert wäre, selbst im Falle man sich gar keinen finanziellen Ertrag davon zu versprechen hätte.«[5]

Seit es die Eisenbahn gibt, wird aus einem Herrschaftsgebiet ein Wirtschafts- und Verkehrsraum – und dann auch ein Kulturraum. Die Eisenbahn macht aus Tagesreisen, die man unterlassen hat wegen zu großer Aufwendungen und Anstrengungen, die Tagreise, die im Flug vergeht. Die Eisenbahn halbiert nicht die Entfernung, aber die Zeit. Sie läßt die Orte, die weit voneinander entfernt sind, aufeinander zurücken. Der Weg ist jetzt genau meßbar, sogar Abfahrt und Ankunft sind bis auf die Minute genau festgelegt. Aus einem Reich, in dem die Sonne auf- und untergeht, wird ein Reich, in dem die Bahnhofsuhr tickt und einen neuen Zeitrhythmus vorgibt. Aus einem Reich, in dem jeder nach seiner eigenen Zeit lebte, wird ein Reich, in dem die Verbindungen aufeinander abgestimmt sind: ein einheitlicher Zeitraum. Außer den Lokomotiven arbeiten noch andere Stränge an der Vernichtung der Distanz: Telegraph, Telephon, Dampfschiff, bald auch das Automobil. Der Raum wird durchsichtig, handhabbar. Überall in den Fremden- und Reiseführern sind die Kilometer- und Stundenangaben die erste und wichtigste Information. Von Bruck über Villach nach Udine und Venedig: 337 km, Schnellzug in 9 Stunden, Personenzug in

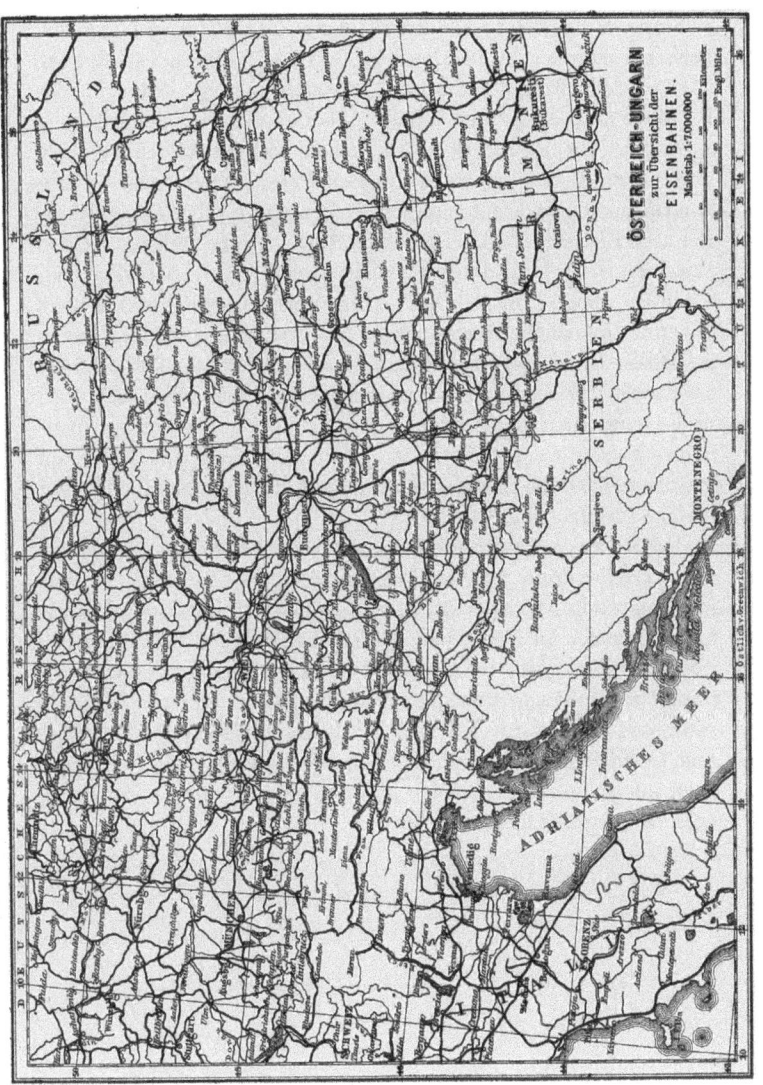

»Seit es die Eisenbahn gibt, wird aus einem Herrschaftsgebiet ein Wirtschafts- und Verkehrsraum – und dann auch ein
Kulturraum.«

Das Eisenbahnnetz Österreich–Ungarn, 1898

13 Stunden. Von Graz nach Triest: 368 km, Schnellzug in 8 Stunden, Personenzug in 12—13 Stunden. Von Budapest nach Kaschau/Eperies: 274 km, Schnellzug in 6 Stunden, Personenzug in 7 ½ Stunden. Von Budapest nach Agram und Fiume (Abbazia). 608 km., Schnellzug in 15 Stunden, Personenzug in 23 Stunden. So wird aus Städten wie Wien und Budapest eine Doppelstadt. So rückt Prag auf Dresden zu. So ist es von Budapest nach Klausenburg in Transsylvanien näher als von Bukarest nach Klausenburg. Und aus Wien, Budapest und Bukarest werden Stationen an der Linie des großen Orientexpresses, der pünktlich zwischen Paris und Konstantinopel verkehrt. Erstmals einigt man sich auf die eine, einheitliche Eisenbahnzeit. Die Eisenbahn verrückt Zentren des Binnenlandes in Küstennähe, fast so wie Heinrich Heine es 1843 aus Paris beschrieben hatte: »Was wird das erst geben, wenn die Linien nach Deutschland und Belgien ausgeführt und mit den dortigen Bahnen verbunden werden! Mir ist es, als kämen die Berge und Wälder auf Paris zugerückt. Ich rieche schon den Duft der deutschen Linden; vor meiner Tür brandet die Nordsee.«[6]

Der Raum der Donaumonarchie zerfiel mit den Schüssen von Sarajewo. Das Medium der Mobilität wurde zum Vehikel der Generalmobilmachung. Die Knotenpunkte, die das Reich zusammengehalten hatten, gerieten ins Abseits und an die Peripherie. Das Netz des Imperiums wurde zerrissen und nationalisiert. Es war ein starkes Netz. Noch immer ist es in Fragmenten sichtbar: als Bahnhofsrestauration, als Stellwerk und Wasserturm, als Villa des Bahnhofvorstehers von Bohumin/Oderberg, als Bahnhofsstraße, die ins Zentrum führt. Vielleicht auch nur als in den Fußboden eingelassenes Ornament, das kaum noch einer zu entziffern versteht.

AMERICAN SPACE –
DIE POESIE DES HIGHWAY

Der Highway ist das sichtbarste Zeichen des amerikanischen 20. Jahrhunderts. Er erstreckt sich über Zehntausende von Meilen, von einem Ende des Kontinents zum anderen. Vielleicht ist der Highway oder das ganze Netz der Freeways, Expressways, Turnpikes, Parkways die bedeutendste dem Planeten von Menschenhand eingeschriebene Hieroglyphe. Der Highway ist neben der Chinesischen Mauer das einzige Bauwerk, das sich mühelos vom Weltall aus erkennen läßt. Der Highway hat aus dem Kontinent erst Amerika, die Vereinigten Staaten von Amerika gemacht.[1] Das hat General Dwight D. Eisenhower, der vom deutschen Autobahnsystem so faszinierte General und spätere Präsident der Vereinigten Staaten, nach dem auch das Interstate-System benannt ist, genau gesehen. Anläßlich der Verabschiedung des Masterplans für das Interstate-Highway-System 1955 stellte er fest: »Zusammen sind die vereinigten Kräfte unserer Kommunikations- und Transportsysteme dynamische Elemente ganz im Sinne des Namens, den wir tragen – der Vereinigten Staaten. Ohne sie wären wir nur eine bloße Verbindung vieler verschiedener Teile.«

Das Netz der Highways erst macht aus dem Raum ein Territorium. Der Highway ist der Weg, der nach Amerika führt und in die Welt, die so geworden ist wie Amerika. Er ist nicht bloß eine Bewegungs-, sondern eine »Verkehrsform« im Marxschen Sinne. Er steht für ein Gesellschaftsverhältnis oder – amerikanisch gesprochen – für einen *way of life*. Das ist mehr als naheliegend in einer Gesellschaft, in der mehr als 90 Prozent motorisiert sind und ohne das Auto nichts möglich ist. Auf dem Highway ist »Amerika als eine Nation auf Rädern« unterwegs, hier zeigt sich der Mensch als das »territorial animal« schlechthin (John Brinckerhoff Jackson). Das Interstate-System, das mit seinen rund 50000 Meilen freilich nur 1 % des gesamten Wegesystems umfaßt, ist ein System der Superlative, der Superhighways: Allein auf den Interstates zirkulieren ein Viertel des Personenverkehrs und fast die Hälfte des Frachtgüterverkehrs. Sein Umfang ist zehnmal so groß wie im alten Westdeutschland oder dreißigmal größer als im Vereinigten Königreich.

Über die Bewegungen des Highway konstituiert sich der Markt ebenso wie die Bewegung zwischen *downtown* und *suburbia*. Das Netz der Highways produziert den amerikanischen Raum so sehr wie das Gitter – *irongrid* –, das aus dem amerikanischen Raum erst das Territorium der Vereinigten Staaten macht.

Die Produktion des amerikanischen Raums. Jeder weiß es: Man ist in Amerika noch nicht angekommen, wenn man in JFK gelandet und nach Manhattan hineingefahren ist. Amerika fängt irgendwo anders an. Vielleicht bei den *rites de passage*, die bei den *rentals*, bei Budget, Hertz, Gold Dollar, wo einem die Schlüssel für den Mietwagen ausgehändigt werden, zu absolvieren sind. Von da an gibt es kein Hindernis, keine Beschränkung, keinen Halt mehr. Von da an liegt der ganze Kontinent offen da. Dort beginnt das Amerika der »absoluten Freiheit der Freeways«.[2] Dort beginnt eine spezifische Bewegungsweise. Wir haben die Freiheit hinzugehen oder hinzufahren, wohin wir wollen. Niemand hält uns auf, wenn wir nur ein Minimum von Regeln beachten und finanziell so ausgestattet sind, daß wir haltmachen können, wo es uns beliebt, und von der Hauptroute abschweifen können, wo es uns gefällt. Der Highway funktioniert nach einheitlichen Gesetzen, die im »Federal Aid Highway Act« von 1956 festgelegt sind. Sie gelten dort, wo wir auf ihn hinauffahren, nicht anders als dort, wo wir ihn verlassen. Er gilt im dichten Osten nicht anders als in der Wüste, die man durchqueren muß. Er legt sich über das Relief, das verschieden sein mag. Er besteht überall aus mindestens zwei Fahrstreifen in jeder Richtung, ein jeder von ihnen ist exakt 12 Fuß breit, und hat je einen Standstreifen von wiederum 10 Fuß Breite. Die Abstände der Fahrbahnen sind so bemessen, daß man nicht bei Trost sein muß, wenn man es zu einer Kollision kommen lassen will. Er ist ausgelegt für eine Reisegeschwindigkeit von 50 bis 70 Meilen pro Stunde. Ihr Zweck ist störungsfreie Bewegung. Niemand soll sich an einer Kreuzung in die Quere kommen oder auch nur innehalten müssen. Allenfalls an Mautstellen leuchten Ampeln. Die Strecke besteht aus weißen, parallel geführten Betonbändern, von Menschenhand in die Erdoberfläche eingezeichnet, dem Relief folgend. Sie laufen unendlich, bis sie am Horizont verschwinden. Sie verschwinden in Tunneln oder führen in das Netz, in dem die Türme der Innenstädte aufragen. Sie führen über Täler und Ebenen hinweg, schwingen sich über Bergrücken oder durchschneiden in künstlichen Canyons allzu gebirgiges Gelände.[3] Sie sind Amerikas Handschrift im Garten Eden – großartig und kraftvoll ausholend. So

»Die Strecke besteht aus weißen, parallel geführten Betonbändern, von Menschenhand in die Erdoberfläche eingezeichnet, dem Relief folgend.«

Highway in Massachusetts

geht es über Tausende von Meilen, über Zehntausende von Brücken
und streckenweise, vor allem in urbanen Arealen, kilometerweit auf
Pylonen, Stelzen, Überführungen. Das ist die monumentale Hieroglyphe, die wir vom Flugzeug aus sehen. Das ist der vom Polizeihelikopter und unzähligen Filmen her bekannte Blick auf den stetigen, nie ab-
reißenden Verkehrsstrom: Über Tausende von Meilen, im Gleichmaß
und ohne die vorgegebene Norm und die seit Jahrzehnten festgelegten
Standards zu unterschreiten. Die ungeheure Bewegung der ungeheuren Mehrzahl produziert ihre eigene Form, Gleichmäßigkeit, eine
milde Monotonie. John Brinckerhoff Jackson:

»Der Highway scheint niemals zu enden. Man kommt gerade an
einem hell erleuchteten Truck Stop vorbei an den Lichtern einer Stadt.
Kolonnen von Trucks parken nachts auf den Rastplätzen, und allmählich
kommt auf der einsamen Reise ein Gefühl der Introspektion auf. Diese
einsame Fahrt durch die nächtliche Landschaft ist eine der bevorzugten
Situationen in Erzählungen, Filmen und Fernsehshows im amerikanischen Herzland: eine Gelegenheit, andere Zeiten ins Gedächtnis zu
rufen. Man denkt zurück an die eigene Vergangenheit, an die eigene
Arbeit, an das eigene Schicksal und an all jene, die man zurückgelassen
hat. Das Armaturenbrett zeigt, wie schnell man fährt, wie spät es ist und
wie weit man noch zu fahren hat. Die Gleichförmigkeit (*sameness*) der

amerikanischen Landschaft überwältigt einen und macht einen frei von jeglichem Gefühl für einen bestimmten Ort. Die Vertrautheit läßt einen sich überall wie zu Hause fühlen. Ein Gefühl für die Zeit, die vergeht, bringt einen dazu, schrittweise seine Geschwindigkeit zu steigern. Diese alles durchdringende Gleichförmigkeit ist im großen und ganzen das Ergebnis des Gitters, nicht schlicht des Gitters der Straßen in jeder Stadt westlich des Mississippi, sondern des ungeheuren Gitters, das zwei Drittel des nationalen Territoriums bedeckt – vom Mississippi und Ohio bis zum Pazifik, vom Rio Grande bis zur kanadischen Grenze, von wo es dann in einer leicht modifizierten Form sich in den nördlichen subpolaren Wald fortsetzt. Es ist dieses Gitter, nicht der Adler oder ›Stars and Stripes‹, das unser wahrhaftes nationales Symbol ist. Ich glaube, es sollte jedem amerikanischen Kind, im Moment seiner Zeugung, aufgeprägt werden, um dort sein oder ihr ganzes Leben hindurch zu bleiben als Modus, wie man nicht nur Raum, sondern auch Bewegung bemißt.«[4]

Es gibt keine Verengungen, keine unvorhergesehenen Klippen, Biegungen. Man beugt sich nicht der Natur, sondern schmiegt sich ihr an. Alles ist vorhersehbar, auf alles kann man sich einstellen, ohne innehalten zu müssen. Die Wegeleitung erfolgt im Fahren. Ihre Zeichensprache muß leicht verständlich sein, reduziert auf die allerelementarste Botschaft: Nummern, Buchstaben, Zahlen. Das System ist einfach: Die Hauptrouten haben ein oder zwei Nummern. Die ungeraden Zahlen stehen für die Nord-Süd-Richtung, die geraden Zahlen für die Ost-West-Richtung. Für die Nord-Süd-Routen beginnt die Zählung im Westen, für die von Ost nach West verlaufenden Routen beginnt die Zählung im Süden. So ist es auf die denkbar einfachste Art möglich, über den nordamerikanischen Kontinent zu navigieren.

Alles muß klar und auf den ersten Blick erkennbar sein. Wer und was gesehen werden will, muß vom Auto aus sichtbar und erkennbar sein. *Visibility* als Programm aller Ästhetik entlang der Route. So entstehen ganze Landschaften, die auf den automobilen Flaneur ausgerichtet sind, die sich ihm zuwenden, die ihre Proportionen, Distanzen, Farben, Illuminationen auf den vorbeirollenden Passagier hin ausgerichtet haben. So entstehen ganze Städte, die vom *strip* her gedacht und auf den *strip* hin ausgerichtet sind. Las Vegas war einmal der Prototyp dieser Stadt, nun hat er – *Learning from Las Vegas* – längst weltweit Schule gemacht.[5] Der Highway hat die amerikanische Landschaft produziert, die Verbindung von Stadt und weitem Land, die Bewegung aus den Zentren der Zivilisation in die Nationalparks, in denen die vulkanische Arbeit der Geysire, das Kreisen der Adler über den Canyons, die Urtümlichkeit dinosaurischer Fauna und Flora bestaunt werden kann. Vom Highway aus wird ein ganzes Universum sichtbar. Seine Embleme sind unübersehbar. Wir lesen den Text, der für Amerika steht, im Vorüberfahren: ESSO, Shell, Aramco, Texaco, Goodyear, Firestone, Kentucky Fried Chicken, Burger King, McDonald's, Lucky Strike, Holiday Inn, Howard Johnson's Motor Lodge, Wal Mart's, Coca-Cola, Marlboro. Es ist die Zeichensprache des Werbens und Überredens. Was es nicht alles gibt für den Menschen unterwegs: Motels, Garagen, Gebrauchtwagen, Tankstellen, Truck Cities, Heated Pools, Breakfast, Coffee Shops, Family Accommodations, Flaggen in patriotischen Zeiten, Parking Lots, Rest Areas, Restaurants, Cafés, Amusement Parks, Drive-ins, Freiluftkinos, Casinos, Souvenirstände. Man kann hier betreiben, was Venturi »comparative analysis of billboards« nennt.

Wer sich dem Highway anvertraut, ist in guten Händen. Man bewegt sich in einer unerhörten Leichtigkeit. Der Highway macht das Land verfügbar. Jeder Punkt des Territoriums ist ohne große Mühe erschließbar und jederzeit zugänglich. Man lernt die Weite und die ihr angemessene Demut, aber auch die Zuversicht, daß alles machbar sei. Auch in der abgelegensten Wildnis kann man pünktlich sein. Man kommt gegen die Weite nicht an und durchmißt sie doch ohne Mühe. Er ist eine Schule der Einsamkeit. Jean Baudrillard sprach vom Wunder »der totalen Verfügbarkeit und Transparenz aller Funktionen im Raum, der doch nicht eingeholt werden kann und nur in der Geschwindigkeit gebannt werden kann«, und davon, wie »das Wunder der Leichtigkeit mit der Schicksalhaftigkeit der Wüste gepaart« ist.[6] Alle Entfernungen sind meß- und alle Bewegungen sind berechenbar. Amerikanische Highways sind Trassen der Fortbewegung, nicht des Imponiergehabes, des Überholzwangs oder des versteckten Bürgerkriegs. Die Bewegung auf dem Highway hat ihren Rhythmus. Er kennt tausend Nuancen zwischen ungestörtem Fluß und Stop-and-go. Der nicht abreißende Strom auf den Betonbändern ist Teil der zweiten Natur Amerikas geworden, ein Bild seiner Erhabenheit so sehr wie die Schluchten von Manhattan. Das Register der Formen über die Jahrzehnte hinweg, das Spektrum der Farben, die en vogue und die out sind, der Rhythmus, in dem die Rücklichter aufleuchten oder wieder erlöschen, das Flirren der Luft über den Verkehrsströmen, die Billboard-Sequenzen, die in den Horizont hineinführen, die Rhetorik der Wegweiser – all das gehörte schon zu unserem Bild von Amerika, noch bevor wir dagewesen sind. Der Highway hat seine Stimmungen: die forcierte Disziplin, wenn es frühmorgens Richtung *downtown* geht, die Ermattung, die spürbar ist, wenn abends derselbe Weg in umgekehrter Richtung zurückgelegt wird. Ein Stimmungsbogen zwischen Sonnenauf- und Sonnenuntergang, zwischen *downtown* und *suburbia*. Der Highway ist der herausragende Ort der Dichter von John Steinbeck bis Jack Kerouac, der Ort der amerikanischen Melancholie. Vielleicht ist der Highway der Genius loci Amerikas. Die Bewegung ist alles, die Wege, die zum Ziel führen, sind so wichtig wie das Ziel selbst. Man teilt vielleicht nicht mehr denselben Ort, wohl aber die Bewegung zwischen den Orten. Der Highway wird zum *common place*, zum Gemeinplatz. »Sie sind zunehmend der Ort der Arbeit und Erholung, des sozialen Verkehrs und der Unterhaltung. Sie sind tatsächlich für viele die letzte Zuflucht für Privatheit und Einsamkeit und für Begegnung mit der Natur geworden. Straßen führen nicht mehr bloß zu Orten; sie sind Orte. Und sie haben wie immer zwei wichtige Funktionen. Sie dienen als Motoren des Wachstums und der Expansion und als Magneten, um die herum sich neue Entwicklungen organisieren. In der modernen Landschaft war kein Raum derart beweglich und elastisch.«[7]

Zugleich aber ist es der Ort der *shared routines*, der Einübung in den Menschenverkehr mit allem, was dazugehört: Disziplin, Rücksichtnahme, Abstandhalten. »Die Frage, die eine Antwort verlangt, ist die, welche Art von kleiner oder lokaler Gemeinschaft wir uns erhoffen sollen? Wovon wir ziemlich sicher ausgehen können, ist, daß sie nicht auf Territorialität gegründet sein wird. Was uns in der Zukunft zusammenbringen wird, ist weniger die Teilhabe an einem gemeinsamen Raum im traditionellen Sinne als vielmehr eine Art von Zusammengehörigkeitsgefühl (›sodality‹), das auf der gemeinsamen Benutzung von Straßen und Wegen, auf von allen geteilten Routinen, beruht.«[8]

Auf dem Highway bilden sich die Tugenden des Automobilisten, dem es nichts ausmacht, geringen Abstand haltend in hohem Tempo oder in Schrittgeschwindigkeit stundenlang dahinzufahren, ohne es zum *crash* kommen zu lassen. Der Highway ist ein System der Raumbewältigung und der Distanzverringerung. Zum amerikanischen Highway gehört der Himmel über dem Highway. »Die Wolken verderben uns in Europa den Himmel. Verglichen mit den endlosen Himmeln Nordamerikas und ihren Wolkenanballungen sind unsere kleinen Schäfchenhimmel und Schäfchenwölkchen Abbilder unserer Schäfchengedanken, unserer niemals raumgreifenden Gedanken... Man sieht es am Himmel. Europa ist nie ein Kontinent gewesen. Sobald man den Fuß nach Nordamerika setzt, spürt man die Gegenwart eines ganzen Kontinents – der Raum ist dort das Denken selbst.«[9]

Der dem Highway angemessene Modus der Bewegung ist die Fahrt im Auto. Aber auf dem Highway fährt man nicht, man gleitet. »Sehnsucht, die in der Unübersehbarkeit der texanischen Hügel und der Sierras von New Mexico aufkam: steil abfallende Autobahnen und Superhits aus der Chrysler-Stereoanlage und Hitzewellen: die Momentaufnahme genügt dem nicht mehr – man braucht den totalen Film in der realen Zeit des Reiseverlaufs einschließlich der unerträglichen Hitze und der Musik, und all das müßte man sich wieder ungekürzt in der Dunkelkammer vorführen – die Magie der Landstraße und der Entfernung, des in der Wüste zu Eis gefrorenen Alkohols und der Geschwindigkeit wiederfinden, zu Hause auf dem Videobildschirm in realer Zeit die Immanenz alles dessen wiederbeleben – nicht nur wegen des Reizes der Erinnerung, sondern weil die Faszination einer Wiederholung schon in der Reise selbst, im abstrakten Charakter dieser Reise liegt. Die sich entrollende Wüste ist der Ewigkeit des Films unendlich nahe.«[10] Zum Highway gehört auch ein spezifischer Sound. In den sechziger Jahren des 20. Jahrhunderts waren das Jimmy Hendrix, Frank Zappa, die Beach Boys, die Rolling Stones.

Das Auge des Dichters. Vladimir Nabokov, der russische Schriftsteller und Exilant, kam im Mai 1940 in die USA. Ausgehend von der Ostküste, wo er lehrte (Wellesley College und Cornell University), war er viel unterwegs in ganz Amerika: zu Vortrags- und Lesereisen, die ihn an über dreißig amerikanische Colleges und Universitäten zwischen Florida, Illinois und Palo Alto führten, vor allem aber zu seinen Schmetterlingsexpeditionen, die ihn nach Telluride (Colorado), Afton (Wyoming), Porta (Arizona) und Ashland (Oregon) führten. Nabokov und seine Frau Vera »mäanderten« durch das Land. Als sie 1958 Amerika verließen, hatten sie vom Auto aus das ganze Land gesehen. 1940 hatten sie einen Plymouth, 1946 einen Oldsmobile, 1954 einen viertürigen Buick – Nabokov nannte ihn »bujka« oder »ljaguška«. Auf dessen Rücksitz arbeitete er an *Lolita*. *Lolita* ist nicht nur ein Buch über die Passion Humbert Humberts, sondern über Amerika, gesehen von Nabokov *on the road*.[11]

Amerika beginnt mit der für Europäer üblichen Enttäuschung. »Ich erinnere mich, daß ich als Kind in Europa die größte Freude an einer Karte von Nordamerika hatte, auf der sich in fetter Schrift von Alabama bis nach New Brunswick hinauf die Aufschrift Appalachen-Gebirge zog, so daß das ganze Gebiet, das sie umspannte – Tennessee, die beiden Virginias, Pennsylvania, New York, Vermont, New Hampshire und Maine –, in meiner Vorstellung eine riesenhafte Schweiz, gar ein Tibet war, wunderschöne diamantene Gipfel, einer hinter dem anderen, riesige Nadelbäume, le montagnard emigré in der Pracht seines Bärenfells und Felis tigris goldsmithi und Rothäute unter den Trompetenbäumen. daß dies alles auf einen popeligen Vorgarten und einen qualmenden Müllkorb zusammenschrumpfte, war entmutigend. Lebewohl, Appalachia!«[12] Amerikas Landschaft ist das ganz andere, Nicht-Europäische: »Sie ist schön, herzzerreißend schön, diese Wildnis, sie ist von einer großäugigen, unbesungenen, unschuldigen Hingabe, die meinen lackierten, spielzeugbunten Schweizer Dörfern und ausgiebig gepriesenen Alpen nicht mehr eigen ist. Unzählige Liebespaare haben sich auf den abgegrasten Wiesen europäischer Berghänge umarmt und geküßt – auf der Sprungfedermatratze des Mooses, in der Nähe eines nützlichen hygienischen Bächleins, auf den rohgezimmerten Bänken unter monogrammverzierten Eichen und in all den Hütten im Schatten all der Buchenwälder. In der Wildnis Amerikas aber wird es dem Freiluftliebhaber nicht leichtfallen, sich dem ältesten aller Verbrechen und Vergnügen hinzugeben. Giftige Pflanzen verbrennen das Hinterteil seiner Liebsten, namenlose Insekten stechen das seine; scharfe Dinge im Waldboden bohren sich in seine Knie, Insekten die ihren . . .« (274). Man kann unterwegs sein, ohne wirklich etwas vom Land zur Kenntnis zu nehmen. Amerika als *mental map*. »Wir waren überall gewesen. Wir hatten eigentlich nichts gesehen. Und ich ertappe mich bei dem Gedanken, daß unsere lange Reise nur das herrliche, vertrauensvolle, träumerische, unermeßliche Land mit einer gewundenen Schleimspur besudelt hat, das Land, das rückblickend, uns nicht mehr bedeutete als eine Sammlung abgenutzter Landkarten, zerfledderter Reiseführer, alter Autoreifen und ihrer Schluchzer in der Nacht – jede Nacht, jede Nacht –, sobald ich mich schlafend stellte« (286, 287). Nabokov führt Buch zu den Überlandreisen. »Während des extravaganten Jahres 1947/48, von August bis August, beliefen sich Kost und Logis auf ungefähr 5500 Dollar; Benzin, Öl und Reparaturen auf 1234 und verschiedene Extras auf fast ebensoviel; so daß in 150 tatsächlichen Fahrtagen (wir legten ungefähr 43 000 Kilometer zurück!) plus etwa 200 eingeschalteten Ruhetagen der bescheidene Rentier ungefähr 8000 Dollar ausgab, oder eher wohl 10 000, denn unpraktisch wie ich bin, habe ich gewiß eine Menge vergessen« (286). Der wichtigste und kostspieligste Posten ist die Unterkunft. »Damals begannen unsere ausgedehnten Reisen kreuz und quer durch die Staaten. Allen anderen

Touristenunterkünften lernte ich bald die sogenannten Motor Courts oder Motels vorzuziehen – saubere, ordentliche, sichere Schlupfwinkel, ideale Stätten für Schlaf, Streit, Versöhnung, unersättliche, unerlaubte Liebe« (235). Die Hotels erscheinen natürlich als *places of desire*: »Denn auf dem ganzen Weg verkündeten unzählige Motels in Neonlettern ihre Vakanz, bereit, Handlungsreisende, entsprungene Zuchthäusler, Impotente, ganze Sippschaften sowie die verderbtesten und leistungsfähigsten Paare zu beherbergen. O friedliche Automobilisten, die ihr durch des Sommers dunkle Nächte gleitet, welcher Ausschweifungen, welcher Lustverrenkungen würdet ihr von euren tadellosen Autostraßen aus ansichtig, wären die Kumfy Kabins plötzlich ihres Pigments beraubt und so durchsichtig wie Glaskästen!« (191). Vor allem aber erscheinen sie als Orte standardisierten Komforts, angepriesen in der »architecture of persuasion« (Robert Venturi). »Wieder wurden wir von umsichtigen Motels durch Appelle wie diesen begrüßt: ›Wir möchten, daß Sie sich hier zu Hause fühlen. Das gesamte Inventar ist vor Ihrer Ankunft sorgfältig überprüft worden. Ihr Autokennzeichen ist bei uns registriert. Gehen Sie mit Warmwasser sparsam um. Wir behalten uns das Recht vor, alle anstoßerregenden Personen ohne vorherige Ankündigung des Hauses zu verweisen. Werfen Sie keine Abfälle irgendwelcher Art in das Klosettbecken. Danke. Kommen Sie wieder. Die Direktion. P. S. Wir betrachten unsere Gäste als die besten Menschen der Welt« (343). Die Standardausrüstung der Motels, die immergleiche Plätze von großem Wiedererkennungseffekt produzieren, sieht bei Nabokov so aus: »Ein Doppelbett, ein Spiegel, ein Doppelbett im Spiegel, ein Wandschrank, mit Spiegel, eine Badezimmertür dito, ein blaudunkles Fenster, ein Bett, das sich darin spiegelte, im Spiegel der Wandschranktür desgleichen, zwei Stühle, ein Tisch mit Glasplatte, zwei Nachttischchen, ein Doppelbett: ein großes Bett aus poliertem Holz, um genau zu sein, mit einer rötlich braunen Chenilledecke und Nachttischlampen mit rüschenbesetzten rosa Schirmen links und rechts« (194). Es gibt die für Hotels typischen Situationen: »Der Speisesaal empfing uns mit dem Geruch von gebratenem Fett und einem verblichenen Lächeln. Es war ein weitläufiger und prätentiöser Raum mit affektierten Wandmalereien, die verzauberte Jäger in verschiedenen Stellungen und Stadien der Verzauberung inmitten eines Sammelsuriums uninteressanter Tiere, Dryaden und Bäume darstellten. Ein paar vereinzelte alte Damen, zwei Geistliche und ein Mann im Sportsakko beendeten gerade schweigend ihre Mahlzeit. Der Speisesaal wurde um neun geschlossen; und die grüngekleideten Serviermädchen mit den steinernen Gesichtern hatten es glücklicherweise verzweifelt eilig, uns loszuwerden« (198). Von großer Prägnanz ist das Inventar und Mobiliar der Landstraße gegeben. »Im fröhlichen Lepingville kaufte ich ihr vier comics-Hefte, eine Schachtel Süßzeug, eine Schachtel Binden, zwei Colas, ein Manikür-Etui, einen Reisewecker mit Leuchtziffern, einen Ring mit einem echten Topas, einen Tennisschläger, Rollschuhe mit hohen weißen Schnürstiefeln, einen Feldstecher, ein Kofferradio, Kaugummi, eine Regenhaut, eine Sonnenbrille, noch ein paar Kleidungsstücke – Charmis, Shorts, alle möglichen Sommerfummel« (231). An der Tankstelle lassen sich unschwer die Embleme der großen Petroleumgesellschaften erkennen. »Wir hatten an einer Tankstelle unter dem Schild des Pegasus gehalten … Also – mein Wagen war versorgt, und ich hatte ihn von den Benzinpumpen weggefahren, um einem Kleinlaster Platz zu machen – als im windigen Grau das zunehmende Gewicht ihrer Abwesenheit auf mir zu lasten begann … Nicht zum ersten und nicht zum letzten Mal hatte ich mit solch dumpfem geistigem Unbehagen diese überall gleichen Trivialitäten angestarrt, die geradezu überrascht wirken – wie gaffende Bauern –, sich im Blickfeld des gestrandeten Reisenden zu befinden: den grünen Mülleimer, die sehr schwarzen, sehr weißwandigen Reifen, die zum Verkauf stehen, die bunten Motorölbüchsen, den roten Kühlschrank mit einem Sortiment von Getränken, die vier, fünf, sieben leeren Flaschen im ungelösten Kreuzworträtsel ihrer hölzernen Zellen, den Käfer, der geduldig an der Innenseite des Bürofensters emporklettert. Radiomusik kam aus der offenen Tür, und da der Rhythmus mit dem Wogen und Flattern und den anderen Gebärden der windbewegten Vegetation nicht synchron war, wirkte es, als wohnte man einem alten Stummfilm bei …« Lolita ist einmal unterwegs »zu dem Schild mit der Muschel« (345, 346). Der Parkplatz erscheint als »eine Reihe parkender Autos, wie Schweine am Trog« (191, 192). Humbert Humbert, der auf seinen Verfolger im kirschroten Cabriolet achtet, muß ein genaues Auge für Typen und Farben von Autos haben. »Ein wahrer Proteus der Landstraßen, wechselte er mit verblüffender Leichtigkeit von einem Gefährt zum anderen … Zuerst schien er der Gattung Chevrolet zugeneigt, begann mit einem campusbeigen Cabrio, ging dann zu einer kleinen horizontblauen Limousine über und verblaßte schließlich zu Gischtgrau und Treibholzgrau. Danach wandte er sich anderen Marken zu und durchlief einen blassen, stumpfen Regenbogen von Farbtönen, und eines Tages ertappte ich mich dabei, wie ich den subtilen Unterschied zwischen unserem eigenen traumblauen Melmoth und seinem gemieteten gipfelblauen Oldsmobile zu bewältigen suchte; jedoch blieb Grau seine bevorzugte Tarnfarbe, und in meinen qualvollen Alpträumen versuchte ich vergeblich, Gespenster wie Chryslers Muschelgrau, Chevrolets Distelgrau, Dodges Parisgrau auseinanderzuhalten« (371, 372). Humbert Humbert ist genötigt »zu einem gründlichen Studium aller Wagen auf der Straße – hinter uns, vor uns, neben uns, entgegenkommende, überholende –, sämtlicher Vehikel unter der spielenden Sonne: das Automobil des würdevollen Urlaubers mit der Schachtel Papiertaschentücher Marke ›Zimperliese‹ im Rückfenster; die rücksichtslos rasende altersschwache Kiste voller blasser Kinder und mit einem verbeulten Kotflügel, aus der der Kopf eines zottigen Hundes ragt; die Kombi-Limousine des Junggesellen, vollgestopft mit Anzügen auf Bügeln; der riesige, fette Wohnwagen, der allen voran dahinschwankt, unempfindlich gegen die Schlange wutschnaubender Autos, die hinter ihm her kriechen; das Auto mit der jungen Beifahrerin, die höflich in die Mitte des Vordersitzes gerückt ist, um dem männlichen jungen Fahrer näher zu sein; der Wagen, der auf seinem Dach kieloben ein rotes Boot befördert...« (372). Die Fahrt berührt unweigerlich auch die Main Street, das Zentrum der amerikanischen Stadt. »Das neue, schöne Postamt, aus dem ich gerade herausgekommen war, lag zwischen einem noch nicht erwachten Kino und einer Verschwörergruppe von Pappeln. Es war neun Uhr vormittags... Es war die Hauptstraße. Ich ging auf ihrer schattenblauen Seite und spähte zur gegenüberliegenden hinüber: Daß sie so schön wirkte, war das Zauberwerk eines jener zarten Frühsommermorgen mit aufblitzendem Glasgefunkel hier und da und einer Stimmung, als zittere alles, als sei alles fast einer Ohnmacht nahe angesichts des nahenden, unerträglich heißen Mittags. Ich ging über die Fahrbahn, schlenderte sie entlang und blätterte dabei gleichsam die Ladenschilder einer langen Häuserreihe um: Drugstore, Immobilien, Moden, Autozubehör, Cafe, Sportartikel, Immobilien, Möbel, Elektrogeschäft, Telegraphenbüro, Reinigung, Lebensmittel« (366). Wie die Nacht die amerikanische Landschaft verändert, zeigt sich in Bildern, die von Edward Hopper stammen könnten. »Die Tür des erleuchteten Badezimmers stand halb offen; dazu kam von den Bogenlampen draußen ein skeletthaft gerippter Lichtschimmer durch die Jalousien; überkreuz drangen diese Strahlen in das Dunkel des Schlafzimmers und ließen folgende Situation erkennen« (209). Nachts artet »ein gesetzter, ganz und gar dem Wohnen vorbehaltener, würdevoller Boulevard mit riesigen Bäumen zum verächtlichen Tummelplatz riesiger Lastwagen aus, die durch die nasse und windige Nacht röhrten« (212). Auch die

Leinwand des Drive-in-Kinos fehlt nicht. »Auf der Suche nach einem Nachtquartier kam ich an einem Autokino vorbei. In selenischem Schimmer, wahrhaft mystisch in seinem Gegensatz zu der mondlosen, massiven Nacht, hob auf einer gigantischen, abgeschrägten Leinwand inmitten dunkler, schläfriger Felder ein dünnes Phantom eine Waffe, und der schräge Winkel dieser entweichenden Welt machte die Gestalt wie ihren Arm zu zitterndem Spülwasser – und im nächsten Augenblick war die Gebärde von einer Baumreihe verdeckt« (480). Nabokov entziffert auf der Fahrt durch die Appalachen die Botschaften der Autoscheinwerfer und Neon-Schriftzüge. »Es war eine schwarze warme Nacht irgendwo in Appalachia. Ab und zu kamen Wagen vorbei, zurückweichende Rubine, nahende Brillanten, aber die Stadt schlief fest. Niemand schlenderte lachend ihre Gehsteige entlang, wie es die Bürger im süßen, reifen, verrottenden Europa tun, wenn sie sich nach Feierabend entspannen. Ich war allein, die unschuldige Nacht und meine schrecklichen Gedanken zu genießen. Ein Gitterkorb an der Bordschwelle war sehr heikel in bezug auf akzeptablen Inhalt: ›Kehricht. Papier. Kein Müll‹. Kirschrote Leuchtbuchstaben markierten einen Photoladen. Ein großes Thermometer mit dem Namen eines Abführmittels hing still an der Wand eines Drugstores. Rubinov's Juwelen & Co. Hatte künstliche Brillanten im Schaufenster, die von einem roten Spiegel reflektiert wurden. Eine phosphoreszierende Uhr mit grünen Zeigern schwamm in den linnenen Tiefen der Wäscherei Jiffy Jeff. Auf der anderen Straßenseite versprach eine Autowerkstatt im Schlaf ›letzte Ölung‹ und korrigierte sich zu ›Lexco-Öle‹. Ein Flugzeug, ebenfalls von Rubinov mit Juwelen geschmückt, zog brummend im samtenen Himmel dahin. Wie viele kleine, nächtlich ausgestorbene Städte hatte ich schon gesehen! ... Etwas weiter auf der anderen Straßenseite flackerten Neonlichter halb so schnell wie mein Herz: Der Umriß eines Restaurantschilds, eine große Kaffeekanne, erwachte jede zweite Sekunde zu smaragdgrünem Leben, und jedesmal, wenn sie erlosch, lösten die pinkfarbenen Buchstaben ›Gute Küche‹ sie ab, doch vor der nächsten smaragdenen Wiederauferstehung war die Kaffeekanne noch immer als foppender latenter Schatten zu erkennen« (461, 462). Nabokovs Auge entgehen nicht einmal die Reflektoren an den Pfosten längs der Straße. »Inzwischen hatte die Nacht den größten Teil der Landschaft beseitigt, und als ich der schmalen, gewundenen Autostraße folgte, borgten sich eine Anzahl niedriger, geisterhaft weißer Pfosten mit Reflektoren mein Scheinwerferlicht aus, um diese oder jene Kurve anzuzeigen« (479).

Archäologie Amerikas. Der Highway ist nicht nur das zeitlose Medium transkontinentaler Kommunikation, nicht nur die Transmission, die »The Machine in the Garden« (Leo Marx) am Laufen hält.[13] Der Highway hat eine Geschichte und eine Genealogie. Worüber wir heute hinweggleiten, ist oft schon die zweite, dritte oder vierte Generation des Bauwerks. Darunter liegen in zahlreichen Schichten die Indianer- und Trapperpfade, die Wege zur Frontier und ins Gelobte Land, in dem Milch und Honig fließen, die National Road von 1811, die von Cumberland/Maryland nach Vandalia/Illinois verlief. Darunter liegt auch Highway 66, dessen Bau 1926 begonnen und von Chicago durch den Südwesten nach Los Angeles am Pazifik geführt wurde. Eine Strecke des Sturm und Drang des Automobilzeitalters und des Fordismus, aber auch »Mother Road« aus John Steinbecks *Früchte des Zorns*, über die in der Zeit der Depression Hunderttausende nach Westen zogen. Die Strecke ist heute eine Museums- und Pilgerstrecke in ein Amerika, das es nicht mehr gibt. Bilder von Mother Road, mit Lodges, Inns, Motels, Tankstellen in Amarillo und Albuquerque, mit Museumsstücken aus der Zeit der Depression. Die große Zeit des Highway-Baus kam aber erst nach dem Zweiten Weltkrieg, der die Großprojekte des New Deal vertagt hatte, und zwar in der Zeit des Kalten Krieges. Es ist kein Zufall, daß Generäle wie Dwight D. Eisenhower und Lucius D. Clay, der Befehlshaber der Berliner Luftbrücke, entscheidend bei der Realisierung des Interstate-Programms von 1956 mitgewirkt haben. Der Highway hatte nicht nur eine zivile, sondern – wie alle großen Straßenbauprojekte der Geschichte – auch eine militärisch-strategische Bedeutung. Er fungiert als System rascher Dislozierung. So wird aus einem System, das der Mobilisierung der Gesellschaft dient, ein Instrument der Mobilmachung. Der Highway als Nachschublinie zu den Atlantik- und Pazifikhäfen oder den Militärflughäfen. Das Highway-System hat – beginnend im Zweiten Weltkrieg, aber kraftvoll weitergeführt in den Jahren des Kalten Krieges – die Wanderung der amerikanischen Industrie aus dem Nordosten in den Westen und Südwesten möglich gemacht. Der Highway wurde für das 20. Jahrhundert, was die Union Pacific für das 19. Jahrhundert gewesen war. Das Interstate-Programm steht für die neue Weltgeltung der aufstrebenden Supermacht ebenso wie Panamerican und der Komfort der Hilton-Hotels. Am Anfang hatte nicht nur das Beschäftigungsprogramm des New Deal gestanden, sondern auch eine Utopie. Auf der Weltausstellung von 1939 in New York waren sechsspurige Highways vorgeführt worden, der Designer Norman Bel Geddes hatte auf der Futurama 14spurige

Super-Highways entworfen, auf denen man den Kontinent mit Geschwindigkeiten bis zu 160 km/h durchqueren können sollte. Der Verkehr sollte auf mehreren Ebenen durch die Städte geführt werden. Sie sollten 1960 in Betrieb genommen werden können. Diese Vision wurde von der Wirklichkeit bald eingeholt. Vielleicht war der Höhepunkt der Highway-Entwicklung im Jahr der Ölkrise 1972 überschritten. Damals, als die sonst dicht befahrenen Betonpisten vereinsamt lagen, konnte man eine Ahnung gewinnen, wie eine Welt nach dem *automobile age* aussehen würde. Aber wir können es uns in Wahrheit nicht vorstellen: ein Amerika ohne die Bewegung auf Highways, mit Truck-Cities, in denen die Lichter verloschen sind. Es wäre ein anderes Land. Aber wir müssen nicht spekulieren. Wenn wir wissen wollen, wie es um Amerika bestellt ist, müssen wir dorthin gehen, wo sein Puls am besten zu fühlen ist, auf den Highway, auf die Main Street Amerikas. Stop-and-go und ruhiger Verkehrsfluß stehen für Prosperität. Die Hieroglyphe wird uns sagen, wie es um Amerika steht. Wenn der Highway verwaist ist oder wenn sich im Beton der Pisten Risse zeigen und Gras sprießt, wird die amerikanische Epoche zu Ende sein.

RUSSISCHER RAUM –
VERSUCH EINER
HERMENEUTIK

Man hatte nach dem Ende der Sowjetunion für das, was an deren Stelle getreten war, zunächst keinen anderen Namen als: postsowjetischen Raum. Raum ist diffus, vage. Territorium hingegen ist prägnant, präzise, genau definiert. Territorium hat Grenzlinien, Durchlässe. Man hätte natürlich die Staaten aufzählen können, die an ihre Stelle getreten, aus ihrem Zerfall hervorgegangen waren. Aber das hätte das Dilemma nicht wettgemacht, das nun offensichtlich geworden war. Ein Staat, der einmal »ein Sechstel der Erde« ausgemacht und sich der Phantasie als so übermächtiges Territorium eingeprägt hatte, hatte aufgehört zu existieren. Es war schwer, sich daran zu gewöhnen, sich die Konturen des neuen Rußland – die Russische Föderation – einzuprägen. Der ganze Betrieb der Theoriebildung zur Transformationsgesellschaft, der sich im Nachhall des Endes des realen Sozialismus etabliert hat, hat keine Sprache entwickelt, die dem Vorgang irgendwie angemessen wäre. Dort war immer von vielen Übergängen die Rede: vom Staats- zum Privateigentum, vom Zentralismus zur Dezentralisierung, vom Einheitsstaat zum Föderalismus, vom Sozialismus zum Kapitalismus, von der Diktatur zur Demokratie. Nur von einem war nicht oder kaum die Rede, vom Sichtbarsten, von der Verwandlung der Oberfläche, von der unter unseren Augen vor sich gehenden Veränderung, ja Auflösung des sowjetischen Raumes. Eine »Hermeneutik des sowjetischen und postsowjetischen Raumes« (Vladimir Kaganskij) steht noch ganz am Anfang.[1]

Ende der UdSSR, Zerfall des sowjetischen Raumes. Zerfallssituationen sind immer Sternstunden für Beobachter und Analytiker. Zerfall gibt den Blick frei. Es trennen sich die lebensfähigen von den toten Elementen. Kohäsion oder Desintegration eines Systems muß nicht noch theoretisch behauptet werden, sondern kommt vor aller Augen zur Evidenz. Analyse heißt dann weitgehend: dem, was sich zerlegt hat, die Sprache leihen. So ist es auch mit dem Zerfall der UdSSR. Die Elemente, aus denen sie sich zusammengesetzt hat, treten hervor und auseinander. Was morsch und obsolet war, fällt in sich zusammen, was lebens- oder gar entwicklungsfähig war, behauptet sich. Der Zerfall der UdSSR gibt den Blick frei auf ihre Genese. Ein Moment von analytischer Schärfe ist in solchen nostalgischen Situationen – als Chance wenigstens – enthalten. Die Leichtigkeit, mit der die UdSSR sich aufgelöst hat, demontiert worden ist, scheint all jene zu bestätigen, die in der Sowjetunion seit jeher eine bloß äußerliche, künstliche und eben gewaltsame »Konstruktion« gesehen haben: Nur was dermaßen konstruiert war, läßt sich so mühelos auch wieder »dekonstruieren«. Was da in Jahrzehnten zusammengehört hatte, hatte – dieser Lesart zufolge – nie wirklich zusammengehört, war von außen zusammengefügt worden. Die Republiken gingen ihren Weg in die Souveränität, als sei alles selbstverständlich und längst vorbereitet gewesen: die Struktur, die Grenzen, die Hauptstädte, das nationale Personal, die nationalen Akademien. Der einzige Schmerz scheint der Phantomschmerz zu sein. An bestimmten Stellen des alten Imperiums allerdings – Tschetschenien vor allem – ist die Lostrennung steckengeblieben und hat sich in einer Spirale der Gewalttätigkeit festgefressen. Aber im allgemeinen bleibt der Eindruck, Trennung und Auflösung der UdSSR seien mit großer Leichtigkeit vollzogen worden. Bedeutet dies, daß die Kraft, die das Territorium geschmiedet und den Raum zusammengehalten hatte, immer schon schwach, fast ohnmächtig gegenüber dem Raum gewesen war? Darf man das Ende der UdSSR nicht vielleicht auch als Scheitern des Systems vor dem Raum interpretieren? Der sowjetische Kommunismus hat nie die Kraft besessen, einen stabilen, aus sich heraus lebenden und souveränen Raum zu produzieren. Er war von Anfang an wesentlich Machtraum. Das Ende der Sowjetunion ist das Eingeständnis, die Kapitulation der Macht vor dem Raum, das sowjetische Scheitern vor der Übermacht des Raumes. Auf das Ende des Systems folgt die Wiederkehr des Raums. Rußland ist wieder, was es war: russischer Raum minus Sowjetmacht.

»Russischer Raum« als Phantasma und Reales. Über russischen Raum spricht man nicht, nicht gerne. Der Terminus ist vorbelastet, kontaminiert. Vom »russischen Raum« sprachen die Nationalsozialisten und meinten damit das Kolonialreich, das sie nicht in Indien, sondern in Kontinentaleuropa zu errichten gedachten. »Russischer Raum«, das waren: unendliche Weizenfelder, »die Ukraine als Kornkammer«, Bodenschätze aller Art, einschließlich Öl am Kaukasus und am Kaspi-

schen Meer, Phantasieraum der Ingenieure der »Organisation Todt« für die Konstruktion von Autobahnen und transkontinentalen Super-Breitspur-Eisenbahnen, die Kohle und Erze aus dem Donbas in die »Schmieden des Reiches« und die Deutschen zum Urlaub auf die Krim bringen sollten. Russischer Raum war »Lebensraum« für die angeblich übervölkerten Gebiete des Westens und Raum für die »Erneuerung biologischer und rassischer Vitalität«. Die Wehrmacht der Deutschen hat aus diesem prospektiven »Lebensraum« die verbrannte Erde von Stalingrad, Noworossijsk, den Pulkower Höhen und Minsk gemacht – ein Kontinent, ein Land in Ruinen.

Die deutschen Phantasien vom »russischen Raum« enthielten ein ganzes Programm: die Evokation von Ursprünglichkeit und Reinheit der Quellen, das Archaische und Barbarische als das Rettende auch, jenes Überlegene, vor dem sich das Höherentwickelte schützen zu müssen glaubt. »Russischer Raum« enthält ein Angstprogramm. Darin ist auch die Vorstellung von der Machbarkeit, der unendlichen Plastizität von Erde und Landschaft enthalten. Es ist das Hauptprojektionsfeld eines spezifisch deutschen Orientalismus.[2]

Aber unabhängig von diesem Phantasma gibt es das: den russischen Raum. Er hängt nicht an den Projektionen oder Konstruktionen deutscher Rassetheoretiker oder Geopolitiker. Über den russischen Raum, über den Raum der russischen Geschichte und der rußländischen Staatsbildung gibt es eine reiche und brillante Literatur – so wie es der Gegenstand gebietet. Den russischen Raum gibt es in den Bildern der Maler Iwan I. Schischkin und Isaak I. Lewitan, in den Horizonten von Konstantin F. Juon. Er hat die Menschen, seit sie denken können, beschäftigt: als Segen oder als Schicksal, in jedem Fall als eine Grundbedingung russischer Existenz. Die Dichter haben den russischen Raum, die Orte russischer Kultur und russischer Landschaft beschrieben und den Raum russischer Kultur mitkonstituiert. Russischer Raum hat einen Sound: die regelmäßigen Stöße der Eisenbahnwaggons, die Trompeten oder Lautsprecher der an den Anlegestellen ablegenden Schiffe auf der Wolga oder dem Jenissei. Der Raum war Rußlands Fluch – so bei dem Begründer russischer Selbstreflexion: Pjotr Tschaadajew –, der Raum hat Rußland geborgen, in tödlichen Situationen gerettet, den Feind in die Wegelosigkeit und in den Tod laufen lassen.[3]

Es gehört wenig Phantasie, indes ein bißchen Erfahrung dazu, um sich darüber belehren zu lassen, daß Räume nicht beliebige Konstruktionen und eben nicht einfach »machbar« sind. Das können sein: innere Peripherien des Landes, in Sibirien mit Minusgraden von 30 bis 40

Grad; subtropische Strände mit Palmen und weißen Sanatorienbauten; Raum als sommerlich helle Polarnacht und dunkler Polarwinter. Solche Räume haben etwas zu tun mit breiten Strömen, die in ein Eismeer münden, mit Fließgeschwindigkeiten, mit Wegelosigkeit in der Zeit des Tauwetters, mit Myriaden von Stechmücken oder den Schluchten in den Lößböden am Don. Solche Räume bleiben, wenn Systeme längst gegangen sind. Sie verkörpern eine andere Zeitschicht (Reinhart Koselleck). Konstruktionen, auch die eines Sozialismus, gehören zu den am wenigsten dauerhaften Schichten, sie sind gemessen an diesen Räumen nur ein Moment.[4]

Das Imperium in Ruinen: Spuren des sowjetischen Raums. Ob wir uns heute in Zentralrußland, in Fernost oder in Turkmenistan bewegen, der postsowjetische Raum ist leicht zu erkennen. Er ist noch immer markiert von den Emblemen des sowjetischen Sozialismus. An manchen Stellen sind sie schon verblaßt oder komplett demontiert. An wieder anderen Stellen – in den Hyatt-Hotels von Baku, Moskau oder Taschkent – sieht die postsowjetische Welt so hermetisch neu aus, als habe es eine sowjetische nie gegeben. Doch im großen und ganzen sind die Spuren des sowjetischen Raumes mit bloßem Auge wahrnehmbar, man muß kein Archäologe sein, um sie zu sehen. Die sowjetische Welt war ein Massiv, nicht nur ein Ornament. Das Sowjetische ist präsent in Memorialen und Denkmälern, die an die Sturm-und-Drang-Zeit, an den Heroismus und Triumph des Großen Vaterländischen Krieges, an glänzende Leistungen oder alt gewordene Staats- und Parteiführer erinnern. Der postsowjetische Raum ist markiert von Podesten, von denen die Führergestalten vielleicht längst abgeräumt sind, von überdimensionalen Wandflächen, auf denen einmal Losungen von Partei und Staat zu sehen waren. Überall sieht man die Überreste der Inszenierung der Macht: monumentale Plätze, die dem Aufmarsch zum 1. Mai oder 7. November vorbehalten waren; Stadt-, Gebiets- oder Rayons-Parteikomitees mit ihrer ganz spezifischen Selbstdarstellungs- und Imponiergeste; Ehrentafeln an den Portalen der Kombinate und Fabriken, an denen einst die Porträts von Bestarbeitern und Bestarbeiterinnen ausgehangen hatten; Klubs und Sportanlagen, Kultur- und Erholungsparks; die großen Kaufhäuser – Univermag –, die Komplexe der Universität oder Kliniken draußen vor der Stadt. Das Design der Lobby des Hotels, das nun natürlich anders heißt, oder der Kristall-Lüster, der im Foyer der Oper der Hauptstadt der neuen unabhängen Republik hängt, in Vilnius, Bischkek oder Tbilissi. Eine ganze

Schicht, die in mehreren Jahrzehnten gebaut worden ist, verschwindet nicht einfach, umgekehrt: sie ist das Fundament, auf dem sich heute alles Weitere abspielt. Vieles ist übermalt, umfunktioniert. Wo einmal die Partei ihren Sitz hatte, residiert jetzt die Nationalbank; wo einmal das Haus der Offiziere war, ist jetzt der Night-Club; aus dem Museum für Aufklärung und Atheismus ist wieder eine Kirche geworden; aus den Kultur- und Erholungsparks Fitneß- und Wellneßanlagen.[5]

Aber das Gewichtigere, das sich nicht einfach übermalen oder umfunktionieren läßt, bleibt: die Dimension der Straßen, die Proportionen, der grandiose Maßstab, der Abstand zwischen den Bauten, die dem Fußgänger so feindselig gesonnene und ihn so rasch ermüdende Weitläufigkeit, die Entfernung zwischen Wohnung und Arbeitsplatz, die Monumenalität der Gebäude der Macht in den alten Stadtzentren, die an Gebirgszüge erinnernden Massive aus Plattenbauten in den Vororten. Diese Zeichen sind den Städten von Brest bis Wladiwostok (vielleicht auch von Ostberlin bis Pjöngjang) aufgeprägt. Man könnte die Zugehörigkeit städtischer Siedlungen zur sowjetischen Hemisphäre an solchen Zeichen erkennen, wo immer man – in Irkutsk, Jerewan oder Kiew – mit einem Fallschirm abgeworfen würde. Das Sowjetische war ein Markenzeichen, vor allem Homogenisierung des Raums durch Zeichen, einen bestimmten Stil, einen spezifischen Geschmack, spezifische Ornamente. Das Sowjetische war weit mehr als nur »politisches System« gewesen, es war einmal Lebenswelt, ein *way of life*. Der Blick auf diese Ruinenlandschaft hat einen eigenen Zauber: den Zauber des Imperiums, mit seinen Rondellen, auf denen die Militärorchester antreten, mit den Karussells, auf denen die Kinder ihre Runden drehen, mit den Klubs, in denen es Tanzstunde gab oder auch, lang ist's her, in den sechziger und siebziger Jahren die Barden ihre zornigen Lieder gesungen haben.[6]

Homogenität: Zerfall des Einheitsraums, Zerfall der Einheitszeit. Jetzt, wo das Land auseinanderfällt, wird erst bewußt, wie homogen es zu Sowjetzeiten gewesen war. Das postsowjetische Rußland lebt in verschiedenen Zeitaltern. Moskau ist ein anderes Staatswesen, liegt auf einem anderen Stern. Moskau heute ist Babylon. Dort herrscht CNN-Zeit, Handy, Internet, E-Mail. Moskau liegt im globalen Korridor, wo Wechselkurse, Aktien, Firmenzusammenschlüsse, atmosphärische Stimmungen an der Börse etwas bedeuten. In Moskau summen die Festplatten und die *money machines*. Tausend Atü drücken auf jeden Quadratmeter Grund und Boden. Türme werden im Halbjahresrhythmus in den

Himmel gebaut Nachts ist die Stadt illuminiert wie Las Vegas, während das weite Land draußen, wo die Wolkendecke kein Lichtermeer reflektiert, im Dunkel versinkt. Dort fallen die Telephone aus. Die Passierbarkeit von Wegen hängt vom Klima oder von der Jahreszeit ab. Wechselkurs-Schwankungen besagen nichts, denn die Geldwirtschaft ist draußen auf dem Dorf auf dem Rückzug und die Naturalwirtschaft auf dem Vormarsch. Aus Städtern sind Datschenbenutzer geworden und aus Datschenbenutzern Pflanzer von Kartoffeln oder Tomaten. Rußland ist auseinandergefallen in einem *clash of civilizations*, von dem Samuel Huntington keine Ahnung haben konnte. Hier geht es nicht um »Bruchlinien zwischen Orthodoxie und Lateinertum«, sondern um den *clash* verschiedener Zeiten und Epochen, zwischen »davonstürzender Zeit« und Rückfall ins Zeitmaß des 19. oder 18. Jahrhunderts. Jetzt, da das eine Rußland im *metropolitan corridor* davonjagt und das andere nicht mehr mitkommt und sich zu verschanzen beginnt, fällt die in sowjetischen Zeiten herrschende Gleichzeitigkeit und Gleichmäßigkeit, die Abwesenheit der scharfen Antagonismen erst richtig auf. Der vorherrschende Ton in sowjetischen Zeiten war, sieht man vom Blutrot der Fahnen und Transparente ab, Grau, Grau in unendlich vielen Schattierungen. Das Grau war der Preis für die Abwesenheit von Extremen, Exaltationen und Extremismen. Aufzufallen war riskant, nicht herauszuragen war eine der ersten Tugenden im Kampf ums Überleben. Eine Phänomenologie der sowjetischen Gesellschaft müßte ihr Unterscheidungsvermögen daran schulen, wie viele Grautöne sie zu unterscheiden, und ihre Urteilskraft daran, ob sie in der Gleichförmigkeit das Differente herauszulesen vermag. Die sowjetische Welt kannte Armut, aber nicht eigentlich Elend; dürftige Behausungen, aber keine Slums; für Luxus gab es keinen Raum öffentlicher Selbstdarstellung; Reichtum blieb versteckt; Kapital war mehr in persönlichen Beziehungen als in abstrakten Werten investiert. Nicht soziale Segregation, räumlich gesprochen: Luxus hier und Elendsquartiere dort, sondern Nivellierung der Extreme war der charakteristische Zug. Alles war gleich gut, oder – je nachdem – annähernd gleich schlecht.

Wo immer man hinkam, das sowjetische Universum war immer schon da: die Konfiguration der Plätze, das Schema der Anlage der neu geplanten Stadtteile, das Interieur des Speisesaals im Hotel, die Art, wie die Kacheln verfugt waren. Wo immer man hinkam, es stellte sich ein Wiedererkennungseffekt ein, den man sonst nur von internationalen Hotelketten her kennt, deren Erfolgsrezept ebendarin besteht: Orte der Wiedererkennbarkeit und ubiquitärer Gewohnheiten zu sein. Sowjetischer Raum war ausgezeichnet durch die Wiedererkennbarkeit seiner Orte. »Unsere Adresse ist nicht Haus und nicht Straße. Unsere Adresse heißt: Sowjetunion« (»Nasch adress ne dom i ne uliza. Nasch adress – Sowjetskij Sojus«). Heimat war überall, wo Sowjetland war – mit seinen Plätzen, Ritualen, Sicherheiten, Sprechweisen. Geschichte der Sowjetunion wäre so gesehen die Erzählung von der Produktion dieses – sowjetischen – Raumes.[7]

Symbol für die UdSSR als homogener Raum ist die Karte, die »ein Sechstel der Erde« zeigt. Sie ist fast ein Staatsemblem, mit scharfer Kontur nach außen, nach innen hin gleichmäßig rot gefärbt, ohne Schattierung, ohne innere Differenz, homogen, in gewissem Sinne auch eine leere Fläche.

Verheert von Gleichgültigkeit. Land ohne Herren. Die Landschaften nach der Schlacht sind schon beschrieben worden: die Großbaustellen des Sozialismus, die Schlachtfelder, auf denen der Krieg gegen die Natur in Szene gesetzt wurde, die Todeszonen der Zwangs- und Häftlingsarbeit, die mit mörderischem Aufwand ausgebeuteten Gruben, die von Atomunfällen verseuchten Flußläufe und Buchten. Allein die Größe des Landes läßt den Blick über diese verwüsteten Territorien hinwegsehen; immer noch gibt es unvorstellbar große Areale unberührter Natur.[8] Schwieriger ist es, einen Blick auf die Felder einer gewöhnlichen und unspektakulären Zerstörung zu entwickeln: auf den Raum, der allen und daher niemandem gehört; auf den Raum, der von allen benutzt wird, für den aber niemand Verantwortung trägt; den Raum, der ausgebeutet wird, solange und so gut es geht, der aber sich selbst überlassen bleibt, wenn er nichts mehr abwirft. Jeder, der sich umgesehen hat, kennt solche Räume. Dies können Zwischenräume sein, für die sich niemand verantwortlich und zuständig fühlt: ein Treppenhaus, ein ins Abseits führender Straßenabschnitt, ein Altbau, ein Kirchengebäude, das verwaist und verlassen ist. Das Bild ist nicht so sehr verschieden von jenen Vierteln in westlichen Großstädten, die preisgegeben worden sind. Überall entwickelt sich dieselbe Szenerie: Sorglosigkeit, Müll, Verwahrlosung. Es sind die klassischen Räume der Unzuständigkeit, dann der Anomie und schließlich der Angst. Es gibt keine öffentliche Fürsorge und kein privates Interesse, das stark genug wäre, den Raum der allgemeinen Gleichgültigkeit, die immer dort dominiert, wo es kein starkes individuelles Interesse gibt, zu entziehen. Die von Gleichgültigkeit verheerten Areale sind Räume, aus denen die Subjekte, die zuständigen und verantwortlichen Individuen, verschwunden sind und die offenbar durch keine Macht und keine Machtintervention ersetzt werden können. Die Abschaffung des Privateigentums durch Nationalisierung und Kommunalisierung hat »die Herren« und damit auch das Interesse und die Zuständigkeiten beseitigt, hat die Flächen planiert, den Widerstand, das Partikulare getilgt und den Boden bereitet für das Reich der Anomie. So verfielen die der Gleichgültigkeit preisgegebenen Areale, meist die historischen Kerne, während alle Aufmerksamkeit und finanziellen Mittel in die Errichtung der neuen Viertel ging. In einer Ökonomie der Verantwortungslosigkeit ist Verwahrlosung die logische Folge. Das fällt nicht auf, solange es eine intakte oder sogar starke Staatsmaschine gibt, die mit Disziplin oder auch Zwang ein strenges Regime im öffentlichen Raum aufrechterhält. Aber es tritt unmittelbar und schlagartig hervor in dem Augenblick, da die Staatsmaschine ihren Geist aufgibt. Diktaturen haben saubere Straßen, Demokratien eher nicht.

Eines der offensichtlichsten, freilich nicht verwunderlichen Ergebnisse des Endes des Kommunismus war die Wiederkehr von Subjekten, von Interessen, Partikularismen, von Resistenz und Renitenz des Fragmentarischen. Die Privatisierung, d. h. die Herstellung von Eigentum, ist der energischste Widerpart des schlechten Allgemeinen, das mit *bonum commune* nichts zu tun hat. Nur Städte, in denen es Besitzer und Eigentümer gibt, können auch von ihren Bürgern angeeignet werden. Nur ein Land, das einen Herren hat, kann auch zur Landschaft werden. Die Sowjetmacht aber steht für System, Apparat, nicht Landschaft. Das Ende der Sowjetmacht ist, wenn es nicht bloß Erlöschen ist, der Beginn der Selbstorganisation von Subjekten und der Selbstorganisation von Räumen. Die Landschaft hat immer durch die Strukturen und das Netz der Macht hindurchgeschimmert, am Ende des Sozialismus tritt sie wieder hervor: als selbstbewußte Region mit distinktem, unterscheidbarem Relief und Profil, als »Persönlichkeit«.

Zentrum, ausgepowerte Provinz. Das alte Rußland war das Rußland auf dem Dorf, das sowjetische Rußland ist in den Städten. Alles, was vital war, was Kraft hatte und arbeiten konnte, ist aus dem weiten Land herausgespült worden in die Fabriken, auf die Baustellen, in die Städte. Alte Städte wurden im Zuge der Industrialisierung und der gewaltsamen Kollektivierung überrannt von der Flut der bäuerlichen Immigranten, Moskau wurde »Peasant Metropolis« (David Hofmann), die Stadt als übereinandergeschichtetes Dorf. Ihre Bewohner: Bauern, die keine Bauern mehr, Proletarier, die noch keine Arbeiter geworden waren.

Amphibische Existenzen dazwischen. Die Städte als Gebilde einer »Flugsandgesellschaft« (Moshe Lewin), als vorläufiger Haltepunkt einer entwurzelten, aus den Fugen geratenen Gesellschaft, im Kampf um eine organisierte, überlebenstüchtige Form. Die Städte, die Fabriken haben Millionen auf Millionen, Generation auf Generation von Entwurzelten aufgesogen, sie zu Arbeitern, Städtern gemacht. Das Land wurde entblößt, entleert, bis es ausstarb und ganz abstarb. Kollektivierung, Industrialisierung, Mobilisierung für den Krieg, verbrannte Erde, den ganzen ungeheuerlichen Blutzoll Rußlands im 20. Jahrhundert spürt man auf dem Land am deutlichsten. Während die Stadt alle Lebensenergien aufgesaugt hat und wenigstens eine städtische Siedlung geworden ist, liegt das Land ausgepowert, eine Zone der alten Frauen und all derer, die es nicht geschafft haben, fortzukommen. Das russische Land ist gezeichnet vom Sturm der Gewalt. Der Landschaft sieht man an, daß sie längst jeden Widerstand aufgegeben hat. Trostlose Zone der Ermatteten und Hoffnungslosen, kein Punkt einer Kräftebildung, von wo, wie die »Bodenständigen« (Potschwenniki) irrtümlicherweise glauben, eine Rettung zu erwarten wäre. Auch der Glanz Babylon-Moskaus heute basiert auf der rücksichtslosen Enteignung und Auspowerung des Landes, die nicht erst mit den postsowjetischen *robber barons* begann, sondern lange vorher: mit Stalins Krieg zur Unterwerfung des russischen Dorfes.

Sowjetischer Macht-Raum: Phänomenologie der Überanstrengung. Die Analyse des sowjetischen Raumes müßte beginnen mit der ältesten Form der Beschreibung: der Ortsbeschreibung. Sie ist von angeblich avancierteren Methoden verdrängt worden, aus der Mode gekommen, daher ist es kein Wunder, daß wir weder die Sprache noch die Schulung dafür haben. Aber wenn man eine Ortsbeschreibung versuchte, worauf würde ein aufmerksamer Beobachter stoßen?

In allem ist eine Spur von Überanstrengung. Nur selten trifft man auf die Lässigkeit, die dem Selbstverständlichen und gleichsam anstrengungslos Erreichten zukommt. Alles ist errungen, abgerungen. Nicht die gewöhnliche Arbeit gibt den Ton an, sondern die Stoßarbeit. Nirgendwo wird soviel Aufhebens gemacht vom gewöhnlichen Funktionieren – eben weil es sich nicht von selbst versteht. Ein neues Haus ist nicht einfach eine Wohnung, sondern die Vorwegnahme von Glück, das auch anderen noch beschert sein wird. Ein Kulturpalast ist nicht ein weiterer Stützpunkt im Netzwerk der kulturellen oder pädagogischen Versorgung der Bevölkerung, sondern Ausdruck einer Mission, sei es der Aufklärung oder gar der Verbesserung des Menschen. Bloß Unterhaltung zu bieten, das wäre zu einfach, zu banal; es muß wenigstens um die Steigerung des Selbstgefühls des Neuen Menschen, um die kulturelle Verbesserung des gewöhnlichen Menschen gehen. Nichts versteht sich von selbst, alles scheint Ergebnis einer übermenschlichen Anstrengung. Es geht fast nie um die Fortführung von etwas, sondern um die Demonstration von etwas ganz Neuem, das allem Bisherigen überlegen ist. Leben ist immer schon: Überleben. In fast allem ist ein pädagogischer Zug, immer wird irgend jemand von jemandem belehrt. Das heißt: es gibt ein Oben und ein Unten, Lehrer und Belehrte, Führer und zu Führende. Ein Bild in der Öffentlichkeit hat immer einen Zweck, dient der Ermahnung, Zurechtweisung. Die ganz in Rot schwelgende Propaganda entspringt einer Kultur des erhobenen Zeigefingers, einem unstillbaren Belehrungsdrang. Er hat im übrigen nicht wenig zuwege gebracht: die Alphabetisierung einer bis dahin weitgehend illiteraten Gesellschaft, das Herausfiltern von Genies und Wunderkindern aus der Masse einer aufstrebenden Jugend, die Eroberung des Kosmos und was die »Errungenschaften des Sozialismus« sonst noch sind. Die Herausbildung des selbständigen Menschen erfolgte indes anderswo, am meisten an der »Universität des Lebens«: im alltäglichen Überlebenskampf, im Krieg, in der Einrichtung eines halbwegs guten Lebens.

Die Überanstrengung, das Demonstrativ-Absichtsvolle hat viele Gesichter und Formen. Es gibt kaum etwas, was nicht einem höheren Zweck dient und in einem Plan festgehalten ist. Pläne sind nicht bloß technische Arrangements, sondern »mehr«, Zeichensetzung, Sinngebung, Demonstration. Der sowjetische öffentliche Raum ist niemals das wie von selbst sich ergebende Arrangement, das Ensemble, das gewachsen ist, sondern die absichtsvoll herbeigeführte Konfiguration, die auch Beseitigungen, »Liquidierungen«, wenn es sein muß, einschließt: Sprengungen, Umbauten, brachiale Operationen. Öffentliche Räume sind meist aus einem Guß, Ergebnis eines *grand design*. Das einzelne ordnet sich einer Gesamtperspektive und einem Gesamtensemble unter. Diese Ensemblehaftigkeit geht immer auf eine Totale und impliziert nicht nur, sondern oktroyiert eine spezifische Version von Schönheit, Stil, Umgebung. Dieses »große Ganze« des Ensembles hat eine grundlegende Schwäche. Es tritt an die Stelle des Ganzen, das einer eigenständigen Repräsentation beraubt ist. Das *Grand Design* trägt daher Züge des Fiktiven, des Ersatzes, der leeren und einschüchternden Geste. Sie kann nie die Vielfalt, die Kraft, das Genie, das den vielen innewohnt, ersetzen. Der Plan, der allein dem Kopf der Macht entspringt, ist meist eine dürftige und armselige Veranstaltung. Die soziale Phantasie und die Arbeit des Genies der vielen bieten da mehr auf. Im übrigen hängt alles ganz und gar an der Macht, an der Intaktheit, ja Vollkommenheit der Macht. Sie trägt alles, sie hält alles zusammen. Fällt sie aus, fällt alles auseinander. Die Stunde der Erschöpfung der Macht ist die Stunde der Verwahrlosung des öffentlichen Raumes. Nun gibt es nicht einmal mehr die Mittel und die Kraft, die Plätze in Ordnung zu halten und für die regelmäßig zu erneuernde Dekoration aufzukommen. Das Leben dringt in die quasisakralen Räume vor, erobert sie sich gleichsam zurück. Es entweiht die blankgekehrten Aufmarschplätze mit seinem beiläufig und achtlos verstreuten Müll. Nichts erschüttert die Quasisakralität solcher Orte so sehr wie das Eindringen der Banalität. Die Erschöpfung des Staates und der Macht, die den Raum definiert, ihm Halt und Form gegeben hat, führt zunächst zu einer Verwahrlosung und Verwilderung, aber dies ist nur der erste Schritt für die Rückgewinnung und Rezivilisierung des Machtraums, der nun wieder zu einem von der Öffentlichkeit getragenen und erfüllten Raum werden kann. Das Scheitern des allein auf Macht gestützten Raums ist das sichtbarste Indiz dafür, daß es der Macht nicht gelungen ist, einen homogenen Raum von Dauer zu schaffen. Die Frage ist, ob die postsowjetische Welt sich die sowjetischen öffentlichen Räume aneignen und neu definieren kann oder ob sie von ihrer Gestalt her – aufgrund ihrer Monumentalität, Weitläufigkeit, Unzugänglichkeit – prinzipiell ungeeignet sind. Auch hier hat man nach dem Ende der Sowjetunion Wunder erlebt: die Entstehung von Plätzen für Menschen, die zuvor nur als Arenen für Massenaufmärsche gedient hatten.[9]

Die ohnmächtige Macht: Ordnung und Chaos. Die Vorstellung von der sowjetischen-stalinistischen Gesellschaft als einer wohlgeordneten und bis ins letzte kontrollierbaren Gesellschaft ist ein akademisches Ammenmärchen.[10] Schon die demonstrative Geste der Macht deutet auf etwas ganz anderes hin. Eine Macht, die souverän und selbstsicher ist, bedarf der unentwegten Demonstration ihrer Macht nicht. Die ganze Einschüchterungsrhetorik, das ganze stalinistische Imponiergehabe im öffentlichen Raum ist die Geste eines in Wahrheit ohnmächtigen Staatswesens in aussichtsloser Position. So wie der Terror nie ein Zeichen für Machtvollkommenheit, sondern für Ohnmacht, für Kampf um Selbstbehauptung ist, so ist auch die in Bauten manifestierte Geste der verzweifelte Versuch, das Monopol über den Raum nicht aus der

Hand zu geben. Um jeden Preis. Etwas Ähnliches gilt auch für den exzessiven Kult um Plan und Organisation in der Stalinzeit. Der Fetischismus, der Ordnung und Plan umgab, die Hypertrophierung von Plan und Autorität deuten darauf hin, daß es um Plan, Ordnung, Autorität nicht sonderlich gut stand. Eine genauere Betrachtung der Fetischismen der Stalinschen Sowjetunion, die diesen nicht aufs Wort glaubt, führt uns daher gleichsam auf die Rückseite der Ordnungs- und Planungswelt: auf die Seite des Lebens und eines heillosen Chaos, das zu bewältigen, zu disziplinieren, zu bezwingen war. Keine Planwirtschaft ohne die Ökonomie des Schwarzmarktes, des Besorgens, des Durchwurstelns und Sich-Durchschlagens. Keine »Generalpläne« zur Anlage von sozialistischen Städten ohne die spontane Improvisation der Barakkenstädte, die in der Lage waren, die in die Städte strömenden bäuerlichen Immigranten aufzunehmen. Keine Reklame eines phantastischen Reichtums an Lebensmitteln in den dreißiger Jahren ohne das Wissen um die Hungersnöte im weiten Land draußen. Immer gehört beides zusammen. Die Imponierbauten des neuen Moskau der dreißiger und vierziger Jahre sind auch die Fortifikationsbauten, um sich gegen den Strom nach *Peasant Metropolis* zu behaupten. Die Machtarchitektur der großen Ministerial- und Hochhausbauten ist zugleich Notstandsarchitektur, die Architektur einer Macht von schwacher Legitimität. Wenn überall in den Hauptstädten der sowjetischen Republiken Zentren nach dem Vorbild Moskaus errichtet werden, wenn in Verwaltungshauptstädten überall Zentren entstehen, die keinen Aufwand scheuen, um es dem »Kreml« nachzutun, wenn die ganze Sowjetunion von einer gleichförmigen Architektur der Macht markiert wird, dann ist das auch die Architektur der Selbstbehauptung in einem *Russia in Flux*, in einer Gesellschaft, in der kaum ein Stein auf dem anderen geblieben ist, in einem *Empire Walking* (Peter Gatrell), das seit den Erschütterungen des Ersten Weltkrieges nie mehr zur Ruhe gekommen ist.[11] Die Architektur der Macht ist eine Demonstration der Selbstbehauptung in einem Land, das, einmal aus der Bahn geworfen, droht außer Kontrolle zu geraten. Man könnte auch sagen: die Gestalt des öffentlichen Raums und der errichteten Gebäude – als Synonym für gebaute Geschichte – ist weniger eine Gestalt der Machtvollkommenheit als vielmehr die einer um ihre Herrschaft bangenden Macht. Die Form der »belagertenn Festung«, als die sich nicht zu Unrecht die UdSSR ja auch immer verstanden hatte. Man sieht ihrer gesteigerten Monumentalität geradezu an, daß sie darum wußte, wie provisorisch, wie instabil sie in Wahrheit war. Fortifikationsarchitektur war noch nie ein Zeichen für Stärke.

»Sturm aufs Winterpalais«, »Eroberung der Kommandohöhen«, Mastering Russian Space. Russische Geschichte im 20. Jahrhundert läßt sich erzählen als die Geschichte der Eroberung und Behauptung von Macht über Rußland, und das heißt den russischen Raum – und als das Scheitern seiner dauerhaften Transformation in einen sowjetischen Raum. Die Bolschewiki waren so verzweifelt und kühn, »die Macht, die auf der Straße lag«, zu ergreifen, und sie waren, wenn sie überleben wollten, dazu verurteilt, sie nicht wieder aus den Händen zu geben. So zieht sich von der Eroberung des Winterpalais bis zur Demontage der Sowjetunion die Spur einer Macht, deren *raison d'être* im Machterhalt bestand und die eher im Nebenher die Bedingungen erzeugt hat, die sie mit der Zeit haben obsolet werden lassen. Diese Geschichte des Scheiterns der Transformation des russischen in den sowjetischen Raum ist noch nicht geschrieben. Sie wäre eine Geschichte der Bewegung, der Örter, der Räume, der Grenzen, der symbolischen ebenso wie der realen. Mit der Eroberung des Winterpalais verurteilt die kleine radikale Minderheit sich zur Macht und zur Machtbehauptung. Sie verschanzt sich in den Städten, sie nimmt Kontakt auf mit anderen Zentren. Ohne die Arterien der Eisenbahnen geht das nicht. Die russische Revolution kommt ohne die Lokomotiven nicht aus.[12] Die Bauernrevolution braucht die Bolschewiki nicht, die ohnehin nur sanktionieren, was ohne sie und oft auch gegen ihren Willen abläuft. Die Städte sind die »Zitadellen« des Proletariats und vor allem der Bolschewiki. Es ist eine Revolution, steckengeblieben und beschränkt auf ein Land, eingeschlossen in einem Territorium, das groß ist, aber doch nur eine Insel in einer Welt, die dem Weltmarkt gehört. Sowjetrußland ist auch ohne militärische Kriegserklärung von außen ein belagertes Land. Von den Städten aus wird 1929 der Bürgerkrieg auf dem Dorf neu entfacht, denn ohne die Mittel, die nur aus dem Dorf kommen können – »ursprüngliche Akkumulation« –, ist Rußland, das industrielle, das moderne, das bolschewistische Rußland, verloren. Das bäuerliche Rußland wird zerschlagen, sein Rückgrat gebrochen, es verschwindet nicht, es verliert nur seine Form, seine Gestalt, es diffundiert. Über dieses atomisierte bäuerliche Rußland legt sich eine andere Schicht, ein anderes Netz, ein anderes Gerüst: die Städte, die Industrieanlagen, die neuen Kombinate, die neuen Verkehrswege, die Infrastruktur, das Schul- und Bildungssystem, die Armee, vor allem aber: das Gerüst der Macht: die Kommunistische Partei mit all ihren Filiationen. Das Regime kooptiert von unten und rekrutiert vor Ort, es gibt sich bald volksnah, bald diktatorisch-terroristisch, treibt an oder sucht einen Ausweg in einem *big*

deal, aber es ist im großen und ganzen doch eines von außen, von einem Zentrum her kommend und von einem Zentrum her eingesetzt oder zumindest befördert. Die UdSSR ist die neue Struktur, das neue System, das neue Netz, das sich über das alte Rußland, über die fragmentarisierte Welt des atomisierten bäuerlichen Rußland gelegt hat. Die Kommunisten treten vielerorts wie Missionare, wie Kolonialherren auf. Sie halten Umschau nach Rekruten, Compradoren und Kollaborateuren, sie machen sich ein wenig und mit der Zeit vertraut mit den lokalen Verhältnissen – »konkrete Analyse der konkreten Situation«; es geht immer um Modernisierung, Bekämpfung des Alten, Anpassung an die neuen Verhältnisse, an das Vorbild, das vom Zentrum aus propagiert wird. Was das weite Land mit seinen nach Jahrhunderten und Zivilisationen verschiedenen und unterschiedenen Formationen zusammenhält, ist jenes Netz oder Gerüst, das transnational, imperial, bürokratisch ist. Das einige und unteilbare Rußland ist, radikal verändert durch die Turbulenzen der russischen Umwälzung, wiedererstanden unter roter Flagge. Aber die Macht, so folgenreich sie gewesen sein mag, hat keine eigenständige Lebensform von Dauer hervorgebracht, sie hatte die Potenz zu einer wirklichen Vergesellschaftung, zur Produktion eines nachhaltigen und dauerhaften sowjetischen Raumes nicht. Der sowjetische Raum trug bis zum Schluß einen äußerlichen und einen Macht-Charakter, hatte die Funktion eines »Gerüstes« (Vladimir Kaganskij). Die sowjetische Macht hatte sich festgesetzt und ihre Spur hinterlassen: von Brest bis Irkutsk, von Workuta und Murmansk bis Kischinjow und Baku. Aber sie blieb ein »politokratisches Regime« (Helmut Fleischer), ihre Potenz, einen eigenständigen gesellschaftlich-zivilisatorischen Raum zu produzieren, der es mit der Vergesellschaftung durch Markt und Kapital hätte aufnehmen können, war von Anfang an schwach. Dies ist auch der Grund, warum sie gleichsam mühelos demontiert werden konnte. Es schien so, als müsse man nur das Gerüst, die Superstruktur UdSSR abnehmen, deren Einzelteile darauf nicht oder nicht mehr angewiesen waren.

Nach der Sowjetunion: Hervortreten der Landschaft. Der sowjetische Raum war machtzentriert, mehr vertikal als horizontal organisiert, mit scharf ausgeprägtem Gegensatz von Oben und Unten, Zentrum und Provinz/Peripherie. Nach dem »Auspacken des problematischen Gepäcks« (Vladimir Kaganskij) verlaufen die Linien anders. Es gibt ein Zentrum – Moskau –, aber seine Zentralität beruht weniger auf seiner Machtstellung als auf dem Sog Moskaus als einer potentiellen *global city*,

»Das bäuerliche Rußland wird zerschlagen, sein Rückgrat gebrochen, es verschwindet nicht, es verliert nur seine Form, seine Gestalt, es diffundiert.«

Brigadeleiterin Larissa Vljaninskaja berichtet dem Bauleiter
Georgi Paschkjewitsch über den Fortschritt eines
Straßenbauprojekts

also seiner Stellung als Wirtschaftszentrum und als Zugang zu globalen Märkten und Entwicklungen. Es gibt Subjekte: die Gebiete oder genauer: die Regionen. Sie haben etwas zu bieten, und sie haben ihre Ansprüche: Bodenschätze, *man-power*, kulturelles Kapital, historische Identität. Durch die alte administrative Struktur, die geschwächt ist, schimmert die historische Landschaft, wie sie sich in Jahrhunderten herausgebildet hat, hindurch. Die Regionen treten miteinander unmittelbar in Verbindung, sie bedürfen nicht länger der Vermittlung eines Zentrums, das in dieser Vermittlung ein Monopol und einträgliches Privileg gehabt hatte. Es entwickelt sich eine neue Ökonomie von anderer Rationalität: Nahes ist wieder nah, Nahes ist naheliegend; es kommt zusammmen, was nahe beieinander ist; die ganzen künstlichen Arbeitsteilungen, die in den Stäben der zentralen Planungsbehörden erdacht wurden, sind hinfällig geworden. Eine neue Ökonomie der kurzen Wege, der Effizienz und des Wettbewerbs stellt sich – wenngleich in einem chaotisch-spontanen und mit hohen Kosten verbundenen Prozeß – ein. Die Regionalisierung ist vielleicht der massivste Schritt auf dem Wege der Aneignung und Privatisierung des Wirtschaftslebens.[13] Neue Zusammenhänge stellen sich her, die so neu nicht sind: Wirtschaftsräume, Kulturräume, Grenzräume. Es gibt die Große Wolga und den russischen Nordwesten, es gibt das Große Nowgorod und die Smolenschtschina, es gibt die Kosakengebiete, die sibirischen Länder und den Fernen Osten. Eine neue Zentrifugalität hat eingesetzt. Die einst scharfe Kontur zwischen innen und außen wird diffus. Es gibt nicht mehr nur das eine Tor zur Welt (Moskau), sondern viele. Wanderungsbewegungen, Sickerbewegungen, Diffusionen, Vermischungen haben eingesetzt. Die monoethnischen Gebiete erfahren eine Vermischung oder bilden sich neu. Die großen Städte werden zu Zielpunkten neuer Wanderungen. Die Grenzzonen verschieben sich. Rußland konfiguriert sich neu mit neuen Zentren, neuen Korridoren, neuen Wegen, neuen Provinzen und Peripherien. Plötzlich gibt es die Seidenstraße wieder. Sogar der »Weg von den Warägern zu den Griechen« taucht wieder auf in den Itineraren der Shopping-Touristen und Arbeitsmigranten. Rußland lernt, mit sich selbst anders in Verbindung zu treten als über die Zentren der Macht: über Basare, Handelswege, phantastische und verlockende Produkte. Rußland vergesellschaftet sich neu. Es wächst ein neues Rußland. Der Jahrmarkt von Nishnij war stärker als Gosplan.

EUROPA DIAPHAN

DJAGILEWS SPUR
IN EUROPA

Sergej Pawlowitsch Djagilew, bekannter unter seinem französisierten Namen Serge (de) Diaghilev, war ein Weltstar. Auf Weltstars seines Kalibers blicken viele, unausgesetzt, konzentriert. Die Geschichtsschreibung hat nur einen Vorteil davon. Sie ist informiert über fast alle Details im Leben dieses bedeutenden Mannes. Es mangelt daher nicht an Biographien und Darstellungen seines Werkes, insbesondere der zwanzigjährigen Periode der *Saisons Russes* von 1909 bis 1929.[1] Wir wissen nicht nur, wann und wo er geboren wurde – am 19. März 1872 im Gouvernement Nowgorod – und wann und wo er gestorben ist – am 19. August 1929 in Venedig – wann er zur Schule gekommen und von der Universität abgegangen ist, wann er seine erste Auslandsreise unternommen hat und wann es zu den folgenreichen Begegnungen mit Picasso oder Strawinsky gekommen ist. Djagilew stand so sehr im Zentrum allgemeinen Interesses und gesteigerter Aufmerksamkeit, daß wir sein Leben genau rekonstruieren können, fast Woche für Woche, Tag für Tag, ja fast Stunde für Stunde. Wir wissen, wann er Berlin verlassen hat und in Dresden angekommen ist, wie lange der Nord-Expreß von Paris nach Sankt Petersburg gebraucht hat, wie er sich bei der Überfahrt auf dem Ärmelkanal oder auf dem Schiff von Cadiz nach Buenos Aires gefühlt hat. Wir kennen all die Hotels, in denen er abgestiegen ist. Wir wissen alles über seine Vorlieben, über seine Art, sich zu kleiden, über seine Phobien und Idiosynkrasien, über seine Anfälle von Verzweiflung und über Gesten, die von einer unendlichen Großzügigkeit zeugen. Djagilew Superstar hat eine kräftige Spur im Bewußtsein seiner Zeitgenossen – seiner Freunde ebenso wie seiner Gegner – hinterlassen. Dieser Spur zu folgen ist eine erste Bedingung, damit wir uns überhaupt verständigen können. Wie sollen wir über Moderne, ästhetische Strömungen, Positionen und Kämpfe sprechen, ohne anzugeben: wo und wann das alles stattgefunden hat. Wir werden schnell feststellen, daß diese Ortsangaben nur die erste Bedingung, die Voraussetzung für alles Weitere ist, aber daß es ohne sie eben nicht geht. Wir werden dies als Anhaltspunkt für die Rekonstruktion des kulturellen Raums neh-

»Wir wissen, wann er Berlin verlassen und in Dresden angekommen ist, wie lange der Nord-Express von Paris nach
Sankt Petersburg gebraucht hat.«

A. M. Cassandre, Nord-Express, Plakat, 1927

men, in dem Djagilew gewirkt hat, den er zum Teil auch mitkonstituiert hat, oder genauer: jenes Europa, an dessen Konstituierung Djagilew mitbeteiligt war, dessen Zerfall er aber sowenig wie andere aufzuhalten in der Lage war. Europa als kultureller Raum – das also.

Aber dann kommen sogleich die weiteren Fragen: welcher Kräfte hat es bedurft, einen solchen Raum zu bilden, woher kamen sie, woraus haben sie sich gespeist? Wir müssen uns – im dritten Schritt also – dem Kraftwerk, dem Generator, dem Motor zuwenden, der das Phänomen Djagilew angetrieben hat. Und wir müssen schließlich in einem letzten Schritt Sieg und Niederlage Djagilews nachzeichnen, also der Frage nachgehen, wie Europa nach Djagilew aussieht und das geworden ist, was es heute ist. Es wird sich dabei herausstellen, was Europa Djagilew und der Stadt, die ihn hervorgebracht hat – Sankt Petersburg –, verdankt: den bedeutendsten Europäer, den Rußland im 20. Jahrhundert hervorgebracht hat.

Die Legende Djagilew, die untrennbar mit den großen Skandalen um die Aufführung von Strawinskys *Sacre* 1913 oder die Auftritte Vaclav Nijinskys als Faun in *L'après-midi d'un faune* verbunden ist, hat Djagilew bereits zu Lebzeiten ein großes Publikum und eine große Resonanz verschafft, weit über das enger spezialisierte Publikum hinaus. Der Kreis seiner Mitarbeiter war groß und außerordentlich produktiv. So verfügen wir über Erinnerungen, Tagebücher, Zeitungsberichte, Reportagen aus erster Hand – Sergej Lifar, Leonid Massine, Boris Kochno, Vaclav Nijinsky selbst, seine Gönner und Gonnerinnen wie Misia Sert, seine Weg- und Zeitgenossen wie Fernand Léger, Pablo Picasso, Igor Strawinsky: bei ihnen allen taucht Djagilew an zentraler Stelle auf, wie es sich gehört. Und doch – oder vielleicht: gerade deshalb blieb Djagilew eine Gestalt der Ballett- oder Kunstinteressieren, er wurde nie eine Figur, schon gar keine Zentralfigur der Gesellschafts- und Kulturgeschichte. Nur ganz selten wird dieses Tabu durchbrochen, etwa in der bedeutenden Arbeit des kanadischen Historikers lettischer Herkunft Modris Eksteins, der Djagilew in seiner Geschichte der Weltkriegsepoche *Rites of Spring. The Great War and the Birth of the Modern Age*[2] eine zentrale Rolle zuweist. Dies gilt im übrigen nicht nur für Djagilew, man könnte auch andere signifikante Fälle anführen – etwa Harry Graf Kessler in Deutschland. Eine systematisch defiziente und konstitutionell desinteressierte Gesellschafts- und Kulturgeschichte kann mit jemandem wie Djagilew nicht viel anfangen. Das »Djagilew-Projekt«, von dem im folgenden die Rede ist, begreift indes Djagilew als einen exemplarischen Fall einer europäischen Gesellschaftsgeschichte, als

Studie für Bildung und Niedergang europäischer Gesellschaft, zunächst als High-Society, dann auch in einem mehr generellen Sinn. Erfreulicherweise hat vor allem in Rußland selbst das Interesse an Djagilew stark zugenommen. Das ist aber auch nicht allzu verwunderlich, da sich die Geschichte der russischen Moderne beim besten Willen nicht an diesem Pionier oder Spiritus rector vorbeierzählen läßt. Die Edition seiner Schriften, die Organisation von wissenschaftlichen Konferenzen und vor allem die große Ausstellung »Djagilew und seine Epoche« in Sankt Petersburg sind außerordentlich verdienstvoll, aber eben nur ein Anfang.[3]

Djagilews Europa als kultureller Raum – Rekonstruktion. Wenn Djagilew eine so zentrale Figur der europäischen Kultur gewesen ist, dann muß es Spuren und Hinterlassenschaften geben, gut konserviert oder nur in Fragmenten. Maler hinterlassen Bilder, Bildhauer Skulpturen und Reliefs, Komponisten Partituren, Schriftsteller Texte, Ballettmeister Choreographien. Djagilew war von alldem nichts, daher wäre es sinnlos, nach einem derartigen Relikt Ausschau zu halten. Wir könnten fragen, wo noch eine Erinnerung an ihn lebendig ist, und würden vermutlich noch eine Tänzerin oder einen Ballettomanen treffen, die uns etwas Unmittelbares mitteilen könnten: Wie es war, wie er war. Man könnte etwas von den Überresten der Schule und der Praktiken, die er entwickelt hat, aufsuchen und sich ansehen: das, was John Cranko und Margot Fonteyn am Stuttgarter Staatstheater aufgebaut haben; der Stil des New York City Ballet, der von Georges Balanchine und damit mittelbar von Djagilew mitgeformt worden ist. Man kann in die Galerien in Paris, Barcelona, London gehen, wo man die Bilder und Dekorationen seiner genialen Partner besichtigen kann: Léger, Picasso, Juan Gris, Miró, Rouault, Bakst, Alexander Benois und anderer. Und wahrscheinlich könnte man sogar die Orte aufsuchen, an denen sich – an einigen wenigen wenigstens – sogar Gedenkplaketten finden: in der Galernaja 12, in der Fontanka 11 oder am Litejnyj Prospekt, wo er in seiner Petersburger Zeit residiert hatte; das Théâtre de Châtelet und das Théâtre des Champs-Elysées in Paris, wo er mit seinen *Ballets Russes* und *Saisons Russes* Triumphe gefeiert hatte, das Casino von Monte Carlo, Covent Garden in London, das Theater des Westens in Berlin, das Teatro Colón in Buenos Aires oder die Scala in Mailand. Noch genauer könnten wir seine Hotel-Adressen abklappern und nicht wenig Aufschluß bekommen: Hotel Polonia und Bristol in Warschau, das Grand Hôtel des Bains de Mer am Lido in Venedig, das Adlon in Berlin, das Ritz oder Continental in Paris, Hotel Cavour in Mailand, Hotel Wagram in London, das L'Europe in Petersburg, die Pension Schöffler in Karlsbad, Hotel Stephanie in Baden-Baden, das er sein schönstes nannte. Fast mit jedem Hotel, mit jedem Ort ist etwas verbunden: der Honigmond mit Vaclav Nijinsky, eine Bildungsreise mit dem neuen Star und Liebhaber Leonid Massine, das Brainstorming mit Igor Markewitsch und Paul Hindemith über ein neues Ballett, und immer wieder Gespräche, Dinners, Soupers, um Mäzene und Sponsoren zu finden – Djagilew war der Erfinder des modernen *fundraising*. Wir könnten die Strecken abfahren: von Sankt Petersburg nach Berlin, Dresden und Bayreuth. Von Paris nach Monte Carlo, Nizza und Turin. Von Paris nach London und Cherbourg und von dort per Schiff nach New York. Immer wieder Abstecher: München, Wien, Budapest, Biarritz, Ostende. Immer wieder Fluchten an ferne und blaue Strände: nach Griechenland, an die Côte d'Azur. Seine Biographen – Richard Buckle zum Beispiel – wissen viel: wann er mit wem in welchem Restaurant gespeist hat, wann er für wie viele Nächte in einem Hotel oder in der *gay scene* verschwand; wann er sich zu seinen Einkaufsreisen in die Antiquariate von Berlin und Warschau aufgemacht hat. Das kann hier nicht nacherzählt werden, aber es ist klar: es läßt sich ohne weiteres ein *curriculum vitae* von hoher Dichte, geradezu ein Itinerar durchs Leben Djagilews erstellen. Worauf es hier ankommt, ist zu verstehen, was solche Angaben uns »bringen« können. Sie »bringen« uns »Dichte«, d. h. die Rekonstruktion eines Horizonts und eines von ihm umschlossenen Raumes, ohne den unsere ganze Einordnung Djagilews – wie jedes anderen – ganz sinnlos wäre. Man kann sogar sagen: die Existenz dieses Raumes ermöglicht überhaupt erst die Geschichte, für die Djagilew steht.

Die Spuren Djagilews zu verfolgen heißt, einen Raum zu rekonstruieren, in dem alles spielt – *history takes place*. Dies kann hier nur angedeutet werden. Djagilew bewegt sich zwischen Orten, die die kulturellen Zentren Europas zwischen 1900 und 1930 bilden. »Culture is things in the move.« Es ist von erheblicher Bedeutung zu wissen, ob und wie diese Zentren miteinander in Verbindung gestanden haben, wie die Austauschvorgänge gelaufen sind, ob sie zufällig, nur in großen Abständen miteinander in Berührung gekommen sind oder ob der Austausch zur Routine, zur Gewohnheit, zur Selbstverständlichkeit geworden ist. Die Erforschung der Itinerare und Trajekte Djagilews bedeutet daher nichts anderes als Bewegungen, Kontakte, Transfers zu fixieren und zu protokollieren. Die Aktivitäten Djagilews zu studieren heißt die Produktion eines kulturellen Raumes zu verfolgen. Hier spielt die Frequenz von Zügen, ihre Verläßlichkeit, ihr Komfort oder Luxus eine zentrale Rolle. Das Tempo und der Aktivismus Djagilews, überhaupt die Herstellung und Aufrechterhaltung von Kontakten, die so wesentlich für schöpferische Kooperation und wechselseitige Inspiration sind, setzen ein funktionierendes Verkehrs- und Transportwesen voraus. Wer nachliest, was Djagilew binnen einer einzigen Woche zuwege bringt, versteht sogleich, daß es eine Epoche Djagilews ohne die moderne Infrastruktur nicht gibt. Europa war vor 1914, vor dem Großen Krieg, vor den neuen Grenzen und Visaregimen außerordentlich schnell und »klein«. Was Djagilew schafft, ist auch vom Anfang des 21.Jahrhunderts her gesehen mehr als erstaunlich. Er ist unentwegt unterwegs zwischen Petersburg und Paris, zwischen Paris und London und Monte Carlo, zwischen Wien, München, Venedig und Florenz und offenbar zu so komfortablen Bedingungen, daß sie ihm genügend Muße lassen. Reisen machen ihn nicht fertig. Die Nachtfahrt im Schlafwagen gehört gleichsam zur Aufrechterhaltung eines gewissen Tonus. Um den Expreß, um den Schlafwagen herum gruppiert sich eine ganze kulturelle Welt: eine spezielle Garderobe, der Baedeker, die nötige Reiseliteratur, der Reisepartner, ein bestimmter Stil der Konversation, eine Zeit und ein Rhythmus, ein System der Dienstleistungen bei Abfahrt und Ankunft. Es handelt sich hier nicht um speziell Djagilewsche Maotten und Vorlieben, vielmehr war das System der Bewegung Voraussetzung für Mobilität im allgemeinen und für kulturellen Austausch im besonderen. Das Gastspiel- und Tourneewesen, der Transport von Instrumenten und Dekorationen – Hunderte von Koffern für die *Saisons Russes* in Paris –, das pünktliche Eintreffen der Stars, der große Bahnhof und der rote Teppich, überhaupt das Reisen ohne bürokratische Schikanen vor 1914, die rasche, telegraphisch verabredete Begegnung, die transnational-europäische Kooperation – all dies ist ohne die skizzierten technisch-zivilisatorischen Voraussetzungen ganz undenkbar. Keine Kultur des europäischen Fin de siècle ohne die Leistungen des europäischen Eisenbahnwesens.[4] Es ist nicht nur ein Zeichen für den heimatlosen, kosmopolitischen und unruhigen Djagilew, wenn Hotels in seiner Vita eine so große Rolle spielen. Es ist ein *way of life*, ein Habitus, ein Stil, eine kulturelle Tatsache, ohne deren vorausgesetzte Selbstverständlichkeit wir über europäische Moderne nicht einmal ein Wort zu verlieren brauchen.

Synthesis. Djagilews Werk. Es hat seinen Grund, wenn sich so viele um Djagilew gedreht haben. Er war nicht Künstler, nicht Maler, nicht Komponist oder Musiker, nicht Tänzer, nicht Sänger, nicht Bildhauer, aber er hatte von allem etwas. Er hatte in seinem Elternhaus auf ziemlich hohem Niveau musiziert, man führte im Permer Haus in der Sibirskaja Uliza Schumannstreichquartette auf, Djagilew hatte eine gute Stimme, spielte vorzüglich Klavier, die Götterdämmerung etwa aus dem Klavierauszug. Aber er gab auf, als ihm bei Rimski-Korsakow klar wurde, daß er es zu einem eigenständigen kompositorischen Schaffen nicht bringen würde. Er war kein Schriftsteller, aber er war in vieler Hinsicht einer der Begründer der modernen Kunstkritik in Rußland, wie seine vier großen Essays über die Aufgaben der Kunstkritik in den ersten Heften der Zeitschrift *Mir Iskusstwa* von 1898 zeigen. Er war auch kein Graphiker oder Maler, aber es gibt kaum jemanden, der es mit ihm in der Kenntnis und im Verständnis sagen wir der russischen Porträtskunst vom 18. bis zum 20. Jahrhundert hätte aufnehmen können. Djagilew hatte von alldem etwas, aber war es doch nicht. Dafür verfügte er über etwas, was alle seine genialen Freunde und Mitarbeiter nicht besaßen: ein untrügliches Gespür für das Ganze, für die innere Stimmigkeit eines komplexen künstlerischen Gebildes. Dieses Gefühl oder diese Kompetenz für »das Ganze« war gerade nicht der ideale Durchschnitt aus dem vielen und Heterogenen, sondern eine sehr spezifische Gabe. Djagilew besetzte gleichsam die Leerstelle, die in der Welt der Arbeitsteilung entstanden war, er füllte das offenbar immer größer werdende Vakuum mit seiner ganzen Persönlichkeit – körperlich und geistig. Es gibt nur wenige so scharfe und genaue Selbstbeurteilungen wie jene des jungen Djagilew in seinem Brief an seine Stiefmutter. »In erster Linie bin ich ein großer Scharlatan, wenn auch *con brio*, in zweiter Linie ein großer *charmeur*, drittens verfüge ich über ein gerüttelt Maß an Chuzpe, und viertens bin ich ein Mann mit einem ausgesprochen logischen Denkvermögen, dem es freilich an Prinzipien mangelt; fünftens besitze ich keinerlei wirkliche Begabung. Alledem zum Trotz meine ich eben meine wahre Berufung gefunden zu haben, die darin besteht, das Dasein eines Maecenas zu führen. Ich verfüge über alles, was man dazu benötigt, außer über Geld – mais ça viendra.«[5] Djagilew war niemals der Formulierer des harmonischen Durchschnitts, sondern seine synthetische Arbeit hatte immer Schnitt, Linie, Form, wollte auf etwas hinaus, war eher Zuspitzung als Verharmlosung und Nivellierung. Er behielt sich immer die letzte Entscheidung, wo es um die Bestimmung des Tons ging, vor: bei der Auswahl der Bilder für seine großen Ausstellungen des Kreises um *Mir Iskusstwa* oder bei den choreographischen Einfällen oder auch bei finanziell riskanten Entscheidungen, bei denen man sich durchaus das Genick brechen konnte. Er war weniger ein Führer oder Sprecher eines Kollektivs oder Teams als eher eine Autorität, ein wohlgelittener Diktator. Sein Freund Alexander Benois nennt ihn einen »Duce«, sein Biograph Buckle einen »künstlerischen Kondottiere«.

Als jemandem, dem wie vielen seiner empfindsamen Zeit- und Generationsgenossen die Idee des Wagnerschen Gesamtkunstwerks und der Versöhnung von Leben und Kunst nahe war, richtete sich sein Ehrgeiz fast wie von selbst auf jene der Künste, die um 1900 auf eine neue Weise die Totalität, das Ganze der Künste verkörperte: die Tanzkunst, das Ballett. Sie, die Musik, Bühnenbild, Skulptur, Bewegung, Gesang, Pantomime in einem war, war die ideale Kunst für das große Experiment einer integralen, die zerklüfteten und egoistischen Einzelkünste übergreifenden Kunst. Djagilew war in der Entschiedenheit, mit der er an der Realisierung des Gesamtkunstwerks arbeitete, mit der ganzen Leidenschaft, die dazu nötig ist, ein Revolutionär. So meinte er in einem Interview mit der *New York Times* 1916: »Wir waren alle Revolutionäre . . ., als wir für die Sache der russischen Kunst kämpften, und . . . nur durch einen lächerlichen Zufall ging ich um Haaresbreite daran vorbei, auf einem anderen Gebiet als der Musik und der Farbe ein Revolutionär zu werden.«[6] Djagilew war nicht der erste und nicht der einzige, der dem Bedürfnis nach Ganzheit und Einheit Ausdruck verliehen hat. Dieses Bedürfnis ist als Komplement zum rasenden Auseinanderfallen der traditionellen Erfahrungswelten am Ende des 19. Jahrhunderts geradezu typisch für das Fin de siècle. Und es hat gewiß eine in seiner Persönlichkeit liegende Kraft, einen Zauber, einen Charme, ein »Etwas« gegeben, das ihn jene Rolle des genialen Anstifters, Katalysators, Synthetikers hat spielen lassen, dem es im übrigen gelungen ist, die vom Verfall und Auseinanderfallen bedrohte Truppe immer wieder und aufs neue zusammenzuhalten. Es muß ein ihm eingeborener Charakterzug im Spiel gewesen sein, der ihn befähigt hat, Menschen zusammenzubringen, ein überaus kraftvoller Eros, der auch in seiner offen gelebten Homosexualität zum Tragen kam, die man vielleicht als den innersten Kern einer Neugier, eines Begehrens, eines Beziehungsdrangs auffassen kann. Sexualität, vor allem ihre Unterdrückung, war bekanntlich ein großes Thema des spätbürgerlichen Zeitalters. Wer es anschlug, konnte mit Resonanz im ganzen Gesellschaftskörper rechnen. Europas große Namen um 1900 sind mit der Thematisierung des

Sexuellen und seiner Abgründe von Gewalt verbunden: Klimt, Wedekind, Wilde, Schnitzler, Otto Weininger, Wassili Rosanow, Thomas Mann, Sigmund Freud. Eine ganze Welt dreht sich um die Figuren der Salome, den Tod in Venedig, um Frühlings Erwachen, um Ver Sacrum, den Heiligen Frühling. *The Keys to Happiness*[7] führten in einer ganz bestimmten Weise in die bis dahin tabuisierte Homosexualität. Und man könnte die erotischen Schwingungen, in die Djagilew das Europa seiner Zeit versetzt hat, als den inneren Kern einer europäischen Gesellschaftsbildung bezeichnen. Die europäische Djagilew-Gemeinde ist wie die Kontaktaufnahme von Versprengten, eine spezifische und subtile Form von Transnationalität – vielleicht sogar der widerständigste Ort eines Kosmopolitismus im Zeitalter nationaler Verfeindung und nationalistischen Wahns. Wenn man die europäische Gesellschaft der *Welt von gestern* (Stefan Zweig) stringent analysieren wollte, dann käme man mit der Analyse der feinen Beziehungen und Querverbindungen von Erotik und Sex, mit den geistigen Brüderschaften, den religiösen, kulturellen und ethnischen *communities* weiter als mit der rohen Klassen- und Sozialanalyse. Das Phänomen Djagilew hätte es nicht gegeben ohne jenen homoerotischen Resonanzraum, ohne das erotisch-sexuelle Flair seiner über ganz Europa verstreuten High-Society. Djagilew war ihr Leuchtturm, von dem Signale ausgingen, die erwidert wurden: im Bloomsbury-Kreis etwa – Lytton Strachey träumte von Vaclav Nijinsky, John Maynard Keynes und viele andere standen ganz im Banne Djagilews, er war sogar mit einer seiner Tänzerinnen – Lydia Lopuchowa – verheiratet. Harry Graf Kessler, einer der wohl feinsinnigsten, unabhängigsten und mutigsten Liberalen in Deutschland, gehört zweifellos zu dieser homoerotischen *society* Europas. Die Aufführungen der *Ballets Russes* in Paris waren selbstverständlich ein Treffpunkt jenes Milieus: von Marcel Proust bis Jean Cocteau. Das gilt auch für »das andere Petersburg«, das der Welt so viele hinreißende Begabungen geschenkt hatte: Michail Fokin, Sergej Lifar, Leonid Massine, Vaclav Nijinsky, Boris Kochno.[8] Der Kult der Schönheit, dem Djagilew öffentlich frönte, war natürlich in erster Linie ein Kult um den Tänzer, nicht um die Tänzerin, um den Ballerino, nicht die Ballerina – obwohl Petersburg auch hier die Welt mit ausgesuchten Exemplaren von Schönheit und Eleganz versorgt hatte: von Tamara Karsawina über Anna Pawlowa, von Ida Rubinstein bis Lydia Lopuchowa. Der Einfluß dieser »Schönheiten im Exil« auf Schönheitsideal und Mode im Europa der zwanziger und dreißiger Jahre ist ein weiteres bis heute vernachlässigtes Kapitel einer dezidiert europäischen Kulturgeschichte.[9]

Petersburger Schule: oder wie Djagilew verfertigt wurde. Hier wird schon deutlich, daß es nicht nur um die Eigenheiten oder Charakterzüge des Menschen Djagilew geht, sondern um Djagilew als kulturelle Gestalt, als Produkt der Petersburger und europäischen Kultur. Wir müssen daher uns umsehen in dem Laboratorium, das diesen Djagilew zustandegebracht hat, in dem er sich herauskristallisiert hat und von wo er gleichsam als kulturelles Zeichen, als Bote in die Welt hinausging. Djagilew gehört zum Bedeutendsten, was die Stadt und die russische Kultur Europa geschenkt hat, vielleicht sogar das erste Geschenk: eine selbständig gewordene, ihrer selbst sicher gewordene moderne Kultur, die es nicht mehr nötig hatte, Europa zu kopieren, zu imitieren, nachzumachen. Die russische Kultur hatte in voller Überzeugung und mit großer Souveränität die europäische Bühne betreten, und Djagilew war ihr erster Dolmetsch, Herold, Repräsentant.

Es muß hier viel zusammenkommen, um aus einem über die Maßen begabten Menschen – einem Liebling der Götter – eine kulturelle Gestalt, vielleicht sogar eine Kultfigur werden zu lassen. Als Djagilew 1890 in Petersburg ankam, sahen seine späteren Freunde in ihm zunächst den etwas grobschlächtigen Provinzler mit roten Wangen und strahlenden weißen Zähnen, der kritischen Fragen und taxierenden Blicken ausgesetzt war. Aus Perm, wo er in einem wohlhabenden, außerordentlich kultivierten Haus aufgewachsen war – auch dies ein noch nicht einmal in Ansätzen beschriebenes Kapitel: die Rolle jener oft nur aus einem Haus oder einer Familie bestehenden kulturellen Zentren in der russischen Provinz für die Entwicklung der russischen Moderne –, war Djagilew in die Hauptstadt, und zwar in deren allerbeste Kreise, geraten.

Das war ein Freundeskreis, wie er sich nur in einer Stadt wie Sankt Petersburg hatte einfinden können. Jemand wie Alexander Benois, der Sproß einer Familie mit deutschen, französischen und venezianischen Wurzeln, einer Dynastie, die viele prominente Baumeister Petersburgs hervorgebracht hatte, ein Kenner der Kunstgeschichte, ein Liebhaber des petrinischen und katharinischen Petersburg und zu alldem auch noch ein Künstler von Gnaden, der später viele Djagilew-Produktionen ausstatten sollte.[10] Dann Konstantin Somow, wie Djagilews Cousin Dima Filosofow aus einer uralten und reichen Familie stammend, ein glänzender Maler, vor allem Porträtist. Walter Nouvel, ein glänzender Pianist und grenzenlos bewanderter Leser. Schließlich Leon Rosenberg, der als künftiger Bühnenbildner Djagilews unter dem Namen Leon Bakst berühmt werden sollte. Ein Kreis von hochgebildeten, frühreifen, leicht neurasthenischen und blasierten jungen Männern, die ihre wagnerianischen und nietzscheanischen Moden schon hinter sich hatten, die allesamt schon im Ausland gewesen waren, mehrere Sprachen sprachen und die ihre Stadt und ihr Land liebten. Djagilew traf auf sie über Familienbeziehungen, vor allem aber über das berühmte Privatgymnasium May. Wenngleich sie unterschiedlich begütert waren, gab es doch so etwas wie einen gemeinsamen Erfahrungshintergrund: das konnten Lektüren, das Konservatorium, Premieren im Marijnski-Theater, Eindrücke von Auslandsreisen, Sommer auf den Gütern draußen im Lande, Kontakte mit berühmten Zeitgenossen – Rubinstein, Tschaikowsky, Rimski-Korsakow –, auch Kontakte mit der Hofgesellschaft oder sogar mit Mitgliedern der kaiserlichen Familie sein, die sich an ihren Rändern mit der Welt der Premierenbesucher und Ballettomanen überschnitt. Das war alles Einübung in Weltläufigkeit, Disziplin, Umgangssicherheit, Souveränität, Formbewußtsein, Stil. Sankt Petersburg war die Schule des Petersburger Stils – das ist eine Banalität, aber eine folgenreiche.

Eine zweite Schicht ist gewiß die aktive Tätigkeit dieses Freundeskreises in der von Djagilew angestifteten Gesellschaft um die Zeitschrift *Mir Iskusstwa*, die von 1898 bis 1904 existierte.[11] Ein Journal, das Kunstgeschichte gemacht hat und in dem die Jungen um Djagilew den Ton angaben – in der Kunstkritik, in literarischer Rezension, in der Erneuerung der Kunstgeschichte, im Design, in der Grafik. Die »Welt der Kunst« hat epochale Ausstellungen organisiert, die auf eine Neuinterpretation und Neuaneignung der ganzen russischen künstlerischen Tradition hinausliefen. Was daran bis heute beeindruckt, ist die Sicherheit des Tons, die Stilsicherheit, die Folgerichtigkeit des künstlerischen und kunstkritischen Programms, auch die Unerschrockenheit, mit der die jungen Leute die »alte Welt« aus den Angeln gehoben hatten – so als sei der Erfolg ausgemachte Sache gewesen. Die große Ausstellung russischer Porträts im Taurischen Palais 1905, eine meisterhaft zusammengestellte Galerie russischer Gesichter und Geschichte, stellt in gewisser Weise die Summe dieser Ausstellungspraxis dar – viele Porträts sollten in der Folgezeit während der Unruhen verschwinden; Rußland hatte vor der »Zeit der Wirren« noch einmal sich selbst in den Spiegel blicken können. Kein Zufall, daß aus diesem Zeitraum eine der melancholischsten, ja fatalistischsten Reden stammt, die überhaupt bekannt sind. Zurückgekehrt von einer sommerlichen Fahrt über das von Bauernaufständen verheerte Land, hielt Djagilew die Zeit für gekommen, Bilanz zu ziehen. »Verödet sind die Majorate, furchtgebietend in ihrer erstorbenen Pracht die Paläste, die seltsam bevölkert werden von den heutigen kleinen und mittleren Leuten, die die Bürde einstiger Paraden nicht ertragen ... Und von Stund an war ich überzeugt, daß wir in einer furchterregenden Zeit des Umbruchs leben; wir sind zum Sterben verurteilt, um einer neuen Kultur zum Auferstehen zu verhelfen, die von uns das übernehmen wird, was von unserer müden Weisheit übrigbleibt ... Und deshalb erhebe ich ohne Furcht und Unglauben das Glas auf die zerstörten Mauern der schönen Paläste wie auch auf die neuen Gebote einer neuen Ästhetik. Und der einzige Wunsch, den ich als unverbesserlicher Sensualist äußern möchte, lautet: Daß der bevorstehende Kampf nicht die Ästhetik des Lebens verletzen möge und der Tod genauso schön und strahlend sei wie die Auferstehung.«[12] Kein Zufall auch, daß Djagilew sich auf dem Höhepunkt seiner Kraft fühlte, die ihn im Jahr der Revolution von 1905 den Vorschlag zur Errichtung eines Ministeriums für Künste mit ihm selbst als der idealen Besetzung hatte machen lassen.

Djagilew war ein fertiger Mann, durch eine vorzügliche Elite-Schule gegangen, in einer Stadt groß geworden, die zur Form und zu Formbewußtsein erzieht, umgeben von einem Kreis von Gleichgesinnten und Hochbegabten, für die es eine Selbstverständlichkeit zu sein schien, die Welt noch einmal zu erfinden. Sie waren fertig und jederzeit bereit, Europa neue, noch nie gesehene Bilder aus und von Rußland zu zeigen. Es war das Glück der Konstellation, der Kontingenz, das freilich von dem Genius loci der Stadt Petersburg fast herbeigeführt worden war, das jene Kombination von Kräften möglich gemacht hat. Djagilew befand sich an einer Schnittstelle und an einer Zäsur – und er hat daraus etwas gemacht: er hat der Zäsur eine Form gegeben: die der modernen russischen Kunst. Der innere Kreis, der um *Mir Iskusstwa* herangewachsen war und sich erprobt hatte, wird gleichsam zum Muster aller künftigen Produktionen. Djagilew hatte das Glück des Anfangs. Er hatte kaum Zeit mit Scheitern verschwendet. Im Weggang Djagilews aus Petersburg manifestiert sich freilich die Tragödie des Landes insgesamt: daß es im Augenblick größter Kraftentfaltung keinen Platz hatte für seine Genies und Talente. Das übrige Europa hat davon profitiert.

Europäischer Auftritt. Djagilew verließ nach seinem Konflikt mit den Behörden in der Leitung der Kaiserlichen Theater Petersburg. Er ging nach Paris, so wie er auch früher schon in großer Regelmäßigkeit weggefahren war: nach Venedig, nach Bayreuth, nach Florenz. Aber diesmal war es eine Abreise ohne Rückkehr. Es gab im Ancien Régime keinen Platz für ihn, aber auch nicht unter dem kommenden sowjetrussischen.

Im nachhinein, wenn man auf die 20 Jahre der *Saisons Russes* zurückblickt, scheint es wie ein großes Projekt zu sein; doch in Wahrheit gab es einen Anfang, aus dem sich dann, jedesmal neu und Jahr für Jahr, allmählich eine Sequenz ergab, ein Programm von außerordentlicher Dichte, ja »Härte«; es schien daran nichts Zufälliges zu geben, auch wenn es nie ohne Risiken, drohenden Krach, Insolvenz abging. Mit den *Saisons Russes* war etwas ganz Neues, ein neuer Ton nach Paris gekommen, für Djagilew fraglos die Hauptstadt eines gegen Barbarei gefeiten Europa.[13] Alexander Benois schrieb nach der Eröffnungssaison 1909: »Wir haben den Parisern gezeigt, was Theater heißt ... Diese Reise war unbestritten eine historische Notwendigkeit. Wir sind in der zeitgenössischen Zivilisation jener Bestandteil, ohne den sie dem Verfall anheimgegeben wäre«.[14] Das klingt nach kultureller Mission, aber Benois war eigentlich kein Missionar. Es gab auf russischer Seite – bei Djagilew, Bakst, Benois, Strawinsky – eine tiefe Überzeugung und Sicherheit, daß sie etwas zu sagen hätten, wozu nur sie in der Lage wären. Das Großartige und für manche Bestürzende des Auftritts dieser Russen in Paris war, daß hier Leute waren, die ganz zwanglos, unangestrengt etwas vorführten, was den Atem verschlug. Es war gerade nicht eine Mission, eine Botschaft, sondern die bloße Präsenz, die schiere Evidenz von Vollkommenheit, der Zauber der Schönheit. In den *Saisons Russes* bekam Paris, und damit die Welt, eine Anschauung davon, daß sich in Rußland etwas ereignet hatte, worauf niemand gefaßt war: eine Kultur, die sich vorher immer im Spiegel Europas gesehen und befragt hatte, war zu sich selber gekommen, hatte aufgehört, sich nach ihren Mankos und Rückständigkeiten abzutasten, war nur sie selbst. Es war etwas passiert, und die russische Kultur war mit einem Mal zum Spiegel geworden, in dem Europa seine Träume und seine Alpträume erkennen konnte. In Djagilews *Saisons Russes* hatte sich Europa erkannt.

Rußland hat gleichsam zweihundert Jahre an diesem Auftritt gearbeitet, Djagilew ist nur der Agent, der ihn auf die Bühne brachte. Das junge Rußland hatte die Sprache gefunden, die man in der ganzen Welt verstand und sprach. Das war weit mehr als Exotik, »russische Seele« und »russisches Temperament«, das war gerade das Heraustreten aus dem Reservat der Projektionen, die ja immer die Projektionen der anderen sind.

In den Auftritten der Russen in Paris hatte Rußland in all seiner

Kraft und Herrlichkeit seinen Auftritt. In den Rezensionen der Zeit findet man die entscheidenden Elemente. Es ist die Kombination von Disziplin und Spontaneität in der höchsten Vollkommenheit der Petersburger Tänzer und Tänzerinnen. Hinter der Leichtigkeit und Schwerelosigkeit stehen hundert Jahre Ballettarbeit, die Zucht und Dressur mehrerer Generationen von Ballettmeistern und Ballettmeisterinnen – und ihre Überwindung: die Tilgung jedes Anflugs von Dressur und Schule in einer vollkommenen Beherrschung der Techniken und Formen. Es ist kein Zufall, daß es das Ballett war, jene aus der absoluten Verfügung über Leibeigene und aus dem Hoftheater hervorgegangene Kunst, in der Djagilew die Kunst der Künste seiner Zeit sah. Das erneuerte Ballett, das die akademische Tradition des Marijnski-Theaters hinter sich gelassen hatte, sollte das plastische Medium werden, mit dem Djagilew machen konnte, was er vorhatte. »Ziel seines großen Balletts war es, ein Synthese zu schaffen«, schreibt Modris Eksteins, »eine Synthese zwischen allen Künsten, aber auch zwischen historischem Erbteil und Zukunftsvision; zwischen Orient und Okzident, Moderne und Feudalzeit, Aristokraten und Bauern, Dekadenz und Barbarentum, Mann und Frau, und so weiter und so fort...«[15] Es ist die Kombination von Archaik und Primitivem und äußerstem Raffinement. Rußland kannte kein Tahiti, keine Südseeparadiese mit Eingeborenen, dafür aber unendlich tiefe Provinzen und ferne Peripherien. Rußland hatte seinen Norden, seine Côte d'Azur auf der Krim, seinen Orient und seinen Fernen Osten. Die Reichshauptstadt um 1900 ist ein großer imperialer Ausstellungskomplex mit buddhistischen Tempeln, lamaistischen Priestern, tatarischen Moscheen, einem Dutzend von Bekenntnissen – aber alles schon in Frage gestellt und als Problem reflektiert. Die Moschee der Architekten Wassiliew, Kritschinski und von Gogen ist so blau wie die von Samarkand, aber sie wurde 1910 im Jugendstil erbaut. Der unendliche Reichtum des Reiches, seine Zeitschichten schießen in den leuchtenden Bildern von Bakst und Bilibin zusammen. Rußland lebt um 1900 in unterschiedlichen Zeitaltern, und die Petersburger Kunst jener Zeit spricht von den Spannungen und den Explosionen, die darin angelegt sind. Es gibt ein primitives Rußland, aber in der Hauptstadt natürlich nur ein primitivistisches; es gibt selbstverständlich das archaische Rußland, aber in der Hauptstadt freilich nur in der Gestalt des Archa-Ismus. Das Archaische am Beginn des 20. Jahrhunderts ist nur noch als reflektiertes zu haben, denn es ist dahin, als etwas, dessen man in der Hauptstadt nur »mit modernen Augen«, wie Djagilew einmal sagt, ansichtig werden kann.[16] Und es gibt etwas, was im Auftritt der Russen in Paris immer eine große, wenn auch nicht immer explizit gewordene Rolle spielt: Reichtum, grenzenloser Luxus, eine Dimension von Reichtum, die im bürgerlich-kleinbürgerlichen Europa undenkbar geworden sind. Rußlands Reichtum hat eine andere Form, er ist weniger bourgeois als aristokratisch. Das drückt sich in den bevorzugten Kunstformen aus wie im Metier und an den Materialien selbst. Russischer Reichtum ist sinnlos, er hat keinen Zweck, der nur ein begrenzter sein könnte, er hat nichts mit Gebrauchswert und Tauschwert, mit Profit zu tun. Er ist oder er ist nicht. Der Luxus in der Ausstattung der Versailles-, Garten- und Hofszenen, der Gestaltung der Interieurs – etwa bei Benois, Borissow-Mussatow, Bakst – ist keine Geste des Protests gegen den sozialen und sozialanklägerischen Realismus der Malerschule der »Wanderer«, sondern Selbstzweck, Spiel, Freude, man könnte auch sagen: ohne jede Verantwortung und selbstvergessen. Alles wird Spiel, Maskerade – überhaupt ist die Maske und die Maskerade einer der am meisten gespielten Topoi der 1910er Jahre vor der »Generalprobe« namens Revolution. Es ist auch ein Zeichen von Reichtum, wenn sich Künstler alles erlauben, virtuos das ganze Repertoire durchspielen können: die Kunstepochen, die Weltgegenden, bald Cervantes, bald Maeterlinck, bald die Antike – Leon Bakst in seinem düsteren *Terror Antiquus* von 1909 – bald die Maschinenwelt. Rußland lebte in verschiedenen Zeitaltern, und das gilt auch für seine Kultur und Kunst: aufgeladen mit den Spannungen, die nur darauf warten, sich zu entladen. Petersburg war der Generator, der aus dieser unbändigen Kraft Energieströme geformt hat, und Djagilew war der große Meister – ein anderer war: Lenin. Djagilew arbeitete in einem Augenblick, als die Kräfte noch nicht entfesselt waren. Aber er und seine Kon-Genies wußten um sie. Nicht umsonst hat ein kluger Kritiker gemeint, Strawinsky habe mit dem *Sacre* eine Partitur vorgelegt, »für die wir erst 1940 reif sein werden«. Im November 1913, als das *Sacre* Premiere hatte, war es nur Schock, Entsetzen, Vorahnung. Jacques Rivière schrieb in der *Nouvelle Revue Française* über Strawinskys 34-Minuten-Stück, choreographiert von Vaclav Nijinsky: »Dies ist ein biologisches Ballett. Es ist nicht nur der Tanz der primitivsten Menschen, es ist der Tanz vor dem Menschen ... Strawinsky sagt uns, daß er das Aufbranden des Frühlings schildern wollte. Aber dies ist nicht der übliche, von Dichtern besungene Frühling mit seinen linden Lüften, seinem Vogelgezwitscher, seinem hellblauen Himmel und zarten Grün. Hier ist nichts als der erbarmungslose Kampf des Wachsens, das panische Entsetzen vor den aufsteigenden Säften, die beängstigende Umgruppierung der Zellen. Frühling von innen gesehen, mit all seiner Heftigkeit, seinen Spasmen und Rissen. Es ist, als beobachteten wir ein Drama unter einem Mikroskop.« Valentine Groß stellte fest: »Das Theater schien von einem Erdbeben heimgesucht zu werden. Es schien zu erzittern. Leute schrien Beleidigungen, buhten und pfiffen, übertönten die Musik. Es setzte Schläge und sogar Boxhiebe. Worte reichen nicht, um eine solche Szene zu beschreiben.«[17] Eine Freundin Djagilews, seine Muse Misia Sert-Natanson, hatte 1917 auf ihre Weise recht, als sie bemerkte, daß die ganze russische Revolution ein einziges grandioses Ballett sei.

Djagilew war in Paris, als die russische Revolution im Februar 1917 begann. Führende Künstler und Intellektuelle wollten, daß er zurückkehre und das neu zu gründende Ministerium der Künste leite. Soweit kam es nicht. Die provisorische Regierung, von der einige Mitglieder entfernt verwandt waren mit dem Djagilew-Kreis – Alexander Gutschkow mit Leon Bakst, der Duma-Präsident Michail Rodzjanko mit Djagilew –, wurde gestürzt. Wie schon 1905, so auch 1917: Rußland hatte keinen Platz für Djagilew.

Die Spaltung Europas. 1914/1917/1929 Tod in Venedig. Djagilew war als die Kraftnatur in Paris aufgetreten, als Synthetiker par excellence. Das Pariser Publikum war eben davon bezaubert, daß er alles zusammenbrachte. Russische Schwere und grazile Leichtigkeit, die Liturgie des orthodoxen Kirchengesangs und das Gestampfe des heidnischen Rußland, sexuelle Leidenschaft und eine über die Maßen kultivierte Arbeit an der Form, die Volksweise und das raffinierte Spiel mit dem Repertoire der Formen. Djagilews Ballett präsentierte nicht nur ein für das europäische Publikum designtes Russentum – »du vrai Russe« –, sondern es war zweifellos so etwas wie ein »Identitätsballett« zum Thema Rußland, Europa, Eurasien. Alles fand darin zu Übereinstimmung und Zusammenklang. Doch dann war 1914 gekommen und danach 1917. Jahre, fast ein Jahrzehnt des Abschlachtens, des verdüsterten europäischen Horizonts. Bis zum Tod in Venedig im August 1929 sind es noch mehr als ein Jahrzehnt. Der Krieg schloß die Grenzen. Die Routen des europäischen Tournee- und Gastspielbetriebs, die sich so kraftvoll seit 1890 entwickelt hatten und in deren Zentrum Djagilew als der Impresario par excellence stand, waren gekappt. Ballett- und Theatertruppen wurden an den Grenzen festgehalten oder in vielen Fällen für längere Zeit als »feindliche Ausländer« interniert (das ergäbe eine ganz eigene Geschichte des Kriegsausbruchs!). Der Nationalismus schlug sogar in künstlerischen Dingen große Wellen. Russische Kunst, Russisches erschien in Europa endlich als Alternative zur musikalischen Hegemonie der Deutschen: Tschaikowsky und Mussorgski gegen Beethoven und Wagner! Richard Strauss war out. Die Linien waren gekappt. Man fuhr nun nicht mehr einfach von der Künstlerkolonie Worpswede nach Talaschkino oder von der Darmstädter Kolonie Mathildenhöhe nach Abramzewo. Der Krieg war der Beginn des Punkt für Punkt rekonstruierbaren Zerfalls der europäischen Gesellschaft. Die Zirkulation von Bildern, Tänzern, Dirigenten, Ideen in Europa war unterbrochen.

Dies gilt für den russischen Fall noch viel mehr. Djagilews Kontakt mit den engsten Freunden wie Alexander Benois war unterbrochen. Visa und Tickets waren nur schwer zu bekommen. Der Strom an Zeitschriften, Büchern, Bildern war versiegt. Es gab keinen »Nachschub« an Tänzern und Tänzerinnen mehr. Vor allem aber: die Künste gingen verschiedene Wege in Moskau-Petrograd und in Europa. Djagilew hält auch im Moment der Explosion und der Verfeindung an der Integralität der europäischen Kultur fest, nicht aus moralischen oder politischen, sondern – wie immer bei ihm – aus ästhetischen Gründen. Er ist zu sehr an den Gründen des Lebens, an der Schönheit interessiert, als daß ihm gleichgültig sein könnte, was jenseits der Grenzen, in Rußland, in seiner Heimat, geschieht. Ihm dämmerte, daß die Kraft der Modernen von 1900 erloschen sein und von einer anderen, der sowjetischen Avantgarde abgelöst worden sein könnte: statt Benois und Bakst also Malewitsch und Puni. Er hatte Proben von dem anderen modernen Rußland bekommen, in Gestalt der »sowjetischen Avantgarde«, die in Paris und vor allem in Berlin ein und aus ging. Einige von ihnen waren ihm ja bekannt oder vertraut: Mitglieder seiner *Mir Iskusstwa* hatten sich zum radikalen Flügel hin entwickelt, waren Avantgardisten, Konstruktivisten, Futuristen geworden. Aus der russischen Moderne um 1900 führten viele Wege ins 20. Jahrhundert. Djagilew war begierig zu wissen, was auf der anderen Seite vorging. Er nahm Kontakt mit Wladimir Majakowski auf, der sich seinerseits bei dem ehemaligen Volkskommissar für Kulturfragen, Anatoli Lunatscharski dafür einsetzte, Djagilew zu umwerben. »Du kennst Sergej Pawlowitsch Diaghilew ja mindestens so gut wie ich ... Nichtsdestoweniger schreibe ich diese Zeilen, damit S. P. das Sekretariat schneller passieren kann. Ehemalige Russen, die nun Pariser sind, haben selbstverständlich versucht, S. P. mit Moskau angst zu machen. Aber sein Wunsch hat sich als stärker erwiesen, zumal ich ihm versicherte, daß wir die Franzosen an Feingefühl und Großzügigkeit übertreffen und

›geschäftlicher‹ sind als die Amerikaner... Es würde auch nicht schaden, von unserem Pavillon bei der Pariser Ausstellung zu sprechen.«[18] Djagilew hatte ein Ein- und Ausreise-Visum erhalten. Wenn er doch nicht nach Sowjetrußland fuhr, dann deshalb, weil die Sowjetregierung keine Garantie dafür abgeben wollte, daß dem Emigranten und seinem Sekretär und Liebhaber Boris Kochno nichts geschehen würde. Djagilew gewann Naum Gabo, der nach Berlin und dann nach Paris gegangen war, für die Ausstattung des »kubistischen« Balletts »Jeux«, bei dem es um Sport, die Geometrie der Körper und des Tennisspiels geht. Er wollte ein Libretto von Ilja Ehrenburg. Er warb intensiv um Sergej Prokofiew, den Komponisten, der im Ausland geblieben war, der aber nach Sowjetrußland zurückging. Er lieferte Djagilew die Musik zum Ballett *Le pas d'acier*, dessen Inhaltsangabe bei Djagilew fast sowjetisch klingt: »Wir stellten uns Männer mit Hämmern und Äxten auf der Bühne vor, wirbelnde Schwungräder, peitschende Treibriemen und aufblitzende Lichtsignale... Der erste Teil des Balletts sollte den Zusammenbruch der zaristischen Herrschaft zeigen: Arbeiterversammlungen, Reden von Kommissaren, Güterzüge mit Schwarzmarktwaren, eine ehemalige Fürstin, die ihre Habe gegen Essen eintauscht, einen revolutionären Matrosen und heimatlose Kinder. Der zweite Teil sollte den sozialistischen Wiederaufbau zum Inhalt haben, die Errichtung neuer Werke und Fabriken, den Matrosen von gestern als Arbeiter und so fort.«[19]

Diese Versuche Djagilews, der von seiner ganzen Statur her ein Integrationist, ein Zentrist, eine »breite Natur« war, wurden von den Protagonisten des Parteienkampfes auf beiden Seiten mißtrauisch beobachtet und verurteilt. Es hagelte Proteste der russischen Emigration in Paris, als die Djagilew-Truppe *Le pas d'acier* zur Aufführung brachte. Selbst seine nächsten Freunde Walter Nouvel und Koribut-Kubitowitsch protestierten gegen seine Pläne, zusammen mit Meyerhold ein gemeinsames Festival von Moskauer Künstlertheater und seiner Truppe zu organisieren. Aber bei Djagilew war die ästhetische Neugier größer, und er war sich in ästhetischen Dingen sicherer als in sozialen oder politischen, von denen er nichts verstand. Noch war das Fundament der »europäischen Kultur«, jenes fest gewebte Netz von Beziehungen und Orten, nicht vollständig ruiniert. Es war in Stücken, Fragmenten vorhanden. Noch gab es Leute, die – obwohl in verschiedenen »Systemen« lebend – eine Sprache sprachen: Man muß nur die Bilder ansehen, um zu wissen, daß Leute wie Djagilew, Elsa Triolet, Lilja Brik, Georgij Tschitscherin sich mehr zu sagen hatten, als den Chefs der politischen Parteien und deren Geheimpolizeien recht sein konnte.

Noch eine andere – auch: kulturelle – Macht hatte mit dem Jahr 1917 die europäische Bühne betreten: Amerika. Djagilews Ansichten zu Amerika erscheinen auf den ersten Blick gewöhnlich, ganz ordinär-europäisch, geprägt vom Dünkel der alten Welt gegenüber der Zivilisation der Parvenus. Djagilew, der mit seiner Truppe 1915–1916 trotz des Kriegs den Atlantik überquert hatte, um sein amerikanisches Debüt zu geben, und dessen Choreographien im puritanischen Amerika als Aufreizung zur Rassenschande attackiert worden waren, hat genügend »antiamerikanische« Sätze geliefert. Aber in Wahrheit verstand er Amerika viel besser als die meisten Amerikaner, die in jener Zeit wie besessen der Noch-Führungsmacht in kulturellen Angelegenheiten – Europa – nacheiferten. Diesem Amerika rief Djagilew zu, was er seinem eigenen Land, Rußland, um 1900 zugerufen hatte: Hört auf, Europa nachzuäffen, seid ihr selbst, erkennt eure ganz eigene und großartige Welt. »Zum Beispiel habe ich spätabends am Broadway gestanden und das Leben, die Energie, die endlose Vielfalt an Schönheit bewundert, die man dort sieht, und man hat mich ausgelacht: Man hat gedacht, ich machte einen Witz. Aber ich mache keinen Witz. Es wird Zeit, daß das amerikanische Volk es selbst erkennt. Der Broadway ist authentisch. Er ist zweifellos ein wichtiger Einfluß für die amerikanische Kunst. Aber in den Salons hält man es für angebracht, all das zu verurteilen. Man will Europa kopieren, genau wie wir in Rußland so viele Jahre darauf beharrten, Europa zu kopieren.«[20] Djagilew war fasziniert von Amerika, und er der in Wahrheit eine amerikanische Unternehmerfigur par excellence war – hätte es in Amerika gewiß weit gebracht. Er hat auch dort seine Spuren hinterlassen. Nicht nur in Gestalt von Adolf Bolm, dem Eleven des Marijnski-Theaters und Mitglied der Truppe der *Saisons Russes*, sondern in viel grundsätzlicherer Richtung: im Bewegen von Kultur, die zwanglos das leistet, was die amerikanische Kultur, seit sie eigenständig ist, leistet: nämlich Hochkultur und Massenkultur zusammenzubringen. Djagilew war souverän genug, mit Eurasien und mit Amerika auf gleichem Fuße zu sprechen – ein Europäer, der sich noch etwas zugetraut hat, ohne Komplexe und Ressentiments, ein Europäer eben vor dem Absturz Europas.

Djagilew ist in Venedig gestorben und dort begraben – wie Igor Strawinsky, wie Ezra Pound. Es hat ihn, den Diabetiker, getroffen im Jahre 1929, aber noch vor dem »Schwarzen Freitag«, dem globalen Schock, der Europa in den Abgrund geschickt hat. Der Tod in Venedig war ein gnädiger Tod, denn im Europa nach 1929/1933 gab es für Djagilew und seinesgleichen keinen Ort. Mit seiner ganzen Person, mit seiner ganzen Existenz wäre er – auch wenn sein Freund Alexander Benois ihn »duce« genannt hat – zur Zielscheibe tödlichen Hasses geworden. Er, der Dandy, der Ästhet, der Schwule, der Freund der Reichen, der Juden und Freimaurer, der Kosmopolit und russische Patriot – tausend Tode hätte er erlitten, und hunderttausend Tode waren bereit für ihn und seinesgleichen.

So wie man Djagilew als das Zentrum der Bildung einer europäischen Gesellschaft beschreiben kann, so ist sein Ende auch ein Schlüssel für die Beschreibung ihres Endes. All die Achsen, die Beziehungsnetze, die Salons, das ganze System von Filiationen, die das bürgerliche Europa zuwege gebracht hatte – sie zerbrachen und wurden Ferment neuer Aggregatzustände: die Welt Harry Graf Kesslers, Hugo von Hofmannsthals und die Gesellschaft vom Bloomsbury Square. An die Stelle von Persönlichkeiten wie Djagilew sind die Apparate des Kulturbetriebs und Managements getreten. Nichts geht, wenn es nicht von Kommissionen, Gremien und Beiräten gebilligt und abgesegnet worden ist. Es hat Jahrzehnte gedauert, bis erste Schritte über den Abgrund hinweg wieder möglich wurden: die Besuche Strawinskys, Sergej Lifars und George Balanchines in ihrer Heimat in den 1960er Jahren. Und es wird Generationen dauern, bis Kontexte und Routinen wiederhergestellt sind, die es schon einmal gegeben hat. Wir haben im Ausgang des 20. Jahrhunderts schon so merkwürdige Dinge erlebt, daß es nicht ausgeschlossen ist, daß weitere noch folgen werden. Fin de siècle, Fin de millénnaire, Zeit Djagilews.

TOPOGRAPHIEN
DES TERRORS

Europas Landkarte ist punktiert von Orten des Leidens. Hier zeigt sich am ehesten, wie hoffnungslos hilflos die Sprache von Kartographie und Geographie gegenüber der Wirklichkeit des Lebens und Sterbens ist. Es gibt solche Atlanten – den Atlas des Holocaust etwa oder das Handbuch des Gulag, das auch Karten beinhaltet.[1] Selbst wenn sie richtig sind, was nicht immer gesagt werden kann, schweigen sie: sie führen eine Landschaft von Namen und Orten vor, an die wir uns mittlerweile gwöhnt haben. Sie gehören zum Bildungsgut des Durchschnittseuropäers: Dachau, Bergen-Belsen, Majdanek, Workuta, Lubjanka, Magadan. Auf ihnen findet man Linien und Pfeile, die die Bewegung von Menschen großer Zahl symbolisieren: Deportationen von Düsseldorf nach Riga oder von Berlin in den Ural, aus der Ukraine zu den Einsatzorten der Zwangsarbeiter im Reich, die Wege der Trecks der Flüchtlinge und Vertriebenen. Europa ist bedeckt von wild sich überkreuzenden Vektoren und Pfeilen. Aber sie sind leer, sie sagen nichts, und sie bekommen erst eine Bedeutung, wenn wir in die Karten hineingehen. Die Linie, die von Hanau nach Lodz führt, von Berlin nach Lublin, und der ein Datum beigefügt ist, steht für eine Ortsveränderung, eingezeichnet sind Datum der Abreise und der Ankunft. Aber in Wahrheit steht die Ortsveränderung zwischen den beiden Daten für den Abstieg in die Hölle.

Wir erfahren das nicht aus Karten, sondern aus den Berichten derer, die zu dieser Reise gezwungen wurden und sie vielleicht durch wunderbare Fügung überlebt haben. Es gibt keinen besseren Führer hinein in die Topographien des Terrors als die Berichte und Erinnerungen der Überlebenden. Wir können uns ihnen getrost anvertrauen. Wir lassen uns von ihnen an die Hand nehmen und dorthin geleiten, wozu wir keinen Zugang mehr haben und von dem wir verschont worden sind. Es ist ein eigenes Genre entstanden. Die Aufzeichnung unmittelbar danach, getragen vom Willen und der Leidenschaft dessen, der gelitten hat und entschlossen war, jedes Detail festzuhalten, bevor es durch die Zeit oder die Entfernung blaß und unscharf geworden ist. Es muß der

Mitwelt und den Nachgeborenen überliefert werden, die uns ohnehin nicht glauben werden. Solche Berichte gibt es aus der unmittelbaren Zeit danach, noch auf grobes Nachkriegspapier gedruckt und seither gewissermaßen zum Klassiker geworden wie Eugen Kogons Bericht von Buchenwald. Erinnerungen, die aus größerer Distanz und Entfernung geschrieben sind, nicht aus Nachlässigkeit oder Vergeßlichkeit, sondern weil es seine Zeit brauchte, bis die Sprache für das Erlebte gefunden war. Irgendwann bewegten sich die Nachgeborenen auch auf den Spuren der Shoah, auf Feldwegen, an Bahnhöfen, auf Gleisfeldern, in verfallenen Bethäusern, in gewöhnlichen Wohnhäusern, wo alles begonnen hatte.[2] Die Literatur, die uns hineinführt in die Topographien des Terrors, ist fast unübersehbar. Dazu gehören Prozeßakten, Geheimdienstberichte, Feldpostbriefe, Photos von einfachen Soldaten und gewöhnlichen Polizisten, Forschungsberichte von aufstiegsgeilen Akademikern – kaum Tagebücher; an Fronten, vor Erschießungswänden, im Kampfgetümmel oder auf der Flucht führt man nicht Tagebuch. Und doch wissen wir zu wenig, um begreifen zu können.

Die europäische Literatur nach der Katastrophe ist voll von Berichten vom Hinabsteigen, vom Besteigen von Zügen und Waggons, von Fahrten, von deren Ziel man nur wußte, daß es im »Osten« lag. Darin kommt es auf jedes Detail an. Menschen, die im Normalleben allenfalls sich im Gewühl des Straßenverkehrs, in den Umsteigebahnhöfen der U-Bahn und der Metro hatten orientieren müssen, mußten sich nun zurechtfinden in Weltgegenden, von denen sie noch nicht einmal gehört hatten. Sie wußten nicht, wohin die Reise ging, also mußten sie sich an Himmelsrichtungen orientieren. Man mußte herausfinden, welche Orte und Bahhöfe der Zug passierte. Man mußte sich seinen Reim machen auf die langsam sich verändernde Landschaft. Es war manchmal von Nutzen, etwas von Natur und Wildbeeren zu verstehen, weil daran die Überlebensration hängen konnte. Ortskunde konnte das Leben verlängern helfen. Jeder zurückgelegte Kilometer war ein Schritt weg aus der gewöhnlichen, gewohnten Welt. Jeder Meter war von Bedeutung. Zwischen Berlin und Lodz sind es nur rund 400 Kilometer, aber in Wahrheit überschritt der Transport eine Grenze der Zivilisation. Zwischen Leningrad und den Solowetzker Inseln im Weißen Meer ist es nur eine Nachtfahrt, aber es ist eine Fahrt hinaus in die Weiten des Archipel Gulag.[3] Man beschreibt den zurückgelegten Weg am besten nicht in Entfernungsangaben, sondern in Stationen: Polizei, Festnahme, Transport. Die Namen stehen für eine ganze Welt: Moabit, Plötzensee, Ruzyne, Lefortovo, Andrassy ut 60. Man verfolgt

»Zwischen Berlin und Lodz liegen nur rund 400 Kilometer,
aber in Wahrheit überschritt der Transport eine Grenze der
Zivilisation.«

Skalite: Die eingleisige Strecke von Zilina nach Auschwitz,
auf der Juden aus Theresienstadt, aber auch aus der Slowakei,
Ungarn, Italien, Griechenland und Jugoslawien in das
Vernichtungslager transportiert wurden

die Spur am besten, nicht indem man Ortsnamen angibt, sondern Orte
beschreibt. So machen wir Bekanntschaft mit charakteristischen Umgebungen des 20. Jahrhunderts: mit Behörden, mit dem Aufnahmelager,
dem Durchgangslager, mit dem Viehwaggon, mit dem Konvoi, mit der
Entlausungsanstalt, mit dem Auffanglager, mit der Rampe, mit der
Baracke, mit dem Arbeitslager, mit dem Krankenlager, mit dem Laza-
rett, mit der Latrine, mit dem Krematorium, mit der Küche, mit dem
Lagerfriedhof, mit dem Wachturm, mit der elektrisch gesicherten Sta-
cheldrahtzone. Das Auge der Gejagten und Bedrohten ist genau. So
entgeht ihm kein Detail, denn das Leben hängt vielleicht an einem
Detail, an einem Zufall, an einer jähen Wendung, die die rechtzeitige

Rettung bringt. Die erste Pflicht dessen, der solche Berichte liest, ist es, so genau zu lesen, wie das Auge des Bedrohten beobachtet hat. Genauigkeitspflicht, die lebensrettend und dem Ernstfall angemessen ist. Details sind nicht Ausschmückung, lokales Kolorit, Element, um eine Stimmung wiederzugeben oder »einzufangen«, Füllsel, mit denen sich der Schreiber über die Runden hilft und dem Leser die Zeit verkürzt wird – Details als existenzrettendes oder die Existenz vernichtendes Moment. Auf dem langen Weg zwischen dem Herausgerissenwerden aus der Alltags- und Zivilisationsnormalität und dem Ankommen im Vorhof des Todes, zwischen dem Eingangstor und dem Tor, an dem alles zu Ende war, war alles überlebenswichtig. Daher müssen wir von den Wegen des Todes alle Details kennen: wie viele Menschen in den Zellen eingesperrt waren und wieviel Quadratmeter pro Kopf ihnen blieb; den Grundriß der Baracken, die in Zentimetern gemessene Breite der Pritschen; den Takt, in dem die aneinandergezwängten Leiber sich zur Seite drehten; die Entfernung zwischen Appellplatz und Steinbruch; die Temperatur, je nach Jahreszeit. Die Gefangenen haben die Stufen der Treppen gezählt, über die sie hinabgeführt wurden, und haben sich so vergewissert, wo sie sind. Die Ordnung des Terrors hat sich dem Gehirn eingeprägt.

Vieles ist verschwunden: von den Tätern abgerissen und verbrannt, umgenutzt und umgewidmet, um- und überbaut. Aber wer sich den Führern, den Erinnerungen und Berichten anvertraut, wird auch da etwas finden, wo nichts mehr ist. Wer sich in den Topographien des Terrors zurechtfinden will, muß sich kundig machen und den Jargon verstehen, den nur die Eingeweihten verstehen. Er muß sich mit den Populationen beschäftigen, die sich in den Lagern, in diesen europäischen Metropolen des Abseits, in diesen Industriezentren der Sklaven- und Zwangsarbeit, in diesen Infrastrukturen und Netzwerken des Todes, zusammengeballt haben. Man muß alle Sprachen Europas verstehen, um sich mit den Erinnerungen der dorthin verbrachten Insassen vertraut zu machen. Lager in Europa waren Vielvölkerlager. Lager in Europa waren Konzentrationspunkte für die Ausgesonderten Europas, die europäischen Orte par excellence.

FRIEDHOF EUROPA

Die Friedhöfe Europas sind Europas Abbild, sein Negativ.[1] Europa hat Totenäcker für alle seine Zustände: die Friedhöfe des 19. Jahrhunderts mit ihrer soliden, trotz stürmischer Urbanisierung immer noch irgendwie überschaubaren Expansion, ihrem soliden Steinmetzhandwerk, der Ehre des Handwerks und den Geheimrats- und Staatsratstiteln, die auf den Grabplatten eingraviert sind, ohne daß man sich dafür geschämt hätte. Mit 1914 sucht sich der Tod bereits einen neuen Schauplatz auf der Höhe des modernen Sterbens. Es müssen unendliche, nach Hunderttausenden zählende Gräber sein, für Hekatomben, genauer: für ganze Armeen und für ganze Generationen von bewaffneten Männern. Verdun mit seinen Zehntausenden von Gräbern in Reih und Glied hat eine neue Ästhetik des Postumen aufgebracht, die nie mehr schwinden wird. Eine Ikone des 20. Jahrhunderts, das auf den Schlachtfeldern im Westen anbrach. Aber das jähe, nach Hunderttausenden zählende Sterben und Begraben hat immer noch die Züge der Ordnung, des Bergens, Sortierens, Gedenkens, so als gäbe es immer noch den Überblick und genügend Fürsorge auch für den letzten und unbekanntesten Gefallenen; ein Rest von 19. Jahrhundert steckt in diesen Gräberfeldern von Douaumont und Verdun. Ein imposanter Hintergrund für geschichtliche Versöhnungsgesten. Sie haben etwas von dem Ritterlichen, das man altmodischerweise mit dem Sterben in den »Stahlgewittern« immer noch verband. Der Stellungskrieg ließ Zeit.

Der Zweite Weltkrieg hat diese Form des Gräberfeldes, trotz der Bilder von Monte Cassino und der Anlage von Tobruk, wohl nicht hervorgebracht. Jedenfalls verbinden sich mit dem Massensterben im zweiten Krieg andere Bilder. Es ist das Sterben am Wegesrand, in den Panzerschlachten, in der Namenlosigkeit und Wegelosigkeit, in den brennenden Städten weit unten. Es sind die sowjetischen Kriegsgefangenen, um die sich kein Totengräber kümmerte, weder ein deutscher noch ein sowjetischer. Und später auch die deutschen Soldaten in Kriegsgefangenschaft, über die Buch zu führen schon unmöglich geworden war. Sie wurden, wie die übrigen Bewohner des Gulag auch, im Winter, wenn der Frost die Erde in Stein verwandelt hatte, am Lagerrand aufgeschichtet, bis der Frühling und das Tauwetter kamen und es möglich war, die Toten dem Erdreich zu übergeben. Noch heute kann man Spuren von Kreuzen, von Grabeinfriedungen in den Wäldern des hohen Nordens finden. Nein, charakteristisch für das Massensterben im 20. Jahrhundert sind andere Gräber: die Massengräber. Das ganze östliche Europa ist übersät von Grabstellen, Stellen des Massensterbens, des Massakers, der Massenexekutionen, des Massenmords. In den Dünen von Mitau, in den Bastionen von Kaunas, in den Wäldern von Ponary, in den Feldern Transnistriens, im Zentrum von Minsk und Warschau.[2] Das wahre Grab des 20. Jahrhunderts aber ist das Luftgrab. So heißt es in einem Gedicht Paul Celans: ».. . dann steigt ihr als Rauch in die Luft / dann habt ihr ein Grab in den Wolken da liegt man nicht eng.« Der Himmel über ganz Osteuropa ist, wenn wir nur genau sehen, verfinstert von der Asche aus den Schornsteinen der Krematorien von Birkenau, Treblinka und Majdanek.

Lebende und Tote. Friedhöfe sind schwerer zu beschreiben als Städte. Das liegt nicht nur daran, daß die Bevölkerung von Nekropolen größer ist als die der größten Metropolen. Auf den Totenfeldern haben sich die Populationen ganzer Städte aus vielen Jahrhunderten eingefunden, die namenlos Gebliebenen und Verscharrten noch nicht einmal eingerechnet. Die Städte der Lebenden sind über die Totenstädte hinaus- und hinweggewachsen. Viele Friedhöfe, die einst vor den Toren der Stadt gelegen hatten, sind von diesen nun umschlossen und in sie eingelagert. Es haben sich Organisationsformen, Zeremonien, Rituale des sicheren Umgangs mit den »letzten Dingen« etabliert. Es gibt Friedhofsordnungen, die Dauer des Benutzungsrechts ist geregelt, auf Begräbnisplätzen herrscht das Erbrecht. Wer sich Friedhofseingängen nähert, bemerkt, daß sich dort ein ganzer Service-Komplex aus Steinmetzen, Toten-Speditionen, Kranz- und Blumengeschäften und Erfrischungsbuden, die so notwendig sind für die Stärkung nach der Trauerzeremonie, angelagert hat. Der Bestattungsvorgang selbst wird diskret erledigt. Jedenfalls machen die Unternehmen der Bestattungsbranche damit für sich Reklame. Aber von dem Besonderen kommt man damit nicht los. Wir senken vielleicht nicht die Stimme, aber wir benutzen doch, wenn wir von »Totenruhe« oder »Totenacker« sprechen, ein Vokabular der Pietät, das wir im Alltag sonst eher selten benutzen. Es ist das Vokabular, das sagt, daß es noch Dinge gibt, die nicht sind wie alles sonst.

Michel Foucault hat die Friedhöfe wie auch die anderen Orte, die im Zentrum seiner Aufmerksamkeit standen, wie Gefängnisse, psychiatrische Anstalten, Verbannungsorte oder Kolonien, als Orte der Ausgrenzung beschrieben. Aber in Wahrheit sind Friedhöfe eher Orte der Kohabitation von Lebenden und Toten, Felder des Rückzugs, die seit alters her auch Räume der Gewährung von Asyl gewesen sind. Schon die Anlagen in unserer Nachbarschaft, um die Kirchen herum, deuten darauf hin. Wir suchen sie regelmäßig auf, sei es, wie das früher der Fall war, beim Besuch des Gottesdienstes, sei es, wenn wir viele der Friedhöfe, die heute zu Parks, ja zu »Grünen Lungen« geworden sind, aufsuchen. Wir stoßen unvermeidlich auf die wichtigsten Grabplätze, da sie oft im Zentrum der Städte liegen, die oftmals selbst um die Grabstätten von Heiligen herum entstanden sind: Sankt Peter in Rom, das Grab des heiligen Andreas in Santiago de Compostela, auch das Lenin-Mausoleum am Roten Platz spielt eine solche Rolle. Die Juden nennen ihre Friedhöfe *Beth Hachaim* – Haus des Lebens. Also sind Friedhöfe nur Orte für die Fortsetzung des Lebens unter anderem Namen. Ein vollkommenes Bild der Koexistenz von Lebenden und Toten. Die Wechselbeziehung zwischen den Städten der Toten und denen der Lebenden ist ziemlich eng. Man wohnt in Sicht- und Rufweite. Man genießt die gute Luft. Man verfolgt das Naturschauspiel, das jeder Park Jahr für Jahr im Wechsel der Jahreszeiten bietet.[3] Manchmal ist die Beziehung zwischen Friedhof und umgebender Stadt buchstäblich eine Überlebensbeziehung: die Friedhöfe in dem von den Deutschen besetzten Warschau, in Wilna und Lemberg sind für Hunderte zur Zufluchtsstätte geworden: Das Grab als Überlebensort, als Ort der Rettung, der Friedhof als Ort des Lebens, während die Städte in Flammen und Rauch aufgingen. In den ostkirchlich geprägten Ländern ist es noch einmal anders: dort verweisen die vor dem eingezäunten Grab aufgestellten Bänkchen darauf, daß die Kommunikation mit den Toten nicht abgebrochen ist, und der Wodka, die bunten Plastikblumen und die hartgekochten Eier, die zu Ostern an den Gräbern abgelegt werden, besagen, daß die Lebenden die Gemeinschaft der verstorbenen Angehörigen nicht missen möchten. Die Jugend der Vorstadt treibt sich auf den Friedhöfen herum, die sich selbst überlassen sind und zu Abladeplätzen für Müll und zu Abenteuerspielplätzen degenerieren. Friedhöfe bieten den Erniedrigten und Beleidigten Obdach. An wie vielen Stellen waren die Spuren des Nachtquartiers zu sehen: in aufgebrochenen Grüften und Familiengräbern, die, längst schon ausgeraubt, nun als Herberge dienten. Auf Friedhöfen toben sich die nachgeborenen Rowdies aus – auf den jüdischen Friedhöfen in Kischinjow und Czernowitz sind auf vielen der auf Emailleplaketten angebrachten Porträts der Toten die Augen ausgekratzt oder die Spuren von Schießübungen zu sehen. Mit Friedhöfen lassen sich Geschäfte machen – auf dem ehemaligen Roßgärtner Friedhof in Kaliningrad/Königsberg werden Gräber ausgehoben in der Hoffnung, etwas zu finden. Man plündert die Toten nun schon zum dritten Mal – das erste Mal unmittelbar nach 1945, dann wohl in den späten achtziger Jahren. Das Gräbergeschäft wird grenzüberschreitend betrieben: von Russen, Litauern und Polen. Es gibt einen Liebhabermarkt für schöne Grabsteine und für Devotionalien aus der Deutschen-Zeit.

Am besten ist es jenen Friedhöfen ergangen, die in Vergessenheit geraten sind, die man in Ruhe gelassen hat und um die sich bestenfalls die Natur gekümmert hat. Der Idealfall war die militärische Sperrzone, wie zum Beispiel im estnischen Paldiski, das von der Sowjetarmee benutzt wurde – eine Soldatenstadt, das Baltisch-Port Peters des Großen. Im Schatten militärischer Geheimhaltung auf der Landzunge am Finnischen Meerbusen hat sich ein Friedhof mit Grabsteinen in russischer, estnischer und deutscher Sprache erhalten (auf dem Grabstein der Familie Reichart ist wie bei vielen anderen vermerkt, daß der Sohn im Nordural verschollen ist). Noch sind alle schmiedeisernen Kreuze vorhanden. Die Sperrzone hat den Friedhof gerettet. Andernorts sind sie geplündert, ausgeschlachtet worden. Grabplatten wurden für den Datschenbau und die schmiedeisernen Kreuze vielleicht als Dekor im Garten oder einer Kellerbar benutzt. Im Verhältnis, im Umgang mit den Toten und mit den Orten, auf denen sie bestattet sind, zeigt sich am ehesten, wie es um eine Kultur bestellt ist. Tote sind wehrlos. Mit ihnen kann man machen, was man will. Sie sind der Verfügungsgewalt der Nachgeborenen ausgeliefert. Im Umgang mit den Toten zeigt sich, wie man es mit der Vergangenheit hält. Es gibt vielleicht keinen genaueren Indikator für den Umgang der Europäer mit ihrer Vergangenheit als den des Umgangs mit ihren Toten.

Die Friedhöfe in der Übergangsperiode. Alle denkbaren Verhaltensweisen lassen sich studieren. Friedhöfe werden planiert, unter neu angelegten Umgehungs- oder Durchgangsstraßen und Stadtautobahnen begraben. Friedhöfe vermischen sich in innerstädtischen Peripherien oft mit dem diffusen Niemandsland aus Parkplätzen, Tankstellen, Einkaufszentren. Friedhöfe werden ausradiert. Besonders rabiat war hier der Sozialismus, der im Namen der Lebenden und einer besseren Zukunft mit den Überresten der Toten dort, wo sie ihm im Wege zu stehen schienen, aufräumte. Berühmte Nekropolen sind auf diese Weise in Parks umgewandelt worden. So der alte Friedhof in Odessa, auf dem Odessaer Berühmtheiten bestattet waren – etwa die russische Filmschauspielerin Vera Cholodnaja –, der Große Friedhof, wo heute ein Park und die darin »wegen ihres künstlerischen Wertes« belassenen Grabdenkmäler zu besichtigen sind. Auch der Roßgärtner Friedhof in Königsberg/Kaliningrad ist ein dem Ortsunkundigen kaum erkennbares, zwischen Kindertagesstätte, Tankstelle und Datschen liegendes Waldstück, das von Farnen zugewachsen ist. Viele Friedhöfe wurden ausgeschlachtet, gleichsam als Steinbruch und Selbstbedienungsgeschäft benutzt, wo man sich eindeckte mit sorgfältig behauenen Steinplatten und kostbaren Grabeinfriedungen. Ganze Friedhöfe – russisch-orthodoxe, lutherische, israelitische, muslimische, je nachdem – sind auf diese Weise verschwunden. Grabplatte für Grabplatte. Sie dienten der Pflasterung öffentlicher und privater Straßen, der Ausbesserung von Scheunen und der Modernisierung von Schweineställen, dem Ausbau von Stadien und der künstlerischen Aufrüstung von Pfarrhöfen. Unzählige Friedhöfe im ehemaligen Schtetl sind dieser merkwürdigen Transsubstantiation unterworfen worden. So liegen die Grabsteine mit den Reliefs von Tauben, gefalteten Händen, Palmzweigen nach unten und dienen als Straßenpflaster dem Verkehr der Lebenden. Abertausende von Friedhöfen gleich welcher Konfession sind auf diese Weise verschwunden. In vielen Fällen ist das Verschwinden der Friedhöfe der Religions- und Glaubensgemeinschaften identisch mit dem Verschwinden von Kultur-, Sprach- und Volksguppen: der Polen in der Ukraine und Weißrußland, der Deutschen im Baltikum und in Polen, der Juden überall im östlichen Europa. Friedhöfe als Ort der Rache und der postumen ethnischen Säuberung. Dort, wo die Friedhöfe noch vorhanden sind, sagt der Zustand der Pflege oder Verwahrlosung, wie es die Lebenden mit den Toten halten. Ob die Wege gepflegt sind, ob sich jemand um die Gräber kümmert, ob umgestürzte Grabsteine wieder aufgestellt werden, sind untrügliche Zeichen.

Hauptstädte der Toten. Vorher aber, vor dem Krieg, der den Himmel verfinsterte, gab es eine Welt, in der man noch ordentlich starb, in der das Sterben seine Ordnung hatte, ja sogar ein Teil der Lebenskunst war. Das optimistische Europa der Vorweltkriegszeit hatte einigen Wert auf das ordentliche, gediegene, geordnete, ja prächtige Sterben gelegt. Es hatte seine Inszenierungen und Demonstrationen. Sterben war, wenn nötig, ein Teil des öffentlichen Lebens, des Kampfs um Anerkennung in der Arena des Lebens.[4] Ganze Reiche konnten erschüttert werden von Trauerprozessionen: als Lew Tolstoj 1910 starb und alles, was Rang und Namen hatte, hinter dem Sarg herging, war dies eine mächtige Demonstration gegen das rußländische Ancien Régime. Als Kaiser Franz Joseph 1916 zu Grabe getragen wurde, war dies auch der Abschied von seiner Epoche. Später gab es solche Begräbnisse immer wieder: große Inszenierungen des staatlichen Todes: die »Führer des Weltproletariats«, die an der Kremlmauer bestattet wurden oder in den Pantheons der Arbeiterbewegung und des Kommunismus, die es überall im Ostblock gab. Es vermischten sich darin die traditionellen Formen aus den heroischen Anfängen der Arbeiterbewegung, die bewegenden Klänge der Warschawjanka, die auf den Barrikaden gesungen worden war, mit dem Prunk des Staatszeremoniells, das sein Vorbild in den Höfen von Wien und Zarskoje Selo gefunden hatte. Diese Szenen des Jahres 1924 – das Defilee der aus dem ganzen Land angereisten »Arbeiter, Bauern und Angehörigen der Intelligenzija« im Säulensaal des Gewerkschaftshauses, die Mitstreiter am Sarg Lenins, die später alle umgebracht werden würden –, die Massenhysterie des von Stalin gepeinigten Volkes in den Tagen des Todes des »Vaters der Völker« im März 1953, der düstere Pomp bei der Bestattung all der Sowjetführer der zweiten Generation, sind prägend für den Horizont der heranwachsenden Sowjetgenerationen geworden. Bei diesen Ritualen ging es vor allem um die Befestigung der Macht; die symbolischen Manifestationen postmortaler Solidarität besagten, daß der Kampf für die Sache der Toten weitergehe. Aber auch die gesellschaftliche Opposition bediente sich der Rituale des öffentlichen Todes – vom Begräbnis des Boris Pasternak bis zum Tod Kardinal Mindszentys, vom Begräbnis der Dichterwitwe Nadeshda Mandelstam bis zum Defilee für den von Geheimdienstleuten umgebrachten polnischen Priester Popiełuszko in den Tagen der Solidarność-Bewegung. Begräbnisse waren zuweilen Manifestationen von großer Wucht. Die postume Rehabilitierung und Umbettung der nach der Niederschlagung des Ungarn-Aufstandes von 1956 Hingerichteten um Imre Nagy gleich nach der Wende oder die Überführung des Sarkophags des großen russischen Sängers Fjodor Schaljapin aus Paris nach Moskau waren bewegende Zäsuren.

Für das Begräbnis gibt es in Europa im Laufe von Jahrhunderten herausgebildete und erprobte Formen und Rituale. Europa hat seine Totenburgen gebaut, Kunstwerke von großer Schönheit, Museen der zartesten Skulpturen, wie man sie nur im Angesicht des Todes und des größten Schmerzes in Auftrag gibt. Europas große Friedhöfe sind so berühmt wie seine berühmtesten Sehenswürdigkeiten, und man kann an ihnen nicht weniger ablesen als am Eiffelturm, Palais Garnier oder Stephansdom. Père-Lachaise in Paris, Necropolis in Glasgow, Staglieno in Genua,[5] San Michele in Venedig, der Wiener Zentralfriedhof, die jüdischen Friedhöfe in Berlin-Weißensee und in Lodz, die Friedhöfe von Sankt Petersburg und Moskau sind Geschichtsdenkmäler sui generis.[6] Große Städte haben eine über Jahrhunderte gewachsene, vielgestaltige und vielschichtige Friedhofslandschaft. Kiew hat 28 Friedhöfe, der Wiener Friedhofsführer zählt 58 Friedhöfe auf.[7] Wer die Welt der Friedhöfe verstehen will, muß sich vertraut machen, lesen, studieren, die dafür einschlägigen Institute besuchen, mit dem Friedhofspersonal, dem Denkmalschutz, den Kunst- und Sozialhistorikern sprechen.[8]

Nekropolen sind wie Metropolen »Gesamtkunstwerke«, und eine Sozialgeschichte allein richtet dabei so wenig aus wie eine für sich genommene Kunstgeschichte. Allen Friedhofsdarstellungen ist dieser Mangel eigen: jeder sieht sie aus seinem scharfen und doch einseitigen Blickwinkel, wo doch nur einer angemessen wäre: ein integraler, der die Metaphysik des Totenackers, die Geschichten der Jenseitsvorstellungen, städtische Demographie und Seuchenforschung, Handwerk und Stadtsoziologie, Kriegsgeschichte und Kunstgeschichte zusammenbrächte. Alle diese Aspekte sind »auf einen Blick« zu erfassen für jeden, der sich aufmerksam auf Friedhöfen umsieht. Man muß Feldstudien, Studien im Feld von Sterben und Tod treiben, Studien auf dem Gottesacker. Europa muß sich mit seinen Hauptstädten des Todes beschäftigen.

Das Leben im Tod. Für jeden großen Friedhof gibt es einen Führer durch das Gräberfeld. An den Eingangspforten hängen oft schematische Übersichtspläne, auf denen die wichtigsten Gräber, die herausragenden Grabdenkmäler eingezeichnet sind. Die Regelmäßigkeit der Anlage, die geraden Alleen, die Hecken erzeugen eine Matrix der Gleichheit im Tod, sie besagen soviel wie: im Tod sind wir alle gleich. Am deutlichsten ist dies auf den Gräberfeldern, wo die Armee noch einmal erscheint: als Armee der Toten, in Reih und Glied. Aber schon das Pantheon als die Hauptform postumer Prominenz von Staatsmännern, Generälen, Schriftstellern, Schauspielerinnen, Dichtern, Regisseuren, Sängern zeigt, daß auch nach dem Tod der Kampf um den besten Platz weitergeht, nur ein wenig gemildert von Rücksichtnahmen der Pietät im Angesicht des Todes. Der Friedhof hat seine zentralen und seine peripheren Plätze, solche in der Mitte und solche mehr am Rand und an

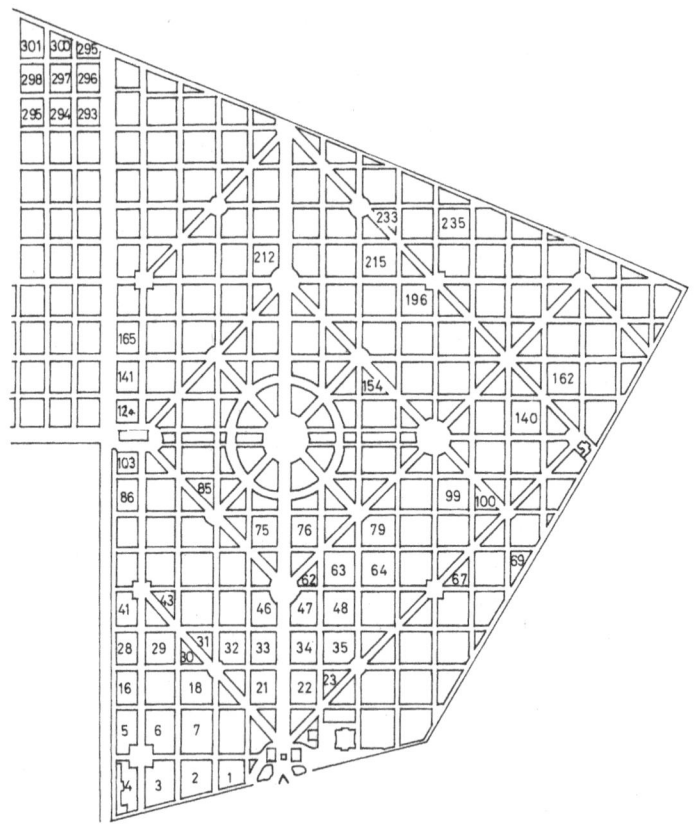

»Die Regelmäßigkeit der Anlage, die geraden Alleen, die Hecken erzeugen eine Matrix der Gleichheit im Tod, sie besagen soviel wie: im Tod sind wir alle gleich.«

Plan des Rákoskeresztúrer Zentralfriedhofs Budapest

---

der Seite. Wir alle kennen die prächtigen Epitaphien und die hochwohlgeborenen Grabplätze einerseits und die Gräber am Rande für die Selbstmörder, Exkommunizierten, Duellanten, öffentlichen Sünder und Sünderinnen, die ungetauften Kinder und die Atheisten, für die es zunächst nicht einmal einen Platz auf dem Friedhof geben sollte. Ich erinnere mich noch an den Friedhof des Dorfes, wo die Pfarrer der Gemeinde die sichtbarsten Grabplätze zum Eingang in die Kirche hin hatten und am Rande die Gräber der Zugereisten, der Flüchtlinge, die nach dem Krieg gekommen waren. Ich erinnere mich auch an das Grab eines ungetauften Babys und das Grab eines Knechts, der sich erhängt hatte, weitab und fast so, als solle man es nicht zur Kenntnis nehmen. Denkmäler sind steingewordene Erinnerungen, für Friedhöfe gilt dies noch einmal in besonderem Maße. Sie sind Reliefs von Ständeund Klassengesellschaft, Inkrustationen des Geschicks der Plastiker und Steinmetze, abschreitbare biographische Nachschlagewerke. Man erkennt sehr leicht, wer wichtig war und es sich leisten konnte, auch nach dem Tode den Unterschied zu seinen Mitbürgern herauszustellen. Man erkennt sehr leicht, wem die Mitwelt auch nach dem Tod Ehre und Achtung erwies und wessen Gedächtnis in Vergessenheit und Verwitterung geriet. Friedhöfe sind die Arena für unüberbietbar genaue Selbstdarstellung von Familien, Sippen, Personen, aber auch Orte der Selbtverleugnung und des Sichschämens dessen, was einer zu Lebzeiten gewesen ist. Es gibt alle Charaktere, postmortal aufgemotzt: Egozentriker, die alles rundherum in den Schatten stellen; Behutsame, die es bei einer knappen Inschrift bewenden lassen; Ausbrüche von Schmerz über den Verlust des Allerliebsten in expressiv-ekstastischen Skulpturen. Auf Friedhöfen marschieren die Geschmäcker der Epoche noch einmal auf, nehmen Haltungen noch einmal Haltung an. Sie sind wahre Jahrmärkte der Eitelkeiten. Die Konkurrenz nach dem Tod geht weiter. Nirgends kann man dies so gut sehen wie auf den Friedhöfen von Lodz, auf denen sich die bedeutenden Industriellenfamilien der Stadt – die Poznańskis, Scheiblers, Geyers, Grohmanns – noch post mortem einen eindrucksvollen Konkurrenzkampf liefern. Es ist nicht nur ein Kampf um das größte und höchste Grabdenkmal, sondern zugleich ein Kampf der Stile und religiösen Symbole. Die bürgerliche Klassengesellschaft hat in Europa die eindrucksvollsten Friedhöfe hinterlassen. Man kann das Studium der Familiengräber, auf die so große Sorgfalt verwendet wurde, ebenso betreiben wie das Studium bürgerlicher Interieurs.

An den Gräbern der Berühmtheiten läßt sich die ganze Geschichte ablesen. Auf den Sankt Petersburger Friedhöfen die Geschichte des Russischen Reiches und seiner Hauptstadt; auf dem Moskauer Friedhof des Neujungfrauen-Klosters die Geschichte der ganzen Sowjetunion; auf Père-Lachaise die Geschichte der kulturellen Eliten von Paris, also Frankreichs; auf dem Kerepesi-Friedhof in Budapest mit den Gräbern von István Deak, Lajos Kossuth und Sándor Petöfi die Geschichte des Kampfes für Unabhängigkeit und Demokratie. Es sind wahre Pantheons. Auf dem Zentralfriedhof in Wien bekommt man eine Vorstellung, was Europa vor der Katastrophe war, und an seinen Resten können wir ablesen, daß es doch noch nicht ganz verloren ist. Es waren alles Vielvölker-Friedhöfe, »Vergessener Völker Müdigkeiten«, wie es in einem Gedicht Hugo von Hofmannsthals heißt. Auf den großen Friedhöfen der Donaumonarchie ruhen je unter ihrem Kreuz, Stern oder Mond: Serben, Bosnjaken, Kroaten, Ungarn, Ruthenen, Tschechen, Slowaken, Juden. Berliner Friedhöfe zeigen wiederum etwas anderes, vermutlich die kurze Blüte einer allzu kurzen Hauptstadtgeschichte.[9]

Grabinschriften stehen für ihre Zeit. Jede Gesellschaft legt auf anderes Wert. Die ständische auf die Abkunft und den Titel, die bürgerliche auf die Profession und die Stationen der Karriere, die nachbürgerliche Gesellschaft beläßt es bei der bloßen Angabe von Geburts- und Todesjahr. Grabsteine zeigen den Lauf der Zeit, wie er sich in den Leben der Menschen buchstäblich eingegraben hat. Am deutlichsten sind kriegerische Zeiten. Die Häufung von Todesdaten zwischen 1914 und 1918, zwischen 1939 und 1945 in Deutschland ist offensichtlich. In ganz Europa hat sich ein eigener Typus des Gedenkens an das patriotische Massensterben entwickelt: das Kriegerdenkmal mit den unvermeidlichen Jahreszahlen 1914, 1918, 1939, 1941, 1944 usf. Und den ebenso unvermeidlichen Ortsangaben: El Alamein, Narvik, Verdun, Orscha, Kursk, Stalingrad, »in Rußland«, »im Kaukasus«. Es häufen sich auch die Inschriften ohne Ort und Todesdatum. Ortsangaben sind vielsagend: sie sagen etwas über Ruhe oder Unruhe auf dem Kontinent, daß er zum Schlachtfeld, zum Feld großräumiger Menschenbewegungen geworden ist. So sehen wir in den litauischen, lettischen, estnischen Friedhöfen häufig Hinweise auf den Tod von Familienangehörigen in Kasachstan oder am Jenissei. Ebenso in Polen. In der Sowjetunion schienen die Menschen es aufgegeben zu haben, Ortsangaben zu machen. Zu groß die Zahl und zu weit das Territorium, in dem Menschen verschwinden konnten: auf dem Solowjetzker Archipel, in den Lagern von Dalstroj, in den Massengräbern von Butowo südlich von Moskau. Die Grabplatten würden nicht ausreichen, die Orte des Massensterbens festzuhalten. So bleiben sie manchmal nur im Gedächtnis. Menschen im 20. Jahrhundert hatten kaum eine Chance, an dem Ort zu sterben, an dem sie auf die Welt gekommen waren. Europäische Friedhöfe sind ziemlich genaue Abbilder jener geschichtlichen Turbulenzen, in denen sich ganze Städte, Klassen, Familienzusammenhänge aufgelöst haben.

Europas Friedhofswelt ist die Welt seiner Religionen. Seine Friedhöfe waren russisch-orthodox, armenisch, jüdisch, protestantisch, römisch-katholisch, muslimisch-tatarisch. An den Grabinschriften läßt sich ablesen, welche phantastischen Legierungen das Religiöse, das Ethnische, das Soziale und Kulturelle eingegangen sind. Auf protestantischen Friedhöfen im Osten fand man zumeist die Angehörigen der deutschen Gemeinden wieder, in den goldglänzenden Familiengrüften der jüdischen Abteilung des Kerepesi-Friedhofs in Budapest die Angehörigen des Budapester Großbürgertums. Friedhöfe geben Auskunft über territoriale Verwerfungen und Grenzverschiebungen. Wir brauchen nur über die Friedhöfe Wrocław/Breslaus oder Vilnius/Wilnos zu gehen: dort sprechen die Steine Deutsch oder Polnisch.[10] Die Sprache der Friedhöfe ist älter als die der Nationalstaaten. Überall stoßen wir auf die Enklaven untergegangener Kulturen. Auf deutschsprachige Inschriften auf dem jüdischen Friedhof in Czernowitz, auf polnische Inschriften auf Friedhöfen in Vilnius oder Lviv, auf russische Inschriften auf den Friedhöfen von Taschkent und Tbilissi. Doch während wir die Spuren des untergegangenen Europa lesen, wächst auf den Friedhöfen schon die Spur der neuen frischen Gräber, die die große Wanderung, die wieder in Gang gekommen ist, hinterläßt: auf dem Friedhof der russischen Gemeinde in Berlin-Tegel oder auf den muslimischen Friedhöfen von Marseille und London. Der Tod in der Fremde oder in der neuen Heimat, je nachdem, bringt die Friedhöfe, die man schon fast als antiquarische Sehenswürdigkeiten aufgesucht hatte, wieder in Bewegung.

Das neue Europa. Man kann das neue Europa daran erkennen, ob es mit der Verwahrlosung, die es so lange hingenommen hat, Schluß gemacht hat. Das Comeback der Städte aus geschichtsloser und bleierner Zeit zeigt sich an ihrem neuen Umgang mit den Friedhöfen. Das neue Europa pflegt seine Gräber, und es gewährt jenen Zutritt, die durch absurde Grenzziehungen so lange vom Besuch der Gräber ihrer Vorfahren und Angehörigen ausgeschlossen waren. So gibt es ein neues, grenzüberschreitendes Hin und Her. Polen kommen, um die Gräber auf dem Lytschakower Friedhof in Lemberg oder auf dem Rossa-Friedhof in Vilnius zu pflegen. Auf dem Friedhof von Czernowitz-Rosch sieht man Grabinschriften erneuert. Die Lauder Foundation New York und Freiwillige richten die Grabstätten auf dem Lodzer Friedhof wieder her. Die wissenschaftliche Beschäftigung, Dokumentation und Publikationen sind in Gang gekommen. Zwischen einst verfeindeten Staaten ist vereinbart worden, jetzt, mehr als 50 Jahre nach Kriegsende, Kriegsgräber anzulegen und zu pflegen.[11] Andererseits: in den Kampfzonen des ethnischen Hasses sind – wie in Srebrenica – neue Massengräber ausgehoben und Friedhöfe wieder zu Schlachtfeldern geworden. Versteckt im alten jüdischen Friedhof oberhalb Sarajewos schossen serbische Scharfschützen in die Stadt hinab. Frisch sind die Gräberreihen von Timişoar, Klausenburg, Bukarest, in denen die Opfer der Securitate bestattet sind. Auf Moskauer Friedhöfen liefern sich rivalisierende Banden Schießereien oder sprengen ganze Trauergemeinschaften in die Luft. Wie alles, so ist auch das Sterben und Bestatten von den Turbulenzen des Übergangs zu Kapitalismus und Marktwirtschaft erfaßt worden. Ein ordentliches Begräbnis ist für viele zum Luxus geworden, aber ein Protest ist von Alten, Gebrechlichen oder gar Toten nicht zu erwarten. Sie sind die Wehrlosesten der Wehrlosen.

Das neue, nachsozialistische Europa legt neue Friedhöfe an. Dort herrscht eine andere Hierachie. Es kann sein, daß ein neureicher Ganove, der bei einer Schießerei umkam, einen Platz im Zentrum bekommt, das eigentlich – wie in Odessa zum Beispiel – dem berühmten Geschichtenerzähler Mendele Sojfer Chorin vorbehalten ist. Filmstars sind nun so wichtig wie Generäle und Veteranen des Großen Vaterländischen Krieges. Menschen, die jahrzehntelang Unpersonen waren, haben nun endlich einen Namen und ein Grab bekommen. Die samtene Revolution ist generös, sie rächt sich nicht. Sie läßt die Toten endlich aus dem Exil nach Hause überführen. Sie bietet den sterblichen Überresten der Romanow-Familie endlich einen Platz in der kaiserlichen Familiengruft. Sie überlegt, wie sie einen einbalsamierten Lenin endlich den Tod eines gewöhnlichen Sterblichen sterben lassen kann. Sie pflegt die sowjetischen Ehrengräber, die inmitten der ostdeutschen Städte angelegt worden sind. Geschichte ist, wie Helmut Fleischer gezeigt hat, eine Form transtemporaler Kommunikation, Gespräch zwischen den Generationen, Zwiegespräch der Lebenden mit den Toten. Einen besseren Ort dafür als die Stille und das Halbdunkel der Friedhöfe gibt es nicht.

DAS TOR
VON BIRKENAU

Wir alle kennen das Tor von Birkenau mit den Gleisen, die hier zusammenlaufen. Hier, in Auschwitz-Birkenau ist es geschehen. Er ist so genau beschrieben wie kaum ein anderer Ort. In Erinnerungen der Überlebenden, in den spärlichen Zeugnissen von Angehörigen der Reichsbahn oder des Wachpersonals oder in den Unterlagen der Baukommissionen, die mit der Errichtung des Vernichtungslagers beauftragt waren. Es existieren Luftaufnahmen der US-Air Force, die den Grundriß des Lagers exakt abbilden. Wir können das Tor, das zur Rampe und zu den Gaskammern führte, durchschreiten. Aber die Kluft, die die Nachgeborenen vom Völkermord an den Juden, vom hunderttausendfachen Massenmord an den sowjetischen Kriegsgefangenen und an den Sinti und Roma trennt, ist auch an diesem Ort unüberschreitbar. Das war der Grund, warum die Autoren des preisgekrönten Entwurfs für ein Mahnmal in einem Wettbewerb des Jahres 1959, die polnischen Architekten Oskar und Zofia Hansen, vorgeschlagen hatten, das Tor, durch das die Züge mit den Opfern zu den Selektionsrampen gerollt waren, zu schließen. »Ihr Entwurf ließ keinen Raum für die Vereinnahmung der Lagerruinen durch andere. Er unterstellte nicht, daß die Lebenden den Schritten der Opfer nachgehen, ihre Erfahrungen verstehen oder ihr Gedächtnis teilen können ... Niemand sollte jemals wieder jenes Tor passieren ... Ihr Ziel war es, die Lebenden mit dem Vergessen zu konfrontieren, sie vor die wesentliche Wahrheit des Ortes zu stellen: die Tatsache, daß letztlich kein Gedenken an Birkenaus Vergangenheit anknüpfen kann. Ihr Plan zwang den Besucher zu der traurigen Erkenntnis, daß er an dem Ereignis, das er zu begreifen hoffte, nur vorbeigeht. Die Künstler schlugen vor, nördlich des Haupteingangs zu dem Lager den Stacheldraht auf einigen Metern zu entfernen und damit die Illusion zu erzeugen, Besucher müßten sich durch eine zufällige Lücke einschleichen. Den Erdboden aber sollten sie nicht betreten. Ein besonderer Steig aus Granit sollte, 60 Meter breit und 1000 Meter lang, das Raster des Lagers zu den Ruinen der Krematorien hin diagonal durchschneiden ... Der Vorschlag war kompromißlos. Er verweigerte sich der Illusion von Erinnerung. Es gab keine Steine, die man hätte berühren können, keinen Mittelpunkt, der den Zerstörungen der Zeit widerstanden hätte, keine Majestät oder Würde, keinen unheimlichen, aber schönen Nimbus. Keine Inschrift sollte an die sechs Millionen erinnern. Nur Stille und der bizarre Granitsteig sollten künftige Generationen fragen: Was geschah hier?«[1]

Oskar und Zofia Hansen hatten mit ihrer Weigerung, sich auf die Illusion der Verstehbarkeit einzulassen, so recht wie jene, die an der Aufklärung der Geschehnisse gearbeitet haben. Und dazu gehört die Beschreibung der Vorgänge, der Abläufe, der Mechanismen, der Routinen, des Personals, der Technik und Logistik. Im Tor von Auschwitz-Birkenau sind die Befehls- und Entscheidungswege, die Netzwerke des Wegschaffens und Beseitigens, der »volkstumspolitischen Flurbereinigung« zusammengelaufen. Die Geschichte der Ermordung der europäischen Juden ist als eine Geschichte der Deportationen auch eine Geschichte des Transports, des Verkehrs und der Logistik. In ihm spielen Bahnhöfe, Rangiergleise, Knotenpunkte, Verkehrs-Umlaufpläne, Fahrplanordnungen, Wagenzettel, Frachttarife, Transportkapazitäten eine herausragende Rolle. Bilder vom Gare d'Austerlitz, von Hanau, Warschau-Stawki-Straße, der Bahnsteige von Zyrardow und Pabianice mit Bündeln von Koffern, Bergen von Bündeln gehören zu dieser Geschichte ebenso wie die Ankunft an der Rampe von Birkenau. Die Sprache des Völkermords gibt sich euphemistisch als die Sprache von Transportspezialisten: »Ungarn-Transporte«, »rumänische Transporte«, »Griechen-Transporte«. Raul Hilberg hat sich mit diesen elementar-technisch-organisatorischen Fragen beschäftigt und in der Recherche wie in der Darstellung ein Maß an Konkretheit zurückgewonnen, wie sie erst später in der Forderung nach »Spacing the Holocaust«, also nach einer räumlich-konkreten Darstellung des Judenmordes erhoben wurde.[2] »Für die Durchführung eines Transports benötigte man zuallererst einmal eine Lokomotive und Wagen. Auf welche Weise erfolgte nun die Zuteilung? Man weiß, daß nach 1941 die Personenwagen ausschließlich dem Bewachungspersonal vorbehalten waren; Güterwagen mit Türen waren für die Deportierten gut genug. Mitte 1942 besaß die Reichsbahn etwa 850 000 Güterwagen aller Gattungen, und täglich standen durchschnittlich 130 000 Leerwagen zur Verfügung.« Angesichts eines Gesamtverkehrs von mehr als 20 000 Zügen pro Tag waren 10 Prozent Ausfälle nicht so bemerkenswert. »Die Reichsbahn beförderte Truppen und Industriegüter, Soldaten auf Heimaturlaub und Ferienreisende, Fremdarbeiter und Juden. Bisweilen wurde der bestehende Transportraum von der Wehrmacht oder einem anderen ›Auftragnehmer‹ vorweg in Anspruch genommen, aber die Judentransporte fanden statt, wo und wann auch immer sich die Möglichkeit zur Zusammenstellung eines Zuges ergab. Auch sie waren dringlich.« Zur Abstimmung des Einsatzes der Sonderzüge wurden Konferenzen zur Ausarbeitung von »Umlaufplänen« abgehalten, in denen alle Züge nach Gattung, Zug-Nummer, Ausgangs- und Bestimmungsbahnhof aufgeführt wurden.[3] Die Eisenbahner waren informiert, wann, von wo und wohin »Sonderzüge« unterwegs waren. Es kam zu Engpässen, vor allem als das »rollende Material« für den Aufmarsch gegen die UdSSR benötigt wurde. Der Personalmangel machte sich bemerkbar. Zur Einsparung von Lokomotiven und Verringerung der Gesamttransportzahl verlängerte man die Züge und schöpfte das Fassungsvermögen der Wagen voll aus. Für die jüdischen Sonderzüge bedeutete diese Sparmaßnahme, daß die Norm von 1000 Deportierten pro Zug auf 2000 und bei kürzeren Strecken (innerhalb Polens) auf 5000 hinaufgeschraubt werden konnte. Vermutlich entfiel auf eine Person ungefähr ein Viertel Quadratmeter Raum. »Durch das hohe Gewicht verlangsamte sich die Geschwindigkeit der Züge. Die Höchstgeschwindigkeit der Güterzüge lag jetzt bei etwa 65 km/h, die der Judenzüge bei etwa 50 km/h. Zudem gab es Umleitungsstrecken, um Verstopfungen zu vermeiden. Es war natürlich nicht notwendig, die Juden im Eiltempo zu ihrem Zielort zu befördern, denn sie sollten ja nicht eingesetzt, sondern getötet werden. Der Fahrplan Białystok – Auschwitz gibt uns den Zeitaufwand zur Bewältigung dieser Strecke an: 23 Stunden!«[4] »Ein Zug von Düsseldorf nach Riga brauchte bis zu drei Tagen. Truppenzüge hatten Vorfahrt, was die Transportzeit für die Juden noch mehr hinauszögerte. Der Wasservorrat in den verplombten Wagen war häufig nicht ausreichend für diese langen Strecken, und kein Bild hat sich so unauslöschlich im Gedächtnis der deutschen Zeugen eingegraben wie das der Mütter, die bei Zughalten ihre vom Durst gezeichneten Kinder in die Höhe reckten. Im Sommer waren die Juden erstickendem Gestank und im Winter eiskalten Temperaturen ausgesetzt.«[5] Staus auf den Hauptrouten, Blockierungen der Strecken waren ein Dauerproblem. »Sonderzüge« gehörten zum Alltag der Reichsbahn. Judentransporte unterlagen keiner besonderen Geheimhaltung, sondern liefen unter dem Vermerk »Nur für den Dienstgebrauch«. Die Vernichtungslager selbst lagen zwar »im Osten«, aber doch nicht so ganz im Abseits, wie oft suggeriert wird. Täglich durchfuhren 40 bis 48 Züge die Strecke Warschau – Malkinia/Treblinka. Soldaten, deren Züge anhielten – z. B.

in Siedlce –, konnten Photos von den Judentransporten machen.[6] Das gilt auch für Auschwitz. »Auschwitz lag an einer Haupverkehrsader. Die Gleisanlagen des Auschwitzer Bahnhofs umfaßten 44 Gleise, sie waren etwa 3,2 Kilometer lang. Jeder, der hier durchfahren mußte – einschließlich der Deportierten –, konnte das übliche große Bahnhofsschild lesen: Auschwitz. Etwa zweieinhalb Kilometer weiter lag die Einfahrt von Birkenau, der Vernichtungsstation des Lagers. Ein Eisenbahner (Hilse), der zu diesem Bahnhof versetzt worden war, erkannte, daß sein Posten ›mittendrin‹, also im Zentrum des Lagers gelegen war. Zu beiden Seiten der Gleise waren Zäune und Wachtürme errichtet. Vom fahrenden Zug aus konnte man die Schornsteine sehen, nachts waren sie aus einer Entfernung von knapp zwanzig Kilometern erkennbar. Barthelmäß, ein anderer Eisenbahner, sagte aus, daß dies ein Anzeichen für die ›öffentliche‹ Verbrennung der Leichen gewesen sei. Er wohnte in diesem Gebiet und stellte fest, daß seine Fenster mit einem bläulichen Film bedeckt waren und daß ein süßlicher Geruch seine Wohnung erfüllte. Nach Entladen der Deportierten wurden die Züge zur Entseuchung in den Bahnhof zurückgebracht.«[7]

Die Endstation aller Züge aus Europa mit dem Bestimmungsort Auschwitz ist auf den Luftbildern, die alliierte Flugzeuge gemacht hatten, genau festgehalten. »Am 4. April 1940 wurde Auschwitz zum ersten Mal von einem alliierten Flugzeug aus photographiert. Weitere Aufnahmen folgen im Juni, Juli, August und September. Das Luftbild, aufgenommen am 25. August 1944 aus 9100 m Höhe (60. Luftaufklärungsstaffel, Flug gegen den Feind Nr. 694, Bild 3185; National Archives, Washington, Record Group 373), zeigt oben rechts das Lager in Birkenau. In der äußersten oberen Ecke sind zwei einander gegenüberstehende Gasgebäude zu sehen. Zwischen den Gaskammern endet ein Gleis, und direkt darunter, in der Mitte des Lagers, steht senkrecht ein angekommener Sonderzug...«[8] In einem dieser Sonderzüge war Primo Levi, der am 13. Dezember 1943 von der faschistischen Miliz festgenommen worden war, in Auschwitz-Birken angekommen. Er beschreibt die Reise durch Mitteleuropa, die im italienischen Capri begann und am Tod von Birkenau endet: »Zwölf Waggons waren es, und wir waren sechshundertundfünfzig; mein Waggon faßte nur fünfundvierzig, aber er war klein. Jetzt hatten wir also vor unseren Augen und unter unsern Füßen einen jener berüchtigten deutschen Transportzüge, die nicht wiederkehrten und von denen wir, erschaudernd und immer etwas ungläubig, schon so oft gehört hatten. Es stimmte bis in alle Einzelheiten: von außen verriegelte Güterwagen und drinnen

Männer, Frauen und Kinder, erbarmungslos zusammengedrängt wie Dutzendware, auf der Fahrt ins Nichts, auf der Niederfahrt in die Tiefe. Drinnen sind dieses Mal wir ... Der Zug fuhr langsam, und es gab lange, zermürbende Aufenthalte. Durch die Luke sahen wir die hohen, blassen Felshänge des Etschtals und die letzen Namen italienischer Städte vorbeiziehen. Um zwölf Uhr des zweiten Tages kamen wir über den Brenner, und alle erhoben sich, aber keiner sagte etwas ... Durch die Luke bekannte und unbekannte Namen österreichischer Städte, Salzburg und Wien, dann tschechische, schließlich polnische Namen. Am Abend des vierten Tages wude es empfindlich kalt. Der Zug fuhr durch endlos schwarze Fichtenwälder, es ging merklich aufwärts. Der Schnee lag hoch. Es mußte eine Nebenstrecke sein, denn die Bahnhöfe waren klein und lagen beinahe verlassen da. Während der Aufenthalte unternahm keiner mehr den Versuch, mit der Außenwelt in Verbindung zu treten: Wir fühlten uns nun ›auf der anderen Seite‹. Es gab einen langen Halt auf freier Strecke, dann ging es mit äußerster Langsamkeit wieder weiter, und schließlich blieb der Transport in tiefer Nacht endgültig stehen, inmitten einer dunklen und schweigenden Ebene. Zu beiden Seiten des Geleises sah man auf Sichtweite Reihen weißer und roter Lichter; doch man vernahm nichts von jenem unentwirrbaren Dauergeräusch, das bewohnte Städte von weitem ankündigt. Nun, da der Rhythmus der Räder und jeglicher menschliche Laut verstummt waren, warteten wir beim kümmerlichen Schein der letzten Kerze darauf, daß etwas geschehen würde. Neben mir, und wie ich selbst zwischen Leib und Leib gedrängt, war während der ganzen Fahrt eine Frau gewesen. Wir kannten uns seit vielen Jahren, und das Unglück hatte uns gemeinsam betroffen, aber wir wußten nur wenig voneinander. Damals, in der Stunde der Entscheidung, sagten wir uns Dinge, die man unter Lebenden nicht sagt. Wir verabschiedeten uns, es war kurz; jeder verabschiedete sich im andern vom Leben. Wir hatten keine Furcht mehr.

Mit einmal löste sich dann alles. Die Tür wurde krachend aufgerissen, das Dunkel hallte wider von fremden Befehlen, jenem barbarischen Gebell kommandierender Deutscher, die sich eines jahrhundertealten Ingrimms zu entledigen schienen. Vor uns erkannten wir einen ausgedehnten, von Scheinwerfern angestrahlten Bahnsteig. In geringer Entfernung eine Reihe von Lastautos. Dann war wieder Schweigen: Man hatte mit dem Gepäck auszusteigen und dieses längs des Zuges abzustellen. In einem Augenblick war der Bahnhof voller wimmelnder Schatten. Doch wir hatten Angst, jenes Schweigen zu brechen; alle machten sich mit dem Gepäck zu schaffen, suchten sich, riefen einander, jedoch nur schüchtern und halblaut ... In weniger als zehn Minuten wurden wir arbeitsfähigen Männer alle zu einer Gruppe zusammengestellt. Was mit den andern geschah, den Frauen, den Kindern, den Alten, das konnten wir weder damals noch später in Erfahrung bringen: Die Nacht verschluckte sie ganz einfach. Heute aber wissen wir, daß bei jener raschen und summarischen Auswahl ein jeder von uns danach beurteilt worden war, ob er oder ob er nicht imstande sein würde, zum Nutzen des Reiches zu arbeiten; wir wissen, daß in die jeweiligen Lager Monowitz-Buna und Birkenau nur sechsundneunzig Männer und neunundzwanzig Frauen unseres Transports eingeliefert wurden und daß von allen anderen, die über fünfhundert zählten, zwei Tage danach keiner mehr am Leben war. Wir wissen auch, daß dieses wenn auch oberflächliche Aussonderungsverfahren in Taugliche und Untaugliche nicht immer befolgt wurde und daß später oft das einfachere System angewandt wurde, nämlich ohne Ankündigungen oder Anweisungen an die Neuankömmlinge beide Waggontüren zu öffnen. Ins Lager kamen diejenigen, die der Zufall auf der einen Seite des Transportzuges aussteigen ließ; ins Gas kamen die andern.«[9] Vierzig Jahre danach befragte Claude Lanzmann, der visuelle Topograph der »Shoah«, einen anderen Überlebenden von Auschwitz, der an der Rampe gearbeitet hatte: »Die Rampe war die Endstation der Züge, die in Auschwitz ankamen. Sie kamen Tag und Nacht, manchmal einer am Tag, manchmal fünf aus allen Himmelsrichtungen. Ich habe dort vom 18. August 1942 bis zum 7. Juli 1943 gearbeitet. Die Züge folgten aufeinander ohne Ende. Ich habe von meinem Posten auf der Rampe bestimmt zweihundert gesehen. Das ist schließlich Routine geworden. Unaufhörlich kamen die Leute von überall her am selben Ort an und alle, ohne das Schicksal der vorangegangenen Transporte zu kennen...«[10] Orte haben ein Vetorecht. Es kann nicht alles gesagt oder auch verschwiegen werden. Auschwitz ist keine Metapher und nicht nur Symbol für etwas. Das Tor von Birkenau ist der Ort, an dem das Unfaßbare geschah, mitten in Europa.

PFEILE:
ORTSVERÄNDERUNG,
BEWEGUNGSBILDER

Das Kartenbild der Weltkriegsepoche und speziell der durch den Krieg ausgelösten Fluchtbewegungen ist immer dasselbe, denn es handelt von Bewegung, erzwungener Bewegung. Es ist beherrscht von sich wild überkreuzenden Pfeilen, die ihren Ausgangspunkt in einer Herkunftsregion haben und mit ihrer Spitze auf das Land der Zuflucht und Ankunft zielen.[1] Vieles an diesen Karten erinnert an militärische Karten, in denen es ebenfalls immer sehr großräumig und dynamisch zugeht. Diese äußerliche Affinität ist kein Zufall. Kampfhandlung und Flucht sind die dynamischste und dramatischste Form beschleunigter Bewegung. Karten, die die alten Imperien abbilden, sind in sich ruhend, immobil, statisch, als wären sie stolz, aller Welt das Erreichte vorzuführen. Die Kartenbilder der Weltkriegsepoche sind dynamisch. Die einen bilden das Statuarisch-Immobile der Dynastien ab, die anderen die Triumphe der Beschleunigung. Die einen lassen sich noch Zeit, die anderen sind schon im Schatten des Blitzkriegs gezeichnet.

Man hat das 20. Jahrhundert das »Jahrhundert der Flüchtlinge« genannt. Allein in Europa waren es in der ersten Hälfte des Jahrhunderts zwischen 60 und 80 Millionen Menschen, die ihre Heimat vorübergehend oder für immer verlassen mußten. Die allermeisten traf es in dem knappen Jahrzehnt zwischen 1938 und 1948 und in jenem Teil Europas, der im Sturmzentrum der Weltkriegsepoche gestanden hatte: im mittleren und östlichen Europa. Ein Kontinent auf Wanderung, *Europe on the Move* hat Eugene M. Kulischer in seinem Buch über die Bevölkerungsbewegungen diese Vorgänge genannt.[2] 80 Millionen – das bedeutet, daß kaum eine Familie in jener Generation und in jener Region von der Erfahrung gewaltsamer Entwurzelung verschont geblieben ist oder jedenfalls mittelbar damit zu tun bekommen hat. Das sind millionenmal je von neuem und auf je eigene Weise gemachte Erfahrungen, in denen es fast immer um Entkommen und Überleben ging. Das sind Abermillionen abgebrochene und im glücklichen Fall wieder in Gang gekommene Lebensgeschichten.

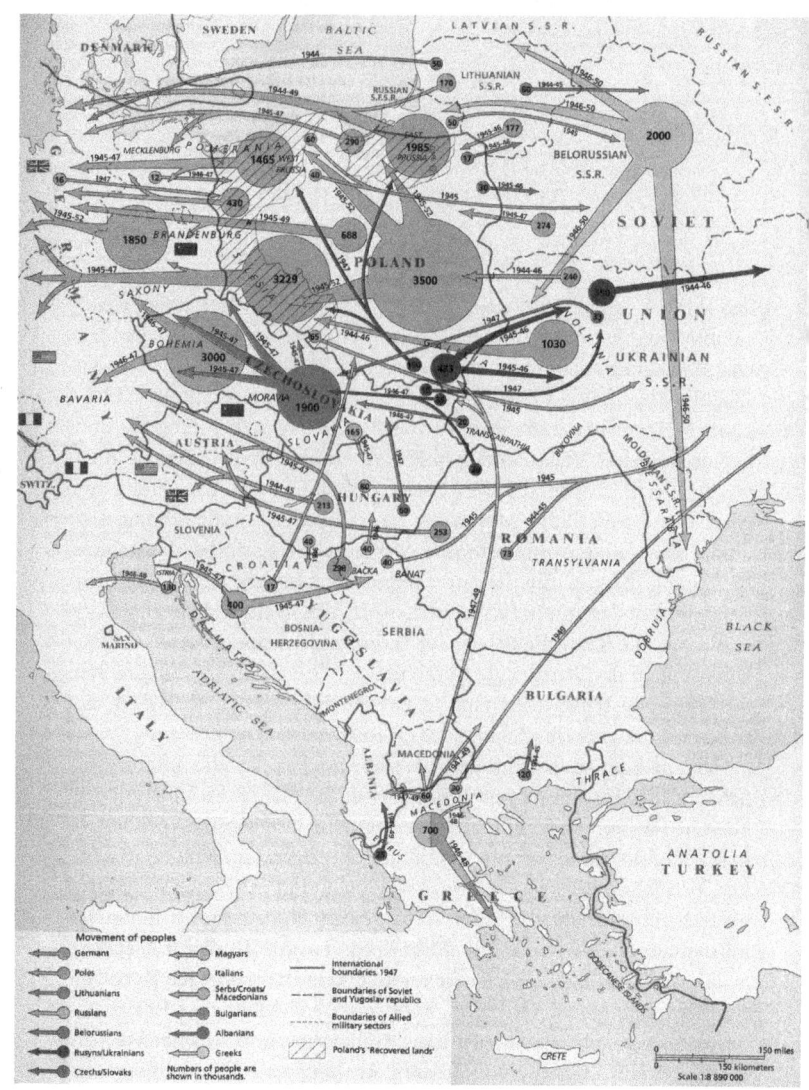

»Allein in Europa waren es in der ersten Hälfte des 20. Jahrhunderts zwischen 60 und 80 Millionen Menschen, die ihre Heimat vorübergehend oder für immer verlassen mußten.«

Europäische Flüchtlingsströme 1944–1948

Im Zentrum der Erinnerung an diese Ereignisse steht der gewaltsame Ortswechsel. Für gewaltsame Ortsveränderung gibt es viele Namen – und das 20. Jahrhundert war besonders reich an Variationen und erfinderisch in der Entwicklung neuer Verfahren. Gewaltsame Ortsveränderung konnte sein: Emigration, Flucht, Vertreibung, Umsiedlung, Einsiedeln und Aussiedeln, Evakuierung, Wegführung, Abschiebung, Bevölkerungstransfer, Bevölkerungsaustausch, Bevölkerungsverschiebung und Verpflanzung von Völkern. Das 20. Jahrhundert hat ein eigenes Vokabular des gewaltsamen Entfernens hervorgebracht. Immerzu ging es um Aussondern, Räumen, Verbringen, Wegschaffen, Fortschaffen, Transportieren, Deportieren. Die Organisation der gewaltsamen Fortbewegung hat im 20. Jahrhundert eigens darauf spezialisierte arbeitsteilige Organisationen und Institutionen hervorgebracht, die auf effektivste Weise bewerkstelligen sollten, woran in alten Zeiten nicht einmal im Traume zu denken war: die Verpflanzung ganzer Menschengruppen und Völker. So gibt es Umsiedlungskommissionen, Referate für Repatriierung und Aussiedlung, Mittelstellen für deutsches und aderes Volkstum. Kurzum: Räumungs-, Säuberungs-, Deportationsspezialisten. Bei der Bewältigung derart grandioser Aufgaben dürfen Chaos und Panik nicht aufkommen. Nur bei höchster Disziplin läßt sich so etwas machen. Alles muß in geordneten Bahnen verlaufen. Daher gibt es nicht nur Expertengremien, sondern alle Arten der kontrollierten Überführung von Menschen: Lager, Abschiebelager, Auffanglager, Filtrationslager, Durchgangslager, Konzentrationslager, und wenn der letzte Ausweg versperrt werden soll: Vernichtungslager. Es gibt ein erprobtes Drehbuch, einen Ablaufplan, eine in Millionen Fällen bewährte Prozedur: dazu gehören Desinfektion und Entlausung ebenso wie das Ausfüllen von Fragebögen und Sammeln von statistischen Daten. Das wahre Symbol des »Jahrhunderts der Flüchtlinge« ist der Viehwaggon, in dem Menschen in großer Zahl zusammengepfercht über große Strecken transportiert werden können. Sie sind robust und unempfindlich, Container, Behälter für Menschen, möglichst viele Menschen, die nur noch Nummern sind. Sie halten die Menschen zusammen, die vor Schwäche umfallen würden. Viehwaggons tun ihre Dienste immer gleichmäßig gut, bei glühender Hitze und sibirischer Kälte. Jede nationale Eisenbahngesellschaft hat ihren speziellen Typ im Einsatz, aber im Europa der grenzüberschreitenden Deportationen ist das nicht erheblich. Das rollende Material wird europaweit integriert und in kontinentalen Umlaufplänen koordiniert. Der Viehwaggon ist das für das Zeitalter der Massendeportationen paradigmatische Gefährt, und doch ist er nur ein Typ neben anderen. Der Weg in die Emigration kann in einem ganz normalen D-Zug vom Anhalter Bahnhof in Berlin beginnen. Viele holländische Juden fuhren im Pullman-Wagen »nach Osten«. Auch die Züge, auf denen die Bevölkerung aus den deutschen Ostprovinzen vor der Roten Armee in den Westen floh, waren noch ganz normale Züge – bis sie irgendwann nicht mehr weiterfuhren, weil die Gleise zerschossen, die Brücken gesprengt und die Bahnhofshallen eingestürzt waren. Dann ging es weiter auf der Ladefläche eines LKW, eines Pferdegespanns oder zu Fuß, mit dem Handwagen oder der Schubkarre. In Zeiten des totalen, hochtechnisierten Krieges kommt ein uralter Topos aus heroisch-archaischen Zeiten wieder zu Ehren: der Treck. Paradigmatisch sind auch die Bilder von Schiffen, die zum letzten Mal auslaufen. Noworossijsk und Odessa 1920, als die Weißen im russischen Bürgerkrieg geschlagen sind und nach Konstantinopel fliehen;[3] Smyrna 1922, als die kleinasiatischen Griechen sich aus dem brennenden Smyrna und vor der herannahenden türkischen Armee auf die Schiffe retten wollen; nach 1933, als Schiffe die Verfolgten Hitlers noch aus Triest und Marseille nach Palästina und Suez oder aus Lissabon nach Amerika schaffen können; 1939, als die Baltendeutschen »heim ins Reich« geholt werden – und noch einmal und ein letztes Mal 1945: als die »Wilhelm Gustloff« mit fast 6000 Flüchtlingen an Bord bei Nacht aus Gdingen ausläuft oder die »Ancona« mit KZ-Häftlingen an Bord. Es sind immer dieselben Bilder: Schiffe, von ihrer Menschenfracht fast unter die Wasserlinie gedrückt, schwerfällig und fast unfähig zum Manövrieren.

Transporte beginnen und enden zu Fuß. Jene Berliner Juden, die von gaffenden Massen eskortiert zum S-Bahnhof Grunewald marschieren; jene in heilloser Flucht, von Panzern überrollt und von Tieffliegern beschossen, nach Westen ziehenden Massen aus dem deutschen Osten; die unübersehbaren Kolonnen der zum Hungertod verurteilten sowjetischen Kriegsgefangenen und jene schwarze Linie, die die Angehörigen der 8. Armee, die in Stalingrad kapituliert hatte, auf ihrem Weg in die Gefangenschaft in den Schnee zeichnen; die Züge der Millionen von *Displaced Persons*, die, aus deutschen Lagern entlassen, zu Fuß, im Zug oder in sonst irgendeinem Gefährt in ihre Heimatländer zurückkehren. Europa in der Weltkriegsepoche ist auf dem Weg, in Bewegung, unterwegs. Ein ganzer Kontinent auf Wanderung. Die Wanderung als auf Dauer gestellter Zustand. Menschenströme, in bewaffneter Formation oder in Zivil, ein ganzes Jahrzehnt in Bewegung.[4]

Europa hat sein Wissen davon in vielfältiger Weise gespeichert, verarbeitet, zur Darstellung gebracht. In der familiären Erzählung, die auf die nächste Generation weitergeht, in Tagebüchern, Erzählungen, Literatur, in Archiven und geschichtlichen Darstellungen. Diese Erfahrung hat sich niedergeschlagen in der Landschaft und in den Städten, die von ihr gezeichnet worden sind. Es gibt ein geschichtliches Wissen und Bewußtsein davon. Und es gibt davon Karten.

Wie alle Kartenbilder sind auch Kartenbilder von Flucht und Vertreibung Abstraktionen, Stilisierungen, die bewußt von vielem absehen müssen, um aussagekräftig sein zu können. Es ist aber gerade diese Abstraktion vom heillosen und im Grunde unüberschaubaren Geschehen, die der Dramatik am meisten angemessen ist und dafür sorgt, daß, wann immer wir uns die Vorgänge jenes Jahrzehnts vor Augen führen wollen, wir zu Karten Zuflucht nehmen. Auch hier gilt: sie sagen mehr als tausend Worte. Es ist ein Szenario der Gleichzeitigkeit oder zumindest der rasenden Sequenz. Der Vormarsch der einen bedingt die Flucht der anderen. Fronten treiben Flüchtlinge wie Flutwellen vor sich her. Das naturalistische Vokabular – Flut, Wellen, Beben – kommt nicht von ungefähr: es will etwas von den tektonischen Erschütterungen wiedergeben. Ein ganzer Kontinent verhält sich nach dem Gesetz der kommunizierenden Röhren: wird die eine Region leergefegt, platzt die andere aus allen Nähten. So kommt es, daß mitten im Krieg Millionenstädte entstehen, wo es bisher nur große Städte gab – wahre Flüchtlingsmetropolen. So kommt es, daß über Nacht aus Städten, die gestern noch von Leben erfüllt waren, tote Städte, Totenstädte wurden. Provinzbahnhöfe werden zu Umschlagplätzen für die Bevölkerung ganzer Landstriche. Mitten auf dem Feld, entlang der Trasse bilden sich Biwaks, Camps, Zeltstädte und Wagenburgen, die *instant cities* der Weltkriegsepoche.

Wo solch ungeheure Menschenmassen im Bruchteil einer historischen Sekunde versetzt werden, müssen ungeheure Kräfte wirksam gewesen sein. Pfeile sind die Symbole für *displacement*. In ihnen steckt etwas von der Wucht, die notwendig ist, um Menschengruppen zu versetzen. Es bedarf einer ungeheuren Gewalt, um die Trägheit des Lebens zu überwinden, die Routinen zu erschüttern und Menschen in Bewegung zu versetzen. Daher ist seit jeher der Schock, die überfallartige Situation, die das Überraschungsmoment nutzt, ganz entscheidend. Mit langen Erklärungen wird nur alles komplizierter, ja verdorben. Man darf den Opfern nicht mehr als maximal eine halbe Stunde bis zum Abtransport geben, sonst kommen sie ins Nachdenken darüber, was sie dagegen unternehmen könnten; sie sollen nicht mehr bekommen als 20 Minuten, um ihre Siebensachen und ein Andenken einzupacken. Die Nacht-und-Nebel-Aktion, die eingetretene Tür, der blendende Scheinwerfer und aggressives Hundegebell – das sind die idealen Überrumpelungsbedingungen, um das Trägheitsmoment zu überwinden. Wer eine Situation des Schreckens, der Panik, der Stimmung des Rette-sich-wer-kann erzeugt hat, der hat schon halb gewonnen. Daher ist der demonstrative Einsatz von Gewalt, die zeigt, daß die Macht vor nichts zurückschreckt, so entscheidend. Der Greuel, ein unvorstellbarer Akt von Gewalt und Grausamkeit ist zentral für die Inszenierung der Vertreibungs- und Umsetzungsmacht. Sie gehört zur Methode, die den Erfolg verbürgt. Ohne den Schrecken, der durch Mark und Bein gegangen ist, verläßt niemand freiwillig seine angestammte Welt.[5] Räumungsspezialisten müssen immer Entwurzelungsspezialisten sein. Wer davon nichts versteht, bringt es in dieser so wichtigen Branche des 20. Jahrhunderts nicht weit.

Aber das ist nicht alles. Gewaltsame Ortsveränderung großer Menschengruppen ist voraussetzungsreich und muß in den Folgen vorausschauend bedacht werden. Wahrscheinlich ist es so, daß die einzigen, die den ganzen Komplex überschauen und »im Griff« haben, jene sind, die sie ins Werk setzen. Die Deportierten übersehen nur das nächste Umfeld – und manchmal, wie bei Kurzsichtigen und Brillenträgern, nicht einmal dies: das Haus, aus dem sie abgeholt werden, die Stadt, aus der sie getrieben werden, das Gleisfeld, auf dem sie im Waggon tagelang abgestellt werden, die Landschaften und das Klima, die sich beim Durchfahren verändern und Rückschlüsse zulassen darauf, wo man sich befindet. Den Überblick über das Gesamtgeschehen haben die Deporteure, die Entvölkerungs- und Bevölkerungsexperten, die Umsiedlungsfachleute, die Logistiker der Verschiebung. Sie sind es, die die Auflösung des alten und die Herstellung des neuen Zustandes intellektuell organisieren und jene Bewegung, die von dem einen zum anderen führt. Wer die Bewegung, die Wucht und Energie, die durch die Pfeile symbolisiert ist, verstehen will, muß für einen Augenblick in die Position des Akteurs einrücken, die allein den Überblick ermöglicht.

Der Weg führt aus dem Raum, den die großen Imperien hinterlassen haben, in den von Krieg, Völkermord, Umsiedlung und Vertreibung bereinigten Raum des Nachkriegs. Der eine Raum ist heterogen, zersplittert, fragmentiert, vielfarbig, gesprenkelt wie ein Tigerfell, der andere ist begradigt, bereinigt, homogen, monochrom, bestenfalls schwarzweiß. Die Pfeile, die die Bewegung der großen Entwurzelung symbolisieren, führen aus dem einen Raum in den anderen. Wer verstehen will, was da geschehen ist, muß Tausende von Biographien lesen und die zwei Karten, die diese Räume abbilden, neben- oder übereinander legen. Die Pfeile stehen für die Auflösung des alten und für die Bildung des neuen Europa. Hinter jedem steht eine Welt aus Angst, Haß und Neid, Feindseligkeit und Gewaltbereitschaft.

Die Spezialisten für die »ethnographische Flurbereinigung« in Europa waren im Bilde über die außerordentlich komplexen und komplizierten ethnischen, kulturellen, sprachlichen und konfessionellen Gemengelagen in Europa. Der Flickenteppich, mit dem die alten Reiche irgendwie zurechtkamen, war ihnen ein Dorn im Auge. Wo die alten Reiche in Sachen Volkszugehörigkeit keinen Unterschied machten, weil es sich bei allen doch um Untertanen des Kaisers, Königs oder Sultans handelte, fingen die Ethnonationalen an, die Menschen neu zu sortieren und die Reiche entlang der ethnischen Linien zu zerlegen. Aus einer bestimmten Perspektive wurde mit einem Mal wichtig, ja überlebenswichtig, welcher Konfession einer angehörte, welche Sprache einer sprach, welchem Volk einer angehörte.[6] Die Völker, Sprach- und Konfessionskarten des Russischen Reiches, der Donaumonarchie und des Osmanischen Reiches, die so farbenprächtig waren wie die Paraden und Defilees der Stände und Völkerschaften bei den Jubiläen des Kaiserhauses oder dem Geburtstag der Kaiserin, waren irritierend, provozierend, eine Bedrohung – und eine Chance, die je eigene, nationale Sache voranzubringen. Es bedurfte nur des rechten Anlasses und des richtigen Augenblicks. Der Große Krieg 1914–1918 wurde zum Katalysator, diesen ganzen Flickenteppich zu zerreißen. Es bedurfte eines fast 30jährigen Krieges, um das Werk der »Neuordnung« Europas zu vollenden. Aus dem Großen Krieg war eine Staatenwelt hervorgegangen, in der mehr als ein Dutzend Völker endlich ihren eigenen Staat bekommen hatte – aber ebenso viele, die sich jenseits der Grenze und außerhalb ihres Staates wiederfanden. Ein Europa der Minderheiten, der unerfüllten Erwartungen und Prätentionen, der unaufgelösten Spannungen, neu hinzugekommenen Kränkungen und unbeglichenen Rechnungen, Irredentismen und Revanchismen. Ein wunderbares Operationsfeld für alle, die es darauf gerade abgesehen hatten, Konflikte zu schüren, weil der Konflikt ihre Bewegung antrieb und damit die wichtigste Antriebsenergie und wichtigste Quelle der eigenen Bedeutsamkeit geworden war. Wer etwas von Minderheiten und Volkstumsfragen und Konflikten verstand und für sich nutzen konnte, konnte die ganze europäische Szene in Atem halten und vielleicht sogar umstürzen. Die aus den Vielvölkerreichen hervorgegangenen Staaten sind nominell Nationalstaaten, tatsächlich Vielvölkerstaaten und gemischte Gesellschaften, in deren Grenzziehung Ethnos, Sprache und Titularnation selten und nur partiell übereinstimmen. Dies ist das Operationsfeld für Berichtigungs-, Korrektions-, Reinigungs- und Säuberungsvorstellungen im großen Stil, zunächst in der Phantasie, dann in der Praxis. Überall wimmelt es von Volkstumskämpfen und Zusammenstößen. Überall sollen »chirurgische Operationen« und beherzte Eingriffe das Übel »an der Wurzel« fassen. So werden, lange bevor der Ernstfall eintritt, genaue Statistiken erstellt und Bevölkerungszusammensetzungen kartiert. Man weiß, wo Polen, Juden, Armenier, Zigeuner, Deutsche wohnen und in welcher spezifischen Zusammensetzung. Kommissionen aus Gelehrten aller Art, vor allem junge und von der neuen Zeit begeisterte Nachwuchswissenschaftler, sind mit dabei: Sprachinsel- und Volkstumsforscher, Historiker, Anthropologen, Statistiker, Demographen, Ökonomen. Sie alle arbeiten an der Karte von einem Europa in dem Augenblick, bevor dieses verschwindet. Sie markieren die Felder, die gemischt sind, und geben die prozentualen Anteile an. Sie zeichnen die »Volkstumssplitter«, die Zonen der »Überfremdung und des reinen Volkstums« ein. In den Händen der Umsiedlungsspezialisten werden sich diese in tödliche Waffen verwandeln. Sie zeichnen Europa in all seinem Reichtum kurz vor dem Untergang. Darin sind Städte, in denen die Bevölkerung fast nur aus Minderheiten besteht und die Mehrheit einer einzigen Gruppe eine Absurdität wäre. Es wird kein Jahrzehnt dauern, und eine nach der anderen wird »ausgesondert«, »entfernt«, »abgeschoben«, »herausoperiert aus dem Körper der Stadt«. Mehrsprachigkeit ist auf dieser Karte des alten Europa eine Lebensbedingung, für die Marktfrau nicht weniger wie für den Bankangestellten. Aber schon ein Jahrzehnt später wird davon kaum noch etwas geblieben sein, und aus den polyglotten Metropolen Ostmitteleuropas werden Sprachen verschwunden sein, die man dort über Generationen gehört und gesprochen hatte. Jeder hatte bis dahin in seiner Welt gelebt und doch gewußt, daß es noch eine ganz andere gab: vielleicht nur einen Straßenzug weiter. Auch damit wird es wenig später, wenn die Synagogen in Flammen aufgegangen oder zum Vorratslager umfunktioniert sein werden, ein Ende haben. Jeder hatte bis dahin seinen Gott gelobt und doch gewußt, daß man auch einen anderen Gott verehren konnte. Europa hatte, bevor es zwischen den Radikalismen zerrieben wurde, ganz gut gelebt mit einem Relativismus, der kein theoretisches Credo, sondern eine Lebensgewohnheit gewesen war.

Das ändert sich in kürzester Zeit. Jeder neue Konflikt, jede neue Grenzziehung, jeder neue Transfer zieht an dem Tigerfell, schneidet ein Stück heraus, trennt eine Farbe und einen Faden heraus. Der Flickenteppich zerfällt, das unübertrefflich dichte Feld wird gelichtet. Den Volkstumsexperten, Historikern, Linguisten, Kartographen sind die Praktiker gefolgt, die das Geschäft der Entmischung in die Hand genommen haben, energische Manager, von ihrer Sache überzeugte Tatmenschen und Täter, die Berge versetzen können. Sie sind im Einsatz unmittelbar hinter den Linien und Fronten und bereinigen das Feld im Rücken, sie sind zur Stelle, wenn »Evakuierungen« großen Stils vorgenommen werden müssen. Sie agieren europaweit, sie haben ihre Niederlassungen in Berlin, Tiergartenstraße 4 oder Prinz-Albrecht-Palais, in der Auswandererzentrale in Wien oder in der Volksmittelstelle in Posen und Litzmannstadt oder in einer Villa am Wannsee. Sie gehen ein und aus in den Zentralen der Reichsbahn und der Reichsbank. Sie koordinieren Bewegungen in einem Europa, in dem es keine Grenzen mehr gibt, weil alles bis zur Wolga unterworfen ist.[7] Später, wenn die Umsiedlung als Allheilmittel gegen die Gebrechen des alten Europa weltweit anerkannt ist – das ist: auf der Potsdamer Konferenz –, werden sich andere am Geschäft der »ethnographischen Flurbereinigung« beteiligen: Jeder nutzt die Gelegenheit, um »endlich« Schluß zu machen mit den zu komplizierten und komplexen Verhältnissen. In einer Welt, die aus den Fugen ist, werden Reste liquidiert und notwendige Begradigungen durchgeführt, um ein für allemal Ruhe zu haben. Das geschieht an fast allen Grenzen und zwischen allen Staaten, jeder wird die Gruppe los und schiebt sie auf die andere Seite ab. Das geschieht in Tausenden von Pendelbewegungen, nach genauen Fahrplänen, mit genau berechneten Kapazitäten und Kontingenten, bis der letzte weggeschafft ist. So werden ganze Menschenlandschaften versetzt und neu zusammengesetzt. Aus dem Tigerfell und *patchwork* der alten Imperien ist – mit der Weltkriegsepoche als Katalysator – die »Welt danach« entstanden.

Aber jede Entmischung geht über in eine neue Vermischung. *Unmixing Europe* ist immer zugleich *Remixing Europe*. So entstehen überall neue Staaten, Territorien in neuen Grenzen, Gesellschaften und Gemeinschaften, die neu und meist ganz anders zusammengesetzt sind als jene, die es »davor« gegeben hatte. Man kann es die Gesellschaftsbildung der Entwurzelten nennen oder jedenfalls die Geburt der Nachkriegsordnung aus der Vermischung von Einheimischen und Fremden. Hier treffen Heimatverlust und Heimatgewinn, Fremde und

Einheimische aufeinander und gehen eine neue Verbindung ein. Irgendwann kommt die Bewegung zum Stillstand, es folgt eine Periode der Konsolidierung und des Sicheinrichtens auf neuem Grund. Das ist der Friede, der auf den Krieg gefolgt ist, die Stabilität, die aus der Fluchtbewegung hervorgegangen ist, und der Ort, der auf der Entwurzelung gründet. Es gibt Augenblicke, da Europa dessen gewahr wird.

EUROPA
NEU VERMESSEN

Manche glauben, Europa folge einem Plan der Vervollkommnung, einem strategischen Plan seiner Einigung, der endlich zur Ausführung kommen könne. Nichts oder nur wenig von alledem. Die Einigung Europas ist 1989 über die Europäer gekommen. Sie ergab sich, unerwartet. Sie war nicht einmal vorgesehen, wenngleich immer wieder feierlich proklamiert. Sie kam ebenso über Europa wie auch das Ereignis des 11. September 2001, in dessen Schatten wir von nun an leben werden. Es mögen sich manche einbilden, sie seien Herren des Verfahrens, genannt »Osterweiterung der EU«. Das ist eine bequeme und beruhigende Illusion, eine Selbsttäuschung. Wie bei allen großen geschichtlichen Ereignissen und Vorgängen handelt es sich, tektonischen Vorgängen gleich, um wilde, quasi naturprozeßhafte Vorgänge, in denen die vermeintlichen Akteure eher Getriebene als Antreiber, eher Improvisatoren denn Strategen sind. Die Geschichte hilft da nicht weiter, sosehr wir uns gerne auf irgendwelche »Lehren der Geschichte« berufen möchten. Sie sind nichts anderes als Analogie-Fallen, auf die man sich ganz bequem berufen kann, die in Wahrheit doch nur in die Irre führen. Europa ist kein pädagogisches Projekt, auch nicht eines der Re-Education, in dem der eine Teil dem anderen vorzumachen habe, was er nachholen und erst noch lernen muß. Es gibt in diesem Fall keinen Lehrer und keinen Schüler. Niemand bedarf der Belehrung und der nachholenden Revolution, jeder hat seine eigenen Schwierigkeiten und seine eigene Revolution. Wir sind gut beraten, erst einmal zuzuhören und dann weiterzusehen.

Kriechströme. Das neue Europa ist ein neuer Lebens- und Erfahrungszusammenhang. Theorien und Programme zu proklamieren ist die Sache einer Sekunde, Erfahrungen brauchen Zeit, ihre Zeit. Die Neubildung Europas geht nicht im Handstreich, im Hauruckverfahren. Sie läßt sich nicht dekretieren. Das neue Europa wächst oder auch nicht, je nachdem. Europa kann auch wieder zerfallen. Es wäre nicht das erste Mal.

Es ist merkwürdig, wie langsam die Vorstellung davon, daß alles sich geändert hat, daß Europa ein anderes geworden ist, um sich greift. Es hat sich noch nicht überall herumgesprochen, daß Berlin nur eine knappe Zugstunde von der polnischen Grenze entfernt ist. Die Zahl derer, die inzwischen in Prag oder Warschau oder Krakau gewesen sind, hat zugenommen, aber immer noch hört man das Staunen in den Ausrufen: »Krakau ist ja eine europäische Stadt« oder: »Ich hätte nicht gedacht, wie schön Prag oder Budapest ist«. Die nächste Nachbarschaft ist immer noch weiter entfernt als Spanien oder Griechenland oder der Strand von Djerba, und in der Ferne ist man immer noch eher zu Hause als in der so fremd gewordenen Nähe von – sagen wir – Karlsbad oder Breslau. Der Radius der Explorationen weitet sich, die Zahl der Interessierten steigt, aber einen »Ruck« haben die Vorgänge 1989 im westlichen Europa nicht ausgelöst.

Das war im östlichen Europa ganz anders. Ganze Völkerscharen brachen auf in die Welt. Neben Zeitungen, Büchern, Autos war das Reisebüro die am meisten florierende Institution, und Millionen, Abermillionen haben sich die Freiheit genommen, sich in der Welt umzusehen – ob als Shopping-Touristen, als Arbeitssuchende oder als Kulturtouristen. Mehr als jede Lektüre und jedes Studium hat die unmittelbare Anschauung den Gesichtskreis erweitert, in Schüben, in Sprüngen. Die Europäisierung des Horizonts hat in einer ganz elementar-banalen Weise stattgefunden. Es scheint, als hätten sich ganze Gesellschaften im Crash-Verfahren weltläufig dann auf sehr einfallsreichen Wegen in die Welt davongemacht. Sie sind in vielfältiger Weise reicher, aber auch um Illusionen ärmer, also aufgeklärter nach Hause zurückgekehrt. Nichts Vergleichbares gab es im westlichen Europa, das fortfuhr, wie gehabt, auf seinen eingefahrenen Routen zu zirkulieren. Es gab kein dem östlichen *Go West* vergleichbares *Go East*. Das westliche Europa blieb seßhaft, bei sich, zu Hause. Das östliche Europa hatte offensichtlich mehr gute Gründe, sich auf den Weg zu machen und sich umzusehen. Die Westerweiterung des Ostens fand so statt unmittelbar nach 1989, in manchen Fällen – wie beim polnischen Globetrottertum der siebziger und achtziger Jahre – auch schon vorher. Die Routen des Ameisenhandels, auf denen sich nun schon ganze Generationen von Händlern und vor allem Händlerinnen bewegten, sind die Trassen, auf denen das neue Europa voran und in Fahrt kam. Der Schmugglerzug von Warschau nach Berlin, die Flugstrecken aus den Städten der ehemaligen Sowjetunion nach Istanbul oder Abu Dhabi, das dichte Netz von Buslinien, das mittlerweile fast alle Städte Westeuropas, Skandinaviens, einschließlich der Britischen Inseln mit Mittel- und Osteuropa verbindet, der Pendelverkehr zwischen den europäischen

Metropolen und den Provinzen, aus denen die Arbeitskräfte kommen – aus der Karpatho-Ukraine und Galizien nach Prag oder Brünn oder Warschau, aus Weißrußland nach Moskau, Warschau oder Vilnius, aus Riga, Posen oder Kaliningrad nach Berlin und Kopenhagen, aus Moldawien nach Zürich und München –, das bedeutet: binnen eines Jahrzehnts hat sich ein dichtes und massives Netz der europäischen Migration, des Hin und Her, und von neuen ethnischen *communities* von beträchtlicher Stärke gebildet. Die Ökonomien der meisten großen Städte würden ohne jene Migration längst nicht mehr funktionieren. Der Bauboom und die rapide Transformation der städtischen Zentren Ost- und Ostmitteleuropas wäre ohne jenen Zustrom von *man-power*, von billiger und qualifizierter Arbeitskraft nicht möglich gewesen.[1]

Die Produktion des neuen europäischen Raums – eines Raums der Migration, des Arbeitsmarktes, des Verkehrs, der Kommunikation, des Ideentransfers – hatte unmittelbar nach dem Fall der Mauer eingesetzt und nicht auf »Osterweiterungs-Beschlüsse« in Brüssel gewartet. Wahrscheinlich war es Erweiterung und Durchdringung in beide Richtungen: Ost und West. Es gibt viele Indikatoren, an denen man die ganze Wucht dieses Vorgangs ablesen kann: Verkehrsströme, Grenzübergänge, Tourismus, Automobilisierung, Struktur und Zahl der Basare zwischen Marijampolė und Czernowitz, zwischen Odessa und dem Chinesenmarkt in der Budapester Josefsstadt, die Wiederinbetriebnahme alter und Erschließung neuer Wege, das Anwachsen der russischen *communities*, die Wiederentstehung jüdischer Gemeinden durch Zuzug aus der nachsowjetischen Welt.

Diese Titanenarbeit geht im Grunde im verborgenen vor sich, in molekularen Prozessen, in Diffusion, in langen Akkumulationswellen. Man sieht sie im Grunde erst, wenn »es passiert ist«. Dies ist das Europa der Kriechströme, die immer erst dann wahrgenommen werden, wenn es funkt, wenn der Strom so stark geworden ist, daß er Funken schlägt, wenn eine kritische Masse erreicht ist. Kriechströme gibt es auf allen Ebenen: im Pendelverkehr von Arbeitskräften, im Aufkommen der Speditionen, in der Frequenz und im Volumen von Basaren in den Grenzregionen, in der Verwandlung von Besuchern in Mitbürger mit Arbeits- und Aufenthaltsgenehmigung, im Frauenhandel und Menschenschmuggel, in der grenzüberschreitenden Wanderung von Studenten zwischen Universitäten und Hochschulen auf beiden Seiten des früheren Eisernen Vorhangs, im Kultur- und Wissenschaftsbetrieb, in der Zirkulation der internationalen Kongresse, im *brain drain* von Künstlern, Sängern, Wissenschaftlern. Sobald man diese Ebene ins Auge faßt, lernt man, daß Europa viel weiter ist, als das offizielle Europa wahrhaben will. Schon heute würden ganze Zweige der Volkswirtschaften mancher Staaten der EU ohne den Zustrom aus den östlichen Ländern nicht mehr funktionieren. Etwas Ähnliches gilt für die Pionierarbeit westlicher Firmen, Speditionen, *Non-Government-Organisations*, die inzwischen weit über die Metropolen und Zentren hinaus sich in der östlichen Region festgesetzt haben und die Anbindung an die Weltmarktbewegungen irreversibel gemacht haben. Der *Sales Manager* für Osteuropa, der in den Annoncen der Wochenendausgaben auftaucht, ist der westliche Prototyp des Pioniers im Osten – ein Mann des Pragmas, nicht der Utopie. Mit der alten Ideologie von »Ex oriente lux« hat er nichts im Sinn. Sich mit ihm zu unterhalten ist lehrreicher als das Studium veralteter Bücher, die eine Region abbilden, die es nicht mehr gibt, oder das Studium von Lehrbüchern, an die die Wirklichkeit sich doch nicht hält. Er erzählt einem Dinge, von denen Ethnologen, aber auch Schriftsteller, die sich zuviel ausdenken, in der Regel nicht einmal eine Ahnung haben.[2] 1989 war nur eine Sekunde, was danach folgte, waren die Mühen der Ebene und die Stunde ihrer unsichtbaren Heldinnen und Helden. 1989 gab es Visionen, die Zeit danach steht für die Neueinrichtung des Lebens, für die Verfertigung eines neuen Lebenshorizonts, in dem die jetzt junge Generation zu leben begonnen hat, während jene Generationen, die 1989 schon fertig waren, immer noch die Welt »davor« mit sich herumtragen: mit ihren Grenzen, ihren Vokabeln, ihren Reflexen, ihren Konnotationen, aus denen der Ton besteht, der bekanntlich die Musik macht.[3]

Man kann das gut beobachten. Es gibt inzwischen junge Männer, die haben ihren Zivildienst in Gdańsk/Danzig oder Nishnij Nowgorod oder Klaipėda/Memel abgeleistet. Sie kennen sich dort besser aus als die meisten Spezialisten, sie können meist die Sprache, ohne sie in einem Universitätsinstitut gelernt zu haben. Sie haben ein halbes oder ganzes Jahr in Tuchfühlung mit einer Welt verbracht, die den Angehörigen der vorangegangenen Generation unzugänglich und insofern oft ein Buch mit sieben Siegeln war. Es gibt inzwischen Studenten, die mühelos über die Grenzen pendeln und für die die Frage der Erlangung eines Stipendiums entscheidend ist, egal ob sie aus Breslau/Wrocław oder aus Berlin oder Lwiw/Lwów/Lemberg sind. Es gibt ein neues Vagantentum, das es nicht – wie die Generationen vor ihnen – nach Istanbul oder Goa oder Kabul zieht, sondern nach Lodz oder Petersburg oder Odessa. Mit einer großen Selbstverständlichkeit wird der eigene Gesichtskreis arrondiert. Sie treiben sich herum im Maramures und Transsylvanien oder jobben ein paar Monate bei der *Prague Post,* bei der *Budapest Sun* oder *Moscow Times.* Nicht zu unterschätzen ist die perfekt bilinguale Nachkommenschaft der nun schon in die Hunderttausende gehenden Immigranten aus der früheren Sowjetunion. Noch im fernsten Bahnhof irgendwo am Bodensee kann man am Kiosk mindestens ein halbes Dutzend russischer Zeitungen kaufen. Das ist nicht bloß exotische Folklore, sondern zeitigt kulturelle Folgen. Kurzum: die Reorganisation von Lebenshorizonten hat ihre eigene Zeit. Sie brauchen mehr als eine geschichtliche Sekunde und mehr als jenen berühmten historischen Augenblick. Aber in ihnen erst gehen die Räume unter, in denen wir bisher zu leben gezwungen waren, und in ihnen entstehen die neuen Räume, in denen wir fortan leben werden.

Das Relief des neuen Europa. Metropolitan corridors.[4] Das letzte Jahrzehnt war das Jahrzehnt einer großen Transformation und Verschiebung der Koordinaten, der Relationen von Zentrum und Peripherie. Die Grenzregionen der Kalten-Kriegs-Zeit lösen sich auf, neue bilden sich, oft kommt es zur Reaktivierung und Revitalisierung historischer (Grenz-)Regionen. Es gehört zu den überraschenden Erfahrungen der Jahre nach 1989, wie zügig und wie selbstverständlich Beziehungen wieder geknüpft wurden, die es vor der großen Teilung Europas gegeben hatte, eine eigentümliche Ökonomie der kürzesten Wege und ingeniöse Suchbewegungen dort, wo man auf die alten Konstellationen nicht zurückgehen konnte, weil sie in der Weltkriegsepoche und in der langen Nachkriegszeit komplett liquidiert worden waren. Es ist offensichtlich, daß die Ostsee erneut zu einem großen Binnenmeer, das die baltische, russische, polnische, skandinavische Welt zusammenführt, geworden ist – irgendwann wird auch Petersburg wieder eine große Ostsee-Metropole sein. Fast mühelos sind die Beziehungen zwischen Helsinki und Tallinn, zwischen Stockholm und Petersburg, zwischen Kopenhagen und Riga, Rostock und Malmö wiederaufgenommen worden, eine lebhafte Kultur des Visavis und des Pendels hat wieder eingesetzt. Etwas Ähnliches, wenn auch unendlich komplexer und schwieriger, geschieht um das Schwarze Meer herum. Wenn die ökonomische Krise vorüber ist und wenn der kaukasische Krieg beendet sein wird, werden Odessa, Noworossijsk, Sotschi, Trabzon, Varna, Istanbul wieder Nachbarstädte sein, Häfen, die weit ins Hinterland hineinstrahlen. Schon jetzt kann man die Folgen der Wiederaufnahme der alten Linie – Stambul, Alexandria, Piräus, Neapel, Marseille – studieren. Die moderne Türkei spielt eine Rolle in Südosteuropa und vor allem in den Ländern an der nach Osten führenden alten Seidenstraße. Man muß nur auf den anatolischen Buslinien oder auf den Flughäfen unterwegs sein, um das zu sehen. Und Mitteleuropa? Mitteleuropa war das inspirierende Zentrum für das Comeback Europas in den frühen achtziger Jahren. Es hat sich ganz und gar bewahrheitet, daß die Kohäsion zwischen den Zentren und Provinzen der alten Monarchie nach wie vor stark war und nicht nur ein nostalgisch-kraftloses Relikt. Und umgekehrt: die jugoslawischen Nachfolgekriege haben den ganzen Südosten und den Donauraum aus der allgemeinen europäischen Entwicklung herausgerissen und für Jahre zurückgeworfen. Alt-neue Kraftzentren wie Wien – Bratislava – Budapest regenerieren. Die Verbindung über Slowenien, Dalmatien, Triest nach Oberitalien hin hat sich revitalisiert. Dasselbe kann man wohl für Städte wie München, Prag, Pilsen, Dresden sagen. Ganz deutlich ist der Sog, den Polen in Ostmitteleuropa – das heißt: auf dem Territorium der alten Rzeczspospolita – ausübt. Vermutlich wäre das polnische Wirtschaftswunder der neunziger Jahre ohne seine enorme Transit- und Transferarbeit in die Ukraine, nach Belarus, nach Litauen und die Kaliningradskaja oblast gar nicht möglich gewesen. Intensiv sind die Verkehrs- und Wanderungsbeziehungen zwischen dem Berliner Raum und dem westlichen Polen – zu beiderseitigem Vorteil. Eine besondere Rolle spielt vermutlich der Raum Moskau mit seiner ungeheuren, schon wieder erschreckenden Konzentration von Menschen und Kapital, seinem atemberaubenden Bauboom, der nur möglich ist dank einer enormen Migration aus den Nachbarländern, einschließlich Chinas. In dieser Drift der Regionen bildet sich das Relief des neuen Europa heraus, mit neuen Zentren, neuen Grenzstädten und Grenzstreifen, neuen Schütterzonen und Konfliktherden, vor allem aber mit seinen Korridoren rasender und atemberaubender Beschleunigung und Reichtumsakkumulationen einerseits und weiten Zonen und Arealen der Stagnation, der Verarmung und Auspowerung andererseits. Über Europa-Ost-West legt sich die Topographie der Globalisierung mit ihren Inseln, Korridoren und Enklaven: den *metropolitan corridors* mit CNN-Zeit, *laptops*, *credit cards*, Internet, Mobiltelephon, Satellitenkommunikation, transnationalen *communities*, aber auch jenen weiten Zonen, die nicht mehr mitkommen, die regredieren, zurückfallen, verfallen. Das neue östliche Europa ist gekennzeichnet von einem krassen Nebeneinander, einer »Gleichzeitigkeit der Ungleichzeitigkeit«, wie sie im Buche steht: das 21. neben dem 18. Jahrhundert. Das sind die Konfliktzonen der Zukunft, in denen sich der Haß auflädt und militant entladen wird, weit mehr als jener *clash of civilizations*, der von den Unterschieden der Kulturen und Glaubensbekenntnisse ausgehen soll. Wir sollten nicht die Szenarien des neuen Empire mit denen der untergegangenen Imperien verwechseln und uns gegenwartstüchtig machen. Europa ist im Übergang, aber nicht von A nach B, wie viele kluge Leute zu wissen glauben, sondern von einem alten Zustand A, den wir alle kennen, zu einem Zustand, den wir nicht kennen – weder in Ost noch in West.

Nach 1989 war eine Redewendung en vogue: Rückkehr nach Europa. Das ist die Phrase einer Selbsttäuschung und die Rhetorik der Selbstüberschätzung. Die Länder des ehemaligen Ostblocks waren immer in Europa, sie sind nie weggewesen, sie müssen nicht zurückkehren. Darin zeigt sich eine voluntaristische und idealistische Definition von Europa: Europa ist demnach alles, was den demokratischen Universalien verpflichtet ist. Nicht-Europa ist in dieser Definition alles, was davon abweicht oder davon zu wenig hat. Europa ist aber zuerst und vor allem der Raum, in dem sich diese eigentümliche Kultur und Geschichte kristallisiert hat. Europa ist nicht überall, wo die Werte der jüdisch-hellenisch-christlichen Kultur vertreten werden, sondern Europa ist zuerst der Schauplatz europäischer Geschichten, die Halbinsel, das Kap der eurasischen Landmasse. Europa ist der Schauplatz der europäischen Geschichte. Hitler ist ein europäisches Produkt, so sehr wie Platon oder Erasmus oder Walter Benjamin, und der Bolschewismus/Stalinismus ist nicht die »asiatische Tat«, sondern ausgebrütet im Europa des 19. und 20. Jahrhunderts. Das ist hier insofern von Belang, als in der ganzen Rhetorik von der »Rückkehr nach Europa« viel mehr mitschwingt als nur dieser Voluntarismus der Setzung »was Europa sei«. Darin ist enthalten: ein Definitionsmonopol über Europa, eine Skala der Europäizität: Europäer von Hause aus und solche, die es erst werden müssen, fortgeschrittene Europäer, die den anderen, den rückständigen zeigen, wo es nach Europa geht.

Dagegen darf man daran erinnern, daß die Europäische Union ein Teil, nicht das Ganze ist. Sie steht nicht stellvertretend für alle, sondern für sich. Sie ist das bedeutendste und stolzeste Resultat politischer Organisation Europas, ein Vorbild, ein Pol der Attraktion und der Kohäsion, den man nicht aufs Spiel setzen darf. Sie definiert sich durchaus als politischer und wertemäßiger Bund, aber sie soll aufhören, alles, was ihr nicht oder noch nicht angehört, aus Europa zu verweisen. Es steht Brüssel zu, zu entscheiden, wer dem Club angehört, aber nicht, darüber zu befinden, ob Krakau, Petersburg, Bukarest oder Kiew europäische Städte sind. Dem bisherigen Westeuropa und der EU steht eine Kultur der Selbstrelativierung gut an, ein Lernen, daß Europa weiter und breiter und reicher und komplexer ist als EU-Europa oder Maastricht- oder Amsterdam- oder Kopenhagen-Europa. Ein EU-Europa, das sich für das ganze hält, ist provinziell. Ein EU-Europa, das sich zum Maß des Europäischen schlechthin macht, ist beschränkt und europafeindlich. »Der Westen« muß sich selber europafähig und europatüchtig machen. Auch Westeuropa ist für eine lange Zeit aus der europäischen Geschichte, aus dem Erfahrungs- und Lebenszusammenhang Europas herausgefallen. Auch für »EU-Europa« gibt es eine Art von »Rückkehr nach Europa«.

Die vielen Europas der Generationen. Es gab neben den unmittelbaren Folgen der Teilung Europas – Beschränkung der Bewegungsfreiheit, Auseinanderreißen von Orten, Regionen, Familien – Langzeitfolgen, die oft übersehen werden und die sich nur schwer messen lassen: Das Verschwinden von Bildern, Erfahrungen, Zusammenhängen. Es sind Bilder von Städten, von Landschaften, die früher einmal wie selbstverständlich präsent waren, nun aber fremd geworden sind, exotisch bis zur Nichterkennbarkeit. Dies gilt um so mehr, als Europa-West und Europa-Ost in verschiedene Lebenswelten hineinwuchsen, mit einer je eigenen Begriffs- und Wertewelt, je besonderen Zeichensystemen. Worte bedeuteten nicht mehr dasselbe wie zuvor, als die Welt noch nicht geteilt war. Das beste Beispiel für mich war immer das Aneinandervorbeireden der europäischen Achtundsechziger: wenn die Dissidenten aus Warschau und Prag auf die Rebellen von Paris und Berlin trafen. Mit Worten verbanden sich von nun an verschiedene Erfahrungswelten. Aber das Wichtigste war wohl die schiere Unzugänglichkeit, die bürokratische Hemmung bei der Grenzüberschreitung, die Verlangsamung der Zeit, die gleichsam stillstand und das Atmen schwer machte. Ich nenne die Generation, die mit diesem Europa der bürokratischen Verlangsamung aufwuchs, in dem jede Grenzpassage gute Nerven voraussetzte, die Marienborn-Generation. Die andere Hälfte Europas verschwand einfach hinter der Mauer, wurde unzugänglich, verstellt, entzog sich. Allmählich ließ die Farbe der Bilder nach, sie starben ab, sie verblaßten, sie verloren ihre Bedeutung, sie wurden überlagert von anderen, frischeren, stärkeren. So kam es, daß wir näher an Paris als an Prag, näher an New York als an Budapest waren. Die unmittelbare Nachbarschaft, die vor dem Krieg noch irgendwie funktioniert hatte, war zerfallen und so fremd wie die uns abgekehrte Seite des Mondes geworden. Der Ost-West-Gegensatz hatte seine eigene Ideologie, seine eigene Metaphysik, seine eigene Mentalität, seine eigenen Denkformen des Entweder/Oder, des Lagers produziert, in dem man darauf bedacht sein mußte, nicht von der anderen Seite benutzt und instrumentalisiert zu werden. Eine Kultur der Verdächtigung und der Angst vor dem Beifall von der falschen Seite hatte sich festgesetzt, eine spezifische Unfreiheit auch in der freien Welt.

Mit der Zeit wuchs eine Generation heran, die nichts oder nicht mehr viel wußte von der anderen Seite. Sie war zu jung, um eine Erinnerung an »den Osten« zu haben, und sie war zu alt, um 1989 noch einmal ganz frisch eintauchen zu können ins entgrenzte Europa. Sie war westlich, auch wenn sie antiamerikanische Parolen rief. Sie war die erste Generation, die gänzlich aus den Zusammenhängen herausgefallen war, in die die Generation der Väter wenigstens noch negativ verstrickt gewesen war: durch die NS-Herrschaft, die im Osten Europas noch einmal eine andere war als im Westen, durch den Krieg im Osten, der ebenfalls ein anderer war, und dann durch die Erfahrung von Gefangenschaft und Vertreibung. Europas mittlere Generation – oder: die Achtundsechziger – war ganz diesseits oder ganz jenseits der Kalten-Kriegs-Fronten und des Eisernen Vorhangs aufgewachsen. Sie war auf eine geradezu organische Weise aus Mitteleuropa herausgewachsen, ein Gewächs der Flucht nach Westen oder des Festgehaltenwerdens im Ostblock. Zeit ihres Lebens schlug sie sich mit der Abwehr von Geistern herum, die sie doch nicht bannen konnte, weil man dazu von der Sache hätte sprechen müssen. Sie wollte von Mitteleuropa nichts hören, weil ihr die »alte Mittellage« verdächtig war. Sie wollte mit dem ganzen Osten nichts zu tun haben, weil er ein von Deutschen verheerter Raum war, verbrannte Erde, und Projektionsfläche für die Machenschaften all der »Ewiggestrigen«. Weil man nichts mit den reaktionären Vertriebenen-Verbänden zu tun haben wollte, wollte man auch von der Sache selber und der verlorenen Welt des deutschen Ostens nichts mehr wissen. Mit Dissidenten im Osten wollte man nichts zu tun haben, weil man vielleicht Beifall von der falschen Seite – den »Kalten Kriegern« – hätte bekommen können. Dann kam 1989 und hob die ganze wohlabgesteckte Welt aus den Angeln, hinterrücks, ohne auch nur zu fragen.

Leicht zu verstehen ist, wie und warum der Kriegsgeneration »der Osten« abhanden gekommen ist. Für viele war es das größte Abenteuer ihrer Jugend, für noch mehr aber das traumatische Gelände des Krieges, der Eroberung, der verbrannten Erde, des Massenmordes, der sich doch nicht verheimlichen ließ. Osten, das war Ostraum, Ostfront, Krieg, Kriegsgefangenschaft, »der Iwan«, »der Treck« und der Verlust der Heimat. Es ist im Nachhinein fast ein Wunder, daß es im Nachkriegsdeutschland zu keiner offenen Revolte gegen die Nachkriegsgrenzen kam. Vieles, was an Ressentiment, Haß, politischer Energie vorhanden war, wurde freilich umgelenkt in den Kampf gegen den Kommunismus und für die Verteidigung der freien Welt. Kein Zufall, daß so viele Ostspezialisten und Ostkundler im Kalten Krieg ein altneues Tätigkeitsfeld fanden. Der Revanchismus ist – im Nachhinein gesprochen – keine Erfindung der Linken, sondern war eine politische Realität, ein wichtiger Faktor, der erst allmählich seine Schärfe und Kraft verlor. Aber es gilt auch: bei der Generation von Krieg und Vertreibung war wenigstens noch eine Ahnung vorhanden, wenn vom Osten, von Ostpreußen oder Schlesien die Rede war, was man von der nachfolgenden keineswegs mehr erwarten konnte. Das fundamentale Sichfremdwerden des geteilten Europa war so gravierend wie die politisch inszenierte Verfeindung des Kalten Krieges. Es gehörte zu den Bedingungen des auseinanderstrebenden Europa so sehr wie die Raketensilos.

Für jene, die in die Situation von 1989 hineingewachsen sind – und das wäre die dritte Generation –, ist die Situation noch einmal anders. Diese Generation weiß vielleicht wenig, sie ist aber unbefangener, vielleicht auch frischer und neugieriger, sie hat keine Illusionen zu verlieren. Sie geht in den Osten, wenn es dort einen passablen Job gibt.

Lange sah es so aus, als hätten die Deutschen in der NS-Herrschaft über das östliche Europa für immer alle Brücken hinter sich verbrannt, und es schien ausgemacht, daß man fürderhin nie mehr würde sprechen können über das andere, das es auch gegeben hatte: fünf, sechs, sieben Jahrhunderte hingebungsvoller Arbeit und großer Leistungen der Deutschen im östlichen Europa. Es gibt eine Geschichte der Deutschen im östlichen Mitteleuropa, die nicht aufgeht in den Hitler-Jahren. Es gibt eine Geschichte davor, die großartig und faszinierend ist und an die zu erinnern und anzuknüpfen durchaus aktuell ist. Daß dies nur zögernd geschieht, hat mit einer »Anatomie der Zurückhaltung« zu tun, die alles betrifft, was mit den Deutschen im letzten Jahrhundert zusammenhängt. Die Gründe dafür sind bekannt. Es gibt fast keinen Ort und keinen Streifen Land im mittleren und östlichen Europa, der nicht auf doppelte Weise kodiert wäre: die Spur der Arbeit und des Aufbaus ist fast immer überlagert von der Spur der Tötungskommandos. Wo immer die Deutschen auch heute hinkommen im östlichen

Europa, sie waren schon vorher da: als Kolonisten und als Besatzer, als Architekten und als Sprengmeister, als Straßenbauer und als Fachleute für die Logistik der Deportation, als Fabrikanten und als Schreibtischtäter, als Handwerker und als der Meister aus Deutschland – fast überall, fast in jedem Land, fast an jedem Ort. Es gibt dort keine harmlosen Orte mehr. Dafür eine Sprache zu finden, in der das eine genannt und das andere nicht verschwiegen wird, ist nur wenigen gelungen. Dies gilt selbst noch für den Fall, wo die Deutschen selber zum Opfer werden, nämlich in der größten Austreibungsaktion der modernen Geschichte. Aus all diesen Gründen ist das östliche Europa kein Landstrich wie irgendein anderer, und so wird es noch lange sein. Das wird noch nachhallen, selbst wenn es nur um den Bau eines Supermarktes geht.

Europäische Erzählungen. Das mittlere und östliche Europa war im 20. Jahrhundert der zentrale Schauplatz der größten militärischen Operationen und der »Verschiebebahnhof der Völker«. Dies war das Zentrum des Judentums und der Schauplatz seiner Vernichtung durch die Deutschen. Das mittlere und östliche Europa ist der Schauplatz einer doppelten Diktaturerfahrung und einer doppelten Bedrohung. Das mittlere und östliche Europa war ein Kontinent zwischen den Fronten, und aus ihm gab es, anders als anderswo, oft keinen Fluchtweg. Hier ist der Hauptschauplatz der europäischen Paradoxe. Hier konnte man durch Deportationen – etwa nach Kasachstan – gerettet und durch Flucht – etwa aus dem sowjetisch besetzten ins deutsch besetzte Polen – vernichtet werden. Der dunkelste und auswegloseste Punkt, der Pol der Hoffnungslosigkeit für Europa liegt in seiner mittleren und östlichen Zone. Hier gibt es keinen Ort, der nicht mehrmals besetzt und rückerobert, entvölkert und wiederbesiedelt worden ist. Über sie ging der Orkan der Gewalt hinweg, in dem sich der nationale ebenso wie der soziale Radikalismus ausgetobt hatte. Unter die Räder kam, was ihm im Wege stand. Die Geschichte dieser Zone ist noch lange nicht erzählt. Es geht hier nicht nur um das begrenzte Vermögen von Schriftstellern oder Historikern oder von zur Reue und Einkehr bereiten Gesellschaften oder Eliten, sondern um eine Konstellation im Nachkriegseuropa. Gefragt und zugelassen waren im geteilten Europa – sieht man von der erregenden kurzen Zwischenzeit von 1945 bis 1948 ab – immer nur halbe Wahrheiten, solche, die im ideologischen Kampf mit dem neuen Gegner zu gebrauchen waren. So kam es, daß im Grunde erst das Ende der ganzen alten Konstellation 1989 es zuließ, alles zu erzählen, ohne Rücksichtnahmen, ohne Kalkül, ohne Rechthaberei. Die Folgen dieser Demontage der Rechthaberei und des Rechthabenmüssens sind so bedeutsam wie die Freigabe der Archive und die Abschaffung der Zensur. Endlich ist es möglich, europäische Erscheinungen als europäische zu behandeln und nicht beschränkt auf den nationalen oder sonst einen Gruppenrahmen zu betrachten. Europäische Erscheinungen, die den Rahmen der nationalen Historiographie sprengen, können nun im europäischen Kontext und grenzüberschreitend bearbeitet werden.[5] Das betrifft die dramatischsten und tragischsten Aspekte der europäischen Geschichte im 20. Jahrhundert, und zwar in deren kompliziertester Geschichtsregion. Es geht um die europäischen Nationalismen und Faschismen. Es geht um die ganze Weltkriegsepoche und den Verlauf des europäischen Bürgerkriegs. Es geht um Antisemitismus und Kollaboration in Europa und schließlich um den riesenhaften Säuberungs- und Vertreibungskomplex. Niemand muß fürchten, er könnte sich »im Namen Europas« aus der je eigenen Geschichte und Verantwortung davonstehlen.

Europas Schönheit. Europa war nicht nur die Zone der verbrannten Erde und des Judenmordes, sondern der Kontinent einer unerhörten Vielfalt und eines unfaßbaren Reichtums. Eine kraftvolle Inspiration für das neue Europa läßt sich ohne die Inspiration durch seinen Reichtum und seine Schönheit gar nicht gewinnen. Europa wächst zuerst nicht aus Angst oder aus der Abwehr einer Bedrohung, sondern weil es etwas ist, für etwas steht. Das ist nicht nur seine vielsprachige Literatur, seine Sprachen und seine Kunst, sondern insbesondere seine Landschaft und die darin liegenden Städte. Man sieht diesen Landschaften bis heute an, daß sie Vielvölker-Landschaften gewesen sind und in Spurenelementen manchmal auch noch sind, daß sie Ergebnis komplizierter Mischungen und Gemengelagen sind, die es so nur hier gibt, daß sie kulturelle Mikrokosmen repräsentierten, die es sonst in dieser Farbigkeit nur noch in den Städten der Neuen Welt gibt. Es ist sehr schwierig, in Kurzform von Wien und Triest, vom Bukarest der modernen Architektur, vom Prag Karls IV., vom Moskau Fjodor Schechtels, vom Petersburg Sergej Djagilews und vom Krakau des »Goldenen Zeitalters« zu sprechen, ohne in Kitsch und Nostalgie abzugleiten. Aber auch ohne in romantische Verklärung zu verfallen, muß man darauf bestehen, wie reich Europa vor seiner gewaltsamen Entmischung und Säuberung gewesen ist, um einen Anhaltspunkt für das zu gewinnen, was Europa zuwege bringen kann. Dies betrifft nicht nur die großen kosmopolitischen Metropolen, sondern auch die Zentren der europäischen Provinzen. Wie kann man Europäer sein, ohne in Riga gewesen zu sein? Wie kann man vom Reichtum Europas sprechen, ohne an Odessa zu denken. muß man nicht wenigstens einmal von Oradea gehört haben oder etwas über Thessaloniki gelesen haben? Für Europa guten Gewissens und mit voller Überzeugung kann man nur sein, wenn man etwas von seinem Reichtum und um seine Schönheit weiß.

HERODOT IN MOSKAU,
BENJAMIN IN LOS ANGELES

Herodot und Benjamin, der weltreisende Polyhistor und der »materialistische Physiognomiker« werden selten, wenn überhaupt, in einem Atemzug genannt.[1] Dabei gäbe es dafür genügend Gründe. Einer ist der fast grenzenlose Reichtum ihrer geschichtlichen Wahrnehmung, der andere das überwältigende Repertoire ihrer darstellerischen Mittel. Vor der Maßlosigkeit ihrer »Gegenstandsbereiche«, vor den Zuständigkeiten, die sie sich zugesprochen, und vor der Freiheit, die sie sich genommen haben, pflegt die Geschichtswissenschaft als Institution diskret, meist aus Ehrfurcht, nicht selten aber auch ein wenig von oben herab zu schweigen. Herodot ist der Alte, dem man manches nachsehen kann, Benjamin wird für die Zunft ohnehin kaum reklamiert. Dabei könnte sich rasch herausstellen, daß der Alte weder so naiv gewesen ist, wie das vormodernen Zeiten generös attestiert wird, noch daß Benjamin sich für geschichtliche Begebenheiten nur deshalb interessiert hat, weil er auf Illustrationen für eine geschichtsphilosophische Thesenbildung aus war. Die Nachgeborenen scheinen in fast allem über sie hinauszusein – in der Reflexion der Bedingungen historischer Erkenntnis, im wissenschaftlichen und kontrollierten Umgang mit den Quellen, im Register der Darstellungsmöglichkeiten –, während sie in Wirklichkeit doch zurückbleiben hinter unüberbotenen Meistern. Sie faszinieren uns bis heute nicht als antiquarische Figuren, als »Ahnherren« oder »Urväter« eines Kanons, sondern als Gestalten eines energischen Weltverhältnisses. So wie Fichte von der Philosophie sagte: »Was für eine Philosophie man wähle, hängt sonach davon ab, was man für ein Mensch ist: denn ein philosophisches System ist nicht ein todter Hausrat, den man ablegen oder annehmen könnte, wie es uns beliebte, sondern es ist beseelt durch die Seele des Menschen, der es hat. Ein von Natur schlaffer, oder durch Geistesknechtschaft, gelehrten Luxus und Eitelkeit erschlaffter und gekrümmter Charakter wird sich nie zum Idealismus erheben«;[2] und so wie Helmut Fleischer von der Historie sagt: »Wie jemand etwas geschichtlich Vergangenes wahrnimmt, es sich und sich ihm zuordnet, hängt davon ab, ›was für ein Mensch er ist‹, wie er mit seiner Lebensgeschichte teilhat an den geschichtlichen Formierungen seiner gesellschaftlichen Welt, was für ein Zeitgenosse seiner gesellschaftlichen Welt, was für ein Zeitgenosse seiner Gegenwart er ist, wie er darin aktiv und rezeptiv vergesellschaftet ist.«[3]

Welche Geschichte würden sie vom 20. Jahrhundert erzählen? Was passierte, wenn man »wie Herodot« oder »wie Benjamin« in Hauptstädten des 20. und 21. Jahrhunderts unterwegs wäre? Was für eine Geschichte würden die beiden, auf die dramatischen Schauplätze der Zeit versetzt, produzieren? Was geschieht, wenn Geschichten nicht nur in der Zeit spielen, sondern vor Ort, wenn der Geschichtsraum, der Handlungsort, der Tatort immer mitgedacht ist? Welche Konsequenzen hat dies für die Wahrnehmung der Geschichte und dann für ihre Rekonstruktion und Darstellung? Wie jeder weiß, gibt darauf letztlich nur eine material ausgeführte Geschichte die Antwort, ob so etwas gelingt und wie es gemacht wird. Daher ist alles, was im folgenden vorgetragen wird, nicht so sehr ein Spiel mit »was wäre gewesen, wenn . . .«, sondern es sind Vorüberlegungen zu kommenden Arbeiten, an denen sich erweisen wird, was es mit einer räumlich interessierten Historik auf sich hat.

Was es mit Herodot auf sich hat. Die Wiedergewinnung der Erzählung nach dem Ende der Großen Erzählungen. Herodot ist ein Name für etwas, für die Leistung eines Meisters und Pioniers der Geschichtsschreibung. Ihn anzurufen bedeutet indes nicht, ihn als Kirchen- oder Übervater anzurufen dessen Autorität einem das Argumentieren abnehmen könnte. Sich am Beginn des 21. Jahrhunderts auf Herodot – geboren 484 v. Chr. im kleinasiatischen Halikarnassos, gestorben vermutlich 425 in Thurioi oder Athen – zu beziehen könnte leicht als Anachronismus oder als Pose mißverstanden werden. Aber es ist ganz einfach, für viele vielleicht zu einfach: er ist der Begründer, der »pater historiae«, wie Cicero ihn genannt hat, und im vorliegenden Fall, wo es ja nicht um die Antike, sondern um das 20. Jahrhundert geht, die Chiffre für eine Geschichtsschreibung, in der Welterkundung und Geschichtsschreibung, geschichtliche Erzählung und erdkundliche Exploration mühe- und zwanglos zusammengegangen waren. Was immer sich in der Geschichtsschreibung getan hat, kreiste auch um die Bewältigung dieser Einheit. Es sind ganz verschiedene Antworten darauf gegeben worden, wie das zu geschehen hat, aber die Grundfigur ist doch mit ihm gegeben. Wenn man nach vielen Jahren Texte wie die von Herodot wiederliest, dann macht man die schockierende Erfahrung, einen frischen, originellen Autor (oder ein Kollektiv von Autoren) vor sich zu haben, dem all die kunstvollen und angestrengten Konstruktionen und Dekonstruktionen um ihn herum nichts haben anhaben können. Herodot ist von einer elementaren, vor nichts haltmachenden Neugier. Er ist ganz und gar der Welt zugewandt, er geht in die Welt hinaus, er gebraucht alle seine Sinne. Das von ihm absolvierte Pensum an Welt-erfahrung ist unglaublich, und es sind seine Kühnheit, sein Mut zum Risiko, sein Durchhaltevermögen, seine gute Gesundheit, denen wir Heutigen unser Wissen von der alten Welt verdanken. Er hat den Stoff geliefert, an dem wir unentwegt, von Generation zu Generation arbei-ten. Er ist der Meister der Rollen und Genres: Er ist Reisender und Geschichtenaufschreiber, Kaufmann und Berichterstatter, Tempelbe-sucher und Archäologe, Völkerkundler und Technik-Geschichtler. Er interessiert sich für alles: für die Beschaffenheit der Erdoberfläche, den Verlauf von Flüssen und ihrer Mündung ins Meer, für die Sitten und Gebräuche von Völkern, für Vogelarten und deren Brutverhalten, für die Festlegung des Kalenders und die Existenz von Geheimkulten, für die Kunst der Ärzte, die Eigenschaften der Byblosstaude, sexuelle Patho-logien und Mumifizierungsmethoden. So disparat und vielfältig seine Interessen und Themen auch sind, so hat er doch ein Werk geschaffen, das – auch wenn die Logoi erst später gegliedert worden sind – einen Hauptstrang, ein Hauptnarrativ mit vielen Verzweigungen hat. Seine Erzählung hat etwas Episches, und doch ist er nicht bloß Schriftsteller. Er weiß wohl zu unterscheiden zwischen *facts and fiction*. Er ist härter, reicher, moderner als viele, die ihn für überholt, antiquiert, vorkritisch halten. Er verfügt bereits über das Register, ohne das Geschichtsschrei-bung nicht auskommt: den Augenschein, die Augenzeugenschaft, die Gewißheit der unmittelbaren Anschauung, die Fülle und Vieldimen-sionalität der Wahrnehmung und Beschreibung, stupende Quellen-kenntnis. Bei ihm gibt es Lebenswelten und Haupt- und Staatsaktio-nen, exakte Messungen und freies Räsonieren, kritisches Abwägen und methodischen Vergleich. Er weiß etwas von der Differenz von Mythos, Legende und geschichtlicher Erzählung. Immer wieder hält er inne und bemerkt: »Alles, was ich bisher mitgeteilt habe, beruht auf eigener Anschauung, eigenem Urteil oder eigener Forschung«[4] oder – nach dem Bericht über die Pyramiden des Chephren: »Das habe ich selbst durch Messen festgestellt«.[5] Seine Kernbegriffe lauten immer wie-der: *istorie*, d. h. eigenes Erkunden; *autopsia*, d. h. eigene Anschauung; *idein*, d. h. schauen. Und ich würde noch hinzufügen: *theoria*, Anschau-ung, das etymologisch ja von *theorein*, anschauen, kommt. Herodot steht für ein nichtantiquarisches Geschichtsverhältnis, für einen unvergleichlichen Wahrnehmungsreichtum und ein großes darstellerisches Register, welches immer wesentlich ist und nicht nur eine Frage schriftstellerischen »Stils« ist, wie in der historischen Zunft nicht selten angenommen wird. Stil hat etwas mit Wahrhaftigkeit zu tun, nicht mit Kolorit. Herodot bringt mühe- und zwanglos das zeitliche und räumliche Narrativ zusammen. Raum und Zeit sind wie selbstverständlich immer präsent. Heute, da die Verselbständigung der Disziplinen gegeneinander immer deutlicher empfunden wird, da der Verlust der Einheit von »Raum und Zeit« erneut zum Thema geworden ist, ist Herodot kein Anachronismus, sondern ein Geschichtsschreiber, der uns etwas zu sagen hat. Es gibt Erzählungen nach dem Ende der Großen Erzählung.

Der Raum ist zwischen den Zeilen. Gegen ein apartes Raumdenken. Raum hat Konjunktur, bemerkte vor kurzem Edward Soja, der Autor der bahnbrechenden Arbeit *Postmodern Geographies*, nicht ohne Genugtuung. Der Raum hat sich aus der Ecke herausgearbeitet, in die er lange verbannt war. Foucaults Satz – und mehr war es nicht –, das 19. Jahrhundert sei von der Zeit fasziniert gewesen, dem 20. Jahrhundert gehöre der Raum; man müsse aufhören, die Opposition von dynamischer, dialektischer, fruchtbarer Zeit und stationärem, unbeweglichem und totem Raum zu kultivieren – zirkuliert. Man könnte eine ganze Symptomatologie der Wiederkehr des Raumes entwickeln. Die Verdrängungsgeschichte ist irgendwie beendet. Von den disziplinären Rändern wandert der Raum auf die Historiographie zu, sickert ein, treibt sein subversives Unwesen. Pioniere waren – wie meist – kaum die zünftigen Historiker, sondern: *urban studies* und Regionalhistoriker, Exmarxisten, die eine neue Sprache für das zu finden suchten, was auch nach dem Ende des Marxismus noch plausibel und handgreiflich wahr war: die Produktion des sozialen Raumes; Kunsthistoriker und Kultursemiotiker, insbesondere die Kulturgeographen, die die Welt als Text, als Palimpsest, als Zeichensystem zu lesen und zu dechiffrieren begonnen hatten; Literaturwissenschaftler, die zu dem Schluß gekommen waren, daß intertextuelle und dekonstruktivistische Analyse nicht der Weisheit letzter Schluß sein konnte. Klammheimlich hat man im Lande Haushofers sogar die Geopolitik wieder in den Sprachhaushalt aufgenommen. Von vielen Seiten wird an einer neuen Sprache gearbeitet. Irgendwann meldeten sich auch die Historiker im engeren Sinne, obwohl sie ursprünglich die Stichwortgeber gewesen und eine starke Tradition aufgeboten hatten: Carl Ritter und Alexander von

Humboldt, die an einer neuen Verschmelzung der Disziplinen gearbeitet hatten; Friedrich Ratzel und Karl Lamprecht, die die Integration von Raum- und Geschichtswissenschaften zur Anthropogeographie und Landesgeschichte vorangetrieben und ihr international zu großer Strahlkraft verholfen hatten; die verschiedenen Zweige: in Amerika Frederick Jackson Turner, in Rußland Pjotr Semjonow-Tjan-Schanskij, vor allem aber in Frankreich, wo der kräftige Strang der »Annales« gewachsen war.[6] Bestimmte Diskussionen haben sich im neuen Arrangement der Disziplinen erledigt: es gibt den alten schematischen und toten Geographizismus nicht mehr, und eine Historie, die sich in räumlichen und kartographischen Dingen analphabetisch gibt, blamiert sich schnell. Aber es ist ein weiter Weg vom traditionellen Schematismus der Historiographie, der die »geographischen Bedingungen« von Geschichte gleichsam ins Vorwort abdrängt, um sie dort stehenzulassen, bis zu einer Historiographie, die die räumlichen Verhältnisse mitdenkt. Erledigt haben sich vermutlich auch die alten deutschen Diskurse über Geopolitik seit es eine Geopolitik gibt, die jenseits des nazistischen Diskurses und frei über die Relation von Politik und Raumverhältnissen nachdenkt. Schließlich sind es die Raumrevolutionen von 1989 und 2001 selbst, die zur Rehabilitierung der Erdkunde geführt haben. Indes ist *geographical imagination* nicht etwas, was man pompös proklamieren oder dekretieren sollte, sondern etwas, was sich einstellt, was man hat, was man entfaltet oder pflegt – oder auch nicht.[7] Die forcierte Verräumlichung von Geschichte wäre nur neue Systembildnerei, wo die alte doch gerade erst sich erledigt hat. Es geht nicht um eine neue Achse, um einen neuen archimedischen Punkt, sondern um ein geschärftes Bewußtsein für die räumliche Dimension, um gesteigerte Sensibilität für historische Kontexte. Verräumlichung ist kein apartes Projekt, sondern steht zwischen den Zeilen.[8] Man kann daran, ob sie vorhanden ist oder nicht, die Dignität, den Takt, den Stil eines Historikers erkennen. Man kann beispielsweise Geschichten ausmachen, die ortlos, ubiquitär, im schlechten Sinne universal und abstrakt sind, während es Geschichten gibt, denen man anmerkt, daß sie auf Ortskenntnis und einem Gespür für Kontingenz beruhen.

Landeskunde statt System. Comeback der »area studies«. Irgendwie ist den Diskursen das System abhanden gekommen. Jahrzehntelang hat es als selbstverständlicher Referenzpunkt fungiert. Man wußte, woran man war. Das System erklärte alles, fast alles. Es gab ein Oben und ein Unten, einen Mechanismus der Legitimation und Delegitimation, der Konsensbildung, des Konfliktaustrags, der Reproduktion der Eliten, Systeme und Subsysteme. Man konnte ein System verantwortlich machen. Das System agierte. Die Welt war beherrscht vom Systemkonflikt. Irgendwie hat sich die Rede vom System verflüchtigt. Man spricht wieder von einzelnen Staaten, Ländern, Völkern, Gesellschaften. Alle Fälle scheinen wieder spezielle Fälle geworden zu sein. Alles ist konkreter, singulärer, differenzierter, komplizierter und komplexer geworden. Die Metaphorik des *patchwork*, des *puzzle* und die Diktion des *muddling through* dominiert. Begriffe, denen einmal eine Ordnungskraft zukam, werden nun eher tentativ, relativ und in Klammern gesetzt gebraucht, man betont ihren Hilfs- und Hypothesencharakter, weniger ihre Stringenz und eine sich aus ihnen angeblich ableitende Verbindlichkeit. Was das sowjetische System betrifft, ziehen es die meisten vor, vom »postsowjetischen Raum« zu sprechen. Das hat viele Vorteile. Vor allem den der Öffnung für die Wirklichkeit, die komplexer ist, als es Systemen ansteht, und zu deren Beschreibung es vor allem des Systems auch gar nicht bedarf. Das System, das zerfällt, wird zum Raum. Wir treiben weniger Systemtheorie als vielmehr alles, was zur Exploration des Raumes notwendig ist: Erdkunde, Völkerkunde, Ökonomie, Institutionenkunde, Psychologie, politische Wissenschaft, Zivilisationsgeschichte, Geopolitik. Nur im schlimmsten Fall ist es eine Rückkehr zur Landeskunde, die im übrigen meist besser war als ihr Ruf und von deren Erkenntnissen zu kosten auch den Verächtern der Landeskunde manchmal gut angestanden hätte. »Landeskunde« war antiquiert, man faßte sie in sozialwissenschaftlich und sozialhistorisch und komparatistisch aufgeklärten Kreisen nur mit spitzen Fingern an. Dabei ist Landeskunde nur ein alter Name für konkretes Studium komplexer Zusammenhänge. Ihr moderner Name ist *area studies*, seit jeher das klassische Feld integrierter, methodisch avancierter Forschung. Jene, die in der Ära der Globalisierung das Ende der *area studies* gekommen sahen, dürften mittlerweile belehrt sein, daß ihr zweites Leben eben erst begonnen hat. Der Mangel an *area studies* ist eklatant, es fehlt überall an Leuten, die sich auskennen in der heutigen Welt, die nicht identisch ist mit der Welt, die sich in den Korridoren der *international airports* tagtäglich selbst begegnet.

Es ist auffällig, daß das neu einsetzende Denken in Raumkategorien zusammenfällt mit der Agonie oder dem Zusammenbruch von Systemen und Systemkonstruktionen. Im Westen beginnt der neue Raumdiskurs mit Henri Lefebvre in den 1960er Jahren, im Osten beginnt er in der Spätzeit des Realsozialismus und inmitten der Auflösung des Sowjetimperiums, in der Konjunktur der räumlich aufgeladenen Historiosophien der Eurasier und anderer ideologischer Strömungen. Natürlich liegen Abgründe zwischen den Wissenskulturen und Persönlichkeiten eines Lefebvre einerseits und den russischen Eurasiern. Aber es gibt auch etwas, was sie verbindet: die Überwindung eines Ausgangspunktes und die Kritik dieses Ausgangspunktes: des politischen oder ideologischen Systems, das gleichsam demiurgisch die Welt aus sich hervorbringt. Henri Lefebvres *production d'espace social* und die Raum-Konzepte postsowjetischer Historiosophen sind gleichsam intellektuelle Lockerungsübungen, Sprachübungen, um einen neuen Diskurs zu ermöglichen. Aber sie sind noch nicht dieser Diskurs selbst. Lefebvre führt seinen marxistischen Diskurs weiter, nun nicht als »Logik des Kapitals«, sondern als Diskurs über die Produktion des sozialen Raums, die Russen reaktivieren anstelle des abgelebten Dialektischen Materialismus die alt-neuen Ideologie-Bestände nationalbolschewistischer und eurasistischer Provenienz. Sie schrecken zurück vor dem entscheidenden Schritt: hin zu einer Landeskunde und Landesgeschichte modernen Zuschnitts: *area studies*.

Der sowjetische Fall. Gewalt und »Raumbewältigung«. »Ein Sechstel der Erde«, wie die Sowjetunion sich in ihrer Aufstiegszeit genannt hat, war etwas Eindrucksvolles – nach außen hin, aber auch für ihre Bürger. Diese auf dem Atlas rot eingefärbte Fläche repräsentierte ein großes Land – *strana moja schirokaja* hieß es in einem populären sowjetischen Lied: mein Land so weit und breit – eine homogene Welt mit einer scharfen Abgrenzung nach außen. Es schien, als habe sich die Macht von Anfang an angeschickt, aus dem Konglomerat des alten Russischen Reiches ein modernes, einheitliches Land zu machen, das nach einer einheitlichen Zeit tickt – der Zukunft –, das keine Grenzen kennt – weder vertikale noch horizontale. Es schien, als hätte die Macht die Potenz, dieses Riesenland wie auf einem Zeichentisch, wie ein riesiges weißes Blatt neu zu zeichnen, das Relief ganz nach eigenem Gutdünken zu modellieren – Fünfjahresplan für Fünfjahresplan, Jahrzehnt für Jahrzehnt. Man könnte die sowjetische Geschichte als die Geschichte der Produktion eines neuen sowjetischen Raumes beschreiben. Darin sollten die alten ethnischen Grenzen des Vielvölkerreiches keine Rolle mehr spielen, denn alle Völkerschaften begegnen sich in der *koine* des Sowjetischen als »Sowjetvolk«: den identischen Mustern von Kultur, Sprache, politischer Organisation. Der sowjetische Raum wird zusammengehalten von großen Projekten, die die Natur nach wissenschaftlichen und politischen Gebrauchsgesichtspunkten umformen. Man zeichnet Kanäle und Trassen ein, Pipelines und Zugverbindungen. Man lenkt Ströme um und verbindet Meere, man bewässert Wüsten und legt Sümpfe trocken. Man baut die Städte um und legt ganz neue an. Man erklärt einer menschenfeindlichen Natur den Krieg und zwingt sie in die Knie. Für die Helden gibt es keinen Kälte- und keinen Hitzepol. Die sowjetische Welt wird gebaut, Widerstand wird, falls es ihn gibt, überwunden oder abgetragen. Die sowjetische Welt hat technoide Züge. Der sowjetische Raum ist homogen. Natürlich ist das eine Übertreibung, denn auch die gewaltigsten und gewalttätigsten Überformungen, Anlagen, Achsenbildungen konnten nicht die Differenz der Zeitzonen, der kulturellen Tektonik des großen Landes zum Verschwinden bringen. In Wahrheit blieb auch in den Zeiten größter Anstrengung und Geschlossenheit das System ein zeitlich, kulturell, zivilisatorisch zerklüftetes Riesenreich, gegen das die politische Macht kaum ankam. »Mastering the space« (Sheila Fitzpatrick), »Raumbewältigung«, war eine Frage von Leben und Tod. Das Land gehorchte einer anderen Zeit als die Macht. Die Ohnmacht der Macht war immer auch eine Ohnmacht gegen den Raum, den sie nie in den Griff bekommen hat, und ihre Allmachtsphantasien sind nicht zuletzt Phantasien der Ohnmacht, ja der Panik, in diesem Raum unterzugehen, zu verpuffen. Man versteht die russische Revolution nicht ohne die Arterien und Transmissionen der russischen Eisenbahn, die den amorphen Raum erst zum Territorium gemacht, es buchstäblich in Bewegung versetzt haben, und man versteht von der stalinistischen Gewaltsamkeit gegen das weite und in Wahrheit unregierbare Bauernland nichts, wenn man nicht die Verzweiflung und die Panik der in den Städten verschanzten Machthaber sieht, die von dort aus das Land wie eine Kolonie beherrschen. Macht ist wie überall Macht über Raum, das gilt für Rußland nicht weniger, sondern erst recht. Die Kehrseite ist Ohnmacht als Machtlosigkeit gegenüber diesem Raum, eine immer nur oberflächlich bleibende Homogenisierung eines in Wahrheit tief zerklüfteten Raumes. Die offizielle sowjetische Geschichtsschreibung beschrieb über weite Strecken den von der Macht zurückgelegten Weg bei der Homogenisierung dieses Raumes, während die Geschichte vor Ort für Jahrzehnte dem Bann, der Amnesie verfiel. Landeskunde, Ortskunde, Geschichte vor Ort – das war subversiv. Das Wissen um Orte und das Wissen vor Ort hielten sich abseits, gingen in den Untergrund. Seine Kristallisation zu einer neuen integralen Geschichte konnte erst beginnen, nachdem die »Struktur« namens UdSSR zusammengeklappt war.[9]

Geschichtsraum, Geschichtsort: Kommunalka. Die Erforschung der Geschichte der Sowjetunion hat ihre Pioniere, ihre Meisterwerke, aber auch ihre Niederlagen und Skandale. Jemandem, der mit den Sinnen, den Augen Herodots durch Rußland im 20. Jahrhundert unterwegs gewesen wäre, wäre das sogleich aufgefallen. Über die UdSSR existieren ganze Bibliotheken. Was ist nicht alles dokumentiert, recherchiert, analysiert worden! Die politischen Entscheidungen, die Sitzungen des Politbüros und Zentralkomitees, die Abläufe und Abstimmungen der Parteitage, die Entscheidungen der Plankommissionen, die Ergebnisse der Fünfjahrespläne, das Mißverhältnis zwischen Planung und Realergebnis. Ganze Generationen von Wissenschaftlern, Philosophen, Historikern waren beschäftigt, »das System« zu erfassen, zu beschreiben, zu analysieren, auf den Begriff zu bringen. Abertausende von Büchern sind geschrieben worden über alle nur denkbaren Aspekte der Kaderproduktion, der Karrieremuster, der ökonomischen Stagnation.

Aber über 80 Jahre Existenz des Sowjetregimes, des »Systems«, wie es hieß, hinweg haben wir inmitten dieser grandiosen Flut keine einzige Studie von Rang zur Kommunalka, zur Gemeinschaftswohnung, zum inneren Kern der sowjetischen Lebensform, zum Ort des erzwungenen kommunalen Zusammenlebens und zum Überlebensort von Generationen, zur Geburts- und Sozialisationsstätte des *Homo sovieticus,* jenem Ort, an dem gleichsam in der Öffentlichkeit über das Intimste verhandelt wurde. Man stelle sich vor: keine Studie zum zentralen Lebensort, um den Abermillionen Menschen und Generation auf Generation gekreist sind. Ihr Lebensort, Zentrum ihrer Lebenswelt, Überlebensort. Dabei war dieser Ort nicht geheim, sondern allen bekannt. Aber die Spezialisten beschäftigten sich lieber mit Entscheidungen und Intrigen in Zentralkomitees, zu denen sie keinen Zugang hatten. Wer über Orte und Lebenswelten berichtet hat, waren allenfalls Journalisten. Wenn überhaupt jemand, so waren sie die Dokumentaristen der Lebenswirklichkeit.

Die Kommunalka ist nur ein, wenn auch flagranter Fall. Etwas Ähnliches könnte man sagen über: die Schlange, die die Lebenszeit von Millionen absorbiert hat; den Markt, auf dem man »bekommen« hat, was man zum Leben brauchte; die Beziehungen, ohne deren Inanspruchnahme ein Leben unmöglich war. Es geht hier nicht darum, den Blick auf ein von Wissenschaftlern vernachlässigtes Feld zu richten, auf irgendein Desideratum oder eine »Forschungslücke«, die natürlich immer einzuklagen sind, sondern es geht darum, sich mit dem Skandal vertraut zu machen, der darin besteht, daß das Massiv der Wirklichkeit einfach nicht von Belang war. Historiker waren dafür nicht zuständig. So etwas blieb Journalisten vorbehalten oder eben einem reisenden Historiker namens Herodot: Den Augen Herodots wäre diese Welt nicht entgangen, trotz der Reisebeschränkungen und Schikanen, die es zu sowjetischen Zeiten gab. Herodot wäre es nicht entgangen, weil er Weltreisender war, weil er sich für alles interessierte, nicht nur für das, was der Wissenschaftsbetrieb gerade für angesagt und für politisch korrekt hielt. Herodot wäre über die Landkarte der Sowjetunion gereist und hätte phänomenologische Studien getrieben, den Stoff nach Hause gebracht, an dem die wissenschaftliche Reflexion dann arbeitet. »Herodots Augen« heißt hier: Wiedereintreten in eine Perspektive, in eine – so gut das möglich ist – unrestringierte Wahrnehmung, die ganz offen ist.

Herodot und Moskau 1937. Vielleicht könnte Herodot uns helfen, den historiographischen Ernstfall »Moskau 1937« zu bewältigen. Das enigmatische Jahr des »Großen Terrors« in einer insgesamt enigmatischen Geschichte Rußlands im 20. Jahrhundert. Es ginge darum, irgendwie zu verstehen, wie es zu jener unfaßbaren Steigerung an Gewalttätigkeit und Selbstzerstörung kam, die mit dem Jahre 1937 verbunden ist und die eine Anwort auf die Frage geben könnte, die in jenem Jahr am häufigsten gestellt wurde: Warum das alles, warum trifft es gerade mich? Aufgeklärte Historiker verachten Begriffe wie Schicksal, Zufall, Glück oder Unglück. Doch solange der Moskauer Fall, also jene unbegreifliche und phantastische Willkür, mit der Feinde gemacht und Menschen zu Hunderttausenden umgebracht wurden, solange dieser Fall nicht aufgeklärt ist, darf man von »Schicksal«, »Glück« sprechen, das die einen getroffen, die anderen indes verschont hat. Alles hat sich auf engstem Raum abgespielt, in rasender Beschleunigung und unmittelbarem Nebeneinander, in nächster Nähe. Wie kann man eine solche Geschichte schreiben oder, besser, an einer mitarbeiten, sie fortschreiben, denn sie hält nun schon Generationen von Historikern in Atem? Ich würde es zunächst machen wie Herodot und wie Benjamin. Den Schauplatz aufsuchen, den Tatort inspizieren, die Verhältnisse ausleuchten, die Spuren sichern, Zeugen befragen.

Alles fängt an mit der Ortsbeschreibung. Nur Ortsbeschreibungen sind genau – »der« Sozialismus oder »der« Stalinismus ist ein Phantom, kein historischer Ort. Über Moskau im Jahre 1937 einen Überblick zu bekommen ist mehr als schwierig, fast unmöglich. Es ist eine Stadt im Umbruch, eine gigantische Baustelle. Wie im Generalplan von 1935 vorgesehen, wird das alte, rückständige Moskau abgerissen, um dem neuen Moskau Platz zu machen. Das alte Moskau verschwindet oder wird bis zur Unkenntlichkeit reduziert, eine Stadt anderen Zuschnitts und anderer Dimension wächst. Um das zu verstehen muß man Baustellen wie den Potsdamer Platz gesehen haben oder, noch besser, die Baustelle Schanghai im Jahre 2000. Der Fluß wird aufgestaut und über den Moskwa-Wolga-Kanal mit den »fünf Meeren« verbunden. Die Kais und Brücken werden neu gebaut, die Straßen auf Magistralenbreite gebracht. Die neuen Plätze deuten eine neue Dimension des öffentlichen Raumes an. Der Komplex des »Hauses der Regierung« deutet an, wohin es geht, und die Baustelle des »Palastes der Sowjets« zeichnet bereits die Silhouette des neuen Moskau in den Himmel. Die alte Silhouette der vierzigmal vierzig Kirchen und Türme ist bereits abgeräumt. Aus dem Moskau der Kirchen und Palais wird das Moskau der Sowjets, der Kulturpaläste, Fabriken, Stadien, Kultur- und Erholungsparks. Wer nach 1937 nach Moskau kommt, hat eine andere Stadt vor sich.

Aber es ist nicht allein eine neu gebaute Stadt, sondern der Zusammenbruch eines Stadtraums und die Produktion eines neuen. Das neue Moskau ist *Peasant Metropolis* (David Hofman), eine Stadt, die in weniger als einem Jahrzehnt ihre Einwohnerschaft verdoppelt, die Stadt der bäuerlichen Immigranten, der Nicht-mehr-Bauern und der Noch-nicht-Proletarier, jener amphibischen Spezies der entwurzelten und proletarisierten Bauern, die aus den Dörfern vertrieben werden oder in die Städte fliehen, wo sie Arbeit finden und untertauchen können. *Peasant Metropolis* hat Altmoskau aufgesogen und überwältigt. *Peasant Metropolis* ist auf den Bahnhöfen, in den Nachtlagern, Erdhütten, Baracken, Wohnheimen der Fabriken und, wenn es gut geht, in den vielfach überbelegten Zimmern der Gemeinschaftswohnungen, dem privilegierten Wohnraum der Ankömmlinge. In *Peasant Metropolis* gibt es keine Wasserleitungen, keine Kanalisation, am besten versteht man das, wenn man *slums* und *favelas* gesehen hat. Im Russischen hieß das seinerzeit Schanghai. Überall in den explodierenden Städten der Hyperurbanisierung gibt es Schanghais. Räume, in die keine Straßenbahn führt und in denen es die Staatsmacht nicht gibt, in denen das Bauernvolk sich an den Resten seiner Traditionen festklammert, am Wochenende tanzt, vor allem aber, sobald es kann: die Flucht ergreift, fort, weg, heraus aus der Rückständigkeit, hinauf auf die Höhen der Kultur und eines wenn auch kargen Wohlstandes. Man vesteht nichts von Moskau in jener Zeit, wenn man seine Schanghais nicht durchwandert hat, wenn man nicht die zwei Stunden Wegs zu Fuß in der Früh zur Fabrik und abends denselben Weg zu Fuß nach Hause zurückgelegt hat. Die Metro, die soeben eingeweiht worden ist, ist Luxus, für Privilegierte, für Kultivierte, die es sich leisten können. In der Metro und auf den Rolltreppen lernt Moskau zivilisiert zu sein, *kulturno*: rechts stehen, links gehen, nicht auf die Erde spucken. Man lernt, wie man von der Straßenbahn abspringt, ohne unter die Räder zu kommen. Einübung in urbane Zivilisationstechniken, wie zuvor schon in anderen Großstädten auch, hier aber komprimiert im Bruchteil einer historischen Sekunde. Moskau ist die Stadt der Hyperurbanisierung, die überrannte und überflutete Stadt, und das neue steinerne Moskau ist der Halt gegen die Flut, die in den Himmel gebaute Geste, die sagt: wir halten stand. Und vor allem: wir bauen eine neue Stadt, eine weiße Stadt auf Erden, nicht erst im Jenseits. Das neue Moskau ist nicht Utopie, sondern real, eine Zukunft, die Gegenwart geworden ist. Daran muß man nicht glauben, es ist vorhanden. Das neue Moskau stößt das alte ab, es macht sich frei davon: von seinen verwinkelten Straßen, seinen Hinterhöfen, seinen Kirchlein und dem Ruß der Öllämpchen. Es wird hell, elektrisch. Es nimmt den orthodoxen Bart ab, rasiert sich, zieht ein weißes Hemd an und geht an Sonn- und Festtagen sogar mit Krawatte. Man will heraus aus der Rückständigkeit, vor allem die Jungen. Sie wollen den alten Adam loswerden, sie wollen keine Bauern mehr sein, sondern Traktorfahrer, Arbeiter, Fallschirmspringer, Ingenieur, Pilot. Den Leiden, die sie hinter sich haben, korrespondiert die unbändige Leidenschaft, fort- und voranzukommen. Ihre Wißbegier ist unersättlich, ihr Einsatz grenzenlos, ihr Optimismus durch kaum etwas zu erschüttern. Das Moskau dieser Menschen ist aufgewühlt und geschäftig wie ein Ameisenhaufen, jeder sucht nach einem Platz für sich. Die einzige Strategie, die zählt, ist die je eigene Überlebensstrategie. Moskau ist der Ort, an dem man neu anfangen, an dem man untertauchen kann. Hier leben Abertausende, die sich eine neue Identität zulegen, die Flüchtlinge vom Land, die untergetauchten Kulaken und deren Söhne, die sich ihrer Väter schämen. Die Stadt der *outcasts*, die normale Bürger sein und endlich in Ruhe gelassen werden wollen, die Stadt zahlloser Menschen mit Vergangenheit und Doppelleben. Die Staatsmacht wird sie, wenn es soweit ist, aufspüren, entlarven, ihnen die Maske vom Gesicht reißen und sie vernichten. Moskau im Jahre 1937 ist voll von untergetauchten Existenzen, die einen Neuanfang versuchen.

Herodot und Benjamin könnten einiges davon erfahren, sie bräuchten nur die Zeitung zu lesen. Was nicht alles in der Zeitung des Jahres

1937 steht: Kreuzworträtsel neben Leitartikeln wie »Erschießt die Bande der trotzkistisch-faschistischen Spione!«, Meldungen über die Vollstreckung von Todesurteilen und die Ankündigungen eines neuen Musicalfilms. Reklame für erstklassige Konserven und Aufforderungen zu Festtagseinkäufen, Nachrichten von bestialischen Morden eines Serientäters in der Vorstadt und Erfolgsmeldungen vom Internationalen Violinwettbewerb in Brüssel, bei dem David Oistrach Platz 1 gewinnt. Wir lesen von der Hinrichtung der Generalität und von den Festakten zum 100. Todesjahr Puschkins. Wir sehen die Zeppeline am Himmel, Fallschirmspringen als Freizeitsport der aufgeweckten Jugend. An der Gorki-Straße werden Automatenrestaurants nach New Yorker Vorbild eröffnet, und der Aeroplan Maxim Gorki kreist mit seinen Schwingen majestätisch über der neuen Stadt. Weltrekorde am laufenden Band: Überfliegung des Pols, Flug nach Amerika, Autorallye nach Wladiwostok, Erstbesteigung eines Sechstausenders. Wetterberichte neben enthusiastisch gefeierten Exekutionsmeldungen. Moskau ist auf dem laufenden über den Fortgang des spanischen Bürgerkriegs. Am 8. Juni 1937 gab es, so meldet die »Prawda«, eine totale Mondfinsternis. Moskau wird modern. Die Reklame preist Eau de Cologne, Frankfurter Würstchen, Champagner und die Delikatessen von Jelissejew. Am Abend locken Veranstaltungen in Hülle und Fülle. Im Hotel »Metropol« Jazz und Foxtrott von Utjossow, im »Praga« eine berühmte Zigeunerkapelle.

Alles spielt sich auf engstem Raum ab, zwischen dem Arkadien des Gorki-Kultur-und-Erholungsparks und den Erschießungskellern am Lubjanka-Platz, zwischen dem märchenhaft-luxuriösen Art-déco-Hotel »Moskwa« Schtschussews und den Erdhöhlen in der Umgebung der SIL-Autowerke. Fast in Sichtweite zu seinem Arbeitsplatz werden Wsewolod Mejerhold methodisch die Finger gebrochen. Überall gibt es Schlangen: vor den Lebensmittelläden und vor dem Eingang des NKWD, wo die Frauen nach dem Verbleib ihrer Männer forschen. Man stellt sich in die Schlange und hört etwas von dem, was die Spitzel und Nachrichtenbeschaffer des NKWD in ihren *Swodki* aufgeschrieben und der Nachwelt überliefert haben. Daß die Faschisten die Macht ergriffen hätten, daß die Juden an allem schuld seien, daß es zu einer Stunde der Rache, zu einem entsetzlichen Gemetzel, zu einer Bartholomäusnacht kommen werde, vielleicht auch die Hoffnung auf einen Krieg, in dem endlich der wirkliche, nicht ein imaginärer Feind sich zu erkennen gäbe.

Herodot und Benjamin würden mit verschiedensten Menschen und Sphären in Kontakt kommen, »Interviews« machen, offiziöse von der Art Lion Feuchtwangers, aber auch im *underground* und konspirativ und mit großem Risiko verbunden. Sie würden auf zahllose Menschen treffen, die meist beides waren: Opfer und Täter, Täter und Opfer. Sie würden durch die Stadt wandern und auf die Gegenstände und Zeichen der neuen Welt und ihres neuen Wohlstandes stoßen und sie in ihren Tagebüchern notieren: das Fahrrad, das Pathephon, das Telephon, das Bücherregal, die Nähmaschine oder die Ausgewählten Werke Gorkis. So durch die Stadt gehend, bekommen sie einen Eindruck von den Druckverhältnissen, von den Tempi und dem Puls, vom Rhythmus der Zeit, von der ungeheuren Verwandlung der Stadt. Sie bekommen vielleicht eine Ahnung, was passiert, wenn die Verzweiflung losgelassen wird, wenn in dem allgemeinen Gefühl der Ausweglosigkeit der Name eines Schuldigen und eines Sündenbocks genannt wird. Eine Stadt, jederzeit bereit zum Pogrom und zum Bürgerkrieg. Sie wanderten durch eine Stadt des Verschwindens, der Verwandlung von einst Prominenten in Unpersonen und des atemberaubenden Aufstiegs von Tausenden von Nobodys in die durch Terror und die Säuberung frei gewordenen Stellen ganz oben. Moskau, das Schlachthaus, als *boomtown*, als Ort der atemberaubenden Karriere, des Glücks und der Angst. Moskau ist der utopische Fluchtpunkt aus der Provinz – »Nach Moskau, nach Moskau!« –, und es ist der erste Punkt, von dem aus die Reise zum Archipel Gulag angetreten wird.

Wer sich in Moskau im Jahre 1937 bewegt, wird auf engstem Raum alle Momente, alle Formen, alle Motive, alle Zeitmaße, alle Ingredienzien finden, die in die Geburt der sowjetischen Zivilisation eingegangen sind. Man muß nur an dieser Wirklichkeit interessiert sein und sich ihr stellen. Sie existiert noch ungeschieden – nicht säuberlich separiert nach Kultur- oder Sozialgeschiche, nach Mentalitäten oder Semiotik, nach Wirtschaft oder *gender*. Das Eintreten in diese Wirklichkeit ist schwierig genug, man ist überwältigt – so wie man im wirklichen Leben überwältigt, ja überfordert ist. Man mag diese Haltung als historistisch bezeichnen. Aber nur wer sich die Mühe gemacht hat, in diesen Zeithorizont einzudringen, hat auch ein Recht im weiteren mitzureden. »Darüberzustehen«, wie es auch als Ideal proklamiert wird, eröffnet andere Erkenntnismöglichkeiten, aber nicht jene, von denen hier die Rede ist. Das Herumgehen auf dem Schauplatz, das Überschreiten der Grenzen, die von Arbeitsbereichen und Disziplinen gezogen sind, die Erfahrung der Gleichzeitigkeit, die immer auch die Erfahrung der Unübersichtlichkeit ist, ist eine Form geschichtlicher Exploration und Erkenntnis. Geschichte ist weitgehend und oft *out of control,* und Leben ist weitgehend und oft *struggle of the fittest for survival*. Eine Geschichtsschreibung, die die Ahnung davon nicht an sich heranläßt, wird kaum eine Sprache finden für die Geschichten, die zu erzählen sie sich vorgenommen hat.

»Dialektik der Aufklärung« und ihr Ort: Los Angeles. Die vielleicht düsterste Selbstdiagnose der abendländischen Kultur, die *Dialektik der Aufklärung*, wurde in Los Angeles gestellt.[10] Theodor W. Adorno und Max Horkheimer haben sie dort zwischen 1941 und 1945 verfaßt. Das ist kein Zufall. Für ein halbes Jahrzehnt war Los Angeles zum »Exile in Paradise«, zum Stütz- und Sammlungspunkt deutscher Emigranten auf der Flucht vor Hitler geworden. Was Rang und Namen hatte in der Kultur von Weimar-Deutschland, fand sich nach und nach in der schnell wachsenden Stadt am Pazifik ein: Thomas und Heinrich Mann, Arnold Schönberg und Lion Feuchtwanger, Alfred Döblin und Bertolt Brecht, Bruno Frank und Ludwig Marcuse, Max Reinhardt und Ernst Lubitsch, Fritz Lang und Billy Wilder, Marlene Dietrich und Joseph von Sternberg. Über Nacht war die Stadt am Pazifik zu einem Zentrum der mitteleuropäischen Diaspora geworden. Und über Nacht war die Stadtlandschaft zwischen San Remo Drive und Paseo Miramar in Pacific Palisades, zwischen 26th Street und San Vicente Boulevard in Santa Monica zum Beobachtungsposten und Reflexionspunkt über den Zustand der okzidentalen Zivilisation geworden. In Los Angeles entstand nicht nur die *Dialektik der Aufklärung*, sondern auch Thomas Manns *Doktor Faustus*, Arnold Schönbergs *Survivor of Warsaw*, auch Adornos *Minima Moralia. Reflexionen aus dem beschädigten Leben*, Abschnitte der *Prismen* und andere Texte. Adorno und Horkheimer, aus Europa geflohen, inmitten einer ihnen ganz fremden Umgebung und mit fremden Augen auf diese Umgebung blickend, gleichsam in eine doppelte Isolation geraten, haben überaus lebhaft auf ihre neue Umgebung reagiert, sich von ihr provozieren und inspirieren lassen, sich an ihr »abgearbeitet«. In der *Dialektik der Aufklärung* nehmen sie es auf mit dem Zusammenbruch Europas, das hinter ihnen liegt. »Was wir uns vorgesetzt hatten, war tatsächlich nicht weniger als die Erkenntnis, warum die Menschheit, anstatt in einen wahrhaft menschlichen Zustand einzutreten, in eine neue Art von Barbarei versinkt.«[11] Sie wollten herausfinden, wie es kam, daß »die vollends aufgeklärte Erde strahlt im Zeichen triumphalen Unheils«.[12] Los Angeles ist, wie sie mehrfach betonen, der privilegierte Aussichtspunkt, ganz auf der Höhe der Zeit. Die *Minima Moralia* sind imprägniert von der amerikanischen Erfah-

rung – bis hinein in den Sprachduktus, in das Spiel mit den Amerikanismen – *regular guy, popular girl, wishful thinking, date;* sie meldet sich in den Sujets und Themen, als da sind: »Filmgewaltige«, Drehbuchschreiber, Callgirls, Whisky-Sodas, Bungalow. Der Pessimismus der *Dialektik der Aufklärung* wäre nicht so vollständig und jede Hoffnung ausschließend gewesen, wenn er sich nur auf die europäische Erfahrung von Faschismus und Bolschewismus bezogen hätte. Aber zentral für die Schlußfolgerungen Horkheimers und Adornos war die amerikanische Erfahrung, die sich besonders im Kapitel »Kulturindustrie. Aufklärung als Massenbetrug« niederschlug: »Seinem Thema nach zeigt unser Buch die Tendenzen, die den kulturellen Fortschritt in sein Gegenteil verwandeln. Das versuchten wir an gesellschaftlichen Phänomenen der dreißiger und vierziger Jahre in Amerika darzutun.«[13] Zur Schärfe ihres Urteils mag die doppelte Isolation als Intellektuelle und Exilanten in Los Angeles/Hollywood beigetragen haben. »Jeder Intellektuelle in der Emigration, ohne alle Ausnahme, ist beschädigt und tut gut daran, es selber zu erkennen, wenn er nicht hinter den dicht geschlossenen Türen seiner Selbstachtung grausam darüber belehrt werden will. Er lebt in einer Umwelt, die ihm unverständlich bleiben muß, auch wenn er sich in den Gewerkschaftsorganisationen oder dem Autoverkehr noch so gut auskennt; immerzu ist er in der Irre. Zwischen der Reproduktion des eigenen Lebens unterm Monopol der Massenkultur und der sachlich-verantwortlichen Arbeit herrscht ein unversöhnlicher Bruch. Enteignet ist seine Sprache und abgegraben die geschichtliche Dimension, aus der seine Erkenntnis die Kräfte sog.«[14] Es mag diese vollständige, ja hermetische Isolation gewesen sein, aus der heraus die *differentia specifica* zwischen Kapitalismus und totaler Herrschaft in einem alles verschlingenden Verblendungs- und Gleichschaltungszusammenhang verschwindet, in dem Zerstörung der europäischen Städte, Wegwerf-Fertighäuser und faschistische Arbeits- und Konzentrationslager nur noch Variationen ein und desselben Themas sind.[15] Adorno hat auf eine Weise, die unschwer Benjamin als Vorbild erkennen läßt, auf die neue Umgebung reagiert, etwa in den miniaturhaften Betrachtungen zur amerikanischen Landschaft in den *Minima Moralia*: »Paysage. – Der Mangel der amerikanischen Landschaft ist nicht sowohl, wie die romantische Illusion es möchte, die Absenz historischer Erinnerungen, als daß in ihr die Hand keine Spur hinterlassen hat. Das bezieht sich nicht bloß auf das Fehlen von Äckern, die ungerodeten und oft buschwerkhaft niedrigen Wälder, sondern vor allem auf die Straßen. Diese sind allemal unvermittelt in die Landschaft gesprengt, und je glatter und breiter sie gelungen sind, um so beziehungsloser und gewalttätiger steht ihre schimmernde Bahn gegen die allzu wild verwachsene Umgebung. Sie tragen keinen Ausdruck. Wie sie keine Geh- und Räderspuren kennen, keine weichen Fußwege an ihrem Rande entlang als Übergang zur Vegetation, keine Seitenpfade ins Tal hinunter, so entraten sie des Milden, Sänftigenden, Uneckigen von Dingen, an denen Hände oder deren unmittelbare Werkzeuge das ihre getan haben. Es ist, als wäre niemand der Landschaft übers Haar gefahren. Sie ist ungetröstet und trostlos. Dem entspricht die Weise ihrer Wahrnehmung. Denn was das eilende Auge bloß im Auto gesehen hat, kann es nicht behalten, und es versinkt so spurlos, wie ihm selber die Spuren abgehen«.[16]

Walter Benjamin in Los Angeles. »Was Benjamins Emigration nach New York für das Institut oder auch für das amerikanische kulturelle Leben bedeutet hätte, läßt sich natürlich nicht sagen. Wie gut er seine Fähigkeiten mit denen der andern Institutsmitglieder verbunden hätte, kann nur vermutet werden«. Walter Benjamin gehörte nicht zu den Geretteten. Er, der »zaudernde Flüchtling« (Martin Jay), hatte den Freunden vom Institut für Sozialforschung, die ihn schon lange gedrängt hatten, Europa zu verlassen, gesagt: »Es gibt in Europa Positionen zu verteidigen.«[17] Als er doch ging, war es zu spät. Was der Autor des *Passagen-Werkes* mit Los Angeles, der aufsteigenden Metropole des pazifischen Raumes, angefangen hätte – wir wissen es nicht.

Benjamin wäre in Amerika vermutlich seinen Weg weitergegangen, den des Flaneurs, freilich unter veränderten Bedingungen. Und Los Angeles hätte in ihm den »materialistischen Physiognomiker« gefunden, der sein Verfahren an einem neuen Gegenstand erprobt. Schon damals, Ende der dreißiger Jahre und Anfang der vierziger Jahre, war etwas vom künftigen Status, ja Zauber der pazifischen Metropole absehbar. Davon zeugt die Filmindustrie, davon zeugt die Literatur, vor allem aber der Boom der auf den Kampf um Wasser und Öl gegründeten Stadt. Auch wenn die eigentliche Verwandlung von Los Angeles in eine der größten industriellen Metropolen Amerikas und der Welt erst ein Ergebnis des Zweiten Weltkriegs und des Kalten Kriegs war und mit der Verlagerung von Industrie und Hochtechnologie in den pazifischen Westen verbunden war, so war doch schon in den 1930er Jahren absehbar, daß in Los Angeles etwas gänzlich Neues geschah. Dort war der Abschied von der europäischen Stadt, deren Gestalt die Städte der amerikanischen Ostküste immer noch nachgeeifert hatten, endgültig

»Und Los Angeles hätte in Benjamin den ›materialistischen Physiognomiker‹ gefunden, der sein Verfahren an einem neuen Gegenstand erprobt.«

Übersichtsplan Los Angeles

vollzogen. Dort war ein neuer Typus menschlicher Siedlung und menschlichen Zusammenlebens entstanden, der seither das Bild von Amerika geprägt hat und der seine Erforscher – von Anton Wagners *Werden, Leben und Gestalt der Zweimillionenstadt in Südkalifornien* (Kiel 1935) bis Edward Soja, Mike Davis und Dolores Hayden – in Atem hält.[18] Nicht zu sprechen von der Filmindustrie, die von Hollywood aus die ganze Welt mit Bildern von Traum- und Alptraumwelten versorgt. Benjamins Zufluchtsort wäre zum Abschiedsort von der europäischen Stadt, die er so ausgiebig zu beschreiben und zu verstehen gesucht hatte, geworden. Die Negation alles Vertrauten, eine wirkliche Ankunft in der Neuen Welt. Der Theoretiker europäischer Urbanität, angekommen in der Anti-Stadt. Er, der Ruinenspezialist, wäre zum Archäologen der Zukunft geworden, dessen Spuren Mike Davis ein Menschenleben später aufnehmen sollte.

Der »materialistische Physiognomiker«, der Benjamin war, läßt sich ein auf die neue Form, auf das, was von Europa aus als »Formlosigkeit« erscheint – die smogverhangene Stadtlandschaft, die sich 150 Kilometer am Pazifik hinstreckt –, dechiffriert sie als die Form eines Neuen. Wo die Europäer Ausschau halten nach einem Zentrum, geht der Physiognomiker erst einmal der Polyzentralität nach. Ihn interessiert nicht das, was fehlt, das Defiziente, sondern das, was sich zur selbständigen Gestalt entwickelt hat. Er will nicht von außen sehen, sondern immanent. Der Walter Benjamin, der in L. A. angekommen wäre, wäre der Autor der *Städtebilder* gewesen. Los Angeles hätte ihm, der gerade die Pariser Passagen dechiffriert hatte, neue Rätsel aufgegeben: die Highways, die zentrumslose Stadt, den Körperkult an den *beaches* von Venice und Santa Monica, die spanische Moderne. Er hätte auf dem Broadway in Downtown oder auf dem Sunset Boulevard die Reise der Erkenntnis fortgesetzt, die er einst mit den Spaziergängen im Berliner Tiergarten begonnen hatte. Es wäre vielleicht seine größte Herausforderung geworden, denn »Los Angeles scheint alle Regeln der Lesbarkeit und Regelhaftigkeit des Städtischen zu brechen, in dem es alle traditionalen Modelle dessen, was als urban und was als nicht-urban zu gelten hat, herausfordert.«[19] Er hätte es zu tun bekommen mit einer Stadt, die keine ersichtlichen Grenzen hat, mit über 130 eingemeindeten Städten, einem *metropolitan area*, in dem an die 15 Millionen Menschen leben und wo ein Bruttosozialprodukt erwirtschaftet wird, das L. A. auf die ersten Plätze unter den Industrienationen bringt. Ein Stadtraum, in dem die Kategorien von Zentrum und Peripherie nicht sinnvoll sind, der aber den Schlüssel bereithält zum Verständnis der Le-

bensformen am Ende des 20. Jahrhunderts. Das ist nicht einfach.
»Ganzheitliche Sichtweisen sind verführerisch, aber sie erfassen niemals all die Bedeutungen und den Sinn des Urbanen, die erfaßt werden, wenn die Landschaft kritisch gelesen und als geographischer Text
vollständig sichtbar gemacht wird. Man muß dazu allzu viele Autoren
identifizieren, die Literalität (Materialität?) der produzierten Umwelt
ist zu vielschichtig, um für sich selbst sprechen zu können, und die
Metaphern und Metonyme, die oft wie dissonante Symbole aufeinan-
derprallen, entwerten sich gegenseitig und bringen die tieferliegenden
Themen zum Verschwinden. Noch strenger gesprochen: wir wissen zu
wenig über die deskriptive Grammatik und die Syntax menschlicher
Geographien, über Phoneme und Episteme der Interpretation des
Raumes. Wir sind weit mehr, als wir glauben, den Beschränkungen
der Sprache unterworfen, wie Borges zu Recht zugibt: was wir in Los
Angeles und in der Räumlichkeit des sozialen Lebens sehen, ist unweigerlich simultan, aber was wir aufschreiben, ist sukzessiv, weil Sprache
eben sukzessive ist. Die Aufgabe einer umfassenden, ganzheitlichen
Beschreibung einer Region ist daher wahrscheinlich so unmöglich,
wie auch die Konstruktion eines durchgängigen historisch-geographischen Materialismus unmöglich ist.«[20]

Flaneur/Street People. Flanerie/Cruising. Schon in der »Wiederkehr des
Flaneurs« war der Flaneur als Verdacht erregende Person beschrieben
worden: wie er, gegen den Strom der Passanten, seiner eigenen Gang-
art und seiner eigenen Blickrichtung folgt und so Aufsehen, ja Verdacht
erregt. Wie viel mehr gilt dies für die Boulevards, Drives und Freeways
von Los Angeles. Man sieht als Spaziergänger nichts von Los Angeles.
Fußgänger sind verloren, kommen nicht voran. Die Stadt ist zu uferlos.
Die Perspektive des Flaneurs versagt. Ein Drittel der Oberfläche von
Downtown ist für das Auto reserviert – Straßen, Parkplätze, Garagen.
Der Flaneur wäre mutterseelenallein. Er wird zur *street person*. Der
öffentliche Raum stirbt ab. Bänke sind absichtsvoll so konstruiert, daß
niemand sich für länger dort niederläßt. Öffentliche Toiletten soll es
nicht geben. Öffentliche Räume laden nicht ein, sondern sind ein Problem, Grauzone für Drogendealer. Durch Parks geht man nicht gerne.
Wo es noch öffentliche Räume gibt oder den Rest davon, sind sie von
Kameras besetzt und videoüberwacht. Der Flaneur ist per se verdächtig,
und die Linse der Kamera nimmt ihn zoomend ins Visier. Die Stadt hat
sich nach innen zurückgezogen – in die Innenwelt der Einkaufszentren,
die Malls, in die Nachfolger der Passagen. Mike Davis formuliert fast wie

Adorno, wenn er schreibt: »Letzten Endes decken sich die Interessen der Gegenwartsarchitektur und der Polizei am offensichtlichsten dort, wo es um die Kontrolle von Menschenmengen geht. Wie wir gesehen haben, greifen die Planer von Einkaufszentren und pseudo-öffentlichen Räumen die Menschenmenge an, indem sie sie homogenisieren. Sie errichten architektonische und semiotische Hürden, um ›unerwünschte Personen‹ herauszufiltern. Die übrige Masse zäunen sie ein und steuern ihre Bewegung mit behaviouristischer Brutalität. Sie locken sie mit allen möglichen visuellen Reizen, lullen sie ein mit Muzak und parfümieren sie mit unsichtbaren Düften. Wenn diese Skinnersche Partitur gut dirigiert wird, entsteht eine regelrechte Einkaufssymphonie wimmelnder, konsumierender Monaden, die sich von einer Kasse zur nächsten bewegen.«[21] Immer seltener werden die Punkte, »wo reine Heteroglossie blühen konnte, das heißt wo sich Punks aus Chinatown, Skinheads aus Glendale, Lowriders aus Boyle Hights, Mädchen aus dem Valley, gestylte Paare aus den Marinas, Rapper von der Slauson Avenue, Obdachlose von der Skid Row und Gaffer aus dem Mittleren Westen in relativem Einvernehmen mischen konnten.«[22] Nur an wenigen Punkten tritt die Menge, das Volk, noch ungeschieden in Erscheinung.

Die Frage, von wo aus sich die Stadt überhaupt noch erfahren und erschließen läßt, stellt sich ganz neu. Die einen schwärmen von dem überwältigenden Anblick der Stadt vom Flugzeug aus, das in Los Angeles International Airport (LAX) niedergeht: bis zum Horizont ziehen sich die Lichter der grandiosen Stadt. »Nur die Hölle von Hieronymus Bosch vermittelt einen ähnlichen Eindruck von Glut. Eine von allen Diagonalen wie Wilshire, Lincoln, Sunset, Santa Monica verschleierte Fluoreszenz.«[23] Die anderen erkennen sie vom San Diego Freeway aus, wie sie so daliegt in unendlicher Erstreckung zwischen dem Pazifik und den in der Ferne steil aufragenden San-Gabriel-Bergen. Andere wie Edward Soja möchten auf die Zinnen des »Bonaventure Hotel« in Downtown steigen und auf das Raster der Stadt blicken. Soja sieht L. A. so: »Mit feiner Ironie hat sich das heutige Los Angeles angeschickt, mehr als je zuvor eine gigantische Agglomeration von Themenparks zu werden, ein Lebensraum aus lauter Disneywelten. Es ist der Rahmen für Schaufenster der *global-village*-Kulturen und inszenierter amerikanischer Landschaften, allumfassender *shopping malls* und kunstvoller *main streets*, firmengesponserter Wunderreiche, hightechgestützter experimenteller Prototypen von Zukunftsgemeinden, schön verpackter Ruhe- und Erholungsplätze, in denen auf äußerst intelligente Weise die summenden Arbeitsplätze und Arbeitsprozesse versteckt sind, die alles überhaupt erst zusammenhalten. Wie einst der ›Glücklichste Ort auf Erden‹, sind die geschlossenen Räume auf subtile Weise und trotz aller offen zur Schau gestellten phantastischen Freiheit der Auswahl doch fest im Griff unsichtbarer Kontrolleure. Hier zu leben kann eine außerordentlich reizvolle, ja phantastische Erfahrung sein, zumal für jene, die es sich leisten können, lang genug dabeizusein, um ihren eigenen Modus von Bewegung und Verweilen etablieren zu können. Schließlich beruht alles auf ursprünglich relativ billigem Grund und Boden, wird entwickelt mit Hilfe einer sich immer wieder erneuernden Armee billigster importierter Arbeitskraft, ist vollgestopft mit High-Tech-Spielzeug, folgt höchsten Sicherheits- und Überwachungs-Standards und wird betrieben mit der milden Aggressivität des effektivsten System-Managements, das in der Lage ist, jederzeit zu liefern, was wie angekündigt *just in time* zur Stelle sein soll.«[24]

Aber die eigentliche Nachfolgeform der Benjaminschen Flanerie ist *cruising, low riding*, also jenes Dahingleiten im Fond des tiefliegenden Straßenkreuzers, das einmal ein Markenzeichen des *american way of life* war und heute von Jugendlichen zum Freizeit-Ritual weiterentwickelt worden ist. Auf seinen Rhythmus hin scheint die Stadt gebaut, ihre Enfernungen, die Höhe der Häuser, der Horizont, die Fassaden. Man gleitet in Schluchten hinab und schwingt sich in den Himmel hinauf, man gleitet über die Stadtlandschaft hinweg. Dieser Fortbewegung entspricht »die Weise ihrer Wahrnehmung. Denn was das eilende Auge bloß im Auto gesehen hat, kann es nicht behalten, und es versinkt so spurlos, wie ihm selber die Spuren abgehen.«[25] Der Freeway, der über Los Angeles hinwegführt, öffnet den Blick für Los Angeles. Das Auge des Flaneurs, zu nahe dran, wäre nur blind.

Blade Runner. Bilderfabrik. Es gibt viele Bilder von der Stadt. Jede Zeit hat ihr eigenes. Jede Generation hat ihre eigene Mythographie. Bilder von Los Angeles finden sich bei Raymond Chandler und Upton Sinclair, bei Dashiell Hammett und Dorothy Parker. Die Stadt gibt die Bühne ab für *Chinatown* und *Blade Runner*. Schicht für Schicht hat sich abgelagert. Die Stadt der Anglos und ihres puritanischen Geistes. Die Stadt der spanischen Missionsstation dort, wo heute Civic Center und Union Station sind. Die Stadt des Kampfes um Wasser und der Ölbohrtürme. Die Stadt der Art-déco-Kinopaläste der zwanziger Jahre und des New Deal. Die Stadt auch der osteuropäischen, chinesischen, japanischen Immigranten und des Klassenkampfes. Die Stadt als Badeort mit weißen Stränden und palmengesäumten Promenaden, eine Art Jungbrunnen des alt gewordenen weißen protestantischen Amerika am Pazifik. Die Stadt als Traumfabrik, die die ganze Welt mit Bildern versorgt. Die Stadt der höchsten Konzentration naturwissenschaftlicher und High-Tech-Intelligenz und der *riots* von Watts 1965 und South Central 1992. Die Stadt als *world city* und Metropole des pazifischen Raumes. Der Ort, die Bilder der Stadt auszugraben, ist nicht eine Bibliothèque Nationale, sondern eher das Filmarchiv. Vielleicht auch der Polizeihelikopter, in dessen Scheinwerferkegel die Stadt Block für Block abgetastet wird.

Polyzentrische Stadt, fragmentierte Stadt. Irgendwo gibt es ein Zentrum, Downtown, *financial district.* Dort, wo die Logos und Embleme der Banken, Versicherungen und Hotels sich zur Wolkenkratzergruppe, zum »zeremoniellen Zentrum« verdichten: Convention Center, Civic Center, Biltmore Hotel, Los Angeles Times, Security Pacific, First Interstate, Bank of America, Crocker, Union, Wells Fargo, Citicorp, Manulife, Transamerica, Prudential, IBM, Pacific Stock Exchange. Aber es ist nur eines von vielen Zentren im »polyzentrischen Archipel von L. A.« (Edward Soja). Der Großraum gleicht eher einer Stadtgalaxie, einer Konföderation von Städten. Charakteristisch ist die horizontale Agglomeration, die Addition von Quartieren, nicht die Vertikale. Die Stadt als *patchwork*, als Collage. L. A. ist keine geteilte Stadt – etwa in Schwarzweiß –, sondern die zerklüftete, die fragmentierte Stadt, ein Balkan *en miniature.* L. A. hat Platz für Welten, die miteinander koexistieren können, ohne je miteinander in Beziehung zu treten. In ihr überlappen sich Territorien und Kulturen, die verschiedenen Zeitaltern angehören. Los Angeles ist selbstverständlich die multiethnische, die multikonfessionelle, die multikulturelle Stadt, aber das trifft die Lage noch nicht. Sie ist der paradigmatische Ort der Gleichzeitigkeit der Ungleichzeitigkeit, der Simultaneität und Diskontinuität. 1990 waren 40 % Hispanos, 37 % Weiße, 13 % Schwarze, knapp unter 10 % Asiaten oder von den pazifischen Inseln, 0,5 % Indianer. Mehr als 35 % sind außerhalb der Vereinigten Staaten geboren. Schon bald werden die Latinos die Mehrheit der Bevölkerung von Los Angeles stellen. L. A. ist die zweitgrößte mexikanische, armenische, philippinische, salvadoranische, guatemaltekische Stadt der Welt, die drittgrößte kanadische, es hat die größten Gemeinden von Japanern, Iranern, Kambodschanern, Zigeunern in den USA. In den Schulen werden 96 verschiedene Muttersprachen gesprochen, allein in Hollywood 35: Armenisch, Rumänisch, Farsi, Taglog, Khmer, Lao, Samoan, Vietnamesisch, Thai, Afghanisch, Drai, Urdu, Kantonesisch, Portugiesisch, Russisch, Hebräisch, Französisch, Bengali, Koreanisch, Ungarisch, Arabisch, Hindi, Visaja, Formosisch, Gujarati, Mandarin, Griechisch, Mandingo, Schwedisch, Polnisch, Tahitisch, Englisch, Spanisch.[26] Wo die Kombinationen und Variationen unendlich vielfältig sind, wachsen Kulturen von unübersehbarer Vielfalt. Man kann in dieser Landschaft sein eigenes Leben führen, ohne je in den Lebenskreis von anderen eintreten zu müssen. Man kann zwischen den Epochen und den Kulturen hin und her wechseln. Oft ist es nur ein Block, eine Straße, ein Viertel weiter, und schon findet man sich in einer anderen Zeit wieder. Man pendelt zwischen High-Tech des 21. und *sweat shop* des 19. Jahrhunderts. Denkfabriken der Zukunft stehen neben Dritte-Welt-Quartieren. Der *rust belt* aufgegebener Industrien neben den künstlichen Paradiesen weitläufiger *malls*. Die Welt der kinderreichen Latinos neben den menschenleeren Villenvierteln der alternden *anglos* in ihren *gated communities*. Die Stadt ist in Wahrheit eine Konföderation der vielen Städte, eine Stadt der vielen Zonen, der Weißen, Latinos, Schwarzen, Asiaten, Eingeborenen und Immigranten. Anglo-Downtown neben Latino-Future (Mike Davis). Mit jedem demographischen Schub verschieben sich die Zonen und Grenzen. Was gestern reale Stadt war, kann morgen schon Geisterstadt sein. Und eine Stadt, die ihren Geist schon aufgegeben hatte, kehrt vielleicht in den städtischen Kreislauf zurück. Verlorene Gebiete werden zurückgewonnen, zurückerobert. Gebiete, die nicht gehalten werden können, werden geräumt und der nächsten Welle von Immigranten überlassen. Man muß sich auf dem laufenden halten, sonst erkennt man die Stadt schon bald nicht wieder. Unablässig verschieben sich die Territorien. Los Angeles ist ein großer Schauplatz für das Wunder menschlichen Zusammenlebens und ein großer Kampfplatz. Dort gibt es Festungen und Burggräben und Mauern, die Stadtteile voneinander trennen und teilen wie Harbour Freeway und Hill Street. Es gibt verbarrikadierte Idyllen mit Swimmingpools und blauen Lagunen, einem Großaufkommen von Gärtnern, *security personal* und Chauffeuren, und gleich daneben *no-go-areas* mit *low-intensity urban warfare*. *Street gangs* markieren ihre Reservate und Zonen. Graffiti sind weniger Ornament als Machtgeste, die nicht mit sich spaßen läßt. Die Idylle der duftenden Gärten ist kamerabewehrt. Luxusreservate in Nachbarschaft der Habitate von Obdachlosen. Die Sprache, in der die Situation beschrieben wird, erinnert in vielem ans Militärische. Die Rede ist von: Biwak, Quarantäne, *war on drugs*, No-Go-Area, *Warlords*, *Street Gangs*, *contain-*

ment. Architektur hat etwas von Festungsarchitektur. Den Reichen in Beverly Hills und Bel-Air steht der Sinn nach High-Tech-Burgen. Architekten machen Anleihen bei den Geheimnissen von Botschaftsgebäuden und militärischen Stützpunkten.[27] Frank Gehrys Goldwyn Library ist »eine Art architektonischer Feuerstellung, ein Brückenkopf der Gentrifizierung. Ihr von kriegerischen Barrikaden umgebenes schwebendes, lichterfülltes Inneres spricht Bände darüber, wie die öffentliche Architektur in Amerika für die ›Sicherheit‹ und den Profit buchstäblich umgekrempelt wird.«[28] Öffentliche Räume werden privatisiert, und manche Straßen sind nur nach vorheriger Kontrolle zugänglich. »Residents only«. Das Gelände wird für den *war on drugs* bereinigt. Es gibt eine Emblematik der Abschreckung und der Einschüchterung. Das »panoptische Einkaufszentrum« arbeitet mit Sicherheitszäunen, Videokameras, scharf ausgeleuchteten Parkplätzen, Betonblockmauern, Sprechfunk, Infrarot-Lichtschranken, Wachschützern, Fußstreifen. Die Sozialwohnungssiedlung wird zum strategischen Dorf. Alles trägt die »Züge eines durchgedrehten Wettrüstens zwischen Wohngebieten«. Hauseigentümer verlangen die Einrichtung eines »Checkpoint Charlie«. Die Dächer der Wohnhäuser werden mit Straßennummern gekennzeichnet, »so daß sich das Bild der Stadt aus der Luft in ein riesiges Polizeiraster verwandelt«.[29] Man denkt an Satellitenüberwachung. »All diese Überwachung und Aufrasterung aus der Luft, endloses Datensammeln der Polizei und die Zentralisierung der Kommunikation bedeuten eine unsichtbare ›Haussmannisierung‹ von Los Angeles. Man braucht kein freies Schußfeld für Kanonen, wenn man den Himmel kontrolliert.«[30] Die Territorien sind umkämpft, bald leise, bald laut, bald versteckt, bald offen. Er geht hin und her zwischen protestantischen Anglos und katholischen Latinos, zwischen kambodschanischen *boatchildren* und philippinischen *satanas*. Sie tragen die *noms de guerrre* und heißen: Panthers, Pigs, Warriors, Slausons, Gladiators, Farmers, Parks, Outlaws, Watts, Rebel Rousers, Twenties.[31] Sie revidieren Schritt für Schritt die Grenzen zwischen den von ihnen beherrschten Territorien, und zuweilen kommt es – wie bei den Unruhen 1965 und 1992 – zum großen *clash.* Dann gibt es Ausnahmezustand, *curfew*, Aufmarsch der Nationalgarde, und Bilder aus East Los Angeles, die wir aus Beirut oder Belfast kennen. Los Angeles ist nicht nur eine Stadt, sondern ein Zustand von präzedenzloser Komplexität. Um ihn halbwegs angemessen zu beschreiben, muß man noch einmal bei Herodot und Benjamin, den Meistern der Ortsbeschreibung, in die Lehre gehen.

Excavating the future. Die Formulierung von Mike Davis hätte Walter Benjamin, dem Archäologen der Hauptstadt des 19. Jahrhunderts, gewiß gefallen. In Los Angeles kommt alles zusammen: die Neonreklamen der Banco Agricola de el Salvador und die der Korea Airlines, die Tourismusindustrie, die von der Mindestlohnarbeit der Immigranten lebt, und die Luft- und Raumfahrtindustrie, die Amerikas Überlegenheit auch im 21. Jahrhundert verbürgt, die Routen des Drogenhandels, die grenzenlose Arbeitskraft Mittelamerikas und die unternehmerische Energie Ostasiens. Das »polyethnische Post-Anglo-Los-Angeles« ist wesentlich katholisch.[32] In L.A. kommt alles zusammen: Anglo- und Latino-Amerika, das protestantische und das katholische, das jüdische, das schwarze, das asiatische und noch viele andere. L.A. ist eine Stadt in den USA, aber eigentlich ein Produktionsstandort ohne bestimmte Nationalität – ein Drittel der Firmen in Orange County sind international –, eine Konföderation von Städten, die mit der Welt unmittelbar in Beziehung steht, ein Beispiel für die Deterritorialisierung der USA selbst (Robert Kaplan).[33] Mexiko reicht bis East Los Angeles und Asien bis zu Monterey Park. Die Stadtteilgeographie von Los Angeles zeichnet die Weltkarte neu, »so daß El Salvador neben Korea, Armenien neben Thailand, Samoa neben Belize und Louisiana neben Jalisco liegt. Potentiale für einen unverhofften Interkulturalismus sind ebenso vorhanden wie Tendenzen zu einer brutalen Mikro-Balkanisierung.«[34]

Wer durch den Großraum Los Angeles fährt, reist über die Karte der Welt des 21. Jahrhunderts. Wir wissen nicht, was Walter Benjamin in seinem Exposé über Los Angeles geschrieben hätte. Aber wenn wir aufmerksam die Liste mit den zentralen Topoi des *Passagen-Werkes* ansehen, dürfte es nicht so schwerfallen. Dort kämen gewiß die Freeways und die Körper der Läufer am Strand von Santa Monica vor, die Öltürme und die Art-déco-Kinos am Broadway. Es gäbe eine Sammlung von Filmausschnitten aus der Perspektive der Polizeihelikopter und eine Studie über *cruising* und *low riding*. Wir würden in der pompejanischen Villa in Malibu, die Getty hoch über dem Pazifik wiederaufgebaut hat, ein Stück untergegangenes Europa besichtigen und den Container-Hafen von Long Beach, von dem aus der Pazifik zum Mittelmeer einer neuen Hemisphäre wird. Es gäbe einen melancholischen Blick auf die verwaiste Union Station, die Endstation der transkontinentalen Eisenbahnen, und einen Besuch von Los Angeles International Airport, dem Tor zur Welt. Es fände sich ein Katalog mit Abbildungen von den *murals* aus der heroischen Zeit der amerikanischen Arbeiterklasse, eine Sammlung von Heiligenbildchen der Gottesmutter von Guadelupe, die die

Rekatholisierung von Anglo-Los-Angeles ankündigen, sowie Bilder mit Palmen am Wilshire Boulevard. Eines hätte Benjamin bei allem Enthusiasmus gewiß nicht vergessen: die Papierrollen, auf denen die Seismographen-Nadel die Ausschläge einträgt, mit denen jeder im Andreasgraben zu leben sich angewöhnt hat.

Wiederherstellung und Erneuerung der Tradition. Die Zeiten für das, was man *spatial turn* nennen könnte, sind gut. Wenn ich es dennoch vorziehe, nicht von *spatial turn* zu sprechen, dann aus den bekannten Gründen: Bindestrichgeschichte, aparte Raumgeschichten führen in die Sackgasse. Es geht eigentlich »nur« um gesteigerte Aufmerksamkeit, um Raffinierung und Steigerung der Wahrnehmung und die Verfeinerung des Registers der Geschichtsschreibung. *Turns* sind Moden und etwas für Epigonen. An einem *turn* beteiligen kann sich ein/e jede/r, wenn er einmal vollzogen ist. Die Bedingungen für die spezifische Schulung der Sinne, die dazu notwendig ist, sind gut. Unter unsren Augen sind Räume zerbrochen. Wir haben Anschauungsunterricht bekommen in der Demontage, im Zerbrechen und in der Produktion von Räumen. Wir haben das ganze Register von Auflösung/Neubildung, von Umkodierung von Räumen und des Löschens und Neuzeichnens von Karten vorgeführt bekommen. Wir haben den Schock des Insichzusammensinkens von Räumen von heute auf morgen mitgemacht – Mauerfall 1989 und *Ground Zero* 2001. Es gibt die Erfahrung, daß jenseits der Selbstreferenzen noch andere Welten liegen und daß es noch oder wieder etwas zu entdecken gibt. Was die theoretischen Bestände angeht, gibt es eine eindrucksvolle Linie: Herodot, Carl Ritter, Alexander von Humboldt, Friedrich Ratzel – und Walter Benjamin. Walter Benjamin gehört in diesen Kontext, auch wenn das etwas ungewohnt ist. Aber die Amerikaner, die Benjamin gelesen haben, lesen ihn im Kontext von *urban studies*, also im Kontext von Ratzel und Lamprecht, von denen sie meistens (und leider) nichts wissen. Im Falle Benjamins geht es nicht nur oder nicht in erster Linie um das philosophische Erbe des *Passagen-Werkes* (und alles, was typologisch dazugehört), sondern um seine historiographischen Verfahren, Methoden und Erträge, um das, was er in einem grandiosen Satz so gesagt hat: »Geschichte schreiben heißt, Jahreszahlen ihre Physiognomie geben.«[35]

Die Monopolisierung Benjamins durch die Textwissenschaftler ist von Übel. Benjamin ist wie Anziferow, Lefebvre oder Soja Chorologe, der den Bann des Lesens und der Fixierung auf Texte durchbricht. Flanieren ist eine Form der Erkenntnis, ein spezifischer Bewegungs- und

Erkenntnismodus. Die Historiker haben die Erkenntnismöglichkeit der Bewegung, des Reisens, längst ins Private, Touristische und Banale abgedrängt und es als eine avancierte Form des Sichvertrautmachens mit der Welt, als Form des forschenden Sehens und sehenden Forschens preisgegeben. Im Schul-und Forschungsbetrieb haben sie die Exkursion zum gruppendynamischen Experiment am Lagerfeuer heruntergebracht. Für die meisten Leute, die so viel von Franz Hessel oder Walter Benjamin halten, ist Flanieren nur eine Metapher. Daß »Städte lesen« so etwas sei wie »Texte lesen«, ist ein fatales, freilich bequemes Mißverständnis. Städte lesen erfordert ganz andere Anstrengungen, vor allem eine gedankliche Operation: daß man hinausgeht, sich in Bewegung setzt und vom Hochsitz der Lektüre herabsteigt. Man geht das Risiko des Verlusts der Übersicht ein. Der Flaneur folgt der Stadt, sie ist mächtiger als er. Mit Städten oder Orten kann man nicht machen, was einem beliebt. Städte und Orte sind hart. Man erfährt dort etwas über die Macht, vor allem aber über die Grenzen von Konstruktionen. Benjamin hat uns das *Passagen-Werk* hinterlassen. Es ist der bedeutendste Versuch über Gleichzeitigkeit. Ich kann mir keine Geschichtsschreibung vorstellen, die hinter das *Passagen-Werk* zurückgeht. Seine Hauptleistung ist die Reproduktion oder Rekonstruktion des Raumes »Bürgerliches Zeitalter« an seinem Hauptschauplatz. Es ist die Geschichte der Produktion eines Raumes – und seines Niedergangs. Es ist ein Narrativ, in dem Ort und Epoche in der höchsten Dichte zusammenlaufen. Paris als »konkrete Totalität«.

Darstellungsformen nach der Postmoderne. Das Hauptthema, um das es hier geht, ist die Frage nach der Möglichkeit einer Großen Erzählung nach dem Ende der Großen Erzählung. Ich bin davon überzeugt, daß es die Große Erzählung gibt, weil es die Form ist, in der Menschen sich ihre Welt darstellen und deuten. Die Darstellungsformen der Historiographie sind – von Ausnahmen abgesehen – hinter der Zeit zurückgeblieben. Sie sind 19. Jahrhundert, wo wir doch schon im 21. leben. Vielleicht ist das ungerecht. Aber mir scheint, daß wir einfach nicht darstellen können, was wir darstellen wollen, wenn wir uns an die Narrative der Evolution und des sogenannten »langen 19. Jahrhunderts« halten. Wir müssen neue Narrative erproben, die den Brüchen, den Katastrophen, den Katarakten und Kataklysmen des 20. Jahrhunderts Rechnung tragen. Die Geschichtsschreibung zum 20. Jahrhundert muß dem Zusammenstoß der Zeitalter, dem denkbar härtesten Nebeneinander der Zeiten, der Gleichzeitigkeit der Ungleichzeitigkeit Rech-

nung tragen. Es geht um Abbrüche, Zäsuren, Schocks, Diskontinuitäten, Schnitte. Das ist das Narrativ der Simultaneität. Die darstellerischen Mittel, die in der Literatur, im Film, in der Malerei und Kunst
gefunden worden sind, sind weiter als jene der Historiographie. Über
weite Strecken wird das Jahrhundert der Massenmorde, der Genozide,
der Massenflucht und Vertreibung, wie es sich durchaus gehört, in der
Sprache der Opfer oder auch der Täter, der Schreibtischtäter und Buch-
halter des Todes verhandelt, häufig aber auch in der beschaulichen
Sprache eines Biedermeier, das noch keine Ahnung haben konnte von
den Schrecken des 20. Jahrhunderts. Die Methode dieses Narrativs
kann man sich nicht ausdenken oder konstruieren, es ergibt sich aus der
Arbeit vor Ort, aus dem Herumgehen auf dem Schauplatz und bei der
Besichtigung der Schlacht- und Ruinenfelder. Was aus den Wanderungen durch das Moskau im Jahre 1937 sich ergeben wird, ob die Bewegungsform des Flaneurs sich den Bewegungsformen auf dem Santa
Monica Freeway anpassen muß, um zu neuen Einsichten zu kommen –
wir werden sehen. Sicher ist nur, daß man sich auf den Ort, an dem
alles spielt, erst einmal einlassen muß. Die Wege und Umwege finden
sich dann wie von selbst.

ANMERKUNGEN

ALEXANDER VON HUMBOLDTS SCHIFF, NAVIGATION

1 Einen hervorragenden Eindruck von der Größe des »Unternehmens Alexander von Humboldt« gab die Ausstellung »Alexander von Humboldt – Netzwerke des Wissens« im Haus der Kulturen der Welt, Berlin, vom 6. Juni bis 15. August 1999. Vgl. dazu den Katalog *Alexander von Humboldt. Netzwerke des Wissens*, Berlin, München 1999. Vgl. auch: Otto Krätz, *Alexander von Humboldt. Wissenschaftler – Weltbürger – Revolutionär*, München 2000

2 Alexander von Humboldt, *Briefe aus Amerika 1799–1804*, hg. von Ulrike Moheit, Berlin 1993; Alexander von Humboldt, *Südamerikanische Reise. Ideen über Ansichten der Natur*. Berlin 1943; Alexander von Humboldt, *Ansichten der Natur*, hg. von Adolf Meyer-Abich, Stuttgart 1969

3 Über das Register von Genres und Arbeitsweisen vgl. die zahlreichen Biographien, u. a. Adolf Meyer-Abich, *Alexander von Humboldt in Selbstzeugnissen und Bilddokumenten*, Reinbek 1967; *Alexander von Humboldt, Über die Freiheit des Menschen. Auf der Suche nach Wahrheit*, hg. von Manfred Osten, Frankfurt/M., Leipzig 1999; *Alexander von Humboldt. Werk und Weltgeltung*, hg. von Heinrich Pfeiffer für die Alexander von Humboldt Stiftung, München 1969; Herbert Scurla, *Alexander von Humboldt. Sein Leben und Wirken*, Berlin 1959, *Alexander von Humboldts Reise durchs Baltikum nach Rußland und Sibirien 1829*. Aufgezeichnet von Hanno Beck. Stuttgart 1983; *Alexander von Humboldt, Ansichten der Natur. Ein Blick in Humboldts Lebenswerk*, ausgewählt und eingeleitet von Herbert Scurla, Berlin 1959; Kurt-R. Biermann, »Die Gebrüder Humboldt auf der Universität Frankfurt (Oder)«, in: *Die Oder-Universität Frankfurt. Beiträge zu ihrer Geschichte*, Weimar 1983, 267–273; Halina Nelken, *Alexander von Humboldt. Bildnisse und Künstler. Eine dokumentierte Ikonographie*, Berlin 1980; Alexander von Humboldt, *Werke, Briefe, Selbstzeugnisse*, Hamburg 1959

LEHRSTÜCK I: FALL DER BERLINER MAUER 1989

1 Über Metamorphose und Transformation des ostmitteleuropäischen Raumes vgl. die Essays in: Karl Schlögel, *Promenade in Jalta und andere Städtebilder*, München 2001, sowie ders., *Die Mitte liegt ostwärts. Europa im Übergang*, München 2002; vgl. auch die Reportagen und Analysen von Timothy Garton Ash, *Ein Jahrhundert wird abgewählt*, München 1990, sowie ders., *Zeit der Freiheit. Aus den Zentren von Mitteleuropa*, München 1999

LEHRSTÜCK II:
GROUND ZERO. 11. SEPTEMBER 2001

1 Eine ausgezeichnete Darstellung von Manhattan in kartographischer Repräsentation ist: Paul E. Cohen/Robert T. Augustyn (eds.), *Manhattan in Maps 1527–1995*, New York 1997

2 Henri Lefebvre, zit. bei Derek Gregory, *Geographical Imaginations*, Cambridge, Oxford 1994, 159

3 Eine auch für die historiographische Methode höchst relevante Darstellung ist die Recherche in: Stefan Aust/Cordt Schnibben (Hg.), *11. September 2001. Geschichte eines Terrorangriffs*, Stuttgart 2002

4 Von den zahlreichen neuen Analysen vgl. Walter Laqueur, *Krieg dem Westen. Terrorismus im 21. Jahrhundert*, Berlin 2003

»SPATIALE ATROPHIE«.
DAS VERSCHWINDEN DES RAUMES

1 Eine eindrucksvolle Geschichte der globalen Kommunikation vgl. bei Peter J. Hugill, *Global Communications Since 1844, Geopolitics and Technology*, Baltimore, London 1999

2 A. Gillespie/H. Williams, »Telecommunications and the Reconstruction of Regional Comparative Advantage«, in: *Environment and Planning* A 20, 1317

3 Martin Dodge/Rob Kitchin, *Mapping Cyberspace*, London, New York 2001, 14

4 Ebd., 15

5 Reinhart Koselleck, *Zeitschichten. Studien zur Historik*. Mit einem Beitrag von Hans-Georg Gadamer, Frankfurt/M. 2000, 81

6 Edward W. Soja, *Postmodern Geographies: The Reassertion of Space in Critical Social Theory*, London 1989, 1,2

7 Nicolaus Sombart, »Nachrichten aus Ascona. Auf dem Wege zu einer kulturwissenschaftlichen Hermeneutik«, in: Walter Prigge (Hg.), *Städtische Intellektuelle. Urbane Milieus im 20. Jahrhundert*, Frankfurt/M. 1992, 107–119, hier 107/108

8 Ebd., 108

9 Reinhart Koselleck, *Zeitschichten*, 79

10 Vgl. Derek Gregory, *Geographical Imaginations*, 271

11 Reinhart Koselleck, *Zeitschichten* 80

12 Ebd.

13 Carl Ritter, »Über das historische Element in der geographischen Wissenschaft«, in: *Einleitung zur allgemeinen vergleichenden Geographie und Abhandlungen zur Begründung einer mehr wissenschaftlichen Behandlung der Erdkunde*, Berlin 1852, 152–181, hier 153

14 Carl Ritter, »Über das historische Element in der geographischen Wissenschaft«, 181

15 Carl Ritter, »Über das historische Element«, 153

16 Carl Ritter, »Über das historische Element«, 165

17 Carl Ritter, »Über das historische Element«, 168, 171

18 Carl Ritter, »Über das historische Element«, 176

19 Carl Ritter, »Über das historische Element«, 188, 189

20 Edward Soja, *Postmodern Geographies*, 15

21 Anthony Giddens, zit. nach Allan Pred, »Context and Bodies in Flux: Some Comments on Space and Time in the Writings of Anthony Giddens«, in Anthony Giddens, *Consensus and Controversy*, ed. by Jon Clark et al., London 1990, 117

22 Anthony Giddens, zit. nach Allan Pred, ebd., 117

HORROR VACUI.
DIE SCHRECKEN DER GLEICHZEITIGKEIT

1 Edward Soja, *Postmodern Geographies*, 2

2 Edward Soja, *Postmodern Geographies*, 22

DER DEUTSCHE FALL: RAUM ALS OBSESSION

1 Mechthild Rössler, Sabine Schleiermacher, »Der ›Generalplan Ost‹ und die ›Modernität‹ der Großraumordnung. Eine Einführung«, in: *Der »Generalplan Ost«. Hauptlinien der nationalsozialistischen Planungs- und Vernichtungspolitik*, hg. von Mechthild Rössler und Sabine Schleiermacher unter Mitarbeit von Cordula Tollmien, Berlin 1993, 7. Ausgezeichnet für die Darstellung der kartographischen Repräsentation der Ethnisierung des Raumes und der rassistischen Verräumlichung der NS-Herrschaft in Europa: Guntram Henrik Herb, *Under the Map of Germany. Nationalism and Propaganda 1918–1945*, London, New York 1997

2 Zur Disziplingeschichte und zur Aufarbeitung der Rolle der Geopolitik liegt inzwischen eine umfangreiche Literatur vor. Vgl.: Peter Schöller, »Wege und Irrwege der Politischen Geographie und Geopolitik (1957)«, in: *Politische Geographie*, hg. von Josef Matznetter, Darmstadt 1977, 249–302; Mechthild Rössler, »*Wissenschaft und Lebensraum«. Geographische Ostforschung im Nationalsozialismus. Ein Beitrag zur Disziplingeschichte der Geographie*, Berlin, Hamburg 1990; Frank Ebeling, *Geopolitik. Karl Haushofer und seine Raumwissenschaft 1919–1945*, Berlin 1992

3 Götz Aly, Susanne Heim, *Vordenker der Vernichtung. Auschwitz und die deutschen Pläne für eine neue europäische Ordnung*, Hamburg 1991

4 Karl-Georg Faber, »Zur Vorgeschichte der Geopolitik. Staat, Nation und Lebensraum im Denken deutscher Geographen vor 1914«, in: *Weltpolitik. Europagedanke. Regionalismus. Festschrift für Heinz Gollwitzer zum 60. Geburtstag*, ed. H. Dollinger u. a., Münster 1982, 389–406

5 Über den Bruch zwischen der alten Geopolitik der Weimarer Zeit und der im Nationalsozialismus vgl. Michael Fahlbusch, »*Wo der Deutsche . . . ist, ist Deutschland«. Die Stiftung für deutsche Volks- und Kulturbodenforschung in Leipzig 1920–1933*, Bochum 1994. Zu Ratzel: Günther Buttmann, *Friedrich Ratzel, Leben und Werk eines deutschen Geographen*, Stuttgart 1977

6 Götz Aly, »*Endlösung*«. *Völkerverschiebung und der Mord an den europäischen Juden*, Frankfurt/M. 1995

7 Über den Aufstieg der Geographie im Zeitalter des Kolonialismus/Imperialismus vgl. Felix Driver, *Geography Militant. Cultures of Exploration and Empire*, Oxford 2001

8 Ein schönes Beispiel, an dem Kontinuität und Diskontinuität deutscher Herrschaft im Osten im Ersten bzw. Zweiten Weltkrieg verdeutlicht werden kann, ist: *Das Land Ober Ost. Deutsche Arbeit in den Verwaltungsgebieten Kurland, Litauen und Bialystok-Grodno*, hrsg. im Auftrage des Oberbefehlshabers Ost, Stuttgart, Berlin 1917

SPATIAL TURN, ENDLICH

1 Yi-Fu Tuan, *Topophilia, A Study of Environmental Perception, Attitudes and Values*, New York 1974; ders., *Space and Place. The Perspective of Experience*, Minneapolis, London 1977; ders., *Segmented Worlds and Self*, Minneapolis 1982; ders., *Who Am I?* Madison/Wisconsin; London 1999; Otto Friedrich Bollnow, *Mensch und Raum*, Stuttgart u. a. [8]1997, 27

2 Henri Lefebvre, *The Production of Space*, Oxford, Cambridge 1991; Gaston Bachelard, *Poetik des Raumes*, München 1960; *La Révolution urbaine*, Paris 1970

3 Hier vor allem: Marshall Berman, *All That is Solid Melts Into Air: The Experience of Modernity*, London 1982; David Harvey, *The Condition of Postmodernity: An Enquiry Into The Origins of Cultural Change*, Cambridge/Mass. 1989; ders., »Between Space and Time: Reflections on the Geographical Imagination«, in: *Annals of the Association of American Geographers*, 80 (1990), 418–434; ders., *Spaces of Hope*, Berkeley, Los Angeles 2000; Allan Pred, *Place, Practice and Structure, Social and Spatial Transformation in Southern Sweden: 1750–1850*, Cambridge, Oxford 1986; ders., *Lost Words and Lost Worlds: Modernity and the Language of Everyday Life in Late Nineteenth-Century Stockholm*, Cambridge 1990; ders., *Making Histories and Constructing Human Geographies*, Boulder 1990; Derek Gregory, *Geographical Imaginations*, Cambridge, Oxford 1994; ders. u. a. (eds.)., *Human Geography, Society, Space, and Social Science*, Minneapolis 1994; Edward W. Soja, *Postmodern Geographies: The Reassertion of Space in Critical Social Theory*, London 1989; ders., *Thirdspace: Journeys to Los Angeles and Other Real-and-Imagined Places*, Cambridge/Mass. 1996

4 Von den Urban studies seien hier nur hervorgehoben die zentrale Arbeit von Jane Jacobs, *The Death and Life of Great American Cities*, New York 1961; Christine Boyer, *The City of Collective Memory*, Cambridge/Mass. 1996; Dolores Heyden, *The Power of Place: Urban Landscapes as Public History*, Cambridge, Mass., London 1995; Robert Venturi et al. (eds.): *Learning from Las Vegas*, Cambridge/Mass., London [2]2001; Mike Davis, *City of Quartz. Excavating the Future in Los Angeles*, New York 1990

5 Hier nur auf Stadtraum bezogen: D. Bell/G. Valentine (eds.): *Mapping Desire. Geographies of Sexualities*, London 1995

6 Vgl. Marc Augé, *Orte und Nicht-Orte. Vorüberlegungen zu einer Ethnologie der Einsamkeit*, Frankfurt/M. 1994; James Clifford, *Routes. Travel and Translation in the*

Late Twentieth Century, Cambridge/Mass. 1997; James S. Duncan, *The City as Text: The Politics of Landscape Interpretation in the Kandyan Kingdom*, Cambridge 1990; Peter J. Taylor/Colin Flint, *Political Geography: World-Economy, Nation-State, and Locality*, Harlow 1996

7 Für Semiotik und Kunstwissenschaft: Sigfried Giedion, *Space, Time and Architecture*, Cambridge/Mass. 1967; Stephen Kern, *The Culture of Time and Space, 1880–1918*, Cambridge/Mass. 1983; Yuri Lotman, *Universe of the Mind: A Semiotic Theory of Culture*, London, New York 1990; Martin Warnke, *Politische Landschaft, Zur Kunstgeschichte der Natur*, München, Wien 1992

8 Stellvertretend für viele vgl. Leonard Lutwack, *The Role of Place in Literature*, Syracuse, New York, 1984; Franco Moretti, *Atlas des europäischen Romans. Wo die Literatur spielte*, Köln 1999; Vasilij Ščukin, *Mif dvorjanskogo gnezda, Geokul'turologičeskoe issledovanie po russkoj klassičeskoj literature*, Kraków 1997

9 Über den Stand der Entwicklung vgl. Jürgen Osterhammel, »Die Wiederkehr des Raums: Geographie, Geohistorie und historische Geographie«, in: *Neue politische Literatur* 43 (1998), 374–395; ders., »Raumerfassung und Universalgeschichte im 20. Jahrhundert«, in: Hübinger, Gangolf u. a. (Hg.): *Universalgeschichte und Nationalgeschichten*, Freiburg 1994, 51–70; Charles S. Maier, »Consigning the Twentieth Century to History: Alternative Narratives for the Modern Era«, in: *American Historical Review*, June 2000, 807–831

10 Zum Zusammenhang von Sozial- und Raumwissenschaften vgl. Robin A. Butlin, *Historical Geography: Through the Gates of Space and Time*, London 1993; Denis Cosgrove/Stephen Daniels (eds.), *The Iconography of Landscape: Essays on the Symbolic Representation, Design and Use of Past Environments*, Cambridge 1988; Robert A. Dodgshon, *Society in Time and Space. A Geographical Perspective on Change*, Cambridge 1998; Felix Driver, *Geography Militant, Cultures of Exploration and Empire*, Oxford, Malden/Mass. 2001; Robert Sack, *Conceptions of Space in Social Thought: A Geographic Perspective*, Minneapolis 1980; herausragend: Matthew H. Edney, *Mapping an Empire: The Geographical Construction of British India, 1765–1843*, Chicago 1990. Stellvertretend für die Entwicklung in der Kartographie: Anne Marie Claire Godlewska, »The Language of Representation«, in: *Mercator's World*, November/December 1999, 30–35; J. B. Harley, *The New Nature of Maps, Essays in the History of Cartography*, ed. by Paul Laxton, Baltimore, London 2001; Mark Monmonier, *Eins zu einer Million. Die Tricks und Lügen der Kartographen*, Basel u. a. 1996; Norman J. W. Thrower, *Maps and Civilization. Cartography in Culture and Society*, Chicago, London ²1999

11 Edward Soja, *Postmodern Geographies*, 4

12 Soja, *Postmodern Geographies*, 46

13 Henri Lefebvre, zit. bei Edward Soja, *Postmodern Geographies*, 43

14 Soja, *Postmodern Geographies*, 51

15 Derek Gregory, *Ideology, Science and Human Geography*, London 1978, 57

16 Soja, *Postmodern Geographies*, 115

17 David Harvey, »The Urban Process under Capitalism«, in: *International Journal of Urban and Regional Research* 1978, 2, 102

18 Soja, *Postmodern Geographies*, 102

19 Gaston Bachelard, *Poetik des Raumes*, München 1960

20 Marc Augé, *Orte und Nicht-Orte. Vorüberlegungen zu einer Ethnologie der Einsamkeit*, Frankfurt/M. 1994, 46

21 Anthony Giddens, *The Constitution of Society: Outline of the Theory of Structuration*, Cambridge 1984; Pierre Bourdieu, *Outline of a Theory of Practice*, Cambridge 1977

22 Augé, *Orte und Nicht-Orte*, 40

23 Yi-Fu Tuan, *Space and Place*, 203

CYBERIA: NEUER RAUM, NEUE GEOPOLITIK

1 Gearóid Ó Tuathail, Simon Dalby (eds.), *Rethinking Geopolitics. Towards a critical geopolitics*, London, New York 1998, 1; vgl. auch Gearóid Ó Tuathail, *Critical Geopolitics. The Politics of Writing Global Space*, Minneapolis 1996; Geoffrey Parker, *Geopolitics. Past, Present and Future*, London, Washington 1998; Michael Peter Smith, *Transnational Urbanism, Locating Globalization*, Malden, Oxford 2001

2 Ó Tuathail, Dalby (eds.), *Rethinking Geopolitics*, 2

3 Ó Tuathail, Dalby (eds.), *Rethinking Geopolitics*, 7

4 Manuel Castells, zit. in: Gearóid Ó Tuathail, *Postmodern Geopolitics*, 25

5 Gearóid Ó Tuathail, »Postmodern geopolitics? The modern geopolitical imagination and beyond«, in: Ó Tuathail, Dalby (eds.), *Rethinking Geopolitics*. London, New York 1998, 25

6 Bruno Latour, zit. in *Postmodern Geopolitics*, 26

7 Timothy W. Luke, »Running Flat«, in: *Postmodern Geopolitics*, 277

8 Luke, 289

9 Luke, 289, 290

10 Vgl. Ó Tuathail, *Postmodern Geopolitics*, 33

11 Michel Foucault, »Of Other Spaces«, in: *Diacritics*, 16 (1986), 22−27

12 Homi K. Bhaba, *The Location of Culture*, London 1994

13 Charles S. Maier, »Consigning the Twentieth Century to History: Alternative Narratives for the Modern Era«, in: *American Historical Review*, June 2000, 807−831, hier 828

KARTENZEITEN. ZEIT, IN KARTEN GEFASST

1 Norman W. Thrower, *Maps and Civilization. Cartography in Culture and Society*, Chicago, London ²1999, 67; Vitalis Pantenburg, *Das Porträt der Erde. Geschichte der Kartographie*, Stuttgart 1970. Zur Entwicklung von Globen vgl. Alois Fauser, *Kulturgeschichte des Globus*, München 1973; E. P. Karpeev, *Der große Gottorfer Globus, Bol'šoj gottorpsskij globus*, Sankt Petersburg 2000; Lothar Zögner (Hg.), *Die Welt in Händen, Globus und Karte als Modell von Erde und Raum*, Staatsbibliothek Preußischer Kulturbesitz, Ausstellungskataloge 37, Berlin 1989; Oswald Muris/Gert Saarmann, *Der Globus im Wandel der Zeiten. Eine Geschichte der Globen*, Berlin, Beutelsbach bei Stuttgart 1961

2 Repräsentativ nach wie vor die Zusammenstellung bei Leo Bagrow/R. A. Skelton, *Meister der Kartographie*, Berlin ⁶1994; John Goss, *Kartenkunst. Die Geschichte der Kartographie*, Braunschweig 1994

3 Die klassische Arbeit zur Vermessung der *terra Australis* ist: Paul Carter, *The Road to Botany Bay: An Essay in Spatial History*, London 1987

4 Thrower, 85

5 Vgl. Carter

6 Peter Whitefield, *Mapping the World: A History of Exploration*, London 2000

7 Armin Wolf, »What Can the History of Historical Atlases Teach? Some Lessons from a Century of Putzger's ›Historischer Schulatlas‹«, in: *Cartographia*, 28 (1991) 2, 21–37

8 Mark Monmonier, *Eins zu einer Million. Die Tricks und Lügen der Kartographen*, Basel u. a. 1996, 82; ders., »Telegraph, Iconography and the Weather Map: Cartographic Weather Reports by the United States Weather Bureau 1870–1935«, in: *Imago Mundi: The International Journal for the History of Cartography*, 40 (1988), 15–31

9 Jeremy Black, *Maps and History. Constructing Images of the Past*, New Haven, London 1997

WAS KARTEN ZEIGEN.
ERKENNTNIS UND INTERESSE

1 Wegen der Fülle der Karten- und Atlantenliteratur wird hier auf die Bibliographie am Ende dieses Bandes verwiesen.

SPRACHE DER KARTEN, KARTENSPRACHEN

1 Derek Gregory, *Geographical Imaginations*, Cambridge, Oxford 1994, 54

2 Carl Ritter, *Über das historische Element in der geographischen Wissenschaft*, 181

3 Heinrich Laube, *Reisenovelle 1834–1837*, zit. in: Lothar Zögner (Hg.), *Carl Ritter in seiner Zeit*, Staatsbibliothek Preußischer Kulturbesitz, Ausstellungskataloge 11, Berlin 1979, 53

4 Deutsche Ausgabe: Mark Monmonier, *Eins zu einer Million. Die Tricks und Lügen der Kartographen*, Basel u. a. 1996, 242. Zur Dekonstruktion von Karten vgl. die Sammlung von Aufsätzen von J. B. Harley, *The New Nature of Maps, Essays in the History of Cartography*, ed. by Paul Laxton, Baltimore, London 2001, insbesondere: »Silences and Secrecy. The Hidden Agenda of Cartography in Early Modern Europe«, ebd. 84–107

5 Vgl. Anne Marie Claire Godlewska, »The Language of Representation«, in: *Mercator's World*, November/December 1999, 30–35

6 Denis Wood, *The Power of Maps*, New York, London 1992, 132

7 Monmonier, *Eins zu einer Million. Die Tricks und Lügen der Kartographen*, Basel u. a. 1996

8 Jeremy Black, *Maps and Politics*, weitere Angaben 29

9 Monmonier, 22

10 Monmonier, 27, 29

11 Monmonier, 33

12 Black, 29

13 Monmonier, 31

14 Monmonier, 37, 39

15 Kartographie-Geschichten: Thrower, Wood, Black u. a.

16 Black, 11

17 Monmonier, 45

18 Monmonier, 45

19 Black, 104

20 Monmonier, 56

21 Monmonier, 58

22 Monmonier, 64

23 Zur Kritik der »natürlichen Grenze« als Ideologie: vgl. Hans-Dietrich Schulz, »Deutschlands ›natürliche‹ Grenzen. ›Mittellage‹ und ›Mitteleuropa‹ in der Diskussion der Geographen seit dem Beginn des 19. Jahrhunderts«, in: *Geschichte und Gesellschaft* 15 (1989), 248−281

DER KRIEG UND DAS AUGE

1 Aus: *Skizzen aus Litauen, Weißrußland und Kurland*. Von Hermann Struck und Herbert Eulenberg. Mit 60 Steinzeichnungen. Hergestellt in der Druckerei des Oberbefehlshabers Ost, Verlag von Georg Stilke, Hofbuchhändler S. K. und K. H. des Kronprinzen, Berlin NW. 7, 1916

SARAJEWO:
TERRAINKUNDE, ÜBERLEBENSWICHTIG

1 Karte von Sarajewo: Sudada Kapić, Ozren Pavlović, Drago Resner, Nihad Kresevljaković, Emir Kasumagić, Sarajewo, 1996

2 *Terrainlehre*, 1

3 Max Eckert-Greifendorff, *Kartographie. Ihre Aufgaben und Bedeutung für die Kultur der Gegenwart*, Berlin 1939, 335

4 Yves Lacoste, *Geographie und politisches Handeln. Perspektiven einer neuen Geopolitik*, Berlin 1990

5 Vgl. Susan Ludman-Bliebe, »Room Service! The Map Division at 42nd Street and Fifth Avenue Serves New York's Throngs«, in: *Mercator's World*, September/October 1999

6 Vgl. auch zu Moltke: Lothar Zögner (Hg.), *Carl Ritter in seiner Zeit*, Staatsbibliothek Preußischer Kulturbesitz, Ausstellungskataloge 11, Berlin 1979

7 Eckert-Greifendorff, 327

8 Gespräch mit Prof. Dr. István Klinghammer, Budapest im Januar 2001

9 Eckert-Greifendorff, 327

1 Alles wurde dargestellt und zitiert nach: *Hidden History of the Kovno Ghetto*. United States Holocaust Memorial Museum. Published on the occasion of the exhibition Hidden History of the Kovno Ghetto, held at the United States Holocaust Memorial Museum, Washington, D.C., November 21, 1997-October 3, 1999. Die im Text erwähnten und beschriebenen Karten finden sich auf den Seiten 14, 59, 86, 94, 131, 151–154, 198, 226

2 Avraham Tory, *Surviving the Holocaust: The Kovno Ghetto Diary*. Translated from Hebrew by Jerzy Michalowicz, Cambridge/Mass., 1990

PHILO-ATLAS. FLUCHTWEGE

1 Er ist wieder zugänglich als Reprint der Ausgabe von 1938 mit einem Vorwort von Susanne Urban-Fahr, Bodenheim bei Mainz, o. J.

PASSAGEN: BENJAMINS WEG ZUR BIBLIOTHÈQUE NATIONALE

1 Niemand hat dies überzeugender dargestellt als Susan Buck-Morss in ihrer großartigen Studie: *The Dialectics of Seeing. Walter Benjamin and the Arcade Project*, Cambridge/Mass., 1991. Was den kulturellen und architektonischen Ort der Passage betrifft, nach wie vor unübertroffen: J. F. Geist, *Passagen. Ein Bautyp des 19. Jahrhunderts*, München 1979

2 Brief vom 26.1.1936, zit. nach: Walter Benjamin, *Gesammelte Schriften*, Bd. V, 2, *Das Passagen-Werk*, hg. von Rolf Tiedemann, Frankfurt/M. 1982, 1151

3 Zur detaillierten Rettungsgeschichte vgl. den editorischen Bericht von Rolf Tiedemann in *Passagen-Werk*, V, 2, 1067 ff.

4 Angaben zum Leben Benjamins nach: Willem van Reijen und Herman van Doorn, *Aufenthalte und Passagen. Leben und Werk Walter Benjamins. Eine Chronik*, Frankfurt/M. 2001

5 Rolf Tiedemann, »Einführung«, *Passagen-Werk*, V, 1, 11

6 Zit. nach Rolf Tiedemann, »Einführung«, *Passagen-Werk*, V,1, 11

7 Rolf Tiedemann, »Einführung«, *Passagen-Werk* 31

8 Benjamin, *Passagen-Werk*, 595

9 Benjamin, *Passagen-Werk*, 1045

10 Benjamin, *Passagen-Werk*, 1099

11 Benjamin, *Passagen-Werk*, 1098

12 Benjamin, *Passagen-Werk*, 1100

13 Benjamin, *Passagen-Werk*, 1102

14 Benjamin, *Passagen-Werk*, 1126

15 Benjamin, *Passagen-Werk*, 1152

16 Benjamin, *Passagen-Werk*, 1153

17 Benjamin, *Passagen-Werk*, 1058–1059

18 Benjamin, *Passagen-Werk*, 580

19 Benjamin, *Passagen-Werk*, 1142

20 Benjamin, *Passagen-Werk*, 574

21 Benjamin, *Passagen-Werk*, 1083

22 Walter Benjamin, Brief an Scholem vom 15.3.1929, zit. in *Passagen-Werk*, 1090

23 Walter Benjamin, *Berliner Kindheit um Neunzehnhundert*, 131

24 Walter Benjamin, *Einbahnstraße*, Frankfurt/M. 1988, 16/17

25 Benjamin, *Berliner Kindheit*, 9/10

26 Walter Benjamin, »Die Wiederkehr des Flaneurs«, in: Franz Hessel, *Ein Flaneur in Berlin*, Berlin 1984, 277–281, hier 278

27 Walter Benjamin, *Moskauer Tagebuch*, Frankfurt/M. 1980, 36/37

GRENZEN, *RAZORLIKE* UND ANDERE

1 Über Grenzbildung und Grenzvorstellungen im Mittelalter vgl. Guy P. Marchal (Hg.), *Grenzen und Raumvorstellungen (11.–20. Jh.)*, Zürich 1996

2 Georg Simmel, »Soziologie des Raumes«, in: *Schriften zur Soziologie*, Frankfurt/M. 1983, 221–242

3 Alexander Kulischer, *Kriegs- und Wanderungszüge. Weltgeschichte als Völkerbewegung*, Berlin/Leipzig 1932

4 Frederick Jackson Turner: *The Frontier in American History*, New York 1996, vgl. auch Martin Ridge, *Atlas of American Frontiers*, Chicago u. a. 1993

5 Michel Foucher, *Front et frontières. Un tour du monde géopolitique*, Paris 1988

6 Turner, 3, 4

7 Turner, 52

WELTBILDER, KARTENBILDER:
EINE ANDERE »PHÄNOMENOLOGIE DES GEISTES«

1 Reinhart Koselleck, *Zeitschichten. Studien zur Historik*, Frankfurt/M. 2000, 82

2 Anatol Johansen, »Mutter Erde, hautnah. Die Raumfähre ›Endeavour‹ soll die Erde mit bisher unerreichter Präzision vermessen«, in: *Die Zeit*, 2 (5. Januar 2000), 24

3 Zur Geschichte der Kartographie: Denis Cosgrove, *Mappings*, London 1999, Bibliographie 301–303; Catherin Delano Smitz, »The Emergence of ›Maps‹ in European Rock Art: a Prehistoric Preoccupation With Place«, in: *Imago Mundi: The International Journal for the History of Cartography*, 34 (1982), 9–25; John Goss, *Kartenkunst. Die Geschichte der Kartographie*, Braunschweig 1994; Vitalis Pantenburg, *Das Porträt der Erde. Geschichte der Kartographie*, Stuttgart 1970; David Turnbull, »Cartography and Science in Early Modern Europe: Mapping the Construction of Knowledge Spaces«, in: *Imago Mundi: The International Journal for the History of Cartography*, 48 (1996), 5–24; Lothar Zögner, (Hg.), *Von Ptolemaeus bis Humboldt, Kartenschätze der Staatsbibliothek Preußischer Kulturbesitz, Ausstellung*

zum 125jährigen Jubiläum der Kartenabteilung, Staatsbibliothek Preußischer Kulturbesitz, Ausstellungskataloge 24, Berlin 1985; ders. (Hg.): *Die Welt in Händen, Globus und Karte als Modell von Erde und Raum*, Staatsbibliothek Preußischer Kulturbesitz, Ausstellungskataloge 37, Berlin 1989

4 Die Darstellung folgt Norman J. W. Thrower: *Maps and Civilization. Cartography in Culture and Society*, Chicago, London ²1999; hier 3, 14

5 Thrower, 47; vgl. auch Jeremy Black, *Maps and History. Constructing Images of the Past*, New Haven, London 1997

6 Charles H. Hapgood, *Die Weltkarten der alten Seefahrer*, Frankfurt/M. 2002; Kenneth Nebenzahl, *Atlas of Columbus and the Great Discoveries*, Chicago u. a. 1990

7 Über Macht und Kartographie: Denis Wood, *The Power of Maps*, New York, London 1992; D. Buisseret (ed.), *Monarchs, Ministers and Maps: The Emergence of Cartography as a Tool of Government in Early Modern Europe*, Chicago 1992; Jeremy Black, *Maps and Politics*, London 1997

PARADIESLANDSCHAFTEN UND ANDERE

1 Alles nach Norman J. W., *Maps and Civilization. Cartography in Culture and Society*, Chicago, London ²1999, hier 19, 20; vgl. die entsprechenden Abschnitte in: John Noble Wilford, *The Mapmakers, The Story of the Great Pioneers in Cartography – From Antiquity to the Space Age*, New York 2000; ebenfalls die entsprechenden Beiträge in Denis Cosgrove, *Mappings*, London 1999, darin vor allem: Christian Jacob, »Mapping in the Mind: The Earth from Ancient Alexandria«, 24–49; Alessandro Scafi, »Mapping Eden: Cartographies of the Earthly Paradise«, 50–70; Jerry Brotton. »Terrestrial Globalism: Mapping the Globe in Early Modern Europe«, 71–89

2 Thrower, 20

3 Thrower, 23

4 Thrower, 24

5 Thrower, 26

6 Zit. nach John Goss, *Kartenkunst. Die Geschichte der Kartographie*, Braunschweig 1994, 34

7 Thrower, 42

8 Goss, 126

PORTOLANKARTEN. SICH VOM UFER ABSTOSSEN.
ZU NEUEN UFERN

1 Norman J. W. Thrower: *Maps and Civilization. Cartography in Culture and Society*, Chicago, London ²1999, 56

2 John Goss, *Kartenkunst. Die Geschichte der Kartographie*, Braunschweig 1994, 40

3 Ebd., 41

4 Thrower, 64

5 Thrower, 67, 69

6 Zit. nach Thrower, 77

7 Thrower, 90

»DISCOURS DU MÉRIDIEN«:
DESCARTES UND CASSINI

1 Zit. nach Norman J. W. Thrower, *Maps and Civilization. Cartography in Culture and Society*, Chicago, London ²1999, 110:

»So Geographers, in Africa-maps,

With savage-pictures fill their gaps,

And other unhabitable downs

Place elephants for want of towns«

2 Vitalis Pantenburg, *Das Porträt der Erde. Geschichte der Kartographie*, Stuttgart 1970, 843

3 John Goss, *Kartenkunst. Die Geschichte der Kartographie*, Braunschweig 1994, 172

4 Nach Louis Marin, »Les vois de la carte«, in: *Cartes et Figure de la Terre*, Centre Georges Pompidou. Centre de Création Industrielle, Catalogue 1980, 47–54, hier 52

5 Goss, 191

6 Goss, 194

7 J. W. Konvitz, zit. nach Goss, 199

8 Goss, 186, 187

9 Goss, 191, 193

10 Goss, 193

11 Goss, 180–182

12 Goss, 184–185

13 Louis Marin, »Les vois de la carte«, in: *Cartes et Figure de la Terre*, Centre Georges Pompidou. Centre de Création Industrielle, Catalogue 1980, 47–54, hier 50

JEFFERSONS KARTE:
DIE MATRIX DER
AMERIKANISCHEN DEMOKRATIE

1 John Brinckerhoff Jackson, *A Sense of Place, a Sense of Time*, New Haven and London 1994, 153

2 D. W. Meinig, *The Shaping of America: A Geographical Perspective on 500 Years of History*, Vol. 1, New Haven, London 1986, 407

3 Robert H. Wiebe, zit. in: D. W. Meinig, *The Shaping of America. A Geographical Perspective on 500 Years of History*, Vol. 2, Continental America, 1800–1867, New Haven, London 1986, 219

4 Meinig, *The Shaping of America*, vol. 2, 431

5 Meinig, *The Shaping of America*, vol. 2, 389

6 Meinig, *The Shaping of America*, vol. 1, 391, 392

7 Robert David Sack, *Human Territoriality, Its Theory and History*, Cambridge 1986, 131

8 Sack, 132

9 Sack, 130

10 Sack, 131.

11 Meinig, *The Shaping of America*, vol. 1, 393

12 Sack, 150.

13 Meinig, *The Shaping of America*, vol. 2, 433

14 Meinig, *The Shaping of America*, vol. 2, 443

15 Meinig, *The Shaping of America*, vol. 2, 445

16 Meinig, *The Shaping of America*, vol. 1, 385

17 Meinig, *The Shaping of America*, vol. 1, 409

18 Meinig, *The Shaping of America*, vol. 1, 412

19 Meinig, *The Shaping of America*, vol. 1, 413

MAPPING AN EMPIRE:
DIE GEOGRAPHISCHE KONSTRUKTION INDIENS
1765–1843

1 Matthew H. Edney, *Mapping an Empire: The Geographical Construction of British India, 1765–1843*, Chicago 1990, 340; vgl. auch eine populäre Darstellung der Vermessung Indiens, in: John Keay, *The Great Arc. The Dramatic Tale of How India Was Mapped and Everest Was Named*, London 2000

2 Neben Edneys Arbeit ist dies Paul Carters, *The Road to Botany Bay: An Essay in Spatial History*, London 1987

3 Edney, 2

4 Edney, 325

5 Edney, 9

6 Edney, 15, 16

7 Edney, 197

8 Edney, 37

9 Edney, 331

10 Edney, 319, 320. Eine ausführliche Bibliographie unter Einschluß der nach-kolonialen Kartographie siehe Felix Driver, *Geography Militant. Cultures of Exploration and Empire*, Oxford 2001, 223–248

KARTEN MONOCHROM: DER NATIONALSTAAT

1 Benedict Anderson, *Imagined Communities: Reflections on the Origin and Spread of Nationalisms*, London 1983

2 Armin Wolf, »What Can the History of Historical Atlases Teach? Some Lessons from a Century of Putzger's ›Historischer Schulatlas‹«, in: *Cartographia*, 28 (1991) 2, 21–37; Jeremy Black, *Maps and Politics*, London 1997; Jeremy Black, *Maps and*

History. *Constructing Images of the Past*, New Haven, London 1997. Zu verschiedenen Ausgaben von Putzgers Historischen Schul-Atlanten: Alfred Baldamus u. a.
(Hg.): *F. W. Putzgers Historischer Schul-Atlas zur alten, mittleren und neuen Geschichte*, Bielefeld, Leipzig ³⁴1910; ders., *F. W. Putzgers Historischer Schul-Atlas zur
alten, mittleren und neuen Geschichte*, Bielefeld, Leipzig ³⁶1913; ders., *F. W. Putzgers
Historischer Schul-Atlas, Mittlere Ausgabe mit besonderer Berücksichtigung der Geopolitik, Wirtschafts- und Kulturgeschichte*, Bielefeld, Leipzig ³1930; *F. W. Putzgers Historischer Weltatlas*, Berlin ¹⁰²1995

3 Es wäre einmal interessant, gegen diese Konjunktion die Trinität von Nation,
Territorium und Staat, wie bei Hannah Arendt entwickelt, zu halten. Vgl. Hannah Arendt, *Elemente und Ursprünge totaler Herrschaft*, München 1986, 366, besonders 373 ff.

4 Franz Braun/A. Hillen Ziegfeld, *Geopolitischer Geschichtsatlas*, Dresden 1934, Einleitung

5 Guntram Henrik Herb, *Under the Map of Germany, Nationalism and Propaganda
1918–1945*, London, New York 1997, 134

6 Ein Beispiel: *Europa und der Osten*. Hg. von Reichsamtsleiter Hans Hagemeyer
und Reichsamtsleiter Dr. Georg Leibbrandt, München 1943

7 Herb, 145

8 Vgl. Wolf, 32, 33

WELTVERKEHR. DIE KRAFT DER BOURGEOISIE

1 Karl Marx/Friedrich Engels, Ausgewählte Schriften in zwei Bänden, Berlin
1968, Bd. I, 29–31. Vgl. dazu: David Harvey, »The geography of the Manifesto«,
in: David Harvey, *Spaces of Hope*, Berkley/Los Angeles 2000, 21–40

2 Carl Ritter, *Einleitung zur allgemeinen vergleichenden Geographie und Abhandlungen
zur Begründung einer mehr wissenschaftlichen Behandlung der Erdkunde*, Berlin 1852,
152–181, hier S. 168

3 Ritter, 168, 173, 176

4 Ritter, 177

5 Herausragende Geschichte der globalen Vergesellschaftung sind: Peter J. Hugill,
World Trade Since 1431: Geography, Technology and Capitalism, Baltimore 1993; sowie
vor allem ders., *Global Communications Since 1844, Geopolitics and Technology*, Baltimore, London 1999; vgl. auch: Wolfgang Zorn, Verdichtung und Beschleunigung des Verkehrs als Beitrag zur Entwicklung der »modernen Welt«, in:
Reinhart Koselleck (Hg.): *Studien zum Beginn der modernen Welt*, Stuttgart 1977,
115–134

6 Max Eckert-Greifendorff, *Kartographie. Ihre Aufgaben und Bedeutung für die Kultur
der Gegenwart*, Berlin 1939, 299

7 Eckert-Greifendorff, 299

8 Hermann Haack (Hg.), *Haack Atlas Weltmeere*, Gotha 1989, 36 ff.

9 Ein anspruchsvoller Versuch einer Kartographie der Globalisierung ist: *Le Monde
diplomatique. Atlas der Globalisierung*, Berlin 2003

JAN VERMEERS
INTERIEUR MIT GEOGRAPH (1669)

1 John Goss, *Kartenkunst. Die Geschichte der Kartographie*, Braunschweig 1994, 225
2 Goss, 225, 227
3 Max Eckert-Greifendorff, *Kartographie, Ihre Aufgaben und Bedeutung für die Kultur der Gegenwart*, Berlin 1939, 28
4 Lothar Zögner (Hg.), *Carl Ritter in seiner Zeit*, Staatsbibliothek Preußischer Kulturbesitz, Ausstellungskataloge 11, Berlin 1979, 32
5 Goos, 344
6 Eckert-Greifendorff, 30
7 Zit. in: Svetlana Alpers. *Kunst als Beschreibung. Holländische Malerei des 17. Jahrhunderts, Kartographie und Malerei in Holland*, Köln 1985, 273

DER WELT EINEN NAMEN GEBEN

1 Die Hauptarbeit ist: Paul Carter, *The Road to Botany Bay: An Essay in Spatial History*, London 1987. Hier zit. nach Peter Jackson, *Maps of Meaning*, 168 und 169; eine neuere Studie ist: Paul Carter, »Dark with Excess of Bright: Mapping the Coastlines of Knowledge«, in: Denis Cosgrove (ed.), *Mappings*, London 1999, 125–147

SÁNDOR RADÓ: DER KUNDSCHAFTER UND DIE LIEBE ZUR KARTOGRAPHIE

1 Sándor Radó, *Dora meldet*, Berlin 1974, 152
2 Radó, 155
3 Radó, 422
4 Erinnerungen seiner Schüler und Kollegen sind versammelt in den Geographischen Mitteilungen: *Földrajzi Közlemények, Societas Geographica Hungarica* (Hg.), CXXII/XLVI (1998) Nr. 3–4. Für Hilfe bei der Übersetzung danke ich sehr Dr. Anna Gara-Bak, Berlin
5 Gespräch mit Prof. Dr. István Klinghammer im Januar 2001 in Budapest
6 Radó, 326
7 Radó, 164
8 Radó, 347
9 Radó, 353
10 Radó, 22
11 *Führer durch die Sowjetunion. Gesamtausgabe.* Bearbeitet von A. Radó. Hg. von der Gesellschaft für Kulturverbindung der Sowjetunion mit dem Auslande, Berlin 1928
12 Max Eckert-Greifendorff, *Kartographie. Ihre Aufgaben und Bedeutung für die Kultur der Gegenwart*, Berlin 1939, 340
13 Alexander Radó, *Atlas für Politik, Wirtschaft, Arbeiterbewegung, I. Der Imperialismus.* Vorwort von Th. Rothstein, Wien/Berlin 1930

14 Alexander Radó, *The Atlas of To-Day and To-Morrow*, London 1938

15 Radó, 87. Es gibt eine interessante Parallelerfahrung zum Flug nach Moskau in den Erinnerungen des Ribbentrop-Übersetzers Dr. Paul Schmidt. Er flog am 22. August von Berlin in einer viermotorigen FW 200 Condor-Maschine von Berlin über Königsberg nach Moskau. Darin ist sowohl das Kartenlesen von oben enthalten wie die Ikonographie der Landschaft, der Übergang vom Deutschen zum Russischen:

»Nach durchwachter Nacht flogen wir am nächsten Morgen um 7 Uhr nach Moskau weiter, über die unendlichen russischen Ebenen mit ihren riesigen Wäldern, den weit verstreuten Dörfern und einzelnen Gehöften, an deren dunklen Strohdächern man sofort nach Überfliegen der Grenze erkennen konnte, daß man nicht mehr in Deutschland war, wo einem die roten Ziegeldächer aus wohlbestellten grünen Feldern entgegenleuchteten. Auch die Bahnlinien, das Orientierungsmittel des kartenbewehrten Luftpassagiers, sahen in Rußland von oben anders aus als in Deutschland. Sie zeichneten sich wegen des anderen Unterbaus als weiße und nicht als schwarze Linien in der Landschaft ab.« Paul Schmidt, *Statist auf diplomatischer Bühne 1923–1945*, Bonn 1949, 449/450

16 Dort traf er auf einen anderen geographisch versierten Marxisten: Karl August Wittfogel; Karl August Wittfogel, »Geopolitik, geographischer Materialismus und Marxismus«, in: *Unter dem Banner des Marxismus* 3 (1929), 17–51, 485–522, 698–735. Weitere, auf der Linken bekannte geopolitische Arbeiten waren: Georg E. Graf, *Die Landkarte Europas gestern und heute*, Berlin 1919; ders., *Geographie und materialistische Geschichtsauffassung. Der lebendige Marxismus*, Jena 1924; James F. Horrabin, *Grundriß der Wirtschaftsgeographie*, Wien/Berlin 1926

17 Radó, 97

18 *Welthandbuch. Internationaler politischer und wirtschaftlicher Almanach*, bearbeitet von Sándor Radó, Budapest 1962

19 Über die Internationale der Geopolitik vgl. den entsprechenden Abschnitt »Raum als Schicksal. Die Internationale der Geopolitik«, in: Karl Schlögel, *Berlin Ostbahnhof Europas. Russen und Deutsche in ihrem Jahrhundert*, Berlin 1998, 255–272

MENTAL MAPS/LANDSCHAFTEN IM KOPF:
SAN FRANCISCO, HEIMAT, DEUTSCHER OSTEN ETC.

1 Hierzu die Arbeiten von Peter Jackson, *Maps of Meaning: An Introduction to Cultural Geography*, London 1989; Peter Jackson, Jan Penrose (eds.), *Constructions of Race, Place and Nation*, London 1993; über *mental maps* generell vgl. Christoph Conrad (Hg.), »Mental Maps« (= *Geschichte und Gesellschaft*, 28. Jg., 2002, H. 3)

2 Über Gedächtnisräume vgl.: Aleida Assmann, *Erinnerungsräume. Formen und Wandlungen des kulturellen Gedächtnisses*, München 1999

3 D. Bell, G. Valentine (eds.), *Mapping Desire. Geographies of Sexualities*, London 1995; S. Adler/S. J. Brenner, »Gender and Space: Lesbians and Gay Men in the City«, in: *International Journal of Urban and Regional Research*, 16 (1992), 24–34; David M. Smith, *Moral Geographies. Thics in a World of Difference*, Edinburgh 2000

4 Matti Bunzl, »The Prague Experience: Gay Male Sex Tourism and the Neocolonial Invention of an Embodied Border«, in: Daphne Berdahl et al. (eds.): *Altering States, Ethnographies of Transition in Eastern Europe and the Former Soviet Union*, Ann Arbor 2000, 70–95

5 Ein typisches Beispiel für Repräsentation des Ostens im Nationalsozialismus vgl. den Katalog *Europa und der Osten*, herausgegeben von Reichsamtsleiter Hans Hagemeyer und Reichsamtsleiter Dr. Georg Leibbrandt, München 1939; eine Edward Said, *Orientalism, Western Conceptions of the Orient*, London 1995, vergleichbare Studien zum »deutschen Orientalismus« gibt es bislang nicht.

DIE GESTE DER STRATEGEN.
SZENEN AM KARTENTISCH

1 Charles Seymour, zit. nach Guntram Henrik Herb, *Under the Map of Germany, Nationalism and Propaganda 1918–1945*, London, New York 1997, 17

2 Herb, 16

3 Herb, 18

4 Paul Schmidt, *Statist auf diplomatischer Bühne 1923–1945*, Bonn 1949, 429–430

5 Schmidt, 454

6 Hans von Herwarth, *Zwischen Hitler und Stalin. Erlebte Zeitgeschichte 1931–1945*, Frankfurt/Berlin 1982, 187

7 Gustav Hilger, *Wir und der Kreml. Deutsch-sowjetische Beziehungen 1918–1941*, Frankfurt/M. 1956, 296

8 Hilger, 296

9 Hilger, 297

10 *General Ernst Köstring. Der militärische Mittler zwischen dem Deutschen Reich und der Sowjetunion. 1921–1941*, bearb. von Hermann Teske, Frankfurt/M. 1966, 176

11 Zit. nach Oswald Dreyer-Eimbcke, »Stalin's Signing of the Map That Divided Poland«, in: *Mercator's World*, July/August 1998, 61

12 Zit. nach Dreyer-Eimbcke, 59–61

13 Schmidt, 449–450, 477

14 Ian Kershaw, *Hitler 1936–1945*, Stuttgart 2000, 882, 884

15 Schmidt, 593,594

FLANEUR: BEWEGUNGSFORM,
ERKENNTNISFORM

1 W.H.Riehl, *Vom Wandern*, München 1922, 5. Diesen Hinweis verdanke ich Arno Widmann, Berlin

2 Walter Benjamin, *Gesammelte Schriften*, Bd.V, 1, *Das Passagenwerk*, hg. von Rolf Tiedemann, Frankfurt/M. 1982, I, 527

3 Walter Benjamin, »Die Wiederkehr des Flaneurs«, in: Franz Hessel, *Ein Flaneur in Berlin*, Berlin 1984, 277–281, hier 277

4 Benjamin, *Passagenwerk*, 525

5 Franz Hessel, *Ein Flaneur in Berlin*, Berlin 1984, 7, 9

6 Hessel, 12

7 Hessel, 145

8 Hessel, 273

9 Benjamin, *Passagenwerk*, 538

10 Neben dem oben angegebenen Titel sind dies v. a.: W. H. Riehl, *Das deutsche Wanderbuch. Wanderfahrten von Goethe bis zur Gegenwart*. Hg. vom Kunstwart durch J. Hofmiller, München 1931; ders., *Wanderbuch als zweiter Theil zu »Land und Leute«*, Stuttgart 1869

11 Vgl. Karl Schlögel, »»Die Seele Petersburgs‹ von Nikolai P. Anziferow. Ein legendäres Buch und sein unbekannter Autor«, in: Nikolai Anziferow. *Die Seele Petersburgs*, München 2003, 7–46

AUGENARBEIT. DEN AUGEN TRAUEN.
»IM RAUME LESEN WIR DIE ZEIT«

1 Immanuel Kant, *Kritik der reinen Vernunft*, Einleitung zum Zweiten Teil (der »Transzendentalen Logik«), Werkausgabe Bd. III, hg. von Wilhelm Weischedel, Frankfurt/M. 1968, 97. 98 (A51/B 75)

2 Vgl. hierzu die Studie von Karl Markus Michel, »Genius loci. Versuch einer Anatomie«, in: Walter Prigge (Hg.), *Städtische Intellektuelle. Urbane Milieus im 20. Jahrhundert*, Frankfurt/M. 1992, 78–106

3 Die Literatur dazu ist inzwischen sehr umfangreich. Vgl. Marita Sturken/Lisa Cartwright, *Practices of Looking. An Introduction to Visual Culture*, Oxford 2001

DAS PFLASTER DES TROTTOIRS.
OBERFLÄCHEN, HIEROGLYPHEN

1 Konstantin Paustowski, *Unruhige Jugend. Erzählungen vom Leben*, Frankfurt/M. 1983, 258, 259

2 Konstantin Paustowski, *Beginn eines verschwundenen Zeitalters*, Frankfurt/M. 1983, 231, 232

3 Eine Studie über die Moskauer Trottoire, vgl. G. M. Scerbo, *Moskovskie mostovye za 900 let*, Moskva 1996. Eine Studie über das Pariser Trottoir vgl. Johann Friedrich Geist, *Passagen. Ein Bautyp des 19. Jahrhunderts*, München 1979, Exkurs: Das Trottoir, 90–92

4 Ulrich Eckhardts »Berliner Bodenkunde« auf den *Berliner Seiten* der *Frankfurter Allgemeinen Zeitung* im Jahre 2000 und 2001, sowie Jörg Niendorf, »Das Pflaster ist ein Klassiker, der fortwährend mit Füßen getreten wird«, in: *Berliner Seiten, Beilage der Frankfurter Allgemeinen Zeitung*, 5. Dezember 2000, BS 2

5 Carl Ritter, *Einleitung zur allgemeinen vergleichenden Geographie und Abhandlungen zur Begründung einer mehr wissenschaftlichen Behandlung der Erdkunde*, Berlin 1852, 6

1 Visualisiert von Harrison Ford in dem Film: *Blade Runner. The Director's Cut*, 1982, Video Burbank, CA 1999

2 Vgl. den Lexikon-Eintrag »Landschaft« in: *Deutsches Wörterbuch* von Jacob Grimm und Wilhelm Grimm, 6. Bd., Leipzig 1885 (Reprint München 1999), Sp. 132, 131

3 Lawrence Durrell, zit. in: Christopher L. Salter, »Cultural Geography as Discovery«, in: Kenneth Foote et al. (eds.), *Re-Reading Cultural Geography*, Austin 1994, 436

4 Die kultursemiotische, kulturgeographische, kulturgeschichtliche Literatur zur Kulturlandschaft ist überaus umfangreich: Hugo Hassinger, *Geographische Grundlagen der Geschichte*, Freiburg i. Breisgau 1931; Hermann Overbeck, »Die Entwicklung der Anthropogeographie (insbesondere in Deutschland) seit der Jahrhundertwende und ihre Bedeutung für die geschichtliche Landesforschung«, in: Pankraz Fried (Hg.), *Probleme und Methoden der Landesgeschichte*, Darmstadt 1978, 190–271; D. W. Meinig, »Reading the Landscape«, in: ders. (ed.), *The Interpretation of Ordinary Landscapes: Geographical Essays*, New York, Oxford 1979, 195–244; Carl Ortwin Sauer, *Land and Life. A Selection From The Writings of C. O. Sauer*, Berkeley u. a. 1963; C. O. Sauer, »The Morphology of Landscape«, in: Agnew, John, et al. (eds.): *Human Geography, An Essential Anthology*, Oxford ³1999, 296–315; Denis Cosgrove/Stephen Daniels (eds.), *The Iconography of Landscape: Essays on the Symbolic Representation, Design and Use of Past Environments*, Cambridge 1988; Mike Crang, *Cultural Geography*, London, New York 1998; Don Mitchell, *Cultural Geography, A Critical Introduction*, Oxford, 2000; Hansjörg Küster, *Geschichte der Landschaft in Mitteleuropa. Von der Eiszeit bis zur Gegenwart*, München 1999; Jonathan M. Smith, »Ramifications of Region and Senses of Place«, in: Carville Earle et al. (eds.): *Concepts in Human Geography*, Lanham/Maryland 1996, 189–211

5 Hugo Hassinger, zit. nach Hermann Overbeck, »Kulturlandschaftsforschung und Landeskunde«, in: Gottfried Pfeifer/Hans Graul: *Heidelberger geographische Arbeiten*, 14 (1965), 9–357, hier 206; Hugo Hassinger, *Geographische Grundlagen der Geschichte*, Freiburg i. Breisgau 1931

6 James S. Duncan, *The City as Text: The Politics of Landscape Interpretation in the Kandyan Kingdom*, Cambridge 1990, 145

7 Christopher S. Salter, *Cultural Geography as Discovery*, 429/430

8 Als exemplarische Arbeit kann gelten: James S. Duncan, *The City as Text: The Politics of Landscape Interpretation in the Kandyan Kingdom*, Cambridge 1990

9 Archäologische Zugänge zu Kultur und Landschaft, Victor Buchli/Gavin Lucas (eds.): *Archaeologies of the Contemporary Past*, London, New York 2001; Julian Thomas (ed.), *Interpretive Archaeology: A Reader*, London, New York 2000

10 Hermann Aubin, »Kräfte aus der geschichtlichen Entwicklung Deutschlands als raumbildende Faktoren«, in: Hermann Aubin, *Grundlagen und Perspektiven geschichtlicher Kulturraumforschung und Kulturmorphologie. Aufsätze zur vergleichenden Landes- und Volksgeschichte aus viereinhalb Jahrzehnten anläßlich der voll-

endung des 80. Lebensjahres des Verfassers in Verbindung mit Ludwig Petry (Mainz), hg. von Franz Petri, Bonn 1965, 89–99, hier 91

11 Hermann Aubin, »Geschichtliche Landeskunde und Universalgeschichte«, Hamburg 1950, 22

12 Hermann Aubin, *Geschichtliche Landeskunde der Rheinlande*, Bonn 1925, 38

13 Hermann Aubin, *Methodische Probleme historischer Kartographie*. Neue Jahrbücher für Wissenschaft und Jugendbildung 5, Leipzig 1929, 39

14 Neue Ergebnisse zu Leben und Werk Hermann Aubins sind zu erwarten von der Biographie, die Eduard Mühle, Marburg, vorbereitet.

15 Zit. nach Mechthild Rössler/Sabine Schleiermacher (Hg.), *Der »Generalplan Ost«, Hauptlinien der nationalsozialistischen Planungs- und Vernichtungspolitik*, Berlin 1993, 133, 134

16 Hermann Aubin, »Maß und Bedeutung der römisch-germanischen Kulturzusammenhänge im Rheinland«, 195, in: ders., *Grundlagen und Perspektiven*, 195–222, hier 195

17 Hermann Aubin, »Die Rheinbrücken im Altertum und Mittelalter. Eine kriegs- und wirtschaftsgeschichtliche Studie«, in: ders., *Grundlagen und Perspektiven*, 498

18 Friedrich Ratzel zit. bei Hermann Overbeck, »Die Entwicklung der Anthropogeographie (insbesondere in Deutschland) seit der Jahrhundertwende und ihre Bedeutung für die geschichtliche Landesforschung«, in: Pankraz Fried (Hg.), *Probleme und Methoden der Landesgeschichte*, Darmstadt 1978, 190–271, hier 220

HEISSE ORTE, KALTE ORTE

1 Marc Augé, *Orte und Nicht-Orte. Vorüberlegungen zu einer Ethnologie der Einsamkeit*, Frankfurt/M. 1994

2 Karl Popper, zit. in: Robert A. Dodgshon, *Society in Time and Space. A Geographical Perspective on Change*, Cambridge 1998, 123

3 Dodgshon, 160

4 A. Wilden, zit. in Robert A. Dodgshon, 162

5 V. a. Georg Simmel, »Die Großstädte und das Geistesleben«, in: ders., *Das Individuum und die Freiheit*. Essays, Berlin 1984, 192–204; Schriften über geistige Kultur, über urbane Vigilanz etc.

6 Jane Jacobs, *Tod und Leben großer amerikanischer Städte*, Berlin, Frankfurt/M. Wien, 1963

7 L. A. White, zit. bei Robert A. Dodgshon, 162

STÄDTE LESEN, STADTPLÄNE

1 Walter Benjamin, *Moskauer Tagebuch*, Frankfurt/M. 1980, 72

2 Alfred Döblin, zit. bei Volker Klotz, *Die erzählte Stadt. Ein Sujet als Herausforderung des Romans von Lesage bis Döblin*, München 1969, 372

3 Wilhelm Heinrich Riehl, zit. in Overbeck *Festschrift* 94

4 Zit. bei Klotz, 436

5 Zur Theorie und Methode von Nikolai P. Anziferow vgl. Karl Schlögel, »›Die Seele Petersburgs‹ von Nikolai P. Anziferow. Ein legendäres Buch und sein unbekannter Autor«, in: Nikolai P. Anziferow. *Die Seele Petersburgs*, München 2003, 7–46

6 Versuche, Städte zu lesen, vgl. Karl Schlögel, *Moskau lesen*, Berlin 1984; ders., *Promenade in Jalta und andere Städtebilder*, München 2001

7 Allan Pred, »Making Histories and Constructing Human Geographies«, in: ders., *Making Histories and Constructing Human Geographies*, Boulder 1990, 14

8 Zur Vergegenwärtigung vgl. den methodisch überaus anregenden Roman von Italo Calvino, *Die unsichtbaren Städte*, München 1977

9 Über den Ausgangspunkt, das Finden des Punktes, Anziferow und Benjamin

10 Ferdinand Lion: *Geschichte biologisch gesehen*, Zürich und Leipzig 1935, zit bei: Walter Benjamin, *Gesammelte Schriften*, Bd.V, 1, *Das Passagen-Werk*, hg. von Rolf Tiedemann, Frankfurt/M. 1982, 546

11 Hans Stimmann, »Die Textur der Stadt«, in: *Foyer. Journal für Stadtentwicklung* 3/2000, Juni 2000, S. 22–23, 74. Die ausführliche Fassung in: Hans Stimmann (Hg.), *Die gezeichnete Stadt. Die Physiognomie der Berliner Innenstadt in Schwarz- und Parzellenplänen 1940–2010*, Berlin 2002; vgl. darin den Beitrg von Klaus Hartung, »Das verborgene Ganze«, 27–48

12 Hermann Aubin, *Antlitz und geschichtliche Individualität Breslaus*, Hamburg 1967, 747 ff.

HÄUSER, GRUNDRISSE: »HOTEL LUX«, DAS »HAUS AN DER MOSKWA« UND ANDERE

1 Konstantin Paustowski, *Beginn eines unbekannten Zeitalters*, Frankfurt/M. 1983, 90

2 Über das russische Adelsnest als historischer Topos vgl. Vasilij Ščukin, *Mif dvorjanskogo gnezda. Geokul'turologičeskoe issledovanie po russkoj klassičeskoj literature*, Kraków 1997

3 Ruth von Mayenburg, *Hotel Lux*, Frankfurt/M. 1981, 15

4 Von Mayenburg, 31, 32

5 Jurij Trifonow, *Das Haus an der Moskwa*, Frankfurt/M. 1990; von Trifonow gibt es eine spezielle philosophische Arbeit zum Problem Raum und Zeit: Jurij Trifonow, *Zeit und Ort*, Frankfurt/M.1985; über das »Dom pravitel'stva« vgl.: Karl Schlögel, »Der Mercedes-Stern auf dem ›Haus an der Moskwa‹. Vom Kommunehaus zur bewachten Wohneinheit: Der Komplex, den Stalin für seine Parteielite errichten ließ, hat heute Bewohner gefunden, von denen der einstige Bauherr nicht zu träumen gewagt hätte«. in: *Frankfurter Allgemeine Zeitung*, 25. Januar 2003, 41

6 Detailliert ist die Geschichte des Hauses erzählt von Michail Kursunov/Viktorija Terechova: *Tajna tajn moskovskich*. Moskva 1995

7 Vgl. Peter Hanák (Hg.), *Bürgerliche Wohnkultur des Fin de siècle in Ungarn*, Wien/Köln/Weimar 1994

1 Walter Benjamin, *Gesammelte Schriften*, Bd.V, 1, *Das Passagenwerk*, hg. von Rolf Tiedemann, Frankfurt/Main 1982, 112

2 Jost Hermand, in: *Darmstadt 1901–1976. Ein Dokument deutscher Kunst.* Ausstellungskatalog 5 Bde. Mathildenhöhe, Hessisches Landesmuseum, Kunsthalle, 22.10.1976 – 30.1.1977, Darmstadt 1976, Bd.1, 13

3 Hermand, Bd. I, 18

4 Vgl. Leonard Lutwack, *The Role of Place in Literature*, Syracuse, New York, 1984; Gaston Bachelard, *Poetik des Raumes*, Frankfurt/M. 1992; Vasilij Ščukin, *Mif dvorjanskogo gnezda. Geokul'turologičeskoe issledovanie po russkoj klassičeskoj literature*, Kraków 1997

5 Claudia Becker, »Innenwelten – Das Interieur der Dichter«, in: *Innenleben. Die Kunst des Interieurs. Vermeer bis Kabakov*, Hg. von Sabine Schulze, Ausstellungskatalog, Ostfildern-Ruit 1998, 170. Dort auch der Hinweis auf Marcel Prousts Zimmer in der rue Hamelin.

6 Sándor Márai, *Himmel und Erde*, Betrachtungen, München, Zürich 2001, 51

7 Márai, 51

8 Benjamin, 288, 289

9 Norberto Grammaccini: »Die Freuden des privaten Lebens«, in: *Innenleben*, Katalog, 90 ff.

10 Walter Benjamin, *Passagen-Werk*, Bd. II, 292

11 Norberto Grammaccini: »Die Freuden des privaten Lebens«, in: *Innenleben*, 105

12 Ebd.

13 Walter Benjamin, *Moskauer Tagebuch*, Frankfurt/M. 1980, 71

BERLINER ADRESSBÜCHER

1 Über Moskauer und Petersburger Adreßbücher vgl. Karl Schlögel, *Moskau lesen*, Berlin 1984, 101–112; J. Arch Getty, »Soviet City Directories«, in: *A Researcher's Guide to Sources on Soviet Social History in the 1930s*, ed. by Sheila Fitzpatrick and Lynne Viola, Armonk, New York, London 1990, 202–214

2 *Neue Anschauliche Tabellen von der gesammten Residenz-Stadt Berlin oder Nachweisung aller Eigenthümer, mit ihrem Namen und Geschäfte, wo sie wohnen, die Nummer der Häuser, Straßen und Plätze, wie auch die Wohnungen aller Herren Officiere hiesiger Garnison, zum zweitenmale dargestelt von Neander v. Petersheiden, Königl, Preußs. Premier-Lieutenant im Artillerie-Corps*, Berlin 1801. *Allgemeiner Straßen- und Wohnungs-Anzeiger für die Residenzstadt Berlin*. Herausgegeben von S. Sachs, Königlichem Bau-Inspector. Mit einem Grundriß von Berlin, Berlin 1812 (Nachdruck Berlin 1990)

3 Zur Geschichte des Berliner Adreßbuches vgl. *Berliner Adreßbücher und Adressenverzeichnisse 1704–1945. Eine annotierte Bibliographie mit Standortnachweis für die »ungeteilte« Stadt*, von Werner Heegewaldt, Peter P. Rohrlach, Berlin 1990; Peter von Gebhardt, *Die Anfänge des Berliner Adreßbuches. Ein bibliographischer Versuch*, Berlin 1930

4 *Berliner Adreßbuch 1932*. Unter Benutzung amtlicher Quellen, 3 Bde., Berlin 1932

5 *Jüdisches Adreßbuch für Groß-Berlin*. Ausgabe 1931. Gültig bis Mitte 1932. Mit einem Vorwort von Hermann Simon, Reprint Berlin 1994, Vorwort

6 *Jüdisches Adreßbuch*, Vorwort

7 *Jüdisches Adreßbuch*, Vorwort

8 Eine Analyse des letzten Telefonbuches Berlins von 1941 findet sich in: Hartmut Jäckel, *Menschen in Berlin. Das letzten Telefonbuch der alten Reichshauptstadt 1941*, Stuttgart, München 2000

9 Wer sich mit der Szenerie des späten Westberlin vertraut machen möchte, greift gewiß zum: *WestBerliner Stattbuch 1, Berlin, Juni 1978*

10 *Berliner ABC. Das private Adreßbuch von Paul Hindemith 1927 bis 1938*. Hg. von Christine Fischer-Defoy und Susanne Schaal mit einem Vorwort von Walter Jens, Berlin 1999. Die Berliner Seiten der Marlene Dietrich. Erstmals veröffentlicht: »Das Adreßbuch einer Weltbürgerin«, in: *Frankfurter Allgemeine Zeitung. Berliner Seiten* vom 24. Dezember 2001, BS 1–BS 5

ORTSKUNDE, SUBVERSIV

1 Vgl. *Akademičeskoe delo 1929–1931 gg. Dokumenty i materialy sledstvennogo dela, sfabrikovannogo OGPU*, Sankt-Peterburg 1993

2 Zur Autobiographie vgl. die Erinnerungen: N. P. Anciferov, *Iz dum o bylom. Vospominanija*, Moskva 1992; zur Entwicklung der Landeskunde und der Stellung Anziferows: S. B. Filimonov, »N. P. Anciferov – učastnik kraevedčeskogo dviženija 1920-ch godov«, in: *Anciferovskie čtenija*, Leningrad 1989, 24–27

3 Ausführlicher dazu: Karl Schlögel, »Die Seele Petersburgs« von Nikolai P. Anziferow, in: Nikolai P. Anziferow, *Die Seele Petersburgs*, München 2003, 7–46

4 N. P. Anciferov, *O metodach i tipach istoriko-kul'turnych ėkskursij*, Petrograd 1923; ders., *Puti izučenija goroda kak social'nogo organizma. Opyt kompleksnogo podchoda*, Leningrad 1926. Von Anziferow gibt es eine Reihe von empirischen Studien und theoretischen Reflexionen zum Komplex der Gutsbesitzerkultur, vgl. z. B. seinen Kommentar zu Turgenjews Roman »Das Adelsnest«, in: Turgenev I. S., *Dvorjanskoe gnezdo*, Moskva 1944, 3–20. Das postsowjetische Revival topographisch interessierter Literaturanalyse kann man besichtigen in: Vasilij Ščukin, *Mif dvorjanskogo gnezda. Geokul'turologičeskoe issledovanie po russkoj klassičeskoj literature*, Kraków 1997

KURSBÜCHER: ZIVILISATIONSPROTOKOLLE

1 Max Eckert-Greifendorff, *Kartographie. Ihre Aufgaben und Bedeutung für die Kultur der Gegenwart*, Berlin 1939, 246

2 Allgemein zur Geschichte der Eisenbahnreise: Wolfgang Schivelbusch, *Geschichte der Eisenbahnreise*, München 1977. Vgl. auch die »Eisenbahnkapitel« »Asien beginnt am Schlesischen Bahnhof« und »Eydtkuhnen oder die Genese

des Eisernen Vorhangs, in: Karl Schlögel, *Berlin Ostbahnhof Europas*, Berlin 1998. Dort auch Literaturhinweise auf die Reichskursbücher

3 Zur Geschichte des Kursbuches vgl. Hans-Joachim Ritzau/Franz Garrecht, *Kursbücher – Spiegel der Zeit, Leben mit der Bahn. Zur Mythologie der Eisenbahngeschichte*, Pürgen 1994

4 Raul Hilberg, *Sonderzüge nach Auschwitz*, Frankfurt/M., Berlin 1978

FINGERABDRUCK, RELIEF DES KÖRPERS

1 *Brockhaus Enzyklopädie*, Wiesbaden 1968, Bd. IV, 259

2 Über Daktyloskopie vgl.
http://www.polizei.niedersachsen.de/dst/lka/ktu/daktyloskopie/daktyloskopie.html;
http://www.polizei.thueringen.de/lka/wissenschaft/daktyloskopie_d.html

BIOGRAPHIE, CURRICULUM VITAE

1 Walter Benjamin, *Berliner Chronik*, Frankfurt/M. 1970, 12/13

2 Benjamin, 20

KARL BAEDEKERS HANDBUCH
FÜR REISENDE ODER
DIE KONSTRUKTION MITTELEUROPAS

1 Diese Ausführungen stützen sich vor allem auf: *Österreich (ohne Dalmatien, Ungarn und Bosnien). Handbuch für Reisende von K. Baedeker.* 25. Auflage, Leipzig 1898, und: *Neuer Mitteleuropäischer Fremdenführer 1900. Handbuch für Reisende durch Deutschland, Oesterreich-Ungarn, Ober-Italien, incl. Rom und Neapel, die Riviera (mit Ausflug nach Paris), Belgien und Holland*, Hg. Rudolf E. Kostelezky, Budapest

2 Alles zitiert nach der Baedeker-Ausgabe von 1898

3 Zur »Produktion« des Raumes der Donaumonarchie siehe vor allem die zahlreichen Ausstellungen und Darstellungen in der Photographie, etwa: *Il secolo asburgico 1848–1916. Fotografie di un impero*, Firenze 2000. Über den Gesamtraum Zentraleuropa, gefaßt in der Architektur: Akos Moravanszky, *Competing Visions. Aesthetic Invention and Social Imagination in Central European Architecture 1867–1918*, Cambridge, Mass./London 1998; *Mythos Großstadt. Architektur und Stadtbaukunst in Zentraleuropa 1890–1937*, hg. von Eve Blau und Monika Platzer, München/London/New York 1999

4 Hierzu vor allem der Beitrag von Friedrich Achleitner in: *Mythos Großstadt*

5 Wolfgang Zorn, »Verdichtung und Beschleunigung des Verkehrs als Beitrag zur Entwicklung der ›modernen Welt‹«, in: Reinhart Koselleck (Hg.): *Studien zum Beginn der modernen Welt*, Stuttgart 1977, 115–134, hier 134

6 Zorn, 126

1 Die Darstellung folgt: Bruce E. Seely, *Building the American Highway System. Engineers as Policy Makers*, Philadelphia 1987, sowie: James J. Flink, *The Automobile Age*, Cambridge/Mass. 1988. Allgemein: Maxwell G. Lay, *Die Geschichte der Straße. Vom Trampelpfad zur Autobahn*, Frankfurt/New York 1994

2 Jean Baudrillard, *Amerika*, München 1995, 14; hervorragend auch: James Howard Kunstler, *The Geography of Nowhere. The Rise and Decline of America's Man-Made Landscape*, New York et al. 1993. Vgl. auch meinen Essay von 1990, in dem die Produktion des amerikanischen Raumes berührt wurde: Karl Schlögel, »Glückliches Amerika, armes Rußland«, in: ders., *Die Mitte liegt ostwärts. Europa im Übergang*, München/Wien 2002, 168–185

3 Vgl. auch Laurence Ilsley Hewes, *American Highway Practice*, I, New York 1942

4 John Brinckerhoff Jackson, *A Sense of Place, a Sense of Time*, New Haven and London 1994, 152, 153; vgl. auch ders., *Discovering the Vernacular Landscape*, New Haven and London 1984

5 Robert Venturi/Denise Scott Brown/Steven Izenour, *Learning from Las Vegas*, rev. edition Cambridge/Mass. 2001

6 Baudrillard, 18/19

7 John Brinckerhoff Jackson, *Landscape in Sight. Looking at America*, ed. by Helen Lefkowitz Horowitz, New Haven and London 1997, 251

8 Brinckerhoff Jackson, *A Sense of Place*, 10

9 Baudrillard, 28/29

10 Baudrillard, 9

11 Über Vladimir Nabokov in Amerika vgl. Andrew Field, *The Life and Art of Vladimir Nabokov*, London 1987; Brian Boyd, *The American Years*, Princeton 1991; vgl. auch den Kommentar von Dieter E. Zimmer zu Vladimir Nabokov, *Lolita. Gesammelte Werke*, hg. von Dieter E. Zimmer, Bd. VIII, Reinbek bei Hamburg, 1989, 531 ff.

12 Die Seitenangaben folgen der Ausgabe: Vladimir Nabokov, *Lolita. Gesammelte Werke*, hg. von Dieter E. Zimmer, Bd. VIII, Reinbek bei Hamburg, 1989, hier: 342–343

13 Die inspirierende Studie über Technik und Naturverhältnis in Amerika nach wie vor: Leo Marx, *The Machine in the Garden. Technology and the Pastoral Ideal in America*, New York 1964

RUSSISCHER RAUM –
VERSUCH EINER HERMENEUTIK

1 Zur »Hermeneutik des Raumes« vgl. Karl Schlögel, *Das Wunder von Nishnij oder die Rückkehr der Städte. Berichte und Essays*, Frankfurt/M. 1991, Abschnitt »Moskauer Zeit«, 147 ff.; Vladimir Kaganskij, *Kul'turnyj landšaft i sovetskoe obitaemoe prostranstvo*, Moskva 2001; zur Rekonzeptualisierung vgl. auch einige der Beiträge in: Klaus Segbers/Stephan De Spiegeleire (eds.), *Post-Soviet*

Puzzles. Mapping the Political Economy of the Former Soviet Union, 4 vols. Baden-Baden 1995

2 Eine zentrale Stellung in der Produktion des deutschen Vorstellungsraums »Rußland« dürfte ein Autor wie Edwin Erich Dwinger einnehmen, zu dem es nach wie vor keine umfassende Biographie oder Werkanalyse gibt.

3 Vgl. dazu: Mark Bassin, »Imperialer Raum/Nationaler Raum. Sibirien auf der kognitiven Landkarte Rußlands im 19. Jahrhundert«, in: *Geschichte und Gesellschaft*, 28. Jg. 2002/Heft 3, *Mental Maps*. Hg. Christoph Conrad, 378–403; Mark Bassin, »Geographical Determinism in Fin-de-siècle Marxism: Georgii Plekhanov and the Environmental Basis of Russian History«, in: *Annals of the Association of American Geographers* 82 (1), 1992, 3–22; John P. Ledonne, *The Russian Empire and the World, 1700–1917. The Geopolitics of Expansion and Containment*, New York, Oxford 1997

4 Am überzeugendsten ist ein geohistorischer oder geokultureller Zugang zur russischen Geschichte noch immer angelegt bei: W. Kljutschewskij, *Geschichte Rußlands*. Hg. von F. Braun und R. von Walter, 4 Bde., Leipzig/Berlin 1925–1926

5 Ich habe ein wenig die Transformation der Städte zu beschreiben versucht in: *Promenade in Jalta und andere Städtebilder*, München 2001

6 Zu den Problemen einer Geschichtsschreibung in zivilisationsgeschichtlicher Absicht vgl. Karl Schlögel, »Kommunalka – oder Kommunismus als Lebensform. Zu einer historischen Topographie der Sowjetunion«, in: *Historische Anthropologie. Kultur, Gesellschaft, Alltag*. 6. Jg. 1998, H. 3, hrsg. von Alf Lüdtke und Hans Medick, S. 329–346

7 Zur Repräsentation des sowjetischen Lebensraums einer Generation vgl. Ilya Kabakov, *Album meiner Mutter*, Paris 1995

8 Zum Naturverhältnis Douglas R. Weiner, *A Little Corner of Freedom: Russian Nature Protection from Stalin to Gorbachev*, Berkeley 1999; Murray Feshbach/Alfred Friendly, Jr., *Ecocide in the USSR. Health and Nature Under Siege*, New York 1992

9 Die russisch-holländische Zeitschrift *Project Russia/Proekt Rossija*, die seit 1995 in Moskau erscheint, ist die bemerkenswerteste Institution, die die Transformation des postsowjetischen Stadtraums analysiert

10 Aber auch die Ableitungen aus einem theoretischen Modell bei Vladimir Papernyj, *Kul'tura Dva*, Ann Arbor 1985, und Boris Groys, *Gesamtkunstwerk Stalin*, München 1988, haben wenig mit der historischen Realität zu tun.

11 Zur Geschichte der Wanderungen vgl. Peter Gatrell, A *Whole Empire Walking: Refugees in Russia during World War I*, Bloomington 1999

12 Eine der wenigen Geschichten der russischen Eisenbahnen unter diesem Gesichtspunkt ist: Roger Pethybridge, *The Spread of the Russian Revolution. Essays on 1917*, London and Basingstoke 1972, vgl. auch Steven G. Marks, *Road to Power. The Trans-Siberian Railroad and the Colonization of Asian Russia, 1850–1917*, Ithaca, New York 1991

13 Vladimir Kaganskij, »Postsovetskij landšaft?« und: »Strana pobeždajuščego regionizma?« In: ders., *Kul'turnyj landšaft i sovetskoe obitaemoe prostranstvo. Sbornik statej*, Moskva 2001, 257–267, und 282–294

1 Nach wie vor unüberboten: Richard Buckle, *Diaghilew*, Herford 1984

2 Dt. erschienen als Modris Eksteins, *Tanz über Gräben. Die Geburt der Moderne und der Erste Weltkrieg*, Reinbek bei Hamburg 1990; Vgl. auch das entsprechende Kapitel in: Steven G. Marks, *How Russia Shaped the Modern World*. Princeton/Oxford 2002

3 Die ausgezeichnete zweibändige Ausgabe seiner Schriften ist leider unvollständig. I. S. Zil'berštejn/V. A. Samkov (eds.), *Sergej Djagilev i russkoe iskusstvo*, 2 Bände, Moskva 1982. Die Ausstellung im Staatlichen Russischen Museum in Sankt Petersburg ist dokumentiert in dem Band: *Djagilev i ego épocha*, S-Peterburg 2001

4 Beispielhaft für die Erforschung dieses Komplexes könnte sein: Michael Freman, *Railways and the Victorian Imagination*, New Haven and London 1999

5 Zit. nach Buckle, 43

6 Zit. nach Buckle, 74

7 So Laura Engelsteins Buch: *The Keys to Happiness. Sex and the Search for Modernity in Fin-de-Siècle Russia*, Ithaca/London 1992

8 K. K. Rotikov. *Drugoj Peterburg*, Sankt-Peterburg 1998

9 Aleksandr Vasil'ev, *Krasota v izgnanii*, Moskva 1998

10 Sehr aufschlußreich über den Kreis: Alexandre Benois, *Mémoirs*, London 1960

11 Über *Mir Iskusstva*: Wsewolod Petrow, *Art Nouveau in Rußland. Die Künstlervereinigung »Welt der Kunst« um Sergej Djagilew*, Bournemouth 1997

12 Zit. nach Karl Schlögel, *Moskau lesen*, Berlin 1984, 38

13 Von den zahlreichen Analysen der *Saisons Russes* seien hier nur erwähnt: *The Ballets Russes and Its World*, ed. by Lynn Garaffola/Nancy Van Norman Baer, New Haven and London 1999; *Les Ballets russes de Serge de Diaghilev 1909–1929*. Ville de Strasbourg. A l'Ancienne Douane 15 Mai–15 Septembre 1969 (Ausstellungskatalog)

14 Zit. nach Buckle, 82

15 Eksteins, 61

16 Zum Gesamtkomplex vgl. Karl Schlögel, *Petersburg 1909–1921. Das Laboratorium der Moderne*, München 2002

17 Zit. nach Buckle, 255, 256

18 Buckle, 450

19 Buckle, 461

20 Buckle, 304

TOPOGRAPHIEN DES TERRORS

1 Martin Gilbert, *Endlösung, Die Vertreibung und Vernichtung der Juden. Ein Atlas*, Reinbek b. Hamburg 1982; über den Archipel Gulag: *Sistema ispravitel'no-trudovych lagerej v SSSR 1923–1960*, Spravočnik, Moskva 1998; (unzuverlässig) A. Shifrin: *UdSSR Reiseführer durch die Gefängnisse und Konzentrationslager der Sowjetunion*, Uhldingen 1980

2 Claude Lanzmann, *Shoah*, Grafenau 1999; Martin Gilbert, *Holocaust Journey: Travelling in Search of the Past*, London 1998; Ruth Ellen Gruber, *Jewish Heritage Travel. A Guide to East-Central Europe*, Northwale, N. J./Jerusalem, 1999.

3 Pavel Poljan, *Ne po svoej vole..., Istorija i geografija prinuditel'nych migracij v SSSR*, Moskva 2001

FRIEDHOF EUROPA

1 Die Literatur zur europäischen Friedhofslandschaft und Sepulchralkultur ist unübersichtlich und überaus umfangreich. Hier werden nur Texte angegeben, die für dieses Kapitel eine gewisse Rolle gespielt haben.

2 *Cmentarze zydowskie*, Wrocław 1995; *Marat Botvinnik, Pamjatniki genocida evreev Belarusi*, Minsk 2000

3 Barbara Bronnen, *Friedhöfe. Warum ich für mein Leben gern auf Friedhöfe gehe*, München 1997

4 *Kiste Kutsche Karavan. Auf dem Weg zur letzten Ruhe*. Eine Ausstellung des Museums für Sepulchralkultur, Kassel 18. September 1999 bis 30. Januar 2000

5 Von den vielen Beispielen sei hier nur der Genueser Staglieno-Friedhof erwähnt. Franco Sborgi, *Staglieno e la scultura funeraria ligure tra ottocento e novecento*, Torino 1997

6 James Stevens Curl, *A Celebration of Death. An Introduction to Some of the Buildings, Monuments, and Settings of Funerary Architecture in the Western European Tradition*, London 1980. Wenn man sich auch für die mittel- und osteuropäischen Friedhöfe interessiert, dann sei verwiesen u. a. auf Führer zu Petersburger und Moskauer Friedhöfen: S. Kipnis, *Zapiski nekropolista. Progulki po Novodevič'emu*, Moskva 2002; M. Artamonov, *Moskovskij nekropol'*, Moskva 1995; *Moskovskij nekropol' Novodevič'ego*, Moskva 1997; *Istoričeskie kladbišča Peterburga. Spravočnik-putevoditel'*, Sankt-Peterburg 1993

7 Zu Kiewer Friedhöfen vgl. *Nekropoli Ukraini*, Kiiv 1999; *Ju. N. Kvitnickij-Rykov, Nekropoli Kieva*, Kiev 1993; zu Wiener Friedhöfen vgl. Werner Bauer, *Wiener Friedhofsführer. Genaue Beschreibung sämtlicher Begräbnisstätten nebst einer Geschichte des Wiener Bestattungswesens*, Wien 1997.

8 Norbert Fischer, *Vom Gottesacker zum Krematorium. Eine Sozialgeschichte der Friedhöfe in Deutschland*, Köln, Weimar, Wien 1996, mit ausführlicher Bibliographie 211–247

9 Laurenz Demps, *Zwischen Mars und Minerva. Wegweiser Invalidenfriedhof*, Berlin 1998; Birgit Jochens, Herbert May, *Die Friedhöfe in Berlin-Charlottenburg. Geschichte der Friedhofsanlagen und deren Grabmalkultur*, Berlin 1994

10 *Maly leksykon wilenskiej Rossy*, Vilnius 1998; *Licakivs'kij cvintar, schema*, o. O. 1992

11 *Schicksal in Zahlen. Informationen über die Arbeit des Volksbundes Deutsche Kriegsgräberfürsorge*, Kassel 1997/98

1 Jan van Pelt/Deborah Dwork, *Auschwitz von 1270 bis heute*, Zürich, München 2000, 414, 416

2 Eine Form der Vergegenwärtigung ist das Aufsuchen der Orte: *Martin Gilbert, Holocaust Journey. Travelling in Search of the Past*, London 1997; Ruth Ellen Gruber, *Jewish Heritage Travel. A Guide to East-Central Europe*, Northwale, N. J./Jerusalem, 1999; vgl. Marcus A. Doel/David B. Clarke, »Figuring the Holocaust«, in: Gearóid Ó Tuathail/Simon Dalby (eds.), *Rethinking Geopolitics*, London, New York 1998, 39–61

3 Raul Hilberg, *Sonderzüge nach Auschwitz*, Frankfurt/M., Berlin 1987, 61, 63

4 Hilberg, 81

5 Hilberg, 81; vgl. die Luftaufnahmen in: Danuta Czech, *Kalendarium der Ereignisse im Konzentrationslager Auschwitz-Birkenau 1939–1945*, Reinbek bei Hamburg 1989

6 Hilberg, 95

7 Hilberg, 89

8 Hilberg, 72

9 Primo Levi, *Ist das ein Mensch? Die Atempause*, München 1988, 25, 26, 28

10 Claude Lanzmann, *Shoah*. Mit einem Vorwort von Simone de Beauvoir, Grafenau 1999, 45

PFEILE: ORTSVERÄNDERUNG, BEWEGUNGSBILDER

1 Zur Kartierung der Zwangswanderungen vgl.: Paul Robert Magocsi, *Historical Atlas of East Central Europe*, Seattle/London 1993; Robin Cohen, *Global Diasporas, An Introduction*, London/Seattle 1997; Gérard Chaliand, Jean-Pierre Rageau, *The Penguin Atlas of Diasporas*, New York 1997

2 Eugene M. Kulischer, *Europe on the Move. War and Population Changes, 1917–1947*, New York 1948. Vgl. auch die Zusammensicht und Zusammenstellung bei Gotthold Rhode, *Völker auf dem Wege . . . Verschiebungen der Bevölkerung in Ostdeutschland und in Osteuropa seit 1917*, Kiel 1952. Zusammenstellung der russisch-sowjetischen ethnisch motivierten Zwangsumsiedlungen vgl. Nikolai Bougai, *The Deportation of Peoples in the Soviet Union*, Commack, N. Y. 1996

3 Zur russischen Diaspora vgl. Karl Schlögel (Hg.), *Der Große Exodus. Die russische Emigration und ihre Zentren 1917–1941*, München 1994

4 Die herausragende und bis heute unübertonete Darstellung zur Zwangswanderung im 20. Jahrhundert ist: Joseph B. Schechtman, *European Population Transfers 1939–1945*, New York 1946; ders., *Postwar Population Transfers in Europe 1945–1955*, Philadelphia 1962; ders., *The Refugee in the World, Displacement and Integration*, New York 1963

5 Zur Phänomenologie und Motivik ethnischer Säuberungen vgl. die Studien von Norman M. Naimark, *Fires of Hatred. Ethnic Cleansing in Twentieth Century Europe*. Cambride, Mass. 2001

6 Zur Durchsetzung des ethnonationalen Paradigmas im politischen Denken vgl. Hans Lemberg, »Ethnische Säuberung‹: Ein Mittel zur Lösung von Nationalitätenproblemen?« in: *Aus Politik und Zeitgeschehen*. Beilage zur Wochenzeitung *Das Parlament*, B 42/92, S. 27–38; sowie: Philipp Ther and Ana Siljak (eds.), *Redrawing Nations. Ethnic Cleansing in East-Central Europe 1944–1948*, Lanham, Boulder etc. 2001

7 Über die Großmaßstäblichkeit und das Ineinander vgl. Götz Aly, *»Endlösung«. Völkerverschiebung und der Mord an den europäischen Juden*, Frankfurt/M. 1995

EUROPA NEU VERMESSEN

1 Über Basare, neue Handelsrouten und Migrationen vgl. die entsprechenden Essays in: Karl Schlögel, *Promenade in Jalta und andere Städtebilder*, München 2001

2 Eine der wenigen Ausnahmen ist Daphne Berdahl/Matti Bunzl/Martha Lampland (eds.), *Altering States. Ethnographies of Transition in Eastern Europe and the Former Soviet Union*, Ann Arbor 2000

3 Niemand hat genauer die Metamorphose beobachtet als Timothy Garton Ash, *Zeit der Freiheit. Aus den Zentren von Mitteleuropa*, München 1999

4 Der Terminus des »metropolitan corridor« stammt von dem amerikanischen Historiker John R. Stillgoe, der ihn für seine Analyse der amerikanischen Kulturlandschaft verwandt hat. Ich verwende ihn für die Beschreibung der neuen Schneisen der Globalisierung im Europa nach dem Ende der Teilung.

5 Einer der – bisher – wenigen Versuche, eine europäische Geschichte als transnational-europäische zu konzipieren, ist: Wolfgang Schmale, *Geschichte Europas*, Wien, Köln, Weimar 2000; vgl. auch: Norman Davies, *Europe. A History*, Oxford, New York 1996

HERODOT IN MOSKAU, BENJAMIN IN LOS ANGELES

1 Dieser Text basiert auf meinem Vortrag »Herodot in Moskau. Überlegungen zu einer räumlich interessierten Historik«, der am 20. November 2002 im Einstein-Forum Potsdam gehalten wurde.

2 Johann Gottlieb Fichte, *Erste Einleitung in die Wissenschaftslehre* (1797), in: *Fichtes Werke*, hg. von Immanuel Hermann Fichte, Bd. I, *Zur theoretischen Philosophie I*, photomechanischer Nachdruck Walter de Gruyter, Berlin 1971, S. 434

3 Helmut Fleischer, »Mit der Vergangenheit umgehen. Prolegomena einer Analytik des Geschichtsbewußtseins«, in: *Vergangenheitsbewältigung am Ende des 20. Jahrhunderts. Leviathan* Sonderheft 18, 1998, 420

4 Herodot, *Historien, Bd. I und II*. Griechisch-deutsch. Herausgegeben von Josef Feix, 5. Aufl., Zürich 1995, hier Bd. I, 281

5 Herodot, Historien, Bd. I, 311

6 Vgl. die entsprechenden Ausführungen im Abschnitt »Spatial turn, endlich«

7 Derek Gregory, *Geographical Imagination*

8 Einen Versuch zur Ontologisierung des Raumes unternimmt Edward W. Soja in: *Thirdspace. Journeys to Los Angeles and Other Real-and-Imagined Places*, Malden 1996

9 Vgl. den Abschnitt »Russischer Raum – Versuch einer Hermeneutik«

10 Den systematischen Zusammenhang von *Dialektik der Aufklärung* und Los Angeles hat m. W. erstmals Mike Davis in seinem grandiosen Buch *City of Quartz, Excavating the Future in Los Angeles*, New York 1992, herausgestellt. Im folgenden wird zitiert nach der deutschen Ausgabe, ders., *City of Quartz. Ausgrabungen der Zukunft in Los Angeles* Berlin 1999, 3. Aufl.

11 Max Horkheimer und Theodor W. Adorno, *Dialektik der Aufklärung*, in: Max Horkheimer, *Gesammelte Schriften Bd. 5, Dialektik der Aufklärung und Schriften 1940–1950*, Frankfurt/M. 1987, 16

12 Horkheimer/Adorno, 25

13 Horkheimer/Adorno, 15

14 Theodor W. Adorno. *Minima Moralia. Reflexionen aus dem beschädigten Leben. Gesammelte Schriften Bd. 4*, Frankfurt/M. 1990, 35

15 Adorno, 42. Vgl. auch im Abschnitt »Kulturindustrie« in der *Dialektik der Aufklärung*: »Fun ist ein Stahlbad. Die Vergnügungsindustrie verordnet es unablässig. Lachen in ihr wird zum Instrument des Betrugs am Glück ... In der falschen Gesellschaft hat Lachen als Krankheit das Glück befallen und zieht es in ihre nichtswürdige Totalität hinein« (*Dialektik der Aufklärung*, 166). »In einem freilich läßt die ausgehöhlte Ideologie nicht mit sich spaßen: es wird gesagt: ›keiner darf hungern und frieren; wers doch tut, kommt ins Konzentrationslager‹: der Witz aus Hitlers Deutschland könnte als Maxime über allen Portalen der Kulturindustrie leuchten« (ebd., 176). »Das blinde und rapid sich ausbreitende Wiederholen designierter Worte verbindet die Reklame mit der totalitären Parole« (ebd., 194)

16 Adorno, 53/54

17 Martin Jay, *Dialektische Phantasie. Die Geschichte der Frankfurter Schule und des Instituts für Sozialforschung 1923–1950*, Frankfurt/M. 1981, 237, 236

18 Anton Wagner, *Werden, Leben und Gestalt der Zweimillionenstadt in Südkalifornien*, Kiel 1935; Edward W. Soja, *Postmodern Geographies: The Reassertion of Space in Critical Social Theory*, London 1989; Mike Davis, *City of Quartz, Excavating the Future in Los Angeles*, New York 1992. Im folgenden wird zitiert nach der der deutschen Ausgabe, ders., *City of Quartz. Ausgrabungen der Zukunft in Los Angeles* Berlin 1999, 3. Aufl. Dolores Hayden, *The Power of Place. Urban Landscapes as Public History*, Cambridge/Mass. 1995

19 Edward W. Soja, *Thirdspace*, 298

20 Edward W. Soja, *Postmodern Geographies*, 247

21 Davis, 296

22 Davis, 298

23 Jean Baudrillard, *Amerika*, München 1995, 75

24 Edward W. Soja, *Postmodern Geographies*, 246/247

25 Adorno, 53/54

26 Hayden, 83, 93

27 Davis, 288

28 Davis, 278

29 Davis, 282, 286, 290

30 Davis, 293

31 Davis, 336

32 Davis, 374

33 Robert Kaplan, »Moloch aus tausend Dörfern«, in: Pete Mijnssen/Daniela Hemmi, *Los Angeles. San Diego selbst entdecken*, Zürich 2000, 123–130

34 Davis, 475

35 Walter Benjamin, *Gesammelte Schriften*, Bd.V, *Das Passagen-Werk*, hg. von Rolf Tiedemann, Frankfurt/M. 1982, V.1, 595

LITERATURVERZEICHNIS

Hier sind im Unterschied zu den Anmerkungen zu den Einzelkapiteln nur Titel aufgenommen, die für die Gesamtthematik relevant sind.

Adorno, Theodor W.: Minima Moralia. Reflexionen aus dem beschädigten Leben. Gesammelte Schriften, Bd. 4, Frankfurt/M. 1990.

ders.: Prismen. Kulturkritik und Gesellschaft, Frankfurt/M., 1955.

ders.: Wissenschaftliche Erfahrungen in Amerika, in: ders.: Stichworte. Kritische Modelle 2, Frankfurt/M. 1969, 113–150.

Agnew, John A.: Making Political Geography, London 2002.

ders.: Duncan, J. S. (eds.): The Power of Place: Bringing Together Geographical and Sociological Imaginations, Boston 1989.

ders.: Geopolitics. Re-Visioning World Politics, London, New York 1998.

ders. u. a. (eds.): Human Geography: An Essential Anthology, Oxford ³1999.

ders.; Duncan, J. S.: Place and Politics. Mediation of State and Society, Boston 1987.

Akerman, James R.: The Structure in Political Territory in Early Printed Atlas, in: Imago Mundi: The International Journal for the History of Cartography, 47 (1995), 138–154.

ders.: Selling Maps, Selling Highways: Rand McNally's »Blazed« Trails Program, in: Imago Mundi: The International Journal for the History of Cartography, 45 (1993), 77–89.

Albert, Matthias; Brock, Lothar: Debordering the World of States: New Spaces in International Relations, in: New Political Science, 35 (1996), 69–106.

Alpers, Svetlana: Kunst als Beschreibung. Holländische Malerei des 17. Jahrhunderts, Köln 1985.

Anciferov, Nikolaj P.: O metodach i tipach istoriko-kul'turnych ėkskursij, Petrograd 1923.

ders.: Puti izučenija goroda kak social'nogo organizma. Opyt kompleksnogo podchoda, Leningrad 1926.

ders.: Iz dum o bylom. Vospominanija, Moskva 1992.

Anderson, Benedict: Imagined Communities: Reflections on the Origin and Spread of Nationalisms, London 1983.

Anderson, Ewan W.: Geopolitics: International Boundaries as Fighting Places, in: Journal of Strategic Studies, 22 (1999).

Antropogeografija central'noj promyšlennoj oblasti, Leningrad 1924.

Appadurai, Arjun: Modernity at Large: Cultural Dimensions of Globalization, Minneapolis 1996.

ders.: Globale ethnische Räume. Bemerkungen und Fragen zur Entwicklung einer transnationalen Anthropologie, in: Beck, Ulrich (Hg.): Perspektiven der Weltgesellschaft, Frankfurt/M. 1998, 13–40.

Ascherson, Neal: Reflections on International space, in: London Review of Books, 24 May 2001, 7–11.

Assmann, Aleida: Erinnerungsräume. Formen und Wandlungen des kulturellen Gedächtnisses, München 1999.

Atlas für Motortouristik der Deutschen Demokratischen Republik, Berlin 1963.

Atlas of Chernobyl Exclusion Zone, Kijiv 1996.

Atlas zur Erd- und Länderkunde, Berlin [12]1957.

Aubin, Hermann: Grundlagen und Perspektiven geschichtlicher Kulturraumforschung und Kulturmorphologie, Aufsätze zur vergleichenden Landes- und Volksgeschichte aus viereinhalb Jahrzehnten anläßlich der Vollendung des 80. Lebensjahres des Verfassers in Verbindung mit Ludwig Petry (Mainz) hg. von Franz Petry, Bonn 1965.

Augé, Marc: Orte und Nicht-Orte. Vorüberlegungen zu einer Ethnologie der Einsamkeit, Frankfurt/M. 1994.

Aus dem Wörterbuch des Unmenschen: Raum, in: Die Wandlung, 2 (1947), 721–725.

Bachelard, Gaston: Poetik des Raumes, Frankfurt/M. 1992.

Baedeker, Karl: Österreich (ohne Dalmatien, Ungarn und Bosnien). Handbuch für Reisende, Leipzig [25]1898.

Bagrow, Leo: At the Sources of the Cartography of Russia, in: Imago Mundi: A Review of Early Cartography, 16 (1962), 33–48.

ders.; Skelton, R. A.: Meister der Kartographie, Berlin [6]1994.

Baker, Alan R. H.; Billinge, Mark (eds.): Period and Place. Research Methods in Historical Geography, Cambridge 1982.

Baldamus, Alfred u. a. (Hg.): F. W. Putzgers Historischer Schul-Atlas zur alten, mittleren und neuen Geschichte, Bielefeld, Leipzig [34]1910.

dies. (Hg.): F. W. Putzgers Historischer Schul-Atlas zur alten, mittleren und neuen Geschichte, Bielefeld, Leipzig [36]1913.

dies. (Hg.): F. W. Putzgers Historischer Schul-Atlas, Mittlere Ausgabe mit besonderer Berücksichtigung der Geopolitik, Wirtschafts- und Kulturgeschichte, Bielefeld, Leipzig [3]1930.

Barber, Benjamin: Jihad vs. McWorld: How Globalism and Tribalism are Reshaping the World, New York 1996.

Barnes, Trevor; Duncan, James (eds.): Writing Worlds: Discourse, Text and Metaphor in the Representation of Landscape, London 1992.

Baskes, Roger S.: The Bookbound World: Collecting Atlases, in: Mercator's World, 1 (1996), 3, 45–49.

Bassin, Mark: Race Contra Space: The Conflict Between German Geopolitik and National Socialism, in: Political Geography Quarterly, 6 (1987), 115–134.

ders.: Geographical Determinism in Fin-de-siècle Marxism: Georgii Plekhanov and the Environmental Basis of Russian History, in: Annals of the Association of American Geographers 82 (1992), 1, 3–22.

ders.: ›I Object to Rain That is Cheerless‹: Landscape Art And the Stalinist Aesthetic Imagination, in: Ecomene, 7 (2000), 3, 313–336.

ders.: Imperialer Raum/Nationaler Raum. Sibirien auf der kognitiven Landkarte
Rußlands im 19. Jahrhundert, in: Geschichte und Gesellschaft, 3 (2002),
378–403.

Baudrillard, Jean: Amerika, München 1995.

Becker, Werner: Vom alten Bild der Welt. Alte Landkarten und Stadtansichten,
Leipzig ²1971.

Bell, D.; Valentine, G. (eds.): Mapping Desire. Geographies of Sexualities, London
1995.

Benjamin, Walter: Berliner Kindheit um 1900, Frankfurt/M. 1983.

ders.: Berliner Chronik, Frankfurt/M. 1970.

ders.: Moskauer Tagebuch, Frankfurt/M. 1980.

ders.: Gesammelte Schriften, Bd.V, 1/2: Das Passagen-Werk, hg. von Rolf Tiedemann, Frankfurt/M. 1982.

ders.: Die Wiederkehr des Flaneurs, in: Hessel, Franz: Ein Flaneur in Berlin, Berlin
1984, 277–281.

ders.: Einbahnstraße, Frankfurt/M., 1988.

Benko, Georges; Strohmayer, Ulf: Space and Social Theory: Interpreting Modernity and Postmodernity, Oxford 1997.

Bense, Mark: Raum und Ich. Eine Philosophie über den Raum, Berlin 1934.

Berdahl, Daphne u. a. (eds.): Altering States: Ethnographies of Transition in Eastern
Europe and the Former Soviet Union, Ann Arbor 2000.

Berliner Adreßbuch 1932. Unter Benutzung amtlicher Quellen, 3 Bde., Berlin 1932.

Berman, Marshall: All That is Solid Melts Into Air: The Experience of Modernity,
London 1982.

Bhabha, Homi K.: The Location of Culture, London 1994.

Billinge, Mark: Reconstructing Societies in the Past: The Collective Biography of
Local Communities, in: Baker, Alan R. H.; Billinge, Mark (eds.): Period and
Place. Research Methods in Historical Geography, Cambridge 1982, 19–32.

Bithell, A.: The Maps and Diagrams of J. F. Horrabin, in: Bulletin of the Society of
University Cartographers, 18 (1984), 85–91.

Black, Jeremy: Maps and Politics, London 1997.

ders.: Maps and History. Constructing Images of the Past, New Haven, London
1997.

ders. (Hg.): DuMont-Atlas der Weltgeschichte, Köln 2000.

Blaschke, Karlheinz: Wie liest man einen Stadtplan? in: Johanek, Peter (Hg.): Stadtgrundriß und Stadtentwicklung. Forschungen zur Entstehung mitteleuropäischer
Städte. Ausgewählte Aufsätze von Karlheinz Blaschke, Köln u. a. 1997, 193–204.

Blau, Eve; Platzer, Monika: Mythos Großstadt. Architektur und Stadtbaukunst in
Zentraleuropa 1890–1937, München u. a. 1999.

Blumenberg, Hans: Die Lesbarkeit der Welt, Frankfurt/M. 1986.

Bollnow, Otto Friedrich: Mensch und Raum, Stuttgart u. a. ⁸1997.

Bönisch, Fritz u. a. (Hg.): Kursächsische Kartographie bis zum Dreißigjährigen
Krieg, Berlin 1990.

Boon-Thong, Lee; Shamsul Bahrin, Tengku (eds.): Vanishing Borders: The New International Order of the 21st Century, Aldershot 1998.

Boyer, Christine: The City of Collective Memory, Cambridge/Mass. 1996.

Braudel, Fernand: Géohistoire und geographischer Determinismus, in: Middell, M.; Sammler, St. (Hg.): Alles Gewordene hat Geschichte. Die Schule der Annales in ihren Texten, Leipzig 1994.

ders.: Das Mittelmeer und die mediterrane Welt in der Epoche Philipps II., Bd. 1, Frankfurt/M. 1990.

Braun, Franz; Hillen Ziegfeld, Arnold (Hg.): Geopolitischer Geschichtsatlas, Dresden 1930.

dies. (Hg.): Weltgeschichte im Aufriß auf geopolitischer Grundlage, Dresden 1930.

dies. (Hg.): Geopolitischer Geschichtsatlas, Dresden ²1934.

Brubaker, Roger: Nationalism Reframed: Nationhood and the National Question in the New Europe, Cambridge 1996.

Buchli, Victor; Lucas, Gavin (eds.): Archaeologies of the Contemporary Past, London, New York 2001.

Buisseret, D. (ed.): Monarchs, Ministers and Maps: The Emergence of Cartography as a Tool of Government in Early Modern Europe, Chicago 1992.

Butlin, Robin A.: Historical Geography: Through the Gates of Space and Time, London 1993.

ders. (ed.): An Historical Geography of Europe, Oxford 1998.

Buttmann, Günther: Friedrich Ratzel. Leben und Werk eines deutschen Geographen, Stuttgart 1977.

Calvino, Italo: Die unsichtbaren Städte, München ⁸1996.

Carter, Paul: The Road to Botany Bay: An Essay in Spatial History, London 1987.

ders.: Dark With Excess of Bright: Mapping the Coastlines of Knowledge, in: Cosgrove, Denis (ed.): Mappings, London 1999, 125–147.

Casey, Edward S.: The Fate of Place: A Philosophical History, Berkeley 1998.

Certeau, Michel de: Die Kunst des Handelns, Berlin 1988.

Chakrabarty, Dipesh: Provincializing Europe: Postcolonial Thought and Historical Difference, Princeton, Oxford 2000.

Chaliand, Gérard; Rageau, Jean-Pierre: The Penguin Atlas of Diasporas, New York 1997.

Christaller, Walter: Die zentralen Orte in Süddeutschland, Jena 1933.

Cipolla, Carlo M.: Gezählte Zeit. Wie die mechanische Uhr das Leben veränderte, Berlin 1999.

Clifford, James: Routes. Travel and Translation in the Late Twentieth Century, Cambridge/Mass. 1997.

Cohen, Robin: Global Diasporas. An Introduction, London, Seattle 1997.

Conrad, Christoph (Hg.): Mental Maps, Sonderheft von: Geschichte und Gesellschaft, 3 (2002).

Cosgrove, Denis; Daniels, Stephen (eds.): The Iconography of Landscape: Essays on the Symbolic Representation, Design and Use of Past Environments, Cambridge 1988.

Cosgrove, Denis E.: Problems of Interpreting the Symbolism of Past Landscapes, in: Baker, Alan R. H.; Billinge, Mark (eds.): Period and Place: Research Methods in Historical Geography, Cambridge 1982, 220–230.

ders.: Mappings, London 1999.

Crang, Mike: Cultural Geography, London, New York 1998.

Crow, Dennis (ed.): Geography and Identity: Living and Exploring Geopolitics of Identity, Washington, D. C. 1996.

Čto dolžen znat' každyj kraeved o geografii čeloveka, Leningrad 1927.

Davis, Kenneth C.: Wieso fließt der Nil bergauf? Alles, was Sie über die Welt wissen sollten, aber nie gelernt haben, Bergisch Gladbach ³2000.

Davis, Mike: City of Quartz: Excavating the Future in Los Angeles, New York 1992 (dt. City of Quartz. Ausgrabungen der Zukunft in Los Angeles Berlin ³1999).

Debes, Ernst; Schlee, Paul: Berliner Schulatlas für die oberen Klassen der Volks- und Mittelschulen, Leipzig ⁸1933.

Delano Smitz, Catherin: The Emergence of »Maps« in European Rock Art: A Prehistoric Preoccupation With Place, in: Imago Mundi: The International Journal for the History of Cartography, 34 (1982), 9–25.

Demko, George J.; Wood, William B. (eds.): Reordering the World: Geopolitical Perspectives on the 21st Century, Boulder/Col. 1994.

Deutscher Planungsatlas, Band IX: Atlas von Berlin, hg. von der Akademie für Landesforschung und Raumplanung, Hannover 1962.

Dickmann, Irene u. a. (Hg.): Geopolitik. Grenzgänge im Zeitgeist, Bde. 1.1. und 1.2, Potsdam 2000.

Diercke Schulatlas für höhere Lehranstalten, Braunschweig, Berlin ⁷⁸1938.

Diercke Weltatlas, Braunschweig, Berlin ⁹³1957.

Dijkink, Gertjan: National Identity and Geopolitical Visions. Maps of Pride and Pain, London, New York 1996.

Diner, Dan: »Grundbuch des Planeten«. Zur Geopolitik Karl Haushofers, in: Vierteljahrshefte für Zeitgeschichte, 32 (1984), 1–28.

Dodge, Martin; Kitchin, Rob: Mapping Cyberspace, London, New York 2001.

Dodgshon, Robert A.: Society in Time and Space. A Geographical Perspective on Change, Cambridge 1998.

Doel, Marcus A.; Clarke, David B.: Figuring the Holocaust, in: Ó Tuathail, Gearóid (ed.): Rethinking Geopolitics, London 1998, 39–61.

Doel, Marcus: The Diabolical Art of Spatial Science, Edinburgh 1999.

Drabble, Margret: A Writers Britain: Landscape in Literature, London 1979.

Dreyer-Eimbcke, Oswald: Kolumbus, Entdeckungen und Irrtümer in der deutschen Kartographie, Frankfurt/M. 1991.

ders.: S Marks the Spot: Stalin's Signing of the Map That Divided Poland, in: Mercator's World, 3 (1998), 59–61.

Driver, Felix: Geography Militant, Cultures of Exploration and Empire, Oxford, Malden/Mass. 2001.

Duchacheck, Ivo D.: The Territorial Dimension of Politics: Within, Among and Across Nations, Boulder/Col. 1986.

Dugin, Aleksandr: Osnovy geopolitiki, Moskva 1997.

Duncan, James S.: The City as Text: The Politics of Landscape Interpretation in the Kandyan Kingdom, Cambridge 1990.

Earle, Carville u. a. (eds.): Concepts in Human Geography, Lanham 1996.

Ebeling, Frank: Geopolitik. Karl Haushofer und seine Raumwissenschaft 1919–1945, Berlin 1994.

Eckert-Greifendorff, Max: Kartographie. Ihre Aufgaben und Bedeutung für die Kultur der Gegenwart, Berlin 1939.

Edney, Matthew H.: Mapping an Empire: The Geographical Construction of British India, 1765–1843, Chicago 1990.

ders.: Theory and the History of Cartography, in: Imago Mundi: The International Journal for the History of Cartography, London Nr. 48, 185–205.

Europa und der Osten, hg. von Reichsamtsleiter Hans Hagemeyer und Reichsamtsleiter Dr. Georg Leibbrandt, München 1943.

Faber, Karl-Georg: Geschichtslandschaft – Région historique – Section in History. Ein Beitrag zur vergleichenden Wissenschaftsgeschichte, in: Saeculum, 30 (1979), 4–21.

ders.: Zur Vorgeschichte der Geopolitik. Staat, Nation und Lebensraum im Denken deutscher Geographen vor 1914, in: Dollinger, Heinz u. a. (Hg.): Weltpolitik. Europagedanke. Regionalismus. Festschrift für Heinz Gollwitzer zum 65. Geburtstag am 30. Januar 1982, Münster 1982, 389–406.

Fahlbusch, Michael: »Wo der deutsche ... ist, ist Deutschland!«. Die Stiftung für deutsche Volks- und Kulturbodenforschung in Leipzig 1920–1933, Bochum 1994.

Fauser, Alois: Kulturgeschichte des Globus, München 1973.

Febvre, Lucien: A Geographical Introduction to History, London 1966.

Filimonov, S. B.: N. P. Anciferov – učastnik kraevedčeskogo dviženija 1920-ch godov, in: Anciferovskie čtenija, Leningrad 1989, 24–27.

Fischer, Norbert: Vom Gottesacker zum Krematorium. Eine Sozialgeschichte der Friedhöfe in Deutschland, Köln u. a. 1996.

Fischer-Defoy, Christine; Schaal, Susanne (mit einem Vorw. von Walter Jens): Berliner ABC. Das private Adreßbuch von Paul Hindemith 1927 bis 1938, Berlin 1999.

Fleischer, Helmut: Ethik ohne Imperativ. Zur Kritik des moralischen Bewußtseins, Frankfurt/M. 1987.

ders.: Epochenphänomen Marxismus, Hannover 1993.

ders.: Karl Marx und der Ausgang der proletarischen Revolution. Eine philosophische Geschichtsbetrachtung, in: Klaus Schönhoven; Dietrich Staritz (Hg.), Sozialismus und Kommunismus im Wandel. Hermann Weber zum 65. Geburtstag, Köln 1993, 13–38.

ders.: Paradigmen für eine Historik der Sowjetrevolution, in: Brigitte Heuer; Milan Prucha (Hg.), Der Umbruch in Osteuropa als Herausforderung für die Philosophie, Frankfurt/M. u. a. 1993, 13–36.

ders.: Mit der Vergangenheit umgehen. Prolegomenon zu einer Analytik des Geschichtsbewußtseins, in: Helmut König; Michael Kohlstrunk; Andreas Wöll

(Hg.): Vergangenheitsbewältigung am Ende des zwanzigsten Jahrhunderts, Opladen/Wiesbaden 1998, 409–432.

Flink, James J.: The Automobile Age, Cambridge/Mass. 1988.

Flüsse im Herzen Europas. Rhein–Elbe–Donau. Kartographische Mosaiksteine einer europäischen Flußlandschaft. Kartenabteilung der Staatsbibliothek zu Berlin, Preußischer Kulturbesitz, Berlin 1993.

Foote, Kenneth E. u.a. (eds.): Re-Reading Cultural Geography, Austin 1994.

Foucault, Michel: Of Other Spaces, in: Diacritics, 16 (1986), 22–27.

Foucher, Michel: Front et frontières. Un tour du monde géopolitique, Paris 1988.

Frank, Susi K.: Orte und Räume der russischen Kultur. Aus Anlaß einer geokulturologischen Untersuchung zur russischen usad'ba von Vasilij Ščukin, in: Die Welt der Slaven, 45 (2000), 103–132.

Freeman, Michael: Atlas of Nazi Germany: A Political, Economic and Social Anatomy of the Third Reich, New York [2]1995.

ders.: Railways and the Victorian Imagination, New Haven, London 1999.

Freytag; Berndt: Taschen-Atlas, Wien, Leipzig 1938.

Führer durch die Sowjetunion. Gesamtausgabe. Bearbeitet von A. Radó. Hg. von der Gesellschaft für Kulturverbindung der Sowjetunion mit dem Auslande, Berlin 1928.

F. W. Putzgers Historischer Schul-Atlas, Mittlere Ausgabe mit besonderer Berücksichtigung der Geopolitik, Wirtschafts- und Kulturgeschichte, Bielefeld, Leipzig [3]1930.

F. W. Putzgers Historischer Weltatlas, Berlin [102]1995.

Gebhardt, Peter von: Die Anfänge des Berliner Adreßbuches. Ein bibliographischer Versuch, Berlin 1930.

Geistbeck, Michael: Weltverkehr, Die Entwicklung von Schiffahrt, Eisenbahn, Post und Telegraphie bis zum Ende des 19. Jahrhunderts, Hildesheim 1986.

Giddens, Anthony: The Consequences of Modernity, Cambridge 1995.

Giedion, Sigfried: Space, Time, and Architecture: The Growth of a New Tradition, Cambridge/Mass. 1967.

Gilbert, Martin: Endlösung, Die Vertreibung und Vernichtung der Juden. Ein Atlas, Reinbek 1982.

ders.: Holocaust Journey: Travelling in Search of the Past, London 1998.

Godlewska, Anne Marie Claire: The Language of Representation, in: Mercator's World, 4 (1999), November-December, 30–35.

Goss, John: Kartenkunst. Die Geschichte der Kartographie, Braunschweig 1994.

Gosztony, Alexander: Der Raum. Geschichte seiner Probleme in Philosophie und Wissenschaften, Bd. 2, o.O. 1976.

Gottmann, Jean: The Significance of Territory, Charlottesville, VA 1973.

Gourou, Pierre: Geschichte und Geographie, in: Fernand Braudel (Hg.): Europa: Bausteine seiner Geschichte, Frankfurt/M. 1989, 99–120.

Graf, Georg E.: Die Landkarte Europas gestern und heute, Berlin 1919.

ders.: Geographie und Materialistische Geschichtsauffassung, Der lebendige Marxismus, Jena 1924.

Graham, Brian u. a. (eds.): A Geography of Heritage: Power, Culture and Economy, London u. a. 2000.

Gregory, Derek; Urry, J. (eds.): Social Relations and Spatial Structures, London 1985.

Gregory, Derek: Geographical Imaginations, Cambridge, Oxford 1994.

ders.: Grand Maps of History«: Structuration Theory and Social Change, in: Giddens, Anthony: Consensus and Controversy, London 1990, 217−233.

ders. u. a. (eds.): Human Geography, Society, Space and Social Science, Minneapolis 1994.

Gritsai, O.; Kolossow: Die Renaissance geopolitischen Denkens in Rußland, in: Geographische Zeitschrift 6 (Jahr), 256−265.

Großdeutschland in Bild und Karte, Leipzig 1939.

Gruber, Ruth Ellen: Jewish Heritage Travel. A Guide to East-Central Europe, Northwale 1999.

Gugerli, David; Speich, Daniel: Topografien der Nation. Politik, kartografische Ordnung und Landschaft im 19. Jahrhundert, Zürich 2002.

Gusejnov, Gasan: Karta našej rodiny: ideologema meždu slovom i telom, Helsinki 2000.

Gussow, Alan: A Sense of Place: The Artist and the American Land, New York, Seabury 1974.

Haack, Hermann (Hg.): Haack Atlas Weltmeere, Gotha 1989.

Hake, Günter; Grünreich, Dietmar: Kartographie, Berlin, New York [7]1994.

Hall, Edward T.: The Hidden Dimension, Garden City, New York 1966.

Hanák, Peter (Hg.), Bürgerliche Wohnkultur des Fin de siècle in Ungarn, Wien u. a. 1994.

Hapgood, Charles H.: Die Weltkarten der alten Seefahrer, Frankfurt/M. 2002.

Hard, Gerhard: Die »Landschaft« der Sprache und die »Landschaft« der Geographen, Bonn 1970.

Harley, J. B.: The New Nature of Maps, Essays in the History of Cartography, ed. by Paul Laxton, Baltimore, London 2001.

Hartshorne, Richard: The Nature of Geography, Lancaster, PA 1939.

Hartung, Klaus: Das verborgene Ganze, in: Hans Stimmann (Hg.): Die gezeichnete Stadt. Die Physiognomie der Berliner Innenstadt in Schwarz- und Parzellenplänen 1940−2010, Berlin 2002, 27−48.

Harvey, David: The Condition of Postmodernity: An Enquiry Into The Origins of Cultural Change, Cambridge/Mass. 1989.

ders.: Between Space and Time: Reflections on the Geographical Imagination, in: Annals of the Association of American Geographers, 80 (1990), 418−434.

ders.: Spaces of Hope, Berkeley, Los Angeles 2000.

ders.: The Urbanization of Capital. Studies in the History and Theory of Capialist Urbanization, Baltimore, Maryland 1985.

Harvey, Miles: Gestohlene Welten, Eine Kriminalgeschichte der Kartographie, München 2001.

Hassinger, Hugo: Geographische Grundlagen der Geschichte, Freiburg/Br. 1931.

Hauner, Milan: What is Asia to us? Russia's Asian Heartland Yesterday and Today, London u. a. 1992.

Haushofer, Karl: Grenzen in ihrer geographischen und politischen Bedeutung, Berlin-Grunewald 1927.

Hayden, Dolores: The Power of Place: Urban Landscapes as Public History, Cambridge/Mass. 1995.

Heegewaldt, Werner; Rohrlach, Peter P.: Berliner Adreßbücher und Adressenverzeichnisse 1704–1945. Eine annotierte Bibliographie mit Standortnachweis für die »ungeteilte« Stadt Berlin 1990.

Herb, Guntram H.: Persuasive Cartography in Geopolitik and National Socialism, in: Political Geography Quarterly, 8 (1989), 289–303.

ders.: Under the map of Germany. Nationalism and Propaganda 1918–1945, London and New York 1997.

ders.: Before the Nazis. Maps as Weapons in German Nationalist Propaganda, in: Mercator's World, May/June 1999, 26–31.

Herodot, Historien, Bd. I und II. Griechisch-deutsch, hg. von Josef Feix, Zürich ⁵1995.

Hessel, Franz: Ein Flaneur in Berlin, Berlin 1984.

Hilberg, Raul: Sonderzüge nach Auschwitz, Frankfurt/M. 1987.

Hodgkiss, Alan: Discovering Antique Maps, Princes Risborough 1996.

Hooson, David (ed.): Geography and National Identity, Oxford 1994.

Horkheimer, Max: Gesammelte Schriften, Bd. 5, Dialektik der Aufklärung und Schriften 1940–1950, Frankfurt/M. 1987.

Horrabin, James Francis: Grundriß der Wirtschaftsgeographie, Wien, Berlin 1926.

ders.: An Atlas of Empire, London 1937.

Hottes, Karlheinz (Hg.): Industriegeographie, Darmstadt 1976.

Huberman, Jack: The Bronx is Up and the Battery's Down. Mapping New York History, in: Mercator's World 1996, no.2, 18–23.

Hugill, Peter J.: World Trade Since 1431: Geography, Technology and Capitalism, Baltimore 1993.

ders.: Global Communications Since 1844, Geopolitics and Technology, Baltimore, London 1999.

Ignatow, Assen: Geopolitische Theorien in Rußland heute, Köln 1998.

Ivanov-Omskij, I. I.: Istoričeskij materializm o roli geografičeskoj sredy v razvitii obščestva, Moskva 1950.

Jäckel, Hartmut: Menschen in Berlin. Das letzte Telefonbuch der alten Reichshauptstadt 1941, Stuttgart, München 2000.

Jackson, John B.: Landscapes: Selected Writings of J. B. Jackson, Amherst 1970.

ders.: Vernacular Landscape, New Haven, London 1984.

ders.: Discovering the Vernacular Landscape, New Haven, London 1984.

ders.: A Sense of Place, a Sense of Time, New Haven, London 1994.

ders.: Lefkowitz Horowitz, Helen (eds.): Landscape in Sight, Looking at America, New Haven, London 1997.

Jackson, Peter: Maps of Meaning: An Introduction to Cultural Geography, London 1989.

ders.; Penrose, Jan (eds.): Constructions of Race, Place and Nation, London 1993.

Jackson Turner, Frederick: The Frontier in American History, New York 1996.

Jacobs, Jane: Tod und Leben großer amerikanischer Städte, Berlin u. a. 1963.

Jammer, Max: Das Problem des Raumes. Die Entwicklung der Raumtheorien, Darmstadt 1960.

Jarvis, Brian: Postmodern Cartographies: The Geographical Imagination in Contemporary American Culture, London 1998.

Jönsson, Christer u. a.: Organizing European Space. London u. a. 2000.

Johansen, Anatol: Mutter Erde, hautnah. Die Raumfähre »Endeavour« soll die Erde mit bisher unerreichter Präzision vermessen, in: Die Zeit, 5.1.2000, 24.

Jüdisches Adreßbuch für Groß-Berlin. Ausgabe 1931. Gültig bis Mitte 1932. Mit einem Vorw. von Hermann Simon, Rpt. Berlin 1994.

Kaganskij, Vladimir: Kul'turnyj landšaft i sovetskoe obitaemoe prostranstvo, Moskva 2001.

Kain, Roger J. P.; Baigent, Elizabeth: The Cadastral Map in the Service of the State: A History of Property Mapping, Chicago 1992.

Kant, Immanuel: Entwurf und Ankündigung eines Collegii der physischen Geographie nebst dem Anhange einer kurzen Betrachtung über die Frage: Ob die Westwinde in unsern Gegenden darum feucht seien, weil sie über ein großes Meer streichen, in: ders.: Gesammelte Schriften, Bd. 2, hg. von der Königl. Preuß. Akademie der Wissenschaften, Berlin 1912.

ders.: Kritik der reinen Vernunft. Einleitung zum Zweiten Teil (der »Transzendentalen Logik«), Werkausgabe Bd. 3, hg. von Wilhelm Weischedel, Frankfurt/M. 1968.

Karpeev, E. P.: Der große Gottorfer Globus. Bol'šoj gottorpskij globus, Sankt-Peterburg 2000.

Kasperson, Roger E.; Julian V. Minghi (eds.): The Structure of Political Geography, London 1970.

Kay, Jane Holtz: Asphalt Nation. How the Automobile Took Over America, and How We Can Take It Back, Berkeley u. a. 1997.

Kazin, Alfred: A Writers America. Landscape in Literature, New York 1988.

Keay, John: The Great Arc, The Dramatic Tale of How India was Mapped and Everest was Named, London ²2001.

Keegan, John (Hg.): »The Times« Atlas Zweiter Weltkrieg, Augsburg 1999.

Kern, Stephen: The Culture of Time and Space, 1880–1918, Cambridge/Mass. 1983.

Khodarkovsky, Michael: Russia's Steppe Frontier. The Making of a Colonial Empire, 1500–1800, Bloomington, Indianapolis 2002.

King, Anthony D.: The Bungalow: The Production of a Global Culture, London 1984.

Kipnis, S.: Zapiski nekropolista. Progulki po Novodevič'emu, Moskva 2002.

Kjellén, R.: Geopolitische Betrachtungen über Skandinavien, in: Geographische Zeitschrift, 11 (1905), 657–671.

Klare, Jean; Swaaij, Louise van: Atlas der Erlebniswelten, Frankfurt/M. 2000.

Kletzin, Birgit: Europa aus Rasse und Raum. Die nationalistische Idee der Neuen Ordnung, in: Kleger, Heinz (Hg.): Region – Nation – Europa, Bd. 2, Münster u. a. 2002.

Klinghammer, István u. a. (Hg.): Kartográfiatörténet, Budapest 1995.

Klinghammer, István: A föld-és éggömbök története, Budapest 1998.

Kljutschewskij, Wassili: Geschichte Rußlands, hg. von F. Braun und R. von Walter, 4 Bde., Leipzig, Berlin 1925–1926.

Klotz, Volker: Die erzählte Stadt. Ein Sujet als Herausforderung des Romans von Lesage bis Döblin, München 1969.

Koch, W.; Opitz, Carl: Eisenbahn- und Verkehrs-Atlas von Europa, Leipzig [9]1910.

Koja, Stephan (Hg.): America. Die Neue Welt in Bildern des 19. Jahrhunderts, München u. a. 1999.

Konstàm, Angus: Atlas versunkener Schiffe: Schätze auf dem Meeresgrund, Augsburg 1999.

Korinman, Michel: Quand l'Allemagne pensait le monde: grandeur et décadence d'une géopolitique, Paris 1990.

Koselleck, Reinhart: Zeitschichten. Studien zur Historik. Mit einem Beitrag von Hans-Georg Gadamer, Frankfurt/M. 2000.

Kostelezky, Rudolf E. (Hg.): Neuer Mitteleuropäischer Fremdenführer 1900. Handbuch für Reisende durch Deutschland, Oesterreich-Ungarn, Ober-Italien, incl. Rom und Neapel, die Riviera (mit Ausflug nach Paris), Belgien und Holland, Budapest o. J.

Köster, W.: Raum, politischer, in: Historisches Wörterbuch der Philosophie, Bd. 8, Basel 1992, 122–131.

Kraus, Theodor u. a. (Hg.): Atlas Östliches Mitteleuropa, Bielefeld u. a. 1959.

Kreft, Wolfgang: Das östliche Mitteleuropa im historischen Luftbild. Bildflüge 1942–1945 über Brandenburg, Ostpreußen, Polen, Pommern und Schlesien, in: Sammlungen des Herder-Instituts zur Ostmitteleuropa-Forschung Nr. 8, Marburg 2000.

Krüger, Herbert: Erhard Etzlaub's Romweg Map and Its Dating in the Holy Year of 1500, in: Bagrow, Leo (Hg.): Imago Mundi: A Review of Early Cartography, 8 (1950), 17–26.

Kulischer, Alexander: Kriegs- und Wanderungszüge. Weltgeschichte als Völkerbewegung, Berlin, Leipzig 1932.

Kulischer, Eugene M.: Europe on the Move. War and Population Changes, 1917–1947, New York 1948.

Kunstler, James Howard: Geography of Nowhere, The Rise and Decline of America's Man-Made Landscape, New York u. a. 1994.

Kupcík, Ivan: Alte Landkarten. Von der Antike bis zum Ende des 19. Jahrhunderts, Praha 1980.

Küster, Hansjörg: Geschichte der Landschaft in Mitteleuropa. Von der Eiszeit bis zur Gegenwart, München 1999.

Lacoste, Yves: Geographie und politisches Handeln. Perspektiven einer neuen Geopolitik, Berlin 1990.

Landes, D.: Revolution in Time: Clocks and the Making of the Modern World, Cambridge, Mass. 1983.

Lang, A.; Debus, J.: »Lebensraum«, in: Historisches Wörterbuch der Philosophie, Bd. 5, Basel 1980, 143–147.

Lanzmann, Claude: Shoah, Grafenau 1999.

Lay, Maxwell G.: Die Geschichte der Straße. Vom Trampelpfad zur Autobahn, Frankfurt/M., New York 1994.

Leach, Neil (ed.): The Hieroglyphics of Space. Reading and Experiencing the Modern Metropolis, London, New York 2002.

LeDonne, John P.: The Russian Empire and the World 1700–1917: The Geopolitics of Expansion and Containment, Oxford 1997.

Lefebvre, Henri: The Production of Space, Oxford, Cambridge 1991.

Levine, Robert: Eine Landkarte der Zeit. Wie Kulturen mit Zeit umgehen, München, Zürich ³2000.

Lévy, Jaques: Le tournant géographique. Penser l'éspace pour lire le monde, Paris 1999.

Lézy, Emmanuel; Nonjon, Alain: Cartes en main. La cartographie aux concours, Paris 1999.

Lichačev, Dmitrij: Poėzija sadov. K semantike sadovo-parkovych stilej. Sad kak tekst, Sankt-Peterburg 1991.

Lion, Ferdinand: Geschichte biologisch gesehen, Zürich, Leipzig 1935.

Livingstone, David: Geography, Tradition and the Scientific Revolution: An Interpretative Essay, in: Transactions, Institute of British Geographers 15 (1990), 359–373.

Lobeck, Armin K.: Things Maps Don't Tell Us: An Adventure into Map Interpretation, Chicago, London 1993.

Lösch, August: Die räumliche Ordnung der Wirtschaft, Jena 1940.

Lotman, Yuri: Universe of the Mind: A Semiotic Theory of Culture, London, New York 1990.

Lovell, Nadia, (ed.), Locality and Belonging, London 1998.

Lowenthal, David: Past Time, Present Place: Landscape and Memory, in: Geographical Review, 65 (1975), 1, 1–36.

Lutwack, Leonard: The Role of Place in Literature, Syracuse, New York, 1984.

Lynch, Kevin, The Image of the City, Cambridge/Mass. 1960.

Macho, Thomas: Drinnen und draußen. Reflexionen zur Ordnung der Räume, in: Perchinig, Bernhard; Steiner, Winfried (Hg.): Kaos Stadt. Möglichkeiten und Wirklichkeiten städtischer Kultur, Wien 1991, 109–123.

Mackinder, Halford John: The Geographical Pivot of History, In: Geographical Journal, 23 (1904), 421ff.

Magocsi, Paul Robert: Historical Atlas of East Central Europe, Seattle, London 1993.

Mahan, Alfred Thayer: Der Einfluß der Seemacht auf die Geschichte, hg. von Gustav-Adolf Wolter, Herford 1967.

Maier, Charles S.: Consigning the Twentieth Century to History: Alternative Narratives for the Modern Era, in: American Historical Review, June 2000, 807–831.

Malkina, Tat'jana (izd.): Otečestvennye zapiski, žurnal dlja medlennogo čtenija, 6 (2002).

Mallory, W. F.: Simpson-Housley, P. (eds.): Geography and Literature: A Meeting of the Disciplines, Syracuse, New York 1987.

Malyj atlas Rossii, Moskva 1999.

Manhattan in Maps 1527–1995, New York 1997.

Marchal, Guy P. (Hg.): Grenzen und Raumvorstellungen (11.–20. Jh.), Frontieres et conceptions de l'espace (11e-20e siècles), Zürich 1996.

Marin, Louis: Les vois de la carte, in: Cartes et figure de la Terre, Centre Georges Pompidou. Centre de Création Industrielle, Catalogue 1980.

ders.: Le lieu du pouvoir à Versailles, in: La production des lieux exemplaires. Les dossiers des séminaires TTS, Paris 1991.

Marx, Leo: The Machine in the Garden: Technology and the Pastoral Ideal in America, Oxford 2000.

Matznetter, Josef (Hg.): Politische Geographie, Darmstadt 1977.

Meinig, Donald W. (ed.): The Interpretation of Ordinary Landscapes: Geographical Essays, New York, Oxford 1979.

ders.: The Shaping of America: A Geographical Perspective on 500 Years of History, Bde. 1–2, New Haven, London 1986–1993.

ders.: Geographical Analysis of Imperial Expansion, in: Baker, Alan R. H.; Billinge, Mark (eds.): Period and Place: Research Methods in Historical Geography, Cambridge, 1982, 71–78.

Menzel, Ulrich: Globalisierung versus Fragmentierung, Frankfurt/M. 1998.

Michel, Karl Markus: Genius loci. Versuch einer Anatomie, in: Prigge, Walter (Hg.): Städtische Intellektuelle. Urbane Milieus im 20. Jahrhundert, Frankfurt/M. 1992, 78–106.

Minca, Claudio (ed.): Postmodern Geography: Theory and Praxis, Oxford u. a. 2001.

Mitchell, Don: Cultural Geography: A Critical Introduction, Oxford u. a. 2000.

Monmonier, Mark: Eins zu einer Million. Die Tricks und Lügen der Kartographen, Basel u. a. 1996.

ders.: Air Apparent. How Meteorologists Learned to Map, Predict, and Dramatize Weather, Chicago, London 1999.

Moravanszky, Akos: Competing Visions. Aesthetic Invention and Social Imagination in Central European Architecture 1867–1918, Cambridge u. a. 1998.

Moretti, Franco: Atlas des europäischen Romans. Wo die Literatur spielte, Köln 1999.

Müller, G. H.: Zur Geschichte des Begriffs »Anthropogeographie«, in: Geographische Zeitschrift, 80 (1992), 184–190.

Muris, Oswald; Saarmann, Gert: Der Globus im Wandel der Zeiten. Eine Geschichte der Globen, Berlin, Beutelsbach b. Stuttgart 1961.

Nebenzahl, Kenneth: Atlas of Columbus and the Great Discoveries, Chicago u. a. 1990.

Neumann, Dietrich (Hg.): Filmarchitektur. Von Metropolis bis Blade Runner, München, New York 1996.

Nora, Pierre: Zwischen Geschichte und Gedächtnis, Frankfurt/M. 1998.

Ó Tuathail, Gearóid: Critical Geopolitics, Minneapolis 1996.

ders.; Dalby, Simon (eds.): Rethinking Geopolitics. London, New York 1998.

Ormeling, F. J.: Cartographic Consequences of a Planned Economy – 50 Years of Soviet Cartography, in: The American Cartographer, 1 (1974), 44–45.

Orte des Erinnerns. Band 2. Jüdisches Alltagsleben im Bayerischen Viertel. Eine Dokumentation, hg. Kunstamt Schöneberg, Schöneberg Museum in Zusammenarbeit mit der Gedenkstätte Haus der Wannsee-Konferenz, Berlin 1995.

Osterhammel, Jürgen: Raumerfassung und Universalgeschichte im 20. Jahrhundert, in: Hübinger, Gangolf u. a. (Hg.): Universalgeschichte und Nationalgeschichten, Freiburg/Br. 1994, 51–70.

ders.: Kulturelle Grenzen in der Expansion Europas, in: Saeculum. Jahrbuch für Universalgeschichte, 46 (1995), 1, 101–138.

ders.: Geschichte, Geographie, Geohistorie, in: Küttler, Wolfgang u. a. (Hg.): Geschichtsdiskurs, Bd. 3: Die Epoche der Historisierung, Frankfurt/M. 1997, 257–271.

ders.: Die Wiederkehr des Raums: Geographie, Geohistorie und historische Geographie, in: Neue politische Literatur, 43 (1998), 374–395.

Overbeck, Hermann: Kulturlandschaftsforschung und Landeskunde, in: Pfeifer, Gottfried; Graul, Hans: Heidelberger geographische Arbeiten, 14 (1965), 9–357.

ders.: Die Entwicklung der Anthropogeographie (insbesondere in Deutschland) seit der Jahrhundertwende und ihre Bedeutung für die geschichtliche Landesforschung, in: Fried, Pankraz (Hg.): Probleme und Methoden der Landesgeschichte, Darmstadt 1978, 190–271.

Pahl, Walther: Das politische Antlitz der Erde, Leipzig [6]1940.

Pantenburg, Vitalis: Das Porträt der Erde. Geschichte der Kartographie, Stuttgart 1970.

Papernyj, Vladimir: Kul'tura Dva, Ann Arbor 1985.

Parker, Geoffrey (Hg.): Knaurs Neuer Historischer Weltatlas, München [5]1996.

ders.: Geopolitics. Past, Present and Future, London, Washington 1998.

Paul, Günter: Gottes Schnappschüsse. Außerirdische Blicke auf irdische Verhältnisse, in: Bilder und Zeiten, Tiefdruckbeilage der Frankfurter Allgemeinen Zeitung, 22. April 2000, 6.

Paustowskij, Konstantin: Beginn eines unbekannten Zeitalters, Frankfurt/M. 1983.

Pehle, Max u. a. (Hg.): F. W. Putzgers Historischer Weltatlas zur allgemeinen und österreichischen Geschichte, Wien [44]1972.

Pelt, Jan van; Dwork, Debórah: Auschwitz von 1270 bis heute, Zürich, München 2000.

Peters Atlas. Alle Länder und Kontinente in ihrer wirklichen Größe, Frankfurt/M. 2002.

Pethybridge, Roger: The Spread of the Russian Revolution. Essays on 1917, London, Basingstoke 1972.

Phillips, Richard: Mapping Men and Empire, London, New York 1997.

Philo-Atlas. Handbuch für die jüdische Auswanderung, Berlin 1938.

Poljan, Pavel: Ne po svoej vole ..., Istorija i geografija prinuditel'nych migracij v SSSR, Moskva 2001.

Pred, Allan: Place, Practice and Structure: Social and Spatial Transformation in Southern Sweden, 1750–1850, Cambridge, Oxford 1986.

ders.: Making Histories and Constructing Human Geographies. The Local Transformations of Practice, Power Relations, and Consciousness, Boulder 1990.

ders.: Lost Words and Lost Worlds: Modernity and the Language of Everyday Life in Late Nineteenth-Century Stockholm, Cambridge 1990.

ders.: Recognizing European Modernities. A Montage of the Present, London, New York 1995.

Radó, Alexander: Atlas für Politik Wirtschaft Arbeiterbewegung, 1. Der Imperialismus, Wien, Berlin 1930.

ders.: The Atlas of To-Day and To-Morrow, London 1938.

Radó, Sándor: Dora meldet, Berlin 1974.

Raffestin, Claude u. a.: Géopolitique et histoire, Lausanne 1995.

Ratcel', Fridrich [Ratzel, Friedrich]: Narodovedenie. Sankt-Peterburg 1901–1902.

ders.: Zemlja i žizn', Sravnitelnoe zemlevedenie, t. 1–2, Sankt-Peterburg 1906.

Ratzel, Friedrich: Anthropogeographie, Teil 1: Grundzüge der Anwendung der Erdkunde auf die Geschichte, Stuttgart 1882.

ders.: Anthropogeographie, Teil 2.: Die geographische Verbreitung des Menschen, Stuttgart 1891.

ders.: Politische Geographie, Leipzig 1897.

ders.: Das Meer als Quelle der Völkergröße. Eine politisch-geographische Studie. München, Leipzig 1900.

ders.: Politische Geographie oder die Geographie der Staaten, des Verkehres und des Krieges, München, Berlin 1903.

ders.: Über Naturschilderung, München, Berlin 1923 (zuerst 1904).

ders.: Deutschland. Einführung in die Heimatkunde, Berlin, Leipzig 1932.

»Raum«. Aus dem Wörterbuch des Unmenschen, in: die Wandlung, 1947, Heft 7, 721–725.

»Raum« in: Historisches Wörterbuch der Philosophie, Basel 1992, Bd. 8, 67–111, Eine psychologische Begriffsgeschichte, 111–121, Eine Begriffsgeschichte des politischen Raumes von W. Köster, 122–131.

Reijen, Willem van; Herman van Doorn: Aufenthalte und Passagen. Leben und Werk Walter Benjamins. Eine Chronik, Frankfurt/M. 2001.

Reiseatlas DDR mit ČSSR, Polen, UdSSR, Ungarn, Rumänien, Bulgarien, Berlin, Leipzig [10]1980.

Reitinger, Franz: Discovering the Moral World: Early Forms of Map Allegory, in: Mercator's World, 4 (1999), July-August, 24–31.

Reitzner, Viktor von: Die Terrainlehre, 1. Teil, Wien ⁴1882.

Relph, E.: Place and Placelessness, London 1976.

Rhode, Gotthold: Völker auf dem Wege ... Verschiebungen der Bevölkerung in Ostdeutschland und in Osteuropa seit 1917, Kiel 1952.

Ridge, Martin: Atlas of American Frontiers, Chicago u. a. 1993.

Riedel, Johannes (Hg.): Knaurs Weltatlas, Berlin 1928.

Riehl, Wilhelm Heinrich: Wanderbuch als zweiter Theil zu »Land und Leute«, Stuttgart 1869.

ders.: Vom Wandern, in: Der Schatzgräber, hg. vom Dürerbund, 62, München 1922.

ders.: Das deutsche Wanderbuch. Wanderfahrten von Goethe bis zur Gegenwart, hg. vom Kunstwart durch J. Hofmiller, München 1931.

ders.: Kulturstudien aus drei Jahrhunderten, Stuttgart und Berlin 1903.

Rieß, Ludwig: Historik. Ein Organon geschichtlichen Denkens und Forschens, Berlin, Leipzig 1912.

Ritter, Carl: Einleitung zur allgemeinen vergleichenden Geographie und Abhandlungen zur Begründung einer mehr wissenschaftlichen Behandlung der Erdkunde, Berlin 1852, 152–181.

Ritzau, Hans-Joachim; Franz Garrecht: Kursbücher – Spiegel der Zeit, Leben mit der Bahn. Zur Mythologie der Eisenbahngeschichte, Pürgen 1994.

Rónai, András: Atlas of Central Europe, Budapest 1993.

Roosevelt, Priscilla R.: Life on the Russian Country Estate: A Social and Cultural History, New Haven, London 1995.

Ross, Kristin: The Emergence of Social Space: Rimbaud and the Paris Commune, Minneapolis 1988.

Rössler, Mechthild: »Wissenschaft und Lebensraum«. Geographische Ostforschung im Nationalsozialismus. Ein Beitrag zur Disziplingeschichte der Geographie, Berlin, Hamburg 1990.

Rössler, Mechthild; Schleiermacher, Sabine (Hg.): Der »Generalplan Ost«, Hauptlinien der nationalsozialistischen Planungs- und Vernichtungspolitik, Berlin 1993.

Sachs, S. (Hg.): Allgemeiner Straßen- und Wohnungs-Anzeiger für die Residenzstadt Berlin. Mit einem Grundriß von Berlin, Berlin 1812 (Rpt. Berlin 1990).

Sack, Robert D.: Conceptions of Space in Social Thought: A Geographic Perspective, Minneapolis 1980.

ders.: Human Territoriality: Its Theory and History, Cambridge 1986.

Said, Edward: Orientalism: Western Conceptions of the Orient, London 1995.

Sališčev, K. A.: Kartografija, Moskva 1971.

Sassen, Saskia: The Global City: New York, London, Tokyo, Princeton 1991.

Sauer, Carl Ortwin: Land and Life. A Selection from the Writings, ed. by John Leighly, Berkeley u. a. 1963.

ders.: The Morphology of Landscape, in: Agnew, John u. a. (eds.): Human Geography: An Essential Anthology, Oxford ³1999, 296–315.

Schama, Simon: Landscape and Memory, London 1996.

Scharfe, Wolfgang; Scheerschmidt, Holger (Hg.): Berlin-Brandenburg im Kartenbild. Wie haben uns die anderen gesehen? Wie haben wir uns selbst gesehen? Staatsbibliothek Preußischer Kulturbesitz, Ausstellungskataloge, Neue Folge 42, Berlin 2000.

Schechtman, Joseph B.: European Population Transfers 1939–1945, New York 1946.

ders.: Postwar Population Transfers in Europe 1945–1955, Philadelphia 1962.

ders.: The Refugee in the World, Displacement and Integration, New York 1963.

Scheer, A. u. a.: Stufenatlas für höhere Lehranstalten, Bielefeld, Leipzig [6]1930.

Scheuch, Manfred: Historischer Atlas Deutschland. Vom Frankenreich bis zur Wiedervereinigung, Augsburg 2000.

Schillmann, R. (Hg.): Richard Andrees allgemeiner Schul-Atlas. Mit besonderer Berücksichtigung der physischen Verhältnisse, Bielefeld, Leipzig [42]1896.

Schivelbusch, Wolfgang: Geschichte der Eisenbahnreise, München 1977.

Schlögel, Karl: Moskau lesen, Berlin 1984.

ders. (Hg.): Der Große Exodus. Die russische Emigration und ihre Zentren 1917–1941, München 1994.

ders.: Berlin Ostbahnhof Europas. Russen und Deutsche in ihrem Jahrhundert, Berlin 1998.

ders.: Kommunalka – oder Kommunismus als Lebensform. Zu einer historischen Topographie der Sowjetunion, in: Historische Anthropologie. Kultur, Gesellschaft, Alltag, 6 (1998), 3, 329–346.

ders.: Promenade in Jalta und andere Städtebilder, München 2001.

ders.: Petersburg 1909–1921. Das Laboratorium der Moderne, München 2002.

ders.: Die Mitte liegt ostwärts. Europa im Übergang, München 2002.

ders.: »Die Seele Petersburgs« von Nikolai P. Anziferow. Ein legendäres Buch und sein unbekannter Autor, in: Nikolai Anziferow: Die Seele Petersburgs, München 2003, 7–46.

Schmitt, Carl: Land und Meer. Eine weltgeschichtliche Betrachtung, Stuttgart 1954.

ders.: Staat, Großraum, Nomos. Arbeiten aus den Jahren 1916–1969, Berlin 1995.

Schmitz, Hermann: Der Gefühlsraum, in: ders.: System der Philosophie, Band 3.: Der Raum. Teil 2, Bonn 1969.

Schöller, Peter: Wege und Irrwege der Politischen Geographie und Geopolitik, in: Matznetter, Josef (Hg.): Politische Geographie, Darmstadt 1977, 249–302.

Schulz, Hans-Dietrich: Deutschlands »natürliche« Grenzen. »Mittellage« und »Mitteleuropa« in der Diskussion der Geographen seit dem Beginn des 19. Jahrhunderts, in: Geschichte und Gesellschaft, 15 (1989), 248–281.

Schulze, Sabine (Hg.): Innenleben. Die Kunst des Interieurs. Vermeer bis Kabakov. Ausstellungskatalog, Ostfildern-Ruit 1998.

Ščukin, Vasilij: Mif dvorjanskogo gnezda, Geokul'turologičeskoe issledovanie po russkoj klassičeskoj literature, Kraków 1997.

Seely, Bruce E.: Building the American Highway System, Philadelphia 1987.

Segbers, Klaus; De Spiegeleire, Stephan (eds.): Post-Soviet Puzzles. Mapping the Political Economy of the Former Soviet Union, Bde. 1–4, Baden-Baden 1995.

Semenov Tjan-Šanskij, V. P. (Hg.): Rossija. Polnoe geografičeskoe opisanie našego otečestva, Sankt-Peterburg 1904.

ders.: Gorod i derevnja, Sankt-Peterburg 1910.

ders.: O moguščestvennom territorial'nom vladenii primenitel'no k Rossii. Očerk po političeskoj geografii, Petrograd 1915.

Semjonow, Jurij: Die Güter der Erde. Vom Haushalt der Menschheit. Eine Wirtschaftsgeographie für Jedermann, Berlin 1936.

Semjonow, Jurij N.: Die faschistische Geopolitik im Dienste des amerikanischen Imperialismus, Berlin 1955.

Shifrin, Avraham: UdSSR-Reiseführer durch die Gefängnisse und Konzentrationslager der Sowjetunion, Uhldingen 1980.

Simmel, Georg: Soziologie des Raumes, in: ders.: Schriften zur Soziologie, Frankfurt/M., 1983, 221–242.

ders.: Die Großstädte und das Geistesleben, in: ders.: Das Individuum und die Freiheit. Essays, Berlin 1984.

Sistema ispravitel'no-trudovych lagerej v SSSR 1923–1960. Spravočnik, Moskva 1998.

Sloan, Geoffrey: Sir Halford J. Mackinder: The Heartland Theory Then and Now, in: Journal of Strategic Studies, 22 (June-September 1999), 15–38.

Smart, Ninian (Hg.): Atlas der Weltreligionen, Köln 2000.

Smith, David: Moral Geographies: Ethics in a World of Difference, Edinburgh 2000.

Smith, Michael Peter: Transnational Urbanism: Locating Globalization, Malden/Mass. 2001.

Smith, Roger: Simple Map Reading, Edinburgh 1997.

Sobel, Dava: Längengrad. Die wahre Geschichte eines einsamen Genies, welches das größte wissenschaftliche Problem seiner Zeit löste, Berlin 1996.

Soja, Edward W.: The Political Organization of Space, Washington 1971.

ders.: Postmodern Geographies: The Reassertion of Space in Critical Social Theory, London 1989.

ders.: Thirdspace: Journeys to Los Angeles and Other Real-and-Imagined Places, Cambridge/Mass. 1996.

Sombart, Nicolaus: Nachrichten aus Ascona. Auf dem Wege zu einer kulturwissenschaftlichen Hermeneutik, in: Prigge, Walter (Hg.): Städtische Intellektuelle. Urbane Milieus im 20. Jahrhundert, Frankfurt/M. 1992, 107–119.

Spengler, Oswald: Der Untergang des Abendlandes. Umrisse einer Morphologie der Weltgeschichte, München 1923.

Sprengel, Rainer: Kritik der Geopolitik. Ein deutscher Diskurs 1914–1944, Berlin 1996.

Stearns, Peter N.: Cultures in Motion: Mapping Key Contacts and Their Imprints in World History, New Haven, London 2001.

Steer, John; White, Anthony: Atlas of Western Art History: Artists, Sites and Movements from Ancient Greece to the Modern Age, New York 1994.

Stephan, Heinrich: Geschichte der preußischen Post von ihrem Ursprunge bis auf die Gegenwart, Berlin 1859 (Rpt. Glashütten im Taunus 1976).

Stilgoe, John R.: Metropolitan Corridor, Railroads and the American Scene, New Haven, London 1983.

Stimmann, Hans, Die Textur der Stadt, in: Foyer. Journal für Stadtentwicklung 3/2000 (Juni), 22–23.

Stoddard, David R. (ed.): Geography, Ideology and Social Concern, Oxford 1981.

ders.: On Geography and its History, Oxford 1986.

Ströker, Elisabeth: Philosophische Untersuchungen zum Raum, Frankfurt/M. 1965.

Sturken, Marita; Cartwright, Lisa (eds.): Practices of Looking: An Introduction to Visual Culture, New York 2001.

Swift, Michael: Historische Landkarten Europas, Augsburg 2000.

Taylor, Peter J.: Political Geography. World-Economy, Nation-State and Locality, Essex 1985.

ders.: The State as Container: Territoriality in the Modern World System, in: Progress in Human Geography, 18 (1994), 151–162.

ders.: Political Geography: World-Economy, Nation-State, and Locality, Harlow 1996.

Taylor, Robert R.: The Word in Stone: The Role of Architecture in the National Socialist Ideology, Berkeley 1974.

Thomas, Julian (ed.): Interpretive Archaeology: A Reader, London, New York 2000.

Thrower, Norman J. W.: Maps and Civilization. Cartography in Culture and Society, Chicago, London ²1999.

Trifonow, Jurij: Zeit und Ort, Frankfurt/M., 1985.

Troll, Carl: Die geographische Wissenschaft in Deutschland in den Jahren 1933 bis 1945. Eine Kritik und Rechtfertigung, in: Erdkunde, 1 (1947), 3–48.

Tuan, Yi-Fu: Topophilia: A Study of Environmental Perception, Attitudes, and Values, New York 1974.

ders.: Space and Place: The Perspective of Experience, Minneapolis, London 1977.

ders.: Segmented Worlds and Self, Minneapolis 1982.

ders.: Who Am I? Madison u. a. 1999.

ders.: Escapism, Baltimore, London 1998.

Turnbull, David: Cartography and Science in Early Modern Europe: Mapping the Construction of Knowledge Spaces, in: Imago Mundi: The International Journal for the History of Cartography, 48 (1996), 5–24.

Turner, Frederick J.: The Frontier in American History, New York 1996.

Unverhau, Dagmar (Hg.): Kartenverfälschung als Folge übergroßer Geheimhaltung? Eine Annäherung an das Thema Einflußnahme der Staatssicherheit auf das Kartenwesen der DDR, Münster 2002.

Venturi, Robert u. a. (eds.): Learning from Las Vegas, Cambridge u. a. ²2001.

Vernadsky, Vladimir: The Biosphere, New York 1998.

Vidal de la Blache, P.: Les conditions géographiques des faits sociaux, in: Annales de Geographie, 11 (1902), 13–23.

ders.: La géographie humaine – ses rapports avec la géographie de la vie. In: Revue de synthèse historique, 7 (1903), 219–240.

Virilio, Paul: Im Würgegriff der Zeit, in: Die Zeit vom 11. November 1994. 63.

Waechter, Matthias: Die Erfindung des amerikanischen Westens. Die Geschichte der Frontier-Debatte, Freiburg/Br. 1996.

Wajntraub, G. and E., An Illustrated History of the Holy City, in: Mercator's World, 1996, vol. 1, Nr.4, 24–32.

Wallerstein, Immanuel: The Modern World-System, New York 1974.

ders.: Geopolitics and Geoculture: Essays on the Changing World-Systems, Cambridge 1991.

Walsh, Edmund A.: Die Tragödie Karl Haushofers, in: Neue Auslese aus dem Schrifttum der Gegenwart, 2 (1947), März, 19–29.

Ward, David: Cities and Immigrants, New York 1970.

Warnke, Martin: Politische Landschaft. Zur Kunstgeschichte der Natur, München, Wien 1992.

Webb, Michael: Die glaubhafte Anti-Utopie von Blade Runner, in: Neumann, Dietrich (Hg.): Filmarchitektur. Von Metropolis bis Blade Runner, München, New York 1996, 44–49.

Weiner, Douglas R.: A Little Corner of Freedom: Russian Nature Protection from Stalin to Gorbachev, Berkeley 1999.

Weltatlas. Die Staaten der Erde und ihre Wirtschaft, VEB Bibliographisches Institut, Leipzig 1952.

Weltatlas. Die Staaten der Erde und ihre Wirtschaft, VEB Hermann Haack Geographisch-Kartographische Anstalt, Gotha [5]1957.

Welthandbuch. Internationaler politischer und wirtschaftlicher Almanach, bearbeitet von Sándor Radó, Budapest 1962.

Wertheim, Hans: Der erste Europäische Straßenatlas, in: Imago Mundi. Jahrbuch der alten Kartographie, 1(1935), 41–43.

WestBerliner Stattbuch 1, Berlin, Juni 1978.

Whitefield, Peter: Mapping the World: A History of Exploration, London 2000.

Wilford, John Noble: The Mapmakers. The Story of the Great Pioneers in Cartography. From Antiquity to the Space Age, New York 2000.

Williams, Colin; Smith, Anthony: The National Construction of Social Space, in: Progress in Human Geography, 7 (1983), 502–518.

Wilson, Alexander: The Culture of Nature: North American Landscape from Disney to the Exxon Valdez, Toronto 1991.

Winter, Heinrich: Catalan Portolan Maps and their Place in the Total View of Cartographic Development, in: Imago Mundi: A Review of Early Cartography, 11 (1954), 1–12.

Wittfogel, Karl-August: Geopolitik, geographischer Materialismus und Marxismus, in: Unter dem Banner des Marxismus, Wien 1929, 17–51, 485–522, 698–735.

Wolf, Armin: What Can the History of Historical Atlases Teach? Some Lessons from a Century of Putzger's ›Historischer Schulatlas‹, in: Cartographia, 28 (1991) 2, 21–37.

Wolf, Eric: A Bibliographic Excursion: A Cartographic Reference List for the Beginning Collector, in: Mercator's World, 2 (1997), September-October, 48–53.

Wolff, Larry: Inventing Eastern Europe. The Map of Civilization on the Mind of the Enlightenment, Stanford 1994.

Wood, Denis: The Power of Maps, New York, London 1992.

Woodward, David (ed.): Art in Cartography, Chicago 1987.

Woodward, W.: Raum, Raumwahrnehmung, psychologischer Raum, in: Historisches Wörterbuch der Philosophie, Bd. 8, Basel 1992, 111–121.

Zamjatin, D. N.: Vlast' prostranstva: ot obrazov geografičeskogo prostranstva k geografičeskim obrazam, in: Voprosy filosofii 2001, 9, 144–153.

Zekl, H. G. u. a.: Raum, in: Historisches Wörterbuch der Philosophie, Bd. 8, Basel 1992, 67–111.

Zögner, Lothar (Hg.): Carl Ritter in seiner Zeit. Staatsbibliothek Preußischer Kulturbesitz, Ausstellungskataloge 11, Berlin 1979.

ders. (Hg.): Von Ptolemaeus bis Humboldt. Kartenschätze der Staatsbibliothek Preußischer Kulturbesitz. Ausstellung zum 125jährigen Jubiläum der Kartenabteilung. Staatsbibliothek Preußischer Kulturbesitz, Ausstellungskataloge 24, Berlin 1985.

ders. (Hg.): Die Welt in Händen. Globus und Karte als Modell von Erde und Raum. Staatsbibliothek Preußischer Kulturbesitz, Ausstellungskataloge 37, Berlin 1989.

ders. (Hg.): Antike Welten Neue Regionen. Heinrich Kiepert 1818–1899. Staatsbibliothek Preußischer Kulturbesitz, Ausstellungskataloge, Neue Folge 33, Berlin 1999.

ders. (Hg.): Kartenschätze. Aus den Sammlungen der Staatsbibliothek, Braunschweig 2000.

Zorn, Wolfgang: Verdichtung und Beschleunigung des Verkehrs als Beitrag zur Entwicklung der »modernen Welt«, in: Koselleck, Reinhart (Hg.): Studien zum Beginn der modernen Welt, Stuttgart 1977, 115–134.

Zukin, Sharon: Landscapes of Power: From Detroit to Disneyworld, Berkeley 1991.

BILDNACHWEIS

Bayerische Staatsbibliothek, München, mit freundlicher Genehmigung: 168, 235, 256

Berlin-Brandenburgische Akademie der Wissenschaften (J. Graetz): 20

Bildarchiv Preußischer Kulturbesitz, Berlin: 296

© Clements Library, University of Michigan: 178

© Cornelsen Verlag, aus: Putzger – Historischer Weltatlas, 103. Auflage, Berlin 2001, S. 134I UND S. 179I: 201, 204

© Mike Davis, »City of Quartz«, London und New York 1990, S. 301: 93

© DAG Grafika, Ljubljana & PP »Ideja« Sarajewo: 111

© Matthew Edney: 193

Filmmuseum Berlin – Marlene Dietrich Collection: 343

© Johann Friedrich Geist: 130

Geograph. Anstalt v. Wagner & Debes, Leipzig: 311, 377

© Martin Gilbert: 433

A. Hillen, Ziegfeld-Berlin: 215

Jüdisches Museum, Wien: 353

© Lithuanian Central State Archives (LCSA), Vilnius: 119

© 1993 Paul Robert Magocsi: 454

© Massachusetts Department of Public Works: 381

1975 by North American Maps, P.O. Box 5850, San Francisco, CA 94101, USA: 493

© Willy Pragher, Freiburg: 247

© Brian Reid: S. 76

© REUTERS/E-LANCE MEDIA: 33, 286

© Frank Röth, Frankfurter Allgemeine Zeitung/Berliner Seiten, 5.12.2000: 280

© Senatsverwaltung für Stadtentwicklung, Berlin, Architekturwerkstatt/Abt. II: 263

© Space Imaging: 109, 286

Staatliche Museen Preußischer Kulturbesitz/Kunstbibliothek, Berlin: 412

© Transport for London: 103

Archiv Dieter Weigert, Berlin: 332

© Gretel Wiesenthal: 126

DANKSAGUNG

Danksagungen sind ein eigenes Genre geworden: Darin werden Spuren gelegt und Spuren verwischt. Nicht enthalten sind darin die wichtigsten Anregungen und Inspirationen: Diese stehen im Literatur- und Autorenverzeichnis. Nicht darin enthalten sind die intellektuellen Widerstände und Feindseligkeiten, mit denen man sich zuweilen herumschlagen muß: Sie sind nach getaner Arbeit vergessen und nicht mehr der Rede wert. Es bleibt dann ein innerer Kreis des anregenden Gespächs, der Ermunterung und Kritik. Danksagungen sind gleichsam Karten der freundlichen Umgebung, in der ein Werk entsteht. Hierzu ein paar Eintragungen.

Im Wissenschafts-Kolleg zu Berlin unter seinem Rektor Wolf Lepenies habe ich anläßlich der Verleihung des Anna-Krüger-Preises im Mai 1999 unter dem Titel »Die Würde des Ortes oder die Wiederkehr des Raumes« erstmals den Plan des hier vorliegenden Buches vorgestellt. An der Kulturwissenschaftlichen Fakultät der Europa-Universität Viadrina habe ich bei verschiedenen Gelegenheiten meine Überlegungen zum *spatial turn*, zur Bedeutung von Alexander von Humboldt, Friedrich Ratzel und Walter Benjamin für eine neue Konfiguration der Disziplinen darlegen können. Das Kapitel über die unsichtbaren Städte in Telephonbüchern ist auf einer vom Zentrum für Literaturforschung in Berlin organisierten Tagung im Jahre 2002 vorgetragen worden. »Herodot in Moskau« habe ich auf einer Veranstaltung am Einstein-Forum in Potsdam im Herbst 2002 mit Ulrich Raulff diskutiert. Der Redaktion des *Merkur* unter Kurt Scheel danke ich für eine Veröffentlichung meiner Überlegungen »Kartenlesen. Raumdenken« sowie der Studie über kulturelle Dichte, das Djagilew-Kapitel des vorliegenden Buches. Franz Brunner von der Vontobel-Stiftung in Zürich danke ich für großzügige Unterstützung der Arbeit und den Abdruck einzelner Studien in der von ihm herausgegebenen Schriftenreihe.

Von großer Bedeutung waren zwei längere Forschungsaufenthalte. Im Jahre 1999/2000 habe ich profitiert von der Großzügigkeit des Collegium Budapest unter seinem Rektor Gabor Klaniczay, im Jahre 2001/2002 von den Begegnungen am Center for European Studies des St Antony's College, Oxford, unter seinem Direktor Timothy Garton Ash. István Klinghammer, Direktor des Kartographischen Instituts und Rektor der Eötvös-Lorand Universität in Budapest hat mir viel über seinen Lehrer Sándor Radó erzählt, Anna Gara-Bak in Berlin hat mir durch ihre Hilfe wichtige Texte aus dem Ungarischen zugänglich gemacht. Die Begegnung mit Mark Bassin, London, hat mir gezeigt, wie klein die große Welt der Internationalen der Geopolitik war. Der Raum, vor allem der städtische Raum, war immer wiederkehrendes Thema in den Gesprächen mit György Konrad in Berlin oder Budapest. Mit Dieter Hofmann-Axthelm und Klaus Hartung ist dieses Buch durch Gespräche, aber auch Stadtrundgänge und Ortsbesichtigungen verbunden. Über die Jahre hin bin ich reichlich mit Hinweisen und Geschenken – darunter auch seltenen Karten und wertvollen Stadtplänen – versorgt worden. Hier ist zu danken Claudia Schmölders, Aleida Assmann, Gerd Giesler und Gustav Seibt. Der ausgezeichnete Katalog zur Ausstellung »Cartes et figures de la terre« im Centre Georges Pompidou im Jahre 1980 wäre mir ohne Hans Magnus Enzensbergers großzügigen Hinweis sicher entgangen. Wolfgang Schivelbusch hat mich bei unseren viel zu seltenen Begegnungen auf einige amerikanische »Klassiker« – zum Beispiel Leo Marx – hingewiesen. Arno Widmann danke ich für einige Hinweise – etwa zu H. W. Riehl –, vor allem aber für seine wie immer ganz freie und unbefangene Kritik an Teilen des Manuskripts. Meinem Kollegen Michael Hagemeister danke ich dafür, daß er wie früher schon auch diesen Text noch einmal sorgfältig durchgesehen hat, dem Lektor des Carl Hanser Verlags, Tobias Heyl, danke ich für seine ebenso strenge wie freundliche Arbeit mit dem Autor. Für Michael Krüger, dem es gelingt, Schriftsteller und Verleger in einer Person zu sein, empfinde ich nicht nur Dankbarkeit, sondern Bewunderung.

Und schließlich gilt bei Danksagungen wie immer: Für alle Fehler, Ungenauigkeiten, Unterlassungen trägt allein der Autor die Verantwortung.

K. S.

NAMENREGISTER

Karl Schlögel
Promenade in Jalta und andere Städtebilder
Band 15574

Königsberg und Czernowitz, Lemberg und Odessa, die
großen Flüsse und die weiten Räume – Karl Schlögel hat
über die Welt im Osten, ihre Menschen, ihre Ideen und
Geschichte geschrieben. Ein Abenteuer- und Liebesroman
der besten Art.

»Schlögel ist ein Ostverführer.
Glücklich mischen sich in seinen Texten
Essay und Reportage, Theorie und Anschauung,
Enzyklopädie und Detailbeobachtung.«
Neue Züricher Zeitung

Das gesamte Programm gibt es unter
www.fischerverlage.de

Karl Schlögel
Die Mitte liegt ostwärts
Europa im Übergang
Band 16719

Karl Schlögels Erkundungen in der Mitte Europas setzen beachtliche Orientierungszeichen, die die dunklen Flecken auf der europäischen Landkarte erhellen. Sie handeln von der Wichtigkeit des Ostens auch im Rahmen der EU-Erweiterung, von Russland, seinem Alltag und seinen Intellektuellen, bis hin zur Migration in Europa durch Krieg, Vertreibung oder Erfordernisse des Arbeitsmarktes.

»Wer verstehen will, warum Europa
ohne den Osten keine Zukunft hat, kommt
an den Essays Schlögels nicht vorbei.«
Die Zeit

Das gesamte Programm gibt es unter
www.fischerverlage.de

Karl Schlögel
Terror und Traum. Moskau 1937
Band 18772

Moskau 1937: Die sowjetische Metropole auf dem Höhepunkt der stalinistischen Diktatur.
Karl Schlögel rekonstruiert diese Zeit, in der anderthalb Millionen Menschen dem »Großen Terror« zum Opfer fielen.
Doch damit ist nicht alles erzählt: Im Schatten des Terrors
will das Regime um Stalin eine neue Gesellschaft aufbauen.
Gestützt auf zahllose Dokumente, vergegenwärtigt Schlögel
in seinem historischen Meisterwerk eine Zeit, in der Terror
und Traum fließend ineinander übergingen.

»Ein atemberaubendes Buch, das den Leser
in seinen Bann zieht. Ein Geschichtsbuch,
das sich wie ein Thriller liest – mit dem Unterschied,
dass sich alles tatsächlich zugetragen hat.«
Tages-Anzeiger Zürich

Das gesamte Programm gibt es unter
www.fischerverlage.de

Karl Schlögel
Marjampole
Oder Europas Wiederkehr aus dem Geist der Städte
Band 17786

Einmal in der Woche ist Marjampole der Nabel Europas.
Dann findet in der litauischen Provinzstadt ein riesiger Ge-
brauchtwagenmarkt statt, der den Osten mit den Autos aus
dem Westen versorgt. Solche Städte geben Auskunft über das
Verhältnis von West- und Osteuropa, aus solchen Städten
bildet sich die Physiognomie Europas.

»Dem Leser ist es ein Vergnügen,
auf diese Reisen ins Vergessene, Unbekannte,
Verschüttete mitgenommen zu werden.«
Frankfurter Allgemeine Zeitung

Das gesamte Programm gibt es unter
www.fischerverlage.de

Tim Flannery
Wir Wettermacher
Wie die Menschen das Klima verändern und
was das für unser Leben auf der Erde bedeutet
Band 17221

»Endlich gibt es eine anschauliche und lesbare Darstellung
eines der wichtigsten, kontroversesten Themen, die heute
jeden auf der Welt betreffen. Wenn Sie nicht schon süchtig
nach den Büchern von Tim Flannery sind, dann entdecken
Sie ihn jetzt: dies ist bis jetzt sein bestes.«
JARED DIAMOND,
Autor von „Kollaps" und „Arm und Reich"

»Ein besseres, wichtigeres Buch
kann man sich kaum vorstellen.«
BILL BRYSON,
Autor von ›Eine kurze Geschichte von fast allem‹

»Tim Flannery hat mit ›Wir Wettermacher‹
eine Art Weißbuch der Klimaforschung geschrieben,
das sich liest wie ein Krimi.«
Süddeutsche Zeitung

Ausgezeichnet von *bild der wissenschaft* zum
Wissenschaftsbuch des Jahres 2006.

Fischer Taschenbuch Verlag

fi 17221 / 1

Harald Welzer
Klimakriege
Wofür im 21. Jahrhundert getötet wird
Band 17863

Kampf um Trinkwasser, Massengewalt, ethnische »Säuberungen«, Bürgerkriege und endlose Flüchtlingsströme bestimmen schon jetzt die Gegenwart. Die heutigen Konflikte drehen sich nicht mehr um Ideologie und Systemkonkurrenz, sondern um Klassen-, Glaubens- und vor allem Ressourcenfragen. Der Autor plädiert für ein neues Denken und zeigt, was jetzt getan werden müsste, um Menschheitskatastrophen abzuwenden.

»Ebenso kluge wie gut recherchierte
und blendend geschriebene Bestandsaufnahme
unserer ökologischen Zukunft.«
NZZ am Sonntag

Fischer Taschenbuch Verlag

fi 17863 / 1

Wolfgang Schivelbusch

Geschichte der Eisenbahnreise

Zur Industrialisierung von Raum und Zeit
im 19. Jahrhundert

Band 14828

Früher als andere Autoren hat Schivelbusch, ein Außenseiter und
Querdenker der Historikerzunft, mit kulturwissenschaftlichem
»Besteck« gearbeitet und damit Maßstäbe gesetzt. In diesem Buch
geht es um die wohl wichtigste Innovation des 19. Jahrhunderts: die
Eisenbahn. Sie hat nicht nur die industrielle Revolution angetrieben, sondern auch die alltäglichen Erfahrungsräume und die politischen Landkarten nachhaltig verändert. Wirtschaft und Kriegs-
planer kamen ohne die Eisenbahn nicht mehr aus. Raum und Zeit
sind seitdem nicht mehr das, was sie vorher waren.

Diese Studie ist ein Beitrag zur Geschichte des Zivilisationspro-
zesses in der Frühphase von Industrialisierung und Mechanisie-
rung. Die Absicht des Autors ist es, Veränderungen in der psychi-
schen Verfasstheit des modernen Menschen mit der Einführung
neuer technischer Apparaturen in Zusammenhang zu bringen.

Noch immer gelten die Worte des FAZ-Rezensenten: »*Jeder sei
beneidet, der das Buch noch nicht gelesen hat; denn er hat die Spannung, die intellektuelle Freude, manchmal auch den Schauder noch
vor sich.*«

Fischer Taschenbuch Verlag